教育部哲学社会科学系列发展报告
MOE Serial Reports on Developments in Humanities and Social Sciences

2014中国财政发展报告

中国财政信息公开进程、目标及制度保障

Annual Report on China' s Fiscal Development:
The Path to Fiscal Transparency of China

上海财经大学中国公共财政研究院
主编 邓淑莲

北京大学出版社
PEKING UNIVERSITY PRESS

图书在版编目(CIP)数据

2014中国财政发展报告/邓淑莲主编.—北京:北京大学出版社,2014.11
(教育部哲学社会科学系列发展报告)
ISBN 978-7-301-25103-4

Ⅰ.①2… Ⅱ.①邓… Ⅲ.①财政政策—研究报告—中国—2014 Ⅳ.①F812.0

中国版本图书馆CIP数据核字(2014)第266096号

书　　　名:**2014中国财政发展报告——中国财政信息公开进程、目标及制度保障**
著作责任者:邓淑莲　主编
责 任 编 辑:马　霄
标 准 书 号:ISBN 978-7-301-25103-4/F·4089
出 版 发 行:北京大学出版社
地　　　址:北京市海淀区成府路205号　100871
网　　　址:http://www.pup.cn
电 子 信 箱:em@pup.cn　　　　QQ:552063295
新 浪 微 博:@北京大学出版社　　@北京大学出版社经管图书
电　　　话:邮购部62752015　发行部62750672　编辑部62752926　出版部62754962
印　刷　者:北京大学印刷厂
经　销　者:新华书店
730毫米×980毫米　16开本　33印张　611千字
2014年11月第1版　2014年11月第1次印刷
定　　　价:89.00元

不透明的政府是看不见的政府，

而看不见的政府必定是不负责任的政府。

——Frederich A. Cleveland

编写组名单

主　编　邓淑莲

副主编　刘　伟　杨丹芳　郑春荣　曾军平

课题组成员

（以姓氏笔画为序）

尹嘉玮　邓淑莲　叶浩靓　付　芳　吕凯波

刘小欢　刘小兵　刘　伟　刘　倩　江理东

杜　润　杨丹芳　杨　玥　陈　丹　岳　玮

郑春荣　庞保庆　孟国良　胡　晴　顾玉洁

徐　雪　徐　静　高　军　高　琳　黄亚婕

彭　军　蒋　洪　曾军平　温娇秀

序　言

通过良好治理以促进经济和社会稳健发展，实现民众的最大福利，这是当今任何类型的政府都在努力追求的目标。公共治理的难点在于社会或组织中存在大量偏好不同、目标各异、利益相互冲突的个人和组织。如何对这些个人和组织的利益进行协调，使之形成有利于经济和社会发展的良好秩序，是现代公共治理的核心问题。随着社会发展，人们对公共治理的关注度也在不断加强，对良好治理的要素也有了越来越清晰的认识。到如今，人们已普遍认识到，政府信息公开特别是财政信息公开是良好治理的前提条件，政府信息公开透明已成为良好治理的重要标志和基本要件，建立透明政府已成为世界潮流，且越来越规范与程序化，表现在：第一，参与政府信息公开立法的国家日益增多，且日趋普遍。到了20世纪八九十年代以及21世纪之初，有越来越多的国家加入到信息公开的行列之中。第二，信息公开的内容也发生了很大的变化，许多国家都从过去向特定对象有选择地公开政府信息，变为原则上向所有人公开除个别特例外所有的政府信息。就财政信息来说，除涉及国家秘密与公共安全等特殊项目外，各种以财政预决算文件为核心的信息以及预决算形成的过程基本上都成为政府公开的对象。第三，信息公开的范围日益拓展。早期的政府信息公开可能侧重于结果，而此后，公共决策的程序和过程往往也被纳入需要公开的范围。第四，政府信息公开的程序日益规范。各国一般都规定须在网上及固定地点设置信息公开窗口，受理对政府信息公开提出的申请，并在固定地点设立专门的阅览室，以供来访者阅览各种政府文件和资料。对于网上和阅览室均未提供的资料，申请人可以提出要求公开的申请，政府须按时给出公开或不公开的答复。对被公开的资料，申请者可以通过阅览或者复印副本的方式获得所需信息。同时，信息公开制度对信息公开义务人主体和信息公开权利人主体都设有救济制度，当对信息公开的处理存有异议时，均可以提出申述或者行政诉讼。另外，在信息公开化的世界潮流中，民间非营利组织逐渐承担起重要的角色，在信息公开方面的作用日益增大。

作为世界各国政府信息公开进程的一部分，我国政府信息公开近年来也取得了较大发展。2008年5月1日，国务院于2007年1月17日审议通过的《中华人民共和国政府信息公开条例》(以下简称《条例》)正式施行。《条例》开宗明义地指出:“为了保障公民、法人和其他组织依法获取政府信息,提高政府工作的透明度,促进依法行政,充分发挥政府信息对人民群众生产、生活和经济社会活动的服务作用,制定本条例。”《条例》的施行标志着我国信息公开的进程进入了一个有法可依的崭新阶段,对我国在新形势下建设真正意义上的公开、透明、阳光政府有着重大的意义。党的十八大以及十八届三中全会都将建设透明财政预算作为我国财税改革的重要内容。

当前政府信息公开受到前所未有的重视,其逻辑依据在于:

1. 政府信息公开是责任政府建立的基本前提

根据源自法国的自然权利和社会契约论,政府是人们为解决自然状态下个体冲突而产生的一种超个人的契约组织。所谓的责任政府是指能够按照公众意愿,有效率地使用公共资金,提供公共产品和服务的政府。但责任政府不是与生俱来的,它的建立需要公众的参与、约束与监督。如果公共事务执行的过程及结果信息不公开,公众则无法监督政府行为,没有监督的权力必然导致腐败。

已有的研究也反复证明,政府公开的财政信息越多,信息需求者就越清楚财政政策的意图、真实的政府行动、特定政策的当前和长期结果,从而更容易将财政政策与财政活动结果、财政活动结果与财政政策的具体执行者连接起来,从而提高政治问责性。

2. 政府信息公开是提升政府治理水平的重要方式

第一,透明政府有利于提升公信力,从而降低管理成本,管理目标更容易实现。一般来说,公众掌握的信息越多,越了解政府的政策和做法,就越能理解政府的做法,从而增强对政府的信任。来自哈佛大学的研究表明,预算透明度的增加不仅加强了政治家的责任感,使他们更加努力地工作,绩效显著;同时,选民因此对政治家更具有信心,更愿意将更多的资源交由政治家掌握使用。

第二,透明政府符合现代公共管理需求。人类发展的历史表明,随着人类社会的发展,人们对公共产品的需求在量上不断增长,结构上也不断变化,公共产品在人们的生活中越来越重要,人们对其关注的程度也越来越高。公众的关注焦点逐渐由“我们都需要哪些公共产品以及我们都享受了哪些产品”等起始性和结果性问题进一步提升到“谁决定我们对公共产品需求的种类和数量,谁在为我们提供公共产品,又是如何提供这些公共产品的,以及提供了哪些公共产品”等涉及公共产品提供的整个过程的各个具体环节的问题。随着对公共产品问题关注的深入以及公民意识的提高,人们不仅提出问题、寻求答案,而且要求参与公共产品的决策、监督执行和评估过程,这是现代公共管理必须面对的现实问题。如果公共管理过程不能将各种民众意见整合进统一的政治过程,公共管理最终必然归于失败，社会经济发展亦不能持久。有关这一观点，马克斯·韦伯在《新教伦理与资本主义精神》一书做了经典论述并被德国的历史证实。他认为，发达民族与落后民族的根本差异不仅在于“外在强盛”，即经济、军事的发达，而且更在于“内在强盛”即国民通过政治参与而对本民族整体长期利益具有高度的政治认同感所形成的政治向心力。由于经济的迅速发展必然带来社会利益的快速分化，因此如何创造一种政治过程以使多元分散的社会利益仍能凝聚为民族整体的政治意志和政治向心力，是国家持续发展、长治久安的根本保证，否则整个民族将呈现分崩离析的状况。韦伯对19世纪后期尚未形成民主政治制度的德国在经济上迅速崛起的担忧最终变成了现实。韦伯死后，政治上不成熟的德国“魏玛共和国”最终导致希特勒上台，而战败后德国分裂。德意志民族的发展因此而耽误了将近一百年。政府信息，包括财政信息不公开的直接后果是将众多的国民排除在国家政治过程之外，这将不可避免地使国家和民族陷于韦伯所断言的危险境地。

财政预算信息是所有政府信息中最为重要的或者说是核心信息。这是因为预算是政府未来年度的收支计划。政府提供公共服务的任何活动都有成本，都体现为公共支出，都需要花费公共资金。也就是说，政府的任何活动都要以收支的形式体现在政府预算中。政府预算必然地反映了政府的全部活动种类和规模以及进行这些活动所需要的资金数额。正因如此，预算被视为政府的生命线。没有预算，也就没有政府，控制了预算也就控制了政府。因此，在现代以民为本的国家中，不仅政府代理公众使用公共资金的预算信息必须向公共资金的提供者和所有者——公众公开，而且，所有的预算决策，包括公共支出的规模、结构以及为公共支出筹资的形式选择等都应该由公众或公众的代表——立法机构做出。这是公共预算的本质要求，也是良好治理、强国富民和社会长治久安的必要条件。

近年来，中国在建设透明政府方面已做出不懈的努力，取得的成就有目共睹。2000年以来实行的包括部门预算改革、政府采购制度改革、国库统一支付制度改革和政府收支分类改革等一系列规范政府财政行为和提高预算管理的改革为政府财政信息公开奠定了基础。2008年颁布实施的《中华人民共和国政府信息公开条例》，拉开了中国政府信息公开的大幕。在此推动下，中国政府财政透明度逐年改善，透明政府建设不断取得进展。

《2014中国财政发展报告》力图真实地反映我国政府财政信息公开进程，展示中国各界在建立公开透明财政方面所做的努力，剖析存在的问题和面临的挑战，并围绕财政公开透明的目标建立财政信息公开的框架体系，借鉴国际经验，提出切实可行的政策建议。

邓淑莲

2014年8月28日

目　　录

第二篇 中国财政信息公开进程

第三篇 政府财政信息公开的国际经验

总　论

0.1　导言

政府信息公开是一个国家或一个社会良好治理的前提和重要标志，而财政信息公开则是政府信息公开的核心内容。党的十八届三中全会明确提出财政是国家治理的基础和重要支柱，为此要深化财税体制改革，改善预算管理，实施全面规范、公开透明的预算。这表明以预算信息为主要内容的财政信息公开已成为我国财税体制改革的主要内容。对现代国家治理而言，政府财政信息公开的重要性怎么强调都不为过。这是因为现代国家的主要标志是责任政府的建立。而财政公开透明是责任政府建立的前提和保障。我们知道，政府是人们为解决自然状态下个体冲突而产生的一种超个人的契约组织。单个人而非政府是社会的价值基础。政府因公众的同意而具有存在的合法性，依众多的个人而生存，提供民众需要的、单凭个人力量无法提供的公共产品。所谓的责任政府是指能够按照公众意愿，有效率地使用公共资金，提供公共产品和服务的政府。但责任政府不是与生俱来的，它的建立需要公众的参与、约束与监督。

与私人事务由私人根据市场规则决策不同，公共事务的决策只能通过政治机制即公共选择做出。公共选择是公共利益得以保证的首要条件。一个责任政府，首先是体现民意的政府，而民意只有通过公共选择才能得以有效表达。公共选择的前提是公共信息的获得。没有政府信息的公开，就没有公共选择，没有公众同意，也就不应该有政府活动。

不仅如此，根据现代经济学理论，在现代国家里，公众与政府之间是一种委托代理关系，即公众让渡自己的一部分私权和收入，形成公权和公共收入，并委托政府使用这种公权力和公共资金为公众提供公共产品和服务。委托代理关系中的严重问题是信息不对称。由于经济人假设的普遍存在，政府及其官员作为代理人将不可避免地发生利用信息优势违背委托人利益而谋取自身利益的机会主义行为，从而违反了责任政府的理念和目的。因此，即使公共事务由公众决策，但如果公共事务执行的过程及结果信息不公开，公众也无法监督政府行为，没有监督的权力必然导致腐败。

包括政府预算信息在内的财政信息是所有政府信息中最为重要的或者说是核心信息。政府提供公共服务的任何活动都有成本，都体现为财政支出，都需要花费公共资金。也就是说，政府的任何活动都要以收支的形式体现在政府预算中。政府预算必然地反映了政府的全部活动种类和规模以及进行这些活动所需要的资金数额。正因如此，预算被视为政府的生命线。没有预算，也就没有政府，控制了预算也就控制了政府。因此，在以民为本的现代国家中，不仅政府代理公众使用公共资金的预算信息必须向公共资金的提供者和所有者——公众公开，而且，所有的预算决策，包括公共支出的规模、结构以及公共支出筹资的形式选择等都应该由公众或公众的代表——立法机构做出。这是公共预算的本质要求，也是良好治理、强国富民和社会长治久安的必要条件。

近年来，中国在财政公开透明上的进步令人瞩目。2008年出台了《中华人民共和国信息公开条例》，这标志着中国财政信息公开的大幕已正式拉开。经过多年努力，财政透明度不断提高。梳理我国政府财政公开的历程，对财政公开过程的经验和仍然存在的问题进行报告和分析，是进一步提高我国财政透明度、建立现代财政制度、实现财税改革目标的基本要求。在本期报告中，我们首先对我国财政公开历程进行回顾、总结和分析。在此基础上，借鉴国外经验，提出我国财政公开透明的阶段性目标，设计财政信息公开的框架体系，提出提高财政透明度的建设路径和制度保障建议。

0.2 公共资金的种类及界定

公共资金根据其性质和用途一般划分为三种形式：政府基金（在中国是指一般公共财政基金和政府性基金）、信托基金（在中国相当于社会保险基金）和经营性基金（在中国是指国有企业基金）。政府基金是指政府用来提供公共产品和服务的公共资金。政府基金又分为一般政府基金（在中国指公共财政基金）和特别政府基金（在中国指政府性基金）。一般政府基金是指政府以税收等一般性收入提供公共产品和服务的资金，其收入与支出之间没有直接联系。特别政府基金是指专款专用的基金，即政府根据事先确定的法律征收特定的收入，用于特定的目的。一般政府基金又根据所提供的公共产品的时限性，分为经常性预算资金和资本性预算资金。经常性预算资金是政府提供年度性公共产品和服务的资金，如国防、教育、环保、卫生等方面的经费。而资本性预算资金是政府提供跨年度性或多年度性公共产品和服务的资金，如道路、桥梁、市政设施等各种公共基础设施。

信托性基金是指以政府信用为担保的，由政府代公众进行经营管理的，以保值增值为目的的，到时需要支付给公众的资金。这类资金的特点是政府既没有所有权，也没有使用权，只是以自身信用作为担保，以信托人的身份代公众保管这笔资金，保管这笔资金的目的是使其保值增值。这类基金的典型代表是养老金。

经营性基金是指为公众所有、由政府或政府指定机构直接经营和管理的公共资金。其特点是不以营利为目的，但又必须像企业一样经营管理，进行成本核算，讲求效率。这类基金一般包括两类企业：一类是国有企业，国际上主要是指具有自然垄断性质的水、电、燃气等公用事业；另一类是政府间企业，这类企业只为政府，而不对社会公众提供服务，如政府汽车维护修理厂等。公共资金的分类如图0-1表示。

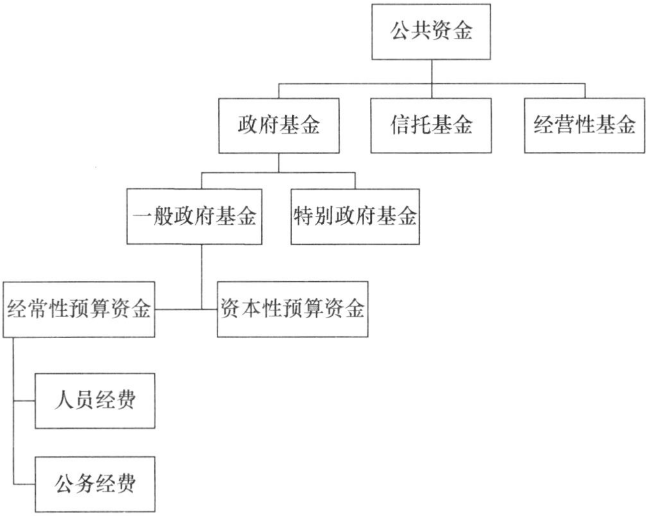

图 0-1　公共资金分类框架示意图

0.3　财政透明度调查与评估方法

自2008年开始，上海财经大学财政透明度研究课题组（简称课题组）开始连续多年对我国31个省级政府财政信息公开情况进行调查、评估、分析和研究，迄今为止，已发布5份（2009—2013）中国财政透明度报告。本报告连续、多角度记录自2008年《中国政府信息公开条例》颁布实施以来中国财政透明度进程，以31个省级政府为对象，调查和评估其财政信息公开情况，并进行排位比较。通过这样的分析和研究，我们可以了解中国省级政府对财政透明度的推进状况，并通过国内外比较，发现阻碍财政透明度提升的原因，有针对性地提出改进建议。

政府财政的透明度可以从各种不同的视角来考察。政府职能的明晰、信息的全面性、具体性、及时性、连续性、可靠性与法规建设、决策过程的公开性以及政府财政信息获得的难易程度等都从不同的方面反映政府财政的透明度。

全方位地考察政府财政的透明度是非常必要的，但由于主、客观条件的限制，迄今尚未有全面的财政透明度考察。已有的各种做法，其项目设计大多只选择其中的几个视角展开。本项目在有限的资源条件下，只能选择某些特定的视角对我国财政的透明度进行评估，从而使目标与我们的能力相匹配。在参考了 IMF、IBP、OECD 等国际组织以及各国众多民间机构发展出的多种比较成熟的评价指标体系和方法后，我们结合中国政府财政活动的特点，于 2008 年研发出一套专门用于评价政府财政透明度的指标体系。这套指标体系包括 113 项调查内容，分别从全面性和详细性两个视角考察中国省级政府的财政透明度。

所谓全面性是指该指标体系覆盖了全部公共资金的内容和形态。公共资金在中国具体体现为公共财政基金、政府性基金、社会保险基金和国有企业基金。这些资金的共同性质是它们都属于社会公众所有，因而都有必要置于社会的监督之下。本项目强调的全面性首先是指财政信息要能反映这四个基金的运行状况，而不是其中的一个或者两个。全面性的另一个含义是指指标体系反映了公共资金运行的全部形态。公共资金与私人资金一样，也有静态和动态两种形态。静态即为资金存量，动态即为资金流量。了解财政状况可以从流量和存量这两个不同的角度来考察。从流量方面来考察就要了解资金的收入与支出，了解公共部门及其所属机构和单位的收入、支出（或者费用）、余超（或者盈亏）。从存量方面来考察，就要了解公共部门及其所属机构的财务状况，即这些部门或单位的资产、负债以及净资产。只有拥有了流量和存量两个方面的信息，人们才能对政府的财政状况有系统性的认识，并做出合理的判断和决策。

所谓详细性是指该指标体系深入考察财政资金活动的细节。透明度的一个重要因素是获得信息的详细性。一个总数反映的信息是极为有限的，更多的信息体现在细节中。只有充分地披露信息，展现公共资源具体的收支情况，才有可能防范各种违背公共意愿的行为。这就需要对收支总额或者资产负债总额进行必要的分解，分解得越细，获得的信息量就越大，透明度也就越高。图 0-2 展示的是我们调查提纲的框架。

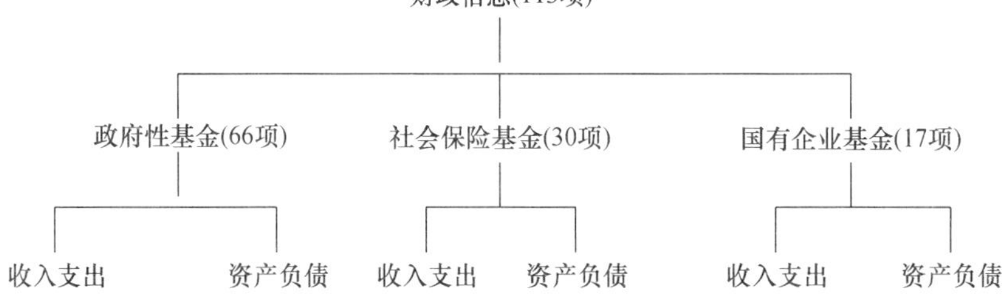

图 0-2 中国财政信息透明度调查框架

当然,信息提供的及时性、准确性、便利性等也是财政透明度的重要衡量指标。我们没有考察这些指标的原因如下:

(一) 规范性标准

信息的规范性是指信息应该以科学的、规范的体系加以记录,并且能够反映真实情况。从这个视角来考察财政透明度,应从两个方面入手。

1. 考察我国公共部门会计和统计体系对政府职能的明晰程度

本项目着重考察我国财政的会计和统计体系,目的是看它是否能够清晰地将政府的各项职能区分开来,并形成一个全面、系统的会计与统计体系,从而使信息的获得者能够很清楚地了解公共资金和资产在各种不同职能和用途之间的使用状况。

我们认为,尽管中国公共部门的会计和统计体系还存在一些问题,例如收支科目的设计、政府会计基础以及统计口径与国际规范的接轨等方面还有待于进一步完善,但从整体上来说,并不是影响中国财政透明度的主要问题。这是因为,如果中国现有的政府会计和统计规范体系能够在实践中得到严格执行,并且所记录的信息能够充分披露的话,那么这一体系已经能够在相当大的程度上反映政府职能的划分,并分门别类地反映公共资源的各项用途。从政府职能明晰的要求来看,起决定性影响的是现有的会计和统计体系能否在实践中得到落实,这就涉及下面所说的第二个问题。

2. 考察公共部门会计和统计体系的落实程度

本项目着重考察政府所记录的财政信息是否严格按照规范的会计和统计体系的要求,将实现各种不同职能、用于不同用途的资金和资产按照实际发生的情况如实反映出来。政府职能可以依次从以下三个层次来明晰:

从第一个层次上来说,公共部门职能明晰化的基本要求,就是公共部门所支配的资金和资产应完整地体现在现有的政府会计和统计体系中,要特别考察是否存在一部分资金在这一体系之外。

从第二个层次来看,公共部门的主要职能可以分为三项:一是提供公共消费;二是进行收入再分配,提供社会保障;三是从事公共投资和公共生产。履行这三项职能的机构大致上是公共部门的三个组成部分:一般政府部门、社会保障部门和公共企业部门。在会计核算上分属三个性质不同的基金:政府基金、社会保障基金和国有企业基金。政府职能的明晰化要求履行不同职能的资金和资产要分别记录,不能混淆。考察公共部门会计和统计体系的实际情况,就是要弄清现实中是否存在政府基金的资金和资产被用于公共消费之外的活动,例如用于经营性的赢利活动;是否存在国有企业的资金和资产用于本该由政府基金来承担的职能,从而使社会低估政府提供一般公共服务和管理所花费的资源;社会保障基金是否承担了与赋予它的职能不相关的活动费用等等。

从第三个层次来看，需要考察的是政府基金、社会保障基金和国有企业基金内部更细化的职能明晰化。例如，政府基金中有行政管理、国防、教育、卫生、环境保护等各类项目，它们分别履行不同的职能，反映不同性质的政府活动。每一类支出项目又可以具体细分，这种细分更具体地反映政府实现政策目标的方式。从政府职能明晰化的视角来考察，就是要调查各种不同的支出之间是否存在混淆的情况，例如行政管理费用开支是否隐藏在一些事业开支中，公务费开支中是否混有非公务的个人消费。

从这一视角来考察财政透明度需要做两件事：第一，要获得现有的政府财政信息记录；第二，要将这些记录与实际发生的情况相对照，按照规范的政府会计和统计体系来进行评判。获得现有的政府财政信息记录是评估政府财政透明度的基础，我们必须先从这一步做起，而且就现阶段的可能性来说，我们也只能做这到这一步。

从国际货币基金组织所提出的要求来看，本项目所做的研究只是一个起步。暂且不论我国的政府会计和统计体系是否合理，也不论现有的财政信息在多大程度上合乎规范或符合实际，我们所做的仅仅是先把能获得的财政信息收集起来，看看能在多大程度上获得现有的财政信息，以此作为评判财政透明度的基本依据。

（二）及时性标准

政府的活动是一个不断进行的、连续的过程。政府的财政活动具有某种周期性，每个周期由预算的准备、预算的编制、预算的审批、预算的执行以及评估审计等不同的阶段组成，每个阶段都会产生大量信息。财政的透明应该意味着人们能够了解政府活动全过程的信息。如果人们只是知晓在某个时点上或某个阶段上的财政信息，而对全过程的情况不甚了解，那就不能说是理想的透明。

如果从这一视角来评价我国财政的透明度状况，本项目就要考察在政府财政活动的各个阶段上的财政信息，即从预算编制指南、行政部门编制的预算草案、草案的补充文件、立法部门批准的预算、针对公众的预算说明、预算执行季度报告、预算执行月度报告、中期报告、期末预算报告、决算审计报告入手，收集预算过程各阶段的信息，考察上述各阶段信息发布的时间以及前三年相应各阶段预算信息的完备性。

从整个财政活动过程以及信息的及时性、连续性来考察透明度是非常重要的，但是本研究项目并没有把这一视角作为调查的重点，主要有以下几点考虑：一是如果收集预算各个阶段上的财政信息，工作量会大大增加，很可能是我们力所不及的。二是在精力有限的条件下，如果只是粗略地收集各阶段的信息，就会忽略信息的具体性,从而对透明度的评判发生偏差。国际预算合作组织(IBP)的预算透明度调查项目就在某种程度上存在这样的问题。例如,只注意政府是否公布预算报告或者决算报告,但对于预算报告或决算报告所披露的信息量却没有做必要的区分,从而使得一个笼统、粗略、信息量很少的报告与一个具体、详细、提供了大量有效信息的报告处在相同的评分水平上,透明程度上的区别不能充分地显现出来。

对于我国当前的财政透明度状况来说,期望值不能过高。我们不能期望像国际货币基金组织或国际预算合作组织所要求的那样,在整个预算过程中的每个阶段都能获得充分的信息。如果能够在预算过程的某个阶段上,例如预算草案或人大批准的预算或决算方面能够获得较为满意的信息,就应该是一个不错的结果了。

因此,本项目的透明度调查不是针对财政活动的全过程信息的调查,而是仅仅针对其中的一个阶段——决算信息进行调查。

(三)便利性原则

政府财政信息的便利性是财政透明度的重要度量标准。政府财政信息获得上的便利性是指公众可以方便地获得有关政府收支方面的任何信息。便利性包括两方面内容:

(1)政府的财政信息是否集中在一个或几个公开的文件中,如集中在政府的预算报告和财政报告中,而不是分散在多个文件里。

(2)这些文件是否能以低成本、方便的方式获得。成本最低、最为方便的方式是网上获得,如果政府所有的财政信息都能从一个网站上获得,这个政府财政信息的易获得性最高。其次是集中的书面文件,如果一个政府的财政信息分散在多个互联网网站上,或多本书面文件中,这个政府的财政透明度就很低,因为公众要获得所需信息就要花费大量时间成本或经济成本,这个成本有时可能高到足以让人放弃获得信息的程度。

应该承认,中国的财政透明化刚刚起步。由一个完全封闭、“法无禁止即保密”的国家发展到今天逐渐开放的状态,其困难可想而知。因此,在起步阶段,我们只能抓住财政透明度最为重要的两个方面即财政信息的完全性和详细性进行评估,并以此促进政府不断改进,逐步提高财政透明度。财政信息的便利性是必要的,但比起全面性和详细性,其重要性则后移。因为财政信息的便利性是以全面性和详细性为基础的,而不是相反。没有便利性但有全面和详细的信息,公众及其代表则有可能突破非便利壁垒获得信息,虽然成本较高。但如果没有全面而详细的信息,即使公众及其代表可以便利地获得有限的、零碎的信息,也无法理解财政、理解政府,更不用说监督和约束政府了。

评估工作的重要内容是获得提纲中所需要的信息。我们通过以下两种方式获取信息：

（1）向政府部门申请。项目组成员以普通公民的身份向这些机构发出信息申请书和信息提纲，申请书及信息提纲以电子邮件和挂号邮政信函两种形式发出，并且通过电话与这些单位进行了联系。考虑到本项目的评估结果要进行评分排序并向社会公布，为避免由于具体操作人员的个别原因或者其他偶然性因素（例如发出的信件遗失，接收人员的疏忽或懈怠）而影响到评估结果的客观性，保证评估结果的客观性和公正性，申请书和调查提纲由五位成员分别独立发出。

（2）信息搜索。项目组按照调查提纲所要求的信息对各省级政府网站进行了检索，并尽可能地通过各省级政府的各种统计年鉴获得相关的财政信息。

在完成了信息申请和搜索后，项目组将获得的信息进行统计，并将各省的信息统计初步汇总结果以书面方式通过快递邮件分别反馈给各省信息公开机构和财政厅（局），要求相关机构对调查信息的情况进行补充或确认。之后项目组根据最终的确认结果对各省财政信息公开情况进行评分。本项目将各省财政透明度的评估分为两个部分：一是对信息申请过程中各省相关部门所表现出来的工作态度和责任心进行评分；二是对搜集到的财政信息的数量和质量进行评分。在两部分内容的评分中，后者占决定性的权重。考虑到各省在信息数量和质量方面得分的一般情况，项目组将态度和责任心的评分总分定为50分，将披露信息的数量和质量的评分总分定为1 130分（113项×10分），目的是让态度、责任心的评分对评估结果和排名顺序不致产生过大的影响。

最后将态度、责任心评分与实质信息评分（信息数量、质量评分）加总，得到各省财政透明度的综合评分，并按评分的高低进行排序，形成对省级政府财政透明度年度评分表。《中国财政透明度报告》连续5年来使用同样的研究方法、研究视角和研究口径，从而使年度之间具有可比性。

0.4 中国政府财政透明度进程

0.4.1 政府基金财政透明度进程

根据上海财经大学财政透明度课题组连续5年对中国省级政府财政透明度的评估与调查资料，中国省级政府基金透明度5年来的进展情况呈现以下特点：

（1）省级政府基金信息公开整体水平较低且进展缓慢。从2009年到2012年，31省政府基金信息公开状况几乎没有变化。按百分制计算的4年透明度得分每年基本上都维持在20分左右。到2013年，31省政府基金信息公开状况有一定程度的改善，按百分制计算的透明度得分为25.52分。从5年综合情况看，31省政府基金透明度按百分制计算的5年平均得分为21.18分，这意味着31省在政府基金项目上只公开了所有调查项目中约 21% 左右的信息。显然,中国政府基金信息公开状况从整体上来看还不尽如人意。

(2) 从省际角度看,5 年来 31 省信息公开状况存在差异,且呈现以下特点:一是政府基金透明度得分在 20 分(百分制得分,下同)以下的省份占比在逐步下降,而得分在 20—30 分之间以及得分在 30—40 分之间的省份占比在逐渐增加,这说明有一部分省份的政府基金信息公开状况在逐步改善;二是综合 31 省 5 年得分情况,20 分以下省份占比始终最大,这说明 5 年来大多数省份只公开了调查项目中不足 20% 的信息;三是信息公开最好的一组省份的透明度水平在逐渐提升,但这类省份的数量较少。

与各省之间信息公开有差异相关联的另一个值得关注的现象是,每年政府基金排行榜上的排名都会发生变化,特别是名列前茅的省份和位于末端的省份。这一方面表明省级政府对财政公开透明较为随意的态度和行为,另一方面也是中庸哲学在省级政府财政透明度上的表现。

(3) 从信息公布的内容角度看,不同项目的信息公开程度存在差异。首先,将 66 项政府基金调查项目划分为政府基金支出、政府基金收入、政府基金资产负债、教育部门预算、教育单位预算透明度等类别,各类项目的信息公开程度是不同的。从 5 年平均得分情况看,以满分为 10 分计,上述分类项目信息公开的情况分别为 2.44 分、2.71 分、0.17 分、2.69 分、0.07 分。若按百分数来计算,这意味着政府基金中的政府基金支出、政府基金收入、政府基金资产负债、教育部门预算、教育单位预算 5 个部分分别公开了所有调查项目中约 24%、27%、1.7%、27%、0.7% 左右的信息。比较而言,政府基金收入项目、教育部门预算项目的信息公开状况相对较好,政府基金支出项目的信息公开状况次之,而政府基金资产负债项目、教育单位预算项目的信息公开状况则最为糟糕。其次,从财政支出的部门分类、功能分类和经济分类的角度看,5 年来政府基金支出调查项目中功能支出项目的信息公开状况要远好于经济支出项目和部门支出项目。

0.4.2 政府部门财政透明度进程

部门是政府预算编制和实施的主体,部门预算公开对于财政透明度的建设具有重要的意义:部门是政府职能的具体实施单元,而政府财政信息公开的意义不在于简单地公开政府的财政收支,而在于向社会公众展示政府职能履行的情况,以便社会公众对于政府收支的恰当与否做出适当的评价和监督。

我国部门预算信息公开始于 2010 年。在 2010 年之后,我国部门预算信息公开不断深化和拓展。有越来越多的政府部门公开其预算信息,公开的内容不断规范和细化,公开的形式更加规范。

（一）政府部门行政收支及相关信息的公开进程

自2010年以来，我国省级行政收支及相关信息的公开有5个基本特点：

（1）省级行政收支及相关信息透明度水平有显著进步。2013年341个省级单位透明度的平均得分为10.82分，比2012年的4.77分增加了6.05分；而相比2010年的3.21分，2013年的得分更是增加了2.37倍。在微观的个体层面还出现了值得注意的“示范性”单位与事件，如广西壮族自治区人民政府办公厅2012年百分制得分高达91分。财政信息公开的进步，一方面是公开内容的增加及其所引致的得分水平的提升，另一方面，也是比较重要的一方面，则是财政信息公开方式的规范化。相关单位在公开部门预决算时，报告的内容不是简单的报告预算表，而是在预算表之前，能够简要介绍部门概况，比如介绍部门的主要职能、决算单位的构成与人员编制等，而在预算报表后则能对部门预决算情况做出必要的说明。

（2）省级行政收支及相关信息透明度的整体水平还比较低。在过去几年中，我国省级行政收支及相关信息的透明度有显著提升，但整体的透明度水平还是比较低的。一方面，在最终的得分方面，即便是得分最高的2013年，341个单位透明度的百分制得分也仅为10.82分，不足15分，远没有达到及格的水平。另一方面，从我们所制定的透明度评分体系的严格程度来看，与我国财政信息公开处于初级阶段的现实国情相适应，我们所采用的评估体系和评分标准整体上来说是比较低的，我们采用的透明度评判标准只是初级水平，它只考虑公众需要了解的一些基本财政信息是否能够获得，没有考察信息的及时性、规范性、真实性，对于信息的详细性，也只做了十分粗浅的调查。

（3）省际透明度存在差异，呈现明显的“抑首激尾”效应。根据调查评估数据分析，从2010年到2013年，处于领先的省份不愿意冒尖，在下一年的排名中往往会下降；而在前一年度排名落后的省份也往往不甘落后，在下一年度中的排名会上升，这是政府部门在现有制度下为规避风险而进行理性选择的结果。

（4）部门之间透明度存在差异。首先，人大与政协的透明度一直低于行政部门，而在行政部门内部，国税局的透明度一直处于低水平。与省际排名在结构上所存在的年度变化不同，对于所评估的11大部门，在过去几年中，它们的得分排名一直呈现出一种稳定的结构：政府9大行政部门的得分及排名一直显著高于人大与政协这两大非行政部门的得分及排名，4年平均得分的区间范围大致是在2—8.5分之间；而人大和政协在过去4年中透明度得分基本上一直等于零。这反映了我国《政府信息公开条例》的制度性缺陷，即将政府信息公开的主体限定为行政机关。其次，在行政部门内部，与其他8大行政部门不同，国税部门的得分一直很低，其4年的平均得分大致为2分，而其他行政部门的平均得分都在5.5分以上。国税部门的透明度水平之所以一直低于其他行政单位，与该部门采用垂直管理方式有关。而针对此类中央直属的二级预算单位，国家还没有就此类财政信息的公开出台具体规定和相关细则，因此国税部门就缺乏公开本部门信息的压力。

（5）不同的信息透明程度不同。首先，态度与责任心得分一直高于实质信息公开的得分。从 2010 年到 2013 年，所调查部门的态度与责任心的得分一直超过 30 分，但实质信息公开的得分则一直低于 10 分。这一方面是由于信息公开会影响并限制到责任单位和个人在公共资金配置上的自由裁量权，相比简单的答复而言，公开实质信息面临着更大的自然倾向上的抑制力。另一方面，财政信息公开的各种保障机制不健全，《保密法》等制度上的限制都对实质信息公开造成不利影响。其次，财政收支非明细信息所取得的进展最为突出。通过调查发现，4 年中，透明度得分增长幅度最大的是部门收支非明细信息，包括“年度收入总额、支出总额”“按收入来源分别列示的收入数”“基本支出数、项目支出数”以及“基本支出中人员支出数和公用支出数额”。而对于明细信息以及人的信息和物的信息，透明度得分虽然有增长，但增长的幅度有限。其中主要原因在于，自 2011 年以后，我国财政透明度的发展直接来源于中央的推动。由于中央政府自 2010 年公开了经批准的 2009 年中央财政收入预算表、中央财政支出预算表、中央本级支出预算表以及中央对地方税收返还和转移支付预算表等 4 张表格中的信息基本上是非明细信息，当地方参照中央公开其预算时，所公开的信息也主要是这类信息。

（二）政府部门预算信息公开进程

我国政府部门预算的公开大致分为三个阶段。

第一阶段，没有部门预算时期。在 2000 年开始部门预算改革前，中国没有真正的部门预算，预算具有强烈的计划经济色彩。

第二阶段，部门预算建立阶段。针对缺乏部门预算造成预算管理乱象的问题，在审计署的要求和提议下，财政部在广泛征求部门意见的基础上，提出了《关于改进 2000 年中央预算编制的意见》，自此，中国部门预算改革启动。经过数年改革，目前我国的部门预算编制从内容到形式已臻于完善，部门预算编制已相当规范，且已达到国际标准。

第三阶段，部门预算公开阶段。自 2000 年提出编制部门预算以来，部门预算公开也随之展开。自 2009 年始，中央政府利用 3 年时间向社会公开全部部门预算，地方政府部门预算信息随中央部委预算公开之后也逐渐公开。从没有部门预算，到编制部门预算，向人大提交部门预算，再到向普通公众公布部门预算，中国政府用 10 年的时间完成了这一跨越，这是我国政府信息公开史上的一件大事，是预算透明度的一大进步。

上海财经大学财政透明度课题组对 2010—2012 年的中央政府部门预算和

2012年31个省级政府部门预算的信息公开情况进行了评估。评估结果表明，虽然中央部委和省级政府部门预算透明度得分存在较大差异，但二者在预算信息公开方面存在以下共同点：

（1）公布的信息有限。从评估结果上看，我国中央部委预算透明度3年取得了较大进步。2010年百分制平均得分为22.02分，2011年为24.23分，2012年为41.37分，3年中每年得分都在增加，2012年增加幅度最大，比2011年提高了17.14分。但总的来看，中央政府部门的预算透明度还比较低，百分制平均得分没有达到及格线。而31个省级政府的部门预算透明度就更低了，根据2012年的评估结果，平均得分仅为16.31分。我国部门预算透明度水平不仅低于国际发达国家和地区，如美国联邦政府部门（百分制得分为100分）、美国亚利桑那州政府部门（百分制得分为61分）、香港特区政府部门（百分制得分为78分），而且也低于我国焦作市政府部门预算透明度（百分制平均得分为69.77分）。

（2）公开的部门预算信息中经济分类信息透明度最低。从评估的结果看，无论是中央部委还是省级政府部门，所调查的综合预算信息、功能分类信息和经济分类信息的得分都不高，其中经济分类信息的得分最低。这表明近年我国政府在部门预算公开方面的努力主要集中在公开预算的综合信息及预算支出的功能分类信息方面，而对预算支出的经济分类信息的公开则重视不够。经济分类信息是三类信息中最为重要的信息。公众及其代表只有通过完整、详细的经济分类信息才能了解自己的钱是怎么被花掉的，有多少用在自己身上，有多少被用作行政管理费。只有这样，才能判断每一笔钱该不该花，花费的规模和结构是否适当。

（3）部门预算的功能分类信息不能将部门的职责和目标与履行职责、实现目标所需要的资金成本直观地联结起来。一般而言，政府职能包括国防、外交、教育、科技、卫生、社会保障等职能。而单个政府部门只是执行政府众多职能中的一种或几种职能。因此，部门存在本身就说明其职能既定，无须再像政府一样将各种活动按政府职能进行分类，而是直接在既定的政府某一或某几种职能下活动。对公众及其代表而言，部门预算需要反映的是部门为执行自身被赋予的职能所设立的项目以及完成每一个项目所需要的资金（成本）。因此，部门预算的功能分类信息应直接展示部门所从事的各种项目及其预算。发达国家和地区以及相当多的发展中国家政府部门预算的功能分类信息都直接反映部门所从事的项目及其预算。与此不同，我国政府部门预算的功能分类与政府预算的功能分类一致，部门的功能分类科目设置与部门自身的职能特征相匹配，没有的职能相应地也没有设置科目。

这种功能分类信息很难让人清楚地将部门的职能和任务与其完成这一任务所需要花费的资金联系起来，或者说，部门提供的公共服务与其提供这些服务所需要的成本之间的直接联系无法建立,从而不能判断部门的哪些项目和相应的活动是完成职能所必需的,哪些是多余的。部门预算失去了作为公众及其代表了解和监督政府部门活动工具的作用。

(4) 部门预算公布的方式不符合便利原则。便利原则是预算透明度的重要原则。与国际比较,目前我国无论是中央部委还是省级政府部门,其预算的公布方式都不符合便利原则。我国绝大部分政府的部门预算信息是根据“谁制作(信息)、谁公布”的原则,分散地在各自的网站上公布本部门的信息。没有将部门预算集中在一个网站统一公布有明显的弊端:一是公众要获得多个政府部门的预算信息就要一个部门一个部门地查找,增加了查找的时间;二是不利于获知到底公布预算的部门有多少。

(三) 政府部门“三公经费”信息公开进程

“三公消费”是我国财政长期以来饱受诟病的问题。随着“三公经费”规模的膨胀,其透明度问题也日益受到关注。自 2011 年开始,我国政府应民众要求,陆续公开政府部门的“三公经费”。从我们调查评估的情况看,无论是中央政府还是地方政府,我国政府部门“三公经费”信息的公开都呈现出以下三个方面的变化:一是从最初的部门预决算与“三公经费”分开公布到“三公经费”预决算随同部门预决算一并公开;二是从最初的部门自行决定公开时间到由政府或财政部门决定时间统一公开;三是公开范围从最初的政府机构向党务机构和人民团体拓展。由此可见,我国政府部门“三公经费”信息的公开范围逐步拓展,公开形式和公开时间逐步规范统一,表明公开力度越来越大。

调查也表明“三公经费”信息公开仍然存在以下问题:

(1) 信息公开的非完整性。完整意义上的“三公经费”预算统计口径应该涵盖所有财政资金(含公共财政预算、政府性基金预算、财政专户预算和其他财政资金),但目前各级政府公布的《“三公经费”预算财政拨款情况统计表》基本上只涵盖了公共财政预算资金。另外,从公布的“三公经费”信息来看,社会公众也很难确定是否包括二级预算单位的信息。

(2) 信息公开的细化程度不够。目前中央和地方政府公开的“三公经费”只是粗线条地公布了因公出国(境)经费、公务车购置及运行费、公务招待费,而没有进一步细化规范经费支出公开内容。出国出(境)费应包括出访人员名单、出访路线、人均费用等信息,公务接待费应包括公务接待人数、次数、人均费用等信息,公务车辆购置费应包括购置车辆批件、型号、价格等信息,公务车辆运行维护费应包括车辆数量、运行里程、耗油修配费用等信息。大部分政府部门对各项“三公经费”的“解释说明”只是相关表格内容的同义重复,未能真正起到阐明“三公经费”消费支出用途的作用。

(3) 地方政府信息公开缺乏规范统一性。中央本级和各部门的"三公经费"公开在公布时间、公布的表格数量、内容、专业术语解释说明等方面达到了基本一致,但地方政府在"三公经费"公开的时间、范围和内容等方面则存在较大差异。有不少地方政府"三公经费"信息的公开程度甚至超过中央政府,而另有一些地方政府则在公开范围上自行限制。造成这种情况的原因在于推进"三公经费"公开的制度方面存在缺陷。目前,我国地方各政府部门是否公开"三公经费"以及如何公开主要是根据各级人民政府和财政部门的《通知》进行,没有统一规范的制度要求。而且由于制度规定针对的是政府部门,因而党务机构、人大和政协、法院系统和检察院系统、人民团体是否要根据人民政府的《通知》公开"三公经费"则变成了一个具有争议性的问题。

0.4.3 国有企业基金信息的公开进程

我国的国有企业基金信息公开始于2006年。中央国资委以及上海、深圳、重庆、山西等地方政府都先后要求所管辖的国有企业逐步公开相关信息,单个国有企业开始公布一些企业财务信息。但最初我国国有企业信息公开还是粗放型的,各地在实践中多为有选择的自觉披露,在信息披露内容的充实性和范围的扩展性上也多有保留,尚不能起到监督国有企业运营的基本目的。2008年《中华人民共和国政府信息公开条例》的实施,2009年国务院国资委《国务院国资委国有资产监督管理信息公开实施办法》的颁布,为国有企业信息公开提供了一定程度上的制度保障。从上海财经大学财政透明度课题组的评估情况看,2009—2012年间,全国31个省国有企业基金信息公开的平均得分(满分为170分)分别是:25.33分、27.80分、27.63分和32.26分(百分制得分则分别是14.90分、16.35分、16.25分和18.98分),得分基本处于稳定上升态势,表明我国国有资产透明度处于不断改善状态。从公开信息的结构上看,汇总企业的信息公开要好于单个企业的信息公开。从调查评估的情况看,汇总的国有企业财务信息透明度情况最好,其次是国有企业集团总公司的财务信息。而最具体的单个国有企业财务信息公开情况最差。而在财务信息中,总额信息,如收入总额、费用总额和利润总额的透明度要高于明细信息,如资产负债明细和利润分配信息的透明度。

尽管近年国有企业信息公开取得了一定的进展,但仍然存在一些不容忽视的问题。

第一,信息公开的范围没有做到全覆盖。目前,各省国资委提供的国有资产信息,基本上仅限于由其出资并监管的企业。然而,在国资委的监管范围之外,仍然存在大约22%的国有资产,这就造成国有资产信息的统计失真。

第二,国有企业信息被冠以"工作秘密或商业秘密"而被拒绝公开。

第三,本应主动公开的信息被设为依申请而公开的信息。

第四,主动公开的信息由于政府网站设置复杂、栏目分类管理混乱以及政府提供的公开渠道庞杂,公开资料无法购买等原因而难以获得。

此外,有关国有企业信息公开的不完善,也使得国有企业信息公开的主体不明确、缺乏信息的分类管理等不利于国企信息公开的因素存在,从而影响国有企业基金信息透明度的提高。

0.4.4 社会保险基金信息的公开进程

2010 年,《国务院关于试行社会保险基金预算的意见》颁布实施,社会保险基金预算开始在全国范围内试编。三年来,试编工作取得显著进展,编报范围全面覆盖,管理机制逐步健全,编报时间大幅提前,编报水平不断提升。2013 年全国社会保险基金预算正式报送全国人大审批。2013 年全国社会保险基金预算按险种分别编制,包括基本养老保险基金、基本医疗保险基金、失业保险基金、工伤保险基金、生育保险基金等社会保险基金。与此同时,一些省级人大也要求省政府报送社会保险基金预算。

从调查和评估的情况看,2009—2012 年四年间,我国社会保险基金信息透明度呈逐步改善趋势,全国 31 个省的百分制平均得分分别为 44.90 分、41.57 分、46.73 分和 51.81 分,表明省级政府对社会保险信息公开的重视和努力程度都在不断加强。但从总体上看,我国省级政府社保基金透明度并不高,未达及格线,且省际差异悬殊。有的省份公开了所调查的所有信息,而另有一些省份公开的信息不足所调查信息的 20% 。

影响我国省级政府社会保险基金透明度的主要因素如下:

(1) 社保基金信息披露制度不完善。《中华人民共和国社会保险法》虽然对社保基金的信息披露有强制要求,但是,该法对于社保基金的信息披露范围、形式和截止日期等重要事项缺乏具体规定,更没有规定如何处罚那些没有及时进行信息披露的政府机构。

(2) 信息公开的主体不确定。社会保障的经办与管理主要涉及财政厅、人力资源与社会保障厅两个部门。在申请信息公开的过程中,经常会遇到两个部门互相推诿,要求向另外一个部门申请信息公开的情况。

(3) 公开的信息数据严重滞后。

(4) 信息公开的内容和范围不统一,随意性大。

(5) 信息统计体系不统一。同一个省份财政厅、人力资源和社会保障厅提供的信息往往不是同一统计口径。即使信息公告的名称相同,里面的内容也不尽相同。

(6) 地方政府滥用"信息保密"规定。许多省份以信息保密为由拒绝公开信息。

(7) 信息公开不符合便利原则。信息披露的网站分类设置混乱,信息难以查找;公开的资料无法购买;信息披露的载体不统一等。

上述问题的存在严重影响了我国社会保险基金透明度的提高,而省级社保基金透明度的改善有赖于以上问题的解决。

0.5 财政信息公开的国外经验

自20世纪80年代以来,世界各国开始了财政信息公开进程。先后有国际货币基金组织(IMF)发布《财政透明度良好做法守则——原则宣言》和《财政透明度手册》、经济合作与发展组织(OECD)发布《预算透明度最佳行为准则》以及国际预算合作组织(IBP)连续发布《预算公开透明指数》等等。这些活动都极大地推进了世界范围的财政透明度进程。为借鉴国际经验,改善国内财政透明度,我们选取一些典型国家作为分析样本,从公开内容、公开形式和公开方式等方面具体剖析其财政信息公开状况,为我国的财政信息公开提供可靠的国际经验。

0.5.1 美国亚利桑那州一般政府基金信息公开

美国亚利桑那州政府基金的公开透明具有以下特点:

(1) 完整,即公开了政府全部的收入、支出、资产和负债信息,没有例外。

(2) 详细,财政信息公开的详细性表现在以下方面:公开每个部门的总支出和总收入信息;公开每个部门的收入来源信息;公开州政府每个基金的收入征集信息;公开政府最大且最重要的收入来源信息,即一般基金信息;公开每个部门预算和基金的三个经济分类层次,信息公开详细到每一次的财政交易;公开每个部门预算的项目分类信息,对于较大的部门,公开项目分类两个层次的信息;公开州政府资产和负债的详细列表信息,以及未来的债务服务信息。

(3) 便利,表现在:所有的信息都可以通过网络获取;提供了任何特定种类的财政信息的一站式服务;最后且最重要的是建立了"公开报告"在线数据库,为公众获取州政府的财政信息提供了极其方便的途径。

亚利桑那州政府一般基金信息公开的完整、详细和便利特征为我国省级政府的一般基金透明度提供了良好的经验。

0.5.2 美国政府性基金信息公开

在美国,相当于我国政府性基金含义的特殊基金种类繁多,信息披露的内容与我国相比,更加具体和详细。

美国特殊基金信息披露的主要内容由正文和相关附表组成。正文内容主要包括以下六个方面:

(1) 特殊基金所属的基金类型。

(2) 特殊基金与预算的关系,一般而言特殊基金都属于预算内基金,仅有少部分的预算外基金在此部分需要进行披露。

（3）特殊基金成立的目的。

（4）特殊基金的成立和撤销信息。

（5）特殊基金的管理，主要是对特殊基金的来源和使用、挑战和机遇等方面进行分析。

（6）特殊基金发展的建议，针对特殊基金管理和发展出现的问题，提出特殊基金管理和发展的相关建议。

美国特殊基金附表与我国的政府性基金决算表相比，除了反映基金账户的会计信息，更侧重于对每一特殊基金设立目的、来源及使用用途等信息的详细披露。特殊基金报告的附表也没有统一的格式和标准，但一般至少包括一张较为综合的附表，集中报告各种特殊基金的账户信息，即收支盈余金额和基金成立的目的或所属部门。

0.5.3 新西兰国有企业基金的信息公开

新西兰是世界上公认的国有企业治理最好的国家，在国际比较中经常被当作范本引用。国有企业的信息公开是国有企业治理的重要内容之一。新西兰国有企业信息公开呈现以下特点：

（1）新西兰政府企业的信息公开有明确的法律规定，即《1986 年国有企业法》《1993 年公司法》和《官方信息公开法》。这些法律依据为新西兰政府企业的信息公开提供了有力的支持和保证。

（2）新西兰各政府企业都将信息公开作为自身的义务，按照法律规定定期公开自己的财务及相关信息。无论是上市企业还是未上市企业，无论是商业性运作企业还是非商业性研究机构，无论是大企业还是小企业，都无一例外地按照统一的法律规定公开信息。

（3）不仅各企业公开自己的信息，而且政府企业管理者——皇冠企业管理处也定期公开汇总的和分类的政府企业财务信息及其他相关信息。

（4）所有政府企业，无论什么类型，什么性质，什么功能，一律由皇冠管理处统一管理，并负责其信息公开。

（5）所有国有企业的信息都集中在财政部网站上统一公开。

（6）国有企业实行分类管理，包括商业性运作公司、金融机构、实体公司、研究机构。其中商业性运作公司又分为上市企业和非上市企业进行管理。

（7）无论是单个政府企业，还是汇总的政府企业，其信息公开都不仅公布了财务信息，而且公布了与财务信息有关的其他信息，如公司的治理机构及其变化信息，企业重大决策变化及其对企业经营绩效影响的信息，企业经营环境变化及其对企业经营绩效影响的分析等。不仅公布了报告年度的信息，而且公布了多年度信息，并在可以比较的地方进行比较，反映年度之间的差异并清楚详细地解释差异产生的原因。不仅公开报告年度年终时点信息（结果信息），而且报告年度中的动态信息（过程信息）。

(8) 除了公布集中反映政府企业财务状况的年报以外，还公布企业价值评估报告，10年国有企业经济利润分析报告等信息，使公众及其代表更深入地了解政府企业的运作情况。

0.5.4 美国联邦政府社会保险基金的信息公开

美国联邦社保基金的全称是老年、遗属和伤残信托保险基金，属于美国联邦投资基金的一种类型，该基金实施部分积累制。

在美国，公布养老基金信息的机构主要有两个：一是联邦社会保障署，在其官方网站上可以下载每年的社保基金报告，有五六百页之多，非常详尽全面，包括财务信息、参保人员信息、各类决策与管理信息等；二是联邦养老基金信托委员会，每年也在网站上公布年度报告，这一报告侧重于对收支总量的平衡分析以及未来收支预测，也包括财务信息、各类决策与管理信息、社保基金长期收支精算报告。两个机构各司其职，联邦社会保障署是管理部门，而基金信托委员会是决策部门，相对独立。

每年公开的美国联邦政府社保基金信息主要包括四部分内容：

(1) 财务信息。包括基金的收入、支出、结余以及资产和负债的总额信息和明细信息。

(2) 参保人员信息。包括在职人员的薪酬与年龄分布信息，以及退休人员的平均养老金水平、年龄分布以及预期寿命信息。

(3) 缴费、给付与投资管理的决策与管理信息。包括决策者与决策机构、决策的依据以及管理流程的信息。

(4) 未来50年或70年收支精算报告信息。

0.6 财政信息公开的目标与框架体系

透明财政是现代财政制度建设的重要内容，对国家治理能力的提升与治理的现代化建设具有重要的意义。那么，什么样的财政才是透明的财政？透明财政建设的目标是什么？透明财政应该公开哪些财政信息？

0.6.1 政府一般基金预算信息的公开目标和内容

政府一般基金预算信息的公开内容主要包括两部分：一是政府总预算信息的公开，二是政府分级预算信息的公开。

政府总预算信息的公开。包括：(1) 预算收入信息的公开，内容包括预算收入的类、款、项、目级信息。(2) 预算支出信息的公开。包括预算支出的功能分类信息和经济分类信息。功能分类信息包括类、款、项信息，经济分类信息包括类、款信息。

政府分级预算信息公开包括分级预算汇总信息和分级预算明细信息。分级预算汇总信息又包括省本级汇总预算信息、市本级汇总预算信息、县本级汇总预算信息和乡本级汇总预算信息。分级预算明细信息包括各市本级预算信息和各乡本级预算信息。

0.6.2 政府性基金信息的公开目标和内容

政府性基金作为我国财政收入的重要组成部分，是财政公开透明的重要内容。近年我国政府性基金信息的公开取得了一定的进展，各级政府不仅每年公布政府性基金项目目录，而且对政府性基金进行特别预算，并公开基金预算的部分内容。但从公开的现有信息看，还存在以下问题：

(1) 政府性基金总决算支出信息报告中缺少按部门分类和按经济性质分类的信息。我国现有的政府性基金总决算信息报告体系中只提供了支出按功能分类的信息，而没有提供按部门分类和按经济性质分类的信息，从而造成现有政府性基金总决算所报告的支出分类信息不完全。

(2) 现有政府性基金部门决算中政府性基金预算财政拨款项目支出明细信息的展示不合理。从现有的信息展示中，无法得知政府部门某年度利用政府性基金预算财政拨款具体实施了哪些项目，各项目的支出情况如何，其资金使用是否合理。

(3) 现有政府性基金信息报告体系中缺少每一项政府性基金信息的单独展示，如每项基金设立的特定目的、缴费义务人、征收对象、征收比率、征收期限以及资金的具体用途等方面的信息。

针对当前我国政府性基金信息公开中存在的问题与不足，我们认为在现有政府性基金信息报告体系的基础上，应在以下方面加以改进：

(1) 政府性基金总决算支出信息中增加按部门分类和按经济性质分类的信息。具体来讲，建议在政府性基金总决算公开信息中增加一张"政府性基金支出预算按部门列示的变动情况表"和"政府性基金支出预算按经济性质分类的变动情况表"。

(2) 在现有政府性基金部门决算公布的信息中增加一张"按具体项目列示的政府性基金财政拨款项目支出明细表"，以反映每个基金的具体支出信息。

(3) 对每一项政府性基金进行单独预算，增加每一项政府性基金的信息展示。

此外，政府性基金信息报告体系还应增加政府性基金预决算要点与预决算的多年度信息。

0.6.3 政府部门财政信息公开的目标和内容

政府部门是政府职能的具体实施单元,而政府财政信息公开的意义恰在于向社会公众展示政府职能履行的情况,因而财政透明度的良性发展必须要以部门财政信息的有效公开为基础。

近年我国部门预算信息公开取得了一定进展,表现在公开部门预算信息的单位数日益增加,信息公开水平不断提升以及信息公开的方式日益规范。尽管如此,目前的部门预算仍然难以理解。其原因在于部门预算信息的公布没有规范化、系统化,信息公布不完整、不详细,部门预算分类不合理等。部门预算透明度的提高有赖于以下方面的改进:

(1) 公开基本的部门信息。包括部门的职能、部门的单位构成、部门成员的规模及组成、部门的工作重点及绩效、以前年度实施计划及实施情况做出说明包括部门的职责说明,这些信息是部门预算编制的依据,也是公众及其代表了解、监督部门活动和预算的基础。

(2) 公开全面、规范和详细的部门预算收支信息。对于部门的收支信息,在收入方面,需要给出收入的来源及其计算依据;在支出方面,应能同时按功能、按经济性质、按单位以及按资金性质来公开支出信息。而在具体的信息方面,对于公务用车,其信息应该按每一辆车来报告;对于出国费用,应该按每一次出国的信息来报告;对于招待费,在决算时,应该报告每一次招待费的具体明细。

(3) 作为信息报告的基础,一方面,应该由财政或信息公开办公室就所有部门的部门预算给出一个详尽的清单并提供相应的网站链接。另一方面,需要就各部门的职责进行合理科学的划分,避免部门之间的职能的交叉重叠。

0.6.4 国有企业基金信息公开的目标和内容

国有企业信息披露的目的是使国有企业经营透明化,避免由于信息不对称形成的“暗箱”为企业管理者侵蚀所有者利益提供机会。因此,国有企业信息披露内容要充分反映国有企业的经营状况和成果,使作为所有者的社会公众、政府部门以及其他利益相关者能够通过披露内容对国有企业的经营状况做出判断,达到提升国有企业管理者违约成本、保护国有资产的目的。具体来说,国有企业信息公开应足以使公众及其代表了解国有企业的经营管理过程和经营绩效以及重大经营决策,监督国有企业经营者的行为。

我国国有企业基金当前至少应公开以下三方面信息,即国有企业基金的基础信息,国有企业基金的预算信息以及国有企业基金的主要财务信息,包括资产负债信息、利润信息,所有者权益信息和基金现金流量信息。

1. 国有企业基金的基础信息

包括国有企业的种类、国有企业信息公开的范围、国有企业的运行目标信息、国有企业建立和运行的法律依据(制度)信息、国有企业的治理结构和股权结构信息、纳入国有企业基金的国有企业税后利润的收取比例分类、国有企业经营环境变化及其对企业经营业绩的影响分析、国有企业重大决策及其对企业经营业绩的影响等信息。

2. 国有企业基金的预算信息

(1) 国有资本经营预算编制的依据信息,这些信息有国有资本经营预算的编报范围和纳入国有资本经营预算实施范围的国有企业税后利润的收取比例分类等。

(2) 国有资本经营预算的收入信息。包括经营性收入、资产转让性收入、信用性收入、特许权收入、转移性收入。

(3) 国有资本预算的支出信息。包括资本性支出、费用性支出、债务利息支出、亏损补贴支出、贴息支出、债务性支出、转移性支出、亏损补贴支出、其他支出等。

3. 国有企业基金的资产负债信息

国有企业基金的资产负债信息是国有企业财务运营状况的重要信息。它表明的是企业资产、负债、所有者权益的实际状况,反映了企业经营活动的规模及发展潜力。各级政府合并的国有企业资产负债信息应包括以下内容:流动资产和非流动资产,流动负债和非流动负债以及所有者权益。其中每一部分内容都应进一步细化。

4. 国有企业基金的利润信息

利润信息提供的是企业在一定时期里的经营成果信息,反映了企业在一定会计期间的收入实现情况,并同时反映企业实现收入所耗费的费用情况。国有企业基金需要公开一级政府所有的单个国有企业和汇总国有企业利润表上的所有信息,包括收入信息(主营业务收入、其他业务收入、投资收益、营业外收入等)和费用信息(业务成本、主营业务税金、营业费用、管理费用、财务费用和营业外支出等)。

5. 国有企业基金的所有者权益信息

所有者权益是指企业资产扣除负债后由所有者享有的剩余价值,是企业在一定时期所拥有或可控制的具有未来经济利益资源的净额,也是反映企业经营绩效的主要指标。国资委应公布单个国有企业和汇总国有企业的所有者权益信息,这些信息包括实收资本、资本公积和留存收益等,而且要分列归属母公司的所有者权益和少数股东权益。

6. 国有企业基金的现金流量信息

现金流量信息是企业在一定时期内现金流入和流出动态状况的信息,反映了企业的经营活动、投资活动和筹资活动对现金流入流出的影响。现金流量信息通过现金流量表反映。现金流量表一般包括以下三部分内容：经营活动产生的现金流量信息，投资活动产生的现金流量信息以及筹资活动产生的现金流量信息。每一类信息又包括若干详细项目信息。而所有这些信息，无论是单个国有企业的，还是汇总的国有企业信息，都应该公开。

0.6.5 社会保险基金信息公开的目标和内容

社保基金信息披露的目标是从社保基金的属性出发，公开社会公众应当知晓的所有信息。该基金信息报告的框架应由四部分组成：财务信息，参保人员信息，缴费、给付与投资管理的决策与管理信息，社会保险基金未来50年或70年收支精算报告。

1. 财务信息

我国的养老保险和医疗保险基金均采取统筹账户与个人账户相结合的模式。根据现行制度模式，该基金信息公布应包括以下内容：养老保险个人账户缴费额、支出额和累计结余额；养老保险统筹账户缴费额、支出额和累计结余额；医疗保险个人账户缴费额、支出额和累计结余额；医疗保险统筹账户缴费额、支出额和累计结余额。

目前，该基金信息公开中存在的最大问题是公开的信息太笼统，不详细。为此，建议详细界定各类养老金收支和财政补贴的口径，明细化基金的收支额、积累额以及资产负债额信息。

2. 参保人员信息

参保人员主要有两类：一是在职参保人员；二是已经退休但根据缴费记录具有养老金领取资格人员。参保人员的信息非常重要，因为我们要判断缴费率是不是适宜，养老金水平是否够用，养老基金是否具有可持续性等，都需要有参保人员的总体信息。目前，我国社会保险基金已设计了参保人员信息的统计表格，但统计表格设计过粗，信息质量不高。

参保人员的信息主要包括：

(1) 在职人员的薪酬与年龄分布。包括在职人员的平均薪酬、薪酬中位数、各档薪酬的分布情况，在职人员的年龄及其所占比重等。

(2) 退休人员的平均养老金水平、年龄分布以及预期寿命。

3. 社会保险基金的缴费、给付与投资管理的决策与管理信息

这类信息包括：决策者与决策机构信息，决策的依据信息，管理的流程信息。

4. 社会保险基金未来50年或70年收支精算报告

如前所述，社保基金是长期营运的资金，不同于一般的财政资金，需要着眼于长期的资金筹措与安排，否则将导致整个社会忽视社保基金的潜在危机，贻误改

革时机。

首先,养老金、医疗保险待遇、失业金的给付等在一定程度上是政府应予以兑现的承诺,一个长期性的精算报告可以避免即收即支带来的支付风险。

其次,社会保险基金的长期精算报告通过展示较为清晰的未来场景(养老金的大致水平、基金的可持续能力等),让参保人员有信心去消费和合理安排晚年财务规划。

因此,社会保险基金的精算报告也是提高基金透明度不可或缺的一部分。当前我国的社保基金没有精算报告,这将使社会公众对社保改革的必要性缺乏认识,增大社保改革的阻力。

社会保险基金的长期收支精算报告必须聘请具有社会公信力的权威机构进行测算,不能仅由社会保险管理部门自行测算,原因在于各国行政部门都倾向于把支出责任后移,得出较为乐观的精算报告,贻误改革时机。

0.7 政府财政公开透明的阶段性目标及制度保障

实现公开透明的财政是现代国家的重要治理目标,但这一治理目标的实现不可能一蹴而就,而是需要一个过程。我国目前尚处于财政公开透明的初级阶段,离公开透明财政的目标还有较大的距离,提高财政透明度还需要进行一系列相关的改革努力。围绕着财政公开透明的总目标,根据我国的实际情况划分建设透明财政的阶段,并制定各阶段性目标,是实现透明财政的关键步骤。根据确定的目标,分析实现目标的障碍,确定实现目标的路径,提出改革的政策建议,是透明财政实现的保障。

0.7.1 政府财政透明的阶段性目标

第一阶段目标主要是满足最基本的财政透明度要求。其一,在信息公开的内容方面,该阶段所要公开的是最基本的财政信息。包括:预算年度内支出按行政单位、功能与经济性质分类的信息;按单个项目列示的支出信息以及预算年度内政府债务的利息支出信息;收入信息包括税收与非税收入分别按来源列示的信息。其二,从信息公开的形式来看,保证财政信息公开的及时性;在预算执行过程中,年内报告及时就预算年度内的实际支出(支出按行政单位、功能与经济性质分类)、实际收入(税收收入与非税收入分别按来源分类的信息)与实际借款等方面的运作情况向社会公众公开;在预算年度结束后,及时向社会公众报告其年终报告;保证基本财政信息公开的全面性,保证年内报告所公开的财政收支占预算收支的比重;保证信息公开的详细性,比如经过立法机关批准的预算拨款(支出预算)的详细程度。

从我国目前的实际情况来看,我国财政透明度建设的第一个阶段性目标主要是保证财政基本信息(支出按部门、功能、经济性质与项目分类,税收与非税收入分别按来源分类以及实际借款等信息)的公开,并考虑信息公开内容的详细程度。

第二阶段目标的核心任务是从纵向角度就第一阶段目标所涉及的财政基本信息做年度上的扩展:其一,在信息公开的内容方面,透明度建设不仅需要公开本预算年度的财政信息,同时还要相应地公开以往财政年度的信息、未来的多年期财政信息以及对以往财政年度收支数据所进行的估计信息等多方面的信息内容。其二,受信息公开范围纵向拓展的影响,信息公开的形式也需要相应地拓展,具体包括信息的全面性、信息的可比性和信息的可靠性。

第三阶段财政透明度建设的核心任务和目标应该是横向拓展财政信息公开的范围。具体涉及三方面的内容:其一,是从基本财政信息公开向特定财政收支信息公开的拓展。具体来看,所要拓展的特定财政信息类型主要有预算年度内政府债务的组成及年内实际借款组成的信息。其二,政策与宏观经济框架等非财务信息及其与财政收支之间的"关联"信息的公开。其三,对最后结果与预算发生的偏差进行解释以及有关结果的审计信息。

第四阶段目标主要是对第三阶段目标进行全面的深化和提升:其一,进一步横向拓展财政信息公开的范围,从显性收支的公开拓展到隐性收支的公开,从流量信息公开拓展至存量信息的公开,包括准财政活动信息、逾期未了结的支出信息、与政府贷款担保等相关的或有负债信息、政府远期债务信息、税式支出信息与预算外资金的实际水平信息、金融资产和非金融资产信息、有关预算调整的信息等。

其二,进一步拓展非财务信息及其与预算的"关联"信息的公开。透明度建设的内容具体如下:在作为预算前提条件的条件信息及其与预算的"关联"信息的公开,包括宏观经济框架等信息;作为条件因素的非财务数据方面的信息,包括支出项目的受益人数等非财务数据、对初始预测的非财务数据与实际结果差异的解释以及对旨在使最贫困人口直接受益的支出的法定水平与实际结果差异的解释;从对政策、宏观经济预设与非财务数据等条件性信息的公开拓展到绩效信息等事后信息及其与预算的"关联"信息的公开。

其三,在信息公开的形式方面,以公民预算为重点,增强公众对于预算的可理解性。包括预算信息公开的全面性、详细性以及对审计意见或调查结果的可获得性。

0.7.2 政府收支分类改革

政府收支分类是财政预算管理的重要基础性工作。科学合理的政府收支分类体系,能够全面、准确、清晰地反映政府收支活动和真实意图,及时为财政决策提供系统的政府收支信息。政府收支分类体系的改革和完善,能够详尽反映政府财政信息,加强各界对政府财政预算的监督,增强财政透明度,为预算管理、政府统计体系及财政收支的深化改革奠定基础。

政府收支分类体系的一般设计原则是全面完整、科学规范、公开透明。政府收支分类体系的国际规范有联合国的政府职能分类(COFOG),以及国际货币基金组织建立的政府财政统计体系(GFS),为世界各国建立政府收支分类体系的大框架提供了有力指导,对促进国际财政统计信息的交流和比较分析起着积极的作用。

政府收入分类,是从不同的角度,采用一定的标尺,对政府收入进行科学系统的结构和层次划分,一般分为类、款、项、目四个层次的科目。政府收支分类的核心是支出分类。政府支出分类,是对政府支出项目进行科学的划分和归类,它对制定政策和在各部门之间分配资金至关重要。政府支出主要按功能分类和按经济性质分类,支出功能分类一般分为类、款、项三个层次的科目,支出经济分类一般分为类、款两个层次的分类。这两个支出分类分别从不同侧面、用不同的方式反映了政府支出活动,二者结合使用,使政府支出活动更加清晰透明。

新中国成立后,我国的政府收支分类体系由简到繁,不断地进行修改完善,2007 年进行了较大力度的改革,初步形成了符合国际通行做法、又适合我国国情的政府收支分类体系,规范了政府财政收支信息,提高了预算透明度,强化了财政监督。但是这次改革并不彻底,现行的政府收支分类还存在一些问题,主要有:全口径预算管理尚未真正实现;没有切实推动政府财政信息公开;科目设置相比国际规范还有较大差距;收付实现制阻碍了政府收支信息的准确提供;信息技术有待加强等。对我国政府收支分类体系的改进策略主要有:以《预算法》修订为契机,建立健全相关法律体系;提高政府收支分类体系的完整性;积极推动政府财政信息公开;以权责发生制为核算基础;提高信息化程度等。

0.7.3 地方财政年鉴的规范编制与出版

信息公开载体建设是提升财政透明度的基础性环节,选择哪种载体来公布财政信息,很大程度上影响着信息传播的范围和被利用程度。从我国目前情况看,财政部门门户网站建设、报纸电视广播等新闻媒体是财政新闻、政策法规、财政数据、政策解读、通知公告、人事管理、政府采购、预算报告等财政信息公开的主要载体,而本级财政部门相关处室的工作动态、下辖地方政府财政工作概况和预决算收支信息(预算报告和决算报告除外)的公开则更大程度上依赖于财政年鉴的编制与出版。在所有种类的财政信息中,政府预算、决算收支情况是最为核心关键的信息,因此在某种程度上,地方财政年鉴的编制与出版情况决定了该地区政府部门财政信息主动公开的情况。

目前我国地方财政年鉴的出版发行及信息公开存在以下方面的问题：

（1）一些省份未及时公开出版发行财政年鉴，社会公众获取相关资料的难度大、成本高。由于2008年连续公开出版发行财政年鉴的省份不到一半，要及时获取地方财政信息对一般社会公众来说异常困难。一些在市场上流通的内部交流版财政年鉴的价格高达500元左右，至少是公开发行财政年鉴价格的一倍。

（2）重要财经文献的系统性不强，不利于社会公众的监督。从公开出版财政年鉴的省份来看，很少有省份会公布人大的预决算审查报告和审计部门对预算执行情况的审计报告，也很少有省份在财政年鉴中公布“预算调整方案报告”和“人大对预算调整方案的审查报告”。

（3）地方财政年鉴预算信息公开程度总体水平较低。调查情况显示，一些省份虽然公开出版了财政年鉴，但公布的财政预算、决算收支信息非常有限。

（4）地方财政年鉴用较大的篇幅介绍了财税部门开展工作的总体情况，而对预算收支等核心财政信息的公开程度不够。

（5）地方财政年鉴的编制随意性较大，省际差异很大，缺乏统一的规范模式。从纵向来看，每个地方出版的财政年鉴多少都存在年鉴内容选择上的随意性、编写模式上的不规范性、年份间缺乏连续性等问题；从横向来看，不同省份间的年鉴在编写模式上差异较大，缺乏统一的规范。

为进一步提高地方财政年鉴的权威性、史料性和实用性，使政府财政信息公开得到制度保障，我们对地方财政年鉴的编制与出版方式和年鉴内容提出以下几点政策建议：

（1）所有省级地方财政年鉴必须及时以公开发行的方式出版，年鉴的出版发行可以采用纸质版、光盘版或网上电子文档（如PDF文件）等多种形式。

（2）将“上年预算执行情况和当年预算（草案）报告”“人大对上年预算执行情况和当年预算（草案）的审查结果报告”“上年决算报告”“人大对上年决算审查结果的报告”“年度预算调整方案报告”“人大对年度预算调整方案的审查报告”共同作为财经文献的必要组成部分。

（3）按照预算完整性原则在地方财政年鉴中增加财政收支资金信息的公开内容，以更加全面地反映地方财政状况。

（4）由于目前地方财政年鉴侧重于介绍地方财政工作情况，而对财政统计资料公布的关注度不够，需要借鉴山东省编制出版《山东财政统计》的经验适时考虑出版《××省财政统计年鉴》。财政统计年鉴的内容可以借鉴美国州政府和加拿大省政府预算文件的公开内容，在公布政府预决算信息的同时也要公布各个职能部门的部门预决算。

0.7.4 法律保障

公开透明的财政建设离不开法律保障。我国近年在财政信息公开的法律建设方面取得了较大进展,由此推动了财政透明度的不断提升。但现有的法律建设仍不完善,透明财政的实现仍然需要在法律建设上不断努力。

(一)制定《政府信息公开法》

2008年5月1日起实施的《政府信息公开条例》无疑是推动我国政府信息公开的一个具有里程碑意义的文件。自新中国成立以来到该《条例》颁布之前,我国只有《保密条例》和《保密法》,《政府信息公开条例》的颁布与实施在法律上为提高财政透明度奠定了基础,开拓了道路。

但另一方面必须看到,这个条例具有一定的局限性,还不足以保证预算公开能达到社会以及人大能够有效监督和规范政府预算行为的目的。最主要的问题在于它只是一个行政法规,受制于层次较高的《保密法》。《政府信息公开条例》在多大程度上能够实现其目的,在很大程度上取决于《保密法》。实践中预算公开的不尽如人意就与该条例本身的缺陷有关。因此,将条例上升为法律是建立透明财政的重要法律保障。

(二)《保密法》修订

《保密法》是我国政府信息公开以及预算公开的一个关键性法律,一旦被认定为"国家秘密",在法律上就可以不公开了,而且泄露了还要追究法律责任。因此,在法律上如何定义"国家秘密",如何确定其范围,对信息公开而言是非常关键的。

新的《保密法》对国家秘密范围的规定依旧非常宽泛,包括全国的财政收入、财政支出,国家年度预算草案、中央年度预算草案及其收支款项的年度执行情况,国家年度决算草案、中央年度决算草案和未公布的国家决算、中央决算收支款项,不公布的国家预算、中央预算收支款项以及动用中央预备费的情况等都属于绝密级事项。各省、自治区、直辖市及计划单列市和省会城市年度预算、决算草案及未公布的年度预算、决算收支款项等都属于机密级事项。历年国家财政、中央财政和各省、自治区、直辖市及计划单列市和省会城市财政明细统计资料等属于秘密级事项。毫无疑问,这些规定是财政信息公开的最大障碍。提高财政透明度必须修订《保密法》的相关条款,使得"国家秘密"在法律上有严格的界定,"保密"真正成为"例外"。

(三)《预算法》的完善

过去的五年,《预算法》一直处在修订过程中。2014年8月31日,修订后的《预算法》已由全国人大审议通过。修订前的《预算法》对预算信息公开透明未做任何规定。修订后的《预算法》在预算信息公开方面专门增加了财政预算公开透明的条款。

将预算公开作为一个原则写入《预算法》无疑是一个进步。但另一方面,这一法律条文还有待进一步完善。例如,“部门预决算公开到基本支出和项目支出”的要求需要进一步明确,因为基本支出和项目支出可以是两个数字,也可以是反映更多信息的两套数据,后者的透明度显然更高些。“按经济分类公开政府预决算和部门预决算”也存在同样的问题,是公开到类级科目还是款级科目,尚不清楚。要使预算真正受到社会公众及其代表机构的监督和制约,按经济分类的信息必须公开到款级科目,应该将要求明确化、具体化,以便早日实现预算公开透明的目标。

第一篇

2013年宏观经济运行与财政状况

第1章　2013年宏观经济运行

1.1　2013年生产活动运行状况

1.1.1　GDP增速与上年持平，经济整体进入稳中求进、提质增效的发展阶段

2013年是全面贯彻落实党的第十八次全国代表大会精神的开局之年。在国际经济缓慢复苏的背景下，我国经济坚持稳中求进、提质增效，以转变政府职能为突破口，统筹稳增长、调结构、促改革的发展目标，推进经济的转型升级。根据初步核算数据，2013年国内生产总值为568 845亿元，按可比价格计算，比上年增长7.7%，增速与上年持平。

从GDP的季度累计同比增长数据来看，在2008年金融危机后，我国GDP增长率分别在2009年的第一季度和2010年的第一季度达到了6.6%的低谷和12.1%的高峰。这主要是由于金融危机对全球经济的不利影响以及我国政府在应对金融危机时采取的宽松的货币政策和财政政策所引起的。此后，我国的GDP增长速率趋缓，自2012年以来，季度累计增长率呈现7.7%左右的稳定局面。从总体上来看，在经济增长率放缓的背景下，调整经济增长结构，实现有效益、有质量、可持续的增长，是我国未来一段时期经济增长的主题（见图1-1）。

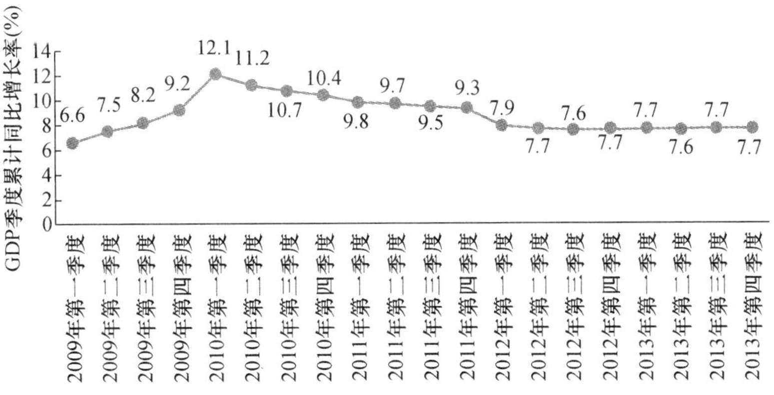

图1-1　2009—2013年GDP季度累计同比增长率

资料来源：国家统计局。

1.1.2 各产业增加值增速保持稳定，第三产业增加值总量首次超过第二产业，增速也再次超过第二产业

2013 年，尽管我国的粮食生产受到了“南旱北涝”等不利因素的影响，农业生产总体仍保持了稳定增长。全国粮食播种面积 111 951.4 千公顷（167 927.1 万亩），比 2012 年增加 746.8 千公顷（1 120.2 万亩），增长 0.7%。全国粮食单位面积产量 5 376.8 公斤/公顷（358.5 公斤/亩），比 2012 年增加 75 公斤/公顷（5 公斤/亩），提高 1.4%。全国粮食总产量 60 193.5 万吨（12 038.7 亿斤），比 2012 年增加 1 235.6 万吨（247.1 亿斤），增长 2.1%。国家强农、富农、惠农政策力度不断加大，农业科技水平不断提高，农业规模化经营也在不断推进。

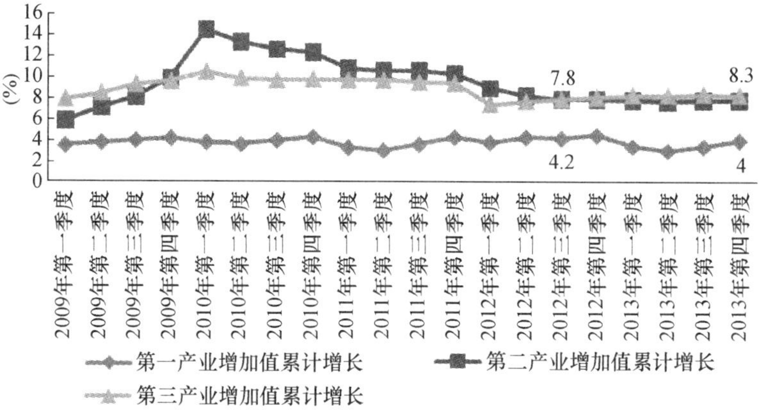

图 1-2 三次产业季度增加值累计同比增长率

资料来源：国家统计局。

在产业结构方面，2013 年最突出的变化就是：第三产业在增加值总量上首次超过第二产业，在增速上也实现了 2008 年以来再次超过第二产业。2013 年，第二产业增加值为 249 684 亿元，增长 7.8%；第三产业增加值为 262 204 亿元，增长 8.3%（见图 1-2）。第三产业增加值比第二产业增加值多出 12 520 亿元，增速快了 0.5 个百分点，第三产业占 GDP 比重达到了 46.1%（见图 1-3）。长期以来，第二产业一直是我国 GDP 构成的“主力军”，无论是 GDP 占比还是增长速度，都处于绝对领先地位。就最近 10 年全年的数据来看，除 2008 年第三产业增速高出第二产业 0.2 个百分点之外，其余年份在增速方面均“跑输”第二产业。在 GDP 构成方面，第二产业更是“一枝独秀”，地位不可撼动，近 10 年最高占比为 2004 年的 53.0%，高出同期第三产业 20 多个百分点。与此同时，第二产业增速多保持在 10% 以上，2003 年更是达到了 13.4%。第三产业只有 2006 年和 2007 年实现了超过 10% 的增长。但是，两者之间增速之差却在逐渐缩小，第三产业的 GDP 占比稳

步增长,10 年内上升近 11 个百分点,而第二产业占比相较于最高值的 2004 年下降了 7.7 个百分点。

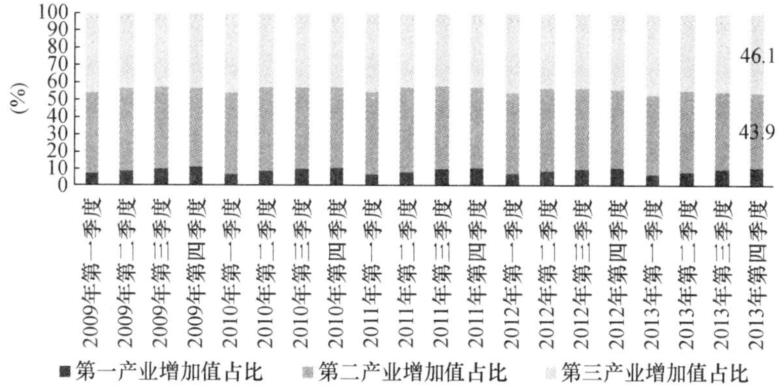

图 1-3　三次产业累计增加值占 GDP 的比率

资料来源:国家统计局。

1.1.3　工业增速缓中趋稳,重工业增速超过轻工业且差距逐渐增加

2012 年以来,我国工业经济增速出现了回落趋势,到了 2013 年下半年,这种趋势出现了好转的迹象。从同比数据来看,2013 年 6 月份的工业增加值同比增长率为 8.9%,到了 12 月份该数据逐渐上升到 9.7%;累计增速也从 6 月份的相对低点 9.3%,上升到 9.7%。从重工业和轻工业的增速来看,自从 2012 年 8 月份以来,重工业增加值的同比增速就开始超过轻工业。进入 2013 年,继续保持了这一相对增长态势,而且二者之间的差距逐渐增加。截至 2013 年 8 月,重工业增加值的同比增速达到 10.8%,同期轻工业的增速为 9.2%,二者间的差距达到 1.6 个百分点(见图 1-4)。一般来说,当工业经济处于下滑区间的时候,重工业增速下滑的速度通常快于轻工业;当工业经济处于上升区间的时候,重工业增速上升的速度

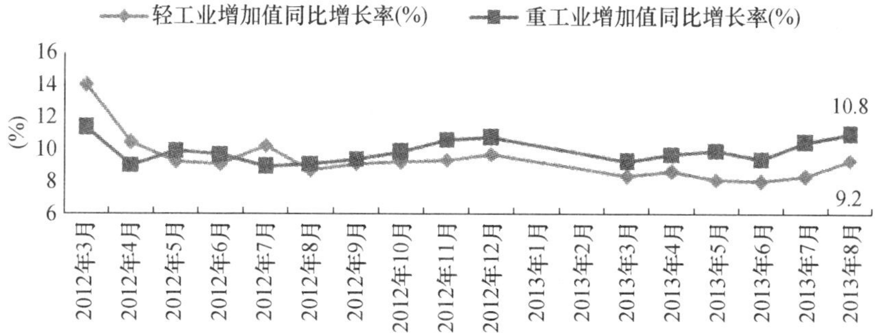

图 1-4　轻工业和重工业增加值同比增长率

资料来源:国家统计局。

也同样较快。这说明,当前我国工业经济整体出现了回升的趋势。

1.1.4 工业企业整体经营绩效显著改善,私营企业增加值增速下降但仍然维持最高的增速水平,国有企业和外商投资企业增速明显提高

根据按经济类型划分的工业企业增加值累计增速数据,私营企业增速继续保持领先水平,但增速从2012年的14.6%下降到2013年12月的12.4%,增速下降明显;集体企业累计增加值增速保持平稳,维持在11%左右的水平;外商及港澳台投资企业累计增加值增速明显上升,从2012年12月的6.3%,上升到2013年12月的8.3%;国有及国有控股企业累计增加值增长率在经历了2013年第一季度的缓慢下滑后,持续增加到2013年12月的6.9%;集体企业增加值累计增速则明显下滑(见图1-5)。这一变动趋势,说明了现阶段工业经济的增长结构中仍然存在国进民退的现象。

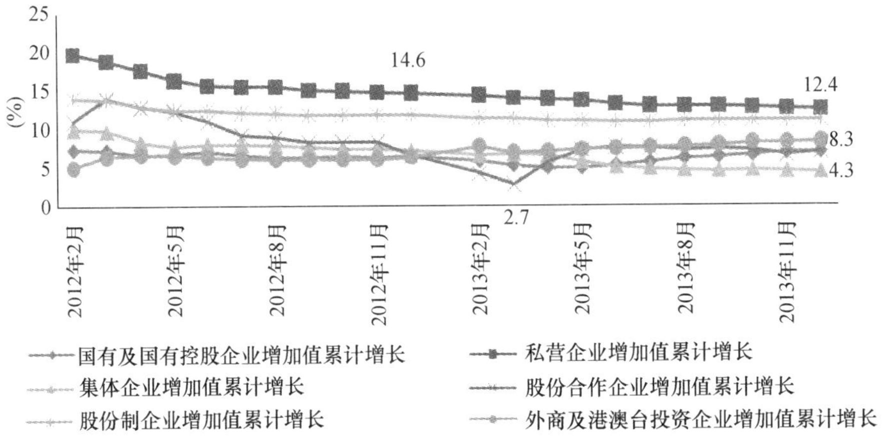

图1-5 按经济类型分类的工业企业增加值累计增速

资料来源:国家统计局。

从工业企业经营绩效来看,2013年亏损企业数量明显下滑,从2012年8月的最高值27.9%,下降到2013年12月1.6%的水平。利润总额的增速也从2012年-5.2%的历史低点,快速上升到2013年2月17.2%的水平,此后维持在12%左右(见图1-6)。这些数据说明我国工业企业的整体经营状况大幅度改善,企业盈利能力得到显著提升。与此同时,我们也观察到企业的资产、负债和主营业务收入规模增速保持平稳,维持在12%左右的水平。这说明2013年以来,企业的投入产出效率、资产管理能力等指标呈现出良性增长态势。

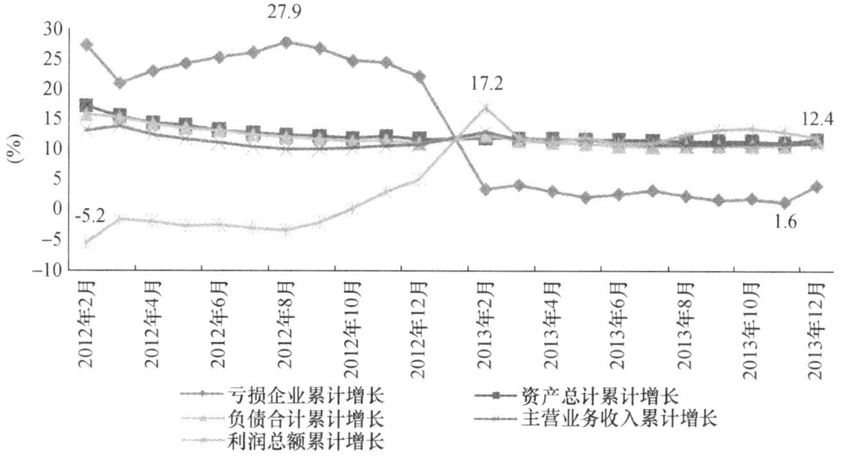

图 1-6　工业企业主要经营指标变化

资料来源:国家统计局。

1.1.5　东、中、西部地区生产总值占比保持稳定,但在增速上呈现出明显的西高东低的发展态势

从经济发展的地区结构数据来看,东部、中部和西部地区增加值在国内生产总值中的占比保持相对稳定。东部、中部和西部地区分别维持在 55%、25% 和 20% 左右的水平,说明我国经济结构的区域性特征仍然十分明显。在对东、中、西部地区各省市增加值年度环比增长率进行简单算术平均后发现,2010 年以来,西部各省市的平均增速与总量数据出现了显著的差异,出现了西高东低的局面。从 2012 年的环比增速数据来看,西部平均值达到 12.4%,中部为 11%,东部仅为 9.5%(见图 1-7)。

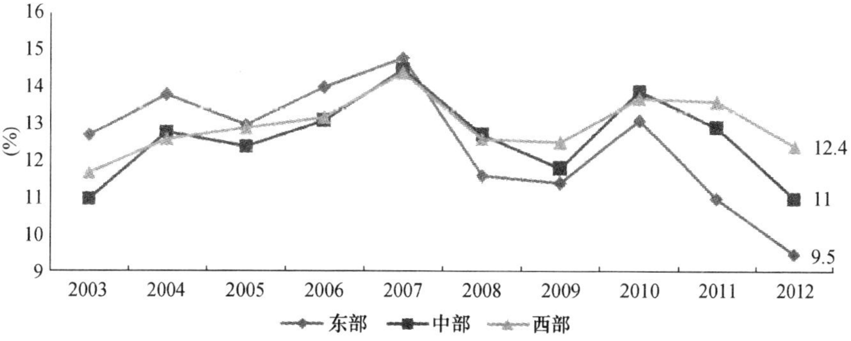

图 1-7　东、中、西部各省市 GDP 环比增速均值

资料来源:国家统计局。

1.1.6 资本形成仍是支出法GDP构成中占比最大的项目，但最终消费对GDP增长的贡献从2011年以来一直高于资本形成的贡献

在支出法GDP总量的构成中，资本形成与最终消费占据着绝对的优势，基本上维持各占半壁江山的态势。自2009年最终消费占比大幅度上升以来，其在经济总体中的影响力稳步增加。从各构成项目对GDP增长的贡献来看，自2010年以来，经济增长的最大贡献因素由资本形成转变为最终消费。在国际经济增长低位徘徊的背景下，净出口对经济增长的贡献连续3年维持负值。说明在多种政策的调控和影响下，我国的经济增长开始由投资拉动逐渐转向消费拉动。这一改变与我国当前转变经济增长方式、拉动内需、优化增长结构的宏观调控目标保持一致，也是经济结构良性发展的一个重要体现（见图1-8、图1-9）。

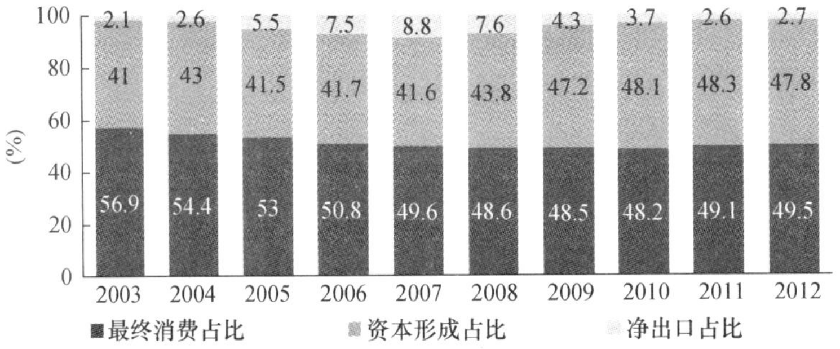

图1-8 支出法GDP中各项目占比

资料来源：国家统计局

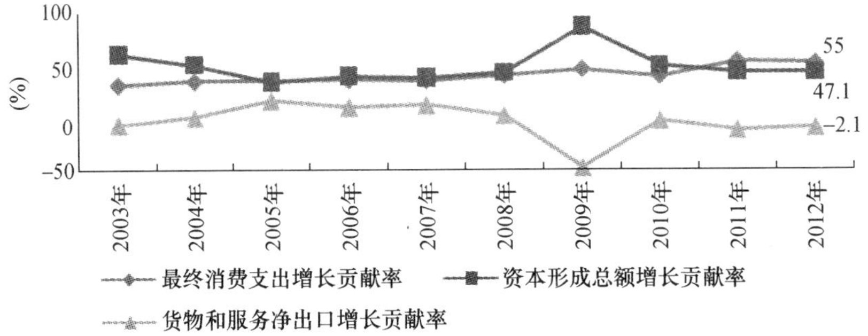

图1-9 支出法下GDP各项目对增长的贡献

资料来源：国家统计局

1.1.7 消费者价格基本稳定，购买者价格继续维持在负值区域，通胀压力较低

2013年居民消费价格比上年上涨2.6%。其中，城市上涨2.6%，农村上涨2.8%。分类别看，食品价格比上年上涨4.7%，烟酒及用品上涨0.3%，衣着上涨2.3%，家庭设备用品及维修服务上涨1.5%，医疗保健和个人用品上涨1.3%，交通

和通信下降 0.4%,娱乐教育文化用品及服务上涨 1.8%,居住上涨 2.8%。在食品价格中,粮食价格上涨 4.6%,油脂价格上涨 0.3%,猪肉价格上涨 0.3%,鲜菜价格上涨 8.1%。2013 年 12 月份,居民消费价格同比上涨 2.5%,环比上涨 0.3%。2013 年全年工业生产者出厂价格比上年下降 1.9%, 12 月份同比下降 1.4%,环比持平。全年工业生产者购进价格比上年下降 2.0%, 12 月份同比下降 1.4%,环比持平。

PPI 是一个用来衡量制造商出厂价的平均变化的指数,它是统计部门收集和整理的若干物价指数中的一个,市场敏感度非常高。PPI 反映了一个厂商获得原材料的价格波动情况,如果厂商获得的原材料价格上涨,厂商可以通过产品价格转移,最后导致通货膨胀。从 2013 年的数据来看,我国的 CPI 和 PPI 指数的增速均较低,经济整体的通胀压力较小(见图 1-10)。

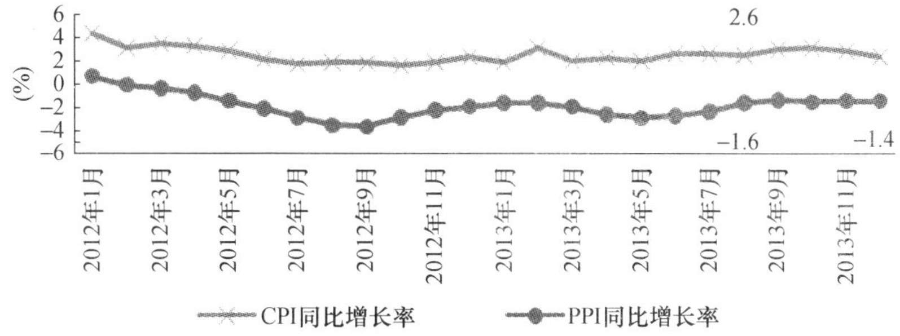

图 1-10 CPI 和 PPI 指数变化

资料来源:国家统计局。

1.1.8 采购经理人指数(PMI)上半年较为平稳,下半年先下降后上升

2013 年,我国制造业和非制造业 PMI 指数均保持在 50 以上,且整体高于 2012 年的同期水平,说明市场信心增强。非制造业 PMI 指数高于制造业 PMI 指数,说明市场对非制造业的整体预期优于对制造业的预期(见图 1 1)。

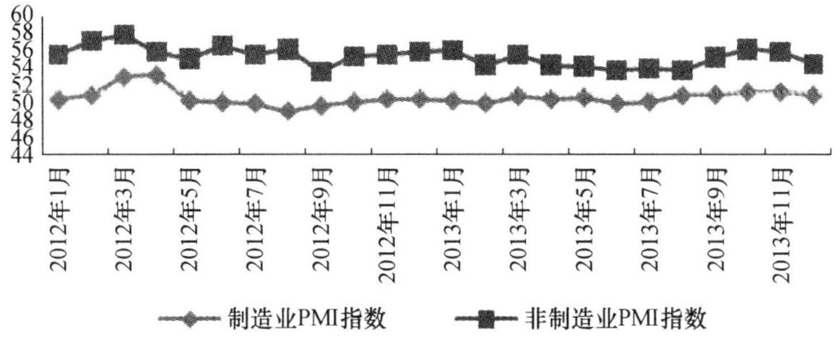

图 1-11 制造业和非制造业 PMI 指数走势

资料来源:国家统计局。

从我国制造业 PMI 分类指数数据来看,在我国的制造业中,近年来表现出弱势的是原材料库存和从业人员的短缺。可见,我国的廉价劳动力优势已经渐渐不再明显,我国虽然是较大的出口国,但是受现有自然资源开发技术和某些稀缺原材料价格上涨因素的影响,大部分制造业的附加值都很低,这就使得制造业的发展很容易受到原材料价格上涨的影响,企业的原材料库存表现不足(见表 1-1)。

表 1-1 中国制造业 PMI 分类指数(经季节调整)

	PMI	分类指数				
		生产	新订单	原材料库存	从业人员	供应商配送时间
2012 年 10 月	50.2	52.1	50.4	47.3	49.2	50.1
2012 年 11 月	50.6	52.5	51.2	47.9	48.7	49.9
2012 年 12 月	50.6	52.0	51.2	47.3	49.0	48.8
2013 年 1 月	50.4	51.3	51.6	50.1	47.8	50.0
2013 年 2 月	50.1	51.2	50.1	49.5	47.6	48.3
2013 年 3 月	50.9	52.7	52.3	47.5	49.8	51.1
2013 年 4 月	50.6	52.6	51.7	47.5	49	50.8
2013 年 5 月	50.8	53.3	51.8	47.6	48.8	50.8
2013 年 6 月	50.1	52.0	50.4	47.4	48.7	50.3
2013 年 7 月	50.3	52.4	50.6	47.6	49.1	50.1
2013 年 8 月	51	52.6	52.4	48.0	49.3	50.4
2013 年 9 月	51.1	52.9	52.8	48.5	49.1	50.8
2013 年 10 月	51.4	54.4	52.5	48.6	49.2	50.8
2013 年 11 月	51.4	54.5	52.3	47.8	49.6	50.6
2013 年 12 月	51	53.9	52.0	47.6	48.7	50.5

资料来源:国家统计局。

1.1.9 企业景气指数和企业家信心指数逐渐降低,但是都维持在 100 以上

2011 年以来,企业景气指数和企业家信心指数一直处于下降的通道之中,但都维持在 100 之上。表明企业家对于企业当前的市场表现以及未来的成长仍抱有乐观的预期,但信心度有所降低(见图 1-12)。

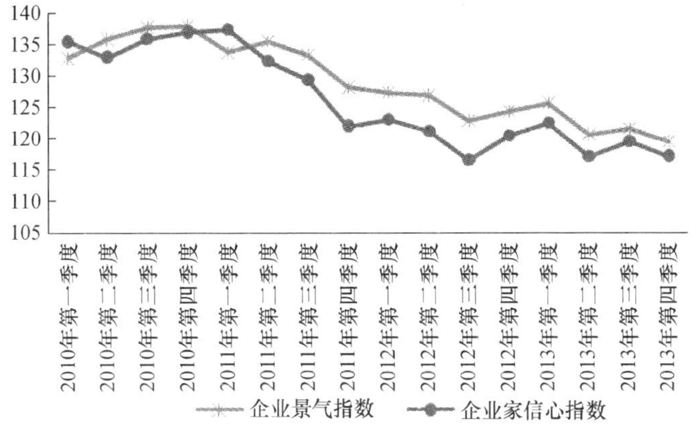

图 1-12　企业景气指数和企业家信心指数季度走势

资料来源:国家统计局。

1.2　2013 年收入分配活动运行状况

1.2.1　城乡居民收入同比增速放缓,农村增速高于城镇增速,城乡差距总额进一步扩大

2013 年,居民收入继续保持较高速度增长,其中城镇居民人均可支配收入总额同比增长 12.21%,达到 26 955 元;农村居民人均现金收入总额同比增长 9.73%,达到 10 982 元。从城镇居民人均可支配收入与农村人均现金收入的总额来看,前者基本上维持着后者两倍的水平,二者间差距的绝对额水平仍在上升。另一方面,居民收入增速均高于 GDP 增长率,但考虑到 GDP 增长率中剔除了价格因素(居民收入增速计算没有剔除),结合年内 CPI 的变化情况,城镇居民的实际人均可支配收入的增速低于 GDP 增速,农村居民的实际人均现金收入高于 GDP 增速(见图 1-13)。

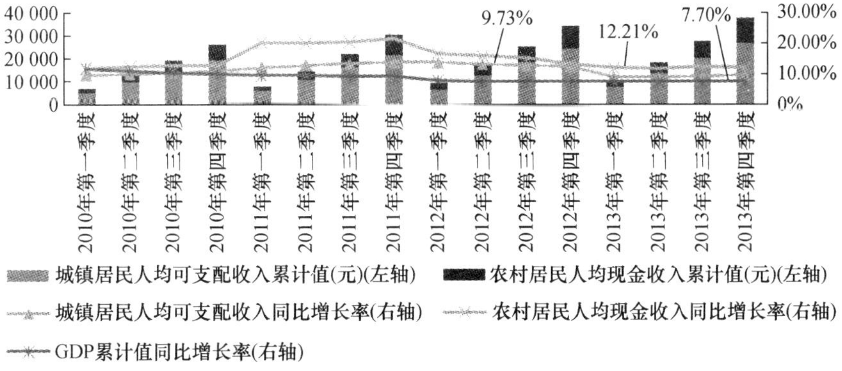

图 1-13　2010—2013 年城乡居民收入变化趋势

资料来源:国家统计局。

1.2.2 基尼系数从 2008 年的历史高点逐渐下降,但仍维持在较高水平

基尼系数是一个用来描述收入整体差距程度的重要指标。联合国有关组织根据基尼系数的取值范围,给出了一个判断收入差距水平的标准:低于 0.2 表示收入绝对平均;0.2—0.3 表示比较平均;0.3—0.4 表示相对合理;0.4—0.5 表示收入差距较大;0.6 以上表示收入差距悬殊。2013 年 1 月,中国国家统计局首次公布了自 2003 年以来我国的基尼系数水平。从图 1-14 中可以看到,自 2003 年以来,我国的基尼系数一直维持在 0.47 之上,反映我国总体收入差距较大。但是,自 2008 年达到历史高点 0.491 以来,该指标呈现出明显的下降趋势,说明居民收入差距有了一定程度的缓和。

图 1-14 我国基尼系数走势

资料来源:国家统计局。

1.2.3 从收入结构上来看,农村和城镇居民的收入结构及变化趋势差异明显

从图 1-15 中的数据可以看出,农村居民现金收入中,工资性现金收入比例逐渐增加,经营性现金收入逐渐降低,财产性收入略有上升,转移性收入稳步增加。但从内部结构来看,经营性现金收入仍然是占比最大的一部分,约占 50%;工资性收入排在第二位,约占 35%。这与农民工规模和比例的上升,以及社会平均工资水平的提高相吻合。

从城镇居民可支配收入数据的变化来看,工资性收入的比重在逐渐降低,经营性和财产性收入比例稳步上升,转移性收入占比较为稳定。从内部结构来看,城镇居民可支配收入中,工资性收入占有绝对优势,占比高达 65%,其次是转移性收入,约占 25%(见图 1-16)。

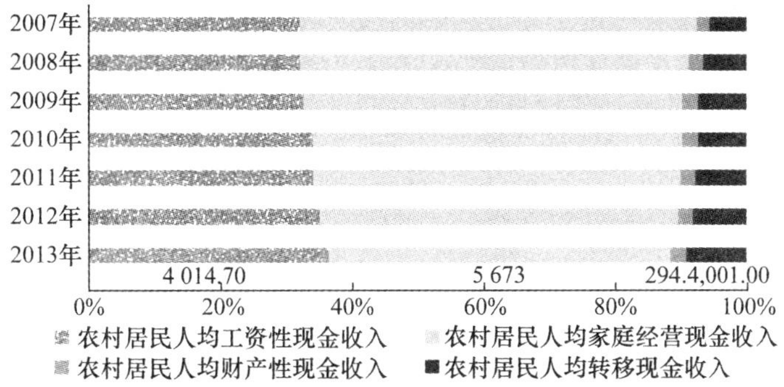

图 1-15　农村居民现金收入结构及其变化

资料来源：国家统计局。

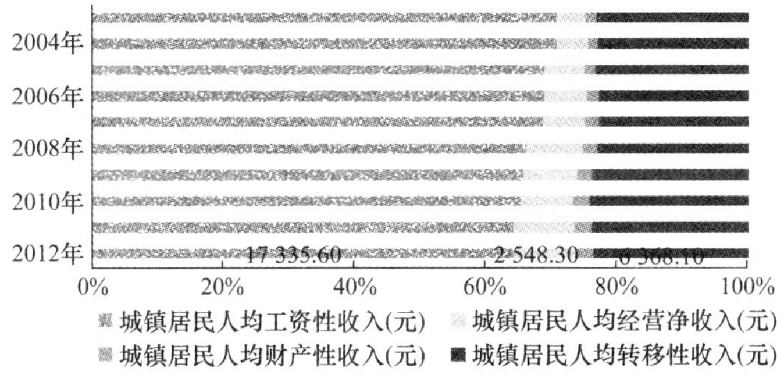

图 1-16　城镇居民可支配收入结构及其变化

资料来源：国家统计局。

1.2.4　就业总量压力和结构性矛盾仍突出，城镇登记失业率维持在4.1%的水平

2013年，各级政府坚持劳动者自主就业、市场调节就业、政府促进就业和鼓励创业的方针，实施就业优先战略和更加积极的就业政策，对做好就业工作发挥了积极作用。从城镇登记失业率数据来看，2013年延续了近年来的失业率水平，与去年持平，失业率为4.1%。但是，面对国内经济转型和结构升级的压力，以及国际经济大环境复苏缓慢的现状，我国居民的就业压力仍然较大。从总量上来看，20—59岁的劳动力人口仍在增加，高校毕业生就业、农业富余劳动力的转移就业和困难群体的再就业问题依然突出。从结构上来看，一些新兴行业亟须的特殊人才和中高级人才供不应求，而一些传统行业、过剩产能和落后产能行业却出现大批失业人群。

1.2.5　工业企业整体经营绩效显著改善，私营企业增加值增速下降但仍然维持最高的增速水平，国有企业和外商投资企业增速明显提高

根据按经济类型划分的工业企业增加值累计增速数据，私营企业增速继续保

持领先水平,但增速从 2012 年 12 月的 14.6% 下降到 2013 年 12 月的 12.4%,增速下降明显;集体企业累计增加值增速保持平稳,维持在 11% 左右的水平;外商及港澳台投资企业累计增加值增速明显上升,从 2012 年 12 月的 6.3% 上升到 2013 年 12 月的 8.3%;国有及国有控股企业累计增加值增长率在经历了 2013 年第一季度的缓慢下滑后,持续增加到 2013 年 12 月的 6.9%;集体企业增加值累计增速则明显下滑(见图 1-17)。这一变动趋势,说明了现阶段工业经济的增长结构中仍然存在国进民退的现象。

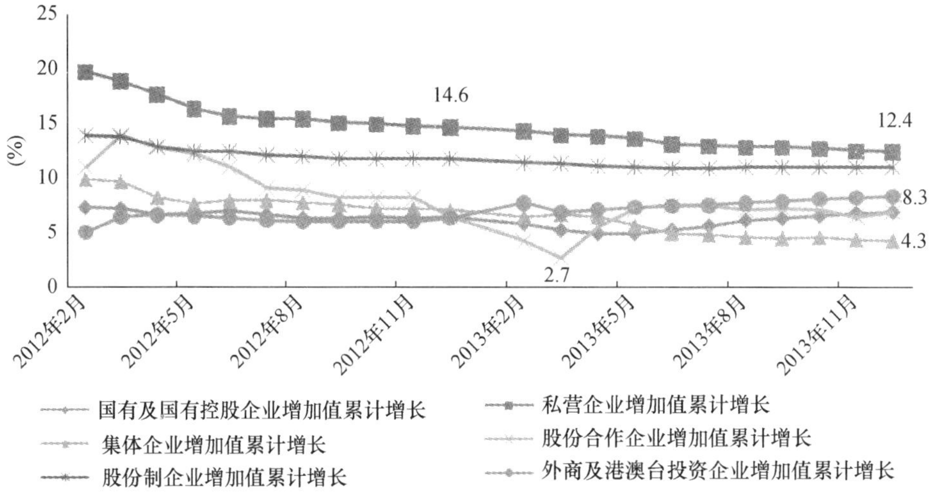

图 1-17 按经济类型划分工业企业增加值累计增速

资料来源:国家统计局。

从工业企业经营绩效来看,2013 年亏损企业数量明显下滑,从 2012 年 8 月的最高值 27.9%,下降到 2013 年 12 月 1.6%。利润总额的增速也从 2012 年 3 月 -5.2% 的历史低点,快速上升到 2013 年 2 月 17.2% 的水平,此后维持在 12% 左右的增速(见图 1-18)。这些数据说明我国工业企业的整体经营状况大幅度改善,企业盈利能力得到显著提升。与此同时,我们也观察到企业的资产、负债和主营业务收入规模增速保持平稳,维持在 12% 左右的水平。这说明 2013 年以来,企业的投入产出效率、资产管理能力等指标呈现出良性增长态势。

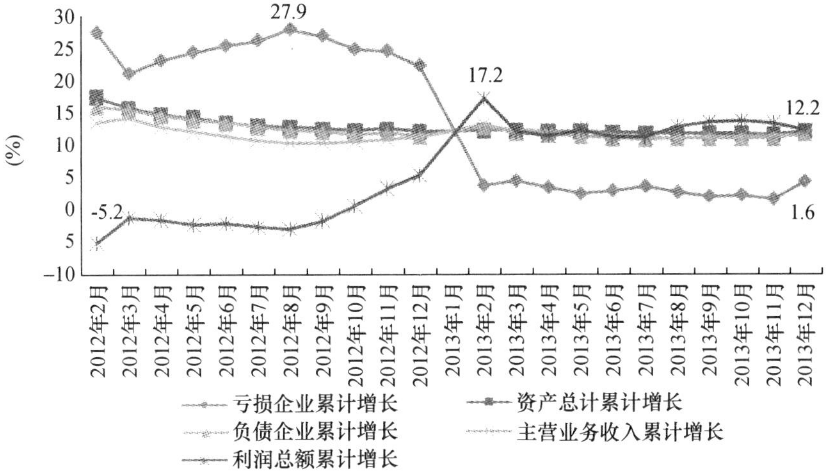

图 1-18　工业企业主要经营指标变化

资料来源:国家统计局。

1.2.6　政府财政收入稳步增长,但增速保持下降趋势,税收收入在财政收入中的占比较为稳定

2013 年,各级财政部门认真贯彻党中央、国务院决策部署,及时采取措施,大力支持税务、海关部门依法征收,全国财政收入预算顺利完成,特别是中央财政扭转了年初收入增速大幅下滑的局面,完成全年收入预算并略有超收。2013 年,全国公共财政收入 129 143 亿元,比上年增加 11 889 亿元,增长 10.1%。其中,中央财政收入 60 174 亿元,占全国财政收入的 46.6%,比上年增加 3 999 亿元,增长 7.1%;地方财政本级收入 68 969 亿元,比上年增加 7 891 亿元,增长 12.9%。财政收入中的税收收入 110 497 亿元,比上年增长 9.8%。

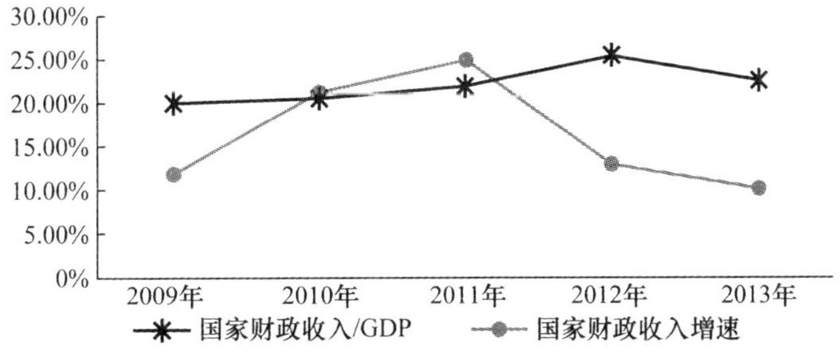

图 1-19　国家财政收入增速和财政收入/GDP 比率变化趋势

资料来源:国家统计局。

1.3 2013年消费活动运行状况

1.3.1 社会消费品零售总额保持较高速度增加,但增速有所放缓

近年来,随着经济的持续快速增长,社会消费品市场产生了翻天覆地的变化,社会消费品零售总额快速增长,消费品的质量档次明显提高。社会消费品的供应和需求两方面都取得了长足的进步。

首先,从社会消费品的供应市场来看,供应市场的商品品种、数量增多,质量档次明显提高,极大地满足了居民多层次、多样化的消费需求。市场有效供给不断增加,买方市场占主导地位的市场格局已经确立,消费者在购物消费方面的自由度和选择空间增大,特别是以手机、电脑为代表的IT商品,方便居民出行的汽车,用于改善人们居住条件和生活质量的住房装饰商品、家用电器等大量增加,使市场商品供求结构更趋合理,居民对商品的挑选余地不断扩大。

其次,从社会消费品的需求来看,近年来随着中国城镇化进程的快速推进、城乡居民收入的大幅增加、消费能力的增强,消费品市场规模不断扩大,总体保持了平稳较快的增长势头。尤其是2011年中国的城镇化水平突破50%大关,2012年城镇化率达52.57%,与世界平均水平相当。从经济学的理论和实践来看,在快速城镇化的过程中,对社会消费品的需求将迎来一波高峰。而中国当前所经历的社会消费品需求急剧增长的实际情况也印证了这一观点。

近十年来我国的社会消费品零售总额由2003年的5.3万亿元增加到2012年的20.7万亿元,增长3.9倍,年均增长14.6%,消费品市场步入了快速发展期。到了2013年,仅前11个月的社会消费品零售总额就达到了21.13万亿元。从环比的数据来看,自从2004年以来,社会消费品零售总额指数就维持在100以上,并在2008年达到最高值122.7(见图1-20)。到了2013年,仅前11个月的消费总额就已经超过了2012年全年的数据。但是,在规模不断增长的同时,从2010年以来,该指数呈现逐步下降的状态,表明社会消费品零售总额的增速在放缓。

值得注意的是,尽管社会消费品零售总额是代表社会消费的总体状况,但是其与经济学中的消费并非同等概念。在统计中,该指标还将一些用于投资的居民购买也视为消费。不过,这并不妨碍该指标成为我们分析社会消费总体趋势的主要参数。

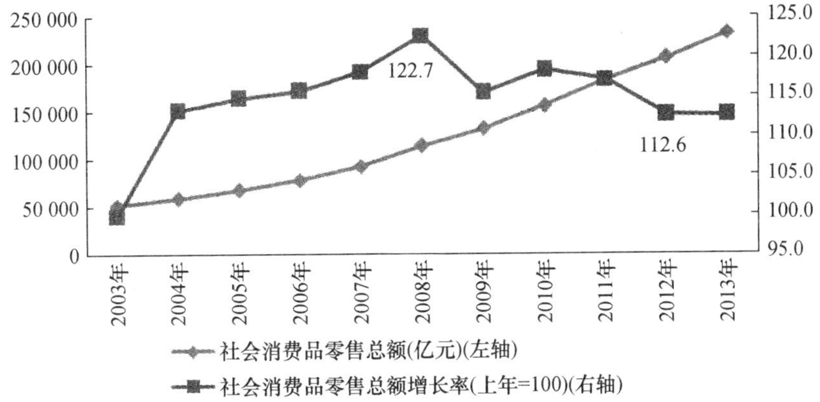

图 1-20　社会消费品零售总额及增长率变化趋势

资料来源:国家统计局。

1.3.2　网络消费继续保持高速增长,但增速放缓

根据艾瑞咨询发布的2013年中国网络购物市场数据,2013年,中国网络购物市场交易规模达到1.85万亿元,增长42.0%,与2012年相比,增速有所回落。随着网民购物习惯的日益养成,网络购物相关规范的逐步建立及网络购物环境的日渐改善,中国网络购物市场将开始逐渐进入成熟期。同时,随着传统企业大规模进入电商行业,中国西部省份及中东部三四线城市的网络购物潜力也将得到进一步开发,加上移动互联网的发展促使移动网络购物日益便捷,中国网络购物市场整体还将保持相对较快增长,预计到2016—2017年,中国网络购物市场交易规模将达到40 000亿元。

2013年中国网络购物市场中B2C交易规模达6 500亿元,在整体网络购物市场交易规模的比重达到35.1%,较2012年的29.6%增长了5.5个百分点。从增速来看,B2C市场增长迅猛,2013年中国网络购物B2C市场增长68.4%,远高于C2C市场30.9%的增速,B2C交易将继续成为网络购物行业的主要推动力(见图1-21)。预计到2017年,B2C交易在整体网络购物市场交易规模中的比重将超过C2C,达到52.4%。

1.3.3　城镇居民恩格尔系数维持在36%左右,农村居民恩格尔系数持续走低,但仍高于城镇数值

联合国根据恩格尔系数的大小,对世界各国的生活水平有一个划分标准,即一个国家平均家庭恩格尔系数大于60%为贫穷,50%—60%为温饱,40%—50%为小康,30%—40%属于相对富裕,20%—30%为富裕,20%以下为极其富裕。从图1-22中的数据可以看出,近十年来,我国城镇居民恩格尔系数相对稳定,保持在36%左右,处于相对富裕水平阶段;农村居民恩格尔系数从2004年的47.2%的高

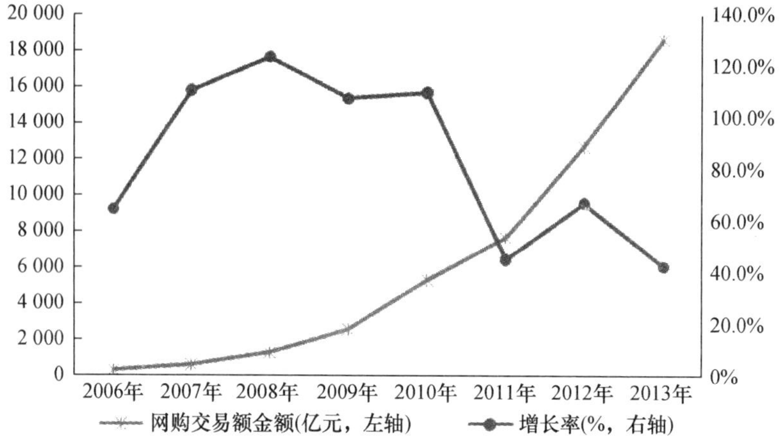

图1-21 中国网络零售市场交易规模及增长率

资料来源:中国电子商务研究中心。

位,逐渐降低到2012年的39.3%,介于小康和相对富裕之间。这一变化说明,农村居民用于食品的支出比例在逐渐降低,与城镇居民的指标差距在逐渐缩小,人民的生活水平得到改善。

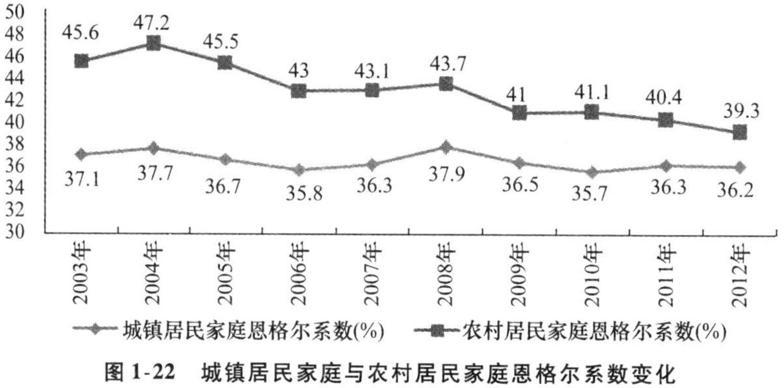

图1-22 城镇居民家庭与农村居民家庭恩格尔系数变化

1.3.4 城镇和农村居民人均消费支出总额均保持上升态势,但城镇居民人均消费支出的增速高于农村,二者间的消费支出结构存在差异

近十年来,农村和城镇居民的人均消费支出均保持稳步上升的态势。但是,从绝对量来看,二者之间的差距额在不断增加。从增速来看,城镇居民的人均消费支出增速也大于农村居民的人均消费增速。从结构上来看,以2012年的数据为例,食品支出仍是现有居民消费支出中比例最大的一项。但是,其他的支出项目比重,二者间呈现出了明显的差异性。排在城镇居民现金消费支出第2—4名的分别是交通和通信、文教娱乐服务、衣着;排在农村居民现金消费支出第2—4

名的分别是居住、医疗保健和文教娱乐服务。之所以会出现这种结果,是因为这里统计的是现金消费支出。城市居民中,大多数都有自有住房,因而这部分支出反而少。农村居民中有很大一部分是农民工,在城市务工的过程中反而要支付较多的现金。另一方面,城镇和农村医疗保障的差异,在这里也体现了出来。城镇居民的人均医疗现金支出总额约为农村居民的一倍,但是在其总支出中的占比较低。

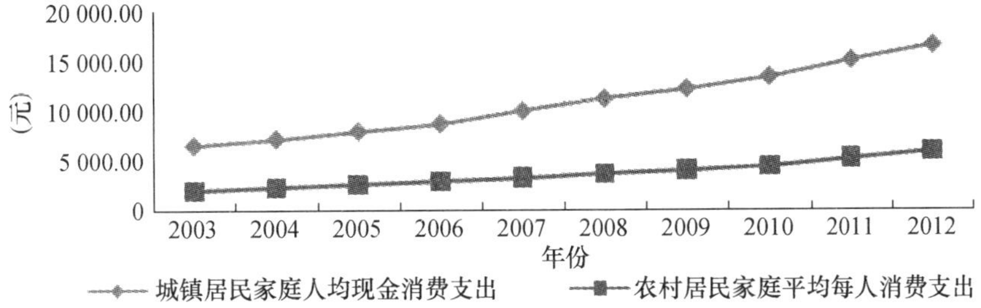

图 1-23 城镇与农村居民家庭人均消费支出

资料来源:国家统计局。

表 1-2 2012 年城镇与农村居民人均消费支出情况表

支出类型	城镇居民		农村居民	
	支出金额(元)	占总支出比例(%)	支出金额(元)	占总支出比例(%)
食品	6 040.90	36.23%	2 323.90	39.33%
衣着	1 823.40	10.94%	396.40	6.71%
居住	1 484.30	8.90%	1 086.40	18.39%
家庭设备及用品	1 116.10	6.69%	341.70	5.78%
医疗保健	1 063.70	6.38%	652.80	11.05%
交通和通信	2 455.50	14.73%	445.50	7.54%
文教娱乐服务	2 033.50	12.20%	513.80	8.70%
其他	657.10	3.94%	147.60	2.50%

资料来源:国家统计局。

1.3.5 财政支出总额进一步增长,财政支出结构进一步优化

2013 年,全国公共财政支出 139 744 亿元,比上年增加 13 791 亿元,增长 10.9%。其中,中央本级支出 20 472 亿元,比上年增加 1 707 亿元,增长 9.1%;地方财政支出 119 272 亿元,比上年增加 12 084 亿元,增长 11.3%。

从财政支出功能和目的来看,我国公共财政支出已经全面进入"民生财政"时代,财政支出更加注重在社会保障、教育、医疗和社会公共基础设施上的投入力度,财政支出的目的更多的是提高居民的生活水平和生活质量,提高社会保障的程度。在我国政府民生支出不断增加的背景下，虽然我国的养老体系和社会保障体系还不是十分健全，但是在国家不断增加社会保障和养老支出的前提下，我国居民预防性储蓄已经呈现下降态势，居民将更多的可支配收入用于最终消费，提高了我国的最终消费率，从而有利于我国居民消费的长期稳定增长，更好地依靠内需增加拉动我国经济总量的增长。

截至 2013 年 12 月底，全国公共财政支出中，教育支出 21 877 亿元，同比增长 3.0%，主要是上年基数较高（增长 28.0%）；科学技术支出 5 063 亿元，同比增长 13.7%；文化体育与传媒支出 2 520 亿元，同比增长 11.1%；医疗卫生支出 8 209 亿元，同比增长 13.3%；社会保障和就业支出 14 417 亿元，同比增长 14.6%；农林水事务支出 13 228 亿元，同比增长 9.7%；城乡社区事务支出 11 067 亿元，同比增长 21.9%；节能环保支出 3 383 亿元，同比增长 14.2%；交通运输支出 9 272 亿元，同比增长 13.1%（见图 1-24）。可以看到在 2013 年政府在关系民生和社会方面的教育、医疗卫生、社会保障和就业、环保支出都有较大投入，这四项的投入金额都有很大增长，特别是后三者的增幅都超过了 10%，表明国家财政对这些方面的支持力度在不断增加，考虑到国家财政收入增速的放缓和地方政府债务的增加，这样的增速是来之不易的。

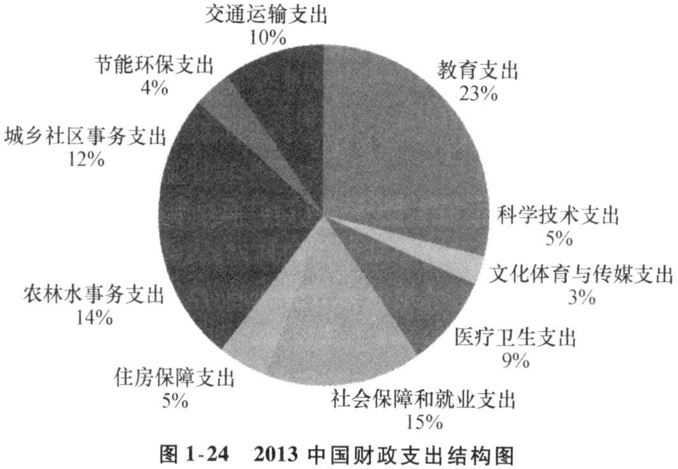

图 1-24 2013 中国财政支出结构图

数据来源：国家财政部。

1.4 2013 年积累活动运行状况

1.4.1 固定资产投资总额平稳增长，但增速进一步放缓

从数据来看，2013 年度固定资产投资规模整体上高于 2012 年的水平。2013 年 12 月固定资产投资额达到 436 527.70 亿元，比 2012 年年底的 364 835.07 亿元

高出19.7%。从增速上看,2013年固定资产累计同比增速明显下降,2012年12月该数据为20.6%,到2013年12月该数据便降为19.6%。这与我国国内经济结构调整和转型升级等因素有直接的关系。

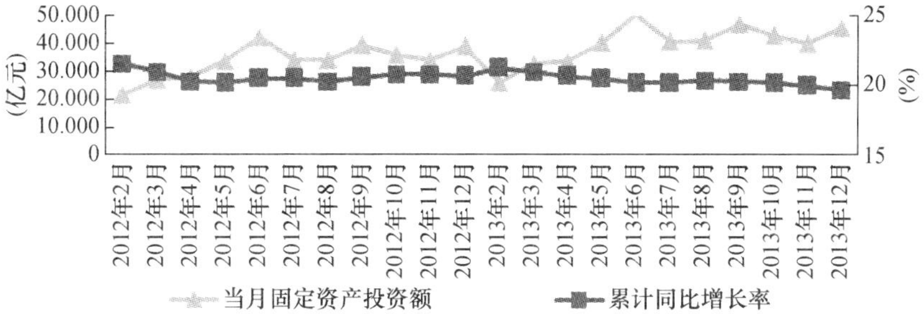

图1-25 2012—2013年月度固定资产投资额及累计投资同比增长率变化

资料来源:国家统计局。

1.4.2 第一、二产业投资增长率同比下降,第三产业投资增长率上升,且超过第二产业

从产业投资总体结构来看,投资的产业结构有所优化,第三产业的投资比重逐步提高。分产业看,2013年12月份,第一产业投资9 241亿元,同比增长32.5%,与2012年后期相比,基本保持稳定;第二产业投资184 804亿元,增长17.4%,出现了明显的增速下降;第三产业投资242 482亿元,增长21%,与去年相比增长率稍有上升,这与转变经济增长方式、大力发展第三产业的措施有关。从三次产业投资的绝对值来看,第二、三产业的固定资产投资额仍然远高于第一产业,第三产业略高于第二产业,二者在投资拉动经济增长中占有重要地位。

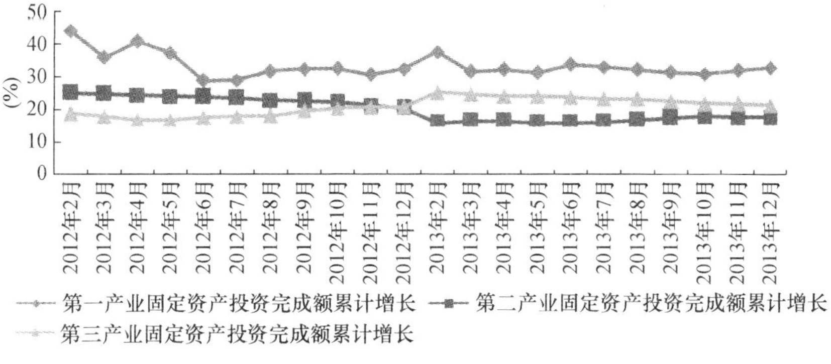

图1-26 2012—2013三大产业固定资产投资累计同比增长率

资料来源:国家统计局。

1.4.3 民间投资增速低于去年水平,但高于总体投资增速,并在年底呈现企稳态势

2013年12月,全国民间固定资产投资274 794亿元,同比名义增长23.1%,增速与2012年相比有所下降。但从走势来看,2013年7—9月,民间固定资产投资增速始终保持在23.3%的水平上,结束了上半年民间固定资产投资增速逐月下滑的状况,呈现出企稳的态势。从结构上看,2013年我国民间投资增速继续保持着高于总体投资增速的态势。2013年1—12月,我国民间投资累计同比增长23.1%,高出同期总体投资增速3.5个百分点,占总体投资的比重达到62.9%。

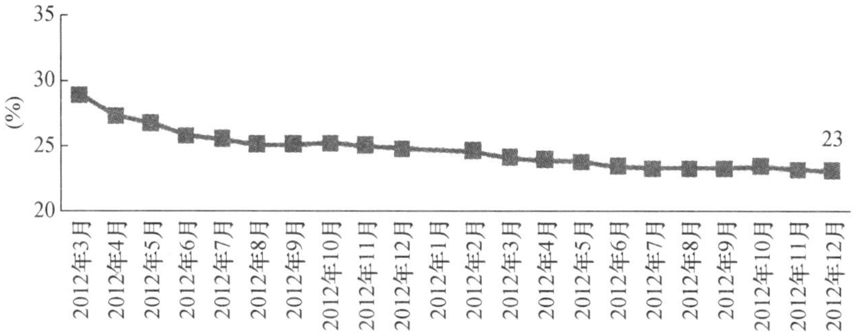

图1-27 民间固定资产投资增速

资料来源:国家统计局。

1.4.4 固定资产投资的内部区域、企业类型和项目隶属关系结构变化呈现差异

2013年以来区域投资结构继续改善,投资协调性有所增强,产业转移成为驱动中西部投资增长的重要动力。2013年1—12月,东、中、西部地区投资累计同比分别增长17.9%、22.8%和23.0%,中西部地区投资增速持续高于东部地区。与上年同期相比,东部地区投资增速提高了0.1个百分点,而中西部地区则分别降低了3.0个百分点和1.2个百分点。东部地区在铁路、城市基础设施建设、保障房等领域投资的带动下,率先实现了投资增速企稳回升。而中西部地区投资增速仍然减慢。

从项目隶属关系看,中央项目仍然是表1-3中增速增加最大的投资类型。1—12月份,中央项目投资24 785亿元,同比增长12.4%,比去年增加6.5%。而地方项目投资411 742亿元,增长20.1%,增速继续下降。从登记注册类型看,外商投资项目下降幅度最大,与去年相比下降10个百分点。内资企业和港澳投资项目增速与去年相比保持了平稳,内资企业投资412 611亿元,同比增长20.5%,增速比去年下降0.7个百分点;港澳台商投资增速回落1.0个百分点。

表 1-3 2011—2013 年固定资产投资的增速对比 (单位:%)

	2012 年	2013 年	变化
各地区投资			
东部地区	17.8	17.9	0.1
中部地区	25.8	22.8	-3.0
西部地区	24.2	23.0	-1.2
项目隶属关系			
中央项目	5.9	12.4	6.5
地方项目	21.7	20.1	-1.6
企业类型			
内资	21.2	20.5	-0.7
港澳合资	8.0	7.0	-1.0
外商投资	14.5	4.5	-10.0

资料来源:国家统计局。

纵观 2013 年,我国金融资产积累在规模上保持了稳步增长,在结构上也在进一步优化,这不仅有利于发挥对实体经济的促进和支持作用,同时对国民经济整体的良性与健康发展也有十分重要的作用。中国经济正面临着调整结构的挑战与机遇,如何使金融更好地为整个国民经济发展服务,也会是一个永远不会过时的课题。

1.4.5 证券市场总体规模扩大,内部结构差异较大

2013 年证券市场总体规模较 2012 年有所上升,增长率为 7.11%。同时,从结构上看,各种金融工具的市场规模都在增加,其中增长幅度最大的是商品期货,达到 62.58%;而股票市场的增长幅度最低,仅有 1.44%。数据比较好地反映了中国 2013 年证券市场的相关信息。商品期货规模的大幅增加,主要得益于动力煤、铁矿石商品期货的上市。作为全球最大的动力煤及铁矿石的生产国和消费国,随着这两种商品期货的上市,国内的商品期货交易量的大幅增加也在意料之中。2013 年的沪深股市虽有年初的闪光表现,但总体上看全年股票市场仍然处于下行,延续了前几年的疲软态势。不过 2013 年的股市也出现了新的特点,即 A 股打破了“齐涨共跌”的历史,纵观全年,上证综合指数累计下跌 153.15 点,跌幅为 6.75%;深成指下跌 994.69 点,跌幅 10.91%;创业板指数全年大涨 590.58 点,涨幅达到 82.7%(见表 1-4)。

表 1-4 我国证券市场结构

金融工具	2013 年 12 月 26 日		2012 年 12 月 31 日		2013 比 2012 年	
	规模总额（亿元）	规模占比（%）	规模总额（亿元）	规模占比（%）	规模变化（%）	规模占比变化
股指期货	883.79	0.15	842.68	0.15	4.88	0.00
封闭式基金	1 828.60	0.30	1 283.13	0.23	42.51	0.07
商品期货	8 817.31	1.46	5 423.29	0.96	62.58	0.50
开放式基金	27 240.89	4.51	26 548.30	4.70	2.61	-0.19
股票	266 379.02	44.05	262 589.36	46.51	1.44	-2.46
债券	299 512.69	49.53	267 848.81	47.45	11.82	2.08
合计	604 662.30	100.00	564 535.58	100.00	7.11	0.00

资料来源:wind 数据库。

1.4.6 货币发行稳步增加,货币政策平稳

2013 年,中国人民银行继续实行稳健的货币政策,采取“不收紧、不放松”的态度,坚持总量稳定、结构优化的要求,适时适度地进行预调微调。根据流动性形式的变化,灵活调整流动性操作的方向和力度,通过逆回购、常备借贷便利等工具,应对多种因素引起的短期资金波动,并把冻结长期流动性和提供短期流动性两种操作结合起来。继续稳步推进金融企业改革,进一步优化金融资源配置,用好增量、盘活存量,以更好地服务于实体经济发展,引导和巩固经济稳中向好的走势。继续推进利率市场化改革,自 2013 年 7 月 20 日起全面放开了金融机构贷款利率管制。按照主动性、可控性和渐进性原则,进一步完善人民币汇率形成机制。全年来看,货币信贷保持了平稳适度增长。

截至 2013 年 12 月底,广义货币(M2)供应量为 110.65 万亿元,同比增长 13.6%,增速较上一年下降 0.2 个百分点;狭义货币(M1)供应量为 33.72 万亿元,同比增长 9.3%,增速较 2012 年提高 2.8 个百分点;流通中的现金(M0)供应量为 5.86 万亿元,同比增长 7.1%,增速回落 6 个百分点(见图 1-28)。其他金融指标方面,截至 2013 年 12 月底,人民币存款余额 104.38 万亿元,比年初新增存款 12.56 万亿元;人民币贷款余额 71.9 万亿元,比年初新增贷款 8.89 万亿元。9 月份美元对人民币的中间价为 6.1588,较 6 月份下降 0.21%,人民币汇率有所升值。

1.4.7 融资规模稳步增加,融资结构多样化

近年来,我国金融总量快速增长,金融市场多元发展,金融产品和融资工具不断创新,证券、保险类结构对实体经济资金支持加大,商业银行表外业务对表内贷款替代效应明显。新增人民币贷款已不能完整反映金融与实体经济的关系,也不能全面反映实体经济的融资规模。正是在这一背景下,2010 年年底中央经济工作

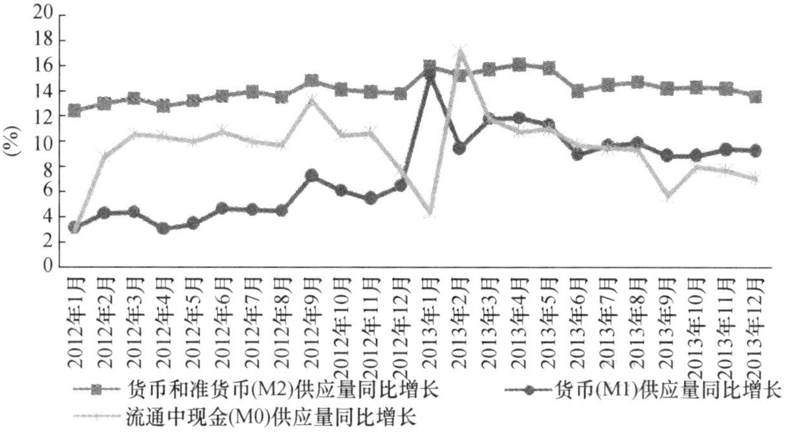

图 1-28　2013 年货币供应量月度同比增速变化

资料来源:国家统计局。

会议才首次提出"保持合理的社会融资规模",并连续三年把这一指标写进中央经济工作会议文件和《政府工作报告》,自 2011 年起正式统计并按季度发布,2012 年起按月发布,并在 2012 年 9 月公布了 2002 年以来的月度历史数据。我国的社会融资规模呈不断扩大趋势,有效促进了经济平稳较快发展。2002 年到 2012 年,10 年间社会融资规模由 2 万亿元增加到 15.76 万亿元,当年社会融资规模占名义 GDP 的比重则由 16.7% 上升到 30.4%。据最新统计,2013 年社会融资总规模已经达到 17.29 万亿元,较 2012 年同期增加 1.53 万亿元,增幅为 9.7%。

从结构上看,人民币贷款比重整体上呈现下降趋势。2002 年人民币贷款占社会融资规模的 91.9%,而到 2012 年这一比例降低到 52.04%,也就是说,除去人民币贷款之外的融资方式接近占到社会融资规模的一半。2013 年人民币贷款占社会融资规模的比重为 51.43%,较 2012 年同期低 0.61 个百分点,总体仍处于下降态势。

与之相对应的是直接融资,特别是企业债券融资快速发展。2002 年企业债券占社会融资规模的比例仅为 1.8%,2012 年这一比例增加到 14.31%,上升效应明显。2013 年企业债券占社会融资规模的比重有所下降,但仍然达到 10.42%。

同时,实体经济通过金融机构表外的融资迅速增长。2012 年实体经济以委托贷款、信托贷款和未贴现银行承兑汇票的方式融资,占同期社会融资规模的 22.95%,而 2002 年这三项融资的占比几乎为零。2013 年这三项融资的比重为 29.88%,为历史同期最高水平。

融资结构多元化发展,微观层面上有利于企业通过不同的方式补充发展所需资金,优化自身资产结构,降低融资成本,而且各方利益主体的加入有利于对企业的监督;同时宏观层面上有助于推动金融产品创新,扩大证券市场规模,形成层次合理、功能互补的金融市场体系,深化我国资本市场的发展。

1.5 2013 年我国对外经济活动运行情况

1.5.1 我国对外贸易总额仍稳定增长,但增速有所下滑

2013 年,我国外贸企业面对复杂多变的国内外环境,灵活应对、积极开拓,使得我国对外贸易呈现稳中有进、稳中向好的局面,外贸发展质量和效益方面也取得了良好进展。从 2013 年的数据可以看出,1—12 月进口和出口的月度当期数值均稳步上升。但是,我们同时也观察到,受国际经济环境的影响,以及人民币升值和国内劳动力成本上升的共同作用,我国的进出口贸易增速有所下滑。2013 年月度累计出口增速从 1 月的 28.8% 逐渐下降到 12 月的 7.9% 。月度累计进口增长率数据从 2 月的低点 5% 逐渐平稳回升到 7.3% 的水平。

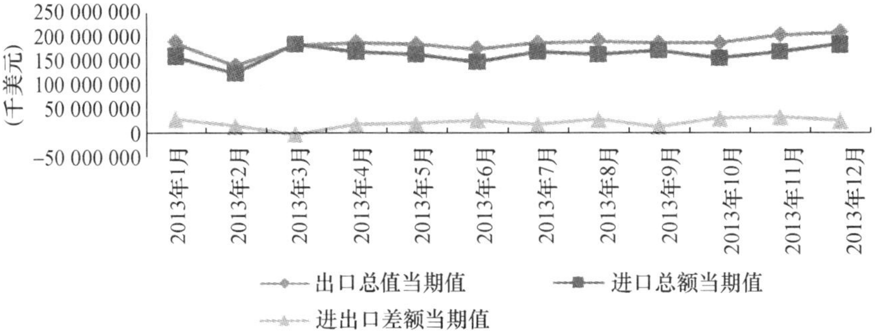

图 1-29 2013 年我国进出口月度数据总额变化

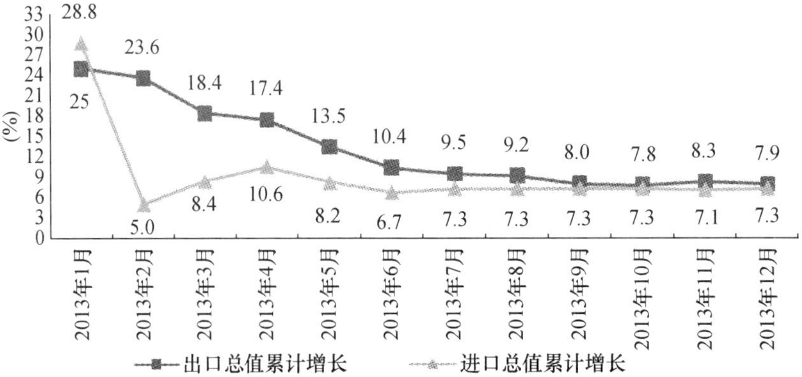

图 1-30 2013 年我国进口和出口月度累计增长率

1.5.2 我国对外贸易的区域、主体和商品结构呈现优化态势

（1）欧、美、日市场份额下滑，东盟等新兴市场成新增长点。2013年，欧盟、美国、东盟、香港和日本为我国前五大贸易伙伴。其中，我国对欧盟、美国的双边贸易额分别为5 590.6亿美元、5 210亿美，分别增长2.1%、7.5%；对日本的双边贸易额为3 125.5亿美元，下降5.1%；欧美日占我国外贸的33.5%，同比下滑1.7个百分点。同期，我国对东盟、南非、中亚五国等新兴市场国家双边贸易额分别为4 436.1亿美元、651.5亿美元、502.8亿美元，分别增长10.9%、8.6%、9.4%。此外，内地对香港的双边贸易额为4 010.1亿美元，增长17.5%。

（2）中西部地区进出口快速增加，成为新的贸易增长点。2013年，广东、江苏、上海、北京、浙江、山东和福建等7个省市合计进出口额达3.29万亿美元，占全国进出口总额的79%，比上年回落0.9个百分点。而中西部地区的重庆、河南、安徽、云南、陕西、甘肃、贵州等7个省市外贸增速都在15%以上，合计进出口占进出口总额的5.7%，比上年提升了0.6个百分点。

（3）民营企业进出口增速明显，占进出口总额的比重上升。2013年，民营企业进出口1.39万亿美元，增长20.6%，快于同期我国外贸总体增速13个百分点，占进出口总额的比重为33.3%，提升3.6个百分点。同期，外商投资企业进出口1.92万亿美元，增长1.3%，占比46.1%，下滑2.9个百分点；国有企业进出口总额7 479.7亿美元，同比下降0.6%，占比18%，下滑1.5个百分点。

（4）机电产品以及劳动密集型产品出口稳步增长。2013年，我国机电产品出口12 655.38亿美元，同比增长7.3%，占出口总额的57.3%。高新技术产品出口6 603.4亿美元，同比增长9.8%。同期，纺织品、服装、箱包、鞋类、玩具、家具、塑料制品等7大类劳动密集型产品出口额4 618.4亿美元，增长10.3%，占出口总额的20.9%。

（5）消费品、部分资源性产品进口增长较快。2013年，我国进口消费品2 322.9亿美元，增长24.6%；进口原油2.8亿吨，增长4%；铁矿石8.2亿吨，增长10.2%；煤炭3.3亿吨，增长13.4%。此外，机电产品进口8 400.8亿美元，高新技术产品进口5 581.9亿美元，同比分别增长7.3%和10.1%。

（6）一般贸易比重增加，加工贸易比重减少。2013年，我国产业链长、增值率高的一般贸易进出口额2.2万亿美元，增长9.3%，占同期我国进出口总额的52.8%，提升0.8个百分点；加工贸易进出口额1.36万亿美元，增长1%，占进出口总额的32.6%，下滑2.2个百分点。

1.5.3 服务贸易总额快速增长，但仍处于逆差状态

2013年，我国对外贸易发展中有两个数据引人注目：一是货物贸易突破4万亿美元大关，超过美国居于世界第一位；二是服务贸易规模再创历史新高，进出口

总额首破 5 000 亿美元,继续保持世界服务贸易中第三的位次。这说明,在对外贸易发展方式转变、结构调整与升级中,服务贸易成为了新亮点。

2013 年,我国服务贸易进出口总额达 5 396.4 亿美元,比上年增长 14.7%,超过货物贸易进出口总额增速(7.6%)近 1 倍。在 2007—2013 年短短 7 年的时间里,我国服务贸易连续跨越了 2 000 亿美元、3 000 亿美元、4 000 亿美元和 5 000 亿美元的四级大台阶。服务贸易在我国对外贸易总额中的占比也稳步提升,2013 年这一比例已达 11.5%。与此同时,我国在世界服务贸易中的比重从 2007 年的 3.8% 提升到 2012 年的 5.53%,上升到世界第三位的水平。

但是,我国服务贸易的国际竞争力仍较为薄弱。2013 年的服务贸易逆差,已从 2007 的 76 亿美元急剧上升到 1 184.6 亿美元。目前,逆差主要集中于旅游、运输服务、专有权利使用费和特许费、保险服务等领域,2013 年上述领域逆差金额合计为 1 718.5 亿美元;而其他商业服务、咨询、计算机和信息服务、建筑服务等,则实现了较大数额的顺差,顺差额合计为 527.7 亿美元。

1.5.4 我国实际利用外商直接投资规模稳步增加,主要来源于外资企业的贡献

从企业类型划分,我国实际利用外商直接投资包括合资经营企业、合作经营企业、外资企业、外商投资股份制企业四类。从这四类企业的结构来看,我国实际利用外商直接投资主要来源于外资企业和合资经营企业。根据近十年的数据走势,外资企业的贡献约在 76% 左右,合资企业的贡献约在 20% 左右。2013 年,我国实际利用外商直接投资规模继续保持了稳定增长态势,从 1 117.16 亿美元上升为 1 175.86 亿美元,增长率为 5.25%;在来源结构上,外资企业仍然维持着较高的水平。

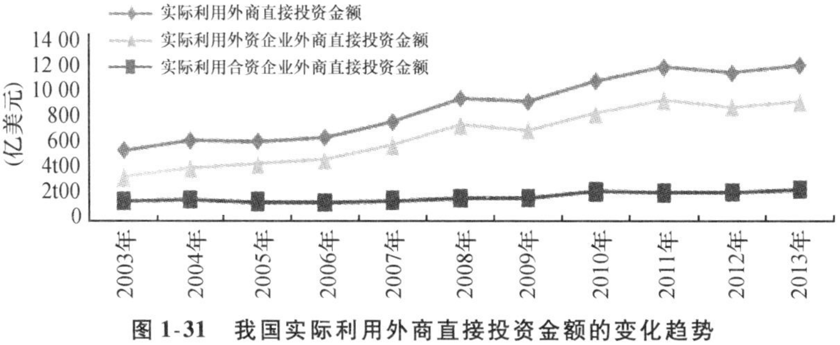

图 1-31 我国实际利用外商直接投资金额的变化趋势

1.5.5 服务业实际利用外资占比首次超过 50%,中西部地区增速高于东部地区

2013 年,我国服务业实际使用外资 614.51 亿美元,同比增长 14.15%,在全国总量中的比重为 52.3%,首次占比过半。其中社会福利保障业、电气机械修理业、娱乐服务业增长较快,分别增长 368.63%、308.8% 和 117.42%。制造业实际使用

外资金额455.55亿美元,同比下降6.78%,在全国总量中的比重为38.7%。其中石油加工、炼焦及核燃料加工、水产品加工业增长较快,同比分别增长81.97%和46.76%。农林牧渔业实际使用外资金额18亿美元,同比下降12.71%,在全国总量中的比重为1.53%。

从地区结构来看,中西部地区增速快于东部地区。中部地区实际使用外资金额101亿美元,同比增长8.79%;西部地区实际使用外资金额106.1亿美元,同比增长6.96%;东部地区实际使用外资金额968.78亿美元,同比增长4.72%。但是,在全国吸收外资总量中,东、中、西部地区所占比重分别为78.45%、14.7%和6.85%,东部地区仍占主要份额。

1.5.6 我国对外投资规模快速增加,跨境并购活动日益增加

2013年,我国境内投资者共对全球156个国家和地区的5 090家境外企业进行了直接投资,累计实现非金融类直接投资901.7亿美元,同比增长16.8%。其中股本投资和其他投资727.7亿美元,占80.7%,利润再投资174亿美元,占19.3%。

在投资地域结构方面,2013年,我国内地对中国香港、东盟、欧盟、澳大利亚、美国、俄罗斯、日本等7个主要经济体的投资达到654.5亿美元,占同期我国对外直接投资总额的72.6%,同比增长9.1%。除对中国香港、欧盟和日本的投资分别下降6%、13.6%和23.5%外,对俄罗斯、美国、澳大利亚、东盟的投资额分别为40.8亿美元、42.3亿美元、39.4亿美元和57.4亿美元,分别实现了518.2%、125%、82.4%、29.9%的高速增长。

从行业构成情况看,投资门类齐全且重点突出,九成的投资流向商务服务业、采矿业、批发和零售业、制造业、建筑业和交通运输业。流向商务服务业的投资为294.5亿美元,占投资总额的32.7%;采矿业201.6亿美元,占22.4%;批发零售业136.7亿美元,占15.2%;制造业86.8亿美元,占9.6%;建筑业65.3亿美元,占7.2%;交通运输业25亿美元,占2.8%。此外,建筑业、文化体育和娱乐业则是投资增速最快的领域,同比增长分别为129.1%和102.2%,采矿业、批发和零售业、制造业、房地产业等也都实现较快增长。

此外,2013年我国跨境并购活动同样活跃,并在金额规模方面出现大幅上扬。2013年我国共完成跨境并购138起,涉及交易额514.63亿美元,较2012年的334.83亿美元上升53.7%,平均交易金额高达4.86亿美元。造成这一现象的主要原因有二:一是鉴于我国现在巨大的外汇储备、投资过剩、产能过剩的现状,企业"走出去"和资本输出逐渐成为趋势;二是企业在中国的市场已经趋于饱和,积极"走出去"可以在海外开拓新市场、发展新渠道。基于全球及中国的宏观经济现状,未来跨境并购在中国并购市场的占比将越来越重要。

1.6 2014年宏观经济走势分析

2013年我国经济社会发展呈现稳中有进的良好态势，经济增速、物价水平、就业增长保持了“稳”，调结构、促改革、惠民生取得了“进”，符合稳中求进、扎实开局的要求，全年经济社会发展主要预期目标较好完成。但同时也要清醒地看到，我国经济发展面临的国内外环境仍然错综复杂，稳中有忧、稳中有险。世界经济缓慢复苏，国内经济运行存在下行压力，化解产能过剩、推进经济转型升级任务艰巨，经济企稳回升的基础需要进一步巩固。

1.6.1 坚持经济结构调整的发展战略，实现宏观经济总体7.5%左右的增长

2014年是全面推进结构性改革的第一年，改革任务重大而艰巨。在经济结构调整的具体举措上，高技术制造业和战略性新兴产业将保持增长态势，化解产能过剩矛盾将带动重点领域结构调整加快，重点领域企业兼并重组保持活跃态势，中西部承接产业转移步伐进一步加快。同时，制造业民间投资增速放缓、企业科技投入动力不足、新兴产业出现产能过剩苗头、产业转移二次污染等问题值得重点关注。

在宏观经济整体增速方面，预计2014年将实现7.5%的增速。其中，出口增长预计仍将停留在8%左右的较低水平。国内出口企业转型调整仍处于关键时期，成本压力、市场竞争压力仍然较大。消费方面，近年来我国居民的消费意愿和消费水平逐渐提高，对经济增长的贡献稳步上升。随着人们收入水平的稳步上升和恩格尔系数的稳中有降，2014年的消费水平仍将维持在10%以上的增长。在投资领域，连续多年的房地产领域投资对经济增长的拉动作用将逐渐减弱。房地产市场将出现分化现象，发达城市和中小城市的房价变化将出现分化。

1.6.2 CPI周期性上行，涨幅为3%—3.5%，通胀压力不大

从我国物价运行的周期看，2013年物价已经进入新一轮上升周期的初期，2014年将是物价上涨周期的第二年。受水电气等资源品的阶梯价格形成机制改革的影响、社会用工成本的上升、国际经济环境的改善等因素的影响，2014年的CPI指数仍存在上涨的压力。但全球流动性收紧以及一些高通胀国家实施的稳定物价措施，将使2014年的通货膨胀压力有所缓解。尽管新兴市场的通胀水平总体上仍高于发达经济体，但两者之间的差距将会减小。IMF预测数据显示，2014年发达经济体的CPI上涨率为1.8%，较上年增加0.4个百分点。2014年新兴市场与发展中经济体的CPI上涨率为5.7%，较上年减少0.5个百分点。

1.6.3 政府公共债务风险进一步增加

2013年以来，政府性债务问题受到国际社会广泛关注，不仅国际主流媒体大量报道，IMF和世界银行更是在展望2014年中国经济前景时不约而同地提示债务

风险。尽管审计署公布政府性债务规模低于市场预期,总量温和,风险可控,国际反应却并不积极。随着我国房地产调控政策的稳步实施,土地财政支撑下的财政支出压力将进一步显现。宏观经济增速的进一步放缓,将使地方财政的债务风险进一步加大。

根据审计署2013年12月30日公布的数据,截至2013年6月底,全国各级政府负有偿还责任的债务206 988.65亿元,负有担保责任的债务29 256.49亿元,可能承担一定救助责任的债务66 504.56亿;合计30.27497万亿元。地方政府负有偿还责任的债务108 859.17亿元。与2013年年底相比,全国政府负有偿还责任的债务上升8.57%,其中地方部分上升13.06%,达到108 859.17亿元,中央部分上升3.98%,达到98 129.48亿元。尽管官方公布的全国政府性债务的各项风险指标均处于国际通常使用的控制标准参考值范围内,但由于我国地方政府债务的透明度问题,社会普遍认为我国地方政府的实际债务风险压力在不断上升。

1.6.4 发达经济体复苏态势明显,世界经济形势出现明显好转的迹象

2014年应该是全球经济"触底企稳"的回升年,多数经济体将好于前两年。据IMF估计,2014年世界经济将增长3.6%,好于2013年。这与OECD和联合国的预测值一致。其中,新兴市场与发展中国家和发达国家经济将分别增长5.1%和2%,分别高于2013年的4.5%和1.2%。

目前,发达经济体增势明显上升:欧元区经济止跌回升,2014年可望增长1%;美国经济增速将由2013年的1.6%上升到2.6%;日本受消费税提高的影响及"安倍经济学"边际效应下降的影响,2014年经济增速将由2013年的2%回落到1.2%。新兴市场与发展中国家经济发展依然温和。据联合国预测,2014—2015年中国经济将分别增长7.5%和7.3%。IMF则认为,2015—2018年间中国经济年均增速将放缓到7%。

1.6.5 美国量化宽松政策的退出和全球贸易保护主义的加剧,为世界经济的复苏之路增加了不确定因素

美联储量化宽松政策退出或打乱了新兴市场发展秩序。美联储从2014年1月起计划将量化宽松额度从850亿美元缩减到750亿美元。美联储主席伯南克坦言,尽管调整政策,但不会撤出刺激,货币政策宽松程度与之前相比将"大体相当"。可见,美联储对退出量化宽松依然持谨慎态度。如果不发生意外,美联储上半年或收窄量化宽松幅度,下半年或全面退出,货币政策或于2015年收紧。

随着美联储退出量化宽松,全球资本将重新布局。全球资本回流美欧,将引发新兴市场股汇市持续震荡、通胀走高、增长放缓,国内发展风险凸显。国际金融协会估计,流入新兴市场的私人资本将从2012年的1.2万亿美元降至2014年的1万亿美元。

另一方面，超大型自贸区安排或打乱现行国际经贸格局，加剧全球市场尤其是规则博弈。经济危机之后，全球化趋势明显减缓，保护主义盛行恶化了国际贸易环境。据统计，从 2008 年 11 月到 2013 年 5 月，全球共实施贸易保护措施 3 334 项。

与此同时，区域一体化如火如荼，尤其是 2014 年美国经营数年的经贸“两洋战略”——跨太平洋战略经济伙伴协定（TPP）和跨大西洋贸易与投资伙伴关系（TTIP）即将成型，美国有意借此重掌国际规则制定权。美国将 TPP 与 TTIP 视为“面向 21 世纪的协议”，其标准与规则超越 WTO 框架，并将自贸谈判重心置于边境内宏观政策，如放松监管与竞争政策而非关税。一旦两项协议达成，美国欲将其标准与规则纳入 WTO 谈判，这将使非参与方遭遇巨大压力。

第2章　2013年中国财政收入分析

2.1　2012年财政收入决算回顾

2012以来，我国经济社会发展运行总体良好，但面临的国内外环境仍然错综复杂。世界经济复苏缓慢，增长乏力；国内经济运行仍存在不少问题和潜在风险，特别是部分行业企业生产经营仍比较困难。各地区、各部门深入贯彻科学发展观，认真落实第十一届全国人民代表大会第五次会议和第十一届全国人民代表大会常务委员会第二十七次会议的有关决议，以及十一届全国人大财政经济委员会审查意见的要求，紧紧围绕主题主线加强和改善宏观调控，经济社会发展实现了稳中有进。

2.1.1　2012年财政收入决算

2012年全国公共财政收入117 253.52亿元，比2011年增长13.0%，其中，中央财政收入56 175.23亿元，完成预算的100.5%，增长9.4%，加上从中央预算稳定调节基金调入2 700亿元，中央财政实际可用的收入总量为58 875.23亿元。2012年年末中央财政国债余额77 565.7亿元，控制在年度预算限额82 708.35亿元以内。地方本级收入61 078.29亿元，加上中央对地方税收返还和转移支付45 361.68亿元，地方财政收入总量106 439.97亿元，增长15.3%。

2012年全国政府性基金收入37 534.90亿元，降低7.6%，其中，中央政府性基金收入3 318.16亿元，完成预算的111.0%；地方政府性基金本级收入34 216.74亿元，降低10.5%，其中，国有土地使用权出让收入26 652.40亿元。2012年中央国有资本经营收入970.68亿元，完成预算的115.0%，增长26.9%。

2.1.2　2012年财政收入特点

2012年财政收入的完成情况，如表2-1和图2-1、图2-2所示，主要有以下特点：

（1）从收入总量来看，财政收入增长速度放缓。2012年全国公共财政收入为117 253.52亿元（不含债务收入），增长13.0%，增幅比上一年度降低了11.8%，从表2-1看出，这一增幅仅高于2009年，低于2002—2011年的其他年份。从中央与地方财政收入的比重关系来看，自2007年以来，中央财政收入占比连续降低，

2012年与2007年相比降低了6.16个百分点。

（2）财政收入增速持续超过经济增长。2012年我国宏观经济增长速度有较大回落。2012年当年实现GDP 519 470亿元，名义增幅9.8%，除去价格因素，实际增幅7.7%。与此相对应，财政收入的增速也出现较大回落，2012年财政收入增长率为13%，与2012年的24.87%相比，增速减少了11.87个百分点。但财政收入的增长率依然快于GDP的增长。财政收入占GDP的比重也连年上升，从2002年的15.71%上升到2012年的22.57%（见图2-1）。

（3）从收入结构来看，来源于税收收入的比例总体继续呈下降趋势。从财政收入的构成来看，税收收入从2002年的17 636亿元增加到了2012年的100 614亿元，增长了近6倍；非税收入从2002年的1 268亿元增加到了2012年的16 640亿元，增长了13倍多，税收收入占财政收入的相对比重依旧保持扩大的趋势。税收收入在财政收入中所占的比重除2010年有所反弹之外，呈现出逐年下降趋势，2012年下降到最低点85.81%，反映出财政收入中非税收入的增长要快于税收收入的增长速度（见图2-2）。

表2-1 2002—2012年财政收入及增长状况

年份	财政收入（亿元）	增长率（%）	占GDP比重（%）	中央财政收入			地方财政收入			税收收入（亿元）	税收/财政收入（%）
				收入（亿元）	增长率（%）	占收入比（%）	收入（亿元）	增长率（%）	占收入比（%）		
2002	18 904	15.36	15.71	10 389	21.04	54.96	8 515	9.12	45.04	17 636	93.30
2003	21 715	14.87	15.99	11 865	14.21	54.64	9 850	15.68	45.36	20 017	92.18
2004	26 396	21.56	16.51	14 503	22.23	54.94	11 893	20.75	45.06	24 166	91.55
2005	31 649	19.90	17.11	16 549	14.10	52.29	15 101	26.97	47.71	28 779	90.93
2006	38 760	22.47	17.92	20 457	23.62	52.78	18 304	21.21	47.22	34 804	89.79
2007	51 304	32.36	19.31	27 739	35.60	54.07	23 565	28.75	45.93	45 622	88.92
2008	61 330	19.54	19.53	32 681	17.81	53.29	28 650	21.58	46.71	54 224	88.41
2009	68 518	11.72	20.12	35 916	9.90	52.42	32 603	13.80	47.58	59 522	86.87
2010	83 080	21.25	20.69	42 470	18.25	51.12	40 610	24.56	48.88	73 202	88.11
2011	103 740	24.87	22.00	51 306	20.81	49.46	52 434	29.12	50.54	89 720	86.49
2012	117 254	13.00	22.57	56 175	9.40	47.91	61 078	16.49	52.09	100 614	85.81

注：中央财政收入与地方财政收入均指本级政府收入，未包括中央对地方的税收返还和转移支付；为保证与当年财政收支状况统一口径，GDP名义增长率未经过价格指数调整，以当年价格计算。

资料来源：根据《中国统计年鉴2013》和财政部网站相关资料汇总计算整理。

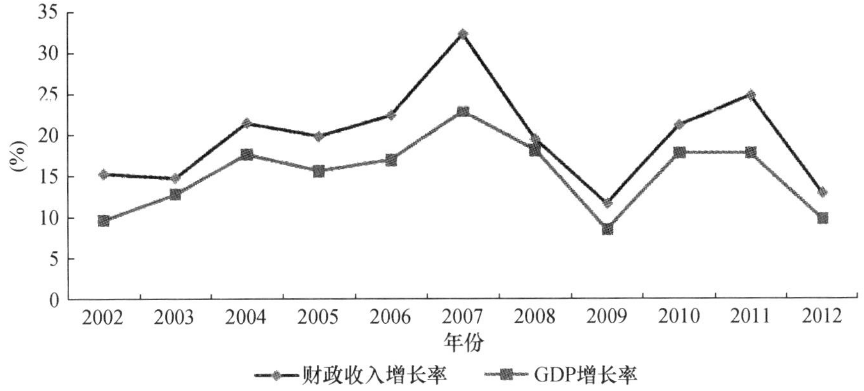

图 2-1　2002—2012 年财政收入增长率及 GDP 增长率比较

资料来源：根据《中国统计年鉴 2013》和财政部网站相关资料汇总计算整理。

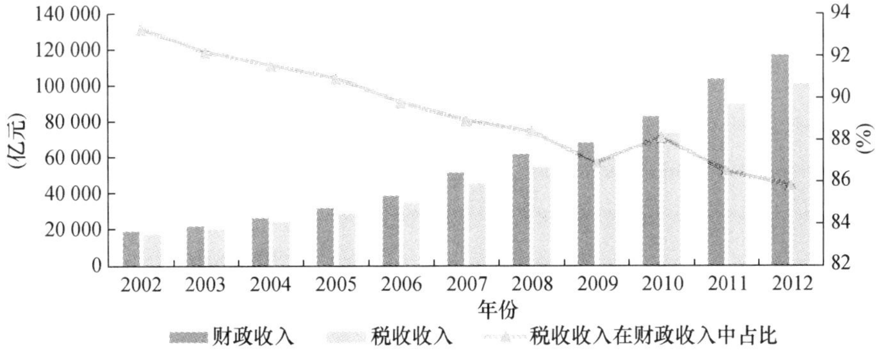

图 2-2　2002—2012 年税收收入在财政收入中占比

资料来源：根据《中国统计年鉴 2013》和财政部网站相关资料汇总计算整理。

（4）从税收改革方向来看，结构性减税政策得到初步落实。从国家宏观政策的基调来看，结构性减税成为推进"十二五"期间结构转型、转变经济增长方式的重要助推器。2012 年中央财政结构性减税政策主要包括五个方面①：一是减轻中小企业特别是小微企业税收负担，带动就业和创业，增强经济发展的内生动力。自 2012 年 1 月 1 日至 2015 年 12 月 31 日，对年应纳税所得额低于 6 万元（含 6 万元）的小微企业，其所得按 50% 计入应纳税所得额，按 20% 的税率缴纳企业所得税。同时，大幅提高个体工商户（小型微型企业）增值税和营业税起征点，免征金融机构与小型微型企业签订的借款合同印花税，实行农村金融机构营业税优惠、

① 摘自财政部新闻发言人、办公厅主任戴柏华接受中国政府网、新华网联合访谈。

金融企业中小企业贷款损失准备金税前扣除等政策。二是继续加大税收政策支持力度,促进保障和改善民生。落实新的个人所得税法,提高个人所得税工薪所得减除费用标准和调整税率结构。三是稳步推进营业税改征增值税试点。2012年1月上海率先启动“营改增”改革,8月起分批扩大至北京、天津、江苏、浙江、安徽、福建、湖北、广东和厦门、深圳10个省市。四是扩大物流企业营业税差额征税试点范围,出台物流企业大宗商品仓储设施用地的城镇土地使用税优惠政策,促进物流业健康发展,降低企业物流成本。五是通过实施较低进口暂定税率等方式,鼓励国内不能生产或性能不能满足要求的先进技术设备、关键零部件以及国内紧缺的重要能源、资源、原材料等产品的进口。

2.2 2013年财政收入总量分析

2.2.1 2013年财政收入预算安排情况①

2013年财政工作和预算编制,紧紧围绕主题主线,坚持稳中求进的工作总基调,继续实施积极的财政政策。2013年各项财政预算的主要指标安排如下:

1. 公共财政预算安排情况

从中央财政预算来看,中央财政收入60 060.00亿元,比2012年执行数(下同)增长7%;从中央预算稳定调节基金调入1 000.00亿元,合计可使用的收入总量为61 060.00亿元。中央财政支出总量69 560.00亿元,增长8.5%。其中,中央本级支出20 203.00亿元,增长9.1%;中央对地方税收返还和转移支付48 857.00亿元,增长8.3%;中央预备费500亿元,与2012年预算持平。收支总量相抵,中央财政赤字8 500亿元,比2012年执行数增加3 000亿元。中央财政国债余额限额91 208.35亿元。

从地方财政预算来看,根据地方预算初步安排情况,中央财政代编的地方本级收入66 570亿元,增长9%,加上中央对地方税收返还和转移支付48 857亿元,地方财政收入合计115 427亿元。地方财政支出117 543亿元,增长9.9%,加上地方政府债券还本支出1 384亿元,支出总量为118 927亿元。地方财政收支差额3 500亿元,国务院同意由财政部代理发行地方政府债券弥补,并列入省级预算管理。中央代地方发债2 500亿元,发行地方债比上年增加500亿元。

汇总中央和地方预算安排,全国财政收入126 630亿元,增长8%,加上从中央预算稳定调节基金调入1 000亿元,可安排的收入总量为127 630亿元。全国财政支出138 246亿元,增长10%。加上地方政府债券还本支出1 384亿元,支出总量

---

① 《关于2012年中央和地方预算执行情况与2013年中央和地方预算草案的报告》《中央政府门户网站》,2013年3月5日。

为 139 630 亿元。收支差额 12 000 亿元，增加 4 000 亿元，赤字率为 2% 左右。

2013 年中央财政主要收入项目指标安排如下：国内增值税 20 250 亿元，增长 10.8%；国内消费税 7 700 亿元，增长 11%；关税和进口货物增值税、消费税 17 528 亿元，增长 8.7%；企业所得税 11 120 亿元，增长 11%；个人所得税 3 400 亿元，下降 6.4%；出口货物退增值税、消费税 9 950 亿元，增长 8.1%；非税收入 2 826 亿元，增长 5.6%。

中央对地方税收返还和转移支付安排情况如下：中央对地方税收返还和转移支付 48 857 亿元，增长 7.7%。其中一般性转移支付 24 538.35 亿元，增长 14.3%；专项转移支付 19 265.86 亿元，增长 2.5%。

2. 政府性基金预算安排情况

中央政府性基金收入 3 619.13 亿元，增长 9.2%。加上上年结转收入 781.02 亿元，中央政府性基金收入总量为 4 400.15 亿元。地方政府性基金本级收入 33 137.02 亿元，下降 3.1%，加上中央政府性基金对地方转移支付 1 836.14 亿元，地方政府性基金收入为 34 973.16 亿元。

汇总中央和地方预算，全国政府性基金收入 36 756.15 亿元，下降 2%，加上上年结转收入 781.02 亿元，全国政府性基金收入总量为 37 537.17 亿元。

3. 国有资本经营预算安排情况

2013 年，中央国有资本经营收入 1 011 亿元，增长 4.1%。中央国有资本经营支出 1 083.11 亿元，增长 16.5%。地方国有资本经营收入 558.4 亿元，地方国有资本经营支出 558.4 亿元。汇总中央和地方预算，全国国有资本经营收入 1 569.4 亿元，加上上年结转收入 72.11 亿元，全国国有资本经营收入总量为 1 641.51 亿元；全国国有资本经营支出 1 641.51 亿元。

2.2.2 2013 年财政收入实际执行情况

1. 公共财政收入情况

2013 年 1—12 月累计，全国财政收入 129 143 亿元，比上年同期增加 11 889 亿元，增长 10.1%。其中，中央本级收入 60 174 亿元（占全国财政收入的 46.6%），比上年增加 3 999 亿元，同比增长 7.1%；地方本级财政收入 68 989 亿元，比上年增加 7 891 亿元，同比增长 12.9%。财政收入中的税收收入 110 497 亿元，同比增长 9.8%。从 2012 年全年来看，全国财政收入累计增幅比上年同期回落 2.7 个百分点，其中税收收入增幅同比回落 2.3 个百分点。

2. 政府性基金收入情况

2013 年 1—12 月累计，全国政府性基金收入 52 239 亿元，比上年同期增加 14 704 亿元，增长 39.2%。其中，中央政府性基金收入 4 232 亿元，同比增加 919 亿元，增长 27.5%。中央政府性基金增长的原因主要是为支持可再生能源发展，近年依法新设立的可再生能源电价附加收入增加。地方政府性基金本级收入48 007 亿元,同比增加 13 803 亿元,增长 40.3%。地方政府性基金较上年有较大幅度增长的主要原因是土地出让合同成交价款增加较多,国有土地使用权出让收入 41 250 亿元,比上年增加 12 732 亿元,增长 44.6%。

2.2.3 2013 年财政收入总体趋势

从财政收入走势看,2013 年全国财政收入增幅总体上呈逐步回升态势。具体来看,第一季度财政收入增长 6.9%,第二季度增长 8.1%,第三季度增长 11.2%,第四季度增长 15.52%。

2.3 2013 年财政收入结构分析

2.3.1 财政收入的月度结构分析

从总体上来看,2013 年财政收入增幅比 2012 年同期明显回落。2013 年 1—12 月累计全国财政收入 129143 亿元,比 2012 年同期增加 11889 亿元,增长 10.1%。具体月度增长情况如表 2-2 和图 2-3 所示。

表 2-2 2013 年 1—12 月全国财政收入及其增长 单位:亿元

月份	2013 年全国财政收入	中央财政收入	地方财政收入	2012 年全国财政收入	同期增长额	同期增长率(%)
1	13 655.9	6 306.64	7 349.26	12 912.58	743.32	5.8
2	8 770.3	4 472.44	4 297.86	8 005.70	764.6	9.6
3	9607.8	3 828.00	5 780.00	9 057.97	549.83	6.1
4	11 430.8	5 357.00	6 074.00	10 774.00	656.80	6.1
5	12 748.9	7 170.00	5 579.00	12 005.00	743.90	6.2
6	12 377.0	5 177.00	7 200.00	11 040.00	1 337.00	12.1
7	11 848.6	6 049.00	5 800.00	10 672.00	1 176.60	11.0
8	8 588.6	4 222.00	4 366.00	7 863.00	725.60	9.2
9	9 361.7	4 232.00	5 130.00	8 258.00	1 103.70	13.4
10	12 136.4	5 985.00	6 151.00	10 444.00	1 692.40	16.2
11	9 125.0	4 285.00	4 840.00	7 871.00	1 254.00	15.9
12	9 493.0	3 090.00	6 402.00	8 350.00	1 143.00	13.7
总计	129 143.0	60 174.00	68 969.00	117 253.52	11 889.00	10.1

注:2012 年 12 月和 2013 年 12 月的财政收入数据根据全年总额倒推计算得出,2012 年全年财政收入使用的是 2012 年决算数据。

资料来源:根据中经网数据中心和中国财政部网站有关数据整理编制。

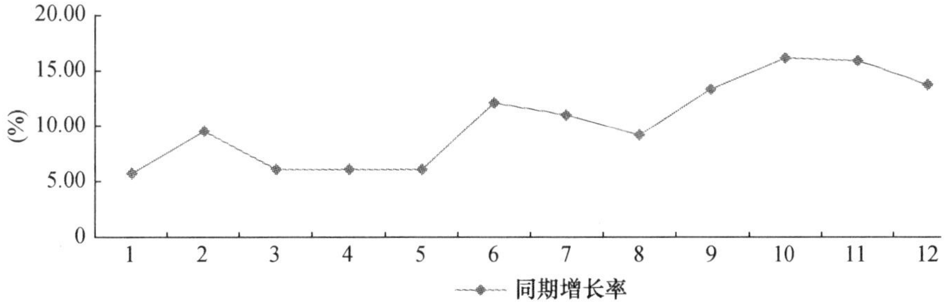

图 2-3　2013 年 1—12 月全国财政收入同比增长情况

在月度增长结构方面,2013 年财政收入增速逐渐上升,呈现“三级台阶”的增长趋势。2013 年 1—5 月(2 月除外)的增长率保持在 6% 左右,6—8 月在 10% 水平,而 9—12 月在 15% 上下波动。从财政收入的月度数据来看,有以下方面值得关注:

(1) 1—5 月,全国财政收入总和为 56 213.7 亿元,比上年同期增长 6.56%,比上年同期回落 6.12 个百分点。其中,中央财政收入 27 134.08 亿元,与上年持平;地方财政收入(本级)29 080.12 元,同比增长 13.4%。1—5 月全国财政收入特别是中央财政收入增幅较低,主要是受经济增长趋于平缓、实施结构性减税、一般贸易进口增幅低以及上年年初清缴入库 2011 年年末部分收入、基数较高等影响。地方财政收入增长,主要是房地产市场成交额增加,相关地方税收相应增加。

(2) 6—8 月,全国财政收入的平均增速为 11%,比上年同期增速提高了 3.3%,与前 5 个月相比增速明显上升,主要原因一是经济缓慢回升,二是上年同期收入基数较高等特殊因素减弱。

(3) 10 月,全国财政收入 12 136.4 亿元,比上年同月增加 1 692.4 亿元,增长 16.2%,增速为全年最高。主要受经济逐步回暖、贸易形势好转以及一次性收入缴库等特殊因素影响。其中,中央财政收入 5 985 亿元,同比增长 16.9%;地方财政收入(本级)6 151 亿元,同比增长 15.5%。10 月之后财政收入增长率略有回落。9—12 月的平均增速为 14.9%,增速明显高于 1—8 月,但与上年相比增速仍降低了 3.2%。

2.3.2　财政收入的省际结构分析

2013 年全国财政收入 129 143 亿元,其中,中央财政收入 61 077 亿元,比上年增加 3 999 亿元,增长 7.1%;地方本级财政收入 68 989 亿元,比上年增加 7 891 亿元,增长 12.9%。从财政收入的构成项目看,全部或大部分归属于中央财政收入的进口环节税收、中央增值税、证券交易印花税等低增长或下降影响中央财政收入增幅;而地方增值税、其他地方税种及地方非税收入增长较快,带动地方收入增长。相应地,中央财政收入的增幅低于地方财政收入的增幅。

从全国各地方政府的财政收入来看,大多数省份当年财政收入的增幅都较

2012 年继续下降。表 2-3 显示了各地区财政收入的完成情况和增长率。2013 年各省份的地方财政收入完成情况有以下两个基本特点：(1) 从各地方政府 2013 年 1—10 月财政收入的绝对数量来看，规模最大的为广东省，为 5 892 亿元，规模最小的为西藏，只有 69 亿元，但西藏的增长率是全国最高的，二者的差距由 2012 年的 100 倍减少为 2013 年的 85 倍，其中，财政收入超过千亿元以上的有 23 个省份，不到千亿元的有 8 个省份。(2) 从各地政府当年财政收入的增长率来看，西藏增速最快为 36.8%，其次是福建的 20.9%，重庆的增速最慢为 5%，其他省份的增长率保持在 9%—20%。

表 2-3　2013 年 1—10 月全国各省(区市)地方财政情况表

序号	省份	公共预算收入(亿元)	2013 年 1—10 月增长率(%)	2012 年增长率(%)	占全国地方财政收入总额的比例(%)
1	北京	3 220.4	11.6	10.3	5.58
2	天津	1 745.0	18.1	21.0	3.02
3	河北	1 917.9	9.3	19.9	3.32
4	辽宁	2 883.2	9.0	17.5	4.99
5	上海	3 701.4	9.1	9.2	6.41
6	江苏	5 426.5	12.0	13.8	9.40
7	浙江	3 383.4	10.5	9.2	5.86
8	福建	1 775.6	20.9	18.3	3.08
9	山东	3 892.5	11.6	17.5	6.74
10	广东	5 892.1	13.6	13.0	10.21
11	海南	403.0	17.0	20.4	0.70
12	山西	1 480.5	13.0	25.0	2.56
13	吉林	979.1	10.8	22.5	1.70
14	黑龙江	1 051.5	10.3	16.6	1.82
15	安徽	1 778.1	17.9	22.5	3.08
16	江西	1 360.5	17.5	30.2	2.36
17	河南	1 984.6	17.5	18.5	3.44
18	湖北	1 720.1	19.8	19.4	2.98
19	湖南	1 628.5	15.0	17.5	2.82
20	陕西	1 371.3	12.5	6.7	2.38
21	贵州	962.4	15.2	31.2	1.67
22	宁夏	256.4	16.3	20.0	0.44
23	西藏	69.8	36.8	58.1	0.12
24	新疆	798.2	11.1	26.2	1.38
25	青海	187.1	17.1	22.8	0.32

（续表）

序号	省份	公共预算收入（亿元）	2013年1—10月增长率(%)	2012年增长率(%)	占全国地方财政收入总额的比例(%)
26	甘肃	486.3	12.8	15.6	0.84
27	四川	2 276.7	16.1	18.4	3.94
28	重庆	1 385.9	5.0	14.5	2.40
29	内蒙古	1 398.6	10.9	14.5	2.42
30	云南	1 278.9	16.3	20.4	2.22
31	广西	1 031.7	12.0	23.0	1.79
	合计	57 727.0	13.0	16.2	100.00

资料来源：根据中华人民共和国财政部网站相关资料及2013《国家统计局进度数据库》整理。

2.3.3 财政收入的类型结构分析

由于从2011年年初开始，我国正式按照改革后的预算管理制度实施，将原预算外资金（不含教育收费）全部纳入预算管理，但当年因为各省份的实际执行结果有所不同，只有部分省份做到了将预算外资金全部纳入预算管理。而从2012年开始，全国范围都要求做到全部财政收支纳入预算盘子中，预算外资金正式成为历史。

从预算体系的完整性来看，各级政府预算及决算应包括公共财政预算、国有资本经营预算、政府性基金预算及社会保障预算四大类。除最后一项社会保障预算尚未公开之外，前三项收入都予公布。在财政收入的类型结构上，按照所包括范围由大到小，以下主要从全口径财政收入中前三类收入构成比例、公共财政收入中税收收入和非税收入的构成比例、税收收入内部各税种之间的构成比例来进行分析。

（一）全口径财政收入中前三类收入构成比例分析

从财政收入的总量上来看，2013年全年全国公共财政预算收入126 630亿元，前10个月累计为98 389.0亿元，其中，国有资本经营收入为1 953.6亿元，国有资源（资产）有偿使用收入为2 817.4亿元，两者合计4 771.0亿元，大约只占到公共财政收入的4.85%。①但从增长速度来看，2013年1—10月，全国公共财政预算收入较上年同期降低了2.7%，而国有资本经营收入同比增长为29.8%，国有资源（资产）有偿使用收入同比增长为18.5%，均远超公共财政预算收入的增速。

从政府性基金收入来看，2013年1—12月全国政府性基金收入52 239亿元，

① 虽然在预算结构上国有资本经营收入部分与公共财政预算收入并列，但由于此部分数值较小，在本年度的实际统计中依然归入公共财政预算收入管理。

相当于全国公共财税预算收入的40.9%，比上年同期增加14 722亿元，同比上升39.2%。其中，中央政府性基金收入4 232亿元，同比增加183亿元，增长27.5%；地方政府性基金本级收入48 007亿元，同比增加13 803亿元，增长40.3%，主要是土地出让合同成交价款增加较多，国有土地使用权出让收入41 250亿元，比上年增加12 732亿元，增长44.6%。

（二）公共财政收入中税收收入和非税收入构成结构分析

从收入总量上来看，2013年1—12月累计，全国公共财政预算收入为129 143亿元。其中，税收收入为110 497亿元，占公共财政预算收入比例为85.6%；非税收入为18 646亿元，占比为14.4%。从收入增速上来看，2013年1—12月累计全国公共财政收入同比增长为10.1%。其中，税收收入同比增长为9.8%，非税收入同比增长为12.1%，后者对财政收入总体的增长贡献较大。

2013年税收收入增长的主要特点有：一是税收总收入增速继续回落，为近四年的最低水平，2013年全国税收总收入增速分别比2012年和2011年低2.3个百分点和12.8个百分点。二是分季度来看，税收收入增速呈现“逐步增加”的态势。三是主体税种（增值税除外）收入增速明显回落，国内消费税、营业税和企业所得税同比分别增长4.5%、9.3%和14%，比上年增速分别回落9%、5.8%和3.2%，增值税比上年增长9%，增速约与2012年持平，但其中部分增长来自营业税改征的增值税，并且此收入全部属地方收入，因此地方增值税增速较大，增长22.8%，而中央增值税仅增长4.3%。四是个人所得税收入大幅回升，个人所得税由上年的下降3.9%转为增长12.2%，其中，工资薪金所得税增长14.4%。主要是受居民收入增长及加强征管的影响；财产转让所得税增长38%，主要受二手房市场交易活跃以及各地加强二手房转让个人所得税征管的影响。五是进口货物增值税、消费税、关税和出口退税出现大幅下降，其中进口货物增值税、消费税下降5.4%，比上年增速回落14.5%；关税减少5.5%，比上年回落14.2%；出口退税增长0.8%，比上年增速回落12.5%。六是受房地产交易量增加带动，契税增长33.8%，比上年增速提高了29.9%，但土地增值税、耕地占用税和城镇土地使用税的增速有所降低，分别是21.1%、11.6%和11.5%，比上年的增速分别回落10.7%、39.1%和14.6%。

从非税收入的层级结构来看，中央非税收入3 540亿元，增长22.9%；地方非税收入15 106亿元，增长9.8%。二者的相对增速与上年呈现反向变化，上年二者的增速分别为5.6%和20.3%。2013年中央非税收入增幅较高的主要原因是部分企业一次性上缴利润增加。

从非税收入的内部构成来看，2013年1—10月累计非税收入为15 220.78亿元。其中，专项收入为2 737.2亿元，占总非税收入的比重为18.0%；行政事业性收费为3 939.8亿元，占总非税收入的比重为25.9%；罚没收入为1 349.1亿元，占总非税收入的比重为8.9%；国有资本经营收入为1953.59亿元、国有资源（资产）有偿使用收入为2817.39亿元，合占总非税收入的比重为31.3%；其他非税收入为2423.7亿元，占总非税收入的比重为15.9%。

（三）税收收入各税种的构成结构及变动分析

从按课税对象的性质划分税制结构，一般可将税收划分为对商品（或劳务）的课税、对所得的课税和对财产的课税。从我国的税法体系来看，通常将税收分为流转税、所得税、资源税、财产税、行为税五大类，共二十多种。表2-4主要根据2013年我国各税种的收入规模和增长情况、对税收收入的贡献和比例进行了简要的归纳和整理。

表2-4　2013年全国税收总收入和主要税种收入表

税种	2013年1—10月			2013年1—12月		
	收入规模（亿元）	同期增长率（%）	占税收收入比重（%）	收入规模（亿元）	同期增长额（亿元）	同期增长率（%）
国内增值税	23285.35	8.6	24.4	28803	2387.31	9.0
国内消费税	7095.44	4.2	7.4	8230	357.31	4.5
进口货物增值税、消费税	11190.32	-8.0	11.7	14003	-793.41	-5.4
出口货物退增值税、消费税	-8408.99	-0.1	-8.8	-10515	-86.12	0.8
关税	2113.96	-8.5	2.2	2630	-152.74	-5.5
营业税	14517.06	10.3	15.2	17217	1469.47	9.3
车辆购置税	2108.50	15.2	2.2	2596	367.73	16.5
企业所得税	22528.26	15.0	23.6	22416	2762.44	14.1
个人所得税	5519.89	11.3	5.8	6531	710.76	12.2
城市维护建设税	2841.10	9.0	3.0	/	/	/
证券交易印花税	391.30	46.1	0.4	/	/	/
资源税	820.30	6.0	0.9	/	/	/
房产税	1347.67	14.7	1.4	/	/	/
土地增值税	/	/	/	3294	575.16	21.1
耕地占用税	/	/	/	1808	187.00	11.6
城镇土地使用税	/	/	/	1719	177.3	11.5
税收总收入	95304.66	9.8	100.0	110497	9896.00	9.8

注：城市维护建设税、证券交易印花税和资源税2013年全年数据暂缺；土地增值税、城镇土地使用税和城镇土地使用税2013年1—10月数据暂缺，另外印花税、烟叶税、车船税、船舶吨税等小税种2013年1—10月及1—12月数据暂缺。

资料来源：根据中华人民共和国财政部网站相关资料及中经网统计数据库整理。

1. 2013年税制结构

从整体上看,表2-4所给出的数据表明:一方面,我国的税制结构依旧呈现出流转税占主体的税制结构模式。2013年1—10月累计,货物与劳务税的总额(印花税和烟叶税除外)占税收收入的比重约为58%,与2012年相比有所下降;企业所得税和个人所得税的占比之和为29.4%。可以看出流转税占比虽有降低,但仍占主要地位。以下简要分析一些主要税种的变动情况。

第一,2013年国内增值税收入28 803亿元,同比增长9.0%,增幅与去年同期基本持平,占税收总收入的比重为26.0%。中央增值税增幅较低,增长4.3%,地方增值税增长22.8%,主要原因是由营业税改征的增值税全部属地方收入。

第二,2013年国内消费税收入为8 230亿元,同比增长4.5%,增幅较上年同期下降9个百分点,占税收总收入的比重为7.4%。

第三,2013年进口货物增值税、消费税收入14 003亿元,比上年减少799亿元,下降5.4%,占税收总收入的比重为12.7%。

第四,2013年营业税收入17 217亿元,同比增长9.3%,增幅较上年同期下降5.8个百分点,占税收总收入的比重为15.6%。

第五,2013年企业所得税收入22 416亿元,同比增长14.1%,增幅较上年同期下降3.2个百分点,扣除年度间退税等不可比因素后增长约8%,占税收总收入的比重为20.3%。分行业看,金融业企业所得税增长14.3%;房地产企业所得税增长25.1%;工业企业所得税增长1%。

第六,2013年个人所得税收入6 531亿元,同比增长12.2%,增速比上年增加16.1个百分点。其中,工薪所得税4 092亿元,增长14.4%,主要是受居民收入增长及加强征管的影响;财产转让所得税664亿元,增长38%,主要受二手房市场交易活跃以及加强二手房个人所得税征管的影响。

2. 2013年税收收入变动的原因

总体来看,2013年税收收入增速较前一年继续下滑,2013年税收收入的增长率为9.8%,比2012年降低了2.3个百分点。主要原因是经济增长放缓、企业效益下滑、进口减少以及实施结构性减税政策等的综合反应。

第一,从宏观经济层面来看,国内外经济环境收紧是税收收入增速回落的根本原因。作为财政收入主体部分的税收收入,其增长情况与经济环境密切相关。一般来说,GDP的规模决定了经济税源的规模,没扣除掉价格变动因素,税收收入基本与GDP增长保持同步。正如第一章所分析的,2013年中国工业增加值增速、社会消费品零售总额、全国规模以上工业企业实现利润增速均出现回落。同时,价格总水平涨幅大幅回落使得以现价计算的税收收入增幅回落。此外,一般贸易出口额和进口额增速大幅回落。这些因素对税收收入的影响很大。就增值税而言,工业增加值增速回落、价格水平回落使得增值税税基相应缩小;经济增速放缓,基础性原材料需求减少且价格下降,使得相关行业增值税收入下降。

第二,从税收政策和征管方面来看,结构性减税政策对税收减收也有较大影响。

2013 年,财政部、国家税务总局发布了一系列文件,以“营改增”引领 2013 年结构性减税政策,减税力度进一步加大。2013 年主要的结构性减税政策包括:

《财政部、国家税务总局关于在全国开展交通运输业和部分现代服务业营业税改征增值税试点税收政策的通知》规定,自 2013 年 8 月 1 日起,交通运输业和部分现代服务业“营改增”在全国范围推行。《财政部、国家税务总局关于暂免征收部分小微企业增值税和营业税的通知》规定,2013 年 8 月 1 日起,对增值税小规模纳税人中月销售额不超过 2 万元的企业或非企业性单位,暂免征收增值税,对营业税纳税人中月营业额不超过 2 万元的企业或非企业性单位,暂免征收营业税。

《国家税务总局关于发布〈营业税改征增值税跨境应税服务增值税免税管理办法(试行)〉的公告》规定自 2013 年 8 月 1 日起,9 类跨境应税服务免缴增值税,免征增值税的跨境应税服务包括工程、矿产资源在境外的工程勘察勘探服务,会议展览地点在境外的会议展览服务,存储地点在境外的仓储服务,标的物在境外使用的有形动产租赁服务,在境外提供的广播影视节目(作品)发行、播映服务等 9 大类。

《财政部、国家税务总局关于研究开发费用税前加计扣除有关政策问题的通知》扩大了企业研发费税前扣除范围,企业所得税前加计扣除的研发费用范围从过去的 8 项增加到现在的 13 项,新增加 5 项。

《国家税务总局关于个人投资者收购企业股权后将原盈余积累转增股本个人所得税问题的公告》规定计入股权转让价格的盈余积累转增股本不征税。

2.4　2013 年国债发行总量结构

2.4.1　2013 年我国国债总量规模

根据 2013 年年初公布的本年财政预算数与 2012 年决算数的比较,可以看出,2013 年中央财政总收入和中央财政总支出的增长率分别为 3.8% 和 8.1%,分别比上年增长率减少了 5.2% 和 5.6%;但是从财政赤字的角度来看,2013 年的赤字较 2012 年增加了 3000 亿元,增幅比上年提高了 39.1%;国债余额增长率 17.6%,增幅提高了 2.8%。

表2-5　2012年和2013年财政收支及债务数据比较

项目	2012年决算数（亿元）	2013年预算数（亿元）	增长率(%)
中央财政总收入	58 832.42	61 060.00	3.8
中央财政总支出	64 332.42	69 560.00	8.1
财政赤字	5 500.00	8 500.00	54.5
中央财政国债余额	77 565.70	91 208.35	17.6

资料来源:财政部《关于2012年中央和地方预算执行情况与2013年中央和地方预算草案的报告》。

在国债余额管理制度下,经全国人民代表大会批准,2013年年末国债余额限额为91 208.35亿元。而根据2014年年初公布的《2013年和2014年中央财政国债余额情况表》,2013年年末国债余额实际数为86 750.46亿元,比预算数少4.9%,与2012年决算数相比增长11.8%。

2.4.2　2013年国债余额结构分析

从国债余额内外债构成来看,2013年年末实际国债余额中,内债为85 839.6亿元,外债为910.9亿元,分别占全部国债余额的98.9%和1.1%。近五年内内债与外债占全部国债余额的比例如表2-6所示。

表2-6　近五年我国国债余额中内债余额与外债余额所占比例

债务类型	2009年	2010年	2011年	2012年	2013年
内债	99.17	99.17	99.12	98.95	98.95
外债	0.83	0.83	0.88	1.05	1.05

由表2-6看出,我国外债在全部债务余额中仅占1%左右,但2010年、2011年和2012年期间所占比例略有上升,2013年与2012年的比例基本保持不变。

从政府外债规模及结构来看,截至2011年年底,我国累计借入外债1 433.42亿美元,债务余额746.25亿美元。其中世界银行、亚洲开发银行等国际金融组织已支付贷款累计620.5亿美元,贷款余额337.72亿美元;日本、德国、法国、科威特等26个国家和区域性金融机构的双边优惠贷款累计651.54亿美元,贷款余额332.99亿美元;境外发行本外币债券35笔,累计发行金额折合161.38亿美元,债券余额75.54亿美元。从国债余额品种结构看,2011年年末实际国债余额中,内债为71 411亿元,外债为634亿元,分别占全部国债余额的99.1%和0.9%。内债余额中,储蓄国债为8 115亿元,包括4 810亿元凭证式国债和3 305亿元储蓄国债(电子式),占全部国债余额的11.3%;记账式国债为63 296亿元,包括47 794亿元普通国债和15 502亿元特别国债,占全部国债余额的87.8%。从国债余额的期限结构来看,2011 年年末国债平均剩余期限为 8.4 年(不含外债),比 2010 年年末延长 0.3 年。2011 年年末国债余额中,剩余期限 1 年及以下的占 13%,1 年至 5 年(含 5 年)的占 29%,5 年至 10 年(含 10 年)的占 29%,10 年以上的占 29%。

2.4.3 2013 年国债发行品种结构分析

1. 可流通国债品种

我国可流通国债的品种是记账式国债,其中包括了贴现债券和附息债券。2012 年我国财政部才对记账式国债名称沿用之前的划分,分为记账式贴现国债和记账式附息国债,分别独立编号。2013 年度共发行记账式贴现国债 8 期,实际发行量为 1 145.3 亿元;记账式付息债券共发行 25 期,另外第 3、5、8、11、15、18、20 分别续期两次,第 1、4、13、17、23 分别续期一次,实际发行期数为 44 期,实际发行量为 12 229.1 亿元,发行次数比上年度增加 7 次,发行量增长 12.9%。

综观 2013 年记账式国债的发行情况,有如下特点:记账式贴现国债计划数量保持稳定,但实际执行数略有下降;记账式附息国债规模有所增加。中长期贴息式国债如第 1、4、13、17、23(皆为 3 年期或 5 年期)分别续期一次,第 3、5、8、11、15、18、20(皆为 7 年期或 10 年期)分别续期两次,其中第 18 期在 2014 年 1 月被第三次续期,这二者总规模占据国债发行总额的 72.8%,而 1—2 年偿还本金并支付最后一次利息的短期国债以及超过 10 年偿还本金并支付最后一次利息的长期国债并未续发。

2. 非流通国债品种

我国非流通国债的品种有两种,一是凭证式国债,二是储蓄国债。2013 年凭证式国债共发行了 4 期,发行量为 1 400 亿元;储蓄国债共发行了 10 期,实际发行量 2 200 亿元。与 2012 年相比,2013 年非流通国债中凭证式国债和储蓄式国债发行有较大增长。凭证式国债发行由 2012 年的 800 亿元增加到 1 400 亿元,增长 75%,与 2011 年持平;储蓄国债发行由 2012 年的 1 700 亿元增至 2 200 亿元,增加 29.4%。非流通国债总发行量由 2012 年的 2 500 亿元增加为 2013 年的 3 600 亿元,增长 44%,增速超过可流通国债总量。

3. 国债发行品种情况归纳

第一,国债品种保持原有特色。我国的国债品种继续保持近年来的趋势。一方面可流通债券继续保持着国债市场主体的地位。2013 年可流通国债占总的国债发行量的 78.8%,由于 2013 年非流通国债发行总量增长较多,这个比例与上年度相比有所降低。另一面,在非流通国债中,储蓄国债自 2006 年首次发行后已经连续 3 年超过凭证式国债的发行规模,比重达到 61%。储蓄国债电子化的趋势印证了当前金融市场产品的发展趋势。

第二,国债发行次数和发行量增长较大。2013 年共发行国债 66 次,较 2012

年增加了 8 次。而在发行量上，2013 年共发行国债 17 029.1 亿元，比上年度增长 27.7%。

2.4.4 2013 年国债发行期限结构分析

1. 记账式国债期限组成情况

通常，政府发行的债券具有多种不同的期限，我国的国债也是如此。从国际上看，国债期限的划分并无统一标准。我们在这里将 1 年期以内的国债视为短期国债，而将 1 年期至 10 年期以内的国债定义为中期国债，而将 10 年期和超过 10 年期的国债视为长期国债。记账式国债的期限结构根据上面所定的标准，就可以从短期、中期和长期三个类型来分析其期限结构（见图 2-4）。

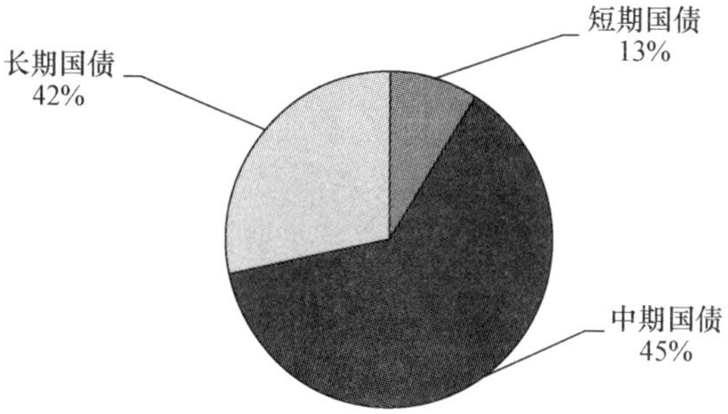

图 2-4 记账式国债期限结构

资料来源：财政部网站。

我国 1 年期以内的短期记账式国债采用贴现发行方式。2013 年财政部在国债市场上共发行了 8 期记账式贴现国债，规模为 1 145.3 亿元。它们的期限均小于一年，期限分别为 91 天、182 天和 273 天。其中 91 天国债两期，共计 300 亿元；182 天国债两期，共计 300 亿元；273 天国债四期，共计 545.3 亿元。本年度记账式贴现国债的计划发行量为每期 150 亿元，共 8 期，与上年持平，但由于第 4 期的实际发行量低于计划发行量，2013 年记账式贴现国债略低于上年水平。

中期记账式国债各期限品种均是附息国债，而且都采用一年付息一次的方式。2013 年财政部发行中期记账式国债的次数增加了，共发行了 30 期[①]，规模达到 8 442.4 亿元，与上年相比增长 37.7%，期限有 1 年期、2 年期、3 年期、5 年期和 7 年期。具体来看，2013 年财政部发行了 4 期期限为 1 年的记账式国债，发行规模合计为 2 242.5 亿元，与上年相比增长了 105.8%；2013 年发行的 2 年期记账式国债有 3 期，总发行规模为 760 亿元，上一年度并无此期限类型；2012 年发行的 3 年期记账式国债有 4 期，总发行规模为 1 160.2 亿元，与上年持平；2012 年发行的 5

① 包括各期续发期数，下同。

年期记账式国债有 6 期,总发行规模为 1 652.1 亿元,增长 44.8%;2013 年发行的 7 年期记账式国债 13 期,总发行规模为 3 727.6 亿元,增长 37.1%,图 2-5 为记账式中期国债不同期限规模占比分布图。

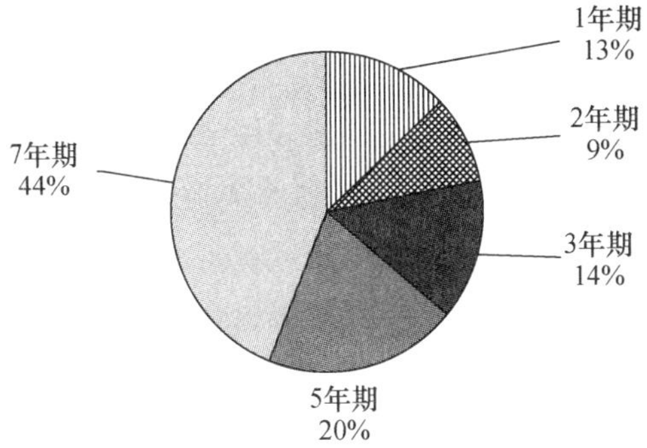

图 2-5　记账式中期国债期限结构

资料来源:财政部网站。

长期记账式国债也都是附息国债,但它们的付息方式不是一年付息一次,而是半年付息一次。长期记账式国债的期限有 10 年期、20 年期、30 年期和 50 年期,总体上看,2013 年长期记账式国债共发行 14 期,总发行规模为 3 786.7 亿元,与上年度相比减少了 19.5%。2013 年财政部发行的 10 年期记账式国债有 9 期,总发行规模为 2 566.7 亿元,占据全部长期国债发行规模的 67.8%;2013 年发行的 20 年期记账式国债只有 2 期,发行规模为 520 亿元;2013 年还发行了 30 年期记账式国债 2 期,总发行规模为 500 亿;2013 年发行 50 年期记账式国债 1 期,总发行规模 200 亿元。

2. 凭证式国债期限和储蓄国债期限组成情况

凭证式国债期限与上年度相同,为 3 年期和 5 年期。2009 年下半年开始,我国的凭证式国债期限从原来的 3 年期和 5 年期改为 1 年期和 3 年期,而在 2012 年又恢复为 3 年期和 5 年期。从储蓄国债期限结构组成来看,2013 年我国共发行储蓄国债 10 期,其中 3 年期和 5 年期的发行次数分各为 5 次。3 年期储蓄国债共募集资金 1 320 亿元,下降 20.5%,5 年期储蓄国债共募集资金 880 亿元,增长 18.9%。

2.4.5　2013 年国债发行利率结构分析

国债是由中央政府发行并以国家财力和国家信誉为保证的债券,是债券市场中信誉最高、安全性最好、风险最小的债券品种。按照市场上收益与风险对等的原则,国债利率在市场利率体系中往往是较低的,并可以作为基准利率供市场参照。不过,目前我国国债主要分为可以上市交易的记账式国债和不可以上市交易的凭证式国债及储蓄国债。记账式国债通过招标方式发行,其利率已经市场化;凭证式国债和储蓄国债由于不流通,发行时票面利率由财政部比照银行同期限储蓄存款利率设计。

1. 记账式国债利率的变化情况

2013 年记账式贴现国债共发行了 8 期,其中 91 天国债 2 期,共计 300 亿元;182 天国债 2 期,共计 300 亿元;273 天国债 4 期,共计 545.3 亿元。表 2-7 显示了各次记账式贴现国债的发行利率。

表 2-7 2013 年记账式贴现国债发行情况

期数	发行量(亿元)	发行价(元)	期限(天)	利率(%)	起息日
1 期	150.0	98.016	273 天	2.73	4 月 15 日
2 期	150.0	97.912	273 天	2.87	4 月 22 日
3 期	150.0	97.903	273 天	2.89	5 月 13 日
4 期	95.3	97.283	273 天	3.76	6 月 17 日
5 期	150.0	98.108	182 天	3.91	8 月 19 日
6 期	150.0	98.126	182 天	3.87	9 月 9 日
7 期	150.0	99.083	91 天	3.79	10 月 14 日
8 期	150.0	98827.000	91 天	4.87	12 月 16 日

资料来源:根据财政部网站公布的数据整理,发行量指的是实际发行量。

从整体上看,与 2012 年的 V 形特征不同,2013 年记账式贴现国债的利率变化呈现逐渐上升的三级台阶特征。其中第 1—3 期利率水平在 2.8% 左右,第 4—7 期利率水平约为 3.8%,第 8 期利率水平超过 4.8%,全年利率上升幅度为 71%。2013 年记账式附息国债发行的次数较多,共 44 期,期限也有 7 种。与记账式贴现国债相似,2013 年记账式附息国债在整体上看利率也是上行的,但各阶段波动很大,利率的大小与期限直接相关。其中利率小于 3.0% 的共 5 期,都为 2013 年 6 月之前发行的 1 年期、2 年期和 3 年期记账式付息国债;利率大于 4.0% 的主要是 2013 年 9 月之后发行的国债。图 2-6 为 2013 年记账式付息国债利率变化情况,其中只包括首次发行的国债,续发债券并未列出。从这两种记账式国债的发行利率来看,2013 年度利率总体符合逐步上升的三级增长特征,6 月和 10 月两次显著提高利率。

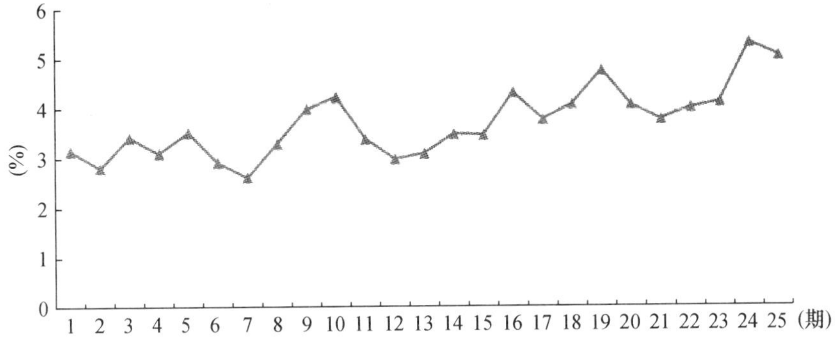

图 2-6 记账式付息国债利率变化

资料来源:财政部网站。

2. 凭证式国债和储蓄国债利率的变化情况

2013 年凭证式国债共发行了 4 期,储蓄国债共发行 10 期,各自有 2 个期限,3 年期和 5 年期。从数据看,2013 年凭证式国债和储蓄国债利率全年保持不变,3 年期票面利率 5.00%,5 年期票面利率 5.41%。

2.4.6 2013 年我国地方政府债券发行情况

按照发行主体分类,公债可分为中央政府公债和地方政府公债。中央政府公债一般称为国债,其发行由中央政府决定,公债收入列入中央预算,由中央财政支配,还本付息由中央政府承担。地方政府公债一般称为地方债,由地方政府发行并偿还。考虑到财政风险因素,我国目前预算法规定禁止地方政府发债。

这一政策的松动始于 2009 年,当年为应对国际金融危机,并帮助地方政府解决"四万亿"投资计划中配套资金不足的问题,在现行预算法基础上有所突破,通过中央财政代发地方政府债券的形式,发行了 2 000 亿元地方债,列入省级预算管理,外界称之为财政部代发地方政府债。

2011 年 10 月,财政部发布了关于《2011 年地方政府自行发债试点办法》的通知,经国务院批准,允许上海、浙江、广东、深圳四地开展地方政府自行发债试点。

2012 年 5 月,财政部继续发布了关于印发《2012 年地方政府自行发债试点办法》的通知,经国务院批准,2012 年上海市、浙江省、广东省、深圳市继续开展地方政府自行发债试点,《办法》中地方债券期限由原来的 3 年和 5 年改为 3 年、5 年和 7 年。

2012 年 6 月,这一政策又有所收紧,十一届全国人大常委会第二十七次会议重申现行《预算法》中的条款,"除法律和国务院另有规定外,地方政府不得发行地方政府债券"。2012 年不仅试点省份没有进一步扩大,相反 32 个省及直辖市的地方政府债券仍由财政部代理发行,此政策曾让人一度怀疑我们的地方政府距离

"自主发债"还有多远。

2013 年 6 月,财政部发布了关于印发《2013 年地方政府自行发债试点办法》的通知,经国务院批准,2013 年适当扩大自行发债试点范围。现确定,2013 年上海市、浙江省、广东省、深圳市、江苏省、山东省开展自行发债试点。试点地区由 4 个增加到 6 个,并对承销团成员等做了进一步规范。自《办法》实施后,各试点地区都分别发行了地方债券,共筹集资金 652 亿元,与上年相比增长 125.6%。2013 年试点地方自行发债情况如表 2-8 所示。

表 2-8 2013 年地方政府自行发债情况

地方政府	期数	发行量(亿元)	利率(%)	起息日	期限(年)
山东	1 期	56.0	3.94	8 月 26 日	5
	2 期	56.0	4.00	8 月 26 日	7
上海	1 期	56.0	3.94	9 月 9 日	5
	2 期	56.0	4.01	9 月 9 日	7
广东	1 期	60.5	4.00	9 月 17 日	5
	2 期	60.5	4.10	9 月 17 日	7
江苏	1 期	76.5	3.88	10 月 11 日	5
	2 期	76.5	4.00	10 月 11 日	7
浙江	1 期	59.0	3.96	10 月 28 日	5
	2 期	59.0	4.17	10 月 28 日	7
深圳	1 期	18.0	4.11	11 月 11 日	5
	2 期	18.0	4.18	11 月 11 日	7

资料来源:根据财政部网站相关资料汇总计算整理。

2013 年新增试点地区山东和江苏共发行地方债券 265 亿元,仅比上年度 4 个试点地区的全部地方债总额少 24 亿元。上海、广东、浙江与深圳的债券发行量分别比上年度增长了 25.8%、40.7%、35.6%和 33.3%。

《2012 年地方政府自行发债试点办法》和《2013 年地方政府自行发债试点办法》第四条规定:试点省(市)发行的政府债券为记账式固定利率附息债券。2013 年政府债券期限为 3 年、5 年和 7 年,试点省(市)最多可以发行三种期限债券,每种期限债券发行规模不得超过本地区发债规模限额的 50%(含 50%)。从数据上看,试点地区 2012 年和 2013 年发行的债券都为 5 年期和 7 年期债券。由此看出地方政府更加倾向于发行较长期的债券。

除试点地区外,其他 30 个省及直辖市的地方政府债券仍由财政部代理发行,2013 年财政部总共发行 12 期地方政府债券,为 30 个省及直辖市总共募集了 2411 亿元。具体情况如表 2-9 所示。

表 2-9 2013 年地方政府债券发行情况

省(市)	期数	发行量(亿元)	利率(%)	期限(年)
青岛	11 期	10	4.25	3
	12 期	11	4.33	5
广西	5 期	47	3.92	3
	6 期	48	3.87	5
湖南	5 期	77	3.92	3
	6 期	77	3.87	5
重庆	3 期	44	3.79	3
	4 期	44	3.82	5
陕西	7 期	60	4.29	3
	8 期	60	4.43	5
新疆	1 期	47	3.53	3
	2 期	48	3.66	5
甘肃	1 期	46	3.53	3
	2 期	46	3.66	5
北京	9 期	46	4.34	3
	10 期	47	4.45	5
山西	3 期	45	3.79	3
	4 期	46	3.82	5
黑龙江	5 期	56	3.92	3
	6 期	56	3.87	5
福建	1 期	41	3.53	3
	2 期	42	3.66	5
宁夏	11 期	24	4.25	3
	12 期	25	4.33	5
青海	5 期	43	3.92	3
	6 期	43	3.87	5
宁波	11 期	12	4.25	3
	12 期	13	4.33	5
安徽	1 期	76	3.53	3
	2 期	76	3.66	5
湖北	3 期	68	3.79	3
	4 期	69	3.82	5
四川	3 期	100	3.79	3
	4 期	100	3.82	5
云南	7 期	96	4.29	3
	8 期	97	4.43	5

（续表）

省(市)	期数	发行量(亿元)	利率(%)	期限(年)
天津	7 期	22	4.29	3
	8 期	23	4.43	5
厦门	5 期	7	3.92	3
	6 期	7	3.87	5
江西	9 期	63	4.34	3
	10 期	64	4.45	5
河南	7 期	75	4.29	3
	8 期	75	4.43	5
海南	3 期	30	3.79	3
	4 期	30	3.82	5
河北	11 期	64	4.25	3
	12 期	65	4.33	5
内蒙古	9 期	56	4.34	3
	10 期	55	4.45	5
辽宁	11 期	42	4.25	3
	12 期	42	4.33	5
大连	11 期	10	4.25	3
	12 期	11	4.33	5
吉林	11 期	54	4.25	3
	12 期	54	4.33	5
西藏	5 期	6	3.92	3
	6 期	7	3.87	5
贵州	9 期	50	4.34	3
	10 期	50	4.45	5

资料来源：根据财政部网站公布的数据整理，发行量指的是实际发行量。

2.5 2014 年财政收入预期分析

2.5.1 2013 年财政收入总结

回顾 2013 年财政收入的完成情况，主要有以下特点：

（1）从财政收入总量来看，全国财政收入 129 143 亿元，比 2012 年同期增加 11 889 亿元，增长 10.1%，累计增幅比 2012 年同期回落 2.7 个百分点，其中税收收入增幅同比回落 2.3 个百分点。收入增幅回落，主要是受经济增长放缓、企业效益下滑、物价涨幅回落特别是工业生产者出厂价格同比下降，以及结构性减税政策力度较大等因素影响。

（2）从财政收入走势看，2013 年四个季度财政收入增长逐季上升，一至四季度的增长率分别为6.9%、8.1%、11.2%和15.3%。在月度增长结构方面,2013年财政收入增速逐渐上升,呈现"三级台阶"的增长趋势。2013年1—5月(2月除外)的增长率保持在6%左右,6—8月在10%水平,而9—12月在15%上下波动。

(3) 从财政收入的层级结构看,中央财政收入61 077亿元,比上年增加3 999亿元,增长7.1%,占比47.0%;地方本级财政收入68 989亿元,比上年增加7 891亿元,增长12.9%,占比53.0%。中央财政收入的增幅低于地方财政收入的增幅。这是因为:全部或大部分归属于中央财政收入的进口环节税收、中央增值税、证券交易印花税等低增长或下降影响中央财政收入增幅;而地方增值税、其他地方税种及地方非税收入增长较快,带动地方收入增长。

(4) 从财政收入的构成结构看,在全国公共财政预算收入129 143亿元中,税收收入为110 497亿元,占公共财政预算收入比例为85.6%;非税收入为18 646亿元,占比为14.4%。税收收入同比增长为9.8%,非税收入同比增长为12.1%,后者对财政收入总体的增长贡献较大。从非税收入的层级结构来看,中央非税收入3 540亿元,增长22.9%;地方非税收入15 106亿元,增长9.8%。

(5) 从税收改革方向来看,结构性减税政策继续落实,力度进一步加大。减税政策涉及增值税、营业税、企业所得税、个人所得税等税种。从政策效果上来看,减轻了中小企业特别是小微企业的税收负担,带动了就业和创业,增强了经济发展的内饰动力;稳步推进营业税改增值税在全国范围推行,完善增值税税制,促进经济结构调整优化和服务业发展;扩大了企业研发费税前扣除范围,减轻了企业负担,促进了科技进步。

2.5.2 2014年财政收入预期

2013年11月,中国共产党第十八届中央委员会第三次全体会议胜利召开,为我国经济发展提供了指引方向。会议指出,财政是国家治理的基础和重要支柱,科学的财税体制是优化资源配置、维护市场统一、促进社会公平、实现国家长治久安的制度保障。必须完善立法、明确事权、改革税制、稳定税负、透明预算、提高效率,建立现代财政制度,发挥中央和地方两个积极性。在财政收入方面,十八届三中全会指出,要改进预算管理制度。实施全面规范、公开透明的预算制度。审核预算的重点由平衡状态、赤字规模向支出预算和政策拓展。清理规范重点支出同财政收支增幅或生产总值挂钩事项,一般不采取挂钩方式。建立跨年度预算平衡机制,建立权责发生制的政府综合财务报告制度,建立规范合理的中央和地方政府债务管理及风险预警机制。完善一般性转移支付增长机制,重点增加对革命老区、民族地区、边疆地区、贫困地区的转移支付。中央出台增支政策形成的地方财力缺口,原则上通过一般性转移支付调节。清理、整合、规范专项转移支付项目,逐步取消竞争性领域专项和地方资金配套,严格控制引导类、救济类、应急类专项,对保留专项进行甄别,属地方事务的划入一般性转移支付。完善税收制度。深化税收制度改革,完善地方税体系,逐步提高直接税比重。推进增值税改革,适当简化税率。调整消费税征收范围、环节、税率,把高耗能、高污染产品及部分高档消费品纳入征收范围。逐步建立综合与分类相结合的个人所得税制。加快房地产税立法并适时推进改革,加快资源税改革,推动环境保护费改税。照统一税制、公平税负、促进公平竞争的原则,加强对税收优惠特别是区域税收优惠政策的规范管理。税收优惠政策统一由专门的税收法律法规规定,清理规范税收优惠政策。完善国税、地税征管体制。

在看到有利因素的同时,我们也应清醒地看到经济回升基础尚不稳固,收支矛盾依然存在,主要表现在:受国家宏观经济等各方面因素影响,财政收入增长趋缓。在国际金融危机和贸易保护主义的影响下,一些工业企业生产经营困难加剧,作为增值税和企业所得税主要税源的制造业税收持续下滑,另外土地财政收入进一步弱化,除经济性减税因素外,受结构性减税政策影响,税收收入增速进一步降低。

总体而言,展望2014年,机遇和挑战并存,国际经济形势存在较多不确定性,国内经济运行趋于平稳的同时还面临不少困难。从宏观经济来看,预计2014年国内经济增速略有回升,价格涨幅基本持平,企业经济效益难有明显改观,结构性减税力度有所加大。从财政收入方面来看,不会如前几年一样保持远超GDP增速的高增长水平,其增速可能低于2013年的水平,退至7%左右。

同时,2014年,中央财政比起地方财政可能面临更大的收支压力。一方面是中央财政相对于地方财政的投入压力不减;另一方面,全额或大部分属于中央收入的进口环节税收、增值税、所得税等继续保持较低增速,资源税、房产税等领域税制改革所创造的新增税收主要归属于地方财政,地方非税收入持续较快增长。

第3章　2013年中国财政支出分析

3.1　2012年财政支出决算回顾

2012年,我国政府加强和改善宏观调控,国民经济朝着宏观调控预期的方向发展,经济基本面持续向好,人民生活水平不断提高,实现了"十二五"规划承上启下的重要过渡。在此基础上,财政发展改革深入推进,预算执行情况较好,公共财政支出决算、政府性基金支出决算以及国有资本经营支出决算情况如下。

3.1.1　公共财政支出决算

2012年,全国公共财政支出125 712.25亿元,比2011年增长15.1%。[①] 加上补充中央预算稳定调节基金184.15亿元以及地方政府债券还本支出2 000亿元和地方财政结转下年支出13.35亿元,支出总量为127 909.75亿元。当年全国财政支出超过收入8 000亿元。

(一)中央公共财政支出决算情况

(1)从中央公共财政支出决算的总体情况来看,2012年中央公共财政支出64 148.27亿元,完成预算的100.8%,增长13.7%。其中,中央本级支出18 764.8亿元,增长13.6%;中央对地方税收返还和转移支付45 383.47亿元,增长13.7%。加上补充中央预算稳定调节基金184.15亿元,支出总量为64 332.42亿元。中央公共财政支出超过收入5 500亿元,与预算持平。

(2)从中央公共财政支出决算的结构来看(见表3-1),完成预算低于100%的支出项目包括外交、商业服务业等事务、金融监管等事务支出、国债付息支出等7项,除以上7项支出外,其他各项支出均完成或超额完成年初预算。其中,超出预算10%以上的支出项目包括节能环保、城乡社区事务、交通运输、住房保障支出。从中可以看出,住房保障支出和城乡社区事务是全部支出项目中超出预算幅度最大的两个项目,这也体现了中央政府对居民住房保障特别是保障性安居工程建设的重视。此外,税收返还5 128.04亿元,一般性转移支付21 471.18亿元,专项转移支付18 791.52亿元。

---

① 在"2012年财政支出决算回顾"部分,如无特别说明,增长都是相对于2011年的增长。

表3-1 2012年中央公共财政支出情况

项目	预算数（亿元）	决算数（亿元）	决算数占预算的百分比	比上年增长（%）	中央本级支出（亿元）	中央本级支出所占比重（%）
一、一般公共服务	1 230.61	1 330.30	108.1	11.76	998.32	75.04
二、外交	342.31	332.39	97.1	8.01	332.39	100.00
三、国防	6 503.11	6 506.02	100.0	11.48	6 481.38	99.62
四、公共安全	1 826.64	1 880.02	102.9	10.88	1 183.47	62.95
五、教育	3 781.32	3 781.55	100.0	15.69	1 101.46	29.13
六、科学技术	2 285.46	2 291.48	100.3	12.66	2 210.43	96.46
七、文化体育与传媒	493.84	494.68	100.2	18.95	193.56	39.13
八、社会保障和就业	5 750.73	5 753.65	100.1	22.01	585.67	10.18
九、医疗卫生	2 035.04	2 048.21	100.6	17.19	74.29	3.63
十、节能环保	1 769.10	1 998.42	113.0	23.13	63.65	3.19
十一、城乡社区事务	87.25	445.43	510.5	211.73	18.19	4.08
十二、农林水事务	5 491.45	5 996.06	109.2	25.30	502.49	8.38
十三、交通运输	3 565.93	3 969.89	111.3	20.34	863.59	21.75
十四、资源勘探电力信息等事务	877.26	957.46	109.1	15.78	473.15	49.42
十五、商业服务业等事务	474.72	470.84	99.2	-36.17	20.09	4.27
十六、金融监管等事务支出	452.55	256.39	56.7	-43.23	209.59	81.75
十七、地震灾后恢复重建支出	—	46.87	—	—	—	0.00
十八、国土资源气象等事务	475.99	477.14	100.2	10.51	298.08	62.47
十九、住房保障支出	2 117.55	2601.57	122.9	44.58	410.91	15.79
二十、粮油物资储备事务	974.19	990.37	101.7	11.20	645.20	65.15
廿一、国债付息支出	2 093.68	2 060.41	98.4	13.21	2 060.41	100.00
廿二、对地方税收返还	5 188.55	5 128.04	98.8	1.75	—	—
廿三、对地方一般性转移支付	15 208.83	14 217.66	93.5	9.29	—	—
廿四、其他支出	593.89	91.46	15.4	-73.48	38.31	41.89
中央本级和补助地方支出	63 620.00	64 148.27	100.8	13.7	—	—

注：表中对地方一般性转移支付未包括对教育、社会保障和就业、医疗卫生等科目的转移支付，如加上这部分转移支付，则与这一数值一致。

资料来源：财政部网站并经计算得到。

(3) 从中央公共财政支出决算的增长速度来看(见表 3-1),增长率最大的项目是城乡社区事务,其支出增长率为 211.73%。增长率为 20%—50% 的项目主要包括社会保障和就业、节能环保、农林水事务、交通运输以及住房保障支出 5 项;增长率在 10%—20% 的项目包括一般公共服务支出、国防支出以及教育等 11 项。除此之外,其余项目支出的增长率都小于 10%,其中商业服务业等事务支出、金融监管等事务支出与其他支出的增长率为负。

(4) 从中央本级支出所占的比重看,2012 年中央本级支出占该项目总支出比率超过 50% 的有一般公共服务支出、外交支出以及国防支出等 9 项,中央本级支出的比重体现了中央政府的职责范围,详细情况如表 3-1 所示。

(二) 地方公共财政支出决算情况

(1) 从地方公共财政支出决算的总体情况来看,2012 年地方公共财政支出 106 947.45 亿元,为预算的 101.8%,增长 15.3%,加上地方政府债券还本支出 1 384 亿元,支出总量为 118 927 亿元。地方公共财政支出超过收入 3 500 亿元。

(2) 从地方公共财政支出决算的结构来看(见表 3-2),外交支出、商业服务业等事务支出、国债还本付息支出与其他支出等完成预算的比例低于 90%。国防支出、社会保障和就业支出、医疗卫生支出、节能环保支出、交通运输支出、金融监管等事务支出、国土资源气象等事务支出和粮油物资储备事务支出等完成预算的比例介于 90% 到 100% 之间。除以上各支出项目外,其他支出项均超额完成预算。其中超出预算最大的项目是地震灾害恢复重建支出,超出幅度为 107.6%;其次是教育支出,超出幅度为 12.5%;除此之外,其余项目超出预算的比例都在 10% 以内,详见表 3-2。需要说明的是,以上各项支出中包括地方用中央税收返还和转移支付资金安排的支出。

(3) 从各主要支出项目的增长速度来分析,教育支出的增长幅度最大,其增长率达 30%;其次是文化体育与传媒,增长率达到 21.7%;这明确地反映了地方政府的政策取向。其他与人民群众生活直接相关的住房保障支出、城乡社区事务、农林水事务等方面的支出增长幅度也很明显,其增长率都在 15% 以上,分别为 16.5%、19.1% 与 20.5%。

表 3-2 2012 年地方公共财政支出情况

项目	预算数(亿元)	决算数(亿元)	决算数占预算的百分比	增长率(%)
一、一般公共服务	10 720.00	11 702.14	109.2	16.0
二、外交	2.97	1.44	48.5	-47.6
三、国防	223.54	210.54	94.2	6.2
四、公共安全	5 874.74	5 928.13	100.9	12.5

（续表）

项目	预算数（亿元）	决算数（亿元）	决算数占预算的百分比	增长率（%）
五、教育	17 900.24	20 140.64	112.5	30.0
六、科学技术	2 110.30	2 242.20	106.3	18.9
七、文化体育与传媒	1 971.50	2 074.79	105.2	21.7
八、社会保障和就业	12 367.29	11 999.85	97.0	13.1
九、医疗卫生	7 264.60	7 170.82	98.7	12.8
十、节能环保	2 901.92	2 899.81	99.9	13.0
十一、城乡社区事务	8 586.05	9 060.93	105.5	19.1
十二、农林水事务	10 816.77	11 471.39	106.1	20.5
十三、交通运输	7 790.00	7 332.57	94.1	2.3
十四、资源勘探电力信息等事务	3 872.60	3 934.53	101.6	10.9
十五、商业服务业等事务	1 507.20	1 351.71	89.7	-3.1
十六、金融监管等事务支出	258.50	249.69	96.6	6.1
十七、地震灾后恢复重建支出	50.00	103.81	207.6	-40.5
十八、援助其他地区支出	—	126.56	—	—
十九、国土资源气象等事务	1 423.40	1 367.59	96.1	6.0
二十、住房保障支出	4 024.00	4 068.71	101.1	16.5
廿一、粮油物资储备事务	808.00	731.09	90.5	0.2
廿二、预备费	950.00	—	—	—
廿三、国债还本付息支出	640.00	575.33	89.9	2.0
廿四、其他支出	3 217.38	2 444.07	76.0	-13.8
地方公共财政支出合计	105 281.00	107 188.30	101.8	15.6

资料来源：财政部网站。

3.1.2 政府性基金支出决算

2012年，全国政府性基金支出36 069.04亿元。下面分别说明中央与地方政府性基金的支出决算情况。

（一）中央政府性基金支出决算情况

2012年，中央政府性基金支出3 354.63亿元，完成预算的88.1%，增长8.1%。其中，中央本级支出2 175.17亿元，增长0.85%，包括铁路建设基金支出622.5亿元，港口建设费安排支出103.4亿元，彩票公益金用于社会福利、体育、教育等社会公益事业支出386.18亿元，中央农网还贷资金支出109.68亿元等，中央本级政府性基金支出的具体项目如表3-3所示。

表 3-3 2012 年中央本级政府性基金支出决算表

项目	预算数（亿元）	决算数（亿元）	决算数占预算的百分比	决算数占上年的百分比
一、中央农网还贷资金支出	109.68	109.68	100.0	104.2
二、铁路建设基金支出	680.40	622.50	91.5	91.2
三、民航发展基金支出	271.36	225.01	82.9	101.6
四、港口建设费安排的支出	127.45	131.78	103.4	114.6
五、旅游发展基金支出	8.66	8.13	93.9	116.1
六、文化事业建设费安排的支出	21.57	18.97	87.9	181.4
七、国家电影事业发展专项资金支出	11.55	5.25	45.5	113.9
八、新增建设用地土地有偿使用费安排的支出	386.31	274.24	71.0	60.0
九、森林植被恢复费安排的支出	4.20	2.84	67.6	194.5
十、中央水利建设基金支出	61.34	50.34	82.1	95.8
十一、南水北调工程基金支出	26.95	16.50	61.2	53.5
十二、农田水利建设资金收入安排的支出	—	—	—	—
十三、大中型水库移民后期扶持基金支出	360.96	228.52	63.3	122.9
十四、大中型水库库区基金支出	4.38	3.85	87.9	101.3
十五、三峡水库库区基金支出	13.56	12.18	89.8	377.1
十六、中央特别国债经营基金财务支出	682.87	682.87	100.0	100.0
十七、彩票公益金安排的支出	454.35	386.18	85.0	135.6
十八、国家重大水利工程建设基金支出	334.38	304.53	91.1	182.6
十九、船舶港务费安排的支出	49.49	47.64	96.3	127.6
二十、贸促会收费安排的支出	1.93	—	—	—
廿一、长江口航道维护支出	2.54	7.28	286.6	53.5
廿二、核电站乏燃料处理处置基金支出	49.57	0.84	1.7	37.3
廿三、可再生能源电价附加收入安排的支出	—	195.04	—	—
廿四、船舶油污损害赔偿基金支出	—	—	—	—
廿五、铁路资产变现收入安排的支出	20.13	—	—	—
廿六、电力改革预留资产变现收入安排的支出	60.24	—	—	—
廿七、无线电频率占用费安排的支出	45.27	20.45	45.2	130.8
廿八、废弃电器电子产品处理基金支出	15.00	—	—	—
廿九、其他政府性基金支出	3.52	0.01	0.3	0.5
中央政府性基金支出	3 807.66	3 354.63	88.1	108.1

资料来源：财政部网站。

此外,中央对地方政府性基金转移支付 1 179.46 亿元,增长 24.6%,中央政府性基金结转下年支出 781.02 亿元。

(二) 地方政府性基金支出决算情况

同年,地方政府性基金支出 33 893.87 亿元,完成预算的 103.1%,下降 10.3%。其中,国有土地使用权出让金收入安排的支出 28 418.19 亿元,其中征地拆迁补偿等成本性开支占地方土地出让支出总额的比重上升到 79.6%;彩票公益金用于社会福利、体育、教育等社会公益事业支出 408.73 亿元;城市基础设施配套支出 813.86 亿元;地方教育附加安排的教育支出 592.02 亿元等。地方政府性基金支出的具体情况如表 3-4 所示。

表 3-4 2012 年地方政府性基金支出决算表

项目	预算数（亿元）	决算数（亿元）	决算占预算的百分比	决算占上年的百分比
一、地方农网还贷资金支出	25.71	31.36	122.0	102.1
二、山西省煤炭可持续发展基金支出	222.05	170.62	76.8	105.2
三、民航发展基金支出	137.28	131.62	95.9	211.2
四、海南省高等级公路车辆通行附加费安排的支出	13.11	13.01	99.2	98.2
五、转让政府还贷道路收费权收入安排的支出	20.92	22.84	109.2	121.6
六、港口建设费安排的支出	63.01	79.65	126.4	196.4
七、散装水泥专项资金支出	12.78	8.96	70.1	105.9
八、新型墙体材料专项基金支出	45.65	47.06	103.1	128.5
九、旅游发展基金支出	6.41	3.91	61.0	85.6
十、文化事业建设费安排的支出	61.22	66.90	109.3	111.7
十一、地方教育附加安排的支出	665.99	592.02	88.9	145.2
十二、国家电影事业发展专项资金支出	11.08	5.33	48.1	327.0
十三、新菜地开发建设基金支出	10.82	6.84	63.2	85.4
十四、新增建设用地土地有偿使用费安排的支出	692.13	901.42	130.2	102.5
十五、育林基金支出	33.42	35.84	107.2	101.2
十六、森林植被恢复费安排的支出	65.38	70.31	107.5	87.9
十七、水利建设基金支出	380.72	480.72	126.3	142.7
十八、南水北调工程基金支出	3.17	8.45	266.6	224.1
十九、残疾人就业保障金支出	156.60	155.56	99.3	115.9
二十、政府住房基金支出	126.19	164.28	130.2	122.7
廿一、城市公用事业附加安排的支出	209.23	212.80	101.7	98.9

（续表）

项目	预算数（亿元）	决算数（亿元）	决算占预算的百分比	决算占上年的百分比
廿二、国有土地使用权出让金收入安排的支出	26 337.49	2 6663.87	101.2	85.9
廿三、国有土地收益基金支出	1015.95	870.01	85.6	82.7
廿四、农业土地开发资金支出	195.48	169.50	86.7	90.9
廿五、大中型水库移民后期扶持基金支出	71.71	156.00	217.5	99.5
廿六、大中型水库库区基金支出	30.30	24.78	81.8	113.5
廿七、三峡水库库区基金支出	8.92	7.19	80.6	122.5
廿八、彩票公益金安排的支出	312.49	408.73	130.8	134.8
廿九、城市基础设施配套费安排的支出	637.44	813.86	127.7	107.4
三十、小型水库移民扶助基金支出	10.27	10.68	104.0	97.3
卅一、国家重大水利工程建设基金支出	55.69	75.49	135.6	127.1
卅二、车辆通行费安排的支出	1 252.09	1 205.29	96.3	101.2
卅三、船舶港务费安排的支出	6.12	7.71	126.0	110.8
卅四、贸促会收费安排的支出	—	0.65	—	25.9
卅五、可再生能源电价附加收入安排的支出	—	146.15	—	—
卅六、无线电频率占用费安排的支出	42.75	16.57	38.8	148.5
卅七、其他政府性基金支出	177.16	369.72	208.7	124.2
地方政府性基金支出	33 116.74	34 155.70	103.1	90.4

资料来源:财政部网站。

3.1.3 国有资本经营支出决算

限于数据的可获得性,我们在此仅报告中央国有资本经营支出的决算情况。2012 年中央国有资本经营支出 929.79 亿元,完成预算的 106.3%,增长 20.8%。其中,国有经济和产业结构调整支出 111 亿元,中央企业改革脱困补助支出 301.7 亿元,重大科技项目创新支出 110 亿元,重大节能减排项目支出 84 亿元,境外投资支出 96 亿元,安全生产保障能力建设支出 10.18 亿元,兼并重组支出 89.38 亿元,新兴产业等发展支出 35.93 亿元,调入公共财政预算用于社会保障等支出 50 亿元,具体如表 3-5 所示。

表 3-5　2012 年中央国有资本经营支出决算表

项目	预算数（亿元）	决算数（亿元）	决算数为预算的百分比	决算数为上年的百分比
中央企业兼并重组专项资金	80.00	89.38	111.7	111.7
国有经济和产业结构调整支出	133.00	111.00	83.5	22.6
中央企业重大技术创新项目支出	110.00	110.00	100.0	314.3
中央企业重大节能减排项目支出	80.00	84.00	105.0	240.0
中央企业境外投资支出	80.00	96.00	120.0	414.2
中央企业安全生产保障能力建设支出	10.00	10.18	101.8	106.6
新兴产业发展支出	45.00	35.93	79.8	137.7
中央企业对外经济技术合作支出	20.00	20.00	100.0	—
中央企业改革脱困补助支出	225.00	301.70	134.1	1304.9
中央企业社会保障支出	5.00	4.39	87.8	81.0
国有股减持收入补充社保基金支出	20.10	17.21	85.6	3374.5
调入公共财政预算用于社保等民生支出	50.00	50.00	100.0	125.0
中央企业财务管理信息化试点支出	5.00	—	—	—
预留资金	11.97	—	—	—
中央国有资本经营支出	875.07	929.79	106.3	120.8
结转下年支出	—	72.11	—	232.1

资料来源:财政部网站。

3.2　2013 年财政支出预算安排

2013 年 3 月 5 日,在第十二届全国人民代表大会第一次会议上,财政部发布了《关于 2012 年全国预算执行情况与 2013 年中央和地方预算草案的报告》,该报告对 2013 年公共财政预算、政府性基金预算以及国有资本经营预算的安排情况进行了说明,下面我们对其支出安排情况进行简要分析。

3.2.1　公共财政支出预算安排情况

2013 年全国公共财政支出 138 246 亿元,增长 10%。其中,中央公共财政支出总量为 69 560 亿元,增长 8.4%;地方公共财政支出 117 543 亿元,增长 9.9%。在中央公共财政支出中,中央本级支出 20 203 亿元,增长 9.1%;中央对地方税收返还和转移支付 48 857 亿元,增长 8.3%;中央预备费 500 亿元,与 2011 年预算持平。全国公共财政支出超过收入 12 000 亿元,比上年增加 4 000 亿元,占国内生产总值的比重在 2% 左右,其中,中央财政赤字 8 500 亿元,比 2012 年决算数增加 3 000 亿元。

（一）中央预算支出安排情况

2013年中央公共财政预算各主要支出项目的情况如表3-6所示。由表3-6可知，2013年预算数比上年执行数增长最快的项目是其他支出，增长591.6%；医疗卫生支出、粮油物资储备事务支出、社会保障和就业支出与国债付息支出的增长速度分别位列第2—5位，其增长幅度都达到10%以上，这反映了中央财政在2013年的支出重点。城乡社区事务支出、金融监管等事务支出与住房保障支出比上年执行数下降超过10%以上，分别下降56.5%、16.0%和14.3%。

表3-6　2013年中央公共财政支出预算安排情况

项目	2012年预算（亿元）	预算比上年执行增长（%）	增长排序
一、一般公共服务	1 350.58	1.5	16
二、外交	357.36	7.5	12
三、国防	7 201.68	10.7	7
四、公共安全	2 029.37	7.9	11
五、教育	4 132.45	9.3	9
六、科学技术	2 529.91	10.4	8
七、文化体育与传媒	540.54	9.3	10
八、社会保障和就业	6 550.81	13.9	4
九、医疗卫生	2 602.53	27.1	2
十、节能环保	2 101.27	5.1	13
十一、城乡社区事务	193.83	-56.5	23
十二、农林水事务	6 195.88	3.3	15
十三、交通运输	3 973.86	0.1	17
十四、资源勘探电力信息等事务	898.99	-6.1	19
十五、商业服务业等事务	487.97	3.6	14
十六、金融监管等事务支出	215.41	-16.0	22
十七、地震灾后恢复重建支出	—	—	24
十八、国土资源气象等事务	430.68	-9.8	20
十九、住房保障支出	2 229.91	-14.3	21
二十、粮油物资储备事务	1 236.63	24.9	3
廿一、国债付息支出	2 294.47	11.4	5
廿二、对地方税收返还	5 052.79	-1.3	18
廿三、对地方一般性转移支付	15 820.43	11.0	6
廿四、其他支出	632.65	591.6	1
中央本级和补助地方支出	69 060.00	8.6	—
中央预备费	500.00	—	—
中央公共财政支出	69 560.00	8.5	—

资料来源：财政部网站。

从中央本级支出预算情况来看(见表 3-7),城乡社区事务、农林水事务、交通运输、资源勘探电力信息等事务、商业服务业等事务、国土资源气象等事务与住房保障支出项目的增长速度为负,其余项目 2013 年预算数比上年执行数都有增加,与中央公共财政预算一样,增长最快的是其他支出项目,增幅高达 1 043.1%;此外,节能环保、粮油物资储备事务与文化体育与传媒等项目的增长也较快。表 3-7 还反映了中央本级支出所占的比重,从中可以看出,外交支出、国债付息支出与金融监管等事务支出完全由中央政府负责,并且它还承担了国防支出和科学技术支出的 99.7% 与 97.3%,另外,一般公共服务支出、公共安全支出、国土资源气象等事务、粮油物资储备事务支出以及其他支出的一半以上都由中央政府承担。

表 3-7 中央本级支出情况

项目	2012 年预算数(亿元)	预算比上年执行增长(%)	中央本级支出占比(%)
一、一般公共服务	1 011.08	101.3	74.9
二、外交	357.36	107.5	100.0
三、国防	7 177.29	110.7	99.7
四、公共安全	1 289.89	109.0	63.6
五、教育	1 121.65	101.8	27.1
六、科学技术	2 461.76	111.4	97.3
七、文化体育与传媒	236.89	122.4	43.8
八、社会保障和就业	626.61	107.0	9.6
九、医疗卫生	81.30	109.5	3.1
十、节能环保	93.70	147.2	4.5
十一、城乡社区事务	5.83	32.1	3.0
十二、农林水事务	471.87	93.9	7.6
十三、交通运输	486.44	56.3	12.2
十四、资源勘探电力信息等事务	383.59	81.1	42.7
十五、商业服务业等事务	13.06	65.0	2.7
十六、金融监管等事务支出	215.41	102.8	100.0
十七、国土资源气象等事务	249.32	83.6	57.9
十八、住房保障支出	370.23	90.1	16.6
十九、粮油物资储备事务	855.64	132.6	69.2
二十、国债付息支出	2 294.47	111.4	100.0
廿一、其他支出	399.61	1043.1	63.2
中央本级支出	20 203	107.7	—

资料来源:财政部网站。

最后简要说明中央对地方税收返还和转移支付的情况。2013年中央对地方税收返还和转移支付48 857亿元，增长7.7%。其中，一般性转移支付24 538.35亿元，增长14.3%；专项转移支付19 265.86亿元，增长2.5%。在一般性转移支付中，均衡性转移支付9 812.25亿元，比2012年执行数增加1 229.63亿元，增长14.3%。主要是加大对中西部地区、重点生态功能区和产粮大县的支持力度，同时增强基层政府履行职能的财力保障。此外，义务教育等转移支付1 821.19亿元，基本养老金和低保等转移支付4 342.51亿元，新型农村合作医疗等转移支付1 662.31亿元，村级公益事业奖补等转移支付317.31亿元，成品油税费改革转移支付714亿元。

（二）地方预算支出安排情况

2013年地方公共财政支出预算安排117 543亿元，其主要支出项目的增长情况如表3-8所示。从中可以看出，增长最快的是社会保障和就业支出，增长了14.21%，这体现了地方财政部门加大社会保障和就业方面的投入力度，有利于支持建立和完善符合我国国情的社会保障“安全网”；其次是医疗卫生支出，增长13.19%；农林水事务支出和节能环保支出的增长幅度也较大，增长幅度都在10%以上；此外，除金融监管等事务支出和地震灾后恢复重建支出项目外，其余项目相比上年均有所增长。

表3-8　2013年地方公共财政支出预算安排情况

项目	2013年预算（亿元）	预算比上年增长（%）	增长排序	所占比重（%）	比重排序
一、一般公共服务	12 258.87	3.08	20	10.43	4
二、外交	1.51	4.86	18	0.001	22
三、国防	228.93	9.07	9	0.19	19
四、公共安全	6 400.91	8.59	10	5.45	8
五、教育	21 913.09	9.22	8	18.64	1
六、科学技术	2 444.77	10.17	6	2.08	13
七、文化体育与传媒	2 267.54	10.19	5	1.93	14
八、社会保障和就业	13 655.06	14.21	1	11.62	2
九、医疗卫生	8 064.43	13.19	2	6.86	6
十、节能环保	3 192.77	11.31	4	2.72	11
十一、城乡社区事务	9 696.56	7.72	13	8.25	5
十二、农林水事务	12 817.23	12.43	3	10.90	3
十三、交通运输	7 909.97	8.22	12	6.73	7
十四、资源勘探电力信息等事务	4 099.88	4.65	19	3.49	10

（续表）

项目	2013年预算（亿元）	预算比上年增长（%）	增长排序	所占比重（%）	比重排序
十五、商业服务业等事务	1 413.99	5.38	17	1.20	16
十六、金融监管等事务支出	173.22	-30.28	21	0.15	20
十七、地震灾后恢复重建支出	10.00	-88.50	22	0.01	21
十八、国土资源气象等事务	1 422.68	5.67	16	1.21	15
十九、住房保障支出	4 313.66	6.91	15	3.67	9
二十、粮油物资储备事务	788.45	7.21	14	0.67	17
廿一、国债付息支出	685.86	9.38	7	0.58	18
廿二、其他支出	2 833.62	8.57	11	2.41	12
廿三、预备费	950.00	—	—	—	—
地方公共财政支出	117 543.00	9.91		—	—

资料来源：根据全国公共财政支出预算减去中央本级支出预算计算得到。

表3-8中还显示了各项支出所占的比重，这反映了地方政府在不同事务上所承担的支出责任。从中可知，占地方预算支出比重最大的项目仍是教育，其支出数额为21 913.09亿元，比重为18.64%；其次为社会保障和就业支出，其数额为13 655.06亿元，其比重为11.62%；农林水事务支出与一般公共服务支出紧随其后，支出数额分别为12 817.23亿元和12 258.87亿元，比重分别为10.90%和10.43%；比重最小的项目是外交，其支出数额为1.51亿元，仅占0.001%；其余项目所占比重则在0.001%—10%。以上各项支出中包括地方用中央税收返还和转移支付资金安排的支出。

3.2.2 政府性基金支出预算安排情况

2013年，全国政府性基金安排支出37 537.17亿元，增长4.1%。其中，中央政府性基金支出和地方政府性基金支出的预算安排情况分别如下。

（一）中央政府性基金支出预算安排情况

2012年中央政府性基金支出4 400.15亿元，增长31.2%（见表3-9）。从各项目的增长速度来看，增长最快的是核电站乏燃料处理处置基金支出，其增长速度高达7 685.5%，这主要是上年基数很小所致；其次为无线电频率占用费安排的支出，增长速度为200.3%；紧随其后的是国家电影事业发展专项资金支出和南水北调工程基金支出，其增长速度分别为199.8%和170.7%；文化事业建设费安排的支出、森林植被恢复费安排的支出、中央水利建设基金支出、三峡水库库区基金支出、国家重大水利工程建设基金支出、船舶港务费安排的支出以及长江口航道维护支出项目有所下降，中央特别国债经营基金财务支出与去年持平，其余项目都有不同程度的增长。此外，从各项目支出所占的比重来看，中央特别国债经营基金财务支出所占的比重最大,其支出数额为682.87亿元,占15.52%;其次为铁路建设基金支出,支出数额为653.63亿元,所占比重为14.85%;紧接着是新增建设用地土地有偿使用费安排的支出和彩票公益金安排的支出,支出数额分别为579.6亿元与489.16亿元,所占比重分别为13.17%和11.12%;其余项目所占比重均在10%以下。

表3-9 2013年中央政府性基金支出预算安排情况

项目	2013年预算数(亿元)	预算占上年执行的百分比	各项目支出占比(%)
一、中央农网还贷资金支出	131.2	119.6	2.98
二、铁路建设基金支出	653.63	105.0	14.85
三、民航发展基金支出	302.08	134.2	6.87
四、港口建设费安排的支出	183.22	139.0	4.16
五、旅游发展基金支出	9.26	114.0	0.21
六、文化事业建设费安排的支出	16.55	87.2	0.38
七、国家电影事业发展专项资金支出	15.74	299.8	0.36
八、新增建设用地土地有偿使用费安排的支出	579.60	211.3	13.17
九、森林植被恢复费安排的支出	2.39	83.9	0.05
十、中央水利建设基金支出	49.77	98.9	1.13
十一、南水北调工程基金支出	44.67	270.7	1.02
十二、农田水利建设资金安排的支出	63.25	—	1.44
十三、大中型水库移民后期扶持基金支出	354.85	155.3	8.06
十四、大中型水库库区基金支出	6.03	156.6	0.14
十五、三峡水库库区基金支出	10.76	88.3	0.24
十六、中央特别国债经营基金财务支出	682.87	100.0	15.52
十七、彩票公益金安排的支出	489.16	126.7	11.12
十八、国家重大水利工程建设基金支出	288.60	94.8	6.56
十九、船舶港务费安排的支出	46.92	98.5	1.07
二十、长江口航道维护支出	6.34	87.1	0.14
廿一、核电站乏燃料处理处置基金支出	64.62	7785.5	1.47
廿二、可再生能源电价附加收入安排的支出	240.32	123.2	5.46
廿三、船舶油污损害赔偿基金支出	1.48	—	0.03
廿四、铁路资产变现收入安排的支出	4.13	—	0.09
廿五、电力改革预留资产变现收入安排的支出	51.38	—	1.17
廿六、无线电频率占用费安排的支出	61.41	300.3	1.40
廿七、废弃电器电子产品处理基金支出	36.54	—	0.83
廿八、其他政府性基金支出	3.38	33800.0	0.08
中央政府性基金支出	4400.15	131.2	—

资料来源:财政部网站,经计算得到。

(二) 地方政府性基金支出预算安排情况

2013年地方政府性基金支出34 973.16亿元,增长3.2%。其中,国有土地使用权出让收入安排的支出28 046.04亿元,下降1.3%。

3.2.3 国有资本经营支出预算安排情况

2013年,全国国有资本经营支出1 641.51亿元。其中,中央国有资本经营支出1 083.11亿元,增长16.5%,调入公共财政预算用于社会保障等民生方面的支出65亿元。其中国有经济结构调整支出369.88亿元,重点项目支出346.12亿元,产业升级与发展支出176.76亿元,境外投资及对外经济技术合作支出67.9亿元,国有资本经营预算调出资金65亿元,困难企业职工补助支出20亿元,国有资本经营预算补充基金支出11.34亿元,其他国有资本经营预算支出26.11亿元。同年,地方国有资本经营支出558.4亿元。

3.3 2013年公共财政支出规模分析

3.3.1 预算完成情况

在预算完成方面(见表3-10),2013年1—12月全国公共财政累计支出139 744亿元[①],比预算数增加1 498亿元。分中央和地方看,中央本级支出20 472亿元,比预算数增加1 707亿元;地方财政用地方本级收入、中央税收返还和转移支付资金等安排的支出119 272亿元,比预算数增加12 084亿元。

表3-10 2013年公共财政支出数据

类别		预算数		预算执行数	
		金额(亿元)	增长率(%)	金额(亿元)	增长率(%)
全国财政支出	总额	138 246	10.0	139 744	10.9
	全国赤字	12 000	50.0	—	—
中央财政支出	总额	69 560	8.4	—	—
	本级支出	20 703	14.0	20 472	9.1
	对地方的税收返还	48 857	8.8	—	—
	中央赤字	8 500	54.5	—	—
地方财政支出	总额	119 272	11.3	119 272	11.3
	地方赤字	3 500	40.0	—	—

注:数据来自财政部网站并经计算得到,"—"代表数据未获得。

此外,从年度增长的角度来看,2013年全国公共财政支出比上年增加14 032

① 需要说明的是,2014年1月财政收支整理期结束后,上述2013年财政支出数还会有小的变化。

亿元,增长10.9%;其中中央本级支出比上年增加1 707亿元,增长9.1%;地方财政支出比上年增加12 325亿元,增长11.3%。无论是绝对数额还是增长率,2013年都比2012年有较大的增加,这是我国在2013年实施积极财政政策的结果。

3.3.2 公共财政支出与收入关系分析

从表3-11的全年数据来看,公共财政支出增长率略高于收入增长率,这主要是因为:一方面预算支出执行管理进一步加强,民生等重点支出得到了切实保障,从而使支出增幅有所上升;而另一方面受经济增长放缓、价格涨幅回落等影响,税收增幅有所回落。从收支差额可以看出,2013年全年公共财政累计支出139 744亿元,增长10.9%;同期公共财政收入129 143亿元,增长10.1%。从增长率来看,6、7、8、9和11月的支出增长率低于收入增长率,其余月份的支出增长率均高于收入增长率。支出增长率较高,从而使支出数额大于收入数额,2013年,财政支出累计超过收入10 601亿元。

表3-11 2013年1—12月财政支出与收入关系分析

月份	财政支出		财政收入		收支差额(亿元)
	金额(亿元)	同比增长率(%)	金额(亿元)	同比增长率(%)	
1—2	16 105	15.7	22 426	7.2	-6 321
3	10 932	7.2	9 608	6.1	1 324
4	9 308	18.0	11 431	6.1	-2 123
5	10 266	12.0	12 749	6.2	-2 483
6	13 104	3.0	12 377	12.1	727
7	9 354	-1.8	11 849	11.0	-2 495
8	9 607	6.5	8 588	9.2	1 019
9	12 856	10.1	9 362	13.4	3 494
10	10 508	21.9	12 136	16.2	-1 628
11	12 657	4.1	9 125	15.9	3 532
12	25 047	20.3	9 492	14.3	15 555
1—12月累计	139 744	10.9	129 143	10.1	10 601

注:收支差额是根据当月财政支出减去收入得到;资料来源于财政部网站。

另外,从历年财政支出增长率与收入增长率的关系来看(见图3-1),除2000年与2002年外,2007年之前公共财政支出增长率都低于公共财政收入增长率,但2008年、2009年财政收入增长率急剧下降,大大低于财政支出增长率,这主要是因为:一方面2008年以来金融危机的发生使我国经济面临着非常严峻的国际经济形势,财政收入增长率较之前明显放缓,2009年降至10年来的最低点;另一方面，为应对这一严峻的经济形势，我国实施了积极的财政政策，财政支出增幅明显增加。2010 年与 2011 年，财政收入大幅回升，从而使其增长率又超过了支出增长率；在 2012 年，财政收入增长率大幅下降，仅为 12.8%，低于财政支出增长率；在 2013 年，财政收入增长率进一步下降，仅为 10.1%，略低于财政支出增长率。财政支出增长率较高的主要原因是预算支出执行管理进一步加强，医疗卫生、社会保障以及“三农”方面的支出等民生支出的增长率较高。财政收入增长率较低的原因包括：一是经济增长放缓及企业效益下滑。2013 年国内生产总值按可比价格计算同比增长 7.7%（按现价计算增长 9.5%），低于 2012 年同期的 7.8%，增速创 14 年来最低；规模以上工业增加值按可比价格计算同比增长 9.7%，比 2012 年同期回落 0.3 个百分点；固定资产投资比 2012 年名义增长 19.6%（扣除价格因素实际增长 19.2%），比上年同期回落 1.1 个百分点；社会消费品零售比 2012 年名义增长 13.1%（扣除价格因素实际增长 11.5%），比上年同期回落 1.2 个百分点；一般贸易进口同比增长 8.5%，比上年同期增长 7.1 个百分点；商品房销售额同比增长 26.3%，比上年同期增长 23.6 个百分点。1—11 月规模以上工业企业实现利润同比增长 13.2%，比上年同期增长 10.1 个百分点。相应地，增值税、营业税、进口环节税收、企业所得税等税种增幅略小于 2012 年，远低于 2011 年。二是价格涨幅与去年基本持平，全年居民消费价格比 2012 年上涨 2.6%，工业生产者出厂价格同比下降 1.9%，比上年同期回落 0.1 个百分点。以现价计算的流转税等税收收入增幅较小。

在 2013 年上半年经济下行、财政减收、全国特别是中央财政完成全年收入预算非常困难的情况下，按照党中央、国务院决策部署，及时采取措施，依法征收，随着经济逐步回暖、贸易形势好转和相关增收措施落实，下半年中央财政收入增幅稳步提高，全年中央财政收入预算圆满完成并略有超收。地方财政收入平稳增长，加强非税收入管理，清理取消或免征部分行政事业性收费项目，财政收入质量提高。

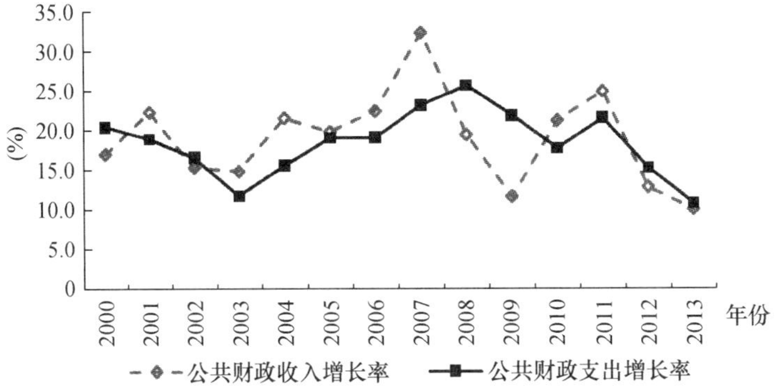

图 3-1 2000—2013 年公共财政收入增长率与支出增长率

3.3.3 公共财政支出与 GDP 关系分析

表 3-12 反映了我国 2000—2012 年公共财政支出、GDP 增长率与公共财政支出占 GDP 的比重情况。从中可以看出：

第一，我国公共财政支出增长率受到经济增长状况的影响，当经济增长趋缓时，财政支出增长率也相应下降。但财政支出增长率的下降存在 1—2 期的滞后，并且下降幅度要远低于 GDP 的下降情况。相反，当 GDP 增长率上升时，财政支出的增速立即回升。

第二，除 2003 年与 2004 年外，我国公共财政支出增长率均超过 GDP 增长率，这主要是因为，当经济增长速度放缓时，政府往往趋向于采用扩张性政策以刺激经济，因此在经济增长放缓时，财政支出的增长速度反而提高；当经济增长速度提高时，由于财政刚性，财政支出的增速即使下降，也不会有大幅度的降低，同时由于棘轮效应的存在，在经济增长较快时，财政支出也无法大幅度下降，从而使得在绝大多数年份，公共财政支出的增长速度都超过 GDP 的增长速度。

第三，公共财政支出占 GDP 比重不断提高，基本呈逐年增加态势，2000—2013 年，公共财政支出占 GDP 的比重由 16% 上升到 24.6%，只是在 2003 年和 2004 年有所下降，这主要是公共财政支出增长率低于 GDP 增长率所造成的。

表 3-12 2000—2013 年公共财政支出与 GDP 的关系 单位：%

年份	增长率		公共财政支出占 GDP 比重
	公共财政支出	名义 GDP	
2000	20.5	9.1	16.0
2001	19.0	10.5	17.2
2002	16.7	9.7	18.3
2003	11.8	12.9	18.1
2004	15.6	17.7	17.8
2005	19.1	15.7	18.3
2006	19.1	17.0	18.6
2007	23.2	22.9	18.7
2008	25.7	18.1	19.9
2009	21.9	8.6	22.3
2010	17.8	17.7	22.4
2011	21.6	17.9	23.1
2012	15.1	7.8	24.2
2013	10.9	7.7	24.6

资料来源：财政部网站和《中国统计年鉴》，经计算得到。

3.4 2013年公共财政支出结构分析

3.4.1 公共财政支出的月度结构

2013年1—12月全国公共财政支出执行情况如表3-13所示。从中可以看出,2013年全国公共财政支出139 744亿元,比2012年增加13 735亿元,增长10.9%。其中,第一季度至四季度的支出数额分别为27 037亿元、32 678亿元、31 817亿元及48 212亿元,第一季度的支出额相对较低,这是由人民代表大会批准预算的体制因素造成的,第二季度与第三季度的支出额则有所增加,特别是第四季度的支出额大幅增长,几乎是第一季度的两倍。此外,从各月支出来看,每一季度中最后一个月的支出都比前两个月的支出要大,即在3月、6月、9月与12月都有较大的支出,这4个月支出所占的比重都是当季最高的,特别是在12月,其支出数额为25 047亿元,占全年总支出的比重高达17.9%①,这反映了各预算单位在季末以及年末“突击花钱”的现象仍然十分普遍。此外,表3-13还反映了各月支出数额的增加情况,同比2012年,除7月外各月财政支出增加额及增长速度都有较大的提高,这主要是2013年财政支出在教育、医药卫生以及社会保障等民生领域的支出压力较大所致。

表3-13 2013年1—12月全国公共财政支出及增长情况

月份	公共财政支出完成额(亿元)	比上年同期增加额(亿元)	同比增长(%)	所占比重(%)
1—2	16 105	2 181	15.7	11.5
3	10 932	738	7.2	7.8
4	9 308	1 422	18.0	6.7
5	10 266	1 101	12.0	7.3
6	13 104	379	3.0	9.4
7	9 354	-174	-1.8	6.7
8	9 607	587	6.5	6.9
9	12 856	1 177	10.1	9.2
10	10 508	1 891	21.9	7.5
11	12 657	497	4.1	9.1
12	25 047	4 231	20.3	17.9
1—12月累计	139 744	13 735	10.9	—

资料来源:财政部网站。

① 这一比例比2012年增长1.3个百分点,但仍比2011年和2010年分别下降0.7个百分点和2.4个百分点,从纵向角度来看,我国财政支出的均衡性趋于提高。

3.4.2 公共财政支出的项目结构分析

“十二五”时期是我国推进产业结构优化升级、实现经济发展方式转变的关键时期。2013 年是全面贯彻落实党的十八大精神的开局之年,是实施“十二五”规划的关键之年,财政部门紧紧围绕科学发展观主题和加快转变经济方式,继续实施了积极的财政政策,着力调整国民收入分配格局,推进财税制度改革,优化财政支出结构。2013 年我国公共财政支出的项目结构如表 3-14 所示。

第一,财政部门继续加大对医疗卫生、文化体育与传媒以及社会保障等民生支出的支持力度。2013 年,全国社会保障和就业支出 14 417 亿元,占全国财政支出总额的比重高达 10.3%,是仅次于教育的第二大民生支出。此外,科技、文化体育与传媒以及医疗卫生支出的增幅也都在 10% 以上。教育支出 21 877 亿元,增长了 3.0%,主要是上年基数较高(增长 28.3%),其占全国财政支出总额的比重高达 15.7%,排在首位。民生支出特别是以中低收入群体为主要受益人群的民生支出的加大有助于调整国民收入分配格局,缩小收入分配差距。

第二,加大了科技创新、节能环保等有助于实现产业结构调整、经济发展方式转变的支出。2013 年,节能环保支出 3 383 亿元,比上年增长 14.2%。另外,加大对医疗、养老、公共服务等领域的投入也将刺激产生新兴市场,从而有助于产业结构升级速度加快。

表 3-14 2013 年公共财政支出项目结构

项目	执行数（亿元）	增长率（%）	增长率排序	占比（%）	占比排序
全国财政支出总额	139 744	10.9	—	—	—
一般公共服务	—	—	—	—	—
外交	—	—	—	—	—
国防	—	—	—	—	—
公共安全	—	—	—	—	—
教育	21 877	3.0	9	15.7	1
科学技术	5 063	13.7	4	3.6	7
文化体育与传媒	2 520	11.1	7	1.8	10
社会保障和就业	14 417	14.6	2	10.3	2
医疗卫生	8 209	13.3	5	5.9	6
节能环保	3 383	14.2	3	2.4	9
城乡社区事务	11 067	21.9	1	7.9	4
农林水事务	13 228	9.7	8	9.5	3
交通运输	9 272	13.1	6	6.6	5

（续表）

项目	执行数（亿元）	增长率（%）	增长率排序	占比（%）	占比排序
资源勘探电力信息等事务	—	—	—	—	—
商业服务业等事务	—	—	—	—	—
金融监管等事务	—	—	—	—	—
地震灾后恢复重建支出	—	—	—	—	—
国土资源气象等事务	—	—	—	—	—
住房保障支出	4433	-1.0	10	3.2	8
粮油物资储备事务	—	—	—	—	—
国债付息支出	—	—	—	—	—
其他支出	—	—	—	—	—

注：资料来自财政部网站，“—”表示数据未获得。

第三，加大了统筹城乡发展的农林水事务支出和城乡社区事务支出。2013年，城乡社区事务支出的增幅较大，达到21.9%，其所占比重达到7.9%；农林水事务支出13228亿元，增幅9.7%，并且其所占比重也较大，达到9.5%。农林水事务支出与城乡社区事务支出是与“三农”问题密切相关的支出，其增幅和所占比重较高反映了我国政府对解决“三农”问题的高度重视。

综合上述重点支出项目，我们可以看出，2013年，财政支出结构进一步优化，民生支出比重进一步增加。国家财政支出在推动产业结构调整、实现经济发展方式转变、调节国民收入分配、实现社会经济可持续发展等方面进行了积极引导。

3.4.3 公共财政支出的上下级结构分析

表3-15反映了我国2001—2013年中央本级和地方财政的支出数额及比重情况。从中可以看出：无论是中央本级还是地方，财政支出的数额都逐年递增，中央本级财政支出数额由2001年的5768.02亿元增加至2013年的20472.00亿元；同期地方财政支出数额由13134.56亿元增加到119272.00亿元。但从中央和地方财政支出占总支出比重来看，2001—2013年，中央本级财政支出占比持续下降，由2001年的30.5%下降到2013年的14.65%；而地方财政支出比重逐年递增，同期由69.5%增加到85.4%。就这一财政支出结构而言，联系财政收入由中央政府占据较大的比例，这说明，中央对于地方的转移支付的力度很大，且有不断提升的趋势。中央转移支付力度的加大一方面有利于促进地方之间的平衡，另一方面也说明中央的控制能力加强，即“分税制”以来财政的“集权”程度反而不断加强了，这对于地方积极性的提升存在潜在的不利影响。

表 3-15　中央本级和地方财政支出数额及比重

年份	绝对数(亿元)			比重(%)	
	全国	中央本级	地方	中央本级	地方
2001	18 902.58	5 768.02	13 134.56	30.5	69.5
2002	22 053.15	6 771.70	15 281.45	30.7	69.3
2003	24 649.95	7 420.10	17 229.85	30.1	69.9
2004	28 486.89	7 894.08	20 592.81	27.7	72.3
2005	33 930.28	8 775.97	25 154.31	25.9	74.1
2006	40 422.73	9 991.40	30 431.33	24.7	75.3
2007	49 781.35	11 442.06	38 339.29	23.0	77.0
2008	62 592.66	13 344.17	49 248.49	21.3	78.7
2009	76 299.93	15 255.79	61 044.14	20.0	80.0
2010	89 874.16	15 989.73	73 884.43	17.8	82.2
2011	108 930.00	16 514.00	92 416.00	15.2	84.8
2012	125 712.00	18 765.00	106 947.00	14.93	85.1
2013	139 744.00	20 472.00	119 272.00	14.65	85.4

注:资料来源于财政部网站和《中国财政年鉴》,经计算得到。

3.5　2013 年财政重点项目分析

2013 年,国家财政继续对民生方面做重点安排。对民生领域倾斜力度继续扩大,对“三农”、教育、医疗卫生、社会保障等重点支出领域的财政保障力度不断加大。2013 年,中央财政用在与人民群众生活直接相关的教育、医疗卫生、社会保障和就业、保障性安居工程、文化方面的支出安排合计 15 712.5 亿元,比上年预算数增长 13.5%,比上年执行数增长 9.6%;用在公共交通运输、节能环保、城乡社区事务等方面与人民群众生活密切相关的支出安排合计 17 150.03 亿元。因此,教育支出、社会保障和就业支出、医疗卫生支出、住房保障支出、文化体育与传媒支出以及财政支农支出等民生项目是 2013 年财政支出的重点项目。

3.5.1　教育支出

教育投入是支撑国家长远发展的基础性、战略性投资,是教育事业的物质基础,把教育摆在突出位置予以重点保障是公共财政的重要职能。多年来,各级财政部门积极采取措施,进一步增加教育投入,努力拓宽财政性教育经费来源渠道,促进教育改革发展,全国财政性教育经费占 GDP 比例逐年提高,教育支出已经成为公共财政的第一大支出。2012 年,各级财政部门落实教育经费法定增长要求,进一步加大财政教育投入。汇总公共财政预算、政府性基金预算中安排用于教育的支出以及其他财政性教育经费,国家财政性教育经费支出占国内生产总值达到4%以上,这是我国自1993年提出国家财政性教育经费支出占GDP比重4%的战略目标后,首次实现这一目标。2013年,教育支出21 877亿元,中央财政持续扩大对教育的投入。2013年,中央财政安排教育支出4 132.45亿元,增长9.3%。其中中央本级支出1 121.65亿元,对地方转移支付3 010.80亿元。

保持财政教育投入持续稳定增长,加强教育经费使用管理,提高资金绩效;支持学前教育加快发展;进一步提高农村义务教育经费保障水平,继续实施农村义务教育阶段学生营养改善计划,着力提升农村义务教育薄弱学校办学水平;支持改善普通高中办学条件,加强职业教育基础能力建设;支持实施"985工程""2011计划",推进高等教育内涵式发展;全面落实国家资助家庭经济困难学生政策,促进教育公平。2013年12月4日召开的国务院常务会议中,明确提出要调整中央和省级财政教育支出结构,最大限度向贫困地区义务教育薄弱环节倾斜,全面改善贫困地区义务教育薄弱学校基本办学条件,真正造福贫困地区4 000多万孩子。在全面深化财税体制改革的大背景下,国务院的这一部署突出了民生支出要"守住底线、突出重点"的改革思路,也为下一步改革民生支出、提高财政资金使用效率、切实把宝贵资金用在"刀刃"上树立了样本。

3.5.2 社会保障和就业支出

完善的社会保障体系是维护社会稳定和国家长治久安的重要保障。近年来,财政部门加大了对社会保障和就业的支持力度,并取得了良好的效果。如新型农村社会养老保险覆盖范围扩大到60%以上地区,连续9年提高企业退休人员基本养老金,进一步健全企业职工基本养老保险省级统筹制度。此外,各地普遍建立了社会救助和保障标准与物价上涨挂钩的联动机制,落实优抚对象等人员抚恤和生活补助政策等。

2013年,中央财政安排社会保障和就业支出6 550.81亿元,增长13.9%。其中,中央本级支出626.61亿元,对地方转移支付5 924.2亿元。同年,地方财政安排社会保障和就业支出13 655.06元,增长14.21%。按照10%左右的标准继续提高企业退休人员基本养老金水平。巩固新型农村和城镇居民社会养老保险制度全覆盖成果。适当提高城乡居民最低生活保障水平,对中央财政补助地区继续分别按照人均15元/月和12元/月增加补助。调整优抚对象等人员抚恤和生活补助标准。继续对城乡低保对象等困难群众发放春节生活补贴。进一步完善社会救助体系,保障受灾群众基本生活。加大就业政策扶持力度,支持做好重点群体就业工作。

3.5.3 医疗卫生支出

医药卫生事业关系亿万人民健康,关系千家万户幸福,是重大民生问题。自

2009 年 4 月启动医改工作以来，各级财政部门优化财政支出结构，不断加大医疗卫生投入，为医改的成功推进提供了强有力的资金保障。政策创新和相应的制度安排，确保了医改的顺利实施。2009—2012 年的四年是我国医疗卫生体制改革与制度创新的四年，也是我国医疗卫生事业快速发展的四年。四年来，国家财政对医疗卫生累计投入 22 427 亿元，占财政支出的比例从 4.4% 提高到了 5.7%。中央财政对医疗卫生累计投入 6 555 亿元，占财政支出的比例从 2.28% 提高到了 3.19%。国家财政在政策和投入方面体现在五个方面：

第一，支持建成了全民的医疗保障制度。为此国家财政一共支出 6 800 多亿元，其中中央财政支出近 3 000 亿元，支持了新农合、城镇居民医疗保险制度的建立，从开始试点的 20 元，到 2013 年已经达到了 280 元。支持解决关闭破产企业退休人员和困难企业职工的参保问题，也扩大了医疗救助范围，提高救助水平。通过这三个方面对我国基本的医疗保障制度建设作出了有力的支撑。

第二，支持建立了基本药物制度。改革前三年攻坚期间，中央财政拿 120 亿元进行补助。从 2012 年开始建立了稳定的补偿机制，每年安排支出 91 亿元，其中 21 亿元是用于支持村医的基本药物制度的实施。

第三，建立了基本公共卫生服务的均等化体系，并且不断快速提高标准。主要包括免费向全体居民提供健康档案，预防、接种 10 大类 41 个项目，还包括向 15 岁以下的人群补种乙肝疫苗，一些重大疾病的防治、流行病的防治，这些基本公共卫生服务均等化的政策落实共支出 1 300 多亿元。

第四，建立健全了基层医疗卫生服务体系。在这方面支出 1 300 多亿元，主要用于硬件建设。包括基层医疗机构的基本建设投资、重大设备购置、改造维修等；还有软件的建设，包括乡镇卫生院招聘医师、万名医师支援农村、订单定向的医学学生的培养等。再有就是支持实行了绩效工资制度，优劳多得，每年支出 16 亿元。

第五，支持公立医院改革。为了支持公立医院的综合性改革，支持公立医院的发展，累计投入了 800 亿元，同时启动县级公立医院的改革试点，2012 年共启动 311 个县，每个县补助 300 万元，总计投入超过 9.3 亿元。

2013 年，中央财政安排医疗卫生支出 2 602.53 亿元，增长 27.1%。其中，中央本级支出 81.3 亿元，对地方转移支付 2 521.23 亿元，比 2012 年执行数增长了 27.7%。提高新型农村合作医疗和城镇居民基本医疗保险的财政补助标准，由每人每年 240 元提高到 280 元。扩大城乡居民大病保险试点，巩固完善基本药物制度和基层医疗卫生机构运行新机制，加快公立医院改革。将城乡居民基本公共卫生服务经费标准由每人每年 25 元提高到 30 元，扩大部分服务项目覆盖面。继续实施重大公共卫生服务项目。扩大城乡医疗救助范围，加强对特殊困难人员的医疗救助。加强食品药品安全监管能力建设,保护群众合法权益。随着下一步国家财力的增长,我国医疗卫生事业的改革与发展会进一步加大支持的力度。

3.5.4 住房保障支出

努力让更多的人特别是低收入群体"居者有其屋"是我们党和国家的住房政策。自2008年起,政府加快建设保障性安居工程,并将其作为扩大内需的十项措施之首。特别是在2010年以后,中央财政对住房保障支出的预算数大幅增长,2010年政府新开工建设保障房580万套,2011年为1 000万套,2012年为700万套。2012年,中央财政住房保障支出2 229.91亿元,比上年预算数增长5.3%,比上年执行数下降14.3%,主要是上年预算执行中通过调整支出结构一次性增加了对城镇保障性安居工程和配套基础设施建设以及农村危房改造的投入,同时2013年保障性安居工程建设任务量减少。按照年度建设任务计算,财政投入力度加大,资金安排重点向公共租赁住房、棚户区改造倾斜。

3.5.5 文化体育与传媒支出

文化是民族的血脉,是人民的精神家园。党的十七届六中全会对深化文化体制改革、推动社会主义文化大发展大繁荣做出了重要部署。为支持构建有利于文化繁荣发展的体制机制,促进社会主义文化大发展大繁荣,2013年,财政部门加大财政文化投入,中央财政安排文化体育与传媒支出540.54亿元,增长9.3%。深入推进博物馆等公益性文化设施免费开放。加强基层公共文化服务体系建设。大力支持红色文化资源、文物保护重点工程、水下文化遗产和大遗址文物保护。强化重点媒体的国际传播能力建设,支持文化产业发展,鼓励文化产品和服务出口。加强全民健身设施建设,启动体育场馆免费或低收费开放。

3.5.6 财政支农支出

"三农"问题是关系到我国经济和社会全面发展的根本问题。财政部门始终把支持解决"三农"问题作为重中之重来抓。2013年的中央一号文件连续第十年聚焦"三农"。财政部门始终把支持解决好"三农"问题作为财政工作的重中之重。五年来,坚决贯彻落实党中央确定的"多予少取放活"的方针,不断完善支持农业农村发展的政策和机制,逐步建立健全财政强农、惠农、富农的政策体系。中央财政用于"三农"的支出5年累计4.47万亿元,年均增长23.5%,地方财政也加大了对"三农"的投入,有力地促进了农村经济社会发展和农民增收。具体来说,主要有以下四个方面:

第一,以促进农民增收为核心,充分调动农民积极性。积极拓宽农民增收渠道,通过取消农业税、实行农业直接补贴、完善粮食收储体系等措施,促进实现农民连年增收。

第二,以转变农业发展方式为主线,支持提高农业综合生产能力。大力支持农业基础设施建设，推动农业科技创新，扶持优势特色产业发展，积极引导社会资金投入现代农业建设，努力提高粮食和农业综合生产能力。

第三，以着力保障农村民生为目标，建设农民幸福生活的美好家园。积极调整支出结构，加大对农村教育、卫生、社会保障和文化等方面的投入，将农村义务教育全面纳入公共财政保障范围，实现新型农村合作医疗制度和新型农村社会养老保险制度全覆盖，支持丰富农村文化生活。建立完善财政综合扶贫政策体系，促进提高农村贫困地区和贫困人口自我发展能力。

第四，以创新体制机制为抓手，为深化农村改革提供财力和政策支撑。积极推进乡镇机构、农村义务教育和县乡财政管理体制改革，支持集体林权制度改革，促进解放和发展农村生产力。

2013年，财政部门按照中央决策部署，进一步优化支出结构，促进农村各项事业发展。中央财政用于“三农”的支出安排合计13 799亿元，增长11.4%，主要用于支持农业生产、对农民的粮食直补等四项补贴，促进农村教育卫生等社会事业发展等方面。同时，进一步完善强农、惠农、富农政策，加大资金监管力度，提高资金使用效益。

3.5.7 节能环保支出

2013年中央财政安排节能环保支出2 101.27亿元，比上年预算数增长18.8%，比上年执行数增长5.1%，主要是上年预算执行中通过调整支出结构一次性增加了建筑节能、城镇污水处理设施配套管网建设等方面的投入。加大对大气污染治理的支持力度，创新综合治理机制，明确治理责任，完善相关制度。推进重点节能工程建设，推广先进环保产品，促进环境服务业发展。加大节能产品惠民工程实施力度，加快推广电机、风机、水泵等五类工业节能产品。推动重点流域水污染防治、污水管网建设及设施运行，加强水质良好湖泊生态环境保护，促进解决群众饮水安全问题。开展重金属污染综合防治示范，启动新一轮农村环境集中连片整治。加强国家“城市矿产”示范基地建设，促进餐厨废弃物无害化处理和资源化利用，扩大园区循环化改造试点范围。继续实施天然林保护二期工程，巩固退耕还林成果并提高部分项目补助标准。支持新能源汽车科技研发和产业化发展，加快发展新能源、可再生能源和清洁能源。

3.5.8 农林水事务支出

2013年中央财政安排农林水事务支出6 195.88亿元，比上年预算数增长12.8%，比上年执行数增长3.3%，主要是2012年预算执行中通过调整支出结构一次性增加了重大水利工程和农田水利设施建设、小型病险水库和中小河流治理等方面的投入。提高小型农田水利重点县建设水平并扩大覆盖面，加强中小河流治理、小型病险水库除险加固和山洪灾害防治。健全农资综合补贴政策，稳定农作物良种补贴政策。增加农机购置补贴规模,提高农业机械化水平。扩大农业保险保费补贴覆盖范围,适当提高部分险种补贴比例。实施种业等重大农业科技工程,推广防灾减灾稳产增产关键技术,促进农业科技成果转化。推动现代农业生产和农民专业合作组织发展,支持农业生产经营体制创新和社会化服务组织建设。增加农业综合开发投入,以粮食主产区和产粮大县为重点,继续改造中低产田、建设高标准农田,加快中型灌区节水配套改造。健全草原生态保护补助奖励政策,支持草原生态保护后续产业发展。进一步完善森林生态效益补偿制度并提高补偿标准。完善财政综合扶贫政策,支持贫困地区培育特色优势产业。扎实开展村级公益事业,建设一事一议财政奖补,加强对已建成项目的后续管护。扩大国有农场办社会职能改革和农村综合改革示范试点范围。

3.6 财政支出总结与展望

3.6.1 2013年财政支出总结

2013年已经过去,回首过去的2013年,在"继续实施积极的财政政策和稳健的货币政策,充分发挥逆周期调节和推动结构调整的作用"的基调下,2013年的财政支出呈现如下特点:

第一,公共财政支出增速略有回落,但占GDP比重不断提高。2013年全国公共财政支出139 744亿元,比上年增加14 032亿元,增长10.9%,增速比2012年下降4.2个百分点,这也是自2002年以来增速的最低点,财政支出增长速度明显回落。此外,全国公共财政支出总量超过财政收入,财政赤字10 601亿元,比2012年增加2 099亿元,并且财政支出增幅超过收入增幅。2002年以来,财政支出增速超过收入增速的只有4年,即2008年、2009年和2012年和2013年,显示了近年来政府利用积极财政政策刺激经济的力度。尽管公共财政支出增速明显回落,但公共财政支出占GDP的比重不断提高,达到了自2000年以来的历史最高值,为24.6%,这表明政府对于经济生活的参与程度不断加深。需要注意的是,依靠政府刺激经济能够在一定时期内推动经济增长,但是如果不扩大民间资本的参与,这种增长是不可持续的。

第二,公共财政支出力度增加,民生支出比重继续增加。用公共财政支出/公共财政收入来度量财政支出力度,数据显示,尽管2013年公共财政支出和收入增速均明显回落,但财政支出力度反而有所回升。2013年公共财政支出力度为1.08,超过2012年的1.07。从财政支出的具体项目来看,2013年公共财政支出的着力点更多的是在民生支出方面,2013年中央财政进一步优化支出结构,突出重点,控制一般,继续加大对民生的投入。2013年中央财政用在与人民群众生活直接相关的教育、医疗卫生、社会保障和就业、保障性安居工程、文化方面的支出安排合计 15 712.5 亿元，比上年预算数增长 13.5%，比上年执行数增长 9.6%；用在公共交通运输、节能环保、城乡社区事务等方面与人民群众密切相关的支出安排合计 17 150.03 亿元。中央对地方税收返还和一般性转移支付大部分也将用于保障和改善民生。

第三，财政支出透明度有待进一步提高，预算管理有待进一步加强。从财政支出信息报告体系来看，我国初步形成了公共财政预算、政府性基金预算以及国有资本经营预算的预算体系，社会保险基金预算已试编三年，相关制度体系和管理机制逐步建立。按照全国人大的要求，财政部会同人力资源和社会保障部、卫生部首次正式编制了 2013 年全国社会保险基金预算，包括社会保险法已明确的各项基金。下一步仍需着力推进社会保险基金预算管理制度化、规范化。进一步规范编制方法，提高基金预算编制的准确性。加强预算执行，增强基金预算管理的严肃性。进一步推进预算公开，强化基金预算监督。同时，加快信息化建设，提高基金预算管理水平。预算管理仍需加强，比如国有资本经营预算仅反映了国有企业基金不到 10% 的财务信息。至于公共财政预算与政府性基金预算，其支出方面展示的信息更多的是按功能分类的大类信息，详细明细信息很少，并且几乎找不到按经济性质分类的相关信息。财政透明度不高在很大程度上制约了人大与社会公众对政府财政活动的监督，造成了不少财政资金的无效使用。因此，应该进一步提高财政透明度、严格预算管理，为加强人大和社会公众对财政资金使用的监督创造条件。

3.6.2 2014 年财政支出展望

2013 年年末中央经济工作会议再次强调了积极的财政政策和着力改善民生的重要性。为了更好地发挥积极财政政策在稳增长、调结构、促改革、惠民生中的作用，2014 年的财政支出安排有如下特征：

第一，公共财政支出增幅进一步回落，财政赤字有所增加。受对外贸易形势仍存在较多不确定不稳定因素、内需也面临潜在增长能力有所放缓以及财政收入增幅回落因素等的影响，2014 年公共财政支出增幅可能与 2013 年持平或稍有回落。但从总量上来看，2014 年公共财政支出仍将超过财政收入，与 2013 年相比，财政赤字将进一步增加。[①]这主要是因为：结构性减税将会带来滞后效应，2014 年公共财政收入增长应该不会太快，但财政刚性支出增加，特别是要增加保障改善民生支出，巩固农业基础地位，保持对经济增长和结构调整的支持力度，必须增加财政赤字和国债规模。

---

① 中央经济工作会议提出，2014 年全国财政赤字规模为 1.3 万亿元，比 2013 年增长 1 000 亿元。2014 年的赤字率预计为 2.2%，比 2013 年 2.1% 的赤字率略有上升。

第二,公共财政支出结构进一步优化,民生支出比重进一步上升。这主要是因为:一方面,公共财政支出将继续向教育、医药卫生、社会保障等民生领域和薄弱环节倾斜。2012年,我国首次实现国家财政性教育经费占GDP的比重达到4%的目标,因此,我们可以预计在2014年这一比重应该不会低于4%,甚至很可能更高,因此,教育支出的总规模会更大。除教育支出外,其他与人民群众生活直接相关的医疗卫生、社会保障和就业、保障性安居工程、文化方面的支出的增幅也会比较大,中央预算内投资主要投向保障性安居工程,农业、水利、城市管网等基础设施,社会事业等民生工程,节能减排和生态环境等领域,因此民生支出的比重可能会进一步提高。另一方面,行政管理支出等行政经费比重会下降。2012年国务院办公厅发布了《机关事务管理条例》,其中对公务接待费、公务用车购置和运行费、因公出国(境)费等机关运行经费、政府采购管理以及会议管理等方面做出了很多限制。2013年,中央国家机关各部门一般性支出统一按5%比例压减。同时,财政压减了一些拉动经济作用不明显的中央对地方转移支付,腾出的资金转入预算稳定调节基金,留待以后年度经预算安排主要用于保障改善民生。各地也都压减了支出,四川、山西、河南压减省本级"三公经费"支出的比例达到了10%以上。因此,可以预计行政经费比重将会下降。由此可见,2014年我国公共财政支出结构将进一步优化。此外,"三农"支出仍应是2014年财政支出的重点项目,这主要是由于近年来,党中央、国务院始终把解决好"三农"问题作为全党工作的重中之重,出台了一系列强农、惠农、富农政策。2013年,中央财政用于"三农"的支出安排合计13 799亿元,增长11.4%,主要用于支持农业生产、对农民的粮食直补等四项补贴、促进农村教育卫生等社会事业发展等方面。因此,2014年,我国应会进一步加大"三农"投入,推动扩大农业补贴资金总量,新增补贴向粮食等重要农产品、新型农业经营主体和主产区倾斜。推动落实粮食最低收购价、大宗农产品临时收储等政策,探索建立重要农产品价格调控目录制度,完善农产品价格形成机制,推动启动农产品目标价格制度试点。加大对主产省和主产县的财政奖补力度,完善粮食主产区利益补偿机制。发挥财政资金引导作用,通过担保、补助、贴息、奖励、风险补偿等措施,带动金融和社会资金投向农业农村。进一步推动城乡发展一体化,形成以工促农、以城带乡、工农互惠、城乡一体的新型工农、城乡关系。

第三,转移支付结构将进一步优化,政府预算体系将更加完善。从前面五年增加一般性转移支付规模、提高一般性转移支付比重的经验来看①,2014年我国转移支付中一般性转移支付的比重仍会进一步提高,同时应会进一步加大归并和清

① 2007—2012年,一般性转移支付占转移支付总量的比重由2007年的50.8%提高到2012年的53.3%。2013年预算安排中,一般性转移支付增长14.3%,专项转移支付增长2.5%。

理专项转移支付的力度,从而使转移支付结构进一步优化。中央对地方转移支付相应形成地方财政收入,并由地方安排用于保障和改善民生等方面的支出,将有力地促进基本公共服务均等化和区域协调发展。此外,在政府预算体系方面,2013 年我国已首次正式编制全国社会保险基金预算,并且党的十八届三中全会公报也首次提出“建立现代财政制度”,由此推测,2014 年我国政府在完善政府性基金预算和国有资本经营预算制度、推进社会保险基金预算管理制度化、规范化方面将有所行动。

第4章　中国财政计量经济运行分析

4.1　概述

本章采用计量经济学模型对中国财政经济体系进行分析和评价。虽然建模过程存在着一系列的问题,比如时间序列数据的不连续、统计口径的不一致以及宏观经济变量的时间滞后性和外生性等,使得建立一个完整的财政经济计量模型体系存在着相当大的困难。但这样的尝试,能够反映出我国财政经济体系主要变量的运动轨迹、变化规律以及它们之间的相互影响。

财政的良好运行在经济和社会发展中产生重大作用。财政是实现国家宏观调控的重要手段之一,对实现资源的优化配置起着重要作用。国家通过对财政收支数量、方向的控制,有利于实现社会总需求和总供给的平衡及结构的优化,保证国民经济的持续、快速、健康发展。财政可以有力地促进科学、教育、文化、卫生事业的发展。同时,财政通过税收和社会保障支出,对社会分配进行广泛的调节,对促进经济发展、提高人民生活水平发挥着积极的作用。可以说,财政问题渗透到一国经济和社会发展的方方面面,处理和分析财政问题往往需要大量结合现实数据,仅仅从定性的角度去分析和理解财政问题是不充分的,需要从定量的角度对财政问题进行全面把握。从计量角度连续地对财政体系进行建模分析,可以宏观地描述和预测财政经济体系主要变量的未来取值、范围和趋势,从总体上把握我国财政经济体系的运行规律,为相关财税政策的制定提供理论依据。

在模型的设计中,为便于事后对预测精度进行分析,应基本保证所选择的预测指标与同名的官方统计指标有相同的统计口径,在此基础上尽可能确定中国财政计量经济模型的变量。在模型结构设定和行为方程设计上,尽可能遵循中国财政和经济体系运行的客观过程和实际结构。在建模方法上,除了传统的最小二乘法之外,还运用了时间序列下的协整理论和协整分析。如果数据是平稳的,则采用传统的最小二乘法;如果数据是单位根过程,则采用协整估计和等价的误差纠正估计。

本章的第二部分将简要介绍基本的建模思路、方法和数据,第三部分将简要介绍基本的计量模型设定,第四部分将展示财税计量分析结果。

4.2 经济模型构建的基本思路、方法和数据

一般而言,构建经济系统模型遵循两种思路:一种是基于机理(或者理论)的分析,在经济学理论的指导下,运用数理分析方法,对经济系统中关键因素之间所满足的守恒律或者因果关系予以描述,用以刻画各种因素之间的关联以及相互影响机制,从而反映出经济系统的运行状态。另一种是基于数据(或计量)的分析,主要利用经济系统中关键因素的时间数据或者空间数据,通过时间序列或者面板数据分析等计量工具,描述各个因素之间的相关性和因果律,从而反映经济系统中的关键指标或变量在时间、空间上的变化规律及其相互影响。目前,这两种建模思路有相互融合的趋势,或者说,仅仅依靠机理分析或者数据分析,都不能全面、客观地揭示出经济系统的复杂运行机制。

在计量的方法选取上,考虑到时间序列的伪回归以及经济惯性,本文采用如下方式处理:为降低数据的波动性,采取对变量的水平值取对数并差分,运用 ADF 检验法对时间序列进行变量平稳性检验。对非平稳序列的处理,采用线性协整估计,并给出其误差纠正形式。

需要说明的是,由于 2007 年度财政支出分类科目进行了大规模的调整,对财政支出的计量分析模型中,本文采用了 2007 年以后的月度数据进行分析,此外在财政计量分析模型中不包含预算外的收入和支出方程。最后,本文的计量建模和数据分析采用了 Stata 11.2 和 Rats 8.0 软件,数据来源为中国经济信息网统计数据库和国务院发展研究中心信息网数据库(见表 4-1)。

表 4-1 数据来源说明

数据名称	数据来源
财政总收入年度数据(1979—2012)	国务院发展研究中心信息网数据库
税收总收入年度数据(1979—2012)	国务院发展研究中心信息网数据库
中央财政收入年度数据(1979—2012)	国务院发展研究中心信息网数据库
地方财政收入年度数据(1979—2012)	国务院发展研究中心信息网数据库
国内生产总值年度数据(1979—2012)	国务院发展研究中心信息网数据库
第二产业增加值年度数据(1980—2012)	国务院发展研究中心信息网数据库
第三产业增加值年度数据(1980—2012)	国务院发展研究中心信息网数据库
工业增加值年度数据(1985—2012)	国务院发展研究中心信息网数据库
增值税收入年度数据(1985—2012)	国务院发展研究中心信息网数据库
营业税收入年度数据(1985—2012)	国务院发展研究中心信息网数据库
关税收入年度数据(1985—2012)	国务院发展研究中心信息网数据库

（续表）

数据名称	数据来源
社会消费品零售总额年度数据(1985—2012)	国务院发展研究中心信息网数据库
财政总支出年度数据(1979—2012)	国务院发展研究中心信息网数据库
中央财政支出年度数据(1979—2012)	国务院发展研究中心信息网数据库
地方财政支出年度数据(1979—2012)	国务院发展研究中心信息网数据库
一般公共服务支出月度数据(2007.1—2013.12)	国务院发展研究中心信息网数据库
教育支出月度数据(2007.1—2013.12)	国务院发展研究中心信息网数据库
科学技术支出月度数(2007.1—2013.12)	国务院发展研究中心信息网数据库
社会保障支出月度数据(2007.1—2013.12)	国务院发展研究中心信息网数据库
环境保护支出月度数据(2007.1—2013.12)	国务院发展研究中心信息网数据库
医疗卫生支出月度数据(2007.1—2013.12)	国务院发展研究中心信息网数据库
城乡社区事务支出月度数据(2007.1—2013.12)	国务院发展研究中心信息网数据库
农林水事务支出月度数据(2007.1—2013.12)	国务院发展研究中心信息网数据库
交通运输支出月度数据(2007.1—2013.12)	国务院发展研究中心信息网数据库

4.3 中国财政计量经济模型的设定

4.3.1 财政收入计量经济模型

财政收入计量经济模型包括总量模型和收入增长模型。

1. 收入总量模型中设计8个方程

(1) 财政总收入和税收总收入之间的关系方程。

(2) 财政总收入增量和税收总收入增量之间的关系方程。

(3) 税收总收入与国内生产总值之间的关系方程。

(4) 税收总收入增量与国内生产总值增量之间的关系方程。

(5) 增值税收入和工业总产值增量之间的关系方程。

(6) 增值税收入和最终消费之间的关系方程。

(7) 营业税收入与第三产业增加值中的房地产业增加值、第二产业中的建筑业增加值及固定资产投资总额之间的关系方程。

(8) 关税收入与税收总额和汇率之间的关系方程。

2. 收入增长模型中设计有4个方程

(1) 中央、地方财政收入增长率对财政总收入增长率的贡献作用分析方程。

(2) 税收总收入增长率与国内生产总值增长率之间的关系方程。

(3) 财政收入增长率与第二产业增加值及第三产业增加值之和的增长率之间的关系方程。

（4）财政收入增长率与营业税收入增长率、增值税收入增长率之间的关系方程。

4.3.2 财政支出计量经济模型

财政支出计量经济模型包括支出总量模型和支出增长模型。

1. 支出总量模型中设计有10个方程。

（1）财政总支出与财政总收入、国内生产总值之间的关系方程。

（2）一般公共服务支出与财政收入的关系方程。

（3）教育支出与财政收入的关系方程。

（4）科学技术支出与财政收入的关系方程。

（5）社会保障和就业支出与财政收入的关系方程。

（6）环境保护支出与财政收入方程。

（7）医疗卫生支出与财政收入方程。

（8）城乡社区事务支出与财政收入方程。

（9）农林水事务支出与财政收入方程。

（10）交通运输支出与财政收入方程。

2. 支出增长模型中设计有2个方程

（1）中央、地方财政支出增长率对财政总支出增长率的贡献作用分析方程。

（2）一般公共服务支出增长率、教育支出增长率、社会保障和就业支出增长率和环境保护支出增长率对财政支出增长率的贡献作用分析方程。

4.3.3 经济增长及其构成因素模型

经济增长及其构成因素总共有4个方程。

（1）国内生产总值增量与总消费规模增量、全社会固定资产总投资规模增量和进出口差额增量之间的关系方程。

（2）财政决算支出增长率滞后量对国内生产总值增长率的贡献作用分析方程。

（3）第一产业增加值增长率、第二产业增加值增长率和第三产业增加值增长率对国内生产总值增长率的贡献作用分析方程。

（4）工业总产值增加率和建筑业增加值增长率对第二产业增加值增长率的贡献作用方程。

4.4 中国财政税收计量经济模型运行结果分析

4.4.1 财政收入计量经济模型运行结果分析

1. 收入总量模型运行结果分析

（1）财政总收入与税收总收入的关系方程。

当样本取值为1979—2012年时，首先进行财政总收入 $\ln rev_t = \ln(rev_t)$ 与税收

总收入 $\ln tax_t = \ln(tax_t)$ 的平稳性单位根检验，其 ADF 统计量分别为 3.860 和 0.162，而差分后的财政正总收入 $\Delta\ln rev_t = \ln rev_t - \ln rev_{t-1}$ 和税收总收入 $\Delta\ln tax_t = \ln tax_t - \ln tax_{t-1}$ 其 ADF 统计量则为 -3.216 和 -5.534 通过平稳性检验①，可知财政总收入与税收总收入均为一阶单整时间序列。要考察两者是否具有共同方式变动，也就是说是否具有协整关系，还需要进行协整关系检验，这里采用 Englc and Granger（1987）②的协整检验，其统计量值为 -2.511，在 1% 水平上通过显著检验③，也即两者之间存在协整关系。接下来估计这两者之间的协整方程，这里采用 Engle and Granger（1987）的两步法也即误差修正方法来估计其协整关系。

① 财政总收入 $\ln rev_t$ 与税收总收入 $\ln tax_t$ 之间的协整关系方程：

$$\text{协整估计式为} \ln rev_t = \underset{(0.37)}{-1.0731} + \underset{(17.43)}{1.1480} \ln tax_t$$

这表明按照年度数据测算，就长期而言财政总收入对税收总收入的弹性为 1.1480，这表明税收总收入每增加 1%，会使得财政总收入平均增加约 1.1480%，对此的一个解释是税收的增加意味着税基的扩大，进而也会使得非税收入增加。

② 财政总收入增量 $\Delta\ln rev_t$ 与税收总收入增量滞后一期 $\Delta\ln tax_{t-1}$ 之间的关系方程：

接下来进行误差纠正模型估计，这里采用 Engle and Granger（1987）的两步法也即误差修正方法，误差修正项 ecm_{t-1} 的系数反映了对短期偏离长期均衡路径的调整力度，其系数为 0.0026，当短期波动偏离长期均衡时，将以 0.0026 的调整力度把非均衡状态拉回到均衡状态，且平均每年对上年的调整幅度大约为 0.26%。

误差纠正关系方程为

$$\Delta\ln rev_t = \underset{(0.0661)}{0.0661} + \underset{(0.0026)}{0.0026} ecm_{t-1} - \underset{(0.0854)}{0.2012} \Delta\ln tax_{t-1} + \underset{(0.2042)}{0.7846} \Delta\ln rev_{t-1}$$

（2）税收总收入与国内生产总值之间的关系方程。

当样本取值为 1979—2012 年时，首先对国内生产总值 $\ln gdp_t = \ln(gdp_{it})$ 进行平稳性单位根检验，其 ADF 统计量为 -0.409，而国内生产总值的差分 $\Delta\ln gdp_t = \ln gdp_{it} - \ln gdp_{it-1}$ 单位根 ADF 检验统计量为 -2.610，这显示国内生产总值 $\ln gdp_t = \ln gdp_{it}$ 为一阶单整变量。由上文的检验得知税收总收入 $\ln tax_t$ 也为一阶单整变量，接下来考察而这之间是否具有协整关系，首先进行 Engle and Granger（1987）

① ADF 统计量 1% 水平显著的临界值为 -3.696，5% 水平显著的临界值为 -2.978，10% 水平显著的临界值为 -2.620，下面几个变量的单位根检验临界值都与此相同。

② Engle, R. F. and Granger, C. W. J., 1987, "Co-integration and Error Correction: Representation, Estimation and Testing", *Econometrica*, Vol. 55, pp. 251—276.

③ 两变量的 Engle and Granger（1987）的协整检验统计量值 ADF 统计量 1% 水平显著的临界值为 -4.261，5% 水平显著的临界值为 -3.534，10% 水平显著的临界值为 -3.180，以下几个协整检验的统计量临界值也都如此相同。

协整检验,检验统计量为 -1.427,这显示二者具有显著的协整关系(1%水平),接下来可以放心进行协整估计。

① 税收总收入 $\ln tax_t$ 与国内生产总值 $\ln gdp_t$ 之间的关系方程为:

$$\underset{}{\ln tax_t} = \underset{(-1.31)}{-2.0054} + \underset{(13.66)}{1.0706}\ln gdp_t$$

模型运行的结果是:税收总收入除按自身惯性规律运行外,显著地依赖于国民经济的发展。按照年度数据测算,税收总收入对国内生产总值的长期弹性约为1.0706,这意味着国内生产总值每增加1%,税收总收入平均增加1.0706%,这说明税收总收入与国内生产总值的增长并非同步,经济体所承受的税收负担增加幅度略快于国民经济的增幅。比如说,企业盈利水平越高,所得税增收的幅度越大,净收益增加幅度相对减少;同样在这种情况下,个人所得税的增收也会降低劳动者的收益增幅。长此以往,将不利于经济的持续发展。这说明我国的税制结构需要进一步调整,给经济体创造一个良好的发展空间。

② 税收总收入增量 $\Delta\ln tax_t$ 与国内生产总值增量滞后一期 $\Delta\ln gdp_{t-1}$ 之间的关系方程:

$$\Delta\ln tax_t = \underset{(0.0362)}{0.0318} + \underset{(0.2142)}{0.3707}\Delta\ln gdp_{t-1} - \underset{(0.0053)}{0.0241}\Delta\ln tax_{t-1} - \underset{(0.0305)}{0.1117}ecm_{t-1}$$

误差纠正模型实证分析的结果是:误差修正项 ecm_{t-1} 的系数反映了对短期偏离长期均衡路径的调整力度,其系数为0.1117,当短期波动偏离长期均衡时,将以0.1117的调整力度把非均衡状态拉回到均衡状态,且平均每年对上年的调整幅度大约为11%。

(3)增值税收入与工业总产值增加值增量之间的关系方程。

当样本取值为1985—2012年时,首先进行增值税收入 $\ln vat_t = \ln(vat_t)$ 与工业增加值 $\ln ivi_t = \ln(\text{increased value of industry}_t)$ 的平稳性单位根检验,其ADF统计量分别为 -1.861 和 -1.360,而差分后的增值税收入 $\Delta\ln vat_t = \ln vat_t - \ln vat_{t-1}$ 和工业增加值 $\Delta\ln ivi_t = \ln ivi_t - \ln ivi_{t-1}$,其ADF统计量则为 -4.089 和 -5.531,通过平稳性检验,可知增值税收入与工业总产值增加值增量均为一阶单整时间序列。而要考察两者是否具有共同方式变动,也就是说是否具有协整关系,还需要进行协整关系检验,这里继续采用 Engle and Granger (1987)的协整检验,其统计量值为 -2.896,在1%水平上通过显著检验,也即两者之间存在协整关系。

① 增值税收入 $\ln vat_t$ 与工业增加值 $\ln ivi_t$ 之间的关系方程是:

$$\ln vat_t = \underset{(2.31)}{-1.3134} + \underset{(0.2560)}{1.0396}\ \ln ivi_t$$

模型运行的结果是:增值税收入对工业增加值的弹性为1.0396,建模过程中发现,增值税与工业增加值的回归系数在1%水平上显著,这表明增值税增长快于工业增加值的增长,对此的一个解释是诸如税收制度、征管水平、经济结构的变化,以及经济和税收在计算、统计口径上的差异等,使得税收增长过快。

由于我国税制改革的逐步实施,增值税已由生产型转变为消费型,为此建立了模型②,研究最终消费对增值税收入的长期影响。

当样本取值为1985—2012年时,首先进行最终消费 $\ln fvc_t = \ln(\text{final value of consumption}_t)$ 的平稳性单位根检验,其ADF统计量为 -0.362,而差分后的最终消费($\ln fvc_t = \ln fvc_t - \ln fvc_{t-1}$),其ADF统计量则为 -3.154,可知最终消费 $\ln fvc_t$ 为一阶单整时间序列,由上文得知增值税 $\ln vat_t$ 也为一阶单整序列。要考察两者是否具有共同方式变动,也就是说是否具有协整关系,还需要进行协整关系检验,这里继续采用Engle and Granger(1987)的协整检验,其统计量值为 -1.450,在1%水平上通过显著检验,也即两者之间存在协整关系。

② 增值税收入 $\ln vat_t$ 与最终消费 $\ln fvc_t$ 之间的关系方程:

$$\ln vat_t = \underset{(2.12)}{-2.3996} + \underset{(0.2545)}{1.0554}\ \ln fvc_t$$

从长期协整关系来看,增值税的最终消费弹性为1.0554,这表明增值税收入增长会快于最终消费增长,也就是说,最终消费增长1%,增值税收入会增长1.0554%。

(4)营业税收入与第三产业增加值中的房地产业增加值、第二产业中的建筑业增加值及固定资产投资总额之间的关系方程。

当样本取值为1985—2012年时,营业税收入 $\ln tut_t = \ln(\text{turnovcr taxation}_t)$ 与第三产业增加值中的房地产业增加值 $\ln var_t = \ln(\text{value added of real estate}_t)$、第二产业中的建筑业增加值 $\ln vaa_t = \ln(\text{value added of architecture}_t)$ 及固定资产投资总额 $\ln ifc_t = \ln(\text{investment of fixed capital}_t)$ 需要进行平稳性单位根检验,相应的ADF检验统计量为0.132、-1.962、-0.573和0.217,而相应的变量差分后的ADF统计量为 -7.154、-4.281、-5.322和 -2.796,由此得知其都为一阶单整序列。要考察两者是否具有共同方式变动,也就是说是否具有协整关系,还需要进行协整关系检验,这里继续采用Engle and Granger(1987)的协整检验,其统计量值为 -2.701,在1%水平上通过显著检验,也即两者之间存在协整关系。

营业税收入 $\ln tut_t$ 与第三产业增加值中的房地产业增加值 $\ln var_t$、第二产业中的建筑业增加值 $\ln vaa_t$ 及固定资产投资总额 $\ln ifc_t$ 之间的关系方程:

$$\ln tut_t = \underset{(2.15)}{-4.1623} + \underset{(0.8833)}{4.1672\ln var_t} - \underset{(0.3526)}{1.8685\ln vaa_t} + \underset{(0.9444)}{0.9093\ln ifc_t}$$

模型运行的结果是:当年营业税收入显著依赖于房地产业增加值、建筑业增加值及固定资产投资总额。营业税收入对房地产业增加值的弹性为4.1672,即房地产业增加值每增加1%,营业税将增长4.1672%,这说明第三产业中的房地产业对营业税收入具有重要的拉动作用。固定资产投资总额对营业收入的弹性系数为0.9093,说明固定资产投资总额每增加1%,营业税收入将增长0.9093%,增长程度小于第三产业中房地产业增加值所带来的作用。固定资产投资总额对营业税收入有一定程度的影响,这是因为固定资产投资基本代表整个社会的投资水平,与整体经济的发展又必然具有正向联系。

(5)关税收入与税收总额和汇率之间的关系方程。

在样本取值为1985—2012年时,关税收入 $\ln dut_t = \ln(\text{duty taxation}_t)$ 与税收总额 $\ln tax_t$ 和汇率 $\ln rfe_t = \ln(\text{rate of foreign exchange}_t)$ 这三个变量首先需要进行平稳性单位根检验,其水平值的ADF统计量值分别为0.740、0.162和-2.963,差分值的ADF统计量值分别为-5.554、-5.534和-4.297,这显示这三个变量都为一阶单整过程。要考察这三者是否具有共同方式变动,也就是说是否具有协整关系,还需要进行协整关系检验,这里继续采用Engle and Granger(1987)的协整检验,其统计量值为-3.643①,在1%水平上通过显著检验,也即两者之间存在协整关系。

税收入 $\ln dut_t$ 与税收总额 $\ln tax_t$ 和汇率 $\ln rfe_t$ 之间的关系方程是:

$$\ln dut_t = \underset{(2.24)}{-5.6952} + \underset{(0.0780)}{0.9551} \ln tax_t + \underset{(0.2774)}{0.5980} \ln rfe_t$$

模型运行的结果是:关税对税收收入的系数为正值,说明关税收入和税收收入存在同向变化关系,且税收收入每增加1%,关税收入将增加0.9551%。关税收入对汇率的弹性为0.5980,这说明人民币贬值对关税收入产生了促进作用②,关税收入显著依赖于税收总额和汇率。

2. 收入增长模型运行结果分析

(1)中央财政收入增长率与地方财政收入增长率对财政总收入增长率的贡献作用分析方程。

当样本取值为1979—2012年时,国家财政总收入增长率 rtr_t = rate of total revenue increased_t 中央财政收入增长率(rcr_t = rate of central revenue increased_t)和地方财政收入增长率 rlr_t = rate of local revenue increased_t 需要进行单位根检验,相应的ADF统计量为-3.066、-6.092和-5.691,这表明这三个变量都是平稳的,因此可以进行普通的最小二乘法回归。

中央财政收入增长率 rcr_t 与地方财政收入增长率 rlr_t 对财政总收入增长率 rtr_t

---

① 三变量的Engle and Granger(1987)的协整检验统计量值ADF统计量1%水平显著的临界值为-4.872,5%水平显著的临界值为-4.071,10%水平显著的临界值为-3.687,以下相同。

② 这里采用间接汇率表示法,即100美元可以换算成多少人民币的标价方法。

的贡献作用分析方程是①：

$$rtr_t = \underset{(0.0081)}{0.0025} + \underset{(0.0138)}{0.2197} rcr_t + \underset{(0.0377)}{0.7245} rlr_t - \underset{(0.0244)}{0.0059} d93 - \underset{(0.0214)}{0.0071} d09$$

$$R^2 = 0.9355 \quad SSE = 0.0128 \quad DW = 2.5035$$

模型运行的结果是：财政总收入增长率对中央财政收入增长率的依存度为0.2197。财政总收入增长率对地方收入增长率的依存度为0.7245。这说明财政总收入增长率显著地依赖于中央财政收入增长率与地方财政收入增长率。

（2）税收总收入增长率与国内生产总值增长率之间的关系方程。

当样本取值为1979—2012年时，由上文得知税收总收入增长率为平稳的，下面需要对国内生产总值增长率进行平稳型单位根检验，其ADF统计量为-3.648，可知其也为平稳的过程，因此可以进行普通最小二乘法的回归。

税收总收入增长率（rtr_t）与国内生产总值增长率（$rgdp_t$ = rate of GDP increased）之间的关系方程是：

$$rtr_t = \underset{(0.0348)}{0.0589} + \underset{(0.2428)}{0.6690} rgdp_t$$

$$R^2 = 0.8107 \quad SSE = 0.0381 \quad DW = 2.2641$$

模型运行的结果是：税收总收入增长率对国内生产总值增长率的依存度为0.6690，且在1%水平上显著，这说明税收总收入增长率显著地依赖于国内生产总值增长率。在样本取值区间内，税收总收入的平均增长率为14.88%，国内生产总值平均增长率为13.43%，高于国内生产总值平均增长率1.45个百分点。值得注意的是，若税收远高于国民收入的增长速度，将会对经济产生一系列负面的影响。我国经济要长期稳定、均衡发展，应推进税制改革，同时注重实行结构性减税，用减税、退税或抵免的方式减轻税收负担，促进企业投资和居民消费，实行积极财政政策，促进国民经济稳健发展，从而对税收形成良性的影响。

（3）财政总收入增长率与第二产业增加值及第三产业增加值之和的增长率之间的关系方程。

当样本取值为1979—2012年时，考虑第二产业增加值及第三产业增加值之和的增长率之间的关系 rfs_t = rate of increased value of first and second industry_t 对财政总收入增长率 rtr_t 的贡献程度，首先进行单位根检验，财政总收入增长率和第二产业增加值及第三产业增加值之和的增长率的ADF统计量分别为-3.066和-2.918，这表明两者都为平稳的过程，可以进行普通最小二乘法回归。

财政总收入增长率 rtr_t 与第二产业增加值及第三产业增加值之和 value added

① 这里d93和d09为1993年和2009年的时间虚拟变量，以此来表示1993年税改和2009年开始的增值税转型改革影响。

first and second $industry_t$ 的增长率 rfs_t 之间的关系方程：

$$rtr_t = \underset{(0.0284)}{0.0747} + \underset{(0.1510)}{0.4342} rfs_t$$

$$R^2 = 0.8052 \quad SSE = 0.1158 \quad DW = 2.4542$$

模型运行的结果是：第二产业增加值及第三产业增加值之和的增长率对财政总收入增长率的依存度为 0.4342，这说明第二产业和第三产业增加值对财政总收入的增长贡献具有很重要的作用。

(4) 财政总收入增长率与营业税收入增长率、增值税收入增长率之间的关系方程。

样本取值为 1985—2011 年时，财政总收入增长率 rtr_t 与营业税收入增长率 $rtut_t$ 及增值税收入增长率 $rvat_t$ 的平稳性 ADF 检验统计量分别为 -3.025、-6.740 和 -4.071，可知这三者都为平稳的，可以进行普通的最小二乘回归，而不必担心会产生伪回归问题。

财政总收入增长率 rtr_t 与营业税收入增长率 $rtut_t$ 及增值税收入增长率 $rvat_t$ 之间的关系方程：

$$rtr_t = \underset{(0.0293)}{0.1468} + \underset{(0.0157)}{0.0517} rtut_t + \underset{(0.0204)}{0.0638} rvat_t$$

$$R^2 = 0.9187 \quad SSE = 0.0243 \quad DW = 2.0131$$

模型运行的结果是：营业税收入增长率财政总收入增长率的依存度为 0.0517，增值税收入增长率财政总收入增长率的依存度为 0.0638。

4.4.2 财政支出计量经济模型运行结果分析

财政支出计量经济模型结果分析包括支出总量分析、支出增量分析和经济增长分析三个部分。

1. 支出总量模型运行结果分析

(1) 财政总支出与财政总收入、国内生产总值之间的关系方程。财政总支出按自身惯性规律运行之外，显著地依赖于财政总收入和国内生产总值。

当样本数据取值为 1979—2012 年时，财政总支出的对数值 $\ln exp_t = \ln(\text{total fiscal expenditure}_t)$ 需要进行单位根检验，其 ADF 统计量为 3.794，其差分值的 ADF 统计量为 -3.255，这表明其在 5% 水平上为一阶单整过程，结合上面的单位根检验结果，得知财政总支出 $\ln exp_t$ 与财政总收入 $\ln rev_t$ 和国内生产总值 $\ln gdp_t$ 都为一阶单整过程，要考察二者是否具有共同方式变动，也就是说是否具有协整关系，还需要进行协整关系检验，这里继续采用 Engle and Granger (1987) 的协整检验，其统计量值为 -2.348，在 1% 水平上通过显著检验，也即两者之间存在协整关系。

财政总支出 $\ln exp_t$ 与财政总收入 $\ln rev_t$、国内生产总值 $\ln gdp_t$ 之间的关系方程是：

$$\ln exp_t = -0.1727 + 0.8866\ln rev_t + 0.1184\ln gdp_t$$
$$(1.32) \quad (0.0299) \quad (0.0297)$$

模型的运行结果是:财政总支出对国内生产总值的弹性为0.1184,这说明随着经济的增长,财政支出也在随之增加,经济增长对财政支出的需求为正,财政总支出除按自身惯性规律运行之外,对财政收入的弹性为0.8866,这说明财政收入增加也会导致财政支出增加,财政支出显著地依赖于财政总收入和国内生产总值。

(2)一般公共服务支出与财政收入的关系方程。

当样本数据取值为2007年1月至2013年12月时,一般公共服务支出 $\ln gpe_t$ = general public service expenditure_t 和财政收入 $\ln ev_t = \ln(rev_t)$ 这两个变量需要进行平稳单位根检验,其ADF统计量分别为-5.576和-3.906,这说明其都是平稳的,可以进行普通的最小二乘估计。

一般公共服务支出 $\ln gpe_t = \ln(\text{general public service expenditure}_t)$ 与财政收入 $[lrev_t = \ln(rev_t)]$ 之间关系的方程:

$$\ln gpe_t = 3.1580 + 0.3901\ln rev_t$$
$$(0.6533) \quad (0.0737)$$
$$R^2 = 0.8063 \quad SSE = 1.0642 \quad DW = 2.4622$$

模型估计结果表明,政府财政收入每增加1%,相应的一般公共服务就会增加0.3901%,由于公共服务支出在财政支出中的比重较小,这就意味着公共服务的开支不足,需要进一步加大公共服务的支出比重,实现民生财政的转型。

(3)教育支出与财政收入的关系方程。

当样本数据取值为2007年1月至2013年12月时,教育支出 $\ln fee_t = \ln(\text{fiscal expenditure of education}_t)$ 的水平值ADF统计量为-6.049,说明其是平稳的,结合上文的财政收入 $\ln rev_t$ 也是平稳的,可以进行普通的最小二乘估计。

教育支出 $\ln fee_t$ 与财政收入 $\ln rev_t = \ln(rev_t)$ 的关系方程:

$$\ln fee_t = -0.4958 + 0.8193\ln rev_t$$
$$(1.7547) \quad (0.1982)$$
$$R^2 = 0.9052 \quad SSE = 1.5624 \quad DW = 2.4622$$

模型的运行结果是:教育经费支出的财政收入弹性为0.8193,这表明财政收入每增加1%,将使得教育支出增加0.8193%,这使得教育支出的增长率明显低于财政收入增长率,国家对教育的投入力度不足,应增加对教育的支出。

(4)科学技术支出与财政收入的关系方程。

当样本数据取值为2007年1月至2013年12月,通过平稳性检验,科学技术支出 $\ln fes_t = \ln(\text{fiscal expenditure of science}_t)$ 的ADF统计量为-4.637,这表明其是平稳的变量,结合财政收入 $\ln rev_t$ 也为平稳的,所以可以进行普通的最小二乘估计。

科学技术支出 $\ln fes_t$ 与财政收入 $\ln rev_t$ 之间的关系方程：

$$\ln fes_t = \underset{(1.5933)}{-4.4650} + \underset{(0.1799)}{1.0951}\ln rev_t$$

$$R^2 = 0.8276 \quad SSE = 1.4531 \quad DW = 2.6513$$

模型估计结果表明，科学技术支出对财政收入的弹性为 1.0951，也即政府财政收入每增加 1%，将使得科学技术支出增加 1.0951%。

（5）社会保障和就业支出与财政收入之间的关系方程。

当样本数据取值为 2007 年 1 月至 2013 年 12 月时，通过平稳性检验，社会保障和就业支出 $\ln fese_t = \ln(\text{fiscal expenditure of social security and employment}_t)$ 的 ADF 统计量为 -3.685，结合财政收入 $\ln rev_t$ 也为平稳的，可以使用普通最小二乘进行估计。

社会保障和就业支出 $\ln fese_t$ 与财政收入 $\ln rev_t$ 的关系方程：

$$\ln fese_t = \underset{(0.8371)}{-0.9227} + \underset{(0.0945)}{0.8420}\ln rev_t$$

$$R^2 = 0.8106 \quad SSE = 1.4075 \quad DW = 2.5683$$

模型的运行结果显示，社会保障和就业支出对财政收入的弹性为 0.8420，也即财政收入每增加 1%，社会保障支出将会增加 0.8420%，在国民经济增长过程中，应该逐步增加民生投入，这一比重目前还比较小，需要进一步增加社会保障支出。

（6）环境保护支出与财政收入方程。

当样本数据取值为 2007 年 1 月至 2013 年 12 月时，通过平稳性检验，环境保护支出 $\ln feep_t = \ln(\text{fiscal expenditure of environment protection}_t)$ 的 ADF 统计量为 -3.717，这说明其是平稳的变量，结合上文的财政收入变量 $\ln rev_t$ 也是平稳的，那么可以进行最小二乘估计。

环境保护支出 $\ln feep_t$ 与财政收入 $\ln rev_t$ 之间的关系方程：

$$\ln feep_t = \underset{(1.7925)}{-5.4578} + \underset{(0.2024)}{1.1472}\ln rev_t$$

$$R^2 = 0.9156 \quad SSE = 1.1059 \quad DW = 2.5521$$

上述模型的运行结果显示，环境保护支出对财政收入的弹性为 1.1472，这表明财政收入每增加 1%，环境保护支出将会增加 1.1472%，说明在经济增长过程中，环保支出投入日益重要。

（7）医疗卫生支出与财政收入方程。

当样本数据取值为 2007 年 1 月至 2013 年 12 月时，通过平稳性检验，医疗卫生支出 $\ln fem_t = \ln(\text{fiscal expenditure of medcine}_t)$ 的 ADF 统计量为 -3.534，这说明

其是平稳的变量，结合上文的财政收入变量 $\ln rev_t$ 也是平稳的，那么可以进行最小二乘估计。

医疗卫生支出 $\ln fem_t$ 与财政收入 $\ln rev_t$ 之间的关系方程：

$$\ln fem_t = \underset{(1.2495)}{-6.0666} + \underset{(0.1412)}{1.3297}\ln rev_t$$

$$R^2 = 0.9057 \quad SSE = 1.3059 \quad DW = 2.4521$$

上述模型的运行结果显示，医疗卫生支出对财政收入的弹性为1.3297，这表明财政收入每增加1%，医疗卫生支出将会增加1.3297%，说明在经济增长过程中，医疗卫生支出投入日益重要。

（8）城乡社区事务支出与财政收入方程。

当样本数据取值为2007年1月至2013年12月时，通过平稳性检验，城乡社区事务支出 $\ln fecr_t = \ln(\text{fiscal expenditure of city and rural}_t)$ 的ADF统计量为 -3.729，这说明其是平稳的变量，结合上文的财政收入变量 $\ln rev_t$ 也是平稳的，那么可以进行最小二乘估计。

城乡社区事务支出 $\ln fecr_t$ 与财政收入 $\ln rev_t$ 之间的关系方程：

$$\ln fecr_t = \underset{(1.4040)}{-3.4583} + \underset{(0.1586)}{1.0735}\ln rev_t$$

$$R^2 = 0.9156 \quad SSE = 1.1059 \quad DW = 2.5721$$

上述模型的运行结果显示，城乡社区事务支出对财政收入的弹性为1.0735，这表明财政收入每增加1%，城乡社区事务支出将会增加1.0735%。

（9）农林水事务支出与财政收入方程。

当样本数据取值为2007年1月至2013年12月时，通过平稳性检验，农林水事务支出 $\ln feafw_t = \ln(\text{fiscal expenditure of agriculture foreign and water}_t)$ 的ADF统计量为 -3.720，这说明其是平稳的变量，结合上文的财政收入变量 $\ln rev_t$ 也是平稳的，那么可以进行最小二乘估计。

农林水事务支出 $\ln feafw_t$ 与财政收入 $\ln rev_t$ 之间的关系方程：

$$\ln feafw_t = \underset{(1.3099)}{-4.2707} + \underset{(0.1480)}{1.1797}\ln rev_t$$

$$R^2 = 0.8163 \quad SSE = 1.4059 \quad DW = 2.6527$$

上述模型的运行结果显示，农林水事务支出对财政收入的弹性为1.1797，这表明财政收入每增加1%，农林水事务支出将会增加1.1797%。

（10）交通运输支出与财政收入方程。

当样本数据取值为2007年1月至2013年12月时，通过平稳性检验，交通运输支出 $\ln fet_t = \ln(\text{fiscal expenditure of transportation}_t)$ 的ADF统计量为 -3.222，这

说明其是平稳的变量，结合上文的财政收入变量 $\ln rev_t$ 也是平稳的，那么可以进行最小二乘估计。

交通运输支出 $\ln fet_t$ 与财政收入 $\ln rev_t$ 之间的关系方程：

$$\ln fet_t = \underset{(1.7080)}{-7.4124} + \underset{(0.1930)}{1.4902} \ln rev_t$$

$$R^2 = 0.8326 \quad SSE = 1.7059 \quad DW = 2.5821$$

上述模型的运行结果显示，交通运输支出对财政收入的弹性为 1.4902，这表明财政收入每增加 1%，交通运输支出将会增加 1.4902%。

2. 支出增长模型运行结果分析

（1）中央、地方财政支出增长率对财政总支出增长率的贡献作用分析方程。

当样本取值为 1979—2013 年时，首先对中央财政支出增长率 rce_t = rate of increased central fiscal expenditure$_t$ 与地方财政支出增长率 rle_t = rate of increased local fiscal expenditure$_t$ 对财政总支出增长率 rte_t = rate of increased total fiscal expenditure$_t$ 进行单位根检验，ADF 统计量分别为 -3.730、-4.320 和 -3.189，这表明这三者皆为平稳的，可以进行普通的最小二乘法估计。

中央财政支出增长率 rce_t 与地方财政支出增长率 rle_t 对财政总支出增长率 rte_t 的贡献作用分析方程：

$$rte_t = \underset{(0.0106)}{0.0106} + \underset{(0.0330)}{0.5597} rle_t + \underset{(0.0348)}{0.3947} rce_t$$

$$R^2 = 0.9227 \quad SSE = 0.1109 \quad DW = 2.4077$$

模型运行结果是：财政总支出增长率对中央、地方财政支出增长率的依存度分别为 0.3947、0.5397，进一步计算它们在 1979—2012 年这段期间内的平均增长率之后，可得到地方财政支出平均增长率为 17.34%，高于中央财政的平均增长率 15.17%，这表明财政总支出增长率显著地依赖于中央财政支出增长率与地方财政支出增长率。

（2）一般公共服务支出增长率、教育支出增长率、社会保障和就业支出增长率和环境保护支出增长率对财政总支出增长率的贡献作用分析方程。

当样本数据取值为 2007 年 1 月至 2013 年 12 月时，一般公共服务支出增长率、教育支出增长率、社会保障和就业支出增长率、环境保护支出增长率和财政支出增长率都通过了平稳性检验，其 ADF 统计量分别为 -17.703、-8.886、-11.985、-11.917 和 -15.522。

财政总支出增长率 rte_t 与一般公共服务支出增长率 $rgpe_t$、教育支出增长率 $rfee_t$、社会保障和就业支出增长率 $rfese_t$ 和环境保护支出增长率 $rfeep_t$ 的回归方程：

$$rte_t = \underset{(0.0113)}{-0.0053} + \underset{(0.0527)}{0.4852rgpe_t} + \underset{(0.0011)}{0.0017rfee_t} + \underset{(0.2503)}{0.2502rfese_t} + \underset{(0.0320)}{0.1882rfeep_t}$$

$$R^2 = 0.8602 \quad SSE = 1.0872 \quad DW = 2.6522$$

回归结果显示，一般公共服务的增长率对财政总支出增长率的贡献为0.4852，教育支出增长率对财政总支出增长率的贡献为0.0017，社会保障和就业支出增长率对财政总支出增长率的贡献为0.2502，环境保护支出增长率对财政总支出增长率的贡献为0.1882。

3. 经济增长及其构成因素的运行结果分析

（1）国内生产总值增量与总消费规模增量、全社会固定资产总投资规模增量和进出口差额增量之间的关系方程。

当样本数据取值为1980—2012年时，通过平稳性检验，可知国内生产总值与总消费、全社会固定资产总投资和进出口差额均为一阶单整时间序列，其水平值的ADF统计量分别为12.399、4.470、17.766和-1.731，而差分值的ADF统计量值分别为-4.016、-3.712、-5.314和-4.273，Engle and Granger（1987）的协整检验统计量为-4.095、-4.483、-4.125和-4.133，这表明这几个变量为一阶单整过程。且这几个变量之间具有协整关系，其Engle and Granger（1987）的协整检验统计量为-3.193. 也就是说，长期来看这四者在以相同的方式共同变动。模型的误差纠正运行结果如下：

国内生产总值广义增量Δgdp_t与总消费规模增量Δtc_t、全社会固定资产总投资规模增量Δifc_t和进出口差额增量Δexm_t之间的误差纠正关系方程：

$$\Delta gdp_t = \underset{(1533.871)}{4556.546} - \underset{(0.5208)}{0.5038ecm_{t-1}} + \underset{(0.4638)}{3.2813\Delta gdp_{t-1}} - \underset{(0.7882)}{3.6582\Delta tc_{t-1}}$$

$$- \underset{(0.3633)}{1.4010\Delta ifc_{t-1}} + \underset{(0.3495)}{0.2065\Delta exm_{t-1}}$$

从误差修正模型来看，误差修正项ecm_{t-1}的系数反映了对短期偏离长期均衡路径的调整力度，其系数为-0.5038，当短期波动偏离长期均衡时，将以0.5038的调整力度把非均衡状态拉回到均衡状态。

（2）财政决算支出增长率滞后量对国内生产总值增长率的贡献作用分析方程。

当样本数据取值为1979—2012年时，通过平稳性检验，国内生产总值增长率$rgdp_t$和财政决算支出增长率滞后量rte_{t-1}的ADF统计量为-4.569和-4.181，皆为平稳过程。

国内生产总值增长率$rgdp_t$和财政决算支出增长率滞后量rte_{t-1}之间的回归方程：

$$rgdp_t = \underset{(0.0284)}{0.1372} + \underset{(0.0367)}{0.1531} rte_{t-1}$$

$$R^2 = 0.8534 \quad SSE = 0.7045 \quad DW = 1.7243$$

采取一般线性回归分析得知,财政决算支出增长率滞后量对国内生产总值增长率的贡献为15.31%。

(3)第一产业增加值增长率、第二产业增加值增长率和第三产业增加值增长率对国内生产总值增长率的贡献作用分析方程。

当样本数据取值为1979—2012年时,第一产业增加值增长率 rfi_t、第二产业增加值增长率 rsi_t 和第三产业增加值增长率 rti_t 对国内生产总值增长率 rgdp_t 的 ADF 统计量分别为 -3.678、-4.164、-4.152 和 -4.076,通过平稳性检验。

第一产业增加值增长率 rfi_t、第二产业增加值增长率 rsi_t 和第三产业增加值增长率 rti_t 对国内生产总值增长率 $rgdp_t$ 的贡献作用分析方程:

$$rgdp_t = \underset{(0.0023)}{0.0121} + \underset{(0.0141)}{0.2156} rfi_t + \underset{(0.0186)}{0.4949} rsi_t + \underset{(0.0164)}{0.2284} rti_t$$

$$R^2 = 0.9439 \quad SSE = 0.0349 \quad DW = 2.4431$$

模型运行的结果是:国内生产总值增长率对第一产业增加值增长率、第二产业增加值增长率和第三产业增加值增长率的依存度分别为0.2151、0.4949和0.2284。这说明国内生产总值增长率显著地依赖于第一产业增加值增长率、第二产业增加值增长率和第三产业增加值增长率。

(4)工业总产值增加率和建筑业增加值增长率对第二产业增加值增长率的贡献作用分析方程。

当样本取值为1978—2012年时,工业总产值增长率 $ravi_t$ 和建筑业增加值增长率 $rava_t$ 的 ADF 统计量为 -3.985 和 -4.217,通过平稳性检验。

工业总产值增长率 $ravi_t$ 和建筑业增加值增长率 $rava_t$ 对第二产业增加值增长率 rsi_t 的贡献作用分析方程是:

$$rsi_t = \underset{(0.0189)}{0.0120} + \underset{(0.0684)}{0.2898} ravi_t + \underset{(0.0905)}{0.4392} rava_t$$

$$R^2 = 0.9125 \quad SSE = 1.1724 \quad DW = 2.3714$$

模型运行的结果是:第二产业增加值增长率对工业总产值增加率和建筑业增加值增长率的依存度分别为0.2898和0.4392。这说明第二产业增加值增长率显著地依赖于工业总产值增加率和建筑业增加值增长率。

4.4.3 中国财政及宏观经济主要指标预测

结合对中国财政及经济运行规律与机制的理解和把握,并向有关专家咨询后,对中国财政及宏观经济主要指标进行短期区间预测,主要方法是在财政计量模型估计结果的基础上,在 Stata 中使用 Fcast 指令进行向前三步的预测(见表4.2)。

表 4-2 中国财政及宏观经济主要指标预测

经济变量	2012	2013	2014
财政总收入	117 253.52*	129 143.00	13 851.03
税收总收入	100 614.28*	110 497.00	111 552.40
财政总支出	125 952.97*	139 744.00	144 352.31
国内生产总值	518 942.11*	568 845.00	581 437.69
增值税收入	26 415.51*	28 803.00	31 476.72
中央财政收入	56 175.23*	60 174.00	63 063.42
地方财政收入	61 078.29*	68 969.00	73 432.59
中央财政支出	18 764.63*	20 472.00	22 140.93
地方财政支出	107 188.34*	119 272.00	144 356.60
第一产业增加值	52 377.23*	56 957.00	60 231.76
第二产业增加值	235 319.47*	249 684.00	268 817.39
第三产业增加值	231 626.39*	262 204.00	297 863.82
工业增加值	199 860.58*	210 689.00	238 725.52
建筑业增加值	35 459.06*	38 995.00	41 285.25
全社会固定资产投资总额	374 694.74*	447 074.00	512 664.82
最终消费	261 832.82*	272 445.23	325 247.27
居民消费价格指数	102.6%*	102.9%	103.2%

注:带*号的数值来自《中国统计年鉴 2013》和中经网数据库。

表 4-2 的预测结果表明,在数据的趋势不发生变化的情况下,主要的几个变量,如财政总收入、税收总收入、财政总支出、国内生产总值、增值税收入、中央财政收入、地方财政收入、中央财政支出和地方财政支出都将在 2013 年和 2014 年继续增加,其中税收总收入、财政总支出、国内生产总值、增值税收入的增长速度将会放慢,财政总收入、中央财政收入在 2013 年和 2014 年的增速将大致不变,而地方财政支出在 2014 年的增长速度将会增大。

第二篇
中国财政信息公开进程

第5章　中国政府信息公开的改革进程

5.1　社会舆论方面

在过去的5年里,社会舆论方面包括社会公众与学术界积极参与了中国政府信息公开的改革进程,其间发生了很多重大事项和案例。

5.1.1　社会公众对政府信息公开的关注

随着公民意识的不断提高,社会公众对政府信息公开越来越关注。总体来说,呈现如下几个特点:

第一,社会公众对政府信息公开的关注日益增强,所涉及的信息多是民生问题。2008—2013年,社会公众对政府信息的关注程度快速提高,这在一定程度上可由政府信息公开案件数量的增加来反映。以北京市为例,在2008年《政府信息公开条例》颁布实施当年,北京市各级法院审理的政府信息公开案件仅10件,而2009年北京市各级法院审理的政府信息公开案件的数量猛增至147件,到2010年,北京市政府信息公开案件的数量已经达到2009年的近3.5倍,达到503件之多。① 由此可见,社会公众对政府信息公开的关注度不断增强。此外,5年来社会关注的政府信息公开绝大多数涉及基本民生问题。以浙江省为例,该省在2008年5月1日至2009年5月31日期间,各级法院审理的政府信息公开案件中,涉及国土资源、教育、医疗卫生、食品安全、环境问题、乡镇政府、房管、公安等基本民生问题的案件占总数的87.04%。②

第二,社会公众也愈发关注公共事务信息的公开。财政预算信息一直是社会公众所关心的重要公共信息之一,"公共预算观察志愿者"团队一直在推动我国预算信息公开的路上前行。2009年10月,经过历时一年多的反复提交信息公开申请,"公共预算观察志愿者"团队促成了广州市财政局首开全国先河地在网上公开了广州市114个部门预算。2010年3月25日,也是在这一团队的努力下,广东省财政厅首次向社会公开经广东省人大审议通过的2010年省级一般预算收支表。2012年,他们又陆续促成了黑龙江、宁夏、青海、吉林、深圳、珠海、东莞等省、市、自

---

① 数据转引自新华网:news. xinhuanet. com/politics/2013-10/15/c_117730834. htm。

② 数据转引自人民网:http://theory. people. com. cn/n/2013/1025/c40531-23322821. html。

治区公开一级部门预算。除“公共预算观察志愿者”外，还有严义明、任星辉、李劲松等公众也积极参与推动财政预算信息的公开。

此外，政府采购信息、政府性收费与国有企业等相关信息也是社会公众关心的重要内容。过去5年中，出现了很多社会公众申请公开上述相关信息的重大事件。如2010年年底被曝光的各地“天价采购门”，又比如夏楚晖、黄乃海、蔡之兵、王才等对政府性收费信息的关注以及王景晨等对国有企业信息公开的关注。

第三，年轻一代社会公众越来越多地参与推动政府信息公开。过去5年中，出现了多名大学生申请政府信息公开的现象，这反映了年轻一代公民越来越关注政府信息公开。如在哈尔滨断桥事故发生后第3天，上海交通大学研究生雷闯寄出政府信息公开申请信，要求公开桥体的设计、施工及监理单位信息。三峡大学学生刘艳峰申请公开“微笑局长”杨达才的工资，在陕西财政厅及安监局拒绝公布杨达才工资后，刘艳峰分别向西安市莲湖区人民法院和新城区人民法院递交了起诉状，起诉陕西省财政厅及安监局，要求确认陕西省财政厅及安监局两机构的行为违法，判令其做出回复。兰州大学学生黄焕婷申请公开铁道部售票网站“12306”招投标信息。在河南淅川县动用数十万元公款打造了两棵水泥“迎客松”受到质疑之后，南昌大学学生吴金鑫向县林业局提出政府信息公开申请，要求公开“迎客松”的真实造价。重庆工商大学学生杨璠向福建省交通厅和财政厅寄出了信息公开申请信，要求公开福建“表叔”省交通厅厅长李德金工资。南京邮电大学学生段国超申请公开拥有21套房产的“房叔”蔡彬的工资。湖南农业大学学生丁波向江苏射阳县黄沙港镇政府寄出政府信息公开申请信，要求公开黄沙港镇人民政府为严婧涵小朋友过10岁生日所送花篮的具体金额。中国矿业大学徐海学院大三学生就黑龙江集贤县自来水公司办公楼倒塌一事提出了信息公开申请。大学生张纯向铁道部寄出了《政府信息公开申请表》，申请公开现行火车票定价依据及站票和坐票价格一样的原因。研究生赵东海向国家发改委申请公开提高成品油价格的法律依据……在一些热点公共事件的背后，都出现了大学生提请政府信息公开的举动，虽然结果不同，但这些现象传达了一个信息：社会公众特别是年轻一代公民知情权意识崛起，已经越来越多地主动参与到推动政府信息公开的工作中来。

5.1.2 学术界积极参与政府信息公开改革进程

学术界是推动政府信息公开改革的一支不可或缺的力量，过去5年，围绕着财政预算信息公开、推动《政府信息公开条例》的落实等问题，学术界广泛呼吁并付诸实践，其中包括上海财经大学公共政策研究中心、清华大学公共管理学院、北京大学公众参与研究与支持中心，以及中国社会科学院法学研究所等。

（一）参与财政预算信息公开改革进程

过去五年中，学术界积极参与推动财政预算信息的公开，其中有代表性的是上海财经大学公共政策研究中心与清华大学公共管理学院。

自2009年以来，上海财经大学公共政策研究中心设立了"中国财政透明度调查"项目，迄今已连续进行了5年的调查和评估，并且每年都发布《中国财政透明度报告》。

该项目连续5年都进行了省级政府财政透明度的调查和评估。此部分调查以我国31个省（直辖市、自治区）本级财政为调查对象，重点考察各省财政信息的公开程度、信息覆盖范围以及信息具体性三个方面，对各省的财政透明程度做出评估和比较分析。该项目的调查提纲包括公共财政预算、政府性基金预算、社会保险基金与国有企业基金四个部分，涵盖所有公共资金的流量信息（收入、支出和余额）以及存量信息（资产、负债和净资产），每一部分从大分类逐级分解，一直到最具体的财务分类信息，全面考察社会公众委托政府管理的所有资金的透明度情况。项目调查通过网络、政府权威机构的公开出版物等方式检索以及向各省政府信息公开办公室及财政厅（局）提出公开信息申请两种途径，在此基础上对所获取的信息进行整理、汇总，最后对31个省的财政透明度进行评分和排序。

自2010年以来，该机构还对行政部门预算的透明度进行了连续4年的调查和评估，该项调查以各单位本级（不包含下属单位）收支决算数及统计数为调查对象，调查部门包括省政府、省人大、省政协、教育厅、财政厅、国税局、地税局、工商局、卫生厅、交通厅及环保局等11个单位。项目组最后对上述11个单位行政收支及相关信息的透明度状况做出了整体的评价并进行了省际排名和系统排名。

此外，该中心每年还设立透明度专题调查项目，包括省级财政信息对人大公开程度的评估、部门预算透明度评估以及"三公经费"透明度特别评估等。

《中国财政透明度报告》系列自发布后受到了广泛关注。据不完全统计，全国有包括《人民日报》《二十一世纪经济报道》《南方周末》《南方都市报》《中国青年报》《新民周刊》《社会科学报》《改革内参》等在内的数十家报刊以及包括新浪、搜狐、网易、腾讯、中华网、人民网、中国政府网、新华网、中国新闻网、凤凰网在内的上百家网络媒体对项目成果进行报道和转载。

"中国财政透明度调查"项目还引起了各级政府的高度关注。如财政部2009年度报告发布后不久首次公布《2009年中央财政预算表》；此外，中央部门预算也于2010年首次公开。省级政府单位对项目成果的反应也非常热烈，有的省市对推进政府信息公开、提高财政透明度召开了专门的会议，并拟定了相关文件。应该说，该中心的这一工作在很大程度上促进了中国财政信息的公开。

清华大学公共管理学院则关注市级政府的财政透明度状况。2012年，他们根据IMF《货币和财政政策透明度良好做法守则》,提出了衡量财政透明度的8项指标,据此8项指标,他们对我国22个省、5个自治区中经济发展水平最高的3个地级以上城市及4个直辖市共81个研究样本2010年的财政透明度状况进行评分和排序,并发布了《中国市级政府财政透明度研究报告》。在2012年的基础上,2013年该项目组新建了财政透明指标体系,对我国289个城市的财政透明度状况进行了评估,在调查、评分和排序的基础上,项目组发布了《2013年中国市级政府财政透明度研究报告》。该学院的系列研究成果也引起了媒体广泛的报道和转载,在推动我国市级政府透明度提高方面起到了非常积极的作用。

(二)推动《政府信息公开条例》落实

自2008年《政府信息公开条例》颁布实施以来,学术界就如何贯彻落实该条例进行了很多探索和研究,其中以北京大学公众参与研究与支持中心和中国社会科学院法学研究所为代表。

北京大学公众参与研究与支持中心对贯彻落实《政府信息公开条例》问题一直十分关注。2009年5月,该中心发布了《关于〈政府信息公开工作年度报告〉的报告》和《2008年度中国各省(市、区)暨国务院各部门政府信息公开机构建设评估报告》等政府信息公开报告,对2008年度各省及国务院部门政府信息公开等情况进行了综合评估,并对各省级政府和相关部委发布的政府信息公开年度报告公布情况进行了打分排名。同年11月,由该中心主办的"中国政府信息公开的制度实践:行动、问题与应对"研讨会暨"政府信息公开公众支持"项目结项会议在北京举行。与会30余名专家学者就如何贯彻落实《政府信息公开条例》问题做了深入探讨。

2010—2012年,该中心连续发布了《中国行政透明度观察报告》年度报告,对国务院部委、省级政府以及省级以下行政单位的《政府信息公开条例》的执行情况进行了观察和测评,肯定了我国政府信息公开所取得的成绩,但同时更加明确指出了各级政府在落实《政府信息公开条例》方面存在的不足。2013年,该中心与北京大学宪法与行政法研究中心共同发布了《中国政府信息公开案件司法审查调研报告》,对《政府信息公开条例》实施以来申请政府信息公开的案件审理情况进行了调研和总结。

中国社会科学院法学研究所也非常关注《政府信息公开条例》的落实情况。2009年6月,由中国社会科学院法学研究所与"中国—欧盟信息社会项目"共同举办的"政府信息公开专家研讨会"召开,会议对"不公开信息的处理""政府信息公开的一些技术问题"以及"政府信息公开的监督与救济"等问题进行了研讨,同时,会议还有针对性地向中方介绍欧盟有关国家在政府信息公开方面的经验教训,对推动中国实施政府信息公开制度起到了很好的借鉴作用。

自2010年起,该机构开始发布《中国政府透明度年度报告》(以下简称《报告》),《报告》每年对国务院部门和地方政府部门实施政府信息公开的情况进行了测评,分析了我国政府信息公开制度的实施状况。《报告》对我国各级政府推进政府管理透明度方面所做的工作给予了肯定,指出了我国政府信息公开制度的实施呈现继续向前发展的态势;但同时也指出了我国政府信息公开工作尚存的问题,如《政府信息公开条例》中各项制度的落实情况欠佳,不少政府机关工作人员政府信息公开意识不高,公众获取信息的难度和成本被人为加大等。

2013年,该机构除了发布《中国政府透明度年度报告(2012)》之外,还首次对法院和检察院的信息公开状况进行了测评,并对政府采购的透明度进行了专题调查。

由此可见,北京大学公众参与研究与支持中心和中国社会科学院法学研究所在推动《政府信息公开条例》的落实、参与中国政府信息公开改革进程方面一直在进行不懈的努力。

5.2 法规制度建设

法规制度建设是政府信息公开发展状况的一个重要标志。在最近5年中人大和政府在这方面采取了一些举措。

5.2.1 《政府信息公开条例》的实施

2008年5月1日起实施的《政府信息公开条例》无疑是推动我国政府信息公开的一个具有里程碑意义的文件。自新中国成立以来到该条例颁布之前,我国只有《保密条例》和《保密法》,《政府信息公开条例》的颁布与实施在法律上奠定了基础,为提高财政透明度开拓了道路。

该条例第九条规定了行政机关应当主动公开的信息包括"(一)涉及公民、法人或者其他组织切身利益的;(二)需要社会公众广泛知晓或者参与的;(三)反映本行政机关机构设置、职能、办事程序等情况的;(四)其他依照法律、法规和国家有关规定应当主动公开的"。这些条款为政府信息公开开拓了广阔的空间,显示了"公开为原则、不公开为例外"的基本精神。该条例还规定政府应重点公开的内容之一是"财政预算、决算报告"。可以毫不夸张地说,我国这些年来在政府信息公开以及财政信息公开方面取得的点滴进步都与该条例的颁布和实施有直接关系。

但另一方面必须看到,这个条例具有一定的局限性,还不足以保证预算公开能达到社会以及人大能够有效监督和规范政府预算行为的目的。最主要的问题是它只是一个行政法规,受制于层次较高的《保密法》。该条例第十四条规定,"行政机关应当建立健全政府信息发布保密审查机制,明确审查的程序和责任。行政机关在公开政府信息前,应当依照《中华人民共和国保守国家秘密法》以及其他法律、法规和国家有关规定对拟公开的政府信息进行审查。行政机关对政府信息不能确定是否可以公开时,应当依照法律、法规和国家有关规定报有关主管部门或者同级保密工作部门确定。"这样,《政府信息公开条例》在多大程度上能够实现其目的就在很大程度上取决于《保密法》。

实践中预算公开还很不尽如人意,这与该条例本身的缺陷有关。条例规定的政府应重点公开的内容之一是"财政预算、决算报告",但"报告"通常被理解为各级人代会上政府提交并宣读的那份文件。这样一份"报告"所提供的信息是很笼统、很有限的。一些政府部门以条例规定提供的是"报告"为由,拒绝提供除"报告"以外的其他预算信息,特别是较为具体的预算收支的数据,从而使预算公开变成一种形式。

5.2.2 《保密法》修订

全国人大常委会对《保密法》的修订是过去5年中的一个重大事项,它对我国政府信息公开以及财政透明化进程有关键性的影响。

《保密法》是我国政府信息公开以及预算公开的一个关键性法律,一旦被认定为"国家秘密",在法律上就可以不公开了,而且泄露了还要追究泄密的法律责任。因此,在法律上如何定义"国家秘密",如何确定其范围,对信息公开而言是非常关键的。

1989年起实施的《保密法》第八条规定了国家秘密的基本范围:"(1)国家事务的重大决策中的秘密事项;(2)国防建设和武装力量活动中的秘密事项;(3)外交和外事活动中的秘密事项以及对外承担保密义务的事项;(4)国民经济和社会发展中的秘密事项;(5)科学技术中的秘密事项;(6)维护国家安全活动和追查刑事犯罪中的秘密事项;(7)其他经国家保密工作部门确定应当保守的国家秘密事项。……政党的秘密事项中符合本法第二条规定的,属于国家秘密。"

《保密法》规定的国家秘密范围非常宽泛,其真正有效的法律成分是上述条款中的第七条,由国家保密部门认定。在财政信息中,有哪些被保密部门认定为"国家秘密"呢?由该部门牵头制定的《经济工作中国家秘密及其密级具体范围的规定》中规定,"全国财政收入、财政支出""国家年度预算草案、中央年度预算草案及其收支款项的年度执行情况""国家年度决算草案、中央年度决算草案和未公布的国家决算、中央决算收支款项""不公布的国家预算、中央预算收支款项以及动用中央预备费的情况"等都属于绝密级事项,"各省、自治区、直辖市及计划单列市和省会城市年度预算、决算草案及未公布的年度预算、决算收支款项"等都属于机密级事项,"历年国家财政、中央财政和各省、自治区、直辖市及计划单列市和省会城市财政明细统计资料"等都属于秘密级事项。毫无疑问,这些规定是财政信息公开的最大障碍。

在《保密法》修订过程中,众多学者和人士对《保密法》将国家秘密的范围界定过宽提出了中肯的修改意见,然而,这些意见没有被采纳。2010 年 4 月 28 日人大常委会通过了新的《保密法》,对"国家秘密"范围的界定未做任何实质性的修改。到目前为止,国家保密部门对财政预算中国家秘密事项的规定也未做任何调整。这些情况是令人遗憾的,它不仅阻碍了以往的财政信息的公开,而且还会在未来产生很大的负面影响。

5.2.3 《预算法》修订

过去的五年一直在修订《预算法》,2012 年 7 月,《预算法》修订草案向社会公开征求意见,获得了 33 万条意见反馈,创经济立法的意见之最,预算公开条款是社会关注的焦点之一。

修订前的《预算法》对预算信息公开和透明未做任何规定。《预算法》修改稿在预算公开方面增加了如下条款:"经本级人民代表大会或本级人民代表大会常务委员会批准的预算、调整预算、决算,应当及时向社会公开,但涉及国家秘密的内容除外。各级政府财政部门负责本级政府总预算、决算的公开。各部门负责本部门预算、决算的公开。公开的实施办法,由国务院规定。"

预算公开作为一个原则写入《预算法》,这无疑是一个进步。但修改稿也存在一些问题,这些问题会影响《预算法》的法律权威性和可操作性。

首先,"及时"没有明确的法律规定界限。怎样才能被法律认为是及时的?人大审批通过预算后在多长时间内公布才被认为是及时的?预算发生调整需要在怎样的时间范围内向社会公布?决算在预算年度结束之后的多长时间内公开才是及时的?这些都不明确。

其次,"公开"缺乏明确的法律规定性。公布一个预算报告,列出一些笼统的数字,是否算是公开?如果是,这对于加强社会和人大对预算的有效监督和审议有何意义?如果不是,怎样才是?法律上需要明确公开的标准、信息的覆盖面、信息的具体性程度等等,否则就无法界定合法与非法。

最后,用怎样的方式公开规定不当。"各级政府财政部门负责本级政府总预算、决算的公开。各部门负责本部门预算、决算的公开。"这将会使预算信息变得分散,如果要了解各部门的预算信息就只能一个部门一个部门地去寻找,要了解部门中各单位的信息也要逐个搜寻,这对信息的需求者来说是极为不便的。要提高预算公开的效率,法律上必须规定一级政府的财政部门承担搜集、整理并集中公开与本级总预算相关的所有预算信息的责任。

修改稿规定"公开的实施办法,由国务院规定"。这意味着公开什么、怎么公开、何时公开都由政府行政部门来决定。预算立法的本质就是人民通过人代会给政府订规矩,如果一切都让政府自己来定,立法部门等于放弃了《宪法》赋予的立法权。《预算法》必须明确规定预算公开的法律界限,否则就难以树立其法律的权威性,难以达到推进财政信息公开的立法目的。

2014年8月31日第十二届全国人民代表大会常务委员会第十次会议通过了新《预算法》。该法的第14条规定:"经本级人民代表大会或者本级人民代表大会常务委员会批准的预算、预算调整、决算、预算执行情况的报告及报表,应当在批准后二十日内由本级政府财政部门向社会公开,并对本级政府财政转移支付安排、执行的情况以及举借债务的情况等重要事项作出说明。经本级政府财政部门批复的部门预算、决算及报表,应当在批复后二十日内由各部门向社会公开,并对部门预算、决算中机关运行经费的安排、使用情况等重要事项作出说明。各级政府、各部门、各单位应当将政府采购的情况及时向社会公开。本条前三款规定的公开事项,涉及国家秘密的除外"。

新《预算法》关于公开透明的法律条款对"及时"做了"二十日内"的明确规定,相比公开征求意见的修改稿有了一个明显进步。但是,新《预算法》的有关条款对于预决算公开的内容以及透明程度的法律要求还比较笼统,虽然提出了"报告及报表"要公开,但并没有具体规定报告及报表应的信息,使得公开透明的法律界限变得含糊,要使之真正成为保障预算公开透明的法律武器,还有很大的改进空间。

5.2.4 其他相关文件的规定

自《政府信息公开条例》实施以来,有关部门为进一步推动政府信息公开以及财政信息公开出台了一系列文件,表明对这一问题的高度重视。

这些文件的出台目的是深化政府信息的公开,很多规定也确实在目前的信息公开水平上提出了新的要求。但另一方面,有些规定缺乏对信息公开工作的长远考虑,有可能对未来政府信息公开以及财政信息的公开产生一些障碍。

第一,"各级政府财政部门负责本级政府总预算、决算的公开,各部门负责本部门预算、决算的公开"。各级政府财政部门负责本级政府总预算、决算的公开是应该的,然而,它们在信息公开上的职责不应仅限于此。各级政府财政部门负有审查和监督所属各部门预算的职责,必定能够取得并且需要保存各部门预算,由财政部门将这些部门预算以统一、集中的方式向社会公开,既可以节约政府预算公开的成本,又可以方便公众了解和监督预算。

第二,"一般预算收支预算表和一般预算收支决算表的收支项目按照《政府收支分类科目》的收入分类和支出功能分类基本编列到款级科目"。按"收入分类和支出功能分类基本编列到款级"的预算只能提供十分粗略的信息,公众无法了解其实际内容,更不能对预算进行有效的监督。根据这一规定,我国预算收支科目规定的重要分类——按经济性质分类的支出信息不在《财政部关于进一步做好预算信息公开工作的指导意见》所规定的公开范围,也就是说不在公开之列。支出按经济性质的分类是部门和单位必须记录和保存的信息,社会公众较为关心,并有较强的识别和判断能力,可以通过这一视角更好地发挥监督作用。不公开这一分类的信息将使预算公开的意义大打折扣。

第三,"对一些要求公开项目较多的申请,可要求申请人按照'一事一申请'原则对申请方式加以调整,即一个政府信息公开申请只对应一个政府信息项目"。什么是"一事"?是指一个信息还是一组信息?是一个数据还是一类数据?这一规定在概念上不清晰,容易给信息公开申请带来不必要的麻烦,成为有关部门拒绝提供信息的一个借口。例如,上海财经大学公共政策研究中心对省级财政透明度调查项目不得不将原先的一次申请拆分为113次申请,获得信息的成本大幅增加,但获得的信息并不因此而有所增加。

第四,"对申请人申请公开与本人生产、生活、科研等特殊需要无关的预算信息,可以不予提供"。这一规定损害了公民的预算知情权。按照这一规定,以了解和监督政府为目的的信息公开申请就会被拒绝。个人有权要求政府提供预算信息的根本原因不是他有个人的"特殊需要",而是因为他具有每一个公民都具有的"一般需要",他是纳税人,是政府提供公共服务的对象,是有权利也有责任参与和监督公共事务管理的公民。公民的预算知情权不能因为没有本人的"特殊需要"而被否定。

5.3 共识与分歧

过去5年的阳光财政历程还可以社会思想观念上的变化来考察。近5年以来,"公开"已经成为社会政治生活中最常用的词汇,"政府信息公开""阳光财政""预算透明""信息公开申请""三公经费"成了政府和社会公众热议的话题。可以说,"公开"作为一个理念已成为当今社会的一个共识。但理念要成为现实还需要行动,行动的滞后又往往反映出思想上的分歧。

5.3.1 原则与例外

"公开为原则、不公开为例外",这是改革的一个旗帜鲜明的口号。这个口号在《政府信息公开条例》的制定过程中就被确定为该条例制定的基本精神,从中央到地方的很多领导在各种不同场合肯定了这个基本精神,并得到了广大社会公众的高度认同。

但是,恰恰就是这个反复强调的基本精神在《政府信息公开条例》的最后文本中并没有出现,"公开为原则、不公开为例外"这几个字最后还是被删去了。显然,尽管所有人都声称赞同,但仔细斟酌后想法不尽相同。

虽然这段文字没有以白纸黑字的形式写在《条例》上，但《条例》颁布实施后，“公开为原则、不公开为例外”仍被解释为该条例的基本精神。国务院法制办在对《条例》的解释中，明确提出这是政府信息公开的原则。温家宝总理在几次重要场合，例如全国依法行政工作会议上，明确指出政府信息要坚持以公开为原则。

也许这句话是否写在文件上并不是最重要的，最重要的是实际怎样做。“公开为原则”，也就是说，政府的一般信息、绝大部分信息都应该是公开的。“不公开为例外”，也就是说不公开的政府信息是少数，是个别的特殊情况。但在实际工作中，人们的感觉与此有很大差距，甚至恰恰相反，是“不公开为原则、公开为例外”。

最近出现了一些引起社会关注的案例，加深了人们的这一印象。据《人民日报》官方微博消息，三峡大学行政管理系大二学生刘艳峰向陕西财政厅和安监局邮寄了申请书，要求公开陕西省安监局局长杨达才 2011 年度工资。他收到省财政厅特快专递回复称：杨达才个人工资收入事项，不属于陕西省财政厅政府信息公开范围。

据《法制日报》报道，北京律师董正伟对于他所提出的请求环保部公开“全国土壤污染状况调查方法和数据信息”的申请，环保部以“国家秘密”为由拒绝公开。据悉，原国家环保总局与国土资源部早在 2006 年就曾做过全国土壤污染调查，但是污染数据至今没有公开。

又如，在一些人眼中，官员的简历也是国家秘密，河北省馆陶县 29 岁青年闫宁出任馆陶县代县长，面对公众对“史上最年轻县长”的质疑，当地政府人员称新县长简历是机密，不便公开。

这方面的例子很多，但都是个案，也许不足以说明普遍情况。究竟在实际工作中，“公开”的部分有多大，“不公开”的部分有多大，需要有系统性的调查才能得出结论。上海财经大学公共政策研究中心的中国财政透明度调查可以作为一个系统性案例来回答这一问题。在省级财政信息的调查中，约有 70% 的基本财政信息不可获得，在行政部门透明度调查中，约有 90% 的信息不可获得。何者为“原则”，何者为“例外”，在数字面前一目了然。理论上的“公开为原则、不公开为例外”在实践中成为“不公开为原则、公开为例外”，这不能不引起人们的思考，探究共识中隐匿着的分歧。

5.3.2 公开无用论

有一种论点正在悄然出现，这就是“公开无用论”。这种论点不论是在行政业务部门还是在学术研讨会议中都有所闻。

公开无用的一层意思是没有必要让公众和人大代表读懂预算。有人甚至反问道：“有必要弄懂吗？”按这种逻辑，读懂不必要，公开也就没有必要。这个论点直接否定了人大审批的必要性，也否定了社会公众对预算监督的必要性。公开无用的另一个论点是就算给你看,你也看不懂。将政府预算神秘化,把它说成是一般人不能理解的东西:“爱因斯坦的相对论大家都能懂吗?看不懂,很正常。”意思很清楚,既然看不懂,公开有什么用?

目前的确存在预算看不懂的问题,但看不懂预算的主要原因是预算报告过于笼统,只有高度概括的数字而无具体情况的展现,在这种情况下即使是专家也无法表达有意义的看法。解决问题的办法是政府财政部门向公众及其代表提供详尽信息,使他们能够明白政府的钱具体如何使用,也就是细化预算。然而有些人对细化预算并不感兴趣,说“现在这个世界很多东西就是靠模糊化支撑着的”,实际上是并不想让公众看懂。

社会公众和很多人大代表没看懂预算报告,是因为他们缺乏用以理解和判断的基本信息。但是他们绝不缺少看懂预算的能力,至少在某些基本层面上是这样。这个基本层面就是这些支出是用于社会公众的共同利益还是用于某些个人或群体的特殊利益。一旦有了信息,知道了公共资金的具体用途,他们就有能力在这个基本层面上做出非常迅速而且正确的判断,哪些钱该花,哪些钱可以省着花,哪些钱根本就不该花,媒体披露的一系列公众反腐案例就很好地说明了这一点。

与之形成鲜明对照的是,以财政管理为本职工作并有专门技能的官员对这样的情况却熟视无睹、习以为常,放任公共资金被年复一年地挥霍浪费,而普通公民,他们虽然没有专门知识,但却能非常敏锐地在一些“偶然”场合发现预算中存在的问题。这说明,看得懂还是看不懂最重要的不在于有没有专业知识,而在于有没有为民之心。社会公众以及真正代表他们的人最能看懂预算,只要财政预算信息公开透明了,这种能力就一定会充分显现出来。这也许正是一些人不愿让人看懂预算,反而宣扬公开无用论的原因所在。

5.3.3 公开危险论

还有一种观点近年来正在逐步显现,这就是“公开危险论”。这种看法认为从社会稳定的角度去考虑,我国现有的财政信息公开水平已经足够了,再进一步就会引发社会矛盾,造成一些冲突和动荡,公开不利于社会稳定。的确,公开会揭示一些社会问题,特别是政府内部的腐败行为,从而引发一些社会冲突和震荡,但不公开,或者将公开停留在目前的水平上又会如何呢?社会面临权衡和选择。

一种做法是将政府信息公开控制在避免各种可能出现的矛盾的范围内,只做有限的信息公开,让社会公众对政府的监督和制约处在一个低的水平上。与此同时,加强政府的内部管理,将各种可能的问题通过自我约束的方式逐步消除,到那时再加强政府信息公开的力度,把预算透明度提升到一个新的台阶。这一思路将希望寄托于政府自律,但这样做是否能够实现目标,在社会公众对政府不能进行有效监督和制约的情况下，政府是否有可能通过自律来消除以往存在的问题？我国几十年来的经验并没有提供肯定的证明。其实，多少年来，社会一直期待着政府通过自律的方式来解决问题，但是，几十年的等待并没有使问题得到改善，反而愈演愈烈。从公共职务犯罪金额来看，20世纪80年代，万元是个十分惊人的数字，90年代，十几万元或几十万元就可以判处死刑。21世纪初，上千万元是让人们瞠目结舌的大案，而现在，上亿元甚至数十亿元的案件已不再让人感觉新鲜。经验证明，因为有问题、怕批评而不公开，会形成一种恶性循环：有问题——不愿公开——问题更多——更不愿公开——问题更严重，结果显而易见——信息公开的困难越来越大，社会矛盾越来越尖锐。

另一个思路是通过政府的信息公开和社会监督来解决问题。采用这一办法当然会使一些原本不为社会公众知晓的问题揭示出来，难免引起一些批评。政府权力要受到制约，利益将大幅度调整，有的官员会被追究责任。从短期来看，似乎是引起了社会的矛盾，造成了社会的不安定，但这正是解决问题的必要过程，就像肌体长出了只有手术才能消除的毒瘤一样，没有一点痛是不可能的，指望让毒瘤自己消除只是一厢情愿的幻想。公开是一种态度，它表明政府非解决问题不可的决心；公开是一种诚意，表明政府是真心实意为民服务，而不是为了当权者个人或某些利益集团服务；公开是一种机制，是保障人民的各项基本权力、保障人民当家做主的基本条件。

在一个人民当家做主的社会中，没有理由认为社会公众或者他们的代表机构拥有知情权会造成社会的矛盾和冲突。政府是为民办事的机构，该干什么、该怎么办自然需要倾听社会公众的意见和建议，而这些都只有在社会公众获得了政府活动的有关信息之后才能表达，政府才能根据社会公众的要求和愿望来开展工作，把工作做得更好。可以肯定地说，政府信息尤其是财政信息的公开是促进公众与政府之间相互了解、增进相互信任、保证政府为民服务的必要条件。如果政府和人民的目标是一致的，信息公开就是促进社会和谐安定的一个有力保证。

当政府信息公开与社会稳定在事实上发生较大冲突的时候，应该清醒地认识到，政府与社会公众的关系已经在某种程度上发生了变化，必须引起高度警觉。人民当家做主是人民民主专政制度的根本原则，一切权力属于人民，政府是为人民服务的机构。当政府与社会公众的关系在事实上符合这一基本原则时，政府信息公开会有助于巩固和发展这种关系，使社会更加稳定、更加安全。而一旦发现政府信息公开，尤其是一些基本信息的公开会引起社会的不满，甚至引发社会矛盾和冲突的时候，应该引起警觉，政府与社会公众之间在基本关系上已经出现了问题。只有双方在行动目标上出现了较大分歧的时候，真实信息的沟通才会引起双方的矛盾和冲突，信息公开才会成为社会稳定负面因素。

因此，公开还是不公开，从某种意义上来说是人民与政府之间关系的选择，这是问题的关键。如果我们选择建设一个人民当家做主的政府，就一定会选择公开，因为只有在这一条件下，人民当家做主的国家才有可能存在。

5.4 预算公开透明的新阶段

党的十八届三中全会的召开使得预算公开透明进入了一个新阶段。十八届三中全会的决定提出要“透明预算”，将“改革预算管理制度，实施全面规范、公开透明的预算制度”作为财税体制改革的一项重要内容。新《预算法》已经将“建立全面规范、公开透明的预算制度”作为宗旨性条款的一个要素。

根据党的十八届三中全会的精神以及《预算法》的相关规定，政府出台了《国务院关于深化预算管理制度改革的决定》，将“完善政府预算体系，积极推进预算公开”作为深化预算管理制度改革的第一项任务，并做了如下阐述：“积极推进预决算公开。细化政府预决算公开内容，除涉密信息外，政府预决算支出全部细化公开到功能分类的项级科目，专项转移支付预决算按项目按地区公开。积极推进财政政策公开。扩大部门预决算公开范围，除涉密信息外，中央和地方所有使用财政资金的部门均应公开本部门预决算。细化部门预决算公开内容，逐步将部门预决算公开到基本支出和项目支出。按经济分类公开政府预决算和部门预决算。加大‘三公’经费公开力度，细化公开内容，除涉密信息外，所有财政资金安排的‘三公’经费都要公开。对预决算公开过程中社会关切的问题，要规范整改、完善制度”。

从这一决定中可以看到，政府对预算公开透明的要求有了新的突破：(1) 提出了“政府预决算支出全部细化公开到功能分类的项级科目”。(2) 提出“逐步将部门预决算公开到基本支出和项目支出”。(3) 提出“按经济分类公开政府预决算和部门预决算”。这些要求将使我国预算的公开透明进入一个新的发展阶段，但另一方面，这些要求还有待进一步明确化。改革不能一蹴而就，只能逐步推进。但“逐步”应该有一个明确的时间表，以保证预算公开透明的适当进度。

第6章 中国省级公共预算与政府性基金信息公开进程

中国省级公共预算与政府性基金透明度评估项目是中国财政透明度评估项目的一个组成部分，主要对全国31个省、自治区和直辖市（不包括香港、澳门和台湾）的省级公共预算与政府性基金的信息公开状况进行调查和评估。该项目始于2009年，到2014年已是5年有余。5年过去了，31个省份的公共预算与政府性基金信息公开状况进展如何？为此，本课题组依据调查资料对过往5年的状况进行了回顾与总结。①

6.1 公共预算与政府性基金信息公开概述

6.1.1 公共预算与政府性基金信息公开调查方法

中国省级公共预算与政府性基金透明度调查框架由公共预算与政府性基金收入、公共预算与政府性基金支出、公共预算与政府性基金资产负债等部分构成。其中，公共预算与政府性基金支出又进一步按功能、经济性质或部门进行分类。公共预算与政府性基金收入也进一步按税收收入、非税收入、债务收入、转移收入等进行分类。通过这样一个调查框架，课题组试图了解中国省级公共预算与政府性基金的资金流量和资产存量信息，以此考察中国省级公共预算与政府性基金的信息公开状况。

根据调查框架，课题组按照我国政府收支分类科目和现有财务报告规范，为中国省级公共预算与政府性基金透明度调查设计了调查提纲，由66个项目指标

---

① “中国省级公共预算与政府性基金透明度评估”是“中国财政透明度评估”的一个子项目，2009年本人参与了该子项目主体部分的研究，2010—2013年，本人独立负责该子项目的数据整理、统计分析、写作大纲直至最终文稿的完成。在此过程中，感谢蒋洪教授对调查框架、调查提纲、调查方法等的设计和指导，感谢课题组成员刘小兵、曾军平、邓淑莲、温娇秀、郑春荣、彭军、宋健敏等老师的通力合作，感谢课题组学生为收集、登记信息所做的工作。

构成。[①] 66 个项目指标以调查年份的省本级财政决算数据为调查对象。另外,考虑到 31 个省份对待信息公开申请的态度也能从一个侧面反映其信息公开的状况,因此,课题组在项目指标外,增设了 1 个态度指标。

课题组一方面通过电子邮件和邮政信函的方式,向 31 个省份的省政府信息公开办公室、省财政厅发出信息获取申请书和项目调查提纲,提出信息公开的申请;另一方面课题组按照调查提纲,通过网络(如各个省级政府网站)、政府权威机构的出版物(如各个省级政府的统计年鉴)等各种媒体,搜索相关信息。

在搜集信息的基础上,课题组对信息进行整理、汇总、统计。统计工作分为两个部分:一是关于申请获取信息的反馈统计。这部分主要统计各省相关部门对项目组"信息申请"的回复情况,回复方式包括电话、电子邮件、邮政信函、传真。二是关于所获得的信息的统计。这部分主要统计信息获得与否、信息获得的渠道(包括相关部门直接提供、网上搜索、出版物检索)、信息获得的凭证(包括网址、出版物或纸质文件)、信息获得的完整性程度。在统计信息的基础上,课题组将各省的信息统计初步结果以书面方式通过邮件分别反馈给各省相关部门,要求相关部门对调查信息进行补充和确认。

在各省相关部门对调查信息进行补充和确认以后,课题组开始对各省财政透明度进行评分。评分分为两个部分:一是对信息申请过程中各省相关部门的工作态度进行评分,即对 1 个态度指标进行评分;二是对搜集到的财政信息进行评分,即对 66 个项目指标进行评分。其中,态度指标的总评分设定为 50 分。评分的基本依据是,各省被调查部门对"信息申请"是否给出了正式回复、在怎样的程度上给出了回复。项目指标的总评分设定为 660 分(本项目共有 66 个调查项目,每个项目满分为 10 分,因此,该部分总分为 660 分)。评分的基本依据是,被调查项目是否获得了所要求的信息、信息的完整性程度如何。每个项目指标的最终得分等于实际获得的信息项数与应得信息项数之比乘以 10。

6.1.2 公共预算与政府性基金信息公开基本概况

公共预算与政府性基金透明度单个项目指标满分为 10 分,一个省份如果在各项指标上均得 10 分,则该省在公共预算与政府性基金透明度评估中将获得满分 660 分[②],按百分制计算的满分为 100 分。通过对 5 年资料的整理归纳,课题组制作了 2009—2013 年中国省级公共预算与政府性基金透明度得分情况图(见图

① 2013 年,依据新的政府收支分类科目,在保持原有基本框架的前提下,项目组对原先的公共预算与政府性基金透明度调查提纲的内容进行了修改和调整,项目指标也由 66 项增加到 67 项。2009—2012 年为 66 项。调查提纲具体内容请参阅上海财经大学公共政策研究中心发布的《中国财政透明度报告》(2009—2013)附录部分。

② 若按 67 项算,满分为 670 分。

6-1)。

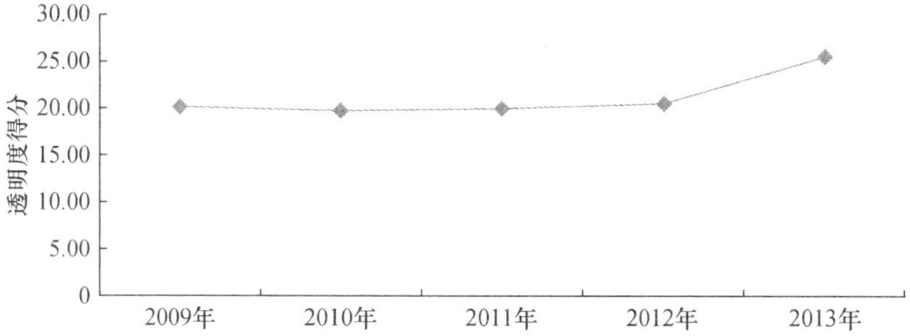

图 6-1 2009—2013 年中国省级公共预算与政府性基金透明度得分情况

资料来源:依据 2009—2013 年中国财政透明度调查资料统计整理形成。

资料显示,2009—2012 年,31 省公共预算与政府性基金信息公开状况几乎没有什么变化。按百分制计算的 4 年透明度得分每年基本上都维持在 20 分左右,但 2013 年,按百分制计算的透明度得分为 25.52 分,显示 31 省公共预算与政府性基金信息公开状况有一定的改善。综合 5 年的情况,31 省公共预算与政府性基金透明度按百分制计算的 5 年平均得分为 21.18 分,这意味着 31 省在公共预算与政府性基金项目上只公开了所有调查项目中 21% 左右的信息。显然,中国公共预算与政府性基金信息公开状况从整体上来看还不尽如人意,但在 2013 年有进步。

在信息公开整体水平较低且进展较为缓慢的情况下,分省份来看,31 个省份的信息公开状况进展如何?为此,课题组根据 5 年的调查资料,对 31 个省份公共预算与政府性基金透明度得分进行了分组,具体分为 20 分以下、20—30 分、30—40 分、40—50 分、50—60 分、60 分以上 6 组。

分组情况显示(见图 6-2),在 2009 年,31 个省份中有 77.42% 的省份公共预算与政府性基金透明度得分集中在 20 分以下,但到 2013 年,该比例下降为 38.71%。与此相对应,在 2009 年,31 个省份中只有 12.90% 的省份公共预算与政府性基金透明度得分处在 20—30 分,但到 2013 年,该比例提高到 35.48%;同时,公共预算与政府性基金透明度得分处在 30—40 分的省份占比也从 2009 年的 6.45% 提高到 2013 年的 19.35%。此外,在 2013 年,公共预算与政府性基金透明度得分实现了 60 分以上得分省份零占比的突破。综合 5 年的情况,2009—2013 年,公共预算与政府性基金透明度得分在 20 分以下的省份占比为 59.35%,得分在 20—30 分的省份占比为 32.26%,得分在 30—40 分的省份占比为 5.81%,得分在 40—50 分的省份占比为 0.65%,得分在 50—60 分的省份占比为 1.29%,得分在 60 分以上的省份占比为 0.65%。

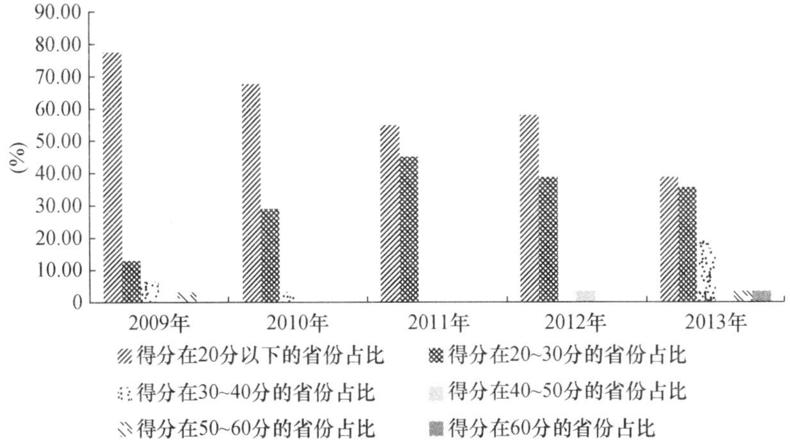

图 6-2　2009—2013 年 31 个省份公共预算与政府性基金透明度得分分组情况

资料来源:依据 2009—2013 年中国财政透明度调查资料统计整理形成。

因此,分省份观察,5 年来 31 省信息公开状况不仅是有差异的,而且是有变化和有特点的:一是公共预算与政府性基金透明度得分在 20 分以下的省份占比逐步下降,而得分在 20—30 分以及得分在 30—40 分的省份占比逐渐增加,这说明有一部分省份的公共预算与政府性基金信息公开状况在逐步改善;二是综合 31 省 5 年得分情况,20 分以下省份占比始终最大,这说明 5 年来大多数省份只公开了调查项目中不足 20% 的信息;三是信息公开水平最好的省份的透明度在逐渐提升。

在信息公开整体水平较低且进展较为缓慢的情况下,分项目来看,66 个公共预算与政府性基金透明度项目的信息公开状况进展又会如何呢? 为此,课题组根据 5 年的调查资料,对 66 个公共预算与政府性基金透明度项目的得分也进行了分组,具体分为完整公开信息的项目、部分公开信息的项目、没有公开信息的项目三组。

分组情况显示(见图 6-3),2009—2013 年,公共预算与政府性基金透明度 66 个(2013 年的项目指标为 67 个)调查项目中,没有公开信息的项目数分别为 21 项、35 项、35 项、25 项、12 项;部分公开信息的项目数分别为 39 项、23 项、23 项、34 项、50 项;完整公开信息的项目数分别为 6 项、8 项、8 项、7 项、5 项。与此相对应,2009—2013 年,公共预算与政府性基金 66 个调查项目中没有公开信息的项目占比分别为 31.82%、53.03%、53.03%、37.88%、17.91%;部分公开信息的项目占比分别为 59.09%、34.85%、34.85%、51.52%、74.63%;完整公开信息的项目占比分别为 9.09%、12.12%、12.12%、10.61%、7.46%。统计数据表明,在过去的 5 年里,没有公开信息的项目占比经历了先升后降的过程,到 2013 年该比例已降低至 17.91%,部分公开信息的项目占比则经历了先降后升的过程,到 2013 年该比例已提高至74.63%,完整公开信息的项目占比则始终维持在较低的水平上,到2013年该比例为7.46%。综合5年的情况,没有公开信息的项目占比为38.73%,部分公开信息的项目占比为50.99%,完整公开信息的项目占比为10.28%。

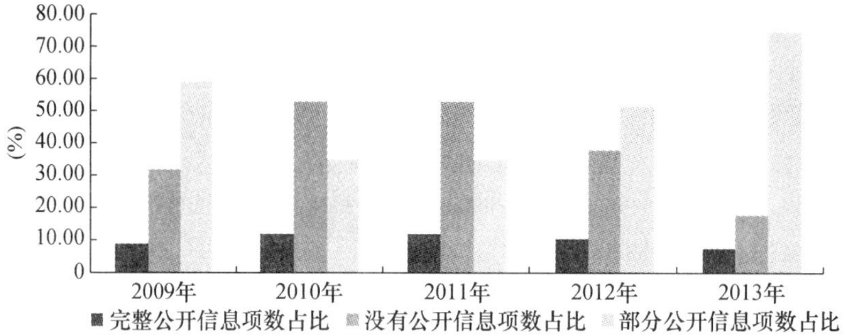

图6-3 2009—2013年公共预算与政府性基金透明度项目得分分组情况

资料来源:依据2009—2013年中国财政透明度调查资料统计整理形成。

因此,分项目观察,5年来66个项目信息公开状况不仅是有差异的,而且是有变化和有特点的:一是没有公开信息的项目在逐步减少,与此相对应,部分公开信息的项目在逐步增加;二是信息公开完整的项目不多。

6.2 公共预算与政府性基金分省份信息公开状况

6.2.1 公共预算与政府性基金分省份信息公开状况——基于态度指标的评估

2009—2013年,项目组对公共预算与政府性基金信息公开状况进行了调查,调查方法之一是,项目组就课题研究所需的相关信息,通过邮寄信函的方式,向31个省份的省政府信息公开办公室、省财政厅等相关部门提出信息公开的申请。5年来,31省信息公开态度如何呢?按照2个部门都回复的得满分50分、只有1个部门回复的得25分、未回复的得0分的计分方法,根据5年的调查资料,对31省的信息申请回复情况进行统计,在此基础上形成了31省公共预算与政府性基金透明度态度得分及5年排名表(见表6-1)。

从表6-1及相关资料来看,大多数省份或通过电话、或通过邮件、或通过信函传真等方式,对于"信息申请"给予了回复,5年平均回复率为86.45 %。其中,2011年回复率最低,为80.65 %,2013年回复率最高,为93.55 %。总体上来说,回复率是比较高的,并且是逐步提高的。这说明不予回复甚至不予理睬的情况较少,并且在减少,资料显示,2009年未回复的省份有5个,到2013年这一数字已减少为2个。

表 6-1　2009—2013 年 31 省份公共预算与政府性基金透明度态度得分及 5 年排名表

省份	按百分数计算的态度得分						5 年排名
	2009 年	2010 年	2011 年	2012 年	2013 年	5 年平均	
浙江	100	100	100	100	100	100	1
天津	100	100	50	100	100	90	2
新疆	100	50	100	100	100	90	2
安徽	100	100	100	50	100	90	2
江苏	100	50	100	100	100	90	2
江西	100	100	100	100	50	90	2
湖南	100	100	100	50	100	90	2
福建	100	50	100	100	100	90	2
北京	100	100	100	50	50	80	9
上海	100	50	100	100	50	80	9
山东	50	50	100	100	100	80	9
辽宁	100	50	100	100	50	80	9
四川	100	100	100	50	50	80	9
重庆	100	0	100	50	100	70	14
河北	0	50	100	100	100	70	14
河南	50	100	50	50	100	70	14
内蒙古	50	50	100	50	100	70	14
广西	50	50	50	100	100	70	14
陕西	50	50	50	50	100	60	19
甘肃	50	100	50	50	50	60	19
贵州	100	50	0	100	50	60	19
西藏	50	100	50	50	50	60	19
广东	50	50	100	50	50	60	19
海南	0	50	50	100	100	60	19
黑龙江	50	50	0	100	50	50	25
青海	100	50	0	0	50	40	26
宁夏	50	0	0	50	100	40	26
吉林	0	0	0	100	50	30	28
山西	0	50	0	0	100	30	28
湖北	50	0	100	0	0	30	28
云南	0	0	50	50	0	20	31

资料来源：依据 2009—2013 年中国财政透明度调查资料统计整理形成。

当然,31个省份之间仍然存在着差异,其中,回复态度最差的省份是云南省,该省是5年态度评估中得分最低的省份,按百分制计算的5年平均得分为20分。回复态度相对较差的是吉林、山西、湖北等省,5年态度平均得分为30分。回复态度最好的是浙江省,它是31个省份中唯一一个2个相关部门(政府信息公开办、财政厅)每年均给予回复的省份,5年态度平均得分获得了满分100分。此外,新疆、天津、安徽、福建、江苏、江西、湖南等省份对项目组的"信息申请"也给予了较好的回复,5年态度平均得分为90分。

5年来,在所有给予回复的省份中,每年约有一半左右的省份在态度评估中获得满分,5年平均满分率为47.74%。其中,2010年的满分率最低,为32.26%,2011年、2013年的满分率最高,为54.84%,总体上来说,满分率是逐步提高的。

因此,从态度得分、回复率、满分率等指标来看,我国省级公共预算与政府性基金透明度态度状况较好,并在进一步改善。这说明,各省在对待信息申请者的态度方面正在逐步改进。

6.2.2 公共预算与政府性基金分省份信息公开状况——基于项目指标的评估

如前所述,在公共预算与政府性基金透明度整体水平较低的情况下,31个省份信息公开状况是有差异的,并且是有变化的。为了更好地呈现这种差异与变化,并了解这种差异与变化中共性的东西,课题组依据5年的调查资料,制作了2009—2013年31个省份公共预算与政府性基金透明度得分及排名表(见表6-2),并依据该表及相关资料着重从以下几方面对31省公共预算与政府性基金信息公开状况进行评估。

(一)关于信息公开差异性的评估

由表6-2可见,31个省份在公共预算与政府性基金项目上的信息公开状况是有差异的。以2013年为例,信息公开状况最好的3个省份依次是海南省、福建省、西藏自治区,其公共预算与政府性基金项目透明度得分分别为74.83分、58.71分、38.81分,这意味着这三个省份在公共预算与政府性基金项目上分别公开了所有调查项目中约75%、59%、39%的信息。与此相反,信息公开最差的三个省份依次是吉林省、辽宁省、贵州省,其公共预算与政府性基金项目透明度得分分别仅为10.81分、13.35分、13.49分,这意味着这三个省份在公共预算与政府性基金项目上分别只公开了所有调查项目中约11%、13%、13%的信息。比较海南与吉林两省2013年的公共预算与政府性基金透明度得分,可以看到,两者信息公开程度的差异约达调查项目的65%。

表 6-2　2009—2013 年 31 省公共预算与政府性基金透明度得分及排名

省份	2009 年		2010 年		2011 年		2012 年		2013 年		5 年平均	
	得分	排名	得分	排名	得分	排名	得分	排名	得分	排名	得分	排名
海南	18.61	15	23.07	4	18.80	17	45.14	1	74.83	1	36.09	1
福建	49.57	1	33.30	1	18.04	23	19.55	13	58.71	2	35.83	2
山东	18.94	11	28.37	2	17.53	26	29.15	2	36.56	5	26.11	3
北京	35.27	2	17.07	24	19.29	15	27.36	5	26.71	9	25.14	4
新疆	15.84	30	16.88	26	26.36	2	27.53	4	37.28	4	24.78	5
广西	17.79	18	18.08	16	18.75	18	28.82	3	35.32	7	23.75	6
河南	18.94	11	19.39	11	20.25	13	18.34	18	36.11	6	22.61	7
甘肃	16.85	22	16.88	26	19.85	14	23.96	8	33.33	25	22.17	8
安徽	31.94	3	21.85	6	21.77	6	15.69	25	17.20	10	21.69	9
云南	17.60	19	17.72	20	18.54	20	25.72	6	26.12	14	21.14	10
西藏	17.60	19	16.84	31	17.53	26	14.26	30	38.81	3	21.01	11
黑龙江	19.18	9	21.43	8	18.07	22	24.64	7	21.14	27	20.89	12
浙江	16.85	22	25.64	3	22.80	4	20.85	10	16.65	16	20.56	13
河北	18.71	14	18.98	14	24.29	3	17.65	20	20.85	13	20.10	14
江西	16.55	29	18.08	16	28.87	1	14.36	29	21.89	21	19.95	15
江苏	20.19	6	18.27	15	21.66	7	20.57	11	18.54	20	19.85	16
山西	22.30	4	18.06	19	20.76	10	17.77	19	18.57	19	19.49	17
湖北	16.85	22	20.85	9	18.67	19	20.97	9	19.90	23	19.45	18
湖南	18.18	17	21.51	7	20.81	9	17.38	21	17.80	28	19.14	19
广东	19.37	8	22.67	5	18.04	23	18.57	17	16.16	22	18.96	20
内蒙古	18.80	13	20.02	10	18.42	21	19.16	14	18.16	11	18.91	21
重庆	16.79	28	19.38	12	17.53	26	16.10	24	24.27	26	18.81	22
陕西	16.85	22	18.08	16	22.68	5	18.94	15	16.84	26	18.68	23
天津	18.23	16	17.47	21	17.53	26	18.70	16	20.95	15	18.58	24
四川	19.18	9	19.18	13	21.25	8	15.44	26	17.41	24	18.49	25
青海	19.62	7	17.22	23	17.84	25	14.77	28	22.86	12	18.46	26
上海	16.85	22	16.88	26	20.56	11	17.21	22	20.56	17	18.41	27
宁夏	15.84	30	16.88	26	17.53	26	19.77	12	20.07	18	18.02	28
辽宁	21.05	5	16.88	26	19.13	16	16.20	23	13.35	30	17.32	29
贵州	17.60	19	17.41	22	17.53	26	14.26	30	13.49	29	16.06	30
吉林	16.85	22	17.07	24	20.27	12	15.07	27	10.81	31	16.01	31
平均值	20.15		19.72		20.03		20.45		25.52		21.18	

资料来源:依据 2009—2013 年中国财政透明度调查资料统计整理形成。

显然,31个省份在公共预算与政府性基金信息公开程度上的差异是巨大的。

但是,需要指出的是,信息公开程度巨大差异的状况主要发生在公开状况最好的一组省份与其他省份之间。仍然以2013年为例,从排名表上可以看到,第1名的公共预算与政府性基金透明度得分为74.83分,而第9名的透明度得分仅为26.71分,前后相差48分左右,即按百分数计算的信息公开程度相差达48%。但是,从第9名开始一直到最后一名,中间横跨达23个省份,信息公开程度却差异不大。排名表显示,最后一名的公共预算与政府性基金透明度得分为10.81分。这意味着从第9名到最后一名,23个省份的公共预算与政府性基金透明度得分前后只差16分左右,即按百分数计算的信息公开程度只差约16个百分点。

这说明,在公共预算与政府性基金项目上,一方面省与省之间信息公开的状况是有差异的,并且差异巨大;另一方面,信息公开程度较高的省份只占少数,更多的省份的信息公开程度还停留在较低的水平上,即大多数省份的信息公开状况其实差异并不是很大。这种情况在2009—2012年的排名中更为明显。

(二)关于信息公开稳定性的评估

与省际信息公开程度有差异相关联的另一个值得关注的现象是,每年公共预算与政府性基金排行榜上名列前茅的省份不够稳定。尽管信息公开程度有差异,并且差异主要发生在公开状况最好的省份与其他省份之间,但是,每年排行榜上信息公开最好的一组省份往往是新面孔。[①] 公共预算与政府性基金透明度5年排名显示(见表6-2),2009—2013年,每年排行榜上前5名的省份走马灯似的换来换去:2009年是福建、北京、安徽、山西、辽宁;2010年是福建、山东、浙江、海南、广东,5个省份中除福建省外全是新面孔;2011年是江西、新疆、河北、浙江、陕西,5个省份中除浙江省外,其他4个省份在2009年、2010年均未进入过前5名;2012年是海南、山东、广西、新疆、北京,5个省份中广西在前几年均未进入前5名,与2011年排名比较,除新疆维吾尔自治区保持了前5名的排名外,其他4个省份在2012年均跌出了前5名的位置;2013年信息公开最好的省份是海南、福建、西藏、新疆、山东,这5个省份中西藏在前几年从未进入过前5名,与2012年排名比较,除海南、新疆、山东保持了前5名的排名外,其他2个省份在2013年排名中均跌出了前5的位置。2009—2013年,前后共有15个省份不同次数进入过信息公开排名前5位。

因此,就每年公共预算与政府性基金信息公开最好的一组省份而言,这个群体中的个体是不太稳定的。

---

① 这里信息公开最好和最差省份是指透明度排名表上前五位和最后五位(包括并列情况)的省份。

与公共预算与政府性基金信息公开最好的省份不稳定类似，公共预算与政府性基金信息公开最差的省份也是不稳定的。公共预算与政府性基金透明度5年排名显示（见表6-2），2009年公共预算与政府性基金信息公开排名最后5位（含并列情况）的省份分别为宁夏、新疆、江西、重庆、甘肃、陕西、湖北、浙江、上海、吉林，2010年分别为西藏、新疆、宁夏、甘肃、上海、辽宁，2011年分别为宁夏、西藏、贵州、重庆、山东、天津，2012年分别为西藏、贵州、江西、青海、吉林，2013年分别为吉林、辽宁、贵州、广东、浙江。从5年公共预算与政府性基金排名来看，贵州、宁夏、吉林、西藏前后3次成为信息公开最差的5个省份之一；辽宁、甘肃、上海、江西、重庆、新疆等6个省份前后2次成为信息公开最差省份之一；陕西、湖北、山东、天津、青海、浙江、湖南、黑龙江等8个省份最后1次成为信息公开最差省份之一。2009—2013年，前后共有18个省份不同次数进入过信息公开排名最后五位。

显然，就每年公共预算与政府性基金信息公开最差的一组省份而言，这个群体中的个体同样是不太稳定的。

综观5年公共预算与政府性基金排名，信息公开最好一组省份与信息公开最差一组省份中的个体都是不太稳定的，这是公共预算与政府性基金信息公开中一个值得深思的现象。

当然，进一步观察5年公共预算与政府性基金排名，我们发现，信息公开最好省份不稳定的现象正在逐步缓解。在5年排名中，有4个省份3次进入了排名前5的位置，它们分别是海南、福建、新疆、山东，有2个省份两次进入排名前5的位置，它们分别是北京、浙江。令人欣喜的是，这一缓解的势头在2013年得到了延续。排名显示，海南、福建、新疆、山东4个省份在2012年位居前5的基础上，2013年均再次进入了公共预算与政府性基金透明度排行榜的前5名。

（三）关于信息公开水平提升度的评估

尽管中国省级公共预算与政府性基金信息公开整体水平较低，2009—2013年，5年平均透明度得分才21.18分，即31个省份只公开了所有调查项目中约21%的信息，但是，观察5年来31个省份公共预算与政府性基金透明度得分情况可以发现，信息公开状况正在逐步改进。

首先，这一改进主要反映在2013年的透明度得分上。表6-2显示，2009—2012年公共预算与政府性基金按百分数计算的信息公开程度始终徘徊在20%左右，但到2013年，31个省份公共预算与政府性基金按百分数计算的信息公开程度提高到了25.52%，相比前4年，信息公开程度提升了约5个百分点。

其次，分省份观察5年来公共预算与政府性基金信息公开状况可以发现，信息公开程度的提升主要来自信息公开水平最好的一组省份信息公开程度的提高。

以 2013 年为例(见表 6-2),如第一名的透明度得分为 74.83 分,相比 2012 年的 45.14 分提高了近 30 分,即 2013 年第一名按百分数计算的信息公开程度提高了近 30%。又如 2013 年前 8 名的透明度最低得分为 33.33 分,最高得分为 74.84 分,前 8 名平均得分为 43.87 分,而 2012 年第一名的透明度得分为 45.14 分,前 8 名的最低得分为 23.96 分,前 8 名平均得分为 29.04 分,比较而言,2013 年相比 2012 年,透明度前 8 名平均得分提高了近 15 分,即 2013 年前八名按百分数计算的信息公开程度平均提高了近 15%。2013 年公共预算与政府性基金透明度排名显示,信息公开最好的一组省份的信息公开状况明显好于其他省份,尤其是海南、福建两省,信息公开程度遥遥领先于其他省份。

这些情况说明,部分省份的信息公开程度正在逐步提高,各省之间在信息公开方面的差距在逐渐扩大。

综合上述"公共预算与政府性基金分省份信息公开状况"中的"态度评估"和"项目评估"两部分,可以发现,第一,31 个省份的信息公开态度明显好于信息公开行动;第二,31 个省份 5 年态度排行榜与项目排行榜不太一致。态度与行动上的差异是公共预算与政府性基金信息公开中另一个值得深思的现象。

6.3 公共预算与政府性基金分项目信息公开状况

如前所述,在公共预算与政府性基金透明度整体水平较低的情况下,66 个项目信息公开状况是有差异的,并且是有变化的。为了更好地呈现这种差异与变化,并了解这种差异与变化中共性的东西,作者将公共预算与政府性基金分为公共预算与政府性基金支出、公共预算与政府性基金收入、公共预算与政府性基金资产负债、教育部门预算[①]、教育部门单位预算[②]五个部分,并依据 5 年来的调查资料,制作了如下表格:2009—2013 年公共预算与政府性基金分项目透明度情况表(见表 6-3)、2009—2012 年教育部门预算各调查项目透明度情况表(见表 6-4)、2009—2012 年公共预算与政府性基金收入各调查项目透明度情况表(见表 6-5)、2009—2012 年公共预算与政府性基金支出各调查项目透明度情况表(见表 6-6)、2013 年公共预算与政府性基金各调查项目透明度情况表(见表 6-7)。

需要说明的是,2013 年,依据新的政府收支分类科目,在保持原有基本框架的前提下,项目组对原先的公共预算与政府性基金透明度调查提纲的内容进行了部分修改和调整,项目指标也由 66 个增加到 67 个。鉴于项目指标的调整,研究人员

① 公共预算与政府性基金透明度调查提纲中的部门预算部分只涉及教育部门的预算。

② 公共预算与政府性基金透明度调查提纲中的单位预算只涉及教育部门的单位预算。

在有些部分将分2009—2012年、2013年两个时间段来展开分析。

从这些表格及相关资料来看,公共预算与政府性基金项目的5年透明度状况有如下特点:

6.3.1 项目之间信息公开状况有较大差异

如表6-3所示,公共预算与政府性基金支出、公共预算与政府性基金收入、公共预算与政府性基金资产负债、教育部门预算、教育部门单位预算透明度5年平均得分分别为2.44分、2.71分、0.17分、2.69分、0.07分。若按百分数来计算,这意味着在公共预算与政府性基金中,公共预算与政府性基金支出、公共预算与政府性基金收入、公共预算与政府性基金资产负债、教育部门预算、教育部门单位预算五个部分分别公开了所有调查项目中24%、27%、1.7%、27%、0.7%左右的信息。比较而言,公共预算与政府性基金收入项目、教育部门预算项目的信息公开状况相对良好,公共预算与政府性基金支出项目的信息公开状况其次,而公共预算与政府性基金资产负债项目、教育部门单位预算项目的信息公开状况最为糟糕。

进一步查寻相关资料发现,在公共预算与政府性基金资产负债项目中,2009年福建省公开了第60、61、62、63项全部信息,河北省公开了第60项部分信息,其他各省均未公开公共预算与政府性基金资产负债调查项目的任何信息;2010年广东省在7个项目中的一个项目上公开了1项信息(该项目应得信息项数为3),其他各省均未公开公共预算与政府性基金资产债务调查项目的任何信息;2011年广西壮族自治区提供了第66项部分信息,河北省提供了第60项全部信息,其他各省均未公开公共预算与政府性基金资产债务调查项目的任何信息;2012年海南和甘肃两省公开了第60项的全部信息,其他各省均未公开公共预算与政府性基金资产债务调查项目的任何信息。

表6-3 2009—2013年公共预算与政府性基金分项目透明度情况

调查项目	各年项目得分					
	2009	2010	2011	2012	2013	5年平均
公共预算与政府性基金支出	2.21	2.26	2.15	2.53	3.05	2.44
公共预算与政府性基金收入	2.22	1.97	2.15	2.60	4.62	2.71
公共预算与政府性基金资产负债	0.21	0.02	0.08	0.09	0.46	0.17
教育部门预算	3.23	3.63	3.61	2.24	0.71	2.69
教育单位预算	0.16	0.00	0.00	0.00	0.17	0.07

资料来源:依据2009—2013年中国财政透明度调查资料统计整理形成。

在教育部门单位预算项目中,2009 年福建省公开了第 14、16、18 项全部信息,其他各省均未公开教育部门单位预算调查项目的任何信息;2010 年 31 个省份均未公开教育部门单位预算调查项目的任何信息;2011 年 31 个省份也未公开教育部门单位预算调查项目的任何信息;2012 年 31 个省份仍然没有公开教育部门单位预算调查项目的任何信息。

同期,公共预算与政府性基金项目透明度 5 年平均得分为 2.12 分,即在公共预算与政府性基金调查项目中约有 21% 左右的信息得到了公开。比较而言,公共预算与政府性基金收入、教育部门预算、政府性基金支出三个项目的信息公开程度稍高于公共预算与政府性基金项目的整体水平,而公共预算与政府性基金资产负债项目与教育单位预算项目的信息公开状况则远逊于公共预算与政府性基金项目的整体水平。

6.3.2 信息公开差异与制度规范有关

项目之间在信息公开状况上是有差异的。这种差异在预算内项目与预算外项目之间非常明显。预算项目原先有预算内和预算外之分,总体而言,预算内项目的信息公开状况明显好于预算外。

以教育部门预算调查项目为例,表 6-4 显示,2009—2012 年,预算内支出项目"7. 教育部门预算内的基本支出数、项目支出数""8. 教育部门预算内基本支出中人员支出数额和公用支出的数额""9. 教育部门预算内人员支出中各明细分类的支出数额""10. 教育部门预算内公用支出中各明细分类的支出数额""11. 教育部门预算内项目支出中各主要类别的支出数额""12. 教育部门项目支出金额最大项目的明细支出信息"的透明度 4 年平均得分分别为 8.79 分、10.00 分、7.84 分、7.80 分、3.39 分、0.08 分,6 项平均得分为 6.32 分。

而预算外支出项目"54. 教育部门预算外支出中人员支出数额、公用支出数额和项目支出数额""55. 教育部门预算外人员支出中各明细分类的支出数额""56. 教育部门预算外公用支出中各明细分类的支出数额""57. 教育部门预算外支出用于项目支出的各主要类别支出数额""58. 教育部门预算外项目支出中金额最大项目的支出具体构成"的透明度 4 年平均得分分别为 0.08 分、0.00 分、0.00 分、0.00 分、0.00 分,5 项平均得分仅为 0.02 分。

显然,教育部门预算调查项目中的预算内支出的信息公开状况远好于预算外。

信息公开状况有明显差异的情况同样发生在不同的政府收入调查项目之间。

以公共预算与政府性基金收入调查项目为例,表 6-5 显示,2009—2012 年,税收收入项目"30. 本级财政税收总额以及各税种的收入数额""31. 个人所得税按不同收入水平纳税人(高、中、低)分类的税收收入数""32. 企业所得税按企业性质、规模、行业分类的税收收入数""33. 增值税按企业性质、规模、行业类别分列的税收收入数"的透明度4年平均得分分别为10.00分、0.08分、6.68分、3.32分,4项平均得分为5.02分。

表6-4　2009—2012年教育部门预算各调查项目透明度情况

调查项目及应得信息项数	各年项目得分				
	2009	2010	2011	2012	平均
7. 教育部门预算内的基本支出数、项目支出数(2)	5.16	10.00	10.00	10.00	8.79
8. 教育部门预算内基本支出中人员支出数额和公用支出的数额(2)	10.00	10.00	10.00	10.00	10.00
9. 教育部门预算内人员支出中各明细分类的支出数额(21)	10.00	10.00	10.00	1.36	7.84
10. 教育部门预算内公用支出中各明细分类的支出数额(26)	10.00	10.00	10.00	1.20	7.80
11. 教育部门预算内项目支出中各主要类别的支出数额(3)	3.33	3.55	3.33	3.33	3.39
12. 教育部门项目支出金额最大项目的明细支出信息(12)	0.00	0.00	0.00	0.32	0.08
13. 教育部门所属单位数及各单位预算内支出总额、基本支出与项目支出数额(按实际信息项数登记)	0.32	0.00	0.00	0.32	0.16
54. 教育部门预算外支出中人员支出数额、公用支出数额和项目支出数额(3)	0.00	0.00	0.00	0.32	0.08
55. 教育部门预算外人员支出中各明细分类的支出数额(20)	0.00	0.00	0.00	0.00	0.00
56. 教育部门预算外公用支出中各明细分类的支出数额(26)	0.00	0.00	0.00	0.00	0.00
57. 教育部门预算外支出用于项目支出的各主要类别支出数额(3)	0.00	0.00	0.00	0.00	0.00
58. 教育部门预算外项目支出中金额最大项目的支出具体构成(按实际信息项数登记)	0.00	0.00	0.00	0.00	0.00
平均得分	3.23	3.63	3.61	2.24	3.18

资料来源:作者依据2009—2012年"中国财政透明度"调查资料,通过统计整理形成。

而非税收入项目"34. 分别列示一般预算和基金预算的非税收入总额及其主要类别的数额""35. 纳入预算管理的政府性基金收入按各项目分别列示的收入数""36. 专项收入按项目分别列示的各项目收入数""37. 纳入预算管理的行政事业性收费收入分项目列示的收入数"的透明度4年平均得分分别为8.14分、1.95分、1.88分、1.08分,4项平均得分下降为3.26分。

显然,公共预算与政府性基金收入调查项目中的税收收入项目的信息公开状况明显好于非税收入项目。

表 6-5 2009—2012 年公共预算与政府性基金收入各调查项目透明度情况

调查项目及应得信息项数	各年项目得分				
	2009	2010	2011	2012	平均
30. 本级财政税收总额以及各税种的收入数额(2)	10.00	10.00	10.00	10.00	10.00
31. 个人所得税按不同收入水平纳税人(高、中、低)分类的税收收入数(3)	0.30	0.00	0.00	0.00	0.08
32. 企业所得税按企业性质、规模、行业分类的税收收入数(3)	6.70	6.70	6.67	6.67	6.68
33. 增值税按企业性质、规模、行业类别分列的税收收入数(3)	3.30	3.30	3.33	3.33	3.32
34. 分别列示一般预算和基金预算的非税收入总额及其主要类别的数额(8)	6.50	9.20	6.85	10.00	8.14
35. 纳入预算管理的政府性基金收入按各项目分别列示的收入数(31)	0.70	1.50	2.19	3.42	1.95
36. 专项收入按项目分别列示的各项目收入数(10)	1.90	1.30	1.58	2.74	1.88
37. 纳入预算管理的行政事业性收费收入分项目列示的收入数(50)	1.00	0.60	0.64	2.08	1.08
38. 教育行政事业性收费收入按具体收费项目分列的收入金额(23)	0.30	0.00	0.00	0.29	0.15
39. 罚没收入的分类收入数(4)	1.00	0.60	0.56	1.85	1.00
40. 国有资本经营收入按类别分别列示的收入数额(3)	7.00	2.60	6.99	2.26	4.71
41. 国有资本经营收入按收入来源企业分列的收入数额(按实际信息项数登记)	0.00	0.00	0.00	0.65	0.16
42. 国有资源(资产)有偿使用收入按项分列的收入数额(8)	2.20	0.70	1.77	1.85	1.63
43. 土地批租收入按地块分列的收入数额(按实际信息项数登记)	0.00	0.00	0.00	0.00	0.00
44. 纳入一般预算的其他收入按项目分列的各项收入数额(5)	1.20	0.00	0.19	1.74	0.78
45. 政府年度债务收入总额及国内债务收入、国外债务收入的数额(3)	0.10	0.10	0.22	1.29	0.43
46. 按不同期限分类的债务收入数额(3)	0.30	0.00	0.11	0.00	0.10
47. 按债权人性质分列的债务收入数额(5)	0.00	0.00	0.00	0.00	0.00
48. 转移性收入总额及按类分别列示的转移性收入数额(9)	2.70	3.60	2.44	4.66	3.35
49. 专项转移支付收入按项目和及其支付方式分别列示的转移支付收入数额(2)	1.00	0.00	0.00	0.00	0.25
59. 预算外收入按类别分列的收入数(按实际信息项数登记)	0.50	1.20	1.71	1.71	1.28
平均得分	2.22	1.97	2.15	2.60	2.24

资料来源:依据 2009—2012 年中国财政透明度调查资料统计整理形成。

上述调查项目之间为什么在信息公开方面差异悬殊?究其原因,与制度规范与否不无关系。众所周知,在我国预算管理中,预算内项目有预算法的约束,税收收入有税法的约束,以法律法规为基础的制度建设相对比较规范。相反,预算外项目、非税收入项目的法律法规建设则较为滞后,来自预算管理方面的法规约束相对较少,这方面的制度规范相对比较欠缺。

上述分类比较结果表明,制度比较规范项目的财政信息公开状况远好于不够规范的项目。因此,财政信息公开状况与制度规范有关。

6.3.3 信息公开差异与预算规范有关

信息公开状况有显著差异的情况也发生在不同的政府支出调查项目之间。公共预算与政府性基金支出有不同的分类角度,理论上来说有功能分类、经济分类、部门分类等。总体而言,功能支出项目比经济支出项目、部门支出项目的信息公开状况要好。

以公共预算与政府性基金支出调查项目为例,表6-6显示,2009—2012年,功能支出项目"2. 一般预算按功能分类的各类支出数额""3. 基金预算按功能分类的各类支出数额""51. 按支出的功能分类的各类预算外支出数额"的4年透明度平均得分分别为10.00分、2.18分、2.52分,3项平均得分为4.9分。

经济支出项目"4. 一般预算按经济性质划分的各类支出数额""5. 基金预算按经济性质划分的各类支出数额"、"52. 按支出的经济性质划分的各类预算外支出数额"的4年透明度平均得分分别为0.03分、0.00分、0.03分,三项平均得分仅为0.02分。

教育部门支出项目"6. 所属一级预算单位各部门数及其支出数额""53. 按部门分类的各部门预算外支出数额"的4年透明度平均得分分别为0.26分、0.09分,2项平均得分仅为0.17分。

表6-6 2009—2012年公共预算与政府性基金支出各调查项目透明度情况

调查项目及应得信息项数	各年项目得分				
	2009	2010	2011	2012	平均
1. 政府年度收入总额、支出总额和决算报告(3)	9.25	10.00	10.00	10.00	9.81
2. 一般预算按功能分类的各类支出数额(17)	10.00	10.00	10.00	10.00	10.00
3. 基金预算按功能分类的各类支出数额(17)	1.61	1.70	2.26	3.14	2.18
4. 一般预算按经济性质划分的各类支出数额(12)	0.00	0.10	0.00	0.03	0.03
5. 基金预算按经济性质划分的各类支出数额(12)	0.00	0.00	0.00	0.00	0.00
6. 所属一级预算单位各部门数及其支出数额(按实际信息项数登记)	0.32	0.40	0.00	0.32	0.26

（续表）

调查项目及应得信息项数	各年项目得分				
	2009	2010	2011	2012	平均
50. 未包含在一般预算和基金预算中的预算外收入总额和支出总额(2)	10.00	10.00	10.00	10.00	10.00
51. 按支出的功能分类的各类预算外支出数额(17)	1.12	2.10	2.39	4.47	2.52
52. 按支出的经济性质划分的各类预算外支出数额(12)	0.00	0.10	0.00	0.00	0.03
53. 按部门分类的各部门预算外支出数额(按实际信息项数登记)	0.32	0.00	0.00	0.02	0.09
20. 本级财政对上级财政的上缴支出数额以及对下级政府的转移支付数额(2)	7.90	6.80	5.81	7.10	6.90
21. 本级财政对下级财政的转移支付中按不同地区分类的转移支付数额(按实际信息项数登记)	0.32	0.30	0.00	0.65	0.32
22. 本级财政对下级财政的转移支付中按方式分类的转移支付数额(3)	1.83	2.40	2.04	2.37	2.16
23. 本级财政对下级政府的定项转移支付中按项目分列的转移支付数额(按实际信息项数登记)	0.32	0.00	0.39	0.00	0.18
24. 对其他地方财政的横向转移支付(包括对口支援)按照地方列示的支出金额(按实际信息项数登记)	0.32	0.00	0.00	0.32	0.16
25. 对其他地方财政的横向转移支付(包括对口支援)按照项目分别列示的支出金额(按实际信息项数登记)	0.32	0.00	0.00	0.32	0.16
26. 本级财政对个人和家庭补助支出的分类支出数额(14)	0.00	0.00	0.00	0.65	0.16
27. 本级财政对企业和事业单位的补贴支出按企事业单位的性质、行业、规模等分类的支出数额(3)	0.00	0.00	0.00	0.11	0.03
28. 本级财政企业投资支出总额及按投资项目分列的支出数额(2)	0.00	0.00	0.00	0.00	0.00
29. 本级财政转移到社会保障基金的支出总额及按基金分类的支出数额(2)	0.65	1.30	0.16	1.13	0.81
平均得分	2.21	2.26	2.15	2.53	2.29

资料来源：依据2009—2012年中国财政透明度调查资料统计整理形成。

表6-7显示，2013年功能支出项目“2. 一般预算按功能分类的各类支出数额”“52. 政府性基金按功能分类的各类支出数额”的透明度得分分别为10.00分、6.80分，2项平均得分高达8.4分。

经济支出项目“8. 一般预算按经济性质划分的各类支出数额”“54. 政府性基金按经济性质划分的各类支出数额”的透明度得分则分别仅为0.65分、0.65分,2项平均得分仅为0.65分。

教育部门支出项目“38. 所属一级预算单位各部门数及其支出数额”“60. 按部门分类的各部门政府性基金预算支出数额”的透明度得分分别仅为0.81分、0.32分,2项平均得分仅为0.57分。

3项比较,5年来政府性基金支出调查项目中功能支出项目的信息公开状况要远好于经济支出项目和部门支出项目。类似情况同样发生在其他支出调查项目之间。

表6-7 2013年公共预算与政府性基金各调查项目透明度情况

政府性基金支出调查项目及应得信息项数	得分	政府性基金收入调查项目及应得信息项数	得分	政府性基金资产负债调查项目及应得信息项数	得分	教育部门预算调查项目及应得信息项数	得分	教育单位预算调查项目及应得信息项数	得分
1. 政府年度决算收入总额、支出总额和决算报告(3)	10.00	16. 本级财政税收总额以及各税种的收入数额(16)	10.00	31. 一般预算资金年终资产负债总额(3)	0.97	39. 教育部门一般预算基本支出数、项目支出数、上缴上级支出、经营支出与对附属单位补助支出数额(5)	2.45	46. 教育厅(局)机关一般预算人员支出各明细分类支出数额(22)	0.32
2. 一般预算按功能分类的各类支出数额(25)	10.00	17. 企业所得税各项级科目收入数额(44)	3.23	32. 一般预算资金年终资产分类信息(8)	0.97	40. 教育部门一般预算基本支出中人员支出数额和公用支出数额(2)	2.58	47. 教育厅(局)机关一般预算公用支出各明细分类的支出数额(27)	0.36
3. 般公共服务支出的各款级科目支出数额(29)	5.81	18. 增值税各项级科目收入数额(3)	2.80	33. ·般预算资金年终负债分类信息(2)	0.97	41. 教育部门一般预算人员支出各明细分类的支出数额(22)	0.97	48. 教育厅(局)机关一般预算项目支出中各项目的支出数额(按实登记)	0.00

（续表）

政府性基金支出调查项目及应得信息项数	得分	政府性基金收入调查项目及应得信息项数	得分	政府性基金资产负债调查项目及应得信息项数	得分	教育部门预算调查项目及应得信息项数	得分	教育单位预算调查项目及应得信息项数	得分
4. 本级财政一般预算对上级财政的上缴支出数额以及对下级政府的转移支付数额(2)	8.71	19. 国内增值税按企业性质分类的税收收入数额(7)	3.23	34. 一般预算基金年终固定资产总额及按部门的分类信息（按实登记）	0.32	42. 教育部门一般预算公用支出各明细分类的支出数额(27)	0.97	49. 教育厅(局)机关一般预算项目支出中金额最大项目的支出经济分类数额(12)	0.00
5. 本级财政一般预算对下级财政的转移支付中按不同地区分类的转移支付数额(2)	1.45	20. 一般预算的非税收入总额及其主要类别的数额(7)	10.00	35. 一般预算基金累积债务总额以及累积内债、累积外债金额(3)	0.00	43. 教育部门一般预算项目支出中各项目的支出数额（按实登记）	0.32		
6. 本级财政一般预算对下级财政的转移支付中按方式分类的转移支付数额(7)	6.27	21. 专项收入按项目分别列示的收入数额(11)	3.72	36. 一般预算基金累积债务按期限结构分类的金额数(3)	0.00	44. 教育部门一般预算项目支出中金额最大项目的明细支出信息(12)	0.00		
7. 本级财政一般预算专项转移支付款中的各项级科目支出数额(23)	2.26	22. 行政事业性收费收入的各项级科目收入数额(57)	3.06	37. 一般预算基金累积债务按债权人结构分类的金额数(5)	0.00	45. 教育部门所属单位数及各单位一般预算支出总额、基本支出与项目支出数额（按实登记）	1.85		
8. 一般预算按经济性质划分的各类支出数额(12)	0.65	23. 罚没收入的各项级科目收入数额(4)	2.98			61. 教育部门基金预算基本支出数、项目支出数、上缴上级支出、经营支出与对附属单位补助支出数额(5)	0.26		

（续表）

政府性基金支出调查项目及应得信息项数	得分	政府性基金收入调查项目及应得信息项数	得分	政府性基金资产负债调查项目及应得信息项数	得分	教育部门预算调查项目及应得信息项数	得分	教育单位预算调查项目及应得信息项数	得分
9. 一般预算工资福利支出的分类支出数额(8)	0.65	24. 国有资本经营收入按类别分别列示的收入数额(6)	3.23			62. 教育部门基金预算基本支出中人员支出数额和公用支出数额(2)	0.65		
10. 一般预算中商品和服务支出的分类支出数额(27)	0.65	25. 国有资源(资产)有偿使用收入按项分列的收入数额(8)	3.23			63. 教育部门基金预算人员支出中各明细分类的支出数额(22)	0.00		
11. 一般预算对个人和家庭补助支出的分类支出数额(14)	0.65	26. 纳入一般预算的其他收入按项目分列的各项收入数额(13)	2.80			64. 教育部门基金预算公用支出中各明细分类的支出数额(27)	0.32		
12. 一般预算对企事业单位的补贴支出总额及分类支出数额(6)	0.97	27. 政府年度债务收入总额及国内债务收入、国外债务收入的数额(3)	3.22			65. 教育部门基金预算项目支出中各项目的支出数额(按实登记)	0.00		
13. 一般预算转移到政府性基金的支出总额及按基金分类的支出数额(按实际信息项数登记)	0.32	28. 按不同期限分类的债务收入数额(3)	3.22			66. 教育部门基金预算项目支出中金额最人项目的明细支出信息(12)	0.00		

（续表）

政府性基金支出调查项目及应得信息项数	得分	政府性基金收入调查项目及应得信息项数	得分	政府性基金资产负债调查项目及应得信息项数	得分	教育部门预算调查项目及应得信息项数	得分	教育单位预算调查项目及应得信息项数	得分
14. 一般预算转移到社会保险基金的支出总额及按基金分类的支出数额(10)	2.00	29. 按债权人性质分列的债务收入数额(5)	0.00			67. 教育部门所属各单位基金预算支出总额、基本支出与项目支出数额(3)	0.00		
15. 一般预算产权参股支出总额及按投资项目分列的支出数额（按实际信息项数登记）	0.00	30. 转移性收入总额及按类别列示的转移性收入数额(9)	6.78			50. 教育部门资产负债表(12)	0.32		
38. 所属一级预算单位各部门数及其支出数额（按实际信息项数登记）	0.81	51. 政府性基金收入总额和支出总额(2)	10.00						
52. 政府性基金按功能分类的各类支出数额(14)	6.80	56. 基金预算收入类别(2)	6.29						
53. 城乡社区事务支出的各款级科目支出数额(7)	4.52	57. 政府性基金收入按各项目分别列示的收入数(35)	8.04						
54. 政府性基金按经济性质划分的各类支出数额(12)	0.65	58. 国有土地使用权出让金收入的明细分类(5)	3.10						

（续表）

政府性基金支出调查项目及应得信息项数	得分	政府性基金收入调查项目及应得信息项数	得分	政府性基金资产负债调查项目及应得信息项数	得分	教育部门预算调查项目及应得信息项数	得分	教育单位预算调查项目及应得信息项数	得分
55. 政府性基金预算工资福利支出的分类支出数额(8)	0.65	59. 转移性收入按各项目分别列示的收入数额(4)	3.39						
60. 按部门分类的各部门政府性基金预算支出数额（按实登记）	0.32								
平均得分	3.05	平均得分	4.62	平均得分	0.46	平均得分	0.71	平均得分	0.17

资料来源：依据 2013 年中国财政透明度调查资料统计整理形成。

究其原因，与预算规范与否不无关系。以功能分类与经济分类为例，2007 年我国实行了政府收支分类改革，政府预算支出开始由原先主要采用功能分类转为采用功能分类和经济分类两套体系，以便更好地反映财政支出的具体情况，加强预算管理。目前，按功能分类的预算支出科目分为类、款、项三级，而按经济分类的预算支出科目正经历一个从无到有的过程，虽然框架搭起来了，有了类、款两级，但是，体系设计比较含糊，科目设置尚不完善，预算编制不够规范。因此，尽管从理论上来说预算编制应同时采用两套体系，但是从实践中来看，按经济分类的预算编制才刚刚起步，还主要停留在部门层面，远没有达到预算管理规范的要求。正因为如此，目前 31 个省份从省级层面来看，按功能分类项目的信息公开较多，而按经济分类项目的信息公开则很少。

上述分类比较结果表明，预算比较规范项目的信息公开状况远好于不够规范项目。因此，财政信息公开状况与预算规范有关。

6.3.4 信息公开差异与财务规范有关

为了弄清资金的来源与去向，政府收支通常有综合、分类、明细的区分。总体而言，政府收支分类越粗略的项目信息公开状况越好，反之，越明细的项目信息公开状况越差。也就是说，政府收支综合项目的信息公开状况好于分类项目，分类项目好于明细项目。

以教育部门预算调查项目为例，表 6-4 显示，2009—2012 年，教育部门预算支出中的综合项目“7. 教育部门预算内的基本支出数、项目支出数”“8. 教育部门预算内基本支出中人员支出数额和公用支出的数额"的透明度 4 年平均得分分别高达 8.79 分、10.00 分,2 项平均得分高达 9.4 分。

教育部门预算中的分类项目"9. 教育部门预算内人员支出中各明细分类的支出数额""10. 教育部门预算内公用支出中各明细分类的支出数额""11. 教育部门预算内项目支出中各主要类别的支出数额"的 4 年透明度平均得分分别为 7.84 分、7.80 分、3.39 分,3 项平均得分下降为 6.34 分。

教育部门预算中的明细项目"12. 教育部门项目支出金额最大项目的明细支出信息"的 4 年平均得分仅为 0.08 分。

显然,在教育部门预算支出调查项目中,综合项目的信息公开状况好于分类项目,分类项目则好于明细项目。

再以公共预算与政府性基金收入调查项目为例,表 6-5 显示,2009—2012 年,非税收入中的综合项目"34. 分别列示一般预算和基金预算的非税收入总额及其主要类别的数额"的 4 年透明度平均得分高达 8.14 分。

非税收入中的分类项目"35. 纳入预算管理的政府性基金收入按各项目分别列示的收入数"、"37. 纳入预算管理的行政事业性收费收入分项目列示的收入数"的 4 年透明度平均得分分别仅为 1.95 分、1.08 分,2 项平均得分仅为 1.52 分。

非税收入中的明细项目"38. 教育行政事业性收费收入按具体收费项目分列的收入金额""43. 土地批租收入按地块分列的收入数额"的 4 年平均得分分别仅为 0.15 分、0.00 分,2 项平均得分仅为 0.07 分。

显然,在政府非税收入调查项目中,综合项目的信息公开状况好于分类项目,分类项目好于明细项目,即越粗略的项目透明度越高,越明细的项目透明度越低。

为什么会出现上述现象的呢?究其原因,与财务规范与否不无关系。目前,我国一些政府财务管理制度不完善,在执行方面也缺乏严肃性与一致性。一方面,财务管理制度不健全,表现为一些政府财务管理制度既不系统、也不完整,而且,政府单位的内部控制体系不够完善,如单位内部牵制制度、稽核制度、监督制度没有真正建立起来。另一方面,制度执行不到位,即使制定了相关财务管理制度,一些现有的条文也主要是为了应付检查,即便不是为了应付检查,财务部门对资金的管理也经常是事后核算,忽视了对资金收支使用中的控制,对资金收支的考核也只是停留在表面平衡上,很少对资金使用的规范性进行严格考核。在财务管理制度执行过程中,经费相互挤占、开支随意、有章不循、不严格遵守财务管理制度、财务人员听之任之的现象时有发生,使得制度流于形式。另外,在财务行为方面,没有真正建立财务公开制度,一些资金账务不透明,存在大量账外资产,个人占用、转移公共资金的现象大量存在。

在这样的财务环境之中,政府财政资金管理的规范性是很难得到保障的。由于财政资金项目分类越明细,越能反映资金的流向和去处,在资金管理不规范的背景之下,项目越明细,透明度得分越低,信息公开状况越差的现象也就不难理解了。

上述分类比较结果表明,财务比较规范项目的财政信息公开状况远好于不够规范项目。因此,财政信息公开状况与财务规范有关。

6.4 结论

第一,公共预算与政府性基金信息公开整体水平仍然较低。

第二,省际信息公开状况差异较大。

从态度指标来看,我国31个省份公共预算与政府性基金透明度态度总体状况较好,并呈不断改进态势。

从项目指标来看,首先,在公共预算与政府性基金项目上,一方面省际信息公开状况是有差异的,并且差异巨大;另一方面信息公开程度较高的省份只是少数,更为众多省份的信息公开程度还停留在较低水平上,即大多数省份的信息公开状况其实差异并不是很大。其次,就每年公共预算与政府性基金信息公开最好的一组省份而言,这个群体中的个体是不太稳定的。与此类似,公共预算与政府性基金信息公开最差的一组省份中的个体也是不太稳定的,这是一个令人深思的现象。当然,这一现象有缓解迹象。再次,透明度排行榜上名列前茅的省份信息公开程度正在逐步提高,但排名靠后的一些省份信息公开程度却变化不大,由此省际在信息公开方面的差距正在逐渐扩大。最后,比较“公共预算与政府性基金分省份信息公开状况”中的“态度评估”和“项目评估”可以发现:(1) 31个省份的信息公开态度明显好于信息公开行动;(2) 31个省份5年态度排行榜与项目排行榜不太一致。态度与行动上的差异是公共预算与政府性基金信息公开中另一个令人深思的现象。

第三,项目之间信息公开状况差异较大。

首先,比较而言,公共预算与政府性基金收入项目、教育部门预算项目的信息公开状况相对较好,公共预算与政府性基金支出项目的信息公开状况次之,而公共预算与政府性基金资产负债项目、教育部门单位预算项目的信息公开状况则较为糟糕。其次,分类比较结果显示,制度比较规范项目的财政信息公开状况远好于不够规范项目,因此,项目差异与制度规范有关。再次,分类比较结果显示,预算比较规范项目的信息公开状况远好于不够规范项目,因此,项目差异与预算规范有关。最后,分类比较结果显示,财务比较规范项目的财政信息公开状况远好于不够规范项目,因此,项目差异与财务规范有关。

第四,5 年来公共预算与政府性基金信息公开状况有所改进。从时间来看,改进主要表现在 2013 年透明度得分有所提高。从省份来看,各省信息公开的态度总体向好;5 年来透明度排行榜上名列前茅的一组省份信息公开状况呈现不断改观之势。从项目来看,改进主要表现在没有公开信息的项目有所减少。

6.5 引申

上述四点结论的引申意义是:首先,在财政信息公开进程中,阳光政府、透明财政的观念正越来越深入人心,这必将进一步推动政府在财政信息公开方面的从态度到行动的实质性努力。其次,排行榜上位居前列的省份信息公开状况的不断改进,对财政透明度的走向具有重要的引领和示范作用。最后,制度规范、预算规范、财务规范等对财政信息公开状况具有重要影响,反之,财政信息的公开也有助于推动政府在制度、预算、财务等方面的规范建设。

第7章 中国国有企业基金信息公开进程

经过长期的发展,中国国有企业不断壮大,资产总量已经非常巨大。2011年年底,国务院国资委出资监管的中央企业资产总额高达28万亿元,净资产10.7万亿元。[①] 各省市国资委出资并监管的国有资产总量也很大,例如2010年年底,上海地方经营性国有资产总量达到10 960亿元。[②] 面对如此庞大的国有资产,如何更好地决策、投资、分红,需要一系列的制度配套。其中,最重要的信息公开制度,让国有资产信息充分地展示到全国社会公众面前,既有利于发挥群众进行最广泛的监管,又能让群众感受到国有企业主人翁的地位,行使股东所具有的权利。

2005年5月,OECD(经济合作与发展组织)发布的《OECD国家出资企业公司治理指引》中指出,为了维护普通民众的利益,国家出资企业应遵循高标准的透明度,应该像上市公司一样依照高质量的会计和审计标准,"所有国家出资企业应该披露财务和非财务的信息,大型国家出资企业应按照国际上认可的高质量标准披露财务和非财务方面的信息"。

信息披露制度可以充分保障国有企业所有者的知情权,社会公众监督是国有资产监督机制的重要补充。国有企业的监督主体包含人民政府及其有关部门、机构、社会公众。实施监督的基础是知情权,只有从制度上保障作为实际所有者的社会公众能够获得国有企业的经营信息,才能保障社会公众的监督权真正落到实处,而公众监督机制则会因其具有的广泛性、全民性、实时性而成为现有国有资产监督机制的重要补充。

信息披露制度可以减少信息不对称,减少代理问题和"内部人控制"给国有资产带来的危害,提升国有资产监督效率。作为所有者代表的国家把监管国有企业的权力委托给了国有资产监督管理部门,由它代行所有者职能进行监督。然而,由于国有企业众多,作为外部行政管理机构的国有资产监督管理部门很难深入了

---

① 白天亮:《央企资产总额10年来从7.13万亿增至28万亿》,《人民日报》,2012年4月12日。

② 上海市国资委:《上海市国资国企改革发展"十二五"规划》,2012年5月17日,上海市国资委网站(http://www.shgzw.gov.cn/gzw/sub2_1_1.jsp? main_colid = 24&top_id = 2&artid = 19795&third_id = 33&fourth_id = 59)。

解企业的经营情况，因此，信息不对称造成的代理问题和内部人控制问题就在所难免。国有企业实施信息披露制度，可以迫使公司管理层披露与公司经营有关的重大信息和问题，在一定程度上遏制由于所有者和经营者目标不一致、所有者监督不到位而引发的代理问题和“内部人控制”，有效完善和加强国有企业的监管，有利于国有资产的安全和保值增值，有利于强化国有资产监督。

为了推动我国各级政府加强对国有资产的管理，推动社会公众对国有资产的有效监督，本课题组自 2009 年开始调查我国 31 个省级政府国有资产信息公开的情况，本报告是在 2009—2012 年连续 4 年调查结果的基础上形成的。

7.1 研究文献综述

国内围绕经营性国有资产信息公开的研究文献并不多，大约有十几篇，观点大同小异，主要的观点分列如下。

7.1.1 国有资产信息公开的必要性

作为经济合作与发展组织(OECD)对各国国有企业公司治理的指引性文件，《OECD 国有企业公司治理指引》专列一章分析了透明性及信息披露制度对国有企业发展和政府监管的作用，指出“为了维护普通民众的利益，国有企业应该像上市公司一样透明”。

钟雪斐(2011)认为公众无论是作为资产的最终所有人还是基于公民的政治权利都有权要求国有资产信息公开，信息披露是对国有企业监督的重要手段。何顺文、李元莎(2006)认为信息披露只是国有资产监督体系中的一个环节，它不可能解决国有企业监督的所有问题，但是，以信息披露制度为代表的某些制度具有普遍适用性，先行引进这些具有独立价值的制度实践，可以在某些方面形成突破，进而诱发、带动、促进整体制度的变迁。孔玉生等在论述了国有企业财务信息公开的意义、目的和原则后，从信息披露的内容规定和披露质量测量方面展开讨论。冯鸿光(2006)通过对国有企业信息公开的必要性、可行性的分析，提出应建立国有企业信息公开制度，并就其立法进行了构想。李利军、李艳丽(2001)分析了国企改革引入信息公开制度的现实基础，以及信息公开制度对国有企业的作用，并对信息公开制度的几个具体问题进行了分析，包括信息公开的对象、时间、内容，信息公开的方式，信息公开的原则、程序、法律后果，信息公开后国民参与监督管理的具体形式等问题。

7.1.2 国有资产的信息公开应该分类管理

郭媛媛(2009)认为对于普通行业的国有企业，可以效仿上市公司，采用定期或不定期的方式在网站、报刊公开信息或者在特定场合准备纸质信息材料以备公众查询；对于不参与一般市场竞争的、涉及国家机密的国有企业，可以不对外披露信息,只向出资人和相关部门报送资料即可。国有企业信息披露制度也可以参照上市公司信息披露制度规范分成定期披露和临时披露两部分。

7.1.3 国有资产的信息公开的程序与内容,可参考上市公司的相关规定

从国有资产的一些重要事项信息公开来看,一些学者提出要加强对国有资产并购、资产重组、资产交易等重大事项的信息披露,例如王献峰(2005)。此外,一些学者提出要对国有资产股息分红行为强化信息公开,追踪国有资产分红的资金流向。还有一些学者提出,要强化对国有企业境外资产的信息公开与监管。郭媛媛(2009)认为定期披露可以半年一次或一年一次。对于一些重大事项、重大决定可以采取临时披露的方式,规定在一定的时限内向社会公告。具体内容包括:

第一,公司基本情况。包含公司名称、公司资本结构、公司组织结构以及相关事项。

第二,公司治理情况。包含董事、监事以及高管人员简介,董事、监事以及高管人员的权力确定、任免机制规定,董事、监事以及高管人员的薪酬情况。

第三,财务信息。包含会计数据、财务指标以及财务会计报告。

第四,公司重大决定。管理层讨论的对公司经营有重大影响的决定。

第五,企业经营信息。公司所经营业务的完整描述。

第六,员工情况。包含员工构成、员工教育以及其他相关情况。

第七,竞争环境。国内和国际竞争法对公司经营的影响,目前经营的SWOT分析。

第八,社会责任信息。是指对社会环境的影响、是否有社会问题、承担的社会责任。

第九,其他。包含合并、分立、改制、解散、申请破产等事项。

就如何管理信息披露方面,綦好东、黄跃群(2009)提出,为了实现资源共享和监管有效,可以考虑建立以国资委为中枢的国有企业信息平台,将国资委掌控的国有企业信息(非保密部分)披露系统与财政、审计、税务、工商管理、银行等部门所掌握的国有企业信息系统相连接,以确保企业公开披露会计信息的可靠和完整,避免企业通过多套账务系统编报不实信息情况的发生。

7.1.4 国有资产的信息公开的主体应该是国资委

从国有资产隶属部门来看,一些学者提出要将所有国有资产都归口到各级国资委,建立统一的信息公开平台,减少社会公众的信息搜索成本。例如,刘俊成(2010)提出:首先,应当建立以国资委为中心的信息披露体系,国有企业向其报告信息并进行首次披露,国资委负责国有企业信息的披露并编制覆盖全国范围的国有企业运行状况报告,予以总体披露;其次,明确国资委与国有企业均为信息披露义务人,对国有企业按所处市场地位与是否涉及国家安全为标准分为三类,分别

赋予不同的信息披露义务；再次，分析国有企业与上市公司、商业银行信息披露的区别，界定国有企业信息披露应当涉及的主要内容；最后，按照信息披露强制性的不同，将信息披露渠道分为常规渠道与特殊渠道，针对常规渠道又按照披露周期不同分为定期报告与重大事项报告。

从国有资产信息公开形式来看，一些学者提出国有资产经营预算必须提交各级人大全体会议表决通过，经审批后向社会公开，而不能仅仅向各级人大常委会通报。

7.2 我国国有资产透明度的制度沿革及社会反馈

7.2.1 国资监管部门及国企的信息公开进程

早在2006年，时任国务院国资委主任李荣融就提出，要在"3年内公布央企年报"。[①] 此后，各地国有资产监管部门与国有企业的相关实践也悄然展开。

2006年起，作为目前唯一一家主动公开披露其财务报告的非上市国有企业，诚通集团以年度报告的形式公布集团基本情况、公司治理结构、财务信息与重大事项。

2008年深圳市国资委正式向社会公布深圳市地铁有限公司和深圳巴士集团有限公司两家公用事业领域国有企业的财务信息，广泛接受社会监督。深圳市此次向社会公开非上市国有企业财务信息，在全国尚属首次。

2009年，作为上海市分管国有资产监管工作的副市长，艾宝俊同志认为，适当的时候要让部分集团公司"参照上市公司管理模式"公开财报，提高透明度，"给社会看，给媒体看，给投资者看"。[②]

2009年，重庆市国资委表示，对其管辖的未上市国有企业今年内实行财务公开。

2012年5月，山西省省委、省政府出台《关于进一步深化创新厂务公开民主管理工作的意见》，规定国有及国有控股企业要重点公开领导干部的工资（年薪）、奖金、补贴、住房、用车、通信工具使用情况以及出国出境费用的支出情况等。

我们在赞赏这些实践先行者大胆创新的同时，也认识到目前各地存在的实践多为有选择的自觉披露，背离了信息披露强制性的根本要求，在信息披露内容的充实性和范围的扩展性上也多有保留，尚不能起到监督国有企业运营的基本目的，符号意义大于实质意义。

---

① 孙汝祥：《国资信息公开今迈步》，2009年4月13日，新浪网（http://finance.sina.com.cn/leadership/mroll/20090413/13406096212.shtml）。

② 黄淑慧：《上海国资证券化率今年提至30%以上》，《东方早报》，2010年1月13日。

7.2.2 国有企业信息公开的立法进程

在立法层面,2009年2月12日国务院国资委发布了《国务院国资委国有资产监督管理信息公开实施办法》(以下简称《实施办法》)。根据该办法,除国资委主动公开外,个人和单位也可向国资委申请获得国资监管信息,并承诺将来国有企业的所有信息,除涉及商业秘密与国家安全的,都应当向公众公开。但遗憾的是,已经实施的《实施办法》由披露义务主体立法规范自身的披露行为,首先在公正性上就会受到诸多质疑,其次披露的信息侧重于监管信息而非国有企业运营信息,另外对申请信息公开人的申请权利也缺乏制度保障。例如《实施办法》规定,申请人申请公开的信息中涉及商业秘密的不予公开,如果涉及第三人利益的,应当征求第三人意见,根据第三人意见以及该信息对公共利益的影响决定是否公开。该条对商业秘密、第三人利益并没有明确定义,执行中易造成执法机关的任意解释;同时该办法将征求第三人意见的时间排除于程序期限之外,也未规定征求意见。

7.2.3 民间对国企信息公开的推动

2005年第十届全国人大三次会议期间,人大代表马蔚华提案要求制定《国有企业信息公开法》,扩大全体人民与企业职工的知情权。①

2012年2月3日,严义明在博客上发表题为《要求国资委公开117家央企三表、高管收入及茅台酒消费的申请》,引起舆论关注。严义明提出三点信息公开要求:一是公开国资委管理的117家央企的资产负债表、利润表及现金流量表;二是公开117家央企董事长、总经理、副总经理等高管的年收入,以及中层干部的平均年收入、一线员工的平均年收入;三是公开这些央企茅台酒消费的数量及金额。

7.3 省级国有资产透明度的评估方法

从法律上讲,我国所有公民都是我国国有企业的真正投资者和最终股东,有权利享有股东的基本权利——知情权,了解和监督国有企业的资产保值增值、运营及社会责任的履行情况,有权利要求国有企业公开披露重要信息。近年来,我国的相关立法也确认了公民的这项权利,例如2009年5月1日开始实施的《国有资产法》第66条规定:“国务院和地方人民政府应当依法向社会公布国有资产状况和国有资产监督管理工作情况,接受社会公众的监督。”虽然我国在法律上早已为国有企业监督管理部门及政府设定了针对国有企业的信息报告与公开义务,却因为规定过于笼统并缺乏可执行性而形同虚设。

2008年5月1日,《政府信息公开条例》正式颁布实施,该条例规定了公民申

① 张建平、姚润丰:《马蔚华:应制定国企信息公开法把国企资产置于群众监督之下》,新华网(http://news.xinhuanet.com/newscenter/2005-03/04/content_2648136.htm)。

请获取政府相关信息的权利,同时也规定了各级政府信息公开机构提供信息的责任和义务。《政府信息公开条例》第 19 条规定:“行政机关应当编制、公布政府信息公开指南和政府信息公开目录,并及时更新。政府信息公开指南,应当包括政府信息的分类、体系、获取方式,政府信息公开工作机构的名称、办公地址、办公时间、联系电话、传真号码、电子邮箱等内容。”

依据《政府信息公开条例》及其规定、政府信息公开指南、政府信息公开目录,本课题研究人员就课题研究所需的相关信息(见报告附录),通过邮寄挂号信函的方式,向 31 个省份的省政府信息公开办公室、省财政厅、省国有资产监督管理委员会等相关部门提出了书面的信息公开申请。

课题组根据 31 个省份的省政府及相关部门对 17 项国有资产的信息公开情况进行打分。信息公开的统计既包括这些部门通过政府网站、年鉴、公报等方式主动公开,也包括本课题组依法申请公开得到的信息。此外,课题组还对 31 个省份的省政府及相关部门对本课题组的信息公开申请的回复情况进行了统计。

7.4 省级国资委国有资产透明度态度评估

在每年本课题组规定的截止期内,课题组人员可以收到一些省份相关部门关于信息公开申请的回复,但也有许多省份拒绝回复。表 7-1 是三年来关于 31 个省级国有资产监督管理委员会对本课题组信息公开申请的回应情况统计。

表 7-1 31 个省级国有资产监督管理委员会对本课题组信息公开申请的回应情况

省份	2010 年	2011 年	2012 年
安徽	0	0	0
北京	0	0	1
福建	1	1	1
甘肃	0	0	1
广东	1	1	1
广西	1	0	1
贵州	0	0	1
海南	0	0	0
河北	0	0	0
河南	0	0	0
黑龙江	0	0	0
湖北	1	1	1
湖南	0	0	0
吉林	0	0	0

（续表）

省份	2010 年	2011 年	2012 年
江苏	0	0	0
江西	0	0	0
辽宁	1	0	0
内蒙古	0	0	0
宁夏	0	0	0
青海	1	0	0
山东	1	1	0
山西	0	0	0
陕西	0	0	0
上海	1	1	1
四川	0	1	1
天津	1	1	1
西藏	0	0	0
新疆	0	0	0
云南	0	0	0
浙江	0	0	0
重庆	1	0	0
总和	10	7	10

注:1 表示有该省国资委以电话、传真、电子邮件、信函等方式对本课题组的信息公开申请予以回复;0 表示该省国资委未回复。

从表 7-1 中可以看到,从理论上讲,课题组在三年中应该能够收到 93 份回复(31 个省 ×3),但实际只收到了 27 份回复,仅占总应收量的 29.03%。三年来,完全没有回复的省份高达 17 个,只有福建、广东、湖北、上海、天津五个省份每年都回复本课题组的信息公开申请。[①]《政府信息公开条例》第 24 条规定:“行政机关收到政府信息公开申请,能够当场答复的,应当当场予以答复。行政机关不能当场答复的,应当自收到申请之日起 15 个工作日予以答复;如需延长答复期限的,应当经政府信息公开工作机构负责人同意,并告知申请人,延长答复的期限最长不得超过 15 个工作日。”另外,该条例第 26 条规定:“行政机关依照申请公开政府信息,应当按照申请人要求的形式予以提供;无法按照申请人要求的形式提供的,可以通过安排申请查阅相关资料、提供复制件或者其他适当形式提供。”这些省份

① 在对本课题组的申请回复中,有许多是拒绝提供信息的回复。但不管怎样,能够在规定的时间内进行回复表明了这些政府机关的办事态度还是较为认真的。

的国资委显然违反了《政府信息公开条例》的要求。

7.5 历年国有资产透明度的评估结果

2003 年 3 月 10 日,十届全国人大一次会议第三次会议经表决,设立国务院国有资产监督管理委员会。此后,全国各地也相继成立地方国资委。目前,我国国有资产监管运作体系基本采用三层次的管理架构:国资委(出资人)—国有控股(集团)公司(运营者)—国有企业。因此,我们将调查也分为三个层次进行研究。当然,目前国资委直接管理的企业中,除了上述类型以外,还有两种:一是国有资产经营控股公司,例如国家开发投资公司,以控股公司为平台,由控股公司对一些国有股权进行管理和投融资。二是国资委以控股的方式直接持有企业资产,在一些整体上市的国企中往往可以看到国资委是其第一大股东。为了方便统计,我们将统计范围设定为国资委直接管理的企业(包括后两种类型的企业)。

本课题组对国有资产透明度的调查共 17 项(详见附录),分三部分:第一部分是调查各省国有企业合并财务状况和财务成果透明度情况;第二部分是调查各省国有企业集团总公司的合并财务状况和财务成果透明度情况;第三部分则是调查各省国有企业的财务状况和财务成果透明度情况。

7.5.1 总体得分情况

上述 17 项调查,有关部门每公布一项内容的信息,就得到 10 分,满分为 170 分。本课题组四年来的调查结果列入表 7-2 中。

表 7-2 各省份国有企业透明度得分表(满分为 100 分)

省份	2009 年	2010 年	2011 年	2012 年
安徽	41.18	11.76	11.76	11.76
北京	20.78	17.65	11.76	11.76
重庆	11.76	11.76	11.76	11.76
福建	41.18	17.65	23.53	11.76
甘肃	11.76	11.76	11.76	11.76
广东	11.76	29.41	35.29	35.29
广西	11.76	35.29	11.76	11.76
贵州	11.76	11.76	11.76	11.76
海南	11.76	11.76	11.76	41.18
河北	11.76	11.76	11.76	11.76
黑龙江	11.76	11.76	11.76	11.76
河南	11.76	11.76	11.76	11.76

（续表）

省份	2009 年	2010 年	2011 年	2012 年
湖北	11.76	11.76	11.76	41.18
湖南	11.76	29.41	29.41	29.41
江苏	11.76	11.76	11.76	11.76
江西	11.76	11.76	11.76	11.76
吉林	11.76	11.76	11.76	11.76
辽宁	41.18	11.76	11.76	11.76
内蒙古	11.76	11.76	41.18	47.06
宁夏	11.76	11.76	11.76	11.76
青海	11.76	11.76	11.76	11.76
山东	11.76	35.29	35.29	41.18
上海	11.76	42.16	45.10	41.18
陕西	11.76	11.76	11.76	11.76
山西	11.76	11.76	11.76	11.76
四川	11.76	11.76	11.76	11.76
天津	11.76	11.76	11.76	11.76
新疆	11.76	11.76	11.76	41.18
西藏	11.76	29.41	11.76	11.76
云南	11.76	11.76	11.76	11.76
浙江	11.76	11.76	11.76	11.76
平均分	14.90	16.35	16.26	18.98

四年来，全国 31 个省份的平均得分（满分为 170 分）分别是 25.33、27.80、27.63 和 32.26，总的来讲，国有资产透明度的情况有所改善，但步伐太小、太慢。如果折合成百分制，则分别是 14.90、16.35、16.25 和 18.98，离及格线还差很远。

从各省的排名来看，似乎无规律可循：2009 年排名并列第一的安徽和辽宁在 2012 年双双排名最末；2009 年排名垫底的内蒙古则在 2012 年排名第一。

7.5.2 各项得分情况

（一）国有企业合并财务状况与财务成果透明度情况

如表 7-3 中第 1 项至第 7 项所显示的，各省的得分情况还可以，其中，第 1 项（本级国企的收入总额、费用总额和利润总额）、第 4 项（本级国企资产总额、负债总额和所有者权益总额）一般在每年的《财政年鉴》中公布，所有 31 个省份的这两项得分均为满分。除了这两项以外，其他各项均为一些省份提供。

(二) 国有企业集团总公司的财务状况与财务成果透明度情况

如表7-3中第8项至第13项所显示的,各省的得分情况不是很理想。除了上海等地提供了少量的信息以外,几乎没有公开。上海市国资委在《2007上海国有资产统计年鉴》中提供了《2007年上海市国资委出资监管单位经济指标表(合并)》,涉及其出资监管的46家企业的9项指标(资产总计、负债总计、所有者权益、国有权益、营业收入、利润总额、净利润、职业人数、企业户数)。

(三) 各国企的财务状况与财务成果透明度情况

如表7-3中第14项至第17项所显示的,这几年来,本课题组无法从各省的相关部门获取任何信息,因此,各省在上述四项中的得分均为0分。

表7-3 国有资产透明度调查情况(每一项的各省平均得分,满分为10分)

	项目内容	2009年	2010年	2011年	2012年
所有国企合并财务状况和财务成果	1. 本级国企的收入总额、费用总额和利润总额	10.00	10.00	10.00	10.00
	2. 本级国企合并利润	1.29	1.94	1.29	2.26
	3. 本级国企合并利润分配	1.03	0.00	0.32	1.61
	4. 本级国企资产总额、负债总额和所有者权益总额	10.00	10.00	10.00	10.00
	5 .本级国企合并资产明细	1.05	1.61	1.61	2.58
	6. 本级国企合并负债明细	0.98	1.94	1.61	2.58
	7. 本级国企合并所有者权益结构	1.03	1.61	1.61	2.58
各集团公司(总公司)合并财务状况和财务成果	8. 各集团公司的资产、负债和所有者权益	0.43	0.32	0.65	0.54
	9. 各集团公司的收入、费用和利润	0.00	0.22	0.54	0.11
	10. 各集团公司的合并利润和利润分配	0.00	0.16	0.00	0.00
	11. 各集团公司的合并资产负债	0.00	0.00	0.00	0.00
	12. 各集团公司的合并现金流量	0.00	0.00	0.00	0.00
	13. 各集团公司的所有者权益变动	0.00	0.00	0.00	0.00
各国企的财务状况和财务成果	14. 各国企利润及利润分配	0.00	0.00	0.00	0.00
	15. 各国企资产负债	0.00	0.00	0.00	0.00
	16. 各国企现金流量	0.00	0.00	0.00	0.00
	17. 各国企所有者权益变动	0.00	0.00	0.00	0.00

令人痛心的是,由于国有资产透明度的缺失,长期以来,一些国企老总借改制之名,实施腾挪大法化公为私,侵吞国有资产高达上千万元。为什么成千上万的国有资产就这么轻而易举地蒸发了?难道我们没有一系列行之有效的措施予以防范和管制吗?国有资产之所以人为地流失,之所以成了少数人的侵犯对象,最为关键的原因正是国有企业经营及产权转让过程中信息披露的不公开。

7.6 透明度调查中发现的问题

除了上述结论以外,本课题组在调查中还发现我国国有资产透明度方面还存在相关的管理问题。

7.6.1 目前的经营性国有资产信息公开制度很不完善

以下各项法律均未能明确国有资产的透明度应该如何管理。

2009年2月，国务院国资委颁布了《国有资产监督管理信息公开实施办法》，提出国资委应当主动向公民、法人和其他组织公开的信息有15项。但是，这15项的规定较为粗糙、模糊。例如，第6项“所出资企业生产经营总体情况”、第7项“所出资企业国有资产有关统计信息”、第8项“所出资企业国有资产保值增值、经营业绩考核总体情况”等。从这几项规定来看，公开信息内容似乎包括了国有企业的所有重要的财务信息、经营信息。但又无法了解这些信息公布的口径是什么，公布的详细程度如何掌握，一些与上市公司不同的指标如何理解（如“统计信息”、“保值增值”）。

2007年9月8日，国务院颁布《关于试行国有资本经营预算的意见》（国发〔2007〕26号），但对国有资本经营预算的信息公开没有任何规定。

2008年10月28日，全国人大常委会通过的《中华人民共和国企业国有资产法》只规定，国有企业必须向出资人提供真实、完整的财务、会计信息。

7.6.2 信息公开的形式需要完善

（一）本应主动公开的信息不应设为依申请而公开

在调查中，福建等省的财政厅依申请公开制度直接向课题组提供了相关信息；广东等省的国资委直接向课题组提供了相关信息。依申请公开制度加大了信息获取的成本。课题组认为，财政和国资等部门应尽可能增加主动公开的信息，减少依申请公开的信息。

福建曾连续两年在信息公开方面高居榜首，但是其提供的大部分信息都是通过依申请公开获得的。有的省份的信息公开得分虽然远低于福建省，但是这些省份的信息全部是政府通过网络与出版物主动公开的。对公民、法人或者其他组织而言，行政机关主动公开是更为快速、便利、低成本获取政府信息的途径。

国有资产的相关信息均应由政府主动公开信息。理由如下：

第一，国有资产属于全国人民，并非少数人的个人利益。《中华人民共和国政府信息公开条例条例》第9条规定：“行政机关对符合下列基本要求之一的政府信息应当主动公开：（一）涉及公民、法人或者其他组织切身利益的；（二）需要社会公众广泛知晓或者参与的；（三）反映本行政机关机构设置、职能、办事程序等情况的；（四）其他依照法律、法规和国家有关规定应当主动公开的。”国有资产的信息公开符合政府主动公开信息的条件。

第二，国有资产不符合“依申请公开政府信息”的条件。依申请公开政府信息制度之所以能免除行政机关的主动公开义务，一般是因为这部分政府信息不需要广泛知晓、不是普遍需求，只为少数公民、法人或者其他组织有影响或者所需要。[①] 国有资产并不是针对少数公民、法人而设立的。

（二）主动公开的信息也存在许多问题

这里主要存在以下几方面的问题：

第一，省财政厅和省国资委存在不同的统计体系。有的省财政厅可能直接要求省属国有企业直接报送报表；有的省财政厅直接采用国资委提供的数据；有的省财政厅提供的数据除了国资委出资监管企业以外，还包括其他国有企业。数据来源的混乱和统计表格设计不统一，给国资信息带来了许多问题。各省提供国资相关信息的出版物也是五花八门，有《财政年鉴》《统计年鉴》《国有资产统计年鉴》《企业集团统计年鉴》等。即使同样是《财政年鉴》，每个省的财政年鉴所包含的统计信息都不尽相同，而且在格式方面有很大的随意性。

第二，合并报表产生的混乱现象。我们的透明度调查提纲要求提供本级政府直属国有企业年末合并的资产总额、负债总额、所有者权益总额以及上述三项的明细数据。这几个调查项是依据当前财政和国资部门的现行报表格式设计的。我们认为，这些统计口径本身是不科学的。原因在于各地的财政和国资部门并没有真正地"合并会计报表"，而是直接将所有企业的数据直接加总，这样做大大虚增了资产总额和负债总额。我们认为，为了方便国际比较，方便与私营企业比较以及社会公众的监督，国有资产的统计制度应该严格执行企业会计制度的一整套标准，尽量不要自行设计统计口径和报表，更不能出现"字相同、意不同"的情况。

第三，主动公开的信息难以获取。有关部门声称信息早已公布，可是社会公众却根本无法获得所需信息。在调研之前，我们很难理解为什么政府主动公开的信息却难以获取？既然想"主动公开"，为什么又要遮遮掩掩呢？在调研中我们发现政府主动公开的信息难以获取的原因有：首先，有些政府网站设置复杂，栏目分类混乱。例如，一些政府主动公开的信息本应放在显著位置并设置专栏，但这些信息被设置在新闻栏目，作为"新闻"发布，随着时间的推移，这些信息"下沉"后难觅踪迹；一些政府网站没有提供搜索引擎，给查询带来一些障碍。其次，信息公开的渠道庞杂，让人无所适从。例如，重庆市国资委在给课题组的答复中认为："重庆市国有企业改革发展的基本情况、国有企业概况、国有企业改革发展动态信息和有关数据，你们可以在重庆市政府公众信息网（http://www.cq.gov.cn/）、重庆市政府公报、重庆市国资委网站（http://www.sasaccq.gov.cn/）、《中国国有资产监督管理年鉴》《重庆年鉴》《重庆统计年鉴》《重庆经济年鉴》《重庆国企》（双月

---

① 罗长青：《政府信息依申请公开若干法律问题》，载上海法学网（http://www.sls.org.cn/xuezhe_article_detail.jsp?main_id=7&id=2008631143241）。

刊)等渠道自行查阅。”从表面上看,重庆有关部门已经公开相关信息,但是,面对这么多的信息来源渠道,一般的社会公众查找起来需要花费大量时间。最后,公开的资料无法购买。有些省份的《财政年鉴》《国资年鉴》是内部出版物,根本无法买到;有的些省份的年鉴虽然是公开出版物,但可能是由省财政厅或省国资委自行包销,在书店无法购买到。课题组在调研中发现,有时为了获得政府已经主动公开的信息,研究人员甚至需要动用私人关系。

7.6.3 信息公开的范围没有做到全覆盖

目前,各省国资委提供的国有资产信息,基本上仅限于由其出资并监管的企业。然而,在国资委的监管范围之外,仍然存在大量的国有企业,这就造成国有资产信息的统计失真。例如,广西壮族自治区国资委在给我们的答复《依申请信息公开答复函》(桂国资函〔2009〕432 号)中,认为“目前广西壮族自治区本级直属国有企业中只有 43 家划归我委直属监管,监管范围之外的区本级直属国有企业的相关信息我委并不掌握,故只公开我委监管企业的汇总数。如你们仍需申请公开我区全部国有企业决算信息,请向广西壮族自治区财政厅、统计局等单位提出申请咨询”。目前除中央企业外,地方国有企业资产的 74% 已经纳入地方国资委的监管范围,如果加上国务院国资委监管的国有资产,这一比例为 78%,这也就意味着还有 22% 的国有资产游离在监管范围之外。尽管这一比例看起来并不低,但各地国资委在监管范围上存在着较大的差距,大的已经超过了 95%,小的却还不到 30%。[①]

目前,尚未纳入国资委出资并监管的企业主要有:

第一,一些委办局仍然管理许多企业,没有移交给国资委。以上海市为例,截至 2009 年年底,上海尚有数千亿经营性国资分散在 33 个委办局,并未纳入市国资委的统一出资与监管范畴。[②]

第二,金融性国有资产是否归属国资委监管仍然存在争议。上海市属金融国企共有 16 家,资产总额逾 2.45 万亿元。[③] 其中,上海国际集团为上海市国有独资,其余东方证券、华安基金、富国基金、申万巴黎基金、安信农保等 15 家均为股份制企业。长期以来,这些市属金融国资的经营性国有资产,并未被纳入市国资委的“履行出资人职责单位名单”内。

第三,行政事业单位(例如高校、医院)也拥有大量的国有企业,游离于国资委的监管之外。在 2003 年国资委成立之初,就有专家提议道,对于北大清华交大这

---

① 康怡、席斯:《地方先行“大国资”雏形渐成》,《经济观察报》,2011 年 7 月 22 日。

② 周呈思:《上海国资委“大一统”:金融国资也进入》,《21 世纪经济报道》,2010 年 1 月 8 日。

③ 同上。

类中央直属高校,应该有明确的高校国资管理条例。遗憾的是,时隔五年,高校国资管理在规章制度建设上仍无明显进展。①

由于部分国有经营性资产直接从属于各党政机关、事业单位,长期形成的多头监管、政企不分格局仍未被彻底打破。而近年来,各地也在探索相应的解决方法。例如,2008年8月31日,上海市市委市政府印发了《关于进一步推进上海国资国企改革发展的若干意见》(沪委发〔2008〕9号),提出市属经营性国资统一纳入国资监管范围。2010年1月7日,上海市国资委与市委宣传部、市金融办签署了委托监管书,将宣传部、金融办旗下的64家企业纳入国资委统一监管范畴,涉及的国资权益数总计646.29亿元(按2008年年底经审计数额)。对这64家企业,上海市国资委将作为出资人,委托市委宣传部、市金融办进行监管。但是,2009年5月1日起实施的《企业国有资产法》第11条规定:“国务院和地方人民政府根据需要,可以授权其他部门、机构代表本级人民政府对国家出资企业履行出资人职责。”这在实际上承认了国有资产分割管理的合法性。

从财政透明度调查研究的目的来讲,我们并不关注国有资产是否应该全部纳入国资委的出资和监管范围,但我们坚持必须各级必须有统一的机构、统一的统计口径、统一的信息发布人来公开国有资产的信息,接受社会公众的质询。

7.6.4 地方政府滥用“信息保密”的规定

研究人员在调研中碰到过许多省份以信息保密为由拒绝公开信息。例如:2009年10月29日,山东省国资委在《关于答复政府信息公开申请的函》中认为:“结合山东省国资委工作实际和保密规定,现提供申请公开的第97项和第100项中的有关数据,其他数据属于我委确定的工作秘密和企业商业秘密,不便向社会公开。”

2009年10月23日,福建省国资委在《关于答复温娇秀等6位同志信息公开申请的函》(闽国资信息公开〔2009〕3号)中认为:“二、关于调查项目编号第98、99、101、102、103条。根据《中华人民共和国政府信息公开条例》及《国务院国有资产监督管理委员会国有资产监督管理信息公开实施办法》,所述申请公开的内容并不属于政府信息公开的范围。三、关于调查项目编号第104条至113条。所述申请公开的内容因涉及商业秘密,根据《中华人民共和国政府信息公开条例》第二十三条规定,不予公开。”

我们认为国资委及国有企业不是一般的民事主体,上述“信息保密”理由是站不住脚的,依据是:

第一,国家出资企业是全体国民共同投资设立的,拥有比上市公司数量更多

① 贾丽:《交大南洋股权转让迷雾》,《证券日报》,2008年7月8日。

的投资者,具有明显的联合众人资本、使用社会信用的特征。公众将自己的财产委托给政府,政府再将其委托给国家出资企业的经营者经营管理,在这个双重委托关系中,公众是国有产权的所有者,政府是出资人代表。目前对国有产权经营的监管方式是,全体投资者通过人大对政府预算、决算进行监督管理,各级国有资产监管机构代表政府直接或间接地对国家出资企业进行监管。由于制度和人的因素,这个双重监管链条中的多个环节都存在疏漏,国家出资企业事实上基本不受最终投资人的监督和约束,而为内部人所控制。即使企业盈利的剩余索取权仍归投资者,也因缺乏真正负责的代表以及委托人与代理人的信息不对称而使得人民的利益受损。财务信息公开披露管理将国家出资企业的财务信息公开,体现了国有资产的所有者——人民管理和监督国有资产的权利,从而有效地保护出资人、投资人及相关利益人的利益。

第二,国有企业具有私人企业所设有的特权,在许多投资领域,只有国有企业能够进入。如果是一个私人部门,那么各级国资委就不应享受财政拨款,其办公经费应来自被投资企业。正如本课题组成员蒋洪认为,“国有企业应当如同上市公司那般,有责任报告给民众其经营状况。理由很简单,国有企业用的是纳税人的钱,我们大家都是它的股东,理所当然要知道它的运行情况”。①

第三,事实上,我国的国有企业承担了许多社会功能。和一般企业不同,中央企业还承担着国家定点扶贫和援疆援藏工作。93 家中央企业定点帮扶 189 个国家扶贫工作重点县,占国家扶贫开发工作重点县全部数量的 31.9%。44 家中央企业在新疆、40 家中央企业在西藏开展了各类援助帮扶工作。2011 年的利比亚撤侨行动中,相关中央企业出动飞机 76 架次,轮船 6 艘,撤出中国员工 25 481 人,并协助使馆撤离其他中资企业员工、留学生和外籍员工近 8 000 人。电网、电力、电信等企业还在保障广州亚运会、深圳大运会中发挥了重要作用。在汶川地震、玉树地震、舟曲泥石流等重大自然灾害中,电力电网、石油石化、航空运输、建筑施工等央企挺身而出,发挥了关键作用。北京奥运会、上海世博会、广州亚运会等重大活动的设施保障,处处跃动着中央企业的身影。国有企业发挥了主力军作用,出色完成了世博园区 80% 的建设任务、70% 的设计任务、60% 的项目管理,为上海举办一届“成功、精彩、难忘”的世博会做出了重要贡献。

7.6.5 信息公开的责任主体

课题组在申请信息公开的过程中,遇到一些省的财政厅和国资委互相推诿。有的省国资委甚至表示自己没有公开信息的权力。例如,内蒙古自治区财政厅在

① 潘高峰、江跃中:《“麻辣委员”蒋洪紧盯政府“钱袋子”,为阳光财政奔走呼告》,《新民晚报》,2010 年 3 月 7 日。

《关于对上海财经大学蒋洪等同志申请公开信息的复函》中认为,"提纲第三部分不予公开政府信息的理由:此部分内容属于不予公开事项,企业的信息公开有企业公开的渠道,作为企业的监管部门没有权力将企业提供的信息对外公开,况且许多信息还涉及企业的商业秘密"。我们认为,财政部门作为政府的"总账房",只要是政府的资产(包括国有资产)信息,都有向公众公开的义务;国资委作为国有资产的出资人和监管者,更有义务披露国资信息。前述内蒙古国资委以"作为企业的监管部门没有权力将提供的信息对外公开"为由拒绝公开信息,是不符合法律规定的。2009 年 5 月 1 日开始实施的《国有资产法》第 11 条规定:"国务院国有资产监督管理机构和地方人民政府按照国务院的规定设立的国有资产监督管理机构,根据本级人民政府的授权,代表本级人民政府对国家出资企业履行出资人职责。"第 15 条规定:"履行出资人职责的机构对本级人民政府负责,向本级人民政府报告履行出资人职责的情况,接受本级人民政府的监督和考核,对国有资产的保值增值负责。履行出资人职责的机构应当按照国家有关规定,定期向本级人民政府报告有关国有资产总量、结构、变动、收益等汇总分析的情况。"因此,国资委不但是"监管者",更是"代表本级政府的出资人",理应向社会公众公布其出资并监管企业的所有信息。

世界各国在建立国有企业信息披露时也大多要求其国有企业监管部门承担一定的披露义务。《OECD 国有企业公司治理指引》指出:"协调主体或集中的所有权实体(The Coordinating and Ownership Entity)应当开发覆盖所有国有企业的合并报告"该指引没有关于"协调主体或集中的所有权实体"定义的确切表达,但认为这一组织的建立是为了将所有权的职能集中于一个独立于政府的或受政府管辖的部门,因此可以认为"协调主体或集中的所有权实体"实际履行与我国国资委类似的职责。又例如,新西兰《国有企业法案》(State-owned Enterprises Act 1986)规定,不仅国有企业(Crown Corporate and SOEs)负有信息披露义务,承担国有企业管理职责的大臣(Responsible Minster)也有向国会报告并向公众披露信息的义务。

从能力上看,国资委也具备一定的信息管理优势。实际上在多年的国有资产监管实践中国资委也已经承担了部分信息披露的职责。国资委通过《中央企业财务决算管理办法》《企业国有资产统计报告管理办法》《企业国有资本以财务管理暂行办法》等对中央企业的财务决算报告编制、审核、审计、分析、披露等方面进行了规范,并结合由稽查特派员制度演变来的监事会制度,通过向国务院报送监督检查或专项报告的形式,行使多角度的监督管理。例如,根据《国有企业国有资产统计工作指南》的规定,地方所属国有企业、中央部门所属国有企业和中央监管企业,一般应在每年 4 月 30 日前上报企业会计报表等相关材料。其中,企业会计报表按照国家财务会计统一规定,由资产负债表、利润及利润分配表、现金流量表、所有者权益变动表、资产减值准备计提情况表及相关附表构成。企业会计报表应当经过中介机构审计。但遗憾的是，虽然有对国有企业的信息收集，国资委却还没有实际承担综合国有资产各部门运行信息、汇总上报最高议事机构并向社会公众公开的职责。

总的来看，由国资委作为信息披露义务人（见图 7-1），一方面可以向国有企业搜集信息，一方面又能协调其他监管机构将所得信息汇总整理，从而建立一个有层次、有协调、有监督的三层模式：在国有企业层面，针对不同事项定期与不定期向监管机构报告，根据报告内容的不同，决定是否公开披露；在国资委层面，制定国有企业的报告与信息披露制度，对国有企业运营状况进行监督，并向国务院报告，对报告内容进行公开披露；以国资委为主，通过与各个国有资产监管部门的协调，制定覆盖所有领域的合并报告，面向所有公众及媒体公开。

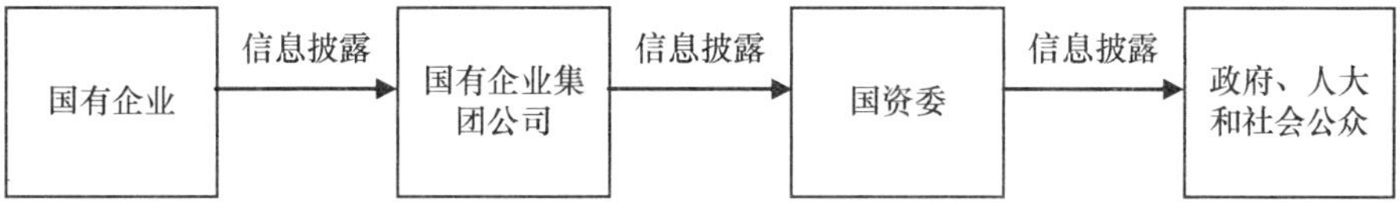

图 7-1　国有资产信息披露的流程图

7.6.6　国有资产信息的分类管理

国有企业有多重使命，有的国有企业是政策性公司，例如处置不良资产、推进企业后勤服务社会化、为建设公益性基础设施而专门成立的项目公司等；有的国有企业是市场化经营、追求股东利益最大化的。以上海世博（集团）有限公司为例，该公司的主要任务是在世博会工作中，负责建造中国 2010 年世博会世博中心、主题馆两大永久性场馆，并负责这两个场馆世博会期间的运营管理以及世博会后的后续利用[①]，而世博会的目标是“收支相抵”而非“利润最大化”。因此，国有企业宜分类监管、分类考核，防止企业以政策性亏损为由推卸经营责任。上海市国资委也曾提出过“统一授权、统一规则、分类监管”的想法。建议财政和国资部门将国企按经营目标进行分类并相应提供数据，以符合这一现实情况。课题组考虑在今年的后续调查中增设不同的指标。

7.7　政府在推进国有资产透明度方面存在的操作性难题

我们还应该看到，国有资产信息公开与政府资产信息公开是不一样，国有资产信息公开在实际操作中存在一些难题，需要进一步探索如何完善。

① 上海世博（集团）有限公司网站（http://www.shanghaiexpogroup.com/jtgk.htm）。

7.7.1 国有资产经营预算信息公开制度

国有资产经营预算信息公开制度的标准应比照财政预算的公开标准。但在操作中有一些难度,例如国有资产经营预算涉及许多上市公司,编制预算阶段的信息公开可能造成一些上市公司的经营计划提前公布。国有资产经营预算与财政预算不同的是,前者需要编制合并报表,否则毫无意义。但合并报表的编制费时较长,影响时效性。

7.7.2 国有企业的信息披露制度

从理论上讲,只要是国有企业都应该披露其财务信息。但目前股份制的推行,实际上造成大多数国有企业都有合资公司,许多国有企业都是投资性公司,如果仅公开母公司的报表,没有实质性的信息。如果要求公开股份制公司的信息,则需要征得其他股东方的同意。

7.7.3 国有资产重大事项专项信息公开制度

国有资产重大事项,例如资产重组、公司购并等,应该全面披露信息,以便在全社会范围最大限度地进行监管。但是公司购并、资产重组等都是商业信息,在某种程度上,不公布有其商业上的利益。因此如何把握也是一个很大的问题。

7.7.4 透明度的调查应兼顾数据的有效性,而不是片面追求数据的完整性

2008年年底,我国有国有企业14.3万个。[①] 在如此大规模的国有企业中推行信息披露制度,不但会浪费大量的组织成本对企业运营数据进行收集与分析,也会使真正对国民经济有重大影响的信息淹没其中不能辨别。我们应注意,国有资产信息公开与财政信息公开的差异。一般而言,财政信息如果不涉及国防、公民隐私(例如个人领取低保),则公布得越详尽越有利于社会公众参与决策或实施监督。然而,国有资产信息公开是否也需要非常公开呢?笔者认为国有资产追求营利性目标,则只需要对其进行适当考核就可以,不需要公布所有信息。笔者2003—2005年曾在一家国有企业工作,然而这家国有企业下属的子公司、孙公司、曾孙公司非常多,据说多达200家,连公司负责人都不知道自己到底控制了多少家公司。研究人员认为,这类营利性国有企业的信息披露要求与上市公司相同即可,不必披露得过多过细。

---

① 国家统计局:《第二次全国经济普查主要数据公报(第一号)》,2009年12月25日,国家统计局网站(http://www.stats.gov.cn/tjfx/fxbg/t20091225_402610155.htm)。

第8章　中国社会保险基金信息公开进程

目前在许多国家，社保支出超过教育支出、行政支出和国防支出，已经跃居成最大的财政支出项目。2012年我国城镇五大社会保险基金收入28 910亿元，支出22 182亿元，累计结余35 679亿元。① 如果把我国社保基金纳入全国财政预算，那么，2012年的社保收入（如果算是一种税种——社会保险税的话），已超过增值税，成为第一大税种；2012年社保支出已超过教育支出，为我国第一大财政支出项目。因此，当前对社会保险基金透明度的关注应提到前所未有的高度。

为了推动我国各级政府加强对社保基金的管理，推动社会公众对社保基金的有效监督，本课题组自2009年开始调查我国31个省级政府社会保险基金信息公开的情况，本报告是在2009—2012年连续四年调查结果的基础上形成的。

8.1　我国社会保险基金信息披露的相关制度

8.1.1　以社会保险预算形式通过人大进行信息披露

2010年，《国务院关于试行社会保险基金预算的意见》（国发〔2010〕2号）颁布实施，社会保险基金预算开始在全国范围内试编。三年来，试编工作取得显著进展，编报范围全面覆盖，管理机制逐步健全，编报时间大幅提前，编报水平不断提升。2012年3月，第十一届全国人民代表大会第五次会议通过的《第十一届全国人民代表大会财政经济委员会关于2011年中央和地方预算执行情况与2012年中央和地方预算草案的审查结果报告》明确提出："2013年向全国人大正式提交全国社会保险基金预算。"2013年3月，根据全国人大要求，并报请国务院同意，2013年全国社会保险基金预算正式报送全国人大。2013年全国社会保险基金预算按险种分别编制，包括基本养老保险基金（含企业职工基本养老保险、城镇居民社会养老保险和新型农村社会养老保险）、基本医疗保险基金（含城镇职工基本医疗保险、城镇居民基本医疗保险和新型农村合作医疗）、失业保险基金、工伤保险基金、生育保险基金等社会保险基金。与此同时，一些省级人大（例如广东省人

---

① 人力资源和社会保障部：《2012年度人力资源和社会保险事业发展统计公报》，2013年5月28日。

大)也要求省政府报送社会保险基金预算。

8.1.2 人社部的社保基金信息公开

根据2007年《劳动和社会保险部关于建立社会保险信息披露制度的指导意见》(劳社部发〔2007〕19号)规定,各级劳动保障行政部门负责本地区社会保险信息披露工作的组织、指导和监督工作,负责审批本级所披露的社会保险信息,社会保险经办机构具体向社会披露。根据这份文件,劳动和社会保险部决定开始在全国逐步建立社会保险信息披露制度,并于11月29日首次发布《近年来我国社会保险基本情况》报告。但是2007年以后,各省社保部门并没有严格按照该文件的要求进行社保基金的信息披露。

2013年1月,人保部发布《关于开展社会保险基金社会监督试点的意见》称,在依法强化社会保险行政监督的同时,要进一步加强社会的直接监督。社会监督包括参保人员等任何个人、参保单位、社会组织、新闻媒体、专业人员,被监督对象为社会保险相关部门、经办机构、征收机构、相关服务机构、用人单位、参保人员。意见要求,人力社保部将根据工作基础和自愿的原则,在6个省份各选择2—3个市(县)作为部级试点地区。各省份可根据实际情况,选择有条件的市(县)开展试点工作。

8.1.3 《社会保险法》对社保基金信息公开的规定

《社会保险法》于2011年7月1日正式实施,是我国社会保险领域的主要法律。该法第70条规定:社会保险经办机构应当定期向社会公布参加社会保险情况以及社会保险基金的收入、支出、结余和收益情况。除此之外,该法对社保基金的信息公开没有任何规定。

除了政府部门以各种形式推动社保基金的信息公开以外,民间也在推动对社保基金信息公开,其中最有影响力的是,2006年台盟中央在"两会"期间,提交了《关于建立社保基金监督机制的提案》。提案要求建立社保基金信息披露制度,确保参保人知情权。目前我国并没有向社会定期公布社保基金管理情况的明确规定。为维护参保人的知情权,完善政府信息公开制度,社会保险机构应当每年向社会公告社保基金的支付、积累、运营等情况,并通过法规予以明确应由何种机构、通过何种形式,并以何种周期、何种标准和规则向参保人公布,公布何种信息等关键问题,逐步实现社保基金的公开公平公正运作。

总之,近年来,我国各级人大、政府在推动社保基金信息公开方面的成效不显著,法规得不到贯彻实施,社会公众无法有效地对社保基金进行监督。

8.2 省级社会保险基金透明度的评估方法

2008年5月1日,《政府信息公开条例》正式颁布实施,该条例规定了公民申请获取政府相关信息的权利,同时也规定了各级政府信息公开机构提供信息的责任和义务。《政府信息公开条例》第19条规定:“行政机关应当编制、公布政府信息公开指南和政府信息公开目录,并及时更新。政府信息公开指南,应当包括政府信息的分类、体系、获取方式,政府信息公开工作机构的名称,办公地址、办公时间、联系电话、传真号码、电子邮箱等内容。”

依据《政府信息公开条例》及其规定、政府信息公开指南、政府信息公开目录,本课题研究人员就课题研究所需的相关信息,通过邮寄邮政挂号信函的方式,向31个省份的省政府信息公开办公室、省财政厅、省人力资源和社会保障厅等相关部门提出了书面的信息公开申请。

课题组根据31个省份的省政府及相关部门对30项社会保险基金的信息公开情况进行打分。信息公开的统计既包括这些部门通过政府网站、年鉴、公报等方式主动公开,也包括本课题组依法申请公开得到的信息。

8.3 历年省级社会保险基金透明度的评估结果

本课题组对社会保险基金透明度的调查共30项(见表8-1),分四部分:基本养老保险基金、基本医疗保险基金、失业保险基金、工伤保险基金,每部分又包括该基金的收入总额、支出总额、余额、收支汇总表、资产总额、负债总额、净资产总额、资产负债表、收入明细、支出明细、资产明细以及负债明细等内容。

8.3.1 总体得分情况

在表8-1的30个调查项中,财政、社保以及信息公开办公室等有关部门每公布一项内容的信息,就得到10分,满分为300分。

表8-1 社会保险基金透明度调查情况

项目内容	2009年	2010年	2011年	2012年
1. 社会保险基金年度收入总额、支出总额、余额和收支汇总表(4)	10.00	10.00	10.00	10.00
2. 社会保险基金年末汇总的资产总额、负债总额、净资产总额和资产负债表(4)	0.97	0.65	0.97	1.61
3. 基本养老保险基金年度收入总额、支出总额以及余额(3)	10.00	10.00	10.00	10.00
4. 基本养老保险基金年度收入各明细分类金额(7)	1.47	0.60	1.84	3.04
5. 基本养老保险基金年度支出各明细分类金额(7)	0.97	0.41	1.24	2.17
6. 基本养老保险基金年末资产总额和负债总额(2)	0.65	0.48	0.97	1.29
7. 基本养老保险基金资产明细分类金额(6)	0.70	0.32	1.13	1.40
8. 基本养老保险基金负债明细分类金额(2)	0.65	0.32	0.97	1.29

（续表）

项目内容	2009年	2010年	2011年	2012年
9. 基本养老保险基金期末净资产及年度净资产变动额(2)	0.97	0.32	0.97	1.29
10. 基本医疗保险基金年度收入总额、支出总额和余额(3)	10.00	10.00	10.00	10.00
11. 基本医疗保险基金年度收入各明细分类金额(2)	1.45	0.81	1.29	2.42
12. 基本医疗保险基金年度支出各明细分类金额(2)	1.29	0.65	0.97	2.42
13. 基本医疗细分类金额(2)	0.65	0.32	0.97	1.29
14. 基本医疗保险基金资产明细分类金额(6)	0.59	0.27	0.97	1.29
15. 基本医疗保险基金负债明细分类金额(2)	0.65	0.32	0.97	1.29
16. 基本医疗保险基金期末净资产及年度净资产变动额(2)	0.97	0.32	0.97	1.29
17. 失业保险基金年度收入总额、支出总额和余额(3)	10.00	10.00	10.00	10.00
18. 失业保险基金年度收入各明细分类金额(6)	1.08	0.43	1.18	2.69
19. 失业保险基金年度支出各明细分类金额(9)	0.93	0.47	1.08	2.01
20. 失业保险基金年末资产总额和负债总额(2)	0.65	0.32	0.97	1.29
21. 失业保险基金资产各明细分类金额(6)	0.70	0.27	0.65	0.97
22. 失业保险基金负债各明细分类金额(2)	0.65	0.32	0.97	1.29
23. 失业保险基金期末净资产及年度净资产变动额(2)	0.65	0.32	0.97	1.29
24. 工伤保险基金年度收入总额、支出总额和余额(3)	10.00	10.00	10.00	10.00
25. 工伤保险基金年度收入各明细分类金额(6)	0.43	0.38	0.86	2.53
26. 工伤保险基金年度支出各明细分类金额(6)	0.32	0.32	0.56	1.85
27. 工伤保险基金年末资产总额和负债总额(2)	0.65	0.32	0.97	1.29
28. 工伤保险基金资产各明细分类金额(6)	0.59	0.27	0.97	0.97
29. 工伤保险基金负债各明细分类金额(2)	0.65	0.32	0.97	0.97
30. 工伤保险基金期末净资产及年度净资产变动额(2)	0.65	0.32	0.97	1.29

注:① 表格中的数字代表每一项的各省平均得分,满分为10分。② 表格第一列中括号内的数字表示该调查项所包含的调查项数。例如“30. 工伤保险基金期末净资产及年度净资产变动额(2)”的括号内数字是2,表示该调查项包含两个调查小项(期末净资产和年度净资产变动额)。

8.3.2 各省得分情况

根据本课题组4年来的调查结果,我们填列了表8-2。

表 8-2　各省份社会保险基金透明度得分表(满分为 100 分)

省份	2009 年	2010 年	2011 年	2012 年
安徽	16.67	18.17	17.62	17.62
北京	16.67	16.67	16.67	24.92
重庆	16.67	16.67	23.68	18.17
福建	97.41	98.33	16.67	16.67
甘肃	16.67	17.88	17.51	23.20
广东	16.67	16.67	21.12	21.52
广西	16.67	16.67	17.14	25.40
贵州	16.67	16.67	16.67	18.35
海南	16.67	16.67	16.67	18.25
河北	20.95	16.67	92.06	46.67
黑龙江	16.67	16.67	16.67	100.00
河南	23.10	18.33	20.24	23.40
湖北	16.67	16.67	16.67	100.00
湖南	16.67	16.67	21.03	19.93
江苏	40.00	16.67	29.60	30.56
江西	16.67	16.67	19.68	18.73
吉林	16.67	16.67	18.62	18.62
辽宁	20.48	16.67	16.67	18.73
内蒙古	71.11	20.00	73.33	100.00
宁夏	18.25	16.67	17.14	16.67
青海	16.67	16.67	16.67	16.67
山东	16.67	16.67	16.67	17.14
上海	16.67	16.67	17.14	17.14
陕西	25.24	16.67	18.10	23.81
山西	16.67	16.67	18.54	18.25
四川	24.18	27.17	26.61	23.76
天津	31.38	16.67	16.67	16.67
新疆	16.67	16.67	90.37	69.68
西藏	16.67	16.67	16.67	16.67
云南	16.67	18.73	18.73	18.25
浙江	16.67	16.67	16.67	19.93
平均分	23.29	19.96	25.11	30.17

分析表 8-2,可以发现:

首先,总的来看,4 年来,全国 31 个省份的平均得分(满分为 100 分)分别是 23.29、19.96、25.11 和 30.17,社会保险基金透明度除 2010 年下降外,2011 年和 2012 年均有所上升,但升幅有限,离及格线还差很远。

其次,各省份的得分情况悬殊。例如,2012 年内蒙古、黑龙江和湖北的得分均为满分(100 分),而天津、福建和西藏等 3 个省份仅得 16.67 分。

最后,从各省份的排名来看,似乎无规律可循:2009 年和 2010 年排名第一的福建在 2012 年排名跌至最后一名。

8.3.3　各项得分情况

(1) 四项基金(基本养老保险、医疗保险、失业保险和工伤保险基金)的年度收入、支出和累计余额(见表 8-1),这四项指标的透明度是最好的。各省份都已经主动披露。

(2) 除上述四项指标以外,其余的指标披露情况极差。仅有三四个省份公布了绝大多数指标,其余省份则几乎没有公布任何信息。少数省份的得分达到或接近满分,说明本课题组的信息调查项并不苛刻,社保等相关部门已经有相应的数据,只是不想公布而已。

8.4　透明度调查中发现的问题

除了上述结论以外,本课题组在调查中还发现我国社会保险基金信息披露方面还存在相关的管理问题。

8.4.1　社保基金信息披露制度很不完善

法制不健全,必然导致透明度调查结果出现"过山车"现象。例如前面谈到的福建,2009 年和 2010 年排名遥遥领先,但在 2012 年排在最后一名。导致这种得分出现"过山车"现象的主要原因就是缺乏制度保证,行政部门和行政人员的自由裁量权过大,随意性大,导致社保信息公开程度时好时坏。

作为社会保险的根本大法,《中华人民共和国社会保险法》虽然对社保基金的信息披露有强制要求,但是,该法对于社保基金的信息披露范围、形式和截止日期等重要事项缺乏具体规定,更没有规定如何处罚那些没有及时进行信息披露的政府机构。在表 8-3 中可以看到,相对于人大和政府部门,社会保险法赋予社会公众的监督权非常有限。

表 8-3 《社会保险法》的相关规定

部门	监督的权利
各级人民代表大会常委会	各级人民代表大会常务委员会听取和审议本级人民政府对社会保险基金的收支、管理、投资运营以及监督检查情况的专项工作报告,组织对本法实施情况的执法检查等,依法行使监督职权。
社会保险行政部门	社会保险行政部门对社会保险基金的收支、管理和投资运营情况进行监督检查,发现存在问题的,应当提出整改建议,依法做出处理决定或者向有关行政部门提出处理建议。社会保险基金检查结果应当定期向社会公布。
财政和审计部门	财政部门、审计机关按照各自职责,对社会保险基金的收支、管理和投资运营情况实施监督。
社保监督委员会	统筹地区人民政府成立由用人单位代表、参保人员代表,以及工会代表、专家等组成的社会保险监督委员会,掌握、分析社会保险基金的收支、管理和投资运营情况,对社会保险工作提出咨询意见和建议,实施社会监督。 社会保险经办机构应当定期向社会保险监督委员会汇报社会保险基金的收支、管理和投资运营情况。 社会保险监督委员会发现社会保险基金收支、管理和投资运营中存在问题的,有权提出改正建议;对社会保险经办机构及其工作人员的违法行为,有权向有关部门提出依法处理建议。 社会保险监督委员会可以聘请会计师事务所对社会保险基金的收支、管理和投资运营情况进行年度审计和专项审计。审计结果应当向社会公开。
社会公众	社会保险经办机构应当定期向社会公布参加社会保险情况以及社会保险基金的收入、支出、结余和收益情况。

8.4.2 信息公开的形式需要改进

(一) 本应主动公开的信息不应设为依申请而公开

福建曾连续两年在信息公开方面高居榜首,但是其提供的大部分信息都是通过依申请公开获得的。有的省份的信息公开得分虽然远低于福建,但是这些省份的信息全部是政府通过网络与出版物主动公开的。对公民、法人或者其他组织而言,行政机关主动公开是更为快速、便利、低成本获取政府信息的途径。研究认为,社会保险基金的相关信息均应由政府主动公开信息,原因在于:

(1) 社会保障基金是强制性的缴纳而形成的基金,涉及我国 2 亿多参保人员的切身利益。根据《中华人民共和国政府信息公开条例条例》第 9 条规定,行政机关对符合下列基本要求之一的政府信息应当主动公开:涉及公民、法人或者其他组织切身利益的;需要社会公众广泛知晓或者参与的;反映本行政机关机构设置、职能、办事程序等情况的;其他依照法律、法规和国家有关规定应当主动公开的。由此可见,社会保障基金的信息公开符合政府主动公开信息的条件。

(2) 社会保障基金不符合"依申请公开政府信息"的条件。依申请公开政府信息制度之所以能免除行政机关的主动公开义务，一般是因为这部分政府信息不需要广泛知晓、不是普遍需求，只对少数公民、法人或者其他组织有影响或者有所需要。显然，社会保障基金并不是针对少数公民、法人而设立。

（二）主动公开的信息难以获取

有关部门声称信息早已公布，可是社会公众却根本无法获得所需信息。在调研之前，我们很难想象为什么政府主动公开的信息却难以获取？既然想“主动公开”，为什么又要遮遮掩掩呢？在调研中，课题组发现政府主动公开的信息获取困难的原因主要有：

（1）信息披露的网站的分类混乱，信息无从查找。目前，有一些省份的人力资源和社会保障厅网站首页设立了“信息公开”栏目，在栏目里设置了“规划与统计”子栏目。在该栏目中，读者可以见到人社部门披露的所有数据，也可以立即知道哪些社保信息已经公布，哪些社保信息没有公布，一目了然。然而，还有许多省份的人力资源和社会保障厅网站虽然也公布了社保信息，但分类非常混乱，社保信息有时放在“公示公告”栏目，有时放在“新闻”栏目，有时放在“领导讲话”栏目，社会公众根本找不到自己所需的信息。例如，《山东省人力资源和社会保险年鉴》(2012)放在“山东省人力资源和社会保障厅—机关子站—人力资源社会保险科学研究院—政策文件”的目录里，一般人是不可能找到的。

（2）公开的资料无法购买。有些省份的《财政年鉴》《人力资源和社会保险年鉴》是内部出版物，根本无法买到；有的些省份的年鉴虽然是公开出版物，但可能是由省财政厅或省人社厅自行包销，在所有的书店都无法购买到。例如，《湖北财政年鉴》为内部发行印刷，没有书号和出版社。课题组在调研中发现，有时为了获得政府已经主动公开的信息，研究人员竟然还需要动用私人关系。

（3）信息披露的载体不统一。各省的社保统计信息公开报告的名称五花八门，如《社会保险信息披露公告》《社会保险基本情况》《人力资源和社会保险事业发展统计公报》等。更让人惊讶的是，一些省份每年的信息公开报告名称还在不断调整。例如，江西省 2008 年和 2009 年都有《江西省人力资源和社会保险事业发展统计公报》，2009 年、2010 年则改为《社会保险基本情况》，2011 年又改为《社会保险信息披露公告》。

（三）信息披露方式不合理

例如，《2010 年陕西省社会保险信息》在陕西省人力资源和社会保障厅的网站上无从寻觅，但却可以在《陕西日报》上找到。[①] 最不可思议的是北京市人力资源与社会保险局。本课题组向该局申请北京市社会保险基金信息公开以后，该局

① 详见《陕西日报》网站（http://www.sxdaily.com.cn/data/jjjdts/20110926_85710712_0.htm）。

竟然向本课题组提供了一张报纸,上面载有一篇文章,标题是《2011年度北京市社会保险事业发展报告发布——基本养老金月人均达到2 284元》,作者容端,也就是说,该局竟然连自己公布的资料都拿不出来,还需要借用第三方(记者的报道)来公开。显然,记者的报道不能替代正式的社保公报,也没有法律效力。此外,这份报道在网上无法搜索到,社保部门似乎并不想让广大社会公众知道社保数据。由此,我们很难认可北京市人社局公布社保公报的诚意和决心。

(四)数据严重滞后

许多省份在次年的下半年才公布上年度的社保基金信息(见表8-4)。在这方面,最严重的是河北省。《2010年河北财政年鉴》虽然有一些河北省社会保险基金的信息,但是,《2010年河北财政年鉴》刊登的是2009年的河北省社保基金信息,而这本年鉴的出版日期是2012年1月,也就是说数据整整滞后了三年才公布。又如同样是2007年的社保数据,吉林省在2008年2月22日就公布了,而内蒙古在2009年5月15日才公布。有关部门应就政府的信息公开时间设定最后期限。

表8-4 各省份公布《2007年劳动和社会保障事业发展统计公报》的时间

省份	公布的日期	省份	公布的日期
吉林	2008-02-22	江西	2008-05-23
湖南	2008-04-01	河南	2008-07-25
四川	2008-04-10	广西	2008-09-25
云南	2008-04-17	河北	2008-11-20
安徽	2008-04-29	宁夏	2008-12-26
江苏	2008-05-07	内蒙古	2009-05-15
辽宁	2008-05-15		

(五)信息披露的范围不确定

由于法制不完善,各省份的人社部门自行确定社保基金信息的披露范围,随意性很大,想公布到什么范围就公布到什么范围,导致社保基金信息披露不完整。例如,青海省人力资源和社会保障厅在其网站上公告:“2012年社会保险信息公开项目有4项,分别是职工基本养老保险补助资金、就业补助资金、新型农村社会养老保险补助资金和城镇居民基本医疗保险试点补助资金。”显然这些信息未能包括基本养老保险、基本医疗保险、失业保险、工伤保险和生育保险基金等信息,发布的信息非常片面。又如,陕西省人力资源和社会保障厅在其网站上公布了

《2011 年陕西省人力资源和社会保险事业发展统计公报》，竟然只有约 200 字①，且该公报是《2011 年陕西省国民经济与社会发展统计公报》中的一段文字。有一个省的社保年报全部是参保人数的统计，没有一个关于社保基金金额的数据。此外，在调研中，我们发现各省份信息公开具有很强的随意性，特别是在网站上公布的信息，想公布就公布，不想公布就不公布，公布了也可能被撤下来。例如在甘肃省劳动保障网上，我们可以看到 2001—2008 年的各年甘肃省劳动和社会保障事业发展统计公报，唯独缺少 2007 年的公报，我们不知道是何原因导致该年度公报不在网上公开。

（六）信息公开的主体无法确定

社会保障的经办与管理主要涉及财政厅、人力资源和社会保障厅两个部门。课题组在申请信息公开的过程中，经常会遇到两个部门互相推诿，要求申请人向另外一个部门申请信息公开的情况。从国外的实践来看，社会保险资金（主要是养老保险）有很大一部分是完全积累型的，有的社保基金虽然是现收现付制，但是其支出性质也是刚性的（政府已经承诺的或法律明文规定的）。这就决定了社会保障基金的性质与一般财政基金的性质完全不同，因此，发达国家大都通过设立社会保障预算的形式，使其资产负债独立于一般性财政基金。从这个角度来看，我们认为，应该由社会保障部门编制并提供这类信息。

（七）社保统计体系不统一

同一个省份财政厅、人力资源和社会保障厅提供的信息往往不是同一统计口径，即使信息公告的名称相同，里面的内容也不尽相同。一些省份提供或公开的社保信息缺乏必要的说明，不仅社会公众很难读懂，就连专业的学者也不敢直接引用这些数据。例如公众非常关心的“城镇单位在岗职工平均工资”，国家统计局发布的《2009 年城镇非私营单位在岗职工年平均工资主要情况》中显示，2008 年上海市职工年平均工资为 56 565 元，而上海市人力资源和社会保障局、上海市统计局《关于公布上海市 2008 年度职工平均工资及增长率的通知》中显示，上海市职工年平均工资为 39 502 元。上述两个数字又与中国统计年鉴中的数字不同。

（八）地方政府滥用“信息保密”的规定

课题组在调研中碰到许多省份以信息保密为由拒绝公开信息的情况。一些省份在给我们的答复中给出信息不公开的理由就是保密的需要。例如，内蒙古自治区财政厅在《关于对上海财经大学蒋洪等同志申请公开信息的复函》中认为：“（调查）提纲中第二部分中涉及的社会保险基金资产负债表属于依申请公开事

① 详见陕西省人力资源和社会保障厅的官方网站（http://www.shaanxihrss.gov.cn/Html/2012-9-21/144940.html）。

项,其他内容属于不予公开事项。理由是:我区社会保险基金决算中五项社会保险都涉及公民个人的缴费年限、缴费比例等信息,按照《中华人民共和国政府信息公开条例》和《财政部关于进一步推动地方财政部门政务公开的意见》中的规定,'涉及公民个人隐私的信息'不予公开。"我们认为,这些理由是站不住脚的,但限于现行《保密法》的一些不足之处,我们无法认定什么是应该公开的信息,因此也无法进一步申请信息公开。

此外,研究人员在调研中还发现有的省份人力资源和社会保障厅在政府信息公开年报中公然作假。课题组连续三年向每个省都寄出了挂号信申请信息公开,但简单搜索了一下就发现,海南自称 2009 年、2010 年都没接到信息公开申请,山西和云南也自称 2009 年没有接到信息公开申请。

8.5　我国社保基金透明度欠佳的负面影响

近年来,我国社保支出已超过教育支出,成为金额最大的政府支出项目,我国社会保障事业已取得举世瞩目的成就。然而,在社会保障领域有不少非常反常的现象:一是政府的社保投入越来越多,但似乎许多人对社保的满意度却在下降;二是在争论养老保险双轨制、退休年龄等问题时,许多网友缺乏理性和常识。三是一些专家的分歧不在于理论,而在于争论数据的真实性与可靠性,例如 2013 年 9 月,一位北京的学者以 2030 年中国的预期寿命将达 80 岁为前提测算养老金改革方案,很快就有另一位学者质疑人口预期寿命的前提假设是不可靠的。研究人员认为这些反常现象是中国社保基金的透明度不高导致的。我们不能简单责怪社会公众或网友,因为他们无法查阅到社保的数据和资料,有些错误的认识也在所难免。

在调查中,研究人员还发现,尽管近年来我国社会保障的制度建设突飞猛进,在给付额度、覆盖面等方面有了长足的进步,但由于社会保险信息披露机制不畅,社会公众无法认识到这些成就,社会保险制度运行中的许多问题长期得不到应有的重视和解决,社保基金的透明度已成为制约社保改革的障碍。社保基金透明度低,贻害无穷。

首先,社保基金透明度低,导致整个社会忽视社保基金的潜在危机,贻误改革时机。俗话说,摆事实、讲道理。事实不清,道理就无从谈起。我们可以在网上下载一份美国联邦社保基金的年报,可以看到年报用了几十页测算未来美国养老金的收支缺口及可能的改革方案。反观我国的社保基金报告,什么测算都没有,就是一直强调"没有缺口",是当期没有缺口还是长远没有缺口?是没有显性缺口还是没有隐性缺口?是财政弥补以后无缺口,还是社保基金收支本身无缺口?含糊的报告将造成社会公众对社保改革的必要性缺乏认识,增大社保改革的阻力。

其次，社保基金的决策和管理机制不透明，社会公众不知道其中的规则，缺乏安全感。比如，每年政府提高养老金给付水平的决策机制不透明。每年年初，退休老人们都在翘首以待养老金的上调方案出台，增幅高了，觉得是应该的，增幅低了，怨声载道；一些地方调整机关事业养老金标准时，口口相传，连文件都不敢下发，如同秘密活动。又例如，网上传言“机关事业单位人员退休金平均高出企业职工两倍多”，而据笔者查阅《中国人力资源和社会保障年鉴（2012）》，2011年机关、事业单位和企业的平均退休金分别为2 167元、2 073元和1 511元，差距并没有想象的大，为什么有关部门不出来澄清呢？

再次，社保基金不透明，影响社会互信，加大执法难度。同样是高福利制度，北欧国家就实施得非常好，但南欧国家就一团糟。其中，社会互信是决定福利制度成败的关键因素。北欧国家的政府信息透明度高，社会信任感强，社会公众愿意多缴税并享受高福利；南欧国家的社会公众长期以来对公共机构的信任感低，有钱人通过地下经济逃税，通过家庭保障来养老，高收入者不参保必然导致福利模式破产。近年来人际和人群间的不信任在加深和固化。只有政府的管理水平提高了，透明度增加了，社会信任感增强了，社会公众的社会保险缴费遵从度才能有效提高，在此基础上的社会保障政策才能真正有效。

第9章　中国政府部门财政信息公开进程

9.1　导言

部门是政府预算编制和实施的主体，部门预算公开对于财政透明度的建设具有重要的意义：部门是政府职能的具体实施单元，而政府财政信息公开的意义不仅限于简单地公开政府的财政收支，而在于向社会公众展示政府职能履行的情况，以便社会公众对于政府收支的恰当与否做出适当的评价和监督。鉴于部门预算本身的意义和价值，在回顾了公共预算与政府基金、社会保障基金和国有企业基金的政府信息公开进程之后，本章将就我国政府部门预算信息公开的进程进行回顾。

在我国，1999年6月，国家审计署代表国务院在第九届全国人大常委会第十次会议上做了《关于1998年中央预算执行情况和其他财政收支的审计工作报告》。之后，全国人大常委会要求从2000年开始，中央各部委应在政府整体预算之外单独向其报告本部门的预算。人大对于部委预算报告的要求孕育着我国部门预算的公开。当然，部门预算信息公开大门的正式开启则是在2010年。2010年3月30日，在经全国人大审议批准之后，国土资源部在其官网上率先公开了2010年的部门预算。之后，财政部、住房和城乡建设部、科技部等也于2010年4月公开了其部门预算。在2010年报送全国人大审议预算的98个中央部门中，有75个中央部门向社会公开了部门预算中的收支预算总表和财政拨款预算表，有的部委还附列了数据说明（嵇明，2011）。

在2010年之后，我国部门预算信息公开不断深化和拓展。其一，公开的部门数目不断增加。在2011年，公开部门预算的中央部门数量增加到92个，并有90个中央部门公开了部门决算（王洛忠、李帆，2013）。其二，公开内容的拓展。比如，“三公”经费的公开问题。在2011年，我国在社会关注度非常高的“三公经费”——出国（境）费、车辆购置及运行费与公务接待费——的公开上终于迈出了重要的一步。其三，部门预算信息公开的细化和规范。在2012年，中央部委公开的部门预算内容更加细化，而且基本统一了格式：除了公开部门的预算表外，部门预算还公开了部门的主要职责、预算单位构成与部门预算安排情况说明等方面的内容。其四,信息公开的形式更加规范。相关部门进一步拓宽了信息公开的渠道(如加强政府的门户网站的建设)并努力通过通俗语言甚至图表等易于理解的方式来增加财政信息的可读性与可理解性。

既然如此,那么自2010年以来,我国政府部门财政信息公开的具体情况如何呢?基于2010年以来上海财经大学公共政策研究中心透明度评估小组对我国省级行政收支及相关信息透明度的跟踪调查以及对于中央部门预算信息公开与“三公”经费公开的特别评估,本章将就我国政府部门财政信息的历史进程做出回顾,具体内容从三个方面展开:行政收支及相关信息公开进程、部门预算信息公开进程与“三公”消费信息公开进程。

9.2 行政收支及相关信息公开进程

在就省级财政一般收支信息进行评估的基础上,评估小组所负责的透明度评估项目从2010年开始就省级行政收支及相关统计信息(包括人员编制情况、单位建筑和办公面积与汽车购置情况等)进行专门的评估。四年的连续评估为我国省级部门预算信息公开的进程提供了较为系统、连续的资料,本节有关我国行政收支及相关信息公开进程的分析主要以此项调查所获得的数据和资料为准。

9.2.1 省级行政收支及相关信息透明度调查项目概况

(一)调查对象的选择与信息评估范围的设定

(1)调查对象的选择。此项调查以全国31个省、自治区和直辖市(不包括香港、澳门和台湾)的省级部门作为考察对象。当然,省级政府单位的数量是很多的,有的省份其单位数量有一百多个,受人力、物力以及财力等方面的限制,调研小组仅仅考察其中有限的几类单位,主要有政府(办公厅)、人大、政协、教育厅、财政厅、国税局、地税局、工商厅、卫生厅、交通厅以及环保厅等11个省级部门。全国31个省份所涉及的相关单位总共有341个。

(2)信息调查范围的确定。在每次调查中,研究人员都以调查年份之前一至两年的各部门本级收支决算数及统计数据为调查对象。调查所涉及的问题共有25个,2011年增加了一个问题,之后三年的调查问题数增加为26个(见表9-1)。[①]在内容上,相关的信息涉及两种不同的类型,第一类是收入来源和用途信息,包括

① 2011年调查增加的问题是“全部项目支出按经济分类的明细支出信息”。之所以增加这样一个问题,其原因在于:在2010年的调查提纲中,有“各项目支出按经济分类的明细支出信息”而没有总的“全部项目支出按经济分类的明细支出信息”,很多受调查单位对此存在误解。为了保持调查提纲内容的层次性和连贯性并为了防止调查中被调查对象对内容理解存在偏差,从2011年开始,调查问卷中增加了这一问题。关于四年透明度调查的具体内容,可以参见上海财经大学公共政策研究中心(2010—2013)所给出的调查问卷。

工资、津贴、奖金等的发放,公用支出中各类费用的明细支出等,共涉及18个问题;第二类是单位的基本信息,包括单位人数(编制和实际)、单位占地面积以及公车数量及类型等,此类问题的数目为8个。

表9-1 2010—2013年省级行政收支及相关信息透明度调查概况

事项		2013年	2012年	2011年	2010年
被评估单位	省级单位个数	341个	341个	341个	341个
信息调查范围	行政收支及相关统计信息	26大项	26大项	26大项	25大项
	所涉年份	2011、2012	2009、2010	2008	2007
信息来源渠道	应申请公开	考察	考察	考察	考察
	主动公开	考察	考察	关注但不考察	不考察
具体评分	态度和责任心	满分10分	满分10分	满分10分	满分10分
	实质信息公开	满分260分	满分260分	满分260分	满分250分
	综合评分	满分270分	满分270分	满分270分	满分260分

(二) 信息来源渠道的选择与确定

在确定了调查的对象和信息范围之后,课题组成员首先通过信函的方式(挂号信)向全国31个省份的11类单位发放信息申请函,请求信息公开。然后基于341个单位就信息公开申请的反馈态度及答复内容对各个单位行政收支及相关信息透明度状况进行评估。当然,信息公开有主动与应申请公开两种方式,在2010年的时候,对于我们所申请公开的信息,由于通过网络或相关出版物主动公开的单位很少,而相关的单位即便能够主动公开少量的信息,其完整性和科学性都难以得到保证,我们在进行透明度评估时并没有考虑主动公开的信息部分。2011年,随着政府信息公开的不断发展,有单位已经按规范开始主动公开部分信息(主要是人员编制信息),但为了保持年度之间的可比性,在当年的评估中,尽管我们对主动公开的信息给予了关注,但还是没有将其作为透明度评估的内容。到后来的2012年和2013年,由于主动公开信息力度的加大,在2012年的基础上,我们开始对信息获取渠道进行了扩展:不仅涉及应申请而公开的信息,同时也考虑了被调查单位主动公开的相关信息部分(见表9-1)。

(三) 财政信息透明度的评估方法

行政收支及相关信息的透明度评估包括两个部分。第一部分是态度与责任心的评估。此方面的评估主要是根据各单位对信息公开申请的回复情况来做出评价:在《政府信息公开条例》所规定的法定时间内,对于信息公开申请事宜给予明确答复(即明确回答是公开还是不公开而不考虑它们是否公开了实质的信息)的计10分;通过信函、传真、电话、短信与电子邮件等方式与课题组取得过联系但无最终答复的计 5 分;无任何答复的计 0 分。第二部分是实质信息公开情况的评估。这一部分的评估主要是根据各单位所能公开的信息的多少来进行的。在具体操作层面,对于调查问卷所涉及的 25 个(2011 年及以后为 26 个)问题,我们设定每项的满分为 10 分,共计 250 分(2011 年及以后为 260 分)。其中,对于每个单位在各项信息上的得分,我们是以各被评估单位所能公开的信息多少按照比例来计分的。最后,将各单位的态度与责任心得分与实质信息公开得分进行加总,就各单位的透明度状况进行评估(见表 9-1)。当然,为了方便比较,最后的评分都采用百分制。

9.2.2 省级行政收支及相关信息公开的整体进展

表 9-2 给出了 2010—2013 年我国省级行政收支及相关信息透明度评估的整体结果。可以看出,在整体层面,自 2010 年以来,我国省级行政收支及相关信息的公开至有三个方面的基本特点。

表 9-2 省级行政收支及相关信息透明度的整体状况(2010—2013 年)

透明度评估所涉及的维度		2010 年	2011 年	2012 年	2013 年
态度与责任心评估	有联系的单位(个)	147	116	118	150
	其中:给予明确答复的单位(个)	109	111	110	149
	有联系但无明确回复的单位(个)	38	5	8	1
	没有任何反馈的单位(个)	194	225	223	191
	态度评分	37.5	33.3	33.4	43.8
实质信息公开评估	有实质信息公开单位(个)	18	24	182	195
	实质信息公开得分	1.83	1.82	3.67	9.50
综合情况	得分单位	147	124	207	226
	综合得分	3.21	3.10	4.77	10.82

(一)省级行政收支及相关信息透明度水平有显著的进步

从整体上看,在过去的几年中,我国在省级行政收支及相关信息的透明度建设方面取得了明显的进展。其一,从得分情况看,表 9-2 有关透明度评分的数据表明,2010—2013 年,省级行政收支及相关信息的透明度有明显的进步,这一点从增加的相对幅度来看尤为如此。其中,2013 年 341 个省级单位透明度的平均得分为 10.82 分,比 2012 年的 4.77 分增加了 6.05 分,增加的幅度达 128%。而相比 2010 年的 3.21 分,2013 年的得分更是增加了 2.37 倍。另外,除了整体得分的明显提高外,在微观的个体层面还出现了值得注意的“示范性”单位与事件。(1)出现了信息公开内容比较全面的典型单位。这方面比较有代表性的单位是广西壮族自治区人民政府办公厅。在 2012 年,针对项目组申请公开的 26 个问题,该厅的信息公开领导小组办公室对于相关的问题一一进行了答复,最后的百分制得分高达 91

分(该单位之所以没有得满分,是因为它在答复过程中遗漏了一个问题并对一个问题的理解存在一点偏差)。(2)在具体信息项的公开方面出现了有深度的典型事例。比如“项目支出按项目列示的支出数额”(第17项),由于性质特殊,相关单位对于此项信息的公开往往是有限的,信息公开的详细性更是有问题。但是,在2012年的调查中,对于此项信息,北京市交通委员会、北京市环保局与广西壮族自治区人民政府办公厅三个单位给出了2011年度项目支出预算中各项目的名称及其金额。

财政信息公开的进步,一方面是公开内容的增加及其所引致的得分水平的提升;另一方面是财政信息公开方式的规范化。从信息公开的形式规范来看,透明度调查的结果也表明,随着透明化的进程,行政收支及相关信息公开的规范性也在不断提升。因为,在规范性方面,部门预算信息的公开一方面是收支信息的公开,另一方面,考虑到部门预算是为履行部门职能而进行的收支,预算是相关部门职能履行的经济体现,恰当的预算公开需要以部门职能的介绍等为基本前提。在2010年的调查中,由于信息公开刚刚起步,没有什么单位能够按此规范来公开预算信息。但是,伴随着财政信息公开的不断进步,我国省级行政收支及相关信息公开的规范化也有明显的提升。具体来说,相关单位在公开部门预决算时,它们报告的内容不是简单地报告预算表。在预算表之前,能够简要介绍部门概况,比如介绍部门的主要职能、决算单位的构成与人员编制等;而在预算报表后则能对部门预决算情况做出必要的说明。

在过去的几年中,我国省级行政收支及相关信息的透明度之所以会有如此大的变化和进展,在直观层面,它与各单位态度与责任心的提升以及实质信息公开水平的提升(具体包括信息公开的单位数的增加以及信息公开的单位其信息公开水平的上升这两个方面)有关。至于更深层次的原因,这是中央政府的不断推动。2011年,国务院要求公开中央部门决算,并逐步公开“三公”经费和行政经费,而地方则要比照中央的做法,公开经同级人大或常委会审查批准的政府财政预算、决算。中央的推动营造了有利于信息公开的良好氛围,并直接强化了地方公开财政信息的责任心。至于具体信息的公开,根据《政府信息公开条例》和国务院常务会议精神(2011年3月)以及财政部2011年5月召开的全国地方财政预算决算公开工作会议的要求,很多省份开始了部门预决算的公开以及“三公”经费等方面的公开工作:一方面,有部分单位已经开始主动公开《部门收支决算总表》与《财政拨款支出预算总表》等表格;另一方面,基于网上的信息搜寻与各单位的反馈信息可知,很多省份都出台了有关部门预决算及“三公”经费信息公开的工作方案和制度。

据安徽省人民政府办公厅反映,《安徽省省级部门预决算及“三公”经费信息公开工作方案》已于2013年起实施，第一批42家省直单位(有详细的名单)2012年度部门决算和2013年度部门预算及“三公”经费预算信息已公开。

在黑龙江，省财政厅发布了《关于做好2012年度本级部门决算信息公开工作的通知》并对预算公开的方式做了明确规定。

在湖南，据省政府办公厅反映，《湖南省人民政府办公厅关于做好省级部门预算公开工作的通知》(湘政发〔2012〕59号)要求，地税局等21个单位被列为从2013年起开始公开部门预算的单位。

在江苏，省政府办公厅与省财政厅分别发出了题为《江苏省人民政府办公厅关于做好省级部门决算公开工作的通知》(苏政发〔2012〕64号)与《关于做好2012年度省级行政政法部门决算公开工作的通知》(苏财行函〔2013〕17号)的文件。

在上海，市政府办公厅发布了题为《上海市人民政府办公厅关于进一步推进政府信息公开工作的通知》(沪府办发〔2013〕45号)的文件。

在云南，据省人民政府办公厅就课题组的信息公开申请所给予的答复：“根据政府信息公开的相关规定，云南省正积极稳步推进预算信息公开的工作。”按照《云南省人民政府办公厅关于进一步做好预算信息公开工作的通知》(云政办发〔2013〕51号)的部署安排，2013年为制度建设阶段，2014—2015年为重点推进阶段。从2014年起，云南省财政厅将省级“三公”经费预算、决算和行政经费上一年度决算数汇总报经省人民政府批准后公开。省直属部门从2014年起，同步公开本部门“三公”经费预算、决算和行政经费决算数据。

(二) 进程中的波动并不否定透明度进步的基本态势

从整体上看，我国省级行政收支及相关信息的透明度水平是不断提高的。但是，表9-2所给出的数据也表明，2010—2011年，省级行政收支及相关信息的透明度水平曾有一点下降：综合得分从3.21分降到了3.10分。但透明度进程中得分的波动并不能否定进步的基本态势。一方面，社会发展总是曲折上升的，得分的偶尔下降并不能否定进步的长期趋势。毕竟，从整体上看，我国省级行政收支及相关信息透明度的进步趋势还是很明显的。另一方面，也是尤为重要的方面，就这里所分析的问题而言，2011年相比2010年之所以有所下降，是有其特殊原因的：(1) 对于态度与责任心，2010年的得分相比2011年之所以高，是因为2010年的评估具有“首发”优势，是偶然性因素所引起的。具体来说，2010年得分高，其直接原因是“有联系但无最终答复”的单位数比较多。而2010年之所以会有相当部分的单位“有联系但无最后答复”，是因为2010年是第一次对我国省级行政收支及相关信息透明度进行调研，很多被调查单位因为不明状况，比如不明白这次调查的性质、不知道调查是否有特殊背景等。于是，它们就通过电话等方式向项目组成员进行信息咨询。而一旦相关单位了解了透明度调查和评估的“真相”,其态度就日趋“明朗”而绝不“含糊”:对调查置之不理。也就是说,如果相关单位事先了解透明度调查的概况,这些单位基本上是不会对于信息公开申请给予答复的(实际上,随着年度调查的不断跟进,此类单位的数目越来越少)。因此,如果剔除2010年“时间优先”这一偶然因素的影响,2011年的态度与责任心评分并不比2010年低,甚至还有些微的上升。(2)对于实质信息公开,2011年得分的微下降在很大程度上与评估体系的微调整有关:由于2011年的评估体系增加了一个问题,而此问题的得分基本上等于零,这降低了整体的评分水平。从完全可比的层面来看,如果我们将评估标准变化的因素剔除掉,实质信息公开的得分也有细微的上升。

(三)省级行政收支及相关信息透明度的整体水平比较低

在过去几年中,我国省级行政收支及相关信息的透明度有显著的提升,但整体上看,我国省级行政支出及相关信息整体的透明度水平还是比较低的。一方面,在最终的得分方面,即便是得分最高的2013年,341个单位透明度的百分制得分也仅为10.82分,不足15分,远没有达到及格的水平。另一方面,从我们所制定的透明度评分体系的严格程度来看,与我国财政信息公开处于初级阶段的现实国情相适应,我们所采用的评估体系和评分标准整体上来说是比较低的。我们采用的透明度评判标准只是一种初级水平,它只考虑公众需要了解的一些基本财政信息是否能够获得,没有考察信息的及时性、规范性、真实性,对于信息的具体性,此项调查也只做了十分粗浅的调查(上海财经大学公共政策研究中心,2010)。在此情况下,即使有单位公开了我们所申请的全部信息,也不等于该单位的财政透明度建设已经尽善尽美(上海财经大学公共政策研究中心,2010)。

我国省级行政收支及相关信息的透明度水平之所以偏低,直观上来看,与两方面因素有关。一是态度与责任心状况。正如表9-2所表明的,在四年的评估中,341个被评估单位的态度和责任心状况整体上并不令人满意。就态度和责任心得分最高的2013年来说,在项目组寄出信息公开申请书后的法定时间内(就是在《政府信息公开条例》所限定的时间范围内),仅有150个单位通过电子邮件、电话、传真、手机短信或者信函等方式主动与项目组成员取得联系,表示信息公开申请书已经收到、公开申请事宜已经开始受理、告知信息公开申请因信息量过多而需要延期答复等。而对于给予答复的单位,其中还有1个单位未就调查给予最后的答复,最后给予明确答复的单位仅为149个。至于其他的191个单位(占比为56.0%),项目组所寄出的信息公开申请则完全是石沉大海,它们未曾对于信息公开申请给予任何形式的信息反馈。对于此等反馈结果,排除个别单位因为信件未寄送到等方面的问题,半数以上的单位没有任何的反馈,这一点在一定程度上反映了相关责任单位所存在的对于《政府信息公开条例》的漠视以及对于透明度评估小组的官僚式态度，同时，也直接降低了整体的态度与责任心的评分水平。二是实质信息公开状况。表9-2所给出的统计数据表明，各单位所能公开的实质信息极其有限。一方面，有实质信息公开的单位比例不高。在2012年与2013年，尽管有100多个单位公开了部分信息，但未有信息公开的单位数也有100多个。另一方面，对于有信息公开的单位，它们所公开的信息量有限，绝大多数单位所公开的信息只是人员编制方面的信息，而能够公开财政收支信息的单位依旧很少。

至于各单位的态度与责任心为何不高，实质信息公开的程度为何还比较有限，从更深层次上来说，这可能与以下两方面因素有关：一是客观的条件。我国财政信息公开建设的时间不长，而历史起点也比较低，这使得财政信息公开的程度受到了诸多现实条件的限制。二是主观的意识。在我国，尽管《政府信息公开条例》在制度上就信息公开主体的责任做出了相关的规定，相关的规定对于我国财政信息公开的建设提供了基础的保障。但是，由于制度在责任主体、信息公开范围、惩戒机制与救济制度等方面存在不足等方面的原因，信息公开制度对于透明度建设的激励与约束比较有限，信息公开制度只是强化了各单位履行义务的道德责任感而不是法律的义务感（曾军平，2011）。在此情况下，对于财政信息公开申请，相关的单位要么是置之不理，要么是找各种各样的借口和理由来推卸责任。推托的理由主要包括建议项目组去查找公开出版物或者向项目组提供没有太大意义的网址；将所申请的信息归为国家秘密而不予公开；基于条件尚未成熟、履行相应的程序后再公开、无人管理、无能力提供以及请自行复印等理由而拒绝公开。但实际上，从相关单位所提供的相关出版物与网址，课题组往往无法查到所申请的信息；而课题组所申请的信息也根本不涉及所谓的国家秘密，更不存在会危及国家安全的问题，相关单位推卸责任的迹象比较明显。

9.2.3 省级行政收支及相关信息透明度的结构变化：主体差异视角

透明度进程一方面是水平的提升，另一方面则是结构的变化。因此，在就省级行政收支及相关信息透明度整体水平的变化做出分析之后，我们接下来考察透明度的结构变化情况。作为分析的开端，我们首先从主体差异的角度来就结构的变化做出考察。从整体上看，在过去的几年中，主体结构及其变化主要有以下几方面的特点：

（一）在省级结构方面存在明显的"抑首激尾"效应

表9-3前面几列给出了2010—2013年31个省份的透明度得分及其排名情况。特别地，为了考察省级结构的变化，表9-3后面三列给出了各省排名的年度变化。其中，字母A和B分别代表在前一年度排名在前15名和后15名的省份。而A和B后面的数字则代表排名的年度变化。其中，如果数字为正，则说明本年的

排名相比上一年有所上升;反之,如果为负,则代表排名下降。

表 9-3　各省份透明度得分及排名情况

省份	2010 年		2011 年		2012 年		2013 年		排名变化		
	得分	排名	得分	排名	得分	排名	得分	排名	2010—2011	2011—2012	2012—2013
安徽	1.57	18.5	3.03	13	0.06	31	5.12	26	B5.5	A - 18	B5
北京	7.27	3	1.35	19	5.45	9	7.60	23	A - 16	B10	A - 14
福建	16.57	1	6.87	3	16.61	1	12.83	11	A - 2	A2	A - 10
甘肃	2.74	14	0.00	30	1.40	25	9.43	19	A - 16	B5	B6
广东	6.99	4	16.60	1	8.87	6	18.86	3	A3	A - 5	A3
广西	1.05	23.5	2.93	14	11.15	5	24.97	1	B9.5	A9	A4
贵州	0.70	25	0.00	30	4.48	13	14.25	9	B - 5	B17	A4
海南	3.50	10	3.36	12	1.68	21	10.77	17	A - 2	A - 9	B4
河北	1.40	20.5	2.02	17	0.67	27.5	14.63	8	B3.5	B - 10.5	B19.5
河南	1.22	22	1.68	18	0.79	26	11.46	14	B4	B - 8	B12
黑龙江	5.91	6	5.49	4	12.97	3	17.54	5	A2	A1	A - 2
湖北	2.68	15	0.67	24.5	3.65	17	3.70	28	A - 9.5	B7.5	B - 11
湖南	1.40	20.5	0.84	23	14.51	2	13.02	10	B - 2.5	B21	A - 8
吉林	0.35	29.5	1.19	20	1.52	24	17.71	4	B9.5	B - 4	B20
江苏	2.97	12	4.49	7	5.44	10	21.00	2	A5	A - 3	A8
江西	3.97	7	0.67	24.5	1.63	22	7.77	22	A - 17.5	B2.5	B0
辽宁	1.05	23.5	3.70	10.5	3.65	16	11.84	13	B13	A - 5.5	B3
内蒙古	3.75	8	1.13	21	4.39	14	10.36	18	A - 13	B7	A - 4
宁夏	9.97	2	9.77	2	6.38	8	11.34	15	A0	A - 6	A - 7
青海	0.52	27	0.17	28	1.74	20	16.21	7	B - 1	B8	B13
山东	1.57	18.5	3.70	10.5	12.15	4	8.08	21	B8	A6.5	A - 17
山西	0.52	27	0.34	26.5	0.34	30	16.24	6	B0.5	B - 3.5	B24
陕西	6.40	5	4.10	9	1.57	23	12.39	12	A - 4	A - 14	B11
上海	3.21	11	4.21	8	0.67	27.5	0.34	31	A3	A - 19.5	B - 3.5
四川	2.80	13	2.36	15	0.56	29	3.82	27	A - 2	A - 14	B2
天津	2.45	16	2.07	16	2.70	18	2.83	29	B0	B - 3	
西藏	0.52	27	0.00	30	7.02	7	6.06	24	B - 3	B23	A - 17
新疆	0.35	29.5	0.34	26.5	5.24	11	2.64	30	B3	B15.5	A - 19
云南	0.00	31	4.71	6	4.84	12	5.39	25	B25	A - 6	A - 13
浙江	3.56	9	5.05	5	1.87	19	8.22	20	A4	A - 14	B - 1
重庆	2.45	17	1.01	22	3.87	15	11.12	16	B - 5	B7	A - 1

基于表 9-3 所给出的统计结果可以看出,2010—2013 年,行政收支及相关信息的透明度在省级结构方面的一个显著特征是存在明显的"抑首激尾"效应:处于领先的省份不愿意冒尖,在下一年的排名中往往会下降;而在前一年度排名落后的省份往往也不甘落后,在下一年度中的排名往往会上升。其中,其一,对于在 2010 年排名处于前面的 15 个省份,到了 2011 年,其排名下降的省份有 9 个,而排名上升的省份只有 5 个;而对于在 2010 年排名处于后面的 15 个省份,其排名在 2011 年上升与下降的省份数分别为 10 个和 5 个。其二,对于在 2011 年排名处在前面的 15 个省份,到了 2012 年,其排名下降与上升的省份分别为 11 个 4 个;而排名处在后面的 15 个省份,排名下降与上升的省份数分别为 4 个和 11 个。其三,对于在 2012 年排名在前面的 15 个省份,其 2013 年的排名有所下降与有所上升的省份数分别为 11 个和 4 个;而对于排名处于后面的 15 个省份,其 2013 年排名有所上升和有所下降的省份数分别为 11 个和 4 个。

透明化进程中"抑首激尾"效应的产生,有其理论上的原因。其一,对于"激尾"现象,这可以从竞争的角度来加以理解。财政透明度是财政制度规范建设的必然要求,是一种必然趋势,在此情况下,排名靠后的单位和省份自然就存在某种压力,它们往往就会选择适当提高下一年度的得分来缓解这种压力。其二,对于"抑首"效应,从逻辑上来说,既然排名能够促进排名靠后的单位往前走,那透明度排名也应该进一步提升排名靠前的相关单位的透明度水平。但实际上,问题并非如此简单。因为我们国家在政治上是一个偏集权的社会,地方政府在公开相关信息时,一方面要考虑到上级的看法,另一方面也会横向参照其他省份的透明度水平,一旦得分过高,可能会产生"异类"的感觉。在此情况下,对于上一年排名靠前的单位和省份,它们在下一年的比较理性的战略就是适当控制透明度水平,以避免出风头所带来的各种风险。

(二) 人大与政协的透明度一直低于行政部门

与省际排名在结构上所存在的年度变化不同,对于所评估的 11 大部门,在过去几年中,它们的得分排名一直呈现出一种稳定的结构:政府(办公厅)等 9 大行政部门的得分及排名一直显著地高于人大与政协这两大非行政部门的得分及排名。其中,对于行政部门,尽管得分水平不是很高,但是,它们至少有一定的得分,四年平均得分的区间范围大致是 2—8.5 分;而人大和政协,在过去四年中,它们的透明度得分基本上一直等于 0(见表 9-4)。

表 9-4 行政收支及相关信息透明度的部门结构

部门	2010 年		2011 年		2012 年		2013 年		排名变化			四年平均得分
	得分	排序	得分	排序	得分	排序	得分	排序	2010—2011	2011—2012	2012—2013	
卫生	7.21	1	3.31	5	6.14	5	13.21	7	-4	0	-2	7.47
交通	5.84	2	8.02	1	6.59	4	13.43	6	1	-3	-2	8.47
财政	4.22	3	2.39	7	4.64	7	15.57	2	-4	0	5	6.70
教育	3.88	4	2.25	8	4.70	6	15.75	1	-4	2	5	6.64
环保	3.81	5	3.51	4	11.25	1	14.72	3	1	3	-2	8.32
地税	3.54	6	4.01	3	3.24	8	11.60	8	3	-5	0	5.60
国税	2.63	7	1.19	9	1.72	9	2.43	9	-2	0	0	1.99
政府	2.17	8	3.19	6	6.65	3	13.77	5	2	3	-2	6.45
工商	1.61	9	4.44	2	7.46	2	14.48	4	7	0	-2	7.00
人大	0.25	10	0.24	10.5	0.04	10.5	2.43	10	0	0	0	0.74
政协	0.12	11	0.24	10.5	0.04	10.5	2.38	11	0	0	0	0.70

人大和政协等非行政部门之所以与行政部门一直存在结构上的巨大差异，这在很大程度上与我国《政府信息公开条例》的制度性缺陷有关。由于我国目前的《政府信息公开条例》是由国务院颁布并加以推动实施的，它所定义的政府信息的公开主体是行政部门（《政府信息公开条例》第二条规定："本条例所称政府信息，是指行政机关在履行职责过程中制作或者获取的，以一定形式记录、保存的信息。"），而在人大和政协等部门看来，它们自己是非行政部门，进而不是信息公开的主体，同时也没有信息公开的义务（在我们的调查中，有一个省的人大办公室的同志曾明确向我们表示：人大不是行政部门，不属于政府信息公开的主体），甚至对于信息公开申请，也未能给予最起码的答复，这使得人大和政协这两大部门的透明度得分一直接近于零。相反，对于行政部门，受《政府信息公开条例》等的推动和影响，其财政信息公开取得了或多或少的成绩。

当然，在强调结构稳定性的同时，我们也发现，部门结构差异已经开始有变化的迹象。在前面几年，人大和政协能够就信息公开申请给予答复的单位很少，而能够公开实质性信息的单位几乎没有。但在 2013 年，湖北、江苏、江西、上海与浙江 5 个省份的人大以及河北、江苏、江西、上海与浙江 5 个省份的政协，共计 10 个单位，公布了部门预算的部分信息。省人大和省政协在财政信息公开上之所以会有如此的变化，这在很大程度上与中央对于财政信息公开的推动与示范直接相关。2010 年 3 月，温家宝主持召开了国务院第三次廉政工作会议。在讲话中，温家宝指出："要把政府所有收支全部纳入预算管理，建立健全政府公共预算、政府性基金预算、国有资本经营预算和社会保险预算制度,形成覆盖政府所有收支的预算体系。推进财政预算公开,政府公共支出、基本建设支出、行政经费支出预算和执行情况等都要公开,让老百姓清清楚楚地知道政府花了多少钱、办了什么事,能够有效监督政府。继续开展‘小金库’治理工作。”在当年全国“两会”之后,国土资源部等中央部委在其官网上发布了经审议的部门预算。受中央预算公开实践所产生的示范效应的影响,地方部门预算公开向前推进了一步。而对省级人大和政协来说,中央的规定和做法则给了它们明确的政治导向。在此情况下,尽管有关政府信息公开的法律条文还没有修改,但它们也开始公开相关的财政信息。毕竟,我国是一个政治权力比较集中的国家,诸多的工作是靠行政的力量去推动的。

(三)国税部门的透明度显著低于其他行政部门

除了行政部门与非行政部门所存在的结构性差异外,在行政部门内部还存在进一步的结构性差异。国税部门的透明度得分一直低于其他行政单位的透明度得分。作为一个行政部门,按照《政府信息公开条例》的规定,它是政府信息公开主体,对于信息公开申请,有相当一部分的单位对课题组的信息公开申请给予了答复,有的甚至还公开了部分财政信息。这使得国税与人大和政协这两类单位的信息公开状况不同,进而将其同人大和政协区分开来。但另一方面,与其他的8大行政部门不同,国税部门的得分一直很低,与其他8大部门一直存在明显的差异。国税部门四年的平均得分大致为2分,而其他行政部门的平均得分都在5.5分以上。而在2013年,国税部门的得分甚至与人大和政协的得分差不多(见表9-4)。

国税部门的透明度水平之所以一直低于其他行政单位,与国税部门本身的性质有关。在管理上,国税部门属于垂直管理的单位,省级的预算属于国家税务总局的一部分。而作为中央直属的二级预算单位,国家还没有就此类财政信息的公开出台具体规定和相关细则,因而国税部门可能缺乏公开本部门信息的激励。实际上,针对课题组的信息公开申请,安徽省国税局就曾经在其答复中指出:“安徽省国家税务局属于中央垂直管理单位,全省国税系统财务决算数据均由国家税务总局按照政务公开的要求统一向社会公开,……公开的内容包括公共预算收入支出决算总表、公共预算收入决算表、公共预算支出决算表、公共预算财政拨款支出决算表和政府性基金预算支出决算表。”而北京、甘肃、广西、河北与辽宁等省份的国税部门也指出,作为垂直管理的中央下级预算单位,部门预算、决算等相关信息已由一级预算单位(国家税务总局)统一向社会进行了公开。省级国税部门作为中央财政拨款的二级预算单位,部门预算、决算如何公开,目前没有可操作性的具体细则,因此,暂时不能提供相关数据。

9.2.4 省级行政收支及相关信息透明度的结构变化:客体差异视角

在考察省级行政收支以及相关信息透明度的主体结构之后,接下来进一步考察财政透明度的客体结构方面。客体结构差异视角的透明度问题涉及几个不同方面:一是态度和责任心与实质信息公开之间的透明度差异;二是不同财政信息项之间的透明度差异。

(一)态度与责任心得分一直高于实质信息公开的得分

从四年整体的得分情况来看,在客体结构方面,一个比较稳定的特征是:态度与责任心的得分要比实质信息公开的得分高。2010—2013年,表9-2所给出的统计数据表明,态度与责任心的得分一直超过30分,但实质信息公开的得分则一直低于10分。实质信息公开的得分之所以一直低于态度与责任心的得分,原因在于,信息公开会影响并限制责任单位和个人在公共资金配置上的自由裁量权,相比简单的答复而言,公开实质信息面临着更大的自然倾向上的抑制力。当然,除了自然方面的原因外,在我国,也有制度方面的原因:制度的不完善使得公开实质信息的自然抑制力得以强化,进而使得推动实质信息公开的效果相对更弱。具体包括:(1)财政信息合理性的保障机制不完善。由于我国的预算在整体上来说是行政主导的,立法机构在其中所起的作用有限,有关政府收支尤其是公共支出的合理性的保障机制并不完善,这使得责任单位在公开信息时会更加谨慎,担心信息公开对政府公信力可能产生不利影响,因而选择不公开信息。在我们的调查过程中,有单位在其答复中就曾表示:"信息公开申请未明确这是何组织开展的研究项目,亦未明确此调研成果的使用范围和时间,我厅认为该成果的使用产生的影响具有不确定性和不可预见性,对政府执政力及政策实施可能产生负面的影响,故信息不予公开。"(2)《保密法》的制度性限制。长期以来,政府收支信息在我国一直被视为国家机密范畴而受《保密法》的保护。由于《保密法》是上位法,责任单位担心公开财政信息会泄露国家机密,因而就信息公开申请给予回绝或婉拒(曾军平,2011)。

(二)财政收支非明细信息所取得的进展最为突出

在就态度与责任心和实质信息公开所存在的结构性变化做出分析之后,我们进一步分析实质信息公开过程中各信息项所存在的结构性特征。由于信息项数量较多,我们先将各信息项按照一定的标准进行分类,以此来探讨不同类型信息项的透明度情况。首先,按照信息项涉及的内容来分,相关的信息有人的信息、财的信息和物的信息三个方面。其中,人的信息所涉及的是单位人员编制总数及各类人员数(包括不同级别的干部数量等)方面的数据(问题20至问题22,共3个问题);财的信息是指年度收入、支出额及收支的明细数额(问题1至问题18,共18个问题);物的信息是指单位占地、用地面积以及公用车的数量等方面的信息(问题 23 至问题 26,共 4 个问题)。同时,由于"财"的方面信息项数量比较多,我们可以根据信息的明细程度再将其细分成两个级别:明细的收支信息(问题 5 至问题 19)与非明细信息(问题 1 至问题 4)。

表 9-5 给出了各信息项四年得分的统计结果。从表 9-5 所提供的数据来看,除了第 19 项的得分基本上保持不变之外,其他信息项的得分都有一定的增长。但是,另一方面,受问题本身性质差异的影响,不同信息项的增长幅度存在很大的差异。其中,增长幅度最大的是问题 1 至问题 4 所涉及的收支非明细信息,包括"年度收入总额、支出总额""按收入来源分别列示的收入数""基本支出数、项目支出数"以及"基本支出中人员支出数和公用支出数额"。比如,问题 1 所涉及的"年度收入总额、支出总额",在 2010 年,其得分仅为 3.52 分,但到了 2013 年,其得分提升到 41.9 分,增加了将近 36 分。而对于明细信息以及人的信息和物的信息,它们虽然有所增长,但增长的幅度要小得多。其原因在于,自 2011 年以后,我国财政透明度的发展直接来源于中央的推动:2010 年财政部公开了经批准的 2009 中央财政收入预算表、中央财政支出预算表、中央本级支出预算表以及中央对地方税收返还和转移支付预算表四张表格。当地方参照中央公开其预算时,所公开的信息主要是收支非明细信息方面的。

表 9-5 各信息项的透明度状况统计

信息项	2010 年	2011 年	2012 年	2013 年
1	3.52	3.52	7.50	41.9
2	2.49	2.64	6.76	41.1
3	3.52	3.52	7.32	37.0
4	2.93	2.93	5.57	21.7
5	2.58	2.35	4.89	7.1
6	0.00	0.29	0.58	1.2
7	0.00	0.29	0.58	1.2
8	0.00	0.29	2.03	1.8
9	0.32	0.88	2.05	1.8
10	0.00	0.59	2.36	1.8
11	2.62	1.76	3.57	5.0
12	0.03	0.29	0.58	0.6
13	0.03	0.29	0.58	1.5
14	0.00	0.88	1.17	1.5
15	0.00	0.59	0.59	0.3
16	0.00	0.29	1.45	2.1

（续表）

信息项	2010 年	2011 年	2012 年	2013 年
17	—	2.35	5.01	27.9
18	1.50	1.76	3.26	4.7
19	1.71	1.17	1.17	1.5
20	3.86	3.42	14.12	16.3
21	3.60	2.68	4.83	8.4
22	3.86	2.88	4.29	4.0
23	3.67	3.52	5.00	4.7
24	3.91	3.72	5.17	4.9
25	3.05	2.70	2.51	4.5
26	2.64	2.86	2.72	4.3

9.3 部门预算信息公开进程

政府由众多部门组成，而政府的职能则由各部门具体执行和实现。政府根据职能设置部门，部门则根据职能编制预算、花费资金、提供公共产品和服务。部门预算是具体执行政府职能的各部门按照被赋予各自的职能及预算年度所要完成的任务而编制并报政府预算管理部门汇总、最终必须经立法机构审批才能执行的收支计划。部门预算是政府预算三种分类形式中不可缺少的一种。按现代预算管理要求，任何政府预算都必须进行三种分类，即部门分类、功能分类和经济分类。部门分类正是部门预算的实现形式，反映的信息是“谁”在使用纳税人的钱，具体为纳税人提供公共服务。也可以说，公共资金和公共服务的最终责任者是各政府部门。没有部门预算信息，公众及其代表就无法确定公共资金的具体使用者，更不能有效地行使监督资金的权利。从理论上讲，政府的每一个部门都是根据公共需求设置的，向公众提供一种或几种公共产品和服务。不能满足公共需要的政府部门是不必存在的，因为任何部门的存在都要消耗公共资源。为更有效地使用公共资金，每个政府部门每年都要编制预算。一般而言，政府各部门预算的汇总就形成了政府预算。相对政府预算而言，部门预算提供了更为具体的信息，它表明的是谁在具体使用公共资金，并以何种成本提供了哪些种类的公共服务。政府预算透明，包括部门预算公开是实行良好治理的必要条件。也正因如此，国务院前总理温家宝在 2009 年提出，要利用三年时间公开全部中央部门预算，由此开启了我国部门预算公开的大幕。

9.3.1 政府部门预算公开进程

中国政府部门预算的公开与部门预算的改革密切相连。从这个角度看，部门预算公开大致分为三个阶段。

第一阶段，没有部门预算时期。在 2000 年开始部门预算改革前，中国没有真正的部门预算。预算具有强烈的计划经济色彩：只对财政预算内资金编制预算，而当时已大量存在的预算外资金、各种基金、各项事业收入在内的大量政府性资金，基本上仍由单位自行安排，游离于财政预算管理之外；财政预算内资金只按功能编制预算，即按照资金的用途编制资金使用计划，而没有经济分类预算。而且，即使是功能预算，也只在政府这一层面上编制，即只有功能分类的政府预算，而没有部门意义上的功能预算。

在政府层面上，按照政府职能将公共资金分配到各种用途上。这些用途体现了政府的活动及其活动结果，即向社会提供了哪些产品和服务。将这些产品和服务按照详细程度划分为不同级次的预算科目，即"类""款"和"项"。"在传统的功能预算编制模式下，在财政部门内部，预算司编制的是按（政府）功能设定的中央本级的预算，各职能司编制的是各自分管经费的预算，预算仅停留在类、款级功能的层次[①]；报送人大的中央预算草案也是按功能汇总的，其预算口径不直接对应于预算部门，且同一个科目涉及多个部门，不仅外行看不明白，内行也是只见树木、不见森林。因此，人大根本无法从中央预算草案中看出经费预算与中央（各）部门工作间的对应关系，也就无从发挥监督作用"。[②]

这种没有部门预算的传统功能预算管理方式，严重违反了公共预算的原则，即公共预算必须同时从三个角度编制：部门预算、功能分类预算和经济分类预算。少了任何一类预算，公众及其代表都无法了解预算，更无法监督预算执行。这样的预算根本不具备现代预算的三大职能：计划、控制、管理。

事实上，这种功能预算管理方式也给我国的公共资金管理带来了很多严重问题：大量预算之外的公共资金任由各部门自由处置，由此导致贪污腐败盛行以及反复出现的政府投资规模失控及经济过热、公共资金使用的低效率或无效率等问题。这些问题已成为危害我国经济发展和人民福利提高的重要因素。

为此，审计署在 1999 年严肃指出中央财政预算管理中存在的问题，并对预算编制工作提出以下改进要求：要严格执行预算法，及时批复预算；要细化报送全国人大审查批准的预算草案内容，增加透明度；报送内容应增加对中央各部门支出、中央补助各地方的支出和重点项目的支出等。[③] 财政部在广泛征求部门意见的基础上，提出了《关于改进 2000 年中央预算编制的意见》，自此，中国部门预算改革

---

① 而各预算资金使用部门则无需编制本部门预算——作者注。

② 财政部预算司：《中央部门预算改革的背景》（http://yss.mof.gov.cn/zhuantilanmu/yusuanguanligaige/zybmysgg/200806/t20080627_54294.html）。

③ 同上。

启动。

第二阶段，部门预算建立阶段。部门预算改革要求各政府部门编制自己部门的预算，做到一个部门一本预算、一本账。经过数年改革，目前我国的部门预算编制从内容到形式已臻于完善。这一结论可以从我们对中央部委的部门预算评估中得出。在我们的评估中，虽然没有任何一个中央部委得到满分，但评估的12条标准，除了预算要点（只占2.5分）之外，其他信息从不同部委的预算中都可以找到。2010年和2011年所公开的中央部委预算中虽然没有预算支出的经济分类信息，但环保部2009年公开的预算中显示了本级及其次级单位的经济分类信息，且详细到“项”。[①] 这说明经过短短几年的部门预算改革，我国的部门预算编制已相当规范，且已达到国际标准。

第三阶段，部门预算公开阶段。自2000年提出编制部门预算以来，部门预算公开也随之展开。当然，一开始的部门预算公开无论在范围上还是数量上都相当有限。部门预算信息首先向人大公开。2000年提交全国人大审议的部门预算数只有4个，此后数量逐渐增加，2005年为35个，2006年增至40个，以后每年报人大审批的中央政府部门预算数都在增加，至今几乎所有的中央政府部门预算都要提交全国人大审议。

在部门预算向人大公开的相当长的一段时间里，各级政府的部门预算并没有向社会公开。直到2009年12月，中央政府决定利用3年时间向公众公开全部部门预算，部门预算向社会公开的序幕拉开。2010年成为中国中央部门预算公开的第一年。同年，向社会公布部门预算的中央部委数是75家，2011年为98家。至今，几乎所有中央部委都在网上公开自己的部门预算信息。地方政府部门预算信息随中央部委预算公开之后也逐渐公开。从没有部门预算，到编制部门预算，向人大提交部门预算，再到向普通公众公布部门预算，10多年的时间完成了这一跨越，不能不说是我国政府信息公开史上的一件大事，是预算透明度的一大进步。那么，现如今我国部门预算透明度发展到了什么程度？为此，课题组近年对中央政府和省级政府部门的预算公开程度进行了评估。

9.3.2 部门预算透明度评估

为了解我国部门预算透明度，发现问题以利于改进，上海财经大学财政透明度课题组于2011年和2012年分别对中央政府部门预算和31个省级政府部门预算的信息公开情况进行了评估。

评估使用的标准从公众及其代表了解和监督部门预算的角度切入，根据政府部门预算要素设计，适用于任何政府的任何部门。这些标准如表9-6所示。

---

① 中国预算网（http://www.budgetofchina.com/detail.asp?param=567）。

表 9-6 部门预算评估标准

评估标准	分值	备注
1. 部门职责及预算要点	5 分	
2. 部门内的组织架构描述	5 分	
3. 部门人员总数、人员结构	7 分	当年数据 5 分,每增加一年加 1 分,满分 7 分
4. 部门预算收入按来源分类	7 分	当年数据 5 分,每增加一年加 1 分,满分 7 分
5. 部门预算支出总数	7 分	当年数据 5 分,每增加一年加 1 分,满分 7 分
6. 部门预算支出功能分类显示到一级科目	14 分	当年数据 10 分,每增加一年加 2 分,满分 14 分
7. 部门预算支出功能分类显示到二级科目	14 分	当年数据 10 分,每增加一年加 2 分,满分 14 分
8. 部门预算支出功能分类显示到三级科目	14 分	当年数据 10 分,每增加一年加 2 分,满分 14 分
9. 部门预算支出经济分类显示到一级科目	14 分	当年数据 10 分,每增加一年加 2 分,满分 14 分
10. 部门预算支出经济分类显示到二级科目	14 分	当年数据 10 分,每增加一年加 2 分,满分 14 分
11. 次级部门预算支出经济分类显示到一级科目	14 分	当年数据 10 分,每增加一年加 2 分,满分 14 分
12. 次级部门预算支出经济分类显示到二级科目	14 分	当年数据 10 分,每增加一年加 2 分,满分 14 分

评估的对象有两类。一类是中央政府直属的各大部委。课题组对其 2010—2012 年三年的预算信息公开情况进行了评估。另一类是经过筛选的 30 个省级政府部门,31 个省共 930 个部门。课题组对每个省相同的 30 个政府部门 2012 年公开的部门预算信息进行了评估。

评估的方法主要是网上搜索。根据"谁制作、谁公开"的原则①,课题组通过查找每一个政府部门的网站获得其预算信息。对于在各部门网站上查找不到的部门预算信息,又通过各种搜索引擎进行关键词搜索。在反复确定没有遗漏各部门网上公布的信息后,对最终获得的部门预算信息进行评估,评估结果如表 9-7、表 9-8、表 9-9 和表 9-10 所示。

表 9-7 2010 年中央部门预算透明度排行榜

部委名称(总数 68 个)	实际得分(满分 129 分)	百分制得分(%)	名次
环保部	56.5	43.80	1
宋庆龄基金会	45	34.88	2
中国工程院	42.5	32.95	3
交通运输部	35	27.13	4
国土资源部	33	25.58	5

① 按照财政部 2010 年 3 月 1 日颁布的《关于进一步做好预算信息公开工作的指导意见》第二条(一)款规定"各级政府财政部门负责本级政府总预算、决算的公开,各部门负责本部门预算、决算的公开",简称"谁制作、谁公开"原则。由此导致所有部门的预算并非集中公布在同一个网站上(国际惯例是集中公布在财政部或审计署网站上),而是各部门公开自己的预算信息。

（续表）

部委名称（总数 68 个）	实际得分（满分 129 分）	百分制得分（%）	名次
国务院扶贫办	33	25.58	5
国家文物局	32.5	25.19	7
国家中医药管理局	32.5	25.19	7
国务院法制办	32.5	25.19	7
国家广电总局	32	24.81	10
国务院三峡办	32	24.81	10
中国人民政协全国委员会	32	24.81	10
中国社会科学院	30	23.26	13
国家自然科学基金委员会	30	23.26	13
中华全国供销合作总社	30	23.26	13
中国地震局	30	23.26	13
国家邮政局	30	23.26	13
中央党校	30	23.26	13
国家税务总局	30	23.26	13
国家信访局	30	23.26	13
中国文联	30	23.26	13
国家信息中心	30	23.26	13
中国作家协会	30	23.26	13
农业部	29	22.48	24
卫生部	29	22.48	24
新华通讯社	27.5	21.32	26
水利部	27.5	21.32	26
国务院南水北调办公室	27.5	21.32	26
审计署	27	20.93	29
文化部	27	20.93	29
财政部	27	20.93	29
国家发改委	27	20.93	29
国家人口和计生委	27	20.93	29
国家林业局	27	20.93	29
国家民委	27	20.93	29
国家工商行政管理总局	27	20.93	29
体育总局	27	20.93	29

（续表）

部委名称（总数 68 个）	实际得分（满分 129 分）	百分制得分（%）	名次
中国银行业监督管理委	27	20.93	29
中国保险监督管理委	27	20.93	29
国家统计局	26	20.16	40
科技部	25	19.38	41
国家行政学院	25	19.38	41
国家新闻出版总署	25	19.38	41
教育部	25	19.38	41
民政部	25	19.38	41
商务部	25	19.38	41
国家知识产权局	25	19.38	41
住房和城乡建设部	25	19.38	41
国家粮食局	25	19.38	41
国家食品药品监督管理局	25	19.38	41
人力资源和社会保障部	25	19.38	41
国家安全生产监督管理总局	25	19.38	41
国家档案局	25	19.38	41
国家测绘地理信息局	25	19.38	41
中国气象局（含全国气象部门）	25	19.38	41
国家海洋局	25	19.38	41
工业和信息化部	25	19.38	41
铁道部	25	19.38	41
国有资产监督管理委	25	19.38	41
质量监督检验检疫总局	25	19.38	41
国家旅游局	25	19.38	41
中国证券监督管理委	25	19.38	41
国家电力监管委	25	19.38	41
全国社会保障基金理事会	25	19.38	41
国家能源局	25	19.38	41
国家煤矿安全监察局	25	19.38	41
中国科学技术协会	25	19.38	41
国家物资储备局	25	19.38	41

（续表）

部委名称(总数 68 个)	实际得分(满分 129 分)	百分制得分(%)	名次
总分	1 932		
平均分	28.41	22.02	
最高分	56.5	43.80	
最低分	25	19.38	
最高分与最低分的分值之差	31.5	24.42	

表 9-8　中央部委 2011 年部门预算透明度排行榜

部委名称	得分(满分 129 分)	百分制得分率(%)	名次
环境保护部	57.5	44.57	1
国家知识产权局	54	41.86	2
国家档案局	49.5	38.37	3
审计署	46	35.66	4
财政部	46	35.66	4
国家发改委	46	35.66	4
国务院办公厅(包括国务院研究室)	45	34.88	7
高检	44	34.11	8
水利部	41.5	32.17	9
国有资产监督管理委	40	31.01	10
宋庆龄基金会	39.5	30.62	11
科技部	38	29.46	12
国家广电总局	38	29.46	12
国土资源部	37	28.68	14
文化部	36	27.91	15
交通运输部	35	27.13	16
国务院扶贫办	35	27.13	16
司法部	35	27.13	16
国家中医药管理局	34.5	26.74	19
中国气象局(含全国气象部门)	34	26.36	20
中国文学艺术界联合会	34	26.36	20
中华全国供销合作总社	32	24.81	21
教育部	32	24.81	21
民政部	32	24.81	21
住房和城乡建设部	32	24.81	21
国家邮政局	32	24.81	21

（续表）

部委名称	得分（满分 129 分）	百分制得分率（%）	名次
国家民委	32	24.81	21
国家税务总局	32	24.81	21
国务院法制办	32	24.81	21
国家信访局	32	24.81	21
国务院发展研究中心	31.5	24.42	31
国家海洋局	31.5	24.42	31
中国残疾人联合会	31.5	24.42	31
农业部	31	24.03	34
卫生部	31	24.03	34
中国记者协会	31	24.03	34
国家信息中心	30	23.26	37
中国作家协会	30	23.26	37
中国人民政协全国委员会	30	23.26	37
国务院南水北调办公室	29.5	22.87	40
中央党校	29	22.48	41
国家安全生产监督管理总局	29	22.48	41
国家工商行政管理总局	29	22.48	41
国家统计局	29	22.48	41
国家旅游局	29	22.48	41
中国银行业监督管理委	29	22.48	41
中国保险监督管理委	29	22.48	23
国家煤矿安全监察局	29	22.48	23
国务院三峡办	29	22.48	41
商务部	28	21.71	50
新华通讯社	27.5	21.32	51
中国工程院	27	20.93	52
中国社科院	27	20.93	52
国家自然科学基金委员会	27	20.93	52
国家行政学院	27	20.93	52
国家新闻出版总署	27	20.93	52
中国外文出版发行事业局	27	20.93	52
中国地震局	27	20.93	52
国家食品药品监督管理局	27	20.93	52
国家人口和计生委	27	20.93	52
人力资源和社会保障部	27	20.93	52

（续表）

部委名称	得分（满分129分）	百分制得分率（%）	名次
国家林业局	27	20.93	52
中国红十字总会	27	20.93	52
铁道部	27	20.93	52
质量监督检验检疫总局	27	20.93	52
体育总局	27	20.93	52
国务院参事室	27	20.93	52
中国证券监督管理委	27	20.93	52
国家电力监管委	27	20.93	52
全国社会保障基金理事会	27	20.93	52
国家外国专家局	27	20.93	52
共青团中央	27	20.93	52
中国科学技术协会	27	20.93	52
中华全国工商联和会	27	20.93	52
法学会	27	20.93	52
中央国家机关工委	27	20.93	52
监察部	25	19.38	77
国家粮食局	25	19.38	77
中国民用航空局	25	19.38	77
国家测绘地理信息局	25	19.38	77
工业和信息化部	25	19.38	77
国家物资储备局	25	19.38	77
国家文物局	20	15.50	83
外交部	20	15.50	84
全国人大常委会办公厅	15	11.63	85

表9-9　2012年中央部门预算透明度

部委名称	实际得分（满分129分）	百分制得分
国家信息中心	59	45.74
国资委	58	44.96
中国地震局	57	44.19
国家档案馆	57	44.19
中国气象局	56	43.41
文化部	56	43.41
农业部	56	43.41

（续表）

部委名称	实际得分(满分129分)	百分制得分
国税局	56	43.41
中国作家协会	55	42.64
全国社会保障基金会	55	42.64
环保部	55	42.64
国家质检总局	55	42.64
国家民委	55	42.64
中华全国供销合作总社	54	41.86
中国文学艺术界联合会	54	41.86
中国卫生部	54	41.86
中国人民银行	54	41.86
中国人民对外友好协会	54	41.86
中国科学院	54	41.86
中国红十字会	54	41.86
中国法学会	54	41.86
证监会	54	41.86
新华通讯社	54	41.86
铁道部	54	41.86
体育总局	54	41.86
宋庆龄基金会	54	41.86
司法部	54	41.86
商务部	54	41.86
全国工商联	54	41.86
民政部	54	41.86
交通运输部	54	41.86
监察部	54	41.86
海关总署	54	41.86
国务院南水北调办公室	54	41.86
国务院扶贫办	54	41.86
国务院办公厅	54	41.86
国土资源部	54	41.86
国家自然科学基金委	54	41.86
国家邮政局	54	41.86
国家文物局	54	41.86
国家外汇管理局	54	41.86

（续表）

部委名称	实际得分（满分 129 分）	百分制得分
国家外国专家局	54	41.86
国家人口和计生委	54	41.86
国家能源局	54	41.86
国家粮食局	54	41.86
国家海洋局	54	41.86
国家工商行政管理总局	54	41.86
国家发改委	54	41.86
国家安全生产监督管理局	54	41.86
国家安全监管总局	54	41.86
共青团中央	54	41.86
财政部	54	41.86
保监会	54	41.86
中央国家机关工委	53	41.09
中国住建部	53	41.09
中国水利部	53	41.09
中国社会科学院	53	41.09
中国残疾人联合会	53	41.09
审计署	53	41.09
全国妇联	53	41.09
教育部	53	41.09
国务院三峡办	53	41.09
国务院法制办	53	41.09
国务院发展研究中心	53	41.09
国务院参事室	53	41.09
国家中医药管理局	53	41.09
国家知识产权局	53	41.09
国家行政学院	53	41.09
国家信访局	53	41.09
国家新闻出版总署（原地址）	53	41.09
国家统计局	53	41.09
国家食品药品监督管理局	53	41.09
国家旅游局	53	41.09
国家林业局	53	41.09
国家广电总局	53	41.09

（续表）

部委名称	实际得分（满分 129 分）	百分制得分
国家测绘地理信息局	53	41.09
公安部	53	41.09
工业和信息化部	53	41.09
高检	53	41.09
银监会	52	40.31
人力资源和社会保障部	52	40.31
全国政协办公厅	52	40.31
国家物资储备局	52	40.31
电监会	52	40.31
中央党校	51	39.53
中国民用航空局	51	39.53
中国记者协会	51	39.53
科技部	50	38.76
中国工程院	49	37.98
全国人大常委会办公厅	49	37.98
中国外文出版发行事业局	48	37.21
外交部	47	36.43
中华全国总工会	39	30.23
平均分	53.37	41.37

资料来源：根据 12 条评估标准对网络上搜集到的中央各部委 2012 年公布的部门预算信息评估获得。

表 9-10 2012 年各省部门预算透明度排行榜

省份	公布信息得分	公布部门数得分	总得分	百分制得分
海南	1 498	29	1 527	39.15
青海	1 391	25	1 416	36.31
陕西	1 299	27	1 326	34.00
宁夏	1 294	26	1 320	33.85
新疆	938	25	963	24.69
江西	928	25	953	24.44
河南	919	24	943	24.18
北京	869	26	895	22.95
黑龙江	866	23	889	22.78
浙江	860	28	888	22.77

（续表）

省份	公布信息得分	公布部门数得分	总得分	百分制得分
江苏	855	30	885	22.69
上海	829	29	858	22.00
广西	823	26	849	21.77
四川	764	23	787	20.18
广东	741	25	766	19.64
安徽	732	21	753	19.31
吉林	703	21	724	18.56
天津	693	24	717	18.38
河北	658	21	679	17.41
湖南	636	20	656	16.81
福建	322	10	332	8.51
山西	205	8	213	5.46
云南	124	4	128	3.28
辽宁	121	4	125	3.21
湖北	97	3	100	2.56
内蒙古	30	1	31	0.79
甘肃	0	0	0	0
重庆	0	0	0	0
西藏	0	0	0	0
贵州	0	0	0	0
山东	0	0	0	0
平均分	619	17.03	636	16.31
最高分	1498	30	1527	39.15
最低分	0	0	0	0

为进一步了解我国政府部门预算透明度的总体情况，课题组还对美国联邦政府和亚利桑那州政府、日本中央政府和大阪市政府、香港特区政府、广州市政府和焦作市政府的部门预算透明度进行了评估。评估结果如表9-11所示。

表9-11　政府部门预算透明度得分国际比较

部门名称	平均分	最高分	最低分	标准差	变异系数
美国联邦政府部门预算	100	100	100	0	0
美国亚利桑那州部门预算	62	62	62	0	0
日本中央政府部门预算	100	100	100	0	0
日本大阪市部门预算	100	100	100	0	0
香港特区政府部门	78	78	78	0	0
中央部委预算2010年	22.02	43.80	19.38	4.04	0.18
中央部委预算2011年	24.23	44.57	8.30	5.54	0.23

（续表）

部门名称	平均分	最高分	最低分	标准差	变异系数
中央部委预算 2012 年	41.37	45.74	30.23	1.79	0.04
中国省级部门预算	16.31	39.15	0	11.96	0.73
广州市政府部门预算	45.92	54.26	44.96	2.88	0.06
焦作市政府部门预算	69.77	69.77	69.77	0	0

资料来源：上海财经大学公共政策研究中心：《2011 年中国财政透明度报告》，上海财经大学出版社，2011；上海财经大学公共政策研究中心：《2012 年中国财政透明度报告》，上海财经大学出版社，2012。

9.3.3 部门预算公开存在的问题

通过评估和比较，研究人员发现，虽然中央部委和省级政府部门预算透明度得分存在较大差异，但二者在预算信息公开方面存在以下相同问题：

第一，公布的信息还很有限。从评估结果上看，我国中央部委预算透明度三年间取得了较大进步。2010 年百分制平均得分为 22.02 分，2011 年为 24.23 分，2012 年为 41.37 分，三年中每年得分都在增加，2012 年增加幅度最大，比 2011 年增长了 70% 左右。但总的来看，中央政府部门的预算透明度还比较低，百分制平均得分没有达到及格线。而 31 个省级政府的部门预算透明度就更低了。根据 2012 年的评估结果，平均得分仅为 16.31 分。我国部门预算透明度水平不仅低于国际发达国家和地区，如美国联邦政府部门（百分制得分为 100 分）、亚利桑那州政府部门（百分制得分为 61 分）、香港特区政府部门（百分制得分为 78 分），而且也低于我国焦作市政府部门预算透明度（百分制平均得分为 69.77 分）。

第二，公开的部门预算信息中经济分类信息透明度最低。从评估的结果看，无论是中央部委，还是省级政府部门，三类预算信息的得分都不高，其中经济分类信息的得分最低，如表 9-12 所示。

表 9-12 中国政府部门预算信息公开情况比较 单位：%

信息种类 \ 政府部门类型	中央政府部门			省级政府部门
	2010 年	2011 年	2012 年	2012 年
预算综合信息	37.99	39.47	56.47	25.59
预算支出的功能分类信息	39.08	45.01	85.25	22.84
预算支出的经济分类信息	0.39	0.21	0.10	5.55

资料来源：中央政府部门 2010—2011 年数据来自上海财经大学公共政策研究中心《2011 年中国财政透明度报告》，上海财经大学出版社，2011。中央政府部门 2012 年数据及省级政府 2012 年数据来自上海财经大学公共政策研究中心《2012 年中国财政透明度报告》，上海财经大学出版社，2012。

中央政府部门在2010—2012年三年中,得分最高的是“预算支出的功能分类信息”类项目,其次是“预算综合信息”类项目,百分制得分都在40分左右,但“预算支出的经济分类信息”项目得分未超过1分,且逐年下降。省级政府部门的情况大致如此,只不过得分最高的项目是“预算综合信息”类项目,其次是“预算支出的功能分类信息”类项目。但无论是中央政府部门,还是省级政府部门,这两类项目的得分差异不大,但经济分类信息得分与前两类信息得分差异巨大,且期间没有实质性变化。这表明近年我国政府在部门预算公开方面的努力主要集中在公开预算的综合信息及预算支出的功能分类信息方面,而对预算支出的经济分类信息的公开则重视不够。经济分类信息是三类信息中最为重要的信息。公众及其代表只有通过完整、详细的经济分类信息才能了解自己的钱是怎么被花掉的,有多少用在自己身上,有多少被用做行政管理费。只有这样,才能判断每一笔钱该不该花,花费的规模和结构是否适当。

第三,部门预算的功能分类信息不能将部门的职责和目标与履行职责、实现目标所需要的资金成本直观地联结起来。这与国际发达国家和地区政府部门预算的功能分类信息有显著差异。从国际发达国家和地区看,政府与政府部门的职能是不同的。政府职能是各部门职能的归类汇总。政府的职能体现的是一级政府能够为辖区内的公众提供的产品和服务的总和。一般而言,政府职能包括国防、外交、教育、科技、卫生、社会保障等职能。而单个政府部门只是执行政府众多职能中的一种或几种职能。如教育部只执行政府提供各种教育服务的职能,卫生部只执行政府提供公共卫生服务的职能。因此,部门存在本身就说明其职能既定,无须再像政府一样将各种活动按政府职能进行分类,而是直接在既定的政府某一种或某几种职能下活动。也就是说,部门从事各种活动,完成各种项目以执行政府的职能。对公众及其代表而言,部门预算需要反映的是部门为执行自身被赋予的职能所设立的项目以及完成每一个项目所需要的资金(成本)。因此,部门预算的功能分类信息应直接展示部门所从事的各种项目及其预算。发达国家和地区以及相当多的发展中国家政府部门预算的功能分类信息都直接反映部门所从事的项目及其预算。与此不同,我国政府部门预算的功能分类与政府预算的功能分类一致,一样包括“类”“款”“项”级科目。如2011年中央政府预算支出的类级科目分为一般公共服务、外交、国防、公共安全、教育、科学技术、文化教育传媒、社会保障和就业等20大类。各部委的预算功能分类科目也是如此。如教育部的部门预算支出的类级科目有外交、教育、科学技术、文化教育传媒等13项。所不同的是,部门的功能分类科目设置与部门自身的职能特征相匹配,没有职能相应地也没有科目。

这种功能分类信息很难让人清楚地将部门的职能和任务与其完成这一任务

所需要花费的资金联系起来,或者说,部门提供的公共服务与其提供这些服务所需要的成本之间的直接联系无法建立,从而不能判断部门的哪些项目和相应的活动是完成职能所必需的,哪些是多余的。部门预算失去了作为公众及其代表了解和监督政府部门活动工具的作用。

第四,部门预算公布的方式不符合便利原则。便利原则是预算透明度的重要原则。便利的含义是指便于公众获得部门预算信息。使公众获取部门预算的成本(包括时间成本)最小化应是政府预算公开工作的重要目标之一。与国际比较,目前我国无论是中央部委,还是省级政府部门,其预算的公布方式都不符合便利原则。从所考察的国家和地区看,包括我国的广州市和焦作市,所有政府部门都将其部门预算集中在一个网站上公布,这个网站要么为财政部网站,要么为政府指定的特别网站(如美国的审计署网站)。广州市政府 2009 年将所属的 114 个部门的预算集中在财政局网站上公布,焦作市政府多年来就将政府所有部门预算集中在财政局的网站上,通过"财经沙盘"统一公开。但我国绝大部分政府的部门预算信息则是根据"谁制作(信息)、谁公布"的原则,分散地在各自的网站上公布本部门的信息。在课题组考察的 7 个类型的政府部门中,唯有我国的中央部委预算和省级政府部门预算是分散在各自的网站上。

没有将部门预算集中在一个网站统一公布的弊端是明显的。一是公众要获得多个政府部门的预算信息要一个部门、一个部门地查找,增加了查找的时间。本课题组就遇到这样的难题。我们查找美国、中国香港政府部门的预算,只要点开一个、最多两个网站就可以获得全部部门预算信息,但我们需要点开所有部门的网站才能了解中央各部委及省级各部门的预算公开情况,查找的时间大大增加。二是不利于获知到底公布预算的部门有多少。如果部门预算都集中公布在同一网站上,则很容易确认哪些部门公布了,哪些没有公布。而分散公布就很难确认公布部门预算的部门数量,如我们费尽周折也没有找到与公开报道的数字一致的中央部委数。

9.3.4 部门预算公开的建议

首先,规范部门预算公布的内容,完整详细地公布各类预算信息,包括预算支出的经济分类信息。针对目前我国部门预算信息公开中存在的信息缺失问题,我们建议在公开的部门预算中,要增加预算要点、预算支出的经济分类信息和各项预算内容的多年度信息。经济分类信息不仅要公开本级部门的信息,而且要公开次级部门的信息;不仅要公开类级经济分类信息,而且要公开款级经济分类信息。

其次,改进部门预算编制。改革部门预算编制中的功能分类方法,将部门的职能细化成各种项目,再将各种项目与预算资金联结,这样部门的职责与项目、项目与成本、公众的利益与负担就联系起来了。这样的预算信息公布出来才能让人看得懂,才有利于预算管理和预算监督。

最后,将部门预算集中公布在同一个网站上,这是预算透明的要求,也符合国际惯例。

9.4 “三公”经费信息公开进程

9.4.1 “三公”经费信息公开的政策法规建设进程

《中华人民共和国政府信息公开条例》自 2008 年 5 月 1 日起施行以来,财政部先后发布了《关于进一步做好预算信息公开工作的指导意见》(财预〔2010〕31 号)和《关于深入推进基层财政专项支出预算公开的意见 》(财预〔2011〕27 号),这对财政预算和决算信息的公开做出了总体部署,但是均未对是否要以及如何公开“三公”经费做出说明。2012 年 4 月 28 日,国务院办公厅印发了《2012 年政府信息公开重点工作安排》(国办发〔2012〕26 号)的通知,第一次对中央部门和省级政府部门“三公”经费做了总体部署。2013 年 7 月 1 日,国务院办公厅印发了《当前政府信息公开重点工作安排》(国办发〔2013〕73 号)的通知,安排了省以下地方政府“三公”经费公开时间表。财政部根据国务院的相关安排,出台了《财政部关于推进省以下预决算公开工作的通知》(财预〔2013〕309 号),不仅细化了地方政府“三公”经费公开时间表,还对公开主体、公开内容、公开时限做了规定。2014 年,国务院印发了《2014 年政府信息公开工作要点》(国办发〔2014〕12 号),财政部也发布了《关于深入推进地方预决算公开工作的通知》(财预〔2014〕36 号),对“三公”经费的公开做总体安排。表 9-13 总结了中央政府推进“三公”经费信息公开的政策法规建设进程。

表 9-13　推进“三公”经费信息公开的相关中央政策法规

年份	政策文件	政策内容
2012	《2012 年政府信息公开重点工作安排》(国办发〔2012〕26 号)	中央部门要在 2011 年公开“三公”经费支出总额和分项数额的基础上,细化“三公”经费的解释说明,公开车辆购置数量及保有量、因公出国(境)团组数量及人数、公务接待有关情况等。各省(自治区、直辖市)政府要制定“三公”经费公开时间表,争取在两年左右的时间内,实现省级政府全面公开“三公”经费。同时,要指导督促省级以下政府及其部门加快“三公”经费公开步伐。
2013	《当前政府信息公开重点工作安排》(国办发〔2013〕73 号)	在 2012 年工作基础上,2013 年要进一步细化公开中央部门“三公”经费,“三公”经费预算决算总额和分项数额增长的中央部门,要细化说明增长的原因。细化中央部门 2014 年预算编制,将公务用车购置和运行费细化公开为购置费和运行费。各省(自治区、直辖市)政府要全面公开省本级“三公”经费,并指导督促省级以下政府加快“三公”经费公开步伐,争取 2015 年之前实现全国市、县级政府全面公开“三公”经费。

（续表）

年份	政策文件	政策内容
2013	《财政部关于推进省以下预决算公开工作的通知》(财预〔2013〕309 号)	2013 年各省应全少选择 20% 的地市级和县级地区开展“三公”经费预决算公开工作,2014 年所选地区应至少达到省内同级政府数量的 50%,各省应于 2015 年之前在省内所有县级以上政府开展包括财政预决算、部门预决算及“三公”经费预决算、市(县)级汇总“三公”经费预决算等方面在内的公开工作。
2013	《财政部关于推进省以下预决算公开工作的通知》(财预〔2013〕309 号)	各级财政部门是本级财政预决算、汇总“三公”经费预决算公开的主体;各部门是本部门预决算、“三公”经费预决算公开的主体。 “三公”经费预决算公开单位范围包括向同级财政部门编报部门预算的部门及其所属行政单位、事业单位(含参照公务员法管理事业单位)、社会团体、企业等。除涉及国家安全等特殊部门外,各公开地区和部门原则上都应向社会公开本地区汇总“三公”经费预决算,以及部门“三公”经费预决算情况,各部门“三公”经费预决算应分别随同部门预决算一并公开。2013 年,开展相关工作的地区和部门应公开当年“三公”经费财政拨款预算数,有条件的可一并公开 2012 年“三公”经费财政拨款决算数。2014 年及以后年度,开展相关工作的地区和部门应分别公开当年“三公”经费财政拨款预算数和上一年度“三公”经费财政拨款决算数。 每年集中时间将财政预决算、部门预决算及“三公”经费预决算、汇总“三公”经费预决算等内容向社会公开,上述公开工作原则上应于每年 10 月 31 日前完成。
2014	《2014 年政府信息公开工作要点》(国办发〔2014〕12 号)	加大“三公”经费公开力度,所有财政拨款安排的“三公”经费都要详细公开,细化说明因公出国(境)团组数及人数,公务用车购置数及保有量,国内公务接待的有关情况,以及“三公”经费增减变化原因等信息。
2014	《关于深入推进地方预决算公开工作的通知》(财预〔2014〕36 号)	所有使用财政拨款安排“三公”经费支出的部门和单位都应公开财政拨款“三公”经费预决算;“三公”经费预决算随同部门预决算一并公开。 要在同级政府或财政部门门户网站上设立预决算公开专栏,汇总集中公开政府预决算、部门预决算及“三公”经费预决算等内容,方便查询监督。 各级财政部门公开本级“三公”经费财政拨款预算总额和分项数额,对增减变化的原因进行说明。各部门公开本部门“三公”经费财政拨款预算总额和分项数额,对增减变化的原因进行说明,应将“公务用车购置和运行费”细化公开为“公务用车购置费”和“公务用车运行费”。 “三公”经费决算公开要细化说明因公出国(境)团组数及人数,公务用车购置数及保有量,国内公务接待的批次、人数、经费总额,以及“三公”经费增减变化原因等信息。

9.4.2 中央"三公"经费信息公开进程

2011年年初召开的第十一届全国人民代表大会第四次会议和中国人民政治协商会议第十一届全国委员会第四次会议(简称"两会")上,200多名全国人大代表和全国政协委员分别在议案和提案中提出"三公消费"问题。在全国"两会"召开时,全国人民代表大会财政经济委员会相关负责人表示,将在2011年6月报告的2010年中央财政决算中公开"三公"支出。2011年3月23日,时任国务院总理温家宝主持召开国务院常务会议,会议决定:(1)在2009年和2010年大幅压缩的基础上2011年要继续压缩中央部门"三公"经费预算;(2)将中央本级"三公"经费支出情况纳入当年政府向全国人大常委会上报的中央财政决算内容,并向社会公开,接受社会监督。会议强调,推进财政预算公开,政府公共支出、基本建设支出、行政经费支出预算和执行情况等都要公开,让老百姓清清楚楚地知道政府花了多少钱、办了什么事,能够有效监督政府。4月14日,科技部在财政拨款支出说明中率先以文字形式公布"三公"经费预算。5月4日,国务院常务会议再次做出决定,公开出国(境)费、车辆购置及运行费、公务接待费"三公"经费和行政经费支出情况,进一步明确中央各部门要公开本部门2010年度"三公"经费决算数和2011年"三公"经费预算情况。6月30日全国人大常委会经表决批准了2010年中央决算,财政部首次公布了中央有关部门"三公"经费的总数目。直至7月,众多中央部委才仿效科技部"三公"经费公开行列。截至8月9日,除外交部、国防部、安全部、国务院港澳事务办、国务院侨务办、国务院台办等部委之外,94个中央部门或粗或细地陆续向社会公布了"三公"经费开支。

2012年4月23日,财政部、发改委、审计署、保监会、国土资源部等14个政府部门纷纷向社会公开了各自2012年的部门预算,由此拉开了2012年中央部委部门预算和"三公"经费预算公开的序幕。4月24日,又有外交部、商务部、统计局、作协等50个部门公布2012年的部门预算,除外交部外的大部分部门预算都含"三公"经费预算信息。截至4月26日,87个中央单位公布年度部门预算和"三公"经费预算。2012年7月19日起,有关中央部门陆续向社会公开2011年部门决算,并同时公开"三公经费"决算和行政经费等有关数据。

2013年4月18日,中央部门集中公布了当年部门"三公"经费预算信息和部门预算信息,其中国家铁路局、国家卫生和计划生育委员会、国家新闻出版广电总局以及国家能源局等在其他部门公开预算的时候尚未完成机构和职能调整工作,因此暂未公开部门预算和"三公"经费信息。根据相关政府网站的检索,在年底机构职能和预算调整工作完成后,新闻出版广电总局和能源局等部门已经公开了2013年度的"三公"经费预算信息,而卫计委在2013年并未公开当年"三公"经费预算信息。2013年7月18日,中央部门在收到财政部对2012年度部门决算的批复后,第一时间集中向社会公开“三公”经费决算信息,时间上比2012年提前了一天;7月19日,共计80家中央部门在其官网上公布了2012年度“三公”经费决算情况。

2014年4月18日财政部向社会公开了中央本级2013年“三公”经费预算执行和2014年预算安排情况,同一天95家中央部门向集中社会公开各自的2014年部门预算和“三公”经费预算。2014年第一次公开“三公”经费预算的部门有最高人民法院、外交部、国务院侨办和国务院港澳办。在2013年公开“公务用车购置及运行费”的基础上,2014年各部门细化公开“公务用车购置费”和“公务用车运行费”。与往年单设一段文字介绍“三公”经费的情况不同,2014年部门预算新增了一张“三公”经费财政拨款预算表,通过将2014年“三公”经费财政拨款预算数与2013年预算数、2013年预算执行数分别列示,方便社会公众进行纵向历史比较分析。

表9-14至表9-19展示了中央部门2011年来“三公”经费预(决)算信息公开情况,其中2011年和2012年公开的是上一年度的“三公”经费决算和当年“三公”经费预算,2013年和2014年公开的是上一年度“三公”经费预算执行情况和当年“三公”经费预算。从中可知,党中央机构和民主党派的“三公”经费信息公开状况相对较差,政府机构则基本能按照国务院的要求公开“三公”经费信息。

表9-14 党中央机构和党中央直属事业单位“三公”经费公开情况

部门 \ 年份	2011	2012	2013	2014	部门 \ 年份	2011	2012	2013	2014
中央办公厅					中央党校	√	√	√	√
中纪委					中央文献研究室				
政法委					党史研究室				
组织部					中央编译局				
宣传部					中国外文局	√	√	√	√
统战部					《人民日报》社				
对外联络部					《求是》杂志社				
政策研究室					《光明日报》社				
台办					浦东干部学院				
中央外宣办					井冈山干部学院				
中央财办					延安干部学院				
中央外事办									
中央机构编委	√	√	√	√					
中央机关工委	√	√	√	√					

注:根据人民网2011年中央单位“三公”经费一览(http://politics.people.com.cn/GB/8198/346636/index.html)、2012年中央单位“三公”经费一览(http://politics.people.com.cn/GB/8198/366903/index.html)、2013年中央单位“三公”经费一览(http://politics.people.com.cn/n/2013/0418/c99014-21187151.html)、2014年中央单位“三公”经费一览(http://politics.people.com.cn/n/2014/0418/c1001-24915538.html)和相关部门官方网站收集整理所得。“√”表示已经公开,“×”表示未松开,“—”表示当年该部门不存在,空白表示未查到相关信息。下同。

表 9-15　国家机构、国务院办公厅和政府部门“三公”经费公开情况

部门＼年份	2011	2012	2013	2014	部门＼年份	2011	2012	2013	2014
人大办公厅	√	√	√	√	政协办公厅	√	√	√	√
最高检	√	√	√	√	最高法	×	×	×	√
国务院办公厅	√	√	√	√	人保部	√	√	√	√
外交部	×	×	×	√	国土部	√	√	√	√
国防部	×	×	×	×	环保部	√	√	√	√
发改委	√	√	√	√	住建部	√	√	√	√
教育部	√	√	√	√	交通部	√	√	√	√
科技部	√	√	√	√	水利部	√	√	√	√
工信部	√	√	√	√	农业部	√	√	√	√
民委	√	√	√	√	商业部	√	√	√	√
公安部	√	√	√	√	文化部	√	√	√	√
安全部	×	×	×	×	卫生部	√	√	—	—
监察部	√	√	√	√	人口计委	√	√	—	—
民政部	√	√	√	√	卫计委	—	—	×	√
司法部	√	√	√	√	人民银行	√	√	√	√
财政部	√	√	√	√	审计署	√	√	√	√

注:2013 年卫生部和人口计委合并成卫计委后的部门预算仍未公开当年的“三公经费”信息。

表 9-16　国务院直属机构和办事机构“三公”经费公开情况

部门＼年份	2011	2012	2013	2014	部门＼年份	2011	2012	2013	2014
国资委	√	√	√	√	食药监局	√	√	√	√
海关系统	√	√	√	√	统计局	√	√	√	√
国税系统	√	√	√	√	林业局	√	√	√	√
工商总局	√	√	√	√	知识产权局	√	√	√	√
质检总局	√	√	√	√	旅游局	√	√	√	√
广电总局	√	√	—	—	宗教局	√	√	√	
新闻出版总署	√	√	—	—	参事室	√	√	√	√
新闻出版广电总局	—	—	√	√	国管局	√	√	√	√
安监局	√	√	√	√	三峡办	√	√	√	√
南水北调办	√	√	√	√	扶贫办	√	√	√	√
侨办	×	×	×	√	台办				
港澳办	×	×	×	√	国新办				
国务院研究室	√	√	√	√	法制办	√	√	√	√

注:国务院办公厅和研究室的部门预算、“三公”经费在一起,视同全部公开。

表 9-17 国务院直属事业单位"三公"经费公开情况

部门＼年份	2011	2012	2013	2014	部门＼年份	2011	2012	2013	2014
新华社	√	√	√	√	气象局	√	√	√	√
中科院	√	√	√	√	银监会	√	√	√	√
社科院	√	√	√	√	证监会	√	√	√	√
工程院	√	√	√	√	保监会	√	√	√	√
国研中心	√	√	√	√	社保基金理事会	√	√	√	√
国家行政学院	√	√	√	√	自科基金委员会	√	√	√	√
地震局	√	√	√	√	体育总局	√	√	√	√

表 9-18 中央部委管理的国家局"三公"经费公开情况

部门＼年份	2011	2012	2013	2014	部门＼年份	2011	2012	2013	2014
信访局	√	√	√	√	民航总局	√	√	√	√
粮食局	√	√	√	√	邮政局	√	√	√	√
能源局	√	√	√	√	文物局	√	√	√	√
国防科技工业局	√	√		√	中医药管理局	√	√	√	√
烟草专卖局					外汇管理局	√	√	√	√
外专局	√	√	√	√	煤监局				
公务员局					物资储备局	√	√	√	√
海洋局	√	√	√	√	档案局	√	√	√	√
测绘局	√	√	√	√	保密局				
铁路局(铁道部)	√	√		√	密码局				

注:煤监局的"三公经费"包含在安监局的"三公"经费中,未单独公开。

表 9-19 民主党派和社会团体"三公"经费公开情况

部门＼年份	2011	2012	2013	2014	部门＼年份	2011	2012	2013	2014
民革中央					农工党中央				
民盟中央					致公党中央				
民建中央					九三学社中央				
民进中央					台联中央				
总工会		√	√	√	残联	√	√	√	√
共青团中央	√	√	√	√	宋庆龄基金会	√	√	√	√
妇联	√	√	√	√	供销合作总社	√	√	√	√
文联	√	√	√	√	中国记协	√	√	√	
侨联	√	√	√	√	台联				

（续表）

年份 部门	2011	2012	2013	2014	年份 部门	2011	2012	2013	2014
科协	√	√	√	√	工商联	√	√	√	√
作协	√	√	√	√	黄埔军校同学会				
中国法学会	√	√	√	√	外交学会				
对外友协	√	√	√	√	红十字总会	√	√	√	√
贸促会	√	√	√	√	中国政研会				
欧美同学会									

注：全国总工会“三公”经费支出由全国总工会自有经费承担，相应公共财政拨款的“三公”经费预算支出为零；黄埔军校同学会和欧美同学会的“三公”经费包含在全国政协办公厅的“三公”经费中，未单独公开。

9.4.3 地方“三公”经费信息公开进程

2011 年 7 月 15 日，北京市公布了市级党政机关、全额拨款事业单位的“三公”经费财政拨款合计 11.3 亿元，成为全国首个公开“三公”经费的省级行政单位。北京市机构编委、市发改委、北京人民艺术剧院等 44 个部门也在“首都之窗”和各自官方网站公布了“三公”经费 2010 年决算和 2011 年预算情况。根据中国预算网收集整理，北京市市级预算部门共有 162 个，2012 年北京市有 80 个市级预算部门公布了 2012 年“三公”经费预算及 2011 年“三公”经费预算数额。[①] 一些部门 2012 年公开的“三公”经费细化到出国团组、人次和人均出国经费情况，以及购置车辆数与车均运行维护费等情况。2013 年，北京市共有 90 个部门上报人代会审议预算，除两家涉密单位外，其余 88 个部门都向社会公布了预算（含“三公”经费）。2014 年，上报人代会审议预算的市级部门增加到了 100 个，北京市委党校、北京市气象局、北京市法学会等 10 个部门也首次被要求公开包括“三公”经费在内的预算账单。2014 年北京市公布部门预算（“三公”经费预算）的部门增加到 101 个（其中北京市青年宫“三公”经费预算为 0，北京人民艺术剧院未提供“三公”经费信息），车均运行维护费细化到公务用车加油、公务用车维修、公务用车保险、公务用车其他（包括过路过桥费、租车费等）。[②]

2011 年 11 月，天津市政府办公厅发布《关于进一步做好部门预算公开工作的通知》（津政办发〔2011〕121 号），要求市政府直属机构从 2012 年起公开本部门公务接待、公务车辆购置及运行、因公出国（境）等“三公”经费的预决算数据，公开时须配发通俗易懂的说明，方便公众查阅理解。2012 年 8 月 28 日，天津市文化广播

① 《北京市 2012 年三公经费公开情况统计》，中国预算网，2013 年 3 月 26 日。
② 《2014 年北京市级部门“三公经费”预算一览》，人民网北京频道，2014 年 3 月 17 日。

影视局公开了"三公"经费2011年决算和2012年预算情况(未与部门预算一起公布),成为全市首家通过政府公开信息系统公开"三公"经费的职能机构。2012年,天津市43个部门预算向社会公开,首次公开了2011年"三公"经费决算支出和2012年财政拨款预算。[①] 2012年10月,滨海新区、东丽区和西青区首次公开了区政府的"三公"经费情况。天津市《2013年市政府信息公开工作年度报告》显示43个市级部门连续两年公开了本单位的"三公"经费情况。截至2014年5月6日,2014年天津市市级部门"三公"经费预算公开从以往年份的43个增加至48个部门,并首次与部门预算同时亮相,也首次将"养车费"和"购车费"分开列支。[②]

2011年6月10日,河北省卫生厅试点公开了"三公"经费2010年决算及2011年预算安排情况。根据《河北省2012年政府信息公开重点工作安排》的要求,"到2013年底,除少数按有关保密规定不宜公开部门预算决算的单位外,省级部门要全面公开'三公'支出总额和分项数额,公开车辆购置数量及保有量、因公出国(境)团组数量及人数、公务接待等有关情况,并做好'三公'经费的解释说明。各设区市政府要制定'三公'经费公开时间表,并督促指导县(市、区)政府及其部门加快'三公'经费公开步伐"。根据河北省2013年《当前政府信息公开重点工作安排》,省级部门要继续公开"三公"经费信息,各设区市政府要在2014年全面公开市本级"三公"经费,并督促指导县(市、区)政府及其部门加快"三公"经费公开步伐,争取2015年以前实现全省各级政府全面公开"三公"经费。但从实际情况来看,一些部门并没有严格按照河北省政府的要求公开"三公"经费信息,2013年省级应公开预算部门104个,截至2013年6月底,只有95个预算部门公开了部门预算,公开率为91%;有69个预算部门公开了"三公"经费预算,公开率仅为66%。[③] 截至2014年6月底,九三学社河北省委只在2013年3月公布了2012年度"三公"经费支出情况而至今未公布2013年度的"三公"经费预决算情况,而省公安厅、省委统战部、民革河北省委、民盟河北省委等预算单位至今未在其官方网站发布任何"三公"经费预决算信息。值得肯定的是,在2014年度的"三公"经费公开中,河北社会主义学院等个别预算单位公布了"三公"经费的资金来源情况(公共财政预算、基金预算、财政专户和其他来源收入)和支出渠道(正常公用经费、专项公用经费、专项项目和其他支出)。

2012年10月22日,山西省政府办公厅发布《山西省2012年政府信息公开重点工作安排》,要求争取在两年左右的时间内,按要求报送省人大审查部门预算的

① 金学思:《天津细化"三公"经费解释说明:支出详细公开》,天津北方网,2013年4月9日。

② 金学思:《天津2014年"三公"经费预算减少1亿:46个部门不购车》,《每日新报》,2014年5月6日。

③ 《河北省财政厅公开"晒"账本:让预算接受监督阳光》,河北新闻网,2013年8月17日。

省政府组成部门、直属特设机构、直属机构和部门管理机构公开省级公务接待费、车辆购置及运行费、因公出国(境)费。2013年山西省确定太原和长治2个市、尖草坪区等24个县区为“三公”经费公开试点市县以来,截至10月底已有4个市和22个县、92个省级部门公开了2013年“三公”经费预算数,95个部门公开了2012年“三公”经费支出数。①

2012年,根据《内蒙古自治区人民政府办公厅关于印发自治区本级部门预决算、“三公”经费预决算及行政经费支出决算统计数公开工作方案的通知》(内政办发〔2012〕110号)的要求,发改委、扶贫开发(革命老区建设)办公室、经信委等部门在部门预算中公布了“三公”经费公共预算财政拨款支出情况。《内蒙古自治区人民政府办公厅关于做好自治区本级部门预决算、“三公”经费预决算及行政经费支出决算统计数公开工作的通知》(内政办字〔2013〕88号)中明确指出,按先局部试点后全面推开的思路,在2012年选择报自治区人代会审议预算的12个部门作为试点的基础上,2013年自治区行政部门将全部公开部门预决算、“三公”经费和行政经费决算统计数。②

辽宁省财政厅2013年4月公布了2013年省本级“三公”经费预算情况,这也是辽宁省首次对外公布其“三公”经费预算。截至2013年6月底,辽宁省本级有106个部门公开了本部门2013年“三公”经费预算。③ 2013年9月16日,辽宁省政府办公厅发布了《关于印发全省当前政府信息公开重点工作安排的通知》,指出“三公”经费预算决算总额和分项数额增长的省直部门需要向公众细化说明增长的原因,同时要求2014年各市政府及其部门将全面公开“三公”经费,2015年以前辽宁省县级政府及其部门全面公开“三公”经费。

2012年吉林省政府表示要及时公开各级政府财政总预算和总决算、部门预算和决算,推动政府部门“三公”经费公开。2013年,按照国家的统一要求和部署,吉林省政府提出着力推进“三公”经费公开,2013年年底前要全面公开省本级“三公”经费。2013年5月31日,省财政厅公布了2013年吉林省省本级“三公”经费财政拨款预算安排情况,2013年省本级“三公”经费财政拨款单位的范围包括121个一级预算部门(单位)及其所属1 319个行政单位、事业单位(含参照公务员法管理事业单位)和社会团体等。截至2013年5月末,吉林省39个部门公布了2013年“三公”经费财政拨款预算情况。

2013年5月14日,黑龙江财政厅公布了省本级2012年“三公”经费预算执行

① 谢昌民:《山西省财政确保“三公”经费只减不增》,《山西日报》,2013年11月28日。

② 张昊文:《内蒙古部分厅局单位公布“三公”经费预算》,《内蒙古晨报》,2013年6月28日。

③ 徐扬:《辽宁制定“三公”经费公开时间表》,新华网,2013年10月5日。

和2013年预算安排情况。《黑龙江省2013年度政府信息公开工作报告》显示，2013年黑龙江省直属59个部门公开了部门预决算和“三公”经费预算，10个省直属部门首次公开“三公”经费决算。

2011年7月28日，上海市财政局公布了2011年上海市市级行政单位(含参照公务员法管理的事业单位)、事业单位和其他单位用财政拨款开支的“三公”预算，合计11.1亿元。2011年上海市61个市级政府部门公布了2011年“三公”经费预算信息(64家部门公布了当年部门预算，3家预算单位未公开“三公”经费)。2012年，90家上海市级部门“三公”经费预算向社会公开，比2011年增加29家。从2012年起，上海将向社会公开上年度市级部门“三公”经费决算和当年度预算，2011年已公开预算的61家市级部门还向社会公开“三公”经费决算信息。2014年将全面公开市、区县、乡镇三级政府“三公”经费信息。

2012年在公开全部部门预算的基础上，江苏省试点公开教育厅、科技厅、司法厅、财政厅、人力资源和社会保障厅、国土资源厅、环保厅、水利厅、卫生厅、国资委等10家部门决算及其“三公”经费决算；2013年9月30日江苏省首次公开经财政厅汇总的省级“三公”经费汇总数据，江苏省省委、省政府还要求从2013年起全面公开除涉及国家安全等特殊部门外的部门预决算和“三公”经费预决算信息。[①] 2014年，江苏省将“三公”经费预算公开范围扩大到省级党委机构、省人大、省政协和人民团体等预算单位。

2013年10月浙江省省级部门陆续在其门户网站上公布了2012年部门决算和“三公”经费情况，这是浙江省第一次将“三公”经费公共财政预算拨款决算表与省级部门收支决算总表、省级部门财政拨款支出决算表一起向社会公众公开。[②] 在2014年省级政府部门在各自官方网站上公开的2014年部门预算中也包括较为详细的“三公”经费预算信息(“公务用车购置和运行费”细分为“公务用车购置费”和“公务用车运行费”两项)，各部门还就“三公”经费增减变化情况和原因进行了简单说明。

2013年4月召开的安徽省政府第一次廉政工作会议对全省政府系统进一步推进部门预决算和“三公”经费公开做了统一部署：2013年，省级部门要公开2012年度部门决算、本年度预算及“三公”经费预算，县级以上政府要公开本年度公务接待经费；2014年，县级以上政府部门要实现部门预决算和“三公”经费全部公开。[③] 按照《安徽省人民政府办公厅关于印发省级部门预决算及“三公”经费信息

① 陈志龙：《江苏首次公开省级“三公”经费》，《新华日报》，2013年10月1日。
② 徐健：《浙江省首次公开省级部门决算及“三公”经费情况》，《钱江晚报》，2013年10月31日。
③ 胡旭：《县以上政府部门“三公”经费明年公开》，《安徽日报》，2013年4月19日。

公开工作方案的通知》(皖政办秘〔2013〕10号)要求,省级42家部门2013年“三公”经费预算信息要全部面向社会公开。安徽省财政厅8月9日在其官方网站公布了该省省级2013年“三公”经费财政拨款支出预算情况,成为全国第18个公开省级“三公”经费的省份。根据安徽省财政厅2014年发布的《关于进一步做好省级部门预决算及“三公”经费信息公开工作的通知》的要求,“三公”经费情况公布情况应包括因公出国(境)费、公务用车购置及运行费、公务接待费“三公”经费财政拨款预算、决算总体情况及增减变化原因等文字说明,“三公”经费决算公开要细化说明出国(境)团组及人数,公务用车购置数及保有量,国内公务接待的批次、人数、经费总额等信息。根据新华网记者的调查,2014年安徽省公布“三公”经费的一级预算单位有115家,公开范围涉及政府部门、党委、人大、政协、人民团体等各类使用财政资金的单位,基本做到了公开全覆盖。① 另外,2014年的省级“三公”经费预算公开级次也由2013年的机关本级和纳入机关统一核算的预算单位扩大到机关本级及其所属行政事业单位;在公开内容细化程度上,“三公”经费预算按财政拨款预算总额和分项数额,细化公开到支出经济分类款级科目。②

2013年8月,福建省“三公”经费总额由省财政厅负责公开,省级各部门作为责任主体通过各自门户网站公开其2013年“三公”经费预算数。2013年12月13日,福建省财政厅通过福建省财政厅政务信息公开网公开了2012年省级财政决算和部门决算总额,以及2012年“三公”经费决算数;76个省级部门分别通过各自门户网站向社会公开了2012年包含“三公”经费决算信息的部门决算情况。③ 2014年3月,省级各部门作为责任主体通过各自门户网站公开其2014年“三公”经费预算数,但在公开内容上没有进一步细化,仍只公布了因公出国(境)经费、公务接待费、公务用车购置及运行费规模的信息。在省以下地方政府“三公”经费公开情况来看,2013年福建省选择漳州市和南平市本级开展“三公”经费预决算公开工作,同时每个设区市选择20%的县级地区开展“三公”经费预决算公开工作;2014年增选厦门市、泉州市和龙岩市本级开展“三公”经费预决算公开工作,同时每个设区市增选30%的县级地区开展“三公”经费预决算公开工作;2015年,省内所有市县都将开展财政预决算、部门预决算和“三公”经费预决算公开工作。④

江西省政府在2012年制定了“三公”经费公开时间表,力争在两年左右的时

① 程士华:《安徽“三公”经费公开从42家增加至115家》,新华网时政频道,2013年4月19日。

② 安徽省财政厅:《2014年安徽省省级部门预算及“三公”经费预算公开政策解读》,安徽省财政厅网站。

③ 王永珍:《福建省公开2012年省级财政决算和部门决算》,《福建日报》,2013年12月14日。

④ 严顺龙、陈晓声、陈金来:《我省在市县两级推行“三公”经费公开》,《福建日报》,2013年11月8日。

间内全面公开省级“三公”经费。2013年8月底至9月初,江西省级政府部门陆续公布2013年部门预算和省级“三公”经费预算,江西省成为全国第19个公开“三公”经费的省份,但除教育厅外多数省直部门只是通过一张简表公开总额数据而没有相应说明,更没有出国(境)人次、购车数量等“三公”支出详细信息,也没有公布“三公”预算同上年的增减情况。① 根据江西省相关规定,除涉密部门外,省直各部门要在规定期限内公布2014年“三公”经费预算。不过,根据对国土资源厅、卫生和计划生育委员会等省直部门2014年“三公”预算的检索,我们依然没有发现各部门对“三公”经费增减变动的解释说明,“三公”经费的历史可比性也较差。在省以下地方政府“三公”经费公开方面,2014年的江西全省财政工作会议也提出要在省级和各设区市本级全面公开的基础上,将50%的县级纳入2014年“三公”经费公开范围。值得注意的是,江西省至今未公布“三公”经费决算信息。

2013年5月24日,山东省向社会公布了2013年省级“三公”经费预算总额及95个省政府组成部门和直属机构单位的部门预算;2014年4月4日,山东省向社会公布了2014年省级“三公”经费预算总额及94个省政府组成部门和直属机构单位的部门预算和“三公”经费预算,各部门的部门预算及其“三公”经费预算由部门在各自门户网站上公开。② 2014年山东省政府发布的《当前全省政府信息公开工作要点》要求2014年全省至少50%的市、县公开政府预算、部门预算和“三公”经费预算;2015年年底前,县级以上政府要全面公开财政预决算、部门预决算和“三公”经费预决算;乡镇政府也要结合本地实际,积极稳妥地开展政府预算和“三公”经费预算公开试点。值得注意的是,山东省至今未公布“三公”经费决算信息。

2012年7月河南省政府办公厅下发《关于贯彻落实国办发〔2012〕26号文件精神的实施意见》,要求从2012年起除涉密单位和涉密事项外,各级财政部门要向社会公开本级“三公”经费预决算支出,省政府部门和省辖市政府部门要向社会公开本部门“三公”经费预决算支出,并细化“三公”经费的解释说明。

2013年4月28日,湖北省53个省级部门首次集中公开了2013年部门预算信息,只有省政府参事室和省地矿局两家单位公开了“三公”经费情况,其中省地矿局简单注明2013年部门预算安排的“三公”经费为895.56万元。③ 2014年湖北省全省财政工作电视电话会议要求省级部门预算和“三公”经费全部向社会公开,到2015年年底,县级以上本级预算信息将全面公开。2014年4月28日湖北省省扶贫办、国家统计局湖北调查总队率先在省政府门户网公布了2014年部门预算

① 全来龙:《“三公”账本晾晒引热议,江西省级部门明年起公开增减情况》,《新法制报》,2013年10月15日。

② 《山东省公开2014年省直部门预算和“三公”经费预算》,齐鲁网,2014年4月4日。

③ 胡诚:《湖北53个省级部门首晒账本,仅两家公开三公经费》,荆楚网,2013年4月29日。

及“三公”经费，这拉开了湖北省省级部门“三公”经费公开大幕。① 在湖北省省级部门公开预算信息截止日仅剩一天的情况下，省直130余家一级预算单位中的51个省级部门公布了部门预算，但只有5家单位公布了“三公”经费信息。② 截至2014年6月底，共有56个省直政府部门在部门预算中公开了“三公”经费的信息，而湖北省委组织部、共青团、民建省委、湖北省妇联等党群机构仍未公布“三公”经费信息。在省以下地方政府“三公”经费公开方面，武汉市市委办公厅、市委统战部、市公安局、市地税局、农工党武汉市委等101家预算单位公布了部门预算和“三公”经费信息。截至2014年6月底，黄石市33家预算单位在部门预算中公布了“三公”经费信息；宜昌市80家预算单位在部门预算中公布了“三公”经费信息；十堰市发改委、市教育局、市财政局、市住建委、市交通局、市国资委、市文体局、市农业局、市环保局、市民政局、市商务局、市审计局、市粮食局、市人社局、市安监局、市统计局、市外事办、市住房公积金管理中心等18家一级预算单位进行试点公开部门预算和“三公”经费。

湖南省政府《2012年全省政务公开工作要点》不仅要求财政厅公开“三公”经费（出国/境费、车辆购置及运行费和公务接待费）预算汇总情况，还要求省政府办公厅及省政府组成部门要公开本部门预算和“三公”经费预算安排情况。湖南省财政厅厅长史耀斌在湖南省十二届人大一次会议上表示要在2013年将省直部门预算和“三公”经费预算公开范围扩大到所有政府机构，同时启动部门决算和“三公”经费决算公开工作。③ 在省以下地方政府“三公”经费预算公开方面，长沙市政府门户网站公布了2014年包括市级行政单位、事业单位和其他单位使用当年财政拨款（包括公共财政预算拨款和政府性基金预算拨款）长沙市市级部门安排的2014年“三公”经费预算，近20个部门在长沙市政府门户网或自己单位的官网公布了部门“三公”经费预算情况。

2011年11月广东省财政厅公布2010年度省本级各部门汇总的“三公”经费决算数，这是广东省级“三公”经费首次公开。2011年大部分只有一个简单表格和情况说明，而2012年公开的“三公”经费有较详细的情况说明，比如说明了出国（境）人次、用途，以及公车拥有量、公务接待费用途等。根据“广东省人民政府首页——政务公开——财政信息——‘三公’经费”栏目的检索（一些部门的“三公”经费在自己的官方网站公布），2012年2月10日，广东省集中公布了20个部门2010年度财政拨款开支的“三公”经费支出决算情况；2013年3月29日，公布了

---

① 刘天纵、廖志慧：《湖北130多家单位仅两家公开“三公”经费信息》，荆楚网，2014年4月29日。

② 刘天纵、华纯皓、赵佳：《晒“三公”截止日仅剩一天，省直130余家单位只有5家露脸》，《湖北日报》，2013年4月30日。

③ 李俊杰：《湖南财政厅：“三公”经费公开范围扩至所有政府机构》，中国新闻网，2013年1月30日。

19 个部门 2011 年度财政拨款开支的"三公"经费支出决算情况;2013 年 7 月 1 日,公布了 21 个部门 2013 年度财政拨款开支的"三公"经费支出预算情况;2013 年 9 月 18 日,公布了 24 个部门 2012 年度财政拨款开支的"三公"经费支出决算情况。

在 2013 年 11 月至 2014 年 1 月期间,广西壮族自治区本级"三公"经费 2013 年预算和 2012 年支出情况实现了公开,87 个部门公开了本部门公共财政拨款"三公"经费 2013 年预算数。[①] 截至 2014 年 6 月 19 日,103 个区直部门公开了本部门公共财政拨款"三公"经费。[②] 另外,广西住房和城乡建设厅在其官方网站上不仅公开了建设厅(一级预算单位)的 2014 年的"三公"经费信息,还分别公开了 2 个全额拨款行政编制单位(厅本级、住房制度改革委员会办公室)、3 个参公管理事业单位(广西建设工程质量安全监督总站、广西建设工程造价管理总站、墙体材料改革办公室)、4 个全额拨款事业单位(机关服务中心、广西建设职业技术学院、广西城市建设学校、信息中心)和 2 个自收自支事业单位(培训中心、广西建筑安装工程劳动保险费管理办公室)等 11 个二级预算单位的"三公"经费预算信息。在省以下地方政府"三公"经费信息公开方面,广西壮族自治区力争在 2014 年公布所有市县级"三公"经费预算信息。

海南省财政厅从 2011 年开始开展财政决算和"三公"经费信息公开的调研和前期准备工作,并确定在 2013 年全面公开 2012 年度省级部门决算公开和"三公"经费决算以及 2013 年度的部门预算和"三公"经费财政拨款支出预算信息。在省以下地方政府"三公"经费信息公开方面,2013 年,三亚、琼海、五指山、乐东 4 个市县公开了"三公"经费信息;根据 2014 年实现 50% 市县"三公"经费公开的计划,2014 年海南又新增海口、国际旅游岛先行试验区、儋州、文昌、万宁、东方、陵水、琼中、昌江 9 个市县(区)。[③] 值得一提的是,所有省直部门 2012 年以来的"三公"经费信息统一在海南省人民政府网站的"财政公开"栏目中公布,这使得社会公众查询财政资金使用信息十分便利。

2013 年重庆市人代会上有 83 个市级部门公开了预算草案和"三公"经费预算,但只有 52 个市级部门在各自网站向社会公开了部门预算及"三公"经费预算。[④] 2014 年人代会,公开预算草案和"三公"经费预算的市级部门增加 27 个,达到 110 个。[⑤] 在区县"三公"经费信息方面,重庆市政府要求 2014 年公开各区县政

① 王军伟:《广西今年公开所有市县"三公"经费和部门预决算》,新华网,2014 年 1 月 16 日。
② 周红梅:《广西频频出招严控"三公"经费》,《广西日报》,2014 年 6 月 19 日。
③ 邵长春:《海南加快"三公"经费公开力度,明年全部公开》,《海南日报》,2014 年 3 月 17 日。
④ 刘贤:《重庆公开"三公"经费 2013 年市本级预算 7.89 亿元》,《中国新闻网》,2013 年 6 月 17 日。
⑤ 任明勇:《重庆市 110 个市级部门将公开"三公"经费预算》,《重庆晨报》,2014 年 1 月 16 日。

府及其部门的“三公”经费。截至2014年6月20日,万州区43个区级部门在各自网站向社会公开部门预算及“三公”经费预算。

2012年3月19日,四川省政府网站公布了53个省级部门的“三公”经费情况,这是2011年国务院常务会议要求各地比照中央公开“三公”经费以来四川省首次将省本级和省级部门“三公”经费向社会公开。① 经四川省财政厅汇总,2013年4月10日四川省政府公布了省本级2013年“三公”经费预算情况,四川省省本级73个一级预算单位“三公”经费2013年预算情况一并在省政府网站公布。2014年3月14日四川省政府公布了省本级2013年“三公”经费预算情况,四川省省本级60个一级预算单位(主要为教育厅、科技厅、旅游局等政府机构和省妇联等社会团体,不含省委办公厅、组织部等党的机构)“三公”经费2014年预算情况一并在省政府网站公布。在省以下地方政府“三公”经费信息公开方面,按照四川省人民政府对“三公”经费公开工作的统一要求,2012年成都市政府网率先公布了市本级部门“三公”经费,在60个公布“三公”经费的部门中有55个公布了公车保有数量。2012年21个市州公布的“三公”经费详细程度则各有差别,攀枝花市等15个市州仅公布本级“三公”经费的预决算汇总数据,南充市等6个市州按照省级部门范式完成信息公开(其中成都市和凉山州公开到了市级部门)。②

2012年6月,贵州印发了2012年全省政府信息公开重点工作安排的通知,其中首次在公开文件和通知中提及“三公”经费和行政经费公开。2013年3月,贵州省政府办公厅印发了关于2013年全省政府信息公开重点工作安排的通知,其中首要提及的就是“三公”经费信息公开工作。2013年5月2日,贵州省政府办公厅下发通知,要求5月8日起有关部门和单位必须在本部门网站和贵州省人民政府网站同步公开本部门、本单位2013年度财政预算和“三公”经费预算信息。2013年5月6日,贵州省政府办公厅开始陆续接到全省51个省本级单位和部门报送的年度财政预算和“三公”经费预算信息。2013年5月8日上午8点30分开始,贵州省财政厅、水利厅、民委、旅游局等部门陆续在各自官方网站上公布“三公”经费信息,下午14点30分以后,全省51个省本级单位和部门报送的年度财政预算和“三公”经费预算信息,都按规定期限在贵州省政府网站上集中公开亮相。由于贵州省在省本级实行因公出国(境)、公务车辆购置经费总额控制、统一预算,在51个省本级单位公布的“三公”经费预算信息中,绝大多数单位都没有公布因公出国(境)费和公务车购置费的情况。③ 2014年4月21日,贵州省政府办公厅印发的

---

① 董亮:《四川省、市、县“三公”经费争取2015年全部公开》,《成都晚报》,2013年9月6日。

② 雍兴中、张岚:《四川省各级政府“全裸”公开“三公”经费》,《南方周末》,2012年3月20日。

③ 王佳勇:《贵州省“三公”经费公开过程全纪录》,央视网,2013年5月9日。

2014年全省政府信息公开工作要点要求:(1)除涉密部门外所有使用财政拨款的部门和单位均应公开本部门预决算和"三公"经费信息;(2)在本级财政部门批准(批复)本部门预决算之日起20个工作日内分别公开本部门财政预决算、"三公"经费预决算信息,省直部门财政预算和决算有关信息原则上分别在5月和10月前公开,并保持长期公开状态;(3)省直部门公开的预决算信息同步提交省政府督查室,在省政府网站集中公开。2014年4月30日,53家省级部门统一在省政府网站信息公开专栏集中公开了部门财政预算和"三公"经费预算信息,并进行简单的解释说明。①

云南省财政厅于2013年10月14日首次公布了云南省省本级2012年"三公"经费决算支出及2013年"三公"经费预算安排。云南省省本级150个部门已有101个在2013年10月份公开各部门"三公"经费。10月31日是云南150个省一级预算单位2013年公开"三公"经费的最后时间点,但截至11月底仍有1/3的单位没有公开自己的三公经费。② 在省以下地方政府"三公"经费公开方面,昆明市、玉溪市、红河州、普洱市、德宏州等5个州(市)也将在2013年先行公开州(市)本级"三公"经费,并在每个州(市)分别选取部分县(市、区)先行公开县级"三公"经费。公开州(市)、县(市、区)的比例分别占全省16个州(市)的31%和129个县(市、区)的22%。

2011年7月23日,陕西省财政厅公布了2010年陕西省省级行政事业单位用财政拨款开支的"三公"经费汇总数据。此后,8月4日、8月5日,陕西省科技厅、民政厅、司法厅、住建厅、交通厅、农业厅、商务厅、体育局、统计局、行政学院等10个省级部门作为试点在各自网站上公布了2010年"三公"经费财政拨款支出数。陕西省公布的省级部门"三公"经费支出较为详尽,如商务厅等列出了因公出国(境)团组数、人次,新车购买数等,也对支出的增减附有一定解释。2012年陕西省省级部门预算(含"三公"经费信息)公开范围扩大至43个单位,即在2011年10个预算公开试点单位基础上新增33个单位,其中省政府组成部门除省安全厅、省外事办外,全部实行部门预算公开;渭南、咸阳、汉中、铜川等部分市县也加入"三公"经费公开行列。2013年,陕西省省本级、西安、铜川、宝鸡、咸阳、渭南、商洛、汉中、延安、榆林和杨凌示范区已全面公开了本级"三公"经费支出,8个市区和50%以上的县区公开了部门预算及单位"三公"经费支出。按照省委、省政府《全省规范"三公"经费公开工作意见》要求,2014年年底前县级以上将全面实现"三公"经

① 段昌婧:《51家省级部门公布"三公"经费,2014年预算总额1.85亿》,《贵州都市报》,2014年5月1日。

② 黄世杨:《云南"三公"经费首次公开后的余波,首考会悄然结束吗?》,《都市时报》,2013年12月5日。

费公开。①

2013年，除了4个涉密部门外甘肃省政府25个组成部门中的21个部门公布了“三公”经费。2014年，甘肃省“三公”经费公开范围扩大到省委宣传部、省委政策研究室等党务机构、省人大办公厅、省政协办公厅以及省妇联、省科协等人民团体等一级预算单位。

青海省“三公”经费公开分两步走，用两年时间到位。2012年10月，在全国仅公开9个省份的情况下，青海省集中时间、分两批公开了省本级和五个市(州)本级的财政和230个政府预算部门“三公”经费支出。2013年9月16日先期向社会公开了省级86个一级预算部门的“三公”经费支出；9月22日8个市(州)本级、46个县(市、区、行委)财政及所属的预算部门也全部向社会进行了公开。在公开形式上，财政部门负责公开本级“三公”经费支出总额及分项预决算数；预算部门负责公开本部门“三公”经费支出总额及分项预决算数，并附相关文字说明，包括因公出国(境)人次、主要任务，公务接待对象及缘由，车辆购置数量以及运行费开支等具体情况。2013年全省县级以上财政和预算部门已全部公开“三公”经费支出，公开面达到100%，提前两年实现了国务院规定的目标。②

2012年3月30日，宁夏回族自治区商务厅公布的部门预算包含了该年度“三公”经费预算的信息，这是宁夏回族自治区第一次公布“三公”经费预算信息，也是2012年自治区唯一公布“三公”经费的部门(我们不能确定这是无意之举还是根据自治区政府安排所公布的)。2013年，自治区扩大了“三公”经费公开的范围，交通厅、民政厅等政府部门在部门预算中公开了“三公”经费预算。宁夏回族自治区财政厅厅长张苏安2014年3月1日在自治区政府廉政工作会议上表示，2014年自治区所有部门使用财政拨款的“三公”经费要全部公开。不过，截至2014年6月底，我们仍未发现宁夏回族自治区党委办公厅、人大办公厅、政协办公厅等单位公布部门预算和“三公”经费信息。

2012年4月1日，新疆维吾尔自治区召开第十一届人民政府第五次廉政工作电视电话会议，要求新疆厅本级、厅机关及厅属预算单位要在年底前全部完成包括“三公”支出在内的2012年部门预算支出公开工作。③ 2013年9月6日，新疆维吾尔自治区财政厅公开了自治区本级132个部门单位汇总的区本级公共预算财政拨款“三公”经费决算数据，这是新疆维吾尔自治区“三公”经费决算公开迈出的第一步。2013年4月15日，新疆维吾尔自治区第十二届人民政府召开第一次廉

---

① 冯晓荣：《2014年底前县级以上将全面实现“三公”经费公开》，《陕西日报》，2014年6月19日。

② 崔永焘：《青海省县以上财政预算、“三公”经费实现全公开》，青海新闻网，2013年10月11日。

③ 王新红：《新疆召开廉政工作电视电话会议，区直机关年底前公开“三公”经费》，亚心网，2012年4月2日。

政工作和绩效管理电视电话会议，会议提出从2013年起县以上单位“三公经费”要全部公开。2014年3月底除4家涉密单位外，全疆128个自治区本级单位均已在自治区政府网站或单位门户网站上公开了部门预算和“三公”经费。

表9-20汇总了2011—2014年中国各省份省级部门“三公”经费公开情况（不完全统计）。

表9-20 2011—2014年中国各省份公开“三公”经费的省级部门数

省份	2011年	2012年	2013年	2014年	部门数	省份	2011年	2012年	2013年	2014年	部门数
北京	44	80	88	100	164	湖北	0	0	≥2	≥56	116
天津	0	43	43	48	89	湖南	0	≥18	全部	全部	?
河北	≥1	?	≥93	?	106	广东	0	?	?	?	118
山西	0	0	≥92	?	?	广西	0	≥2	87	103	?
内蒙古	0	0	全部	全部	?	海南	0	0	全部	全部	107
辽宁	0	0	≥106	全部	?	重庆	0	0	83	110	?
吉林	0	0	≥39	?	114	四川	0	53	73	≥60	124
黑龙江	0	≥5	59	?	115	贵州	0	0	51	53	?
上海	61	90	?	全部	129	云南	0	0	≥101	?	?
江苏	0	10	全部	全部	107	西藏	0	0	0	0	?
浙江	0	0	?	?	99	陕西	10	43	?	?	102
安徽	0	≥1	42	115	115	甘肃	0	0	21	?	109
福建	0	0	76	?	110	青海	0	≥24	86	?	100
江西	0	0	?	全部	129	宁夏	0	1	?	?	114
山东	0	0	?	94	?	新疆	0	≥23	?	128	132
河南	0	0	全部	全部	99						

注：①“全部”指按照人民政府的规定，除涉密部门外全部行政部门将公开“三公”经费，未核对是否真的实现了全部公开；“?”指不确定相关数目。② 各年公布“三公”经费单位数是指公布当年度“三公”经费预算数或上一年度决算数（预算执行情况）的部门数，如我们至少可以找到天津市21个部门2011年度“三公”经费信息，但由于这是在2012年公开的，我们把它们统计为2012年公开的部门数而不是2011年公开的部门数。③ 各省份一级预算单位数来自中国预算网（http://www.budgetofchina.com/index.asp），各省历年公布“三公”经费单位数根据相关新闻报道和《2013中国财政透明度报告》整理所得。

9.4.4 简短的评述

首先，从中央和地方政府“三公”经费公开的进程来看，我们可以发现“三公”经费公开存在以下几方面的转变：一是从部门预决算与“三公”经费分开公布到“三公”经费预决算随同部门预决算一并公开；二是从部门自行决定公开时间到由政府或财政部门决定时间统一公开；三是公开范围从政府机构向党务机构、人民团体拓展。

其次，在肯定各级政府部门公开“三公”经费成绩的同时，我们也必须认识到

"三公"经费公开中存在的问题。

一是统计口径问题。完整意义上的"三公"经费预算统计口径应该涵盖所有财政资金(含公共财政预算、政府性基金预算、财政专户预算和其他财政资金),但目前各级政府公布的"三公"经费预算财政拨款情况统计表基本上只涵盖了公共财政预算资金。另外,从公布的"三公"经费信息来看,社会公众也很难确定是否包括二级预算单位的信息。

二是公开的细化程度。目前中央和地方政府公开的"三公"经费只是粗线条地公布了因公出国(境)经费、公务车购置及运行费、公务招待费,而没有进一步细化规范经费支出公开内容。出国(境)费应包括出访人员名单、出访路线、人均费用等信息,公务接待费应包括公务接待人数、次数、人均费用等信息,公务车辆购置费应包括购置车辆批件、型号、价格等信息,公务车辆运行维护费应包括车辆数量、运行里程、耗油修配费用等信息。

三是公开的规范统一性问题。中央本级和各部门的"三公"经费公开在公布时间、公布的表格数量、内容、专业术语解释说明等方面达到了基本一致,但地方政府"三公"经费公开的时间统一性和内容地区差异较大。不过一些地方政府部门在"三公"经费公开方面比中央部门更进一步,如广西建设厅公布了二级预算单位的"三公"经费情况、河北社会主义学院公布了"三公"经费的资金来源情况(公共财政预算、基金预算、财政专户和其他来源收入)和支出渠道(正常公用经费、专项公用经费、专项项目和其他支出)。

四是大部分政府部门对各项"三公"经费的"解释说明"只是相关表格内容的同义重复,未能真正起到阐明"三公"消费支出用途的作用。

五是"三公"经费公开范围问题。甘肃省等一些地区将安全部门和公安部门作为涉密单位而不公开"三公"经费,安全部门和公安部门的预算支出确实存在不宜公开的内容,但其"三公"经费是否可以公开是一个值得商榷的问题。公安部从2011年开始连续四年公开了"三公"经费,省级公安部门的"三公"经费为什么涉密呢?外交部曾以涉密为由拒绝公开"三公"经费,但2014年其在部门预算中也公布了"三公"经费。因此,我们认为任何预算单位都不应以涉密为理由拒绝公开"三公"经费。

六是推进"三公"经费公开的法律法规约束力问题。目前,我国各预算单位是否要公开以及如何公开"三公"经费主要根据各级人民政府和财政部门的通知决定,而党务机构、人大和政协、法院系统和检察院系统、人民团体是否要根据人民政府的通知公开"三公"经费就变成了一个具有争议性的问题。

最后,只要将整个财政信息公开了,社会公众自然就会知道真正的"三公"经费是多少。在政府收支科目中单列并向社会公开"因公出国(境)费用""公务接待费”“公务用车购置”“公务用车运行维护费”“其他交通工具购置”和“其他交通工具运行维护”等科目未必能有效解决公共资金被滥用的问题，甚至会造成“三公”消费更加隐秘。从目前中央和地方“三公”经费使用和公开的情况来看，存在将本部门本单位开支的“三公”经费转嫁到下级单位或其他单位、企业和个人的可能，相应的预算管理未能防范预算单位在非税收入中坐支“三公”经费或将应列入“三公”经费的支出通过其他科目反映。如《国务院关于2013年度中央预算执行和其他财政收支的审计工作报告》指出“8个部门本级和32个所属单位长期占用下属单位和其他单位车辆145辆，还通过租赁等方式变相配备公务用车62辆”；“新闻出版广电总局、人民银行等4个部门本级和中国林业科学研究院、湖南证监局等6个所属单位转嫁或摊派、自行调剂项目或其他支出用于公务接待266.85万元，其中人民银行及其2个所属单位69.11万元、林业局的2个所属单位62.71万元”。

第三篇
政府财政信息公开的国际经验

第10章　政府一般基金财政信息公开的国际经验

政府一般财政信息公开以美国亚利桑那州政府的财政信息公开为例。

财政信息在中国财政透明度研究中分为五个类别,即收入、支出、资产和负债、部门预算单位预算。本课题中的国际比较研究会聚焦于前三类,即收入、支出,以及资产和负债。在美国,每一个层级的部门都没有下属单位,也没有其他控制单位。每个部门预算都只涉及本部,没有单位预算。此外,因为亚利桑那州的部门预算无法与收入支出分开,所以部门预算类别被合并到收入支出类别。

10.1　基金会计

为了理解美国州及地方州府的公共财政,我们需要对基金会计有一定的了解。基金被用于分离执行特定活动或实现某种目的的财务信息。对于州政府和地方政府而言,大多数基金是依据法律而生成的。建立不同的政府基金最主要是为了方便特定种类的政府收入的征收。政府收入的类型有四种,分别是税收、收费、政府间收入转移(也称作转移支付)和借债。任何类型收入的征收都需要立法部门的授权。得到立法部门授权征收的收入可以用于任一政府项目(即非指定收入),或者特定项目(即指定收入)。诸如个人所得税、销售税和公司税等主要税种,属于非指定收入;而汽油税和大部分收费都属于指定收入,因为这些收入只能用于特定项目。比如说,汽油税只能用于交通,不能用于教育。大部分转移支付也属于指定收入,比如教育资助就只能用于教育。借债也属于指定收入,只能用于特定的资本项目。由于要实现各种目的,每项指定收入都需要拥有独立的基金账户,用于资金的收集与使用。设立基金的最主要目的是实现问责,政府需要为资金的收入与支出负责。政府的收入和支出都需要通过基金账户实现。政府基金账户外的政府财务活动是被禁止的。

在最高层次,基金是按基金类型分类的。基金的分类标准是由政府会计标准委员会(GASB)制定的。基金类型分为三类,即信托基金、经营基金和政府基金。

信托基金用于监督托管政府的资产,包括公务员的养老金及其他受益信托基金、投资信托基金和私人目的的信托基金。

经营基金用于监督政府类似企业的活动。这些活动由活动本身运行时的收益(如收费)和借债支持运行,不使用政府的税收补助。这些基金包括企业基金和内部服务基金。

政府基金用于监督政府的基本活动,教育、公共安全、卫生等活动皆属此列。这些活动由收费、资助和税收支持运行。这些活动是服务于整个社会的,所以税收是主要的资金来源。这类基金有四个主要种类:

第一,一般基金。这类基金监督所有非指定收入,包含了大部分一般税收,如销售税、个人所得税和公司所得税;任何非指定政府间收入转移和一些未指定用途的收费也可能包含其中。一个政府部门只能有一个一般基金账户。

第二,专项收入基金。这类基金用于监督指定收入,如收费、资助和专项税。与一般基金不同,专项基金账户的数量没有限制。此类基金的数量由允许政府收集的特别收费、税收和资助的数量决定的。一个大政府,比如州政府,可以拥有成百上千个专项收入基金账户。

第三,资本项目基金。这类基金用于监督一次性的大资本项目。因为此类项目通常需要借债,而州政府和地方政府只能在资本项目上借债,所以此类基金主要用于监督政府的借债。

第四,债务偿还基金。这类基金用于监督政府偿债资金的来源和使用。

在信托基金、经营基金和政府基金中,政府基金是本研究的焦点。当我们提到州政府的预算时,我们是指政府基金,或者是政府主要活动的预算。一般基金是政府基金中最主要的基金,原因如下:其一,它是此类别中最大的基金,包含了所有的主要税种;其二,一般基金属于非指定收入,这需要政府决定资金的分配和使用。有些时候,一般基金账户中的资金也会转移到资本项目基金账户和债务偿还基金账户中。

10.2 数据来源

所有关于亚利桑那州的财政数据都来自网络公开的官方文件和数据库。下面是本章数据的详细描述,本章聚焦于2013财政年度的财政信息。

第一份文件是亚利桑那州州长2015财政年度预算,文件的官方名称为《亚利桑那州行政预算:州部门预算,2015财政年度》。文件包括2013财政年度的实际预算数据,2014财政年度的预计数据,以及即将到来的2015财政年度的预算请求数据。预算包括所有的州级单位的收入和支出。文件由州长预算办公室,即战略规划和预算办公室制作和发布,可以从官网下载,下载地址为 http://www.ospb.state.az.us/documents/2014/FY15-State%20Agency%20Budget%20-%20online%20edition.pdf。历史年份的数据也可以从预算办公室的网站下载。下文提到该报告时简称“预算报告”,该文件超过500页。

第二份文件是关于所有政府基金的,文件名称为《亚利桑那州行政预算:州级基金的来源与使用,2015财政年度》。除了一般基金,这份文件还包括了所有州级政府基金的详细描述,提供了所有可获得基金的索引;这份索引按照归属部门排序。点击任意一个基金都会链接到该基金的详细界面,包括该基金2013、2014和2015财政年度的收入来源报告,年初结余、收入、使用和年底结余信息尽在其中。这份文件也可以链接到“预算报告”。“预算报告”的内部索引可以直接链接到各项基金的详细内容。该文件由战略规划和预算办公室制作和发布,可以从官网下载,下载地址为 http://www. ospb. state. az. us/documents/2014/FY15-Sources% 20and% 20Uses% 20of% 20State% 20Funds% 20-% 20online% 20edition. pdf。下文提到报告时简称“基金报告”,该文件约1000页。

第三份文件提供了州级项目的详细信息,文件名称为《亚利桑那州:州政府项目与州级部门五年战略规划总表,2014年1月》。该文件包含所有项目的详细信息,包括项目资金运转信息。每个项目的绩效评估指标也列于其中。该文件由战略规划和预算办公室制作和发布,可以从官网下载,下载地址为 http://www. ospb. state. az. us/documents/2014/FY2015% 20Agency% 20Master% 20List. pdf。下文提到该报告时称为“项目报告”,该文件近1 000页。

第四份文件关于支出的经济分类信息,从一份名为《亚利桑那州预算制定系统指南》的文件中抽出。这份文件提供了政府支出的经济分类列表。该文件由战略规划和预算办公室制作和发布,可以从官网下载,下载地址为 http://www. ospb. state. az. us/documents/Budget_Instruction. pdf。下文提到该报告时称为“分类报告”。

第五份文件提供亚利桑那州征收的主要税种,称作《亚利桑那州财政收入部2013年度报告》。其中详述了各主要税种,尤其是一般基金中的三大税种,即个人所得税、销售税和公司所得税。该文件由亚利桑那州财政收入部制作和发布,可以从官网下载,网址为:http://www. azdor. gov/Portals/0/AnnualReports/FY13% 20Annual% 20Report_i. pdf。历史年度报告可以从该部门的网站下载。下文提到该报告时称为“收入报告”,该文件约100页。

第六份文件是《亚利桑那州2013年6月30日结束之财政年度财政总报告》。该文件提供了资产和负债的信息,文件依据GASB的标准制作。州级政府和地方政府都需要在每个财政年度末,依据GASB标准发布财政报告;这个标准可以在“GASB第34号声明”中找到。总报告由亚利桑那州行政部的总会计办公室制作和发布,可以从官网下载,下载地址为 http://www. gao. az. gov/financials/CAFR/FY13CAFR-SECURED. pdf。历史年度的财政报告也可以从该办公室的网站下载。

下文提到该报告时称为“财务报告”,该文件为260页。

第七份文件是在线数据库,名为“亚利桑那公开数据库”,网址为:http://openbooks.az.gov/app/transparency/index.html。这是该州透明工程的官方网站。网站依据亚利桑那州修订法令第41条第725款建立。该法令要求建立一个免费且可供公众电子搜索的互联网网站,网站需建立一个包含所有政府收入支出信息的数据库。修订法令在2011年4月通过并签署成为法律。该网站拥有来自亚利桑那财政信息系统(AFIS)的财政信息。AFIS是该州统一的自动会计系统。该网站包含自2009财年至今的财政信息。OpenBooks.az.gov.gov按月更新各项财政信息。点击Excel按钮,就可以下载微软Excel格式的信息。总会计办公室负责汇编各项信息。如果使用者需要询问或反馈信息,可以通过邮箱OpenBooks@azdoa.gov联系该办公室。下文提到该数据库时称为“公开报告”。本章后面将会提供更多从该数据库获取信息的方式。

10.3 财政信息公开的法律依据

“公开报告”是依据2011年法令建立的,但亚利桑那州保证政府透明的更基本的法律则是《亚利桑那公共记录法》(PRL),可以从http://www.azleg.gov/ArizonaRevisedStatutes.asp? Title = 39下载该法律的全文。该法第121条规定指出“在办公时间段内,任何人都应该可以检视公共记录和官员保管的其他事物”。

第121条第1款第2节规定,“所有的官员以及公共机构,应该保存第41条至第151条第18款所规定的记录,并应保证足够反映他们的官方活动和任何其他由本州或本州的政治团体提供资金的活动”。法令第41条定义“记录”为:政府部门为了执行法律或在公共业务交易活动中所产生的或收到并持有的,或由部门或其合法后续者保存以作为政府组织、功能、政策、决定、程序、执行或其他活动证据的,或者为了保有数据所含信息和历史价值的所有书、文件、地图、照片或其他记录材料,无论是否实物,凡符合第41条第1348款所规定的影像和电子媒体,及其打印材料和复印材料。除了这些,有四类信息免除公开:

(1)第123条规定法律义务不包括任何人的私人信息,如家庭住址和电话号码;

(2)第125条规定考古发现为了避免可能的破坏、偷盗和损害,可以不公开;

(3)第126条规定由联邦机构或其代表执行的针对重要能源、水源和电信基础设施抗击破坏或攻击的能力所做的风险评估,可以不公开;

(4)第126条第1款规定城市、镇或者县,都不应该公开电信基础设施施工的信息,包括在或沿公共街道和高速公路线路上用于电信服务的线路、装备和厂房的位置。

政府预算中的财政信息并不属于以上四类，所以《亚利桑那公共记录法》其实规定了政府运作中产生的所有的财政信息都应该公开。

第121条第2款规定，“任何拒绝公共记录获得的人，都将被高等法院起诉。任何人依据本法被错误地拒绝获取公共记录时，都将有理由针对由此产生的任何损害对官员或公共机构提起诉讼”。

10.4 收入

在这一节，我们将分析收入征收的公开透明状况。我们检视四类收入信息，分别为总体收入征收信息、一般基金信息、专项收入基金信息以及不同类型的纳税人或经济活动中的主税种收入分布。亚利桑那州政府的财政收入与中国省级政府的财政收入有些差异，很多中国的财政收入，比如土地出租收入，在亚利桑那州是没有的，而且也没有任何预算外收入。因此我们的比较研究在调研问题上并非完美匹配；但我们在此讨论的四类信息依然与中国调研中的收入信息高度类似。

10.4.1 整体收入征收

在“公开报告”的在线数据库中，在主页右上角，有一个“准备”（Get Started）按钮。点击后选择州，然后选择“亚利桑那州”，再选择类别中的“收入”，之后选择周期中的“2013”年，接着点击“开始”（Start）。这样就会显示该州2013年的总收入，也包括每个部门所征收的收入信息。

10.4.2 一般基金信息

正如前文所论，一般基金是预算中最大且最重要的基金。因此这一基金的税收或收费来源的详细信息是很重要的。在“预算报告”中，有关该州一般基金收入来源的详细信息，可以在第447页至第450页找到。一般基金收入可以分为四类：税收，执照费、收费和许可证费，服务费，其他收入。税收部分提供了所有一般税收的列表，含有销售税、公司所得税和个人所得税，同时提供了各类税收的收入信息。对于收费和服务费而言，“预算报告”也提供了每项收费及其收入信息；同时，也提供了按照征收部门分组的收入信息。最后一类列出所有其他收入。

10.4.3 专项收入基金信息

正如前文所述，州政府征收各种类型的专项收入，这些收入或来自专项税收，或来自资助。专项收入信息的公开包括专项收入的介绍、征收的数量，以及支出目的。专项收入成百上千，远比一般基金复杂。此类信息可以从三处收集。第一个是“预算报告”，这份文件列出了每个部门的预算。每个预算都给出了支持该部门运转的所有基金信息。如欲知晓基金的收入来源，点击该基金即可，可以链接到“基金报告”中的详细描述页面。在这个页面，公众可以获得该基金的收入来源信息;同时,也可以获得过往三年的信息,包括年初结余、年收入、年使用状况和年底结余。“基金报告”在“按部门基金索引”中也提供了所有部门专项收入的总列表;由此,读者可以在此找到该州所有基金信息。

专项收入基金的第三个信息来源是“公开报告”在线数据库。与“整体收入征收”的操作类似,只要读者点击“基金”(Fund)按钮,即可找到基金的总列表,以及各项基金在选定年份的收入征收量。

10.4.4 主要税收收入分布

(1) 个人所得税。在“收入报告”中,提供给了按照收入等级分类的个人所得税的详细数字。从负收入到 500 万美元以上的收入,个人所得税被分为 17 个等级。在每个收入等级都包含隶属该等级的纳税人数目和该等级征收到的个人所得税。在第 68 页的表格 30“依据 2010 年联邦调整后总所得的个人所得税义务”中可以找到这项信息。目前,该项信息最新只能获得 2010 年的版本。此外,非该州居民在 2010 年所纳的个人所得税,也分成 17 个等级;可以在这份报告的第 69 页表格 31 中找到。

(2) 公司所得税。公司所得税并未按行业列表,而是依据缴纳的公司所得税总额划分。从最低 50 美元到最高 1 500 万美元,公司所得税被分为 10 个等级。在每个等级都包含隶属该等级的纳税公司数目和该等级征收到的公司所得税。该项信息可以在该报告的第 70 页的表 32“公司所得税:按照纳税义务总额分类,2010 纳税年度”中获得。

(3) 销售税。销售税依据征收来源的经济活动分类,比如零售、运输和住宿。亚利桑那州将销售税分为 23 类。这项信息可以在该报告的第 39 页表 7“按类别来分的销售税的征收,2012—2013 财政年度”中找到。

10.5 支出

10.5.1 整体政府支出

获得整体政府支出的信息的途径与一般政府收入的途径类似。只需在“公开报告”在线数据库的“准备”框内选择“支出”(Expense)类别即可,这样就会生成 2013 年的支出信息。

10.5.2 部门支出

在“预算报告”中,可以找到各部门的总预算,也可以找到支持该部门运行的基金列表。该项信息可以从“公开报告”在线数据库中获得。在第一个信息框中,“组织”(Organization)选项中包括所有州级部门及其总支出水平。

10.5.3 项目分类支出

谈到部门预算的详细信息,就不得不注意中美两国在预算信息分类上的一个重要区别。在中国,预算信息分为功能类与经济类。而对亚利桑那州而言,预算信息则分为项目类和经济类。因此在部门预算上,亚利桑那州用项目分类代替了功能分类。那什么是项目分类呢？对于项目类而言,一个部门的预算被分为几个项目,每个项目都是一个特定的可以实现某种功能的政府服务。比如说,卫生部门提供几个不同的卫生保健项目以完成它在卫生保健方面的职责。项目分类比较直观地展示该部门的实际功能与作为。而功能分类对一个负责多项功能的大政府有帮助。在部门层次,如果这个部门是单一功能的,那么功能分类就不是那么有意义。在部门层次,公众只需要两类信息:为了履行部门职责所运行的项目信息和支出信息。前一类信息是项目类,后一类信息是经济类。这两类信息为部门预算提供了两个不同的观察视角。

与功能分类不同,因为每个部门有不同的项目,比如教育项目和卫生保健项目存在很大差别,所以并不存在一个标准化的项目分类系统。项目的数量由该单位职责的覆盖面与复杂程度决定。一个很小的政府部门甚至可能没有任何项目,它的职责可能很小很具体而不需要建立项目。另一方面,一个卫生保健部门可以很大,职责也很复杂,那就需要建立多个项目。有时,为了更平滑地完成职责,一个项目也会分成几个子项目。

在亚利桑那州,项目预算的信息可以在“预算报告”和“项目报告”中找到。这两本报告都提供了项目预算的信息,但“项目报告”的信息更加详细。因此,本研究使用“项目报告”作为讨论的基础。“项目报告”提供了各部门所有项目的总列表,也提供了子项目层次的预算信息。以卫生服务部的项目为例来展示信息的获取过程。“项目报告”的第 428 页到第 448 页提供了该部项目预算的信息。可以看到,卫生服务部有 4 个项目:行政、行为健康服务、亚利桑那州立医院和公共卫生服务。我们可以看到每个项目的预算和该部门的支持基金,也可以找到该部门的雇员数目。从第 434 页开始,报告提供了项目预算的详细信息。比如,第 435 页的“行为健康服务”就描述了该项目的功能与基金来源,也指出该项目分为 3 个子项目:行政、精神病患服务、儿童和青少年服务。每个子项目也提供了详细的描述,包括项目预算和基金来源。卫生服务部最复杂的项目是“公共卫生服务”,有 11 个子项目。换言之,卫生服务部通过这 11 个子项目向公众展示它是如何保证公共卫生的。

对比而言,州长的战略规划与预算办公室的项目预算要简单得多。该单位只负责制定预算,不需要通过项目去履行职责。报告在第 427 页就只显示基金来源而没有项目信息。

以上对两个部门预算的简单描述,印证了项目预算没有标准化分类系统的事实。需要多少项目,该项目拥有多少子项目,都是由部门职责决定的,从零项目到几十个项目和子项目也不见得出现两个类似的项目分类。项目预算向公众清晰地展示了每个部门的职责与活动支出。每个项目的功能描述也为大众理解项目提供了信息。预算采用项目分类可以为公众判断一个部门是否将公款用于履行职责提供信息。

10.5.4 经济分类支出

亚利桑那州也提供了基于经济分类的部门预算信息（在后文会提到经济分类在每个基金中也可以获得）。与项目类不同，经济类对所有单位都是标准化的。“分类报告”提供了该州经济分类的详细列表，称为“账户表”，可以在第80页到第106页找到。它与国际规范大致相同，有三个层次的经济类别。第一个层次有14种：人员服务，与雇员有关的支出，专业与部门外服务，其他运作支出，州内差旅，州外差旅，食物，个人和组织资助，资本设备，资本花费，非资本设备，债务服务，转移支出，成本分摊和间接成本。

为了实现更细致的经济分类，以上14个目标多数拥有两个以上的子层次。比如在“其他运作支出”中，有一个子层次称为“公共事业费”；这个子层次还拥有一个三级层次的分类，进一步被分为电费、煤气费、供水和污水费。

预算的经济分类可以在“预算报告”和“公开报告”中找到。三个经济类别层次包含大量的财政信息，在“预算报告”中只有第一层次的经济类别信息。另外两个经济类别层次的信息可以在“公开报告”在线数据库中找到。在这个数据库中，在按钮“类别”（Category）下方的信息框中，列出了第一层次的分类。点击任一类别，都将转到下一层级的分类信息框中，依次类推。在信息框中，可以点击“组织”（Organization）按钮，找到每个部门在此类别中的支出信息。也可以点击“基金”（Fund）按钮，得到此类别中这项支出的基金来源信息。

我们也可以从第一个信息框中的“组织”开始。比如，我们要找到教育部在2013年州内差旅的住宿费用信息，首先在“组织”按钮下的信息框中点击“教育部”，然后在第二个信息框中依次点击“类别”“州内差旅”。在第三个信息框中，再次点击“州内差旅”。在第四个信息框中，找到“住宿”。这样就会显示出我们想要的信息：“2013，$257 532.77”。如果点击该信息框中的内容，将会弹出第五个信息框，在这里可以找到每次差旅住宿的详细费用。点击任意一次住宿交易，都可以得到这次交易的详细信息，比如日期和交易费用。这是政府财政信息的最基本和最详细的信息。

10.5.5 基金支出

在“公开报告”数据库中，在第一信息框中选择“基金”，就会显示所有州级基金列表。点击任一基金，都会弹出新的信息框。在新框中选择“组织”按钮，就会获得该基金的归属单位信息。这项信息也可以在“预算报告”和“基金报告”中找到。如果点击“类别”按钮,就会获得只有这个在线数据库才能提供的基金信息。这里可以提供该项基金使用的经济分类,包括基金支出的详细使用信息。基金的详细使用信息只能在“公开报告”在线数据库中找到。在“预算报告”和“基金报告”中都没有该项信息。考虑到基金的数量和三级经济分类,将如此多的信息纳入这两个文件是不合适的。而在线数据库在管理和呈现数据方面就比较方便。

基金有两个层次的信息。如果仅仅想知道亚利桑那州使用的基金,基金收入的来源,以及基金的使用单位,那么查询“预算报告”和“基金报告”就足够了。如果想获得基金更详细的经济分类信息,就需要到“公开报告”数据库中找寻。

10.5.6 给地方政府的转移支付

给地方政府转移的信息相对容易获得。在经济分类中,在第一层次,有一个类别称为“给组织和个人的资助”;在第二个层次,该项被分为“给个人的资助”和“给组织的资助”。“给组织的资助”便是州政府给地方政府的转移支付。在“公开报告”数据库中按以下步骤操作:

(1) 选择2013财政年度的“支出”(Expense)选项。

(2) 在第一个信息框中选择“类别”,然后点击“给组织和个人的资助”,这里就会显示总的资助数额。

(3) 在随后的信息框中,出现三个子类别:给个人的资助、给组织的资助,给个人和组织的资助(与前两类相比,这项只占很小份额)。这里也会显示每个子类别的数额信息。点击“给组织的资助”。

(4) 在新的信息框中,我们可以看到子类别按照组织类型进一步分为七类,比如县级、市级、小学、中学学区等。给每类组织的转移总额信息可以在此找到。点击任一组织,转到新的信息框,可以看到“交易”按钮下的信息。这些是关于所有财政交易的会计记录,汇总后即为转移总额。在同一个信息框内,可以点击“组织”,即可获得提供该项地方政府转移的部门的信息。如果点击部门名称,就会出现内含单次交易信息的新信息框。在这个新信息框内,点击“基金”按钮,就可获得该部门提供此项转移的基金来源。

简而言之,对于地方政府转移的信息,可以找到这七类地方组织的每一次转移交易的部门基金来源。

10.5.7 给个人的转移支付和补贴

个人转移信息与组织转移信息的获取过程类似,这里不再赘述。唯一需要再次指出的是“给个人的资助”有18个子类别,比如个人住院医疗、社会服务、房租支持。子类别的简单信息可以在“分类报告”的第93页和第94页找到。对于这18类个人转移信息,可以找到每一次个人转移交易的部门基金来源信息。

10.6 资产与负债

政府资产与负债信息可以从“财政报告”中获取。基于 GASB 准则，政府在每个财政年度末都需要制作这个文件。

在第 38 和 39 页，净资产表提供了该州资产和负债的总体信息，也包括了净资产（即资产与负债之差）。这将政府分为“主要政府”与“组件单位”（后者与这里的讨论无关）。主要政府被进一步分为“政府类活动”与“企业类活动”。前者是使用“政府基金”的一类活动，后者指使用“经营基金”的活动。我们的讨论仅限于政府类活动。这个表被分为三大部分：

（1）资产：资产分为“流动资产”和“固定资产”。前者更容易变现；多数流动资产投资于短期的低风险的金融债券。后者通常是资本资产，如基础设施、土地和房屋等。

（2）负债：负债分为“近期债务”和“远期债务”。近期债务是指一年内要偿还的债务，其余的是远期债务。远期债务通常因政府为资本项目借债而产生。

（3）净资产额：资产与负债之差即为净资产额，通常是正数。净资产额分为净资本资产投资、限制净额和无限制净额。多数时候，大部分净资产额由资本资产组成。截至 2013 年年末，亚利桑那州的净资产额为 210 亿美元。

在这份表的末尾有这么一句话：“财务报告附注是本表不可缺失的一部分。”由于该表只包含总体数据信息，不包含资产和负债的详细信息，需要“财务报告附注”第 64 页至 130 页的详细信息作为补充。附注包含许多内容，本研究只关注资产和负债部分。报告在第 64 页提供了附注列表，可以看到资产部分体现在附注二、三、四，涵盖了短期投资、应收款项、递延收入和资本资产。远期债务信息出现在附注七，包含了州级单位所借的各种长期债务，也记录了借债的目的信息。在附注中，也提供了借债总额信息、利率信息、随后五年的债务偿还的逐年信息，以及其后的每五年债务偿还信息。此外，在报告的最后部分的“统计部分”中有“借债能力”一节，从第 244 页至第 251 页，列出了衡量州政府及下属单位偿还债务的能力的各种指标。

10.7 小结

比较中国省级政府和亚利桑那州的公开透明度，很明显亚利桑那州远远超过中国的表现。在双方都可获得的信息大类中，亚利桑那州在每一个类别都更加透明。亚利桑那州的透明度达到现有水平，应归功于它们在信息公开的三个维度中的良好表现，即宽度（或全面度）、深度（或细节层次）和过程的便利程度。

10.7.1 宽度

财政透明的宽度是指公开政府的收入和支出,没有例外,包括州政府使用的所有基金和收入来源,政府所有的支出信息和政府的总资产和负债信息,债务信息也尽在其中。不存在预算之外的收入和支出。信息公开的宽度使公众对州政府的财政状况有充分的了解。

10.7.2 深度

公开的深度表现在以下方面:

(1) 公开每个部门的总支出和总收入信息;

(2) 公开每个部门的收入来源信息;

(3) 公开州政府每个基金的收入征集信息;

(4) 公开政府最大且最重要的收入来源信息,即一般基金信息;

(5) 公开每个部门预算和基金的三个经济分类层次,信息公开详细到每一次的财政交易;

(6) 公开每个部门预算的项目分类信息,对于较大的部门,公开项目分类的两个层次的信息;

(7) 公开州政府资产和负债的详细列表信息,以及未来的债务服务信息。

10.7.3 过程的便利程度

首先,所有的信息都可以通过网络获取。本次调查所需的信息,都是通过网络获取。

其次,提供了任何特定种类的财政信息的一站式服务。比如,我们想知道所有部门的预算,那么找到州长预算办公室提供的“预算报告”就可以得到,不需要去每个部门的官网找寻各自的预算。否则,考虑到一个州政府的部门数量,这可能需要花费相当长的时间。如果需要知道政府的总资产和负债,只需要翻看“财政报告”就可以。如果想知道该州所有的基金,找到“基金报告”就可以。“项目报告”提供了州政府所有的项目信息。

最后且最重要的是“公开报告”在线数据库,它为公众获取州政府的财政信息提供了极其方便的途径。在线数据库以一种传统方式所不能体现的方法提供财政信息。该系统允许访问者以多种方式、各种组合去获得数据。访问者可以从一个单位开始,可以从一个经济分类开始,也可以从基金开始。不同的起始点与路径可以获得不同的信息。比如,想找到州政府在州内差旅时的住宿费用,那么按顺序点击“类别”“州内差旅”,在随后的信息框内再次点击“州内差旅”,在新出现的信息框内就会有访问者需要的数额信息。如果需要,访问者也可以从“住宿”出发,点击“基金”按钮,找到支付住宿费用的基金信息。如果点击“组织”按钮,就会出现每个单位在住宿上的花费。点击几次鼠标,访问者就可以获取想要的信息。

传统预算报告显然不能如此便捷地提供这样的信息。详细的单次交易记录是如此之多,记录在传统预算报告中显然不可能。“公开报告”在线数据库是集互联网技术和现代数据库管理为一体的产物,为高程度的信息透明提供了便利。

宽度、深度与便利程度的实现,使亚利桑那州州政府的财政比中国省级政府更透明。如果中国的省级政府想要提高财政透明度,那么亚利桑那州提供了很好的经验。

第 11 章　政府性基金信息公开的国际经验

本章以美国为例，介绍美国政府性基金信息公开方面的做法和框架体系，在对比中美两国政府性基金信息公开差异的基础上，提出我国政府性基金信息公开的改进建议。

11.1　美国政务基金的性质与分类

我国的政府性基金译为英文是“Governmental Funds”，而美国的政务基金也同样是“Governmental Funds”。两者所用的英文单词是一模一样的，但是，内容和实质却截然不同。下文将详细描述两者的区别，以避免概念上的混淆。

在专有名词的使用领域上，我国的政府性基金概念是不同于美国的政务基金的。中国的政府性基金是一个财政学概念，在性质上是准税收。而美国的政务基金是一个会计学概念，它在性质上并不强调其税收属性，只强调其作为一个会计主体或财务主体的属性，尽管一个会计主体或者财务主体也是有其税收来源的，其税收来源可能是税收收入或者是准税收收入。美国政府会计准则委员会对基金所下的定义为：“基金是一个财务和会计的主体，它拥有一套自我平衡的账户，记录所有的负债、剩余权益或余额及其变动，并且按照法规、限定或限制条件的要求，对特定业务或实现特定目标的活动分别建账。”从这里可以看出，美国将基金视为一个会计学名词。

美国并未对“政务基金”做出一个直接的“定义”，而是将其视为一组基金的集合，根据涵盖基金范围的不同，美国“政务基金”一般有广义和狭义之分。具体而言，从广义上看，“政务基金”除了包括政府取得税收相关的财政收入，还包括其他纳入基金账户的收入和相关支出，比如联邦政府的“政务基金”除了财政部控制的相关资金，还包括各种信托基金集合。而狭义的“政务基金”仅仅包括财政部门控制的相关基金集合，比如在州和地方政府层面，该集合包括普通基金、特别税收基金、偿债基金和资本项目基金，“政务基金”在本质上是这四类基金的集合，而其中的一个子集——普通基金的资金来源是一般税，这跟中国的政府性基金收入来自“目的税”或“专用税”而非“一般税”是截然不同的。诚然，美国的“政务基金”的子集——“特别收入基金”带有目的税或专用税的性质，在性质上比较接近中国的“政府性基金”，但是美国“政务基金”这个集合仅有一个子集“特别收入基金”接近中国的“政府性基金”，并不代表“政务基金”这个全集跟中国的“政府性基金”是一致的，毕竟美国“政务基金”的其余几个子集跟中国的“政府性基金”是不一致的，尤其是美国“政务基金”的子集“普通基金”跟中国的“政府性基金”是毫不兼容的。本章以广义的“政务基金”为基础，按照实质重于形式的原则，对美国符合专款专用的相关基金的预算及其相关报告进行分析，以下先介绍该分析的基础。

事实上，由于联邦制政权组织形式，美国根据财权和职权的不同，一般在联邦和州、地方政府各个层级设立不同的基金集合。其中，联邦政府账户一般使用联邦基金和信托基金两个集合账户。其中联邦基金集合包括以下三类：

(1) 普通基金(General Funds)，在财政部的控制下核算的是政府未在其他基金账户核算的所有活动。主要是一般性联邦财政收入(如个人所得税等)和以财政拨款为主要形式的支出。

(2) 特别基金(Special Funds)，也叫预算内基金，核算的是特定收入来源，并且该收入被限定使用于特定目的的基金，这部分基金一般相当于我国的政府性基金，比如土地和水资源保护基金，该基金通过特定地区的租金和特权使用费等部分收入来筹集资金，并仅限于土地和水资源保护和恢复等相关领域。该基金一般采取多收入账户和单支出账户，收入账户根据不同收入来源(政府拨款、财产收入等)和收费形式(注册费、罚款等)进行划分，而大多数基金采用单一支出账户核算基金的使用状况，但是对于特大型基金，比如土地和水资源保护基金，财政拨款给不同的部门，所以有时也采取多支出账户的形式。

(3) 周转基金(Revolving Funds)，主要用于核算日常公共企业和政府部门间的交易支出等，是为商业性质的相关交易活动提供的资金，用于支付商品、服务或其他支出，通常不需要财政拨款，分为公共企业周转基金和政府间周转基金两种类型，它们分别用于核算公共企业与公众、政府部门内部交易的周转资金。

信托基金集合主要针对特别目的或特殊项目，其中最具有代表性的是信托基金，或者以国家为受益人的受托基金，比如捐赠基金。和周转基金类似，信托基金也是为特殊目的筹措的资金，其中有很多大额的个人社会保障基金，比如社会安全、医疗和失业补偿基金。其他大多数基金是为军队和联邦级公务员退休、高速公路和大型轨道交通建设以及航空事业的发展筹集的。该集合由信托基金、信托周转基金和存款基金组成。

(1) 信托基金(Trust Funds)，是针对特定的项目和特别目的依照相关法律法规成立的基金，比如高速公路信托基金。通常由一个支出账户和一个或多个收入账户来核算相关收入和拨款及相关交易支出。需要多个账户核算的原因和特殊基金相同;此外,大额的信托基金,比如高速公路信托基金就有多个支出账户。

(2) 信托周转基金(Trust Revolving Funds),类似于公共企业的周转基金,都是用于商业性质的交易活动。核算方式同联邦基金集团的周转基金相同。

(3) 存款基金(Deposit Funds),该基金的相关资产一般为个人和其他组织实体所持有,比如从联邦政府公务员工资中代扣的州个人所得税在未实际支付给州政府前先纳入存款基金。此外,少数联邦信托基金是依照信托协议进行管理的,政府仅作为托管人,无权决定与该基金相关的资金的数量和使用方向,在预算中一般被称为捐赠基金(Gift Funds),例如节约储蓄基金。

现在美国州和地方政府的基金分为狭义的政务基金、权益基金、受托基金三大类。

政务账户作为狭义的政务基金包括四类:

(1) 普通基金,核算的是政府未在其他基金账户核算的所有活动。

(2) 特别收入基金,同联邦政府的特殊基金类似,核算的是特定收入来源并且该收入被限定使用于特定目的的基金,例如交通援助金。

(3) 偿债基金,核算的是债务的偿付。如果政府为了偿还债务而积累资源,则必须在债务基金中报告。在实践中,一些打算为偿债而筹集的资源可以在其他政府性基金中找到。

(4) 资本项目基金,核算的是积累资源并将运用于建设、购置和维护资本资产,诸如建筑物和道路。

权益基金包括企业基金和内部服务基金,企业基金用于核算并报告政府的收费经营性活动,如水电、收费公路等,内部服务基金用于核算和报告政府内部的服务交易活动,如打印服务等。

受托基金主要用于处理政府单位以信托人或代理人身份,接受个人、私人机构、其他政府单位或其他政府基金资产的保管或监管而设置的基金。受托基金包括信托基金和代理基金。美国地方政府最重要的信托代理基金是雇员退休养老基金。又如政府受托代管的民间助学捐款,其最终受益人不是政府,政府只是履行受托责任,纳入信托基金会计核算范畴。

通过上文介绍,不难发现符合专款专用性质的基金不仅仅包括特别(收入)基金,部分信托基金也是为特定目的和用途筹集的资金。它们的区别主要是在法律上是否指定特定的该项资金作为信用基金。例如,全国人寿保险基金(National Service Life Insurance Fund)是信托基金,但军人的集体人寿保险基金(Servicemen's Group Life Insurance Fund)属于联邦基金,尽管两种基金都是由专项收入支付且都是提供给退伍军人的与人寿保险相关的基金,却被划分为不同的基金集团。实际上,在很多情况下法律上的划分具有一定主观随意性。对符合专款专用性质的相关特殊基金(下文把具有专款专用性质的基金简称为特殊基金)的报告体系进行详述,包括联邦政府层面的特殊基金、信托基金,在州和地方政府层面而言,三个基金账户均有涉及。

11.2 美国特殊基金信息报告的内容和形式

美国的特殊基金种类繁多,以拉斯维加斯为例,该市在2014年3月基金报告显示,共计970个子目,其中绝大多数为政务基金,占85%以上,其余的为权益基金和受托基金。美国特殊基金的报告通常比我国政府性基金要复杂得多,并且其报告披露的信息也比我国更加具体和详细。

在美国,特殊基金因所属政府的不同而在报告上有一定的差异,但一般而言,报告的内容主要由正文和相关附表组成。正文部分首先对特殊基金的各个重要方面进行概述,内容主要包括以下六项:

(1) 特殊基金所属的基金类型:前文已经介绍了相关基金账户,特殊基金所属的基金账户类型一般在本部分进行简介,主要从定量关系反映本级政府特殊基金所属的基金类型。而对于繁多的每一项特殊基金的披露都在附表一一列示。

(2) 特殊基金与预算的关系:一般而言特殊基金都属于预算内基金,仅有少部分预算外基金在此部分需要进行披露。由于美国基金种类众多,在该部分不可能一一列举,所以一般以基金集合进行分类。

(3) 特殊基金成立的目的:特殊基金都是为特殊目的和项目成立的专款资金,对本年度所有特殊基金按成立的目的进行分类,并针对基金成立所服务的前几个领域进行详述。

(4) 特殊基金的成立和撤销:该部分包括新成立的基金和不符合专款专用等原因撤销的基金。对于新基金的成立,主要针对新成立的重要的特殊基金进行阐述,包括基金成立的目的、法律依据及相关必要性和管理部门等。而特殊基金的撤销主要是对本年度符合撤销标准的特殊基金进行概述,并进行简要评析。

(5) 特殊基金的管理:主要针对特殊基金现存的管理来源和使用、挑战和机遇等方面进行分析。特殊基金作为一种专款专用资金,仅部分来于税收,所以为了保证充足持续的基金来源,并达到预期特定的使用目的,特殊基金必须从来源和使用两方面进行管理,并从总体的角度看当前特殊基金发展过程中存在的问题和缺陷,并及时抓住经济发展中基金发展的机遇。

(6) 特殊基金发展的建议:针对特殊基金管理和发展出现的问题,提出特殊基金管理和发展的相关建议。该部分是建立在基金分析和对基金发展展望的基础上,具有一定的主观性,除非有确切的证据证明,否则只能作为特殊基金发展的参考。此外,该部分也要对本年度基金报告的缺陷进行事实声明。

正文部分的文字说明只是对特殊基金的总体概述，对于特殊基金的相关具体信息必须通过表格来直观反映，值得注意的是，美国特殊基金编制的附表与我国的政府性基金决算表相比，除了反映基金账户的会计信息，更侧重于对每一特殊基金设立目的、来源及使用用途等信息的详细披露，这一方面是美国特殊基金数量种类繁多导致的，另一方面也是为了保证实现与特殊基金相关的特殊目的和项目，从而保障纳税人和其他特殊基金主体的合法权益。

特殊基金报告的附表也没有统一的格式和标准，但一般至少包括一张较为综合的附表（见表11-1），该表对本级政府所有的特殊基金信息进行详细披露，在形式上表现为以基金编号为列展开各个特殊基金，采用多栏的形式对特殊基金的主要属性进行列示，至少包括以下几项：基金的编号、名称，所属的组织或组织代码、设立的目的和用途，资产，负债及该基金的余额，它们主要集中报告各种特殊基金的账户信息，即收支盈余金额，以及基金成立的目的或所属部门。除了将以上信息披露在该主要附表中，也有一些州和地方政府根据基金账户的不同，即政务基金、权益基金和受托基金，把该主表分为三张决算表对特殊基金进行披露。

表11-1　特殊基金综合报表

基金名称及代码	管理部门	基金目的	资金来源	用途	创建时间	创设基金委员会文件号	创设基金法律法规代码	资产	负债	余额
×	×	×	×	×	×	×	×	×	×	×

注："×"表示"某某"基金名称及代码、管理部门等，下同。

为了进一步详细披露与特殊基金相关的信息，各级州和地方政府采取不同形式的分类标准编制其他附表，主要是对主表的补充，从不同分类和不同角度对特殊基金进行报告和分析，常见的标准主要包括按功能分类、按部门分类，以及按与预算的关系分类等。在这些分类中，按部门、功能进行分类的特殊基金报告是不可或缺的，除非主表中已经涵盖该方面的信息。此外，其中一张附表反映预算与特殊基金的关系及影响程度，包括对每项特殊基金进行预算内和预算外的划分之和对影响程度的分析，表11-2至表11-5是以拉斯维加斯的特殊基金报告为例的附表框架体系。

表 11-2 特殊基金对预算的影响分析报表

基金名称及代码	管理部门	是否属于预算范畴	是否允许被 GF 替代	GF 是否支付超支的费用	超支费用是否被报销	利息是否存入 GF	是否 GF 存储	余额
×	×	×	×	×	×	×	×	×

注:GF 为 General Funds 的缩写。

表 11-3 特殊基金按照功能分类统计

基金功能	基金集团名称	基金数量
社区发展		
法律实施	×	×
…		

表 11-4 特殊基金按照部门分类统计

部门	基金数量
警察	
财政	
交通	×
…	×
	×

表 11-5 特殊基金利息报告差异

基金名称及代码	管理部门	利息是否属于 GF
×	×	×
×	×	×

注:GF 为 General Funds 的缩写。

特殊基金除了报告以上相关信息外,作为政务基金的重要组成部分,在政府的财务报告中也是必不可少的内容。在美国,政府会计准则委员会(GASB)对政府基金的财务报告采取的会计准则的形式和实质进行严格的规范,其中 GASB54

号文特别针对政务基金报告的分类标准进行规范,该准则实施前,报告中的基金主要分为限制性基金和非限制性基金,2011 年及其以后各年度,政务基金主要依据决策权利机构的不同细分为四类,以 2013 年弗吉尼亚州政务基金的报告为例,第一类是根据弗吉尼亚州宪法限定的限制性基金(Restricted Fund),第二类是根据州议会和州长决定的特殊指定用途的限制性基金(Committed Fund),第三类是其他不属于前两类的特殊用途的限制性基金(Assigned Fund),第四类是其他非限定性基金,弗吉尼亚州的报告中显示这类基金主要转账到交通信托基金或用于其他一次性支出。可见该财务报告体系加强了法定用途的严格管理,较之前的分类更详尽。此外,符合专款专用性质的特殊基金除了以上对其进行统一报告之外,对于纳入预算体系的基金,如联邦基金集合下的特别基金仍需要编制与预算相关的决算报告,这里的报告是将该特别基金作为一个整体,对其账户整体的收入和相关的支出进行概述,并针对支出的功能进行分类报告。

11.3 美国特殊基金信息报告的案例

各个政府级别及权利职责的不同,导致基金范围、种类和数量等有诸多差异,本章选择美国拉斯维加斯市的 2013 年特殊基金综合报告作为分析对象,重点针对附表内容进行详述。

该市的报告主要包括三部分:第一部分是基金概述,主要是介绍性文字,对 2013 年该市的财政收入、支出和政务基金的分类进行介绍;第二部分是正文,主要针对特殊基金的现状及发展等情况进行概述,内容已在上文说明,这里不再重述。

第三部分是附表,以特殊燃油税及道路维修费基金为例,该基金列示了在政务基金中的特别收入基金,其中综合附表报告的信息主要包括以下方面:

(1) 编号和名称:206 特殊燃油税及道路维修费(Special Gas Tax St Improv)。

(2) 管理部门:街道服务的专门拨款的相关机构(Street Services Non-Departmental—Appropriations to Special Purpose Fund)。

(3) 基金成立的目的:为公共交通服务支出进行融资。

(4) 基金收入来源:州政府的燃油税和联邦政府的拨款。

(5) 可能的用途:道路的拓宽、重建和维护及道路照明设施的建设。

(6) 基金成立日期:1987 年 6 月 30 日。

(7) 基金成立的委员会和文件编号。

(8) 资产、负债及余额(2013 年 12 月 31 日):74 370 494.78 美元、1 169 969.10 美元和 73 200 525.68 美元。

这是综合附表栏目,除了上述的主要信息外,在其他的附表中不难发现该项基金的其他属性，比如该基金属于预算内基金；允许赤字存在，即超额支出；利息不纳入政务基金。

除了上述综合报表的信息之外，还有一部分基金以单独报告的形式体现，这种专门的报告一般是由部门进行公布和披露，例如拉斯维加斯市的消防员及警察养老金（Fire and Police Pension）的报告就是采取单独报告，形式上就包括单独的年度报告、财务报告和退休估算和退休人员健康评估报告等，所以采取单独报告的特殊基金内容也更为详尽。

11.4 小结

美国特殊基金主要是根据相关法律法规和预算相关法案成立的专款专用的资金账户，由于在种类上远远多于我国政府性基金，其信息披露与我国的政府性基金有所差异，但是总体来说，美国特殊基金报告体系较为完善，值得借鉴。

11.4.1 增加政府性基金报告中关于基金属性的相关信息

我国政府性基金总决算信息主要由六张决算表组成，对于基金成立的目的和意义只能通过名称来猜测，但是在美国，特殊基金需要对其基金的相关信息具体披露，上文已具体阐述过了，在此，结合我国政府性基金报告现状，需要对政府性基金更多属性等信息进一步披露。政府性基金不仅仅需要报告相关基金账户金额，更重要的是要对专款专用基金的意义和使用状况进行详细跟踪和阐述，使其实现法律法规的立法意义，目前我国有些基金收入的目的性和合理性有待考究。除了现有的报告信息，还可以增加两个重要部分：一是政府性基金作为专款专用基金成立和继续存在的目的，二是该基金的管理现状和发展规划。

11.4.2 结合政府性基金决算表，对重要信息进行必要的文字披露

我国政府性基金的决算表更倾向于会计账户信息的披露，即属于财务报告的范畴，所以主要以表格形式对政府性基金的收入和支出进行直观反映，具有全面性，但是报告也应当突出重点，这需要文字披露对表格信息进行补充，来强调政府性基金的重要信息，形式上既可以采用正文的方式进行详细阐述，包括对政府性基金相关的一切重要信息进行凸显，也可以仿照一般企业财务会计报告中的附加注释对表中未反映的重要信息和表中反映的需要重点突出的信息进行披露。

11.4.3 增加收入支出明细信息和细节的信息披露

我国政府性基金报告体系，主要针对收支平衡状况、收入明细、功能和经济分类的支出账户进行决算报告，从宏观上反映了政府性基金的整体收支概况，在一定程度上反映了收入和支出的概述，但是过于简略，表中一般只列示相关账户的合计数，即便是明细表也缺少相关的细节披露。同时，也缺乏一张综合的决算表来反映作为每一项政府性基金个体的收支及其明细。总之，我国的政府性基金报

告需要增加披露信息的力度，进一步深化披露的细节。

11.4.4 增加对政府性基金预算执行情况的报告

政府性基金是财政预算的重要组成部分，但是财政预算的目的就是提高财政资金使用的约束力、监督力度和透明性，但是决算报告未能体现两者的关系，仅仅列示相关资金数额，政府性基金预算仅存于形式，未发挥出实际的约束力。虽然财政预算对政府性基金的使用方向进行了大致约束，但对于具体的使用金额和利益流向主体还是不够明确。因此增加对政府性基金预算执行状况的分析决算表可以实现财政收入的高效利用。

11.4.5 加强政府性基金信息报告的质量

美国特殊基金年度报告在网上都是公开的，如前文所述，不仅如此，预算和决算报告都是必不可少的内容，这一方面方便纳税人随时对特殊基金的使用进行有效监督，另一方面公开和透明的基金信息也促进了特殊基金事业的发展，主要表现在有利于筹集专款专用的基金。从公开信息的质量上，在我国，报告信息由各级政府财政局内部进行编制，缺少一定独立性，会导致信息披露的质量较低。而在美国，一般特殊基金并不是基金管理部门进行报告，而是由专门的与预算或控制相关的委员会对其进行报告和分析，从而保证特殊基金披露信息的质量。因此，我国的政府性基金在现有的决算报告基础上，也应逐步发展更具有透明性和独立性的公开信息。

第 12 章　国有企业信息公开的国际经验

12.1　导言

国有企业,其所有权的公共性决定了其信息公开的必要性。从国际上看,大凡拥有国有企业的发达国家都公布了必要的国有企业信息。新西兰是世界公认的国有企业治理最好的国家,在国际比较中经常被当成范本引用。因此,本章以新西兰为例介绍国有企业信息公开的内容,并与我国进行比较。

新西兰政府拥有完全或部分股权的企业被称为政府企业(Government Enterprises)。政府企业主要有五种形态:国有企业(State-owed Enterprises,简称 SOEs)、皇冠研究机构(Crown Research Institutes,简称 CRIs)、皇冠金融机构(Crown Financial Institutes,简称 CFIs)、皇冠所有公司(Crown-owned Companies)和皇冠实体(Crown Entities)。国有企业是政府企业的一个种类,是指按照商业原则组建和经营的有限责任公司,如新西兰邮政公司、铁路公司等。皇冠研究机构是从事科学和技术研究的机构,如农业研究所、土地保护研究所等。皇冠金融机构是专门负责对皇家拥有的重要资产进行管理和投资的企业,该类企业并非根据政府企业组织原则建立,每个企业的设立和运营都有专门的法律依据,但它们与其他由法律认定的皇冠企业一样,也都必须遵守《2004 年皇冠企业法案》。皇冠所有公司的经营领域一般较特殊,并多为皇家全资所有,如学习出版公司、新西兰无线电广播公司等。皇冠实体也属于经营特殊领域的企业,如公共信托、彩票委员会、灾害赔偿委员会等,但实体不是《公司法》所规定的公司,因此不受《公司法》约束,其目标和责任由专门的法律规定。

按照经营目标的不同,新西兰的政府企业又分为商业性运作企业、金融投资机构和多目标实体。所有的新西兰政府企业统一由一个隶属于新西兰财政部、名为“皇冠所有企业管理处”(The Crown Ownership Monitoring Unit's,简称 COMU's)的机构进行管理。

新西兰政府企业的几乎所有相关信息都集中公布在财政部网站上,因此,获得这些信息既简便又节省。公布的信息包括政府企业的管理组织结构,政府企业董事会的任命信息,政府企业分类信息,国有企业声明(及时反映国有企业治理结构、财务绩效变化的信息,包括季报、半年报以及其他各种与企业有关但不属于保密范围的信息变化),按字母、行业和类型公布的单个企业年报信息以及汇总的企业年报信息和政府企业信息公开情况信息等。

这些信息可以分为两类:一类是单个政府企业的信息,另一类是汇总的政府企业信息。下面我们将按照这一思路分别介绍新西兰政府企业的信息公开情况。

12.2 新西兰政府企业信息公开的法律依据

新西兰政府企业的信息公开所依据的法律有三部,分别是《1982 年官方信息法》《1986 年国有企业法》和《1993 年公司法》。

12.2.1 《1982 年官方信息法》

《1982 年官方信息法》(简称《官方信息法》)的立法目的是建立法定程序使公众更容易获得官方信息,处理好公共利益与隐私保护之间的关系,并废除 1951 年《官方保密法》。该法案明确表明,皇冠管理下的政府企业信息公开亦受此法律的约束。

《官方信息法》对政府企业的信息公开有如下规定:

(1) 任何个人可以要求政府部门或皇冠企业管理处提供任何具体的官方信息。法案还具体说明了"个人"的含义,包括新西兰居民以及在新西兰注册成立的法人团体等[Part 2,12 Requests,(1)]。

(2) 政府部门或者皇冠企业管理处有义务向个人提供合理的协助以帮助其正确地向政府部门或皇冠机构提出申请(Part 2,13 Assistance)。

(3) 政府部门或皇冠对个人申请的处理,要求政府部门或皇冠在接到个人申请后,在不超过 20 个工作日内裁决申请是否合理,以何种方式提供信息以及提供信息的成本(Part 2,15 Decision on requests)。

(4) 政府部门或皇冠机构需要以申请人偏好的方式提供信息,除非以此方式提供会损害有效的管理或提供这份文件与他们的法定职责背道而驰[Part 2,16 Documents(2)]。

(5) 若公众申请公开的信息被包含在某些官方文件中,而文件中还包含有需要保密的信息,那么可以将保密信息删除后再公开,但是必须提供这些信息保密的依据(Part 17,Deletion of information from documents)。

(6) 若政府部门或皇冠驳回了公众要求公开信息的申请,则必须告知申请者拒绝的理由(Part 18, Reason for refusal to be given)。

12.2.2 《1986 年国有企业法》

《1986 年国有企业法》(简称《国有企业法》)的立法目的是提高政府的商业性活动绩效。为此,《国有企业法》设定了管理国有企业运营的具体原则,授权成立公司以承担某些政府职能,并控制公司所有权。建立国有企业及各相应部委的问责机制。

《国有企业法》对国有企业信息披露的规定体现在第三部分“问责”(Part 3 Accountability)中。

(一)企业目标声明

(1)每个国有企业都必须在每财年开始前的1个月内向其股权持有部委提交一份声明其企业目标的草稿,即企业目标声明。

(2)每一份企业目标声明中都必须具体列明国有企业集团及其下属子公司当年财年和接下来两年中的以下信息:集团的目标;即将从事的活动的性质和范围;综合股东基金与总资产的比率,以及这些术语的定义;会计政策;具体的经营目标以及评估经营目标的标准;上交皇冠的年度股利确定原则的声明和年度盈利的税收估计;提交给相应股权持有部委的年度信息,包括半年报告中的信息;集团中的任何成员认购、购买或者获得任何公司的股票必须遵守的程序;任何董事会向皇冠企业管理处寻求补偿的活动(不论皇冠是否同意提供);其他由股权持有部委或董事会通过的事项。

(3)每一份企业目标声明都需要包括董事会对当前皇冠投资的商业价值做出的估计并说明该估计值的计算方法。

(4)董事会需要在财年开始前的14日内对股权持有部委对企业目标声明草稿的评论做出考虑,并在财年开始前提交完整的目标声明。

(二)年报、会计和股利

(1)在财年结束后的3个月内,国有企业的董事会需要向股权持有部委提交以下信息:① 财政年度内国有企业母公司及其子公司从事的经营活动报告;② 审计过的合并财务报告,包括资产负债表、利润表、资产负债的变化以及其他展现国有企业财务状况的文件;③ 财务报告的审计报告。

(2)在(1)①中提到的报告都必须:包含对于了解企业及其子公司经营活动评估结果的必要信息,其中包括企业及其子公司经营业绩与其目标声明中的目标对比;说明与报告年度内派发给皇冠企业管理处的股息。

(三)半年报

(1)在财年的上半年结束后的2个月内,国有企业的董事会需要向股权持有部委提交其经营活动的半年报告。

(2)这一部分中要求的报告必须包含企业目标声明中的有关信息。

(四)向众议院提交的信息

《国有企业法》中规定了皇冠需要向众议院提交的内容。

(1)责任部委需要在规则发挥作用前12天内向众议院提交国有企业运营规

则及其变化。

（2）在获得国有企业提交报告后的12日内，责任部委需要将以下内容提交给众议院：企业当前年度以及今后两年内企业的目标声明；上一财年的企业年报和审计过的财务声明；财务报告的审计报告。

（3）若国有企业对目标进行了修改，责任部委需要在获得通知的12日内将变动以书面形式告知众议院。

（4）在得到半年度报告的12日内提交众议院。

12.2.3 《1993年公司法》

《1993年公司法》明确表明皇冠旗下的所有政府企业都适用于本法（Part 1,9）。

（一）《公司法》对政府企业必须向股东提供的信息规定

（1）股东可以在任何时间向政府公司提出申请信息的书面要求。

（2）公司必须在接到申请后的10个工作日内提供信息；或者同意在规定时间内提供信息；或者同意在规定时间内提供信息，但前提是申请者必须支付一定的费用以弥补成本。若拒绝提供信息则需要说明拒绝理由。

（3）除非有特别规定，有以下情况公司可以拒绝提供信息：信息的公开可能会损害公司的商业地位；可能损害任何个人的商业位置，或者信息公开的申请是无理纠缠。

（二）公司信息公开规定

（1）每个公司的董事会都必须在资产负债表完成后的5个月内提供公司年度报告，即使是免税的公司也需要提供。

（2）董事会必须在年度股东大会前20日内将年度报告副本发送给每位股东。

（3）年度报告中需要包括的内容。若公司没有子公司，则需要包括财务报告和对财务业绩的审计报告；若公司有子公司，则需要包括集团财务业绩报告及审计报告。

（4）财务报告的内容：财务报告必须是完整的、客观真实的，而且符合《1993年财务报告法案》中的要求。《公司法》对财务报告的内容作了详细的规定。

（5）公共审查规定。《公司法》规定，每个政府企业都必须保证以下信息可以被公众获得并审查核实：公司注册证书；公司章程；股份注册登记；董事名单和住址；公司注册地和常驻地址。如果公司不能遵守上述规定，则公司违法，并根据本法案373（2）节规定的内容进行惩罚。

（6）股东审查。除了公众审查外，公司也必须接受股东的审查。审查的内容包括：所有股东大会记录及决议；过去十年与股东书面沟通的资料、年度报告、财务报告、财务业绩总结以及集团财务业绩；董事长根据此法案提供的各种证明材料；公司注册资料。不能遵守上述规定的公司将违法，并可根据本法案373（2）节规定的内容进行惩罚;不仅如此,公司的董事长也将被判违法,并可根据本法案374(2)节规定的内容进行惩罚。

从上述分析中可以看出,新西兰政府企业的信息公开是有充分法律依据的。法律对政府企业信息的公开对象、公开内容、公开方式、公开时间以及违反公开规定的惩罚措施都明确、详细,具有可操作性,从而成为政府企业信息公开的有力保障。

12.3 新西兰单个政府企业信息公开

新西兰单个政府企业信息主要反映在每个企业的年报中。在财政部网站上,每一政府企业年报信息都可以获得。这些企业的查找也相当简便。网站上提供了三种查询方式:按企业名称的第一个字母查询、按企业所属的行业类型查询、按企业性质查询。企业都按照统一的格式和内容公布年报数据。

企业年报的内容主要包括董事会主席报告、董事会报告、财务报告、对财务报告的解释、审计报告、5—10年主要财务指标摘要、公司治理信息等。我们以新西兰航空公司为例说明单个企业年报披露的信息。新西兰航空公司作为皇冠监管的企业之一,每年都会及时公布公司年报,在财政部的网站上可以很容易地获得其从2009/2010年度至2012/2013年度的4份年报,本文将以最新公布的2012/2013年报为例简单介绍其年报中公布的信息。

12.3.1 综合信息公开

年报公开的新西兰航空公司的综合信息包括公司的治理信息、董事会成员信息、员工工资信息、重要股东信息、公司运营飞机的详细数据,以及公司的注册地、上市时间、地点、信用评级等信息。

公司治理信息包括公司的主要治理政策、实践以及董事会正着手进行的治理项目、更多信息的查询网站地址等。

(1) 公司遵循的道德标准及治理结构安排。包括公司商业行为指引、董事作为利益相关者时的回避政策、公司证券交易应遵循的法律准则、与董事相关的证券交易信息登记、董事会的构成要求、董事的责任、主席的角色担当、董事会的独立性、董事会下设委员会及各自的职责、公司施行的多样性计划、对公司报告与信息披露的要求、薪酬与工作绩效评估。

年报表明,董事会需要设5至8名董事,至少3位定居在新西兰,半数以上须是新西兰居民。董事会下设审计委员会、安全委员会和薪酬与多样性委员会。审计委员会主要负责财务报告审计和风险管理的职责。安全委员会负责确保公司有可行的系统以提供最好的安全和环境。薪酬和多样性委员会负责确定治理架构、多样性计划、首席执行官和高级经理的薪酬。多样性计划正在逐步实施,公司员工性别比例中女性比例正在稳步提升，同时举办了一系列活动，如董事和管理层参加多样性培训，举办文化庆祝活动，建立多个雇员之间交流信息的网络。要求公司遵循宪法和上市公司股票交易法规定之下的信息披露要求，确保投资者和职员了解公司的重大信息。薪酬与绩效评估区分管理层和非管理层董事，董事会每年也需要对董事会的表现进行回顾与评价。

（2）董事会成员的相关信息。首先介绍了各董事会成员与公司经营有关的信息。如董事会主席约翰·帕拉莫（John Palmer），2001 年 11 月 29 日开始任职，他有着丰富的担任公司董事的经验，同时还是新西兰拉博银行主席、澳大利亚金融保险公司和澳大利亚人寿保险公司以及澳大利亚拉博银行的董事。帕拉莫自 2001 年任职公司董事会主席以来成功引导了新西兰航空公司的重建过程。其次介绍了各董事会成员在其他公司包括在集团关联公司的任职情况，如副主席托尼·卡特（Tony Carter）是费舍尔 & 佩克尔保健有限公司的主席，同时也是澳新银行新西兰有限公司和弗莱彻建筑有限公司的董事，奥克兰保护食品信托公司和莫里斯·卡特慈善基金的受托人。再次介绍了公司为董事提供的保险。根据《1993 年公司法》第 162 章以及宪法相关规定，公司在法律允许的最大限度内为他们提供保险。之后披露了公司董事会成员持有的新西兰航空公司证券的份额，包括了实益权益、卖出股票、买入股票、交易日期、交易成本，非实益权益六个条目。最后介绍了董事会成员的薪酬，不单单是给出了各个董事的总薪酬，而且分别给出了其作为董事和委员会成员的报酬，同时还给出了其出差费用的补偿数额，这样公众就可以很清楚地了解各董事成员薪酬的构成。同时还特别说明子公司的董事没有董事报酬，只有其作为雇员的工资。

（3）雇员工资信息。年报以表格形式清晰地展示了各收入级别的管理层和一般职员的人数及其薪酬信息，如 20 万—21 万纽元一档，管理层中有 9 人，其他员工有 22 人。同时介绍了公司的薪酬激励计划。首席执行官和管理层的薪酬由固定工资、年度激励计划、长期激励计划三部分组成。如现任首席执行官薪酬，因 2013 年 1 月开始担任，故固定工资为 6 个月的工资 625 000 纽元；年度激励计划为 602 841 纽元，将在 2014 财年支付；长期激励计划为 137 980 份股票期权以及养老金 25 000 纽元。又如前任首席执行官薪酬，截至 2012 年 12 月的固定工资为 715 500 纽元；年度激励计划为 713 264 纽元，与个人业绩有关的为 157 879 纽元已经支付，与公司经营业绩有关的为 555 385 纽元，将在 2014 年支付；长期激励计划有两种，即新西兰航空公司长期激励计划（2012 财年为 4 555 476 份，每份 0.184 纽元，总额 838 208 纽元，2013 财年 6 个月 1 419 777 份，每份 0.278 纽元，总额 394 648 纽元）和首席执行官长期激励计划（2012 财年为 8 607 519 份，每份 0.133 纽元，总额为 1 144 800 纽元）；养老金分为 2013 财年 6 个月 51 640 纽元；2012 财年为 71 229 纽元;2012 年 12 月 31 日离职时没有支付离职赔款。

(4) 股东数据。给出了截至 2013 年 8 月 16 日的前 20 位股东所持普通股份份额及其在全部股份中所占比例,并根据普通股份额划分级别,列明了各持股级别股东数量、人数比例、持股份额以及所占比例,如在 1 001—5 000 份普通股一档,股东人数为 6 037 人,占总人数的 25.09%,共持有 13 646 772 份股票,占总股权的 1.24%。年报特别提到公司在 2012 年 9 月 28 日宣布的股票回购,主要是为了使其持有股份份额达到 3%,截至 2013 年 6 月 30 日,公司共持有 8 767 702 份股权,总价值 1 100 万纽元。

(5) 运营飞机数据。介绍了公司拥有的飞机型号、数量、平均使用寿命、最大载客量、飞行时速、平均每天飞行时间。如波音 747-400,共有 2 架,平均使用寿命为 18.4 年,最大载客量为 379 位乘客,飞行时速为 920 km/h,平均每天飞行时间为 8.5 小时。

(6) 其他信息。包括公司的上市信息及遵循市场规则的信息。新西兰航空公司 1989 年 10 月 24 日在新西兰证券交易所上市,2002 年 7 月 1 日在澳大利亚证券交易所上市,公司注册地为新西兰。特别说明了由于公司在两地证券交易所上市,公司应遵循两地证券交易委员会所制定的准则特殊处理。例如指出为了公司在新西兰和澳大利亚同时上市,需要有新西兰证券交易所放开股票交易限制的声明,并列举了 2013 年的三项弃权,如为了长期期权激励计划放弃新西兰证券交易委员会上市公司准则的 8.1.7(b)。再如由于公司 2002 年 7 月在澳大利亚证券交易所上市,年报中需要新增以下信息:公司法律规定中关于收购证券的特殊限制,如任何拥有或运营航线的个人及其关联方都不可以持有股权证券。证券收购准则,如股权份额超过 20% 的收购只能为以下情形:遵循收购准则的完全收购,遵循收购准则的部分收购,一般决议认可的股份获取,一般决议认可的股份分配,股东已持有 90% 以上份额情况下的股份收购。公司不需要遵守澳大利亚 2001 年公司法案第 6 章 6A、6B 和 6C 的规定。

12.3.2 财务信息公开

年报对公司财务信息的披露分为三部分。第一部分是各种财务报表,包括利润表、综合所得表、所有者权益变动表、资产负债表以及现金流量表等 5 张报表。第二部分是财务报表制作的背景信息介绍,包括遵循的会计政策、合并报表的根据、外汇之间的转换等。第三部分是财务报表注释,即为了更具体地展示财务信息而将第一部分报表中的信息细化,如区域收入划分,应收款项和其他应收款,或有负债等详细的财务信息。

(一) 各种财务报表

(1) 利润表:收入项下细分出客运收入、货运收入、合同(外包)收入以及其他收入,使收入来源一目了然,能清楚地知道收入的分布以及各种业务的运营情况。支出细分为人力成本、燃油支出、维修服务、飞机运营支出、客运服务支出、销售和市场宣传支出、外汇转换盈利或损失以及其他支出,由此可以为合理控制成本提供努力方向,同时也便于公众了解公司运营中每一部分的具体花费,从而判断其是否合理,并提出合理质询。

(2) 综合所得表:根据能否划归为收益或损失分为两类:一类是不能计入收益或损失的,是指权益工具投资的价值变化。另一类是指能计入收益或损失的,包括现金流量套期的价值变化、套期保值转换为现金的收益、现金流量套期转为资产的收益、外汇工具投资的收益、保值工具的税收。

(3) 所有者权益变动表:包括已发行股本、现金流量对冲储备、投资重估储备、外币汇兑储备、保留赤字、非控股权益各项的期初额、本期变化值以及期末余额。

(4) 资产负债表:包括流动资产、非流动资产、流动负债、非流动负债、所有者权益信息。

(5) 现金流量表:与通用的现金流量表一样,分为经营活动现金流量、投资活动现金流量和筹资活动现金流量,如经营活动现金流量包括从顾客处获得的收入、从子公司获得的股息、支付给供应商和雇员的现金流出、支付收入所得税、利息支付、获得的利息。新西兰航空公司所有财务报表都分别给出了集团和母公司2012年及2013年两年的数字。

(二) 财务报表制作的背景信息

财务报表的制作需要遵守相应的会计法规和政策,做出一些重要的假定以及对某些指标的估计,只有结合这些背景信息才能更准确地了解财务报表所包含的信息含义,因而年报对这些背景信息做了详细的介绍,包括会计政策、重要的会计法规、合并报表的处理、外汇汇率的使用、集团与下属公司采用的汇率不同时的处理方法以及涉及报表具体项目的说明,如收入的确认、金融工具的类别以及折旧的处理,等等。

财务报表的报告实体为集团,包括了子公司、合资企业及其联营企业。该公司的主要业务为客运和固定航线的货运服务,适用的会计政策是《新西兰通用会计实务》《国际财务报告准则》等会计法规,测算根据为历史成本法,货币为新西兰货币。会计政策部分详细介绍了用到的会计估计和判断,如预收款项,包括尚未发生的运输服务和客户忠诚度计划,飞机租赁期间的维护所需时间和维修成本的估计;指明了重要的会计法规及其对财务决算报告的影响,如关于财务业绩中有关其他综合收入报告规定的修改在2012年7月1日开始采用,但对财务报表并无重大影响,只是要求分开列示可计入收益的其他所得和不可计入收益的其他所得。合并财务报表时要求注意排除母公司和子公司、合资公司及联营公司之间交易的影响。该部分还说明了外国货币在不同情况下所使用的汇率以及集团和其他公司之间采用汇率不同时该如何处理；最后分项目具体介绍了涉及报表中的具体条目，如收入的确认。客运和货运销售收入被认为是预收款项，只有当实际客运和货运发生时才可记为收入。

（三）财务报表注释

由于财务报表是最终汇总展示的结果，很难了解到每个项目的具体信息，因而年报中特别对报表进行了大篇幅注释，并提供了历史数据以方便公众进行年度比较和判断变化趋势。财务报告注释共分三部分内容：报表中具体项目的详细介绍、独立审计报告以及2009—2013年的5年历史数据。

（1）具体项目信息。报表中的具体项目包括了28个小项，如收入和其他收入、支出、现金流量、无形资产、金融风险、已发股本、派息、或有负债等。每项的具体信息都在此做了说明。如支出项，提供的表格中将支出分为损害支出、租赁支出、其他支出和金融衍生工具支出。损害支出中又细分为物业、厂房及设备消耗，无形资产和持有待售资产的消耗，上述资产的损伤以及对子公司投资的损失支出。租赁支出分为飞机租赁和建筑物租赁支出。其他支出包括审计支出和汇兑损益。金融衍生工具支出细分为现金流量对冲、排除对冲工具的衍生工具、非避险衍生工具、现金流量套期保值向净收益转换。再如无形资产项，先分项具体给出了各无形资产的数额，包括内部开发软件、外部购买软件、开发成本以及商誉。然后对内部开发软件和外部购买软件进行了细分，都分为成本、累计摊销、期初余额、本期增加值、本期摊销、外汇汇兑损益，最终得出期末余额。上市股权投资中特别注明了对维珍澳大利亚控股有限公司的投资，除了提供投资值的具体数据外，还说明了对此公司的投资是集团澳大利亚航空市场扩展策略的一部分，截至2013年6月30日，集团共持有该公司19.99%的股权份额。

（2）独立审计报告。由德勤会计师事务所审计财务决算报告后出具审计报告，审计内容包括资产负债表、利润表、综合所得表、权益变动表以及现金流量表，以及财务报表注释，包括会计政策和其他解释信息在内。独立审计报告指出公司遵循了相关会计法规并客观、真实地提供了集团和公司信息。

（3）历史数据。包括利润表、资产负债表、现金流量表、重要财务比率、关键运营指标以及债务数据等6张财务报表。透过这些自2009—2013年的5年数据可以清晰地了解公司财务情况的变化趋势，便于纵向比较，从而对2013财年的公司经营业绩做出评价。

12.4 新西兰汇总的政府企业信息公开

所谓汇总的政府企业信息不是单个企业信息的简单相加汇总,而是根据国际公认的会计准则,剔除重复计算的因素后,将所有单个企业的信息分类汇总而成。新西兰政府企业公布了大量的汇总信息。自2010年起开始公布具有商业性和半商业性政府企业汇总的财务信息。

12.4.1 汇总的政府企业综合信息公开

(一)政府企业的治理结构

政府企业的治理结构是政府企业发展的重要问题。政府企业由谁具体代表公众进行管理是公众必须知道的信息,否则,容易出现对政府企业的问题无法问责的结果。新西兰政府企业的这一信息可以在财政部网站上方便地获得。①

财政部的商业运作小组负责监督和管理政府对皇冠旗下的公司和实体的政府投资,并协助任命董事长,向各有关部长提供经营和治理方面的建议。

新西兰的政府企业在业务上分属各大部委领导和管理,每个企业都由至少两个部委领导:一个是股份持有者,另一个是责任负有者。各大部委决定企业的发展战略,直接要求企业提供信息,并监督企业的经营活动。企业董事会受到各有关部委的直接领导和管理。皇冠管理处与部委一起监督和管理企业,但皇冠管理处要对部委负责,部委则直接对议会负责。因企业类型不同,管理企业的部委也不同,见附表12-1。

对皇冠所有企业而言,财政部是唯一的股权持有者。同时还有一个部门负责企业的具体业务。那些由皇冠持有股份,但皇冠没有完全所有权的公司,也由股权持有部门管辖。对非公司的实体而言,它们没有股权持有部门,只有责任管理部门。

(二)政府企业类型及各类型的特有信息

新西兰政府企业包括国有企业、研究机构、金融机构、其他公司、其他实体五种类型。五种企业的运作目标、与皇冠管理处的关系亲疏、建立和运作的法律依据以及企业的运作原则都不同,由此直接影响企业的业绩。因此,此类信息也是新西兰政府公布的重要信息。我们以国有企业为例介绍此类信息公布的内容。

(1)企业的性质信息。国有企业是皇冠所有的商业性运作公司。

(2)国有企业建立和运营的法律依据。国有企业依据《1986年国有企业法》建立,并注册为公司,故其运作必须遵守《1993年公司法》,但新西兰启威铁路公司(Kiwi Rail)是个例外。这个公司根据专门的法律,即《1981年新西兰铁路公司法》建立。虽然铁路公司也是国有企业,也必须遵守《1986年国有企业法》,但它

① 新西兰财政部网站(http://www.treasury.govt.nz/commercial/about-comu/our-role)。

不是公司,不必遵守《1993 年公司法》。

(3) 国有企业的运作目标。虽然国有企业也有就业目标和社会责任,但其主要目标是利润和效率,要像其他非皇冠所有的公司一样具有竞争力。其绩效主要通过财务指标衡量;收益通过出售商品和服务获得。国有企业主要在竞争市场上活动,但也有一些从事垄断性业务的企业。《1986 年国有企业法》规定,国有企业可以发挥一些非商业性作用,但要求有关部门必须与国有企业签订协议,购买国有企业被指定的向目标人群提供的商品和服务。

(4) 国有企业治理结构。每一国有企业都有两个股权持有者,一个是财政部,另一个是相关股权持有部。国有企业董事会由股权持有者任命,并就企业绩效对股权持有者负责。董事会必须向议会提供企业年度声明、半年报告和年报,这些报告由股权持有者转交。大部分国有企业的年度公司声明以及与皇冠的分红比例都按照股权持有者的导向进行。股权持有者根据《1993 年公司法》,可以通过股东决议开除董事会成员。公司治理和问责机制的详细信息可以查阅《股东预期手册》。

有关国有企业成立的历史信息可以通过查阅财政部文件《国有企业:政策演变和执行的历史》获得。

(三) 政府企业董事会成员信息

(1) 招聘信息:包括公开招聘信息、任期信息、任期内工作时间要求、年薪信息、绩效评估以及职业培训要求信息。

(2) 董事会成员任命过程信息。

(3) 如何申请董事会成员信息。

(4) 即将任命的董事会成员信息。

(5) 正在供职董事会成员信息。

(四) 皇冠管理处信息

皇冠管理处是各大部委委托受命管理政府企业的代理机构。政府企业的股权持有部和责任部的作用使部长们承受较大的压力。这促使他们寻找一个管理上的代理机构,为他们在以下问题的决策上提供咨询:从战略高度上理解企业面临的关键性问题、公共政策、企业经营状况以及董事会成员的任命。皇冠管理处正是为此目的而设,帮助部长们了解企业,并控制董事会对政府企业负责。

皇冠管理处的工作内容如下:

(1) 监管的对象是企业董事会。

(2) 监管的重点是企业的绩效和风险。

(3) 监管的角度是企业的资产组合。

(4) 提供独立的企业价值分析和评估。

(5) 通过网站向公众提供企业经营绩效信息。

(6) 观察分析全球企业治理方法的变化,适时恰当地调整政府企业的管理程序。

(7) 与其他国内、国外从事企业监管职责的政府机构共享经验。

(五) 信息公开规定的信息

新西兰明确规定了政府企业信息对不同的组织和机构公开的程度。新西兰政府企业的经营信息对不同的组织和个人,公开程度是不同的。政府企业的董事会成员可以得到所有信息;作为部委的管理代理人的皇冠管理处、稽查专员、审计总长、债务人以及有关部长可以得到向公众公开的信息和未向公众公开的私人信息;而议会、公众、供货者、市场分析者、顾客、媒体和竞争者都只能获得向公众公开的信息。①

(六) 政府企业的所有制改革信息

政府已决定扩大混合所有制模式的范围,转变 4 家国有能源企业所有权模式并减少皇冠拥有的新西兰航空公司股份份额。混合所有制模式是指企业由皇冠和私人投资者共同控股。新西兰航空公司从 2002 年开始就已经采用混合所有制模式。以大河电力有限公司为开端,政府将开始一系列公司的公开募股活动。

政府股份出售计划是一项从 2012 年开始的为期 3—5 年的项目。作为这个项目的组成部分,财政部目前正着手准备大河电力有限公司、子午线能源公司、创世纪能源公司和新西兰固体能源公司的首次公开募股以及减少政府持有的新西兰航空公司股份。

列举的某些文件是应新西兰《官方信息法》的要求公布的,但在公开时有部分信息被保留了,而不公布这些信息的依据都可在《官方信息法》的相关章节中找到。

网站上可以轻易地找到其从 2010 年开始持续更新的信息,这些信息主要包括以下内容:(1) 混合所有制企业的特殊性,如混合所有制企业的会计做账、对资产负债表的影响、税收政策、财政部的治理监督以及皇冠作为股东该如何参与公司经营。(2) 转变为混合所有制企业的花费以及带来的收入,如准备公开募股的前期花费、与国际上首次公开募股花费的比较、每季度更新一次的从募股项目开始至今的花费、政府公开募股带来的收入预测随着募股的进行实时调整。(3) 募股进程的披露,如大河电力股份公司转变为混合所有制企业的进程以及后期公司股份回购的原因、计划和进度。

12.4.2 汇总的政府企业财务信息公开

皇冠企业管理处负责公布政府企业的财务信息。在年报中,新西兰的政府企

① 新西兰财政部网站(http://www.treasury.govt.nz/commercial/about-comu/our-role)。

业财务状况是分类报告的，这些分类报告的企业类型包括商业性公司（其中包括上市与非上市公司）、皇家金融机构、政策性公司。

从2013年年报来看，新西兰公开的汇总政府企业财务信息包括两大部分：政府企业总体财务状况描述以及各类政府企业财务状况描述。

（一）新西兰政府企业总体财务状况信息

从财政部网站上可以看到2010—2013年汇总的政府企业年报。每年年报报告的框架和要素基本一致。我们以2013年的年报为例说明新西兰政府企业汇总财务信息的公开情况。

2013年年度报告中披露的新西兰政府企业的综合财务信息包括以下内容：

1. 经济发展及其对企业经营的影响

由于企业经营业绩与国内外经济形势密切相关，皇冠管理机构在年报前言里，对影响企业经营业绩的有利和不利因素进行了分析。有利因素包括新西兰经济的健康发展、坎特伯雷（Canterbury）地区的重建、净移民的增长、从旱灾打击中的恢复以及商品价格的回归等。而汇率上升以及紧缩的财政状况则是制约企业发展的不利因素。

2. 企业资产变化及原因说明

年报对政府企业资产的变化及引起变化的原因做了说明。皇冠企业管理处管理的资产在2013年发生了一些重要变化，原因是事故补偿公司（Accident Compensation Corporation，ACC）和新西兰住宅公司（Housing New Zealand Corporation，HNZC）加入并设立了一些新的公司实体组织。

3. 年报覆盖的范围信息

报告给出了信息披露的公司类型和范围，包括商业性运作公司，这类公司以利润为运营目标，其中一类为在新西兰证券交易所上市的公司，另一类为非上市公司。包括国有企业、新西兰电视有限责任公司、公共信托公司和联合机场公司；皇冠金融机构，这类公司负责皇冠拥有的资金的投资；多目标实体，这类公司是政策性公司，其主要职责是为政策服务。这类公司又分为两种，一种为一般政策主导型公司，包括事故赔付公司、皇冠研究机构（the Crown research institutes，CRIs）、新西兰住房公司、新西兰广播电台（Radio New Zealand ，Radio NZ）、新西兰彩票委员会（New Zealand Lotteries Commission，NZ Lotteries）和新西兰铁路公司（New Zealand Railways Corporation，NZRC）。另一类为特殊目的实体公司。这类公司被赋予特殊使命，适合于政府独资或与私人合伙完成的任务。这些公司根据《1989年公共财政法案》设立，包括皇冠光纤控股公司（Crown Fiber Holdings ，CFH）、新西兰研究与教育高级网络有限公司（Research and Education Advanced Network New Zealand Limited ，REANNZ）、医疗保险有限公司（Health Benefits Limited ，HBL）、塔麻克重建公司(Tämaki Redevelopment Company, TRC)和南部地震响应服务有限公司(Southern Response Earthquake Services Limited, Southern Response)。

《1989年公共财政法案》的近期修正内容要求财政部每四年准备一份《投资声明》,描述皇冠企业的重要资产和债务情况。年报是《投资声明》的补充,重点强调商业运作公司、皇冠金融机构和多目标实体的财产组合状况。

4. 政府商业性和金融性企业财务状况要点

年报以饼图、柱形图和曲线图等直观方式,辅以文字说明披露了政府商业性和金融性企业2013年的主要业绩指标,包括资产总量变化、金融企业税前费后的收益率和资产增值率、上市公司和未上市商业运作公司所有者权益、上市公司的主要财务指标示意图(包括一年中的证券市场走势、现金流情况、分红信息以及资本支出信息等)。

5. 政府企业的行业信息和政府持有企业份额的信息

年报以饼图形式展示政府企业的行业结构,以表格形式说明政府持有企业的份额。

6. 公司治理结构的变化信息

公司治理结构的变化信息包括董事会成员的退休、任命和再任命过程及其结果,当前年度和前一年度董事会成员的种族和性别信息,当前年度和前一年度董事会成员的地区所属信息。

7. 汇总的政府企业财务报表

汇总的政府企业财务报表包括资产负债、现金流量、所有者权益、经营绩效等信息(见附表12-2、12-3、12-4)。

8. 特别报告信息

自2011年开始,新西兰政府企业年报中,增加了特别专题报告。特别报告的选题不同,但都与企业运作及治理密切相关。如2011年年报有四个专题报告,分别是企业独立商业价值报告、商业性运作公司利润的经济分析、提高国有企业的透明度报告和皇冠金融机构风险容忍度报告。2012年企业年报则包含三个特别专题报告:企业商业价值最新报告,皇冠金融机构在新西兰证券交易所持股报告,十年来国有企业投资和分红分析报告。2013年年报中有两个特别专题报告。本文以2013年的特别专题报告为例,介绍其中披露的信息。

特别报告一:商业运作性政府企业报告的独立性问题。

国有企业经营的主要目标是像商业公司一样成功。由于缺乏市场的价值评估机制,评估企业的商业价值就相当重要。商业性价值评估采用的是一种前瞻性的动态评估方法,通常需要以现有资产净值的未来现金流为基础进行。皇冠企业管理处要求:第一,所有国有企业的董事会都要对所管辖的皇冠投资的商业价值进行评估，并每年将该信息在其《企业目标声明》中予以披露。披露的信息必须真实可靠，且随时间变化而更新。第二，商业性运作的政府企业的价值必须进行第三方独立评估报告。

2012/2013 年度商业性政府企业价值评估报告汇总情况如下：

（1）账面价值和评估的商业价值。其中，评估的商业价值又包括董事会评估价值和独立机构评估价值（见表 12-1）。

表 12-1 价值评估摘要

企业价值（单位：百万纽元）	董事会评估值（来自企业目标声明）			独立评估值		2013 年董事会评估值和独立评估值的差异	2013 年实体的账面价值
	2011	2012	2013	2011	2013		
航空公司	117.6	128.6	134.8	118.3	139.0	4.2	67.7
动物控制产品	6.2	5.7	**4.0**	8.1	**4.3**	0.3	5.5
食品质量安全认证机构安硕公司	94.8	89.3	**116.3**	93.4	**125.8**	9.5	37.3
科迪亚国有电信网络公司	112.0	144.1	132.2	137.0	146.4	14.2	93.4
畜牧业兰可皮农业公司	1 400.0	1 450.0	1 435.1	1 352.0	1 302.0	(133.1)	1 317.3
学习媒体出版社	16.5	11.7	9.9	11.7	**0.0****	**(9.9)**	(4.5)
铁路控股公司	(484)	**(715.0)**	**(574.0)**	(342.7)	**(595.0)**	(21.0)	587.5
迈特气象预报服务机构	49.3	52.6	52.7	50.1	52.5	(0.2)	16.9
新西兰邮政	1 024.00	973.0	986.0	984.5*	**1 252.0**	**266.0**	1 089.1
公共信托***	36	31.3	—	n/a	10.6	**(20.7)**	37.6
政府估值机构	33	38.6	40.5	26.9	32.1	**(8.4)**	17.2
国家电网运营商	1 600.00	1 700.0	1 700.0	2 051.5*	2 266.0	**566.0**	1 410.2
新西兰电视有线责任公司	306.3	329.0	370.0	n/a	309.7	(60.3)	158.1
总数	4 311.70	4 238.9	4 407.4	4 490.8	5 045.4	637.9	4 833.3
总数（去除铁路控股公司）	4 795.70	4 953.9	4 981.4	4 833.5	5 640.4	658.9	4 245.8

注：加粗的数值代表两数字之间的差异超过了 20%。* 表示两份价值评估报告值的均值。** 表示没有提供价值评估报告。董事会在 2013 年 9 月份意识到该公司没有可行的业务，而且正在进行破产申请。*** 表示公共信托董事会没有提供 2013 年的价值评估报告，该两数值之间的差异是根据 2012 年董事会评估值代替计算出来的。

资料来源：实体企业的年度报告；《企业目标声明》和皇冠咨询机构委托独立机构进行的商业价值评估报告；*2013 Annual Portfolio Report by Crown Ownership Monitoring Unit*；http://www.treasury.govt.nz/commercial/publications/annual-portfolio-report/2013/。

（2）董事会评估价值变化及说明。2013年董事会评估价值变化不大，基本与上一年持平，仅增长了2亿纽元（5%）。2亿纽元增加值的主要来自：铁路控股公司增加了1.41亿纽元；新西兰电视有线责任公司增加了0.41亿纽元；食品质量安全认证机构安硕公司增加了0.27亿纽元。

不仅如此，报告还给出了为什么董事会会增加以上公司商业评估价值的原因，如铁路控股公司商业价值增加1.41亿纽元的主要原因在于其3.23亿纽元的企业债务转换成公司股份以及皇冠2012/2013年度增加了2.5亿纽元资金注入。

（3）独立机构价值评估的变化及说明。独立机构评估价值2011—2013年发生最显著变化的企业是国家电网运营商、新西兰邮政、铁路控股公司以及食品质量安全认证机构安硕公司。独立机构评估价值的总变化为2.46亿纽元，主要包括国家电网运营商增加了2.15亿纽元，新西兰邮政增加了2.68亿纽元，铁路控股公司减少了2.52亿纽元以及安硕公司增加了0.32亿纽元。

报告还给出了这几家企业独立机构评估价值变化显著的原因。如新西兰邮政价值增长的主要原因是评估时关于公契（公契是新西兰邮政与政府之间的法律安排，它规定了递送频率和出口数量）的假定以及启威银行（Kiwi Bank）的业绩表现发生了变化。2011年两家评估机构（新西兰第一资本集团和麦格理集团）在进行基本情况评估时均假定公契没有任何变化。这个假设前提使得两家机构做出的价值评估分别为-0.35亿纽元和0.03亿纽元。2014年安永会计师事务所假设公契的变化将从2015年7月开始产生影响，并得出1.17亿纽元的评估价值，而这个假定已被公契修订的通过所证实。对启威银行的价值评估为9.22亿纽元（2011年新西兰第一资本集团对其评估值为8.06亿纽元，麦格理集团为7.79亿纽元），增长的原因在于过去两年中其贷出资产和客户数量的增长使得其具有很高的净收入和现金流。

（4）董事会评估报告与独立机构评估报告的区别及说明。从表12-1中可以看出，政府企业的商业价值，董事会的评估总值为44亿纽元，独立机构的评估总值为50亿纽元，二者的差异为6.38亿纽元。产生差异的主要原因是独立机构的评估依据是公开披露的信息而不是具体的商业经营计划。除此之外，还在于它们对企业未来的增长潜力以及资本加权平均成本（无风险利率、资产的β系数、杠杆比率等）的假定是不同的。例如，政府估值机构（Quotable Value）的董事会评估值为0.084亿纽元，高于独立机构评估值，差异的存在主要是因为企业董事会采用了较高的现金流终值（0.032亿纽元）和较低的资本加权平均成本（0.031亿纽元）。另外0.007亿纽元的差异是由于董事会采用了比独立机构高0.5%的终值系数。

在进行了企业各种价值评估的分析之后，报告最后得出两个结论：一是董事会44亿纽元的评估价值比2012年的价值估计高了2亿纽元,此增长主要归功于铁路控股公司价值的变化;二是董事会评估值比独立机构评估值低6.38亿纽元,主要是因为二者关于国家电网运营商和新西兰邮政的一些假定存在很大差异。

尽管如此,账面价值与董事会评估价值的趋势一致说明国有企业的董事会在评估商业价值时基本都采用了稳健的方法。

不同的评估机构对于关键指标的假定会有不同的观点,因此会导致较高或较低的评估值。不同的观点有助于检验董事会商业价值评估的稳健性以及基于股东总回报做出的对公司财务状况的评估。

皇冠管理处委托独立机构进行企业价值评估是为了提供实体价值的客观估计,评估包括了所有商业性运作公司,但不包括固体能源公司,因为该企业自身在2012年和2013年均未估计其商业价值。独立评估机构依据可获得的企业公开披露的信息进行评估,因而其评估有一定程度的局限性。这些价值评估报告均可在皇冠咨询机构的网站上获得。

特别报告二:皇冠的治理是否达到了目的?

第二个特别报告提供了报告年度皇冠管理处管理绩效方面的信息。

首先,少数下属企业经营不善,暴露出管理上的缺陷。在过去的12—18个月里,皇冠所监管的公司发生了一系列事件,如学习媒体出版社(Learning Media Publisher)面临破产,固体能源公司面临严重的财务危机。

其次,通过国际比较证明皇冠实行了良好的治理,达到了对政府企业进行监管的目的。通过将皇冠与《OECD国有企业公司治理指引》(简称《指引》)进行对比发现,皇冠遵循了《指引》中6大项共30条准则中的29条,唯一的例外是所有权政策,皇冠已经着手改进。皇冠监管企业的董事会治理遵循了OECD制定的绝大部分相关标准,没有遵循的方面也仅需做小幅调整而无须大幅改动,如新西兰的政府企业董事并非由年度股东大会选举。与此同时,OECD指出的增强董事会职能的关键因素在新西兰的《国有企业法案》《企业目标声明》中都有规定,只是企业没有很好地遵循才导致如固体能源公司面临严重财务危机这样的情况。

皇冠非常重视政府企业董事会成员以及管理层的培训,帮助他们了解政府企业与一般企业的差别。除此之外,皇冠还对董事会成员构成的多样性给予了足够的重视,因而不论是现任董事还是候选董事名单中,女性的比例都高于一般企业,同时,来自不同文化背景和种族的董事会成员数量也在增加。

12.4.3 各类政府企业的财务信息

除了披露汇总的政府企业财务信息外,年报的另一项内容是对各类政府企业的财务信息进行披露和分析。年报将商业性运作企业划分为上市公司、未上市的其他商业性运作公司、金融机构和多目标实体四类。报告的格式要求首先对该类企业的财务状况进行总体性文字报告，然后列示财务报表。

（一）上市公司

1. 上市公司总体财务状况

（1）上市公司的治理结构变化信息。如2013年年报指出，新西兰政府秉持上市公司股权结构多样化原则，减少了上市公司股权的政府持有份额，并将这种所有权混合模式由原来的一家公司扩大到5家公司。但同时年报指出，减少政府在上市公司中的份额并不意味着政府股权份额可以无限制减少。在任何一家政府上市公司中，政府所占的股权份额都必须在51%或以上，以保证大股东的地位。

（2）政府对上市公司的目标要求。年报明确表明上市公司的目标。对上市公司而言，新西兰政府的要求一是取得最优的商业绩效，二是向其他投资者表明，皇冠作为上市公司的大股东，专注于商业目标。

（3）政府上市公司持有股份及其市值的变化情况。年报以饼图形式给出了2012—2013年政府拥有的上市公司股权及其市值变化情况及原因。例如，到2013年6月30日，政府持有的上市公司股份的市值已从2012年6月的6.92亿纽元增加到28.03亿纽元，这种大幅度增长的原因有两个：一是大河电力有限公司在2013年5月上市，二是新西兰航空公司的股票价格上涨。

2. 政府上市公司的财务表现

年报披露了每一上市公司的主要财务信息。以新西兰航空公司为例，如表12-2所示，其披露的财务信息包括：

（1）公司领导结构。包括董事长名称、董事会成员名称、总经理名称。

（2）公司业务。新西兰航空公司的业务活动包括国内、国际乘客、货物及邮件运输服务，工程机械和旅行销售业务。该公司作为新西兰主要的航空服务公司，在新西兰到澳洲、亚洲、北美洲、太平洋诸岛及英国的航线上发挥着关键性的作用。年报给出了进一步了解该公司业务活动的网址：www.airnewzealand.co.nz。

（3）业绩表现。在业绩表现中，年报主要公布了以下信息：客运由于更换了技术更为先进的飞机，大大提高了燃油效率，降低了燃油成本；货运则由于使用中间合作伙伴使得运输网扩增，从而增加了货运量；短线运输网的扩展使得运输能力增加了1.7%，客运需求增长了2.7%。

（4）财务表现。年报披露了2012、2013年两年及公司五年来的财务业绩信息。这些信息包括财务业绩要点、收入信息、资产平衡表、现金流量表、收入增加因素信息、现金来源和使用信息、五年红利的主要分配信息以及各种财务指标变化原因的说明。例如，税前利润2013年比2012年增长181%，是国际同行业的佼佼者，其原因在于良好的成本控制、较少的飞机拥有量和较低的净利息成本。国际航线收益增长，但国内航线由于为吸引乘客而采用的不理性的机票打折导致收益下降。单位成本由于燃油消耗、乘客服务成本和管理成本的下降而下降。

收益增长与成本下降使新西兰航空公司现金流量达到历年最高值，设备拥有量下降到历史最低的39%，资产收益率达到2007年以来的最高水平10%。

表12-2 新西兰航空公司财务情况

财务业绩要点			
	2013	2012	5年平均
股东总回报率(%)	80.9	-19.1	12.1
股息收益率 (%)	5.6	4.0	5.5
股息支付率(%)	9.6	9.1	12.4
调整后的净资产收益率(%)	10.7	4.3	5.3
已动用资本回收率(%)	11.4	8.1	7.3
营业利润率(%)	16.3	12.8	10.4
净资产负债率(%)	12.9	19.6	9.6
已获利息倍数	9.0	6.6	6.0
财务报表			
利润表(百万纽元)	2013	2012	5年平均
收入	4618	4483	4419
未计股息、税款、折旧、债务以及金融工具前的利润	754	574	459
税后净利润	182	71	87
资产负债表			
资产总计	5612	5459	5123
负债总计	3796	3771	3487
市值	1639	946	1184
现金流量表			
经营活动产生的现金流量净额	750	472	502
构建固定资产支付的现金	382	610	508
分配股利支付的现金	72	43	62
净现金流量	123	167	-28
主要收入来源			
	2013	2012	变化率
载客数量(千人)	13411	13122	2.20%
可用座位公里	33167	32618	1.70%
收入客公里	27733	27013	2.70%
客座率	1	1	0.8pts
客公里收益(元/收入客公里)	14	14	0.90%

资料来源：*2013 Annual Portfolio Report by Crown Ownership Monitoring Unit*，http://www.treasury.govt.nz/commercial/publications/annual-portfolio-report/2013。

（二）未上市的其他商业性运作公司

未上市的商业性运作公司共有19家。年报对这19家公司的信息披露包括以下内容：

（1）19家公司的名称。

（2）该类公司的主要绩效信息。包括利润、资本支出、净资产负债率、股本回报率和红利分配等。

（3）投资收益信息。

2013年年报公布了该类企业2009—2013年五年的资产业绩信息（见表12-3）。

表12-3　未上市商业性企业五年资产业绩

项目	2009	2010	2011	2012	2013
股东总回报率(%)	2.00%	19.30%	4.50%	-8.20%	3.00%
股息收益率（%）	1.60%	4.20%	4.30%	2.50%	6.50%
股息支付率(%)	19.90%	45.40%	72.10%	28.40%	46.80%
调整后的净资产收益率(%)	9.90%	8.80%	8.60%	-17.40%	0.10%
已动用资本回收率(%)	6.10%	5.80%	5.60%	-3.30%	1.50%
营业利润率(%)	19.30%	22.70%	23.40%	20.60%	19.70%
净资产负债率(%)	35.10%	38.80%	37.80%	44.10%	69.30%
已获利息倍数	2.6	3.4	3	2.7	1.6

资料来源：*2013 Annual Portfolio Report by Crown Ownership Monitoring Unit*，http://www.treasury.govt.nz/commercial/publications/annual-portfolio-report/2013/。

（4）财务业绩信息。

① 收入信息及变化原因说明。该年度总收入略有下降，从78亿纽元减少到75亿纽元，减少了4%。收入下降的主要原因是固体能源公司的碳价下降和产量减少以及吉那斯公司（Genesis）的批发价降低。但收入下降的幅度被启威银行贷款业务的持续增长部分地抵消了。

② 营业利润信息及其变化说明。该年度营业利润减少，减少的比例比收入减少的比例更高（营业利润下降了17%，而收入只下降了4%）。这主要是因为固体能源公司的一次性支出（包括裁员、关停、并转某些业务）以及干旱影响了兰可皮农业公司的营业毛利而造成的。

③ 投资盈利信息及其变化说明。企业的税后净利润有2000万纽元，股本回报率仅有0.2%。由于启威铁路公司（Kiwi Rail）资产贬值，2011/2012年度的股本回报率为-7.5%。固体能源公司业绩下滑，新西兰邮政业务资产减值，启威铁路公司资本支出的减值以及由于畜牧业市价下降引起兰可皮农业公司的资产损失，

这些都影响了当年的业绩。

④ 投资信息及其变化的说明。在2012/2013财政年度，该类公司的资本支出从2011/2012财政年度的17.4亿纽元减少到2012/2013财政年度的15.6亿纽元，减少了10%。这是过去五年来资本支出的第一次下降。其主要原因是在投资中发挥主要作用的启威铁路公司和国家电网公司减少了投资。报告对这两家公司减少投资的原因也做了说明。例如，因为国家电网公司在2011/2012年度的国家电网升级改造中投入了大笔资金，所以在2012/2013财政年度的投资就相对较少。

总的来说，过去五年的投资并没有提高财务业绩，也没有给投资者带来更高的股利回报。但这些投资都是长期的，其回报会在将来实现。

⑤ 负债信息及其变化的说明。在过去五年里，净负债率从2009年6月30日的41.9%上升到了2013年6月30日的69.3%。主要是国家电网公司的大量投资项目造成的，启威铁路公司和新西兰邮政公司的资产负债变化也起了很大的作用。启威铁路公司的资产在减少，并且从投资组合中移除。新西兰邮政公司的负债显著提高。

⑥ 所有者权益信息。在2012/2013财政年度中，股东总回报增加。2013年的股东总回报是3%，而2012年则为-8.2%。3%是由6.5%的股息收益率及公司价值下降的3.5%计算得出。2009—2013年的股东总回报率信息以图表的形式公布。

⑦ 股利分配信息。年报展示了过去五年里该类企业对政府的股利分配情况。不仅披露了每年政府获得的股利总额，而且披露了对政府股利的主要贡献者。年报称，在过去五年中，政府收到了公司发放的现金股利约10亿纽元（平均每年2亿纽元），过去两年政府的股利主要是由国家电网公司贡献的。

（三）皇冠金融投资机构

（1）报告给出了该类企业所包括的企业名称信息。本类企业共包括事故补偿公司（ACC）、政府养老金基金（GSF）、新西兰养老基金基金（NZSF）、地震委员会（EQC）、国家准备金基金（NPF）5家企业。

（2）报告披露了报告年度内各类资产当年的市场收益信息和长期收益信息、各种资产的配置信息以及投资管理成本信息等。

（3）对每一企业的主要财务信息进行介绍和分析。对企业财务状况的介绍与对上市公司类每一企业的信息披露情况一样，都包括以下要素：财务绩效负责人信息，即公司董事会主席名称、董事会成员名称、总经理名称；公司业务活动；2009—2013年五年的公司财务业绩、经营业绩、资产配置和收入信息。

以事故赔偿公司为例，其信息披露如下：

董事会主席、董事会成员以及总经理姓名。

业务活动信息。事故赔偿公司是一家国有企业，给新西兰居民和游客提供无过错人身伤害赔偿。公司资金由事故补偿公司投资小组提供，这部分资金用来保证对未来可能发生的伤害进行理赔。

财务业绩信息如表 12-4 所示。

表 12-4　公司财务业绩指标

资金（百万纽元）*	2009	2010	2011	2012	2013	5 年
起始价值	9 569	10 570	13 100	16 601	20 426	9 569
投资收益（损失）	316	1 350	1 726	1 680	2 058	7 130
减税	—	—	—	—	—	—
现金流入/流出	685	1 180	1 775	2 145	1 620	7 405
期末价值	10 570	13 100	16 601	20 426	24 104	24 104
收益率						% p. a.
收益率**	3.10%	12.50%	12.40%	9.30%	9.70%	9.30%
目标收益率***	0.90%	11.40%	11.70%	9.70%	8.90%	8.40%
基准收益率	0.40%	10.90%	11.20%	9.20%	8.40%	7.90%
资金风险（波动性****）						4.90%
基准风险						4.80%

注：* 表示总储备资产组合，不包括经营性现金；** 表示投资管理费津贴减去费用（每年 0.2%）再加回 ACC 缴纳的海上预提税，ACC 在新西兰不纳税；*** 表示基准收益率加 0.5%；**** 表示季度收益的年度标准差。

资料来源：2013 *Annual Portfolio Report by Crown Ownership Monitoring Unit*，http://www.treasury.govt.nz/commercial/publications/annual-portfolio-report/2013/。

（四）多目标实体

1. 企业的性质和种类信息

这类企业带有一定的政策性或特殊目的性，但同时也需要像商业企业一样盈利。到 2013 年，这类企业共 20 家，可以分为两种，一种是带永久性政策目的的企业，另一种是有临时特殊目的的企业。

政策优先企业是为了辅助政府政策的实行而长期存在的企业。新西兰事故赔付公司、皇冠研究机构、新西兰住宅公司、新西兰广播电台、新西兰彩票委员会和新西兰铁路公司都属于这一类企业。它们通常是核心国企，可以管理重大资产，其经营目标与公共政策目标保持一致。

特殊目的企业往往是政府为实现某一目的而设立的，其存在具有时限性。政府对这类企业并不总是拥有 100% 的股份。具有特殊目的的企业还可以分成两组。一组是政府作为合伙人的企业，即政府同其他机构共同持有该企业，企业的目标是确定的,包括发展基础设施和解决市场失灵。这类企业包括皇冠光纤控股公司、新西兰研究与教育高级网络有限公司、学习网络公司(Network for Learning)、皇冠水利投资公司(Crown Irrigation Investments)、地方政府融资代理有限公司(Local Government Funding Agency Limited)、新西兰风险投资基金(New Zealand Venture Investment Fund)、医疗保险有限公司(Health Benefits Limited)和塔麻克重建公司(Tämaki Redevelopment Company)。另一组是财政复苏企业。这类企业由政府解决其资产负债问题。南部地震响应服务有限公司和皇冠资产管理有限公司(Crown Asset Management Limited)即属此类。

多目标实体通常根据《1989年财政法》的4A程序设立,在保证商业性运作的同时保持了所有权的灵活性。

2. 综合财务绩效

综合财务绩效披露了包括该类企业经营业绩、资产和负债结构等信息,并对该类企业如何在政策目标和商业目标冲突的背景下进行协调管理的时间进行了说明。

3. 单个企业财务信息

以事故赔偿公司为例,所披露的企业财务信息包括以下内容:

财务绩效的负责人信息。包括董事会主席、董事会成员以及总经理的姓名。

(1) 业务活动信息。事故赔偿公司给每个在新西兰的人提供无过错人身伤害赔偿。受害人可以不用提起伤害赔偿诉讼,即可直接得到赔偿。其核心功能是在稳定、公平的税收框架下,使伤者康复并减少事故伤害次数。

(2) 取得的成就。相比过去,伤害的康复率提高了,康复时间缩短了。2012/2013财政年度的伤害预防工作做得很好,侵犯隐私权的事情也显著减少。高康复率、良好的投资业绩以及对成本管理的关注使得公司财务状况良好,可持续性偿付能力不断提高。

(3) 财务业绩。2012/2013财政年度公司净盈余达到49亿纽元,超过预算36亿纽元,如此出色的业绩有以下原因:全球股市的强劲表现以及公司投资团队不断超越市场基准而使得投资收益远远超过预算;同时,利率的提高大大降低了赔偿成本的现值。

(4) 经营业绩。公司新增1 716 286项索赔,共支付26.4亿纽元,超过85 000人次的客户接受了康复治疗。78%的伤者在12周内康复,94%的伤者在9个月内康复。康复后回去工作的人数高于澳大利亚的平均水平。客户满意度没有达到目标,仅为68%,但是在最后一季有了显著提高。表12-5展示了该公司的业绩。

表 12-5　事故赔偿公司业绩表

财务报表			
利润表(百万纽元)	2013	2012	5 年平均值
收入	6 745	6 525	6 059
未计股息、税款、折旧、债务以及金融工具前的利润	4 981	-424	1 198
税后净利润	4 929	-474	1 146
资产负债表(百万纽元)			
资产总计	28 618	25 543	21 539
负债总计	30 872	32 725	29 368
净资产	-2 253	7 182)	-7 830
现金流量表			
经营活动产生的现金流量净额	2 619	2 688	2 226
构建固定资产支付的现金	3	5	14
分配股利支付的现金	—	—	—
净现金流量	166	-366	-33
业绩(与目标相比)			
财务指标	2013 年	目标	
相对于基准的投资收益率	1.49%	0.50%	Y
偿付能力			
工作量	127%	107%	Y
收入人群	126%	109%	Y
机动车	87%	80%	Y
非收入人群	47%	44%	Y
伤害治疗	67%	66%	Y
非财务指标			
公众信任和自信	47%	49%	N
客户满意度	68%	72%	N
273 天的康复率	93.90%	93.30%	Y
争端解决	81.30%	78.50%	Y

资料来源:2013 *Annual Portfolio Report by Crown Ownership Monitoring Unit*, http://www.treasury.govt.nz/commercial/publications/annual-portfolio-report/2013/。

12.5　其他财务信息

除了年报披露的财务信息外,新西兰政府企业还在另外的报告中披露了以下财务信息。

12.5.1 价值评估报告(Valuation Reports)

根据《1986年国有企业法案》,国有企业的主要目标是像商业公司一样成功。作为经营业绩报告的一部分,董事会被要求对皇冠投资的商业价值进行评估,并将其每年的评估值披露在《企业目标声明》中。

在过去的几年里,为了提高皇冠投资价值的透明度,皇冠企业管理处还委托其他独立机构根据公开可获得的信息对商业性运作的政府企业进行价值评估。

皇冠委托独立机构进行的价值评估报告都在此提供。随着时间的推移,独立机构的价值评估将包括皇冠投资中的绝大部分企业。

财政部网站上公布了以下12家商业性运作的政府企业2007—2013年七年的价值评估报告:新西兰航空运输服务有限公司、动物控制产品公司、食品质量安全认证机构安硕公司、铁路控股公司、科迪亚国有电信网络公司、兰可皮农业公司、气象预报机构迈特服务公司、新西兰邮政有限公司、公共信托公司、政府估值机构、新西兰电视有限责任公司、国家电网公司。

本文以2013年度新西兰航空运输服务有限公司价值评估报告为例介绍报告所包含的内容。报告内容分为六个部分:财务发展趋势、部门业务介绍、现有收入来源与增长前景、公司可能遇到的经营问题、评估结果、与往年对比。

(1) 财务发展趋势。公司的主要业务是为机场、航线以及国防部提供空中交通控制服务。公司国内业务保持稳定,而国际业务有增长趋势。公司改革开始对公司业绩产生积极影响。表12-6展示了公司的财务发展趋势。

表12-6 财务发展趋势

截至2013年6月	2012年实际	2013年实际	2014年预测	2015年预测	2016年预测
收入(百万纽元)	164	183	198	213	227
未计利息、税、折旧、摊销的盈利收入(百万纽元)	30	49	38	46	53
税后净利润(百万纽元)	9	22	14	17	21
普通股每股税后利润(百万纽元)	22.6	52.9	35.1	41	50.6
股利支付率(%)	131	22	47	48	43
股息(百万纽元)	5	2	3	4	5
资本支出(百万纽元)	19	24	38	35	28

资料来源:2013 *Valuation Report of Airways Corporation of New Zealand Ltd.*, by Woodward Partners, http://www.treasury.govt.nz/commercial/publications/information-releases/valuation-reports/2013/index.html。

(2) 部门业务介绍。新西兰航空运输服务有限公司是商业性运作的政府企业,以获取利润为经营目标,同时承担着保证航空安全的核心职责。上年公司经历了巨大变化,为了适应航空业发展的新趋势,公司全面更新技术,采用新的导航技术以代替过去的地面导航雷达,并对公司架构进行调整。公司现有三个业务部门:系统控制部门,此为核心业务部门;新设的全球服务部门;还有为这两个部门提供技术、人事、财务以及法律支持的共享服务部门。

(3) 现有收入来源与增长前景。系统控制业务作为核心业务收入来源,保持稳定;而新开发的全球服务业务将有望带来新的收入来源,同时管理层的变动为公司注入了新的活力。2013 年签署了两项重要的合同:与公司客户签订的服务价格合同以及与公司员工签订的固定工资合同,合同期限均为三年,保证了收入和工资支出在未来三年内的稳定性。公司与合作伙伴密切合作以开发新服务,进入新兴市场,开拓新的收入来源,与此同时公司为其他国家提供的民用航空公司管理培训业务量呈现良好的增长态势,而且新上线的飞盈软件(Flightyield)服务也获得很多国际客户的喜爱。

(4) 公司可能遇到的经营问题。航空公司的业务对外部环境的变化很敏感,如恶劣天气的影响,航空业发展的经济周期等。所幸的是,目前公司正处于复苏期。公司可能会面临财务风险,因为 2013 年的大量资本支出项目在 2014 年、2015 年可能会导致公司可动用的现金量不足,而作为主要收入来源的系统控制业务部门的收入则受制于贸易委员会的资本回报率管控。另外,与公司签订三年期固定工资合同的雇员达到了员工总数量的 3/4,而未来这批员工的工作能力能否保持竞争力还是不确定的,存在着雇员工资成本上升的风险。虽然公司已经在做战略调整、技术更新,但如果技术更新速度不能跟上世界水平,则很有可能面临失去国际市场份额的风险。

(5) 评估结果。新西兰航空运输服务有限公司的价值评估结果如表 12-7、表 12-8、表 12-9 所示。

表 12-7　现金流量折现

估价	
未来现金流现值(百万纽元)	67
终值的现值(百万纽元)	95(企业价值的 58%)
企业价值(百万纽元)	163
加上现金(百万纽元)	7
减去负债(百万纽元)	30
股票价值(百万纽元)	139
已发行股份稀释(百万纽元)	41
每股股票价值(百万纽元)	3.39

表12-8 假定指标

公司税率	28%
无风险利率	4.21%(5年期政府债券利率)
资产β值	0.60
权益系数	0.79
税后市场风险溢价	7.5%
负债成本	7.2%
所有者权益成本	见表三
加权资本平均成本	见表三

注:无风险利率是由储备银行发行的五年期政府债券利率决定的;资产β值是根据企业性质做出的专业估计;税后市场风险溢价是被新西兰公司广泛认可的数字。

表12-9 根据企业目标声明得到的加权资本平均成本

	2014年	2015年	2016年	2017年	2018年
加权资本平均成本(%)					
系统控制部门——法定服务	7.8	7.8	7.8	8.1	8.5
系统控制部门——其他服务	8.6	8.6	8.9	9.2	9.6
全球服务部门	11.4	11.4	11.7	12.0	12.4
根据收入计算的权重					
系统控制部门——法定服务	90.0	85.0	80.0	75.0	70.0
系统控制部门——其他服务	5.0	7.5	10.0	12.5	15.0
全球服务部门	5.0	7.5	10.0	12.5	15.0
加权资本平均成本均值(%)	8.0	8.1	8.6	9.0	9.4

资料来源:2013 *Valuation Report of Airways Corporation of New Zealand Ltd.* by Woodward Partners, http://www.treasury.govt.nz/commercial/publications/information-releases/valuation-reports/2013/index.html。

(6)与往年对比。对比2014年与2011年的评估结果,2014年的股票价值为1.39亿纽元,比2011年度的1.18亿纽元高出0.21亿纽元。评估值18%的增长是因为新西兰航空运输服务有限公司2013年的实际运营情况要优于2011年评估报告中的预测,而且2014年使用的加权平均资本成本比2011年低,这是由当前较低的利率和无风险利率决定的。

报告中还将新西兰航空运输服务有限公司的各项指标与其他国家的航空公司做了比较,但是有很大差异,原因在于世界上许多国家的航空服务企业是由政府完全所有且作为政府部门在运营,因而没有提供充分的财务和运营数据,而且这些航空公司在经营航空业务的同时还有其他领域的业务,如铁路运输,因而与新西兰航空运输服务有限公司不具有很强的可比性，所以评估结果以现金流量折现值为主。

12.5.2 国有企业经济利润分析（SOE Economic Profit Analysis）

皇冠委托安永会计师事务所对商业性政府企业在2002—2011年的10年时间里的经济利润进行分析，分析报告在2011年11月完成。

经济利润是考虑了所使用资源的机会成本的利润测度方式。由于皇冠面临的是竞争市场，政府企业不仅要在会计上达到收支平衡，还要有足够的收益来弥补其用在业务融资上的资本成本。

测量经济利润没有统一的标准方法。一般方法是税后净营运利润减去资本费用，其中资本费用等于投入资本额乘以加权平均资本成本。

经济利润是衡量企业经营表现的很有用的一个指标。然而，正如其他任何测度方式一样，它不能全面地衡量企业的经营业绩，而且它依赖于所使用的假设和采用的会计政策。正因如此，需谨慎理解其包含的信息。经济利润的发展趋势可以提供和绝对价值一样的信息。

经济利润分析报告披露了19家国有企业的经济利润评估结果。这份报告的目的是向皇冠企业管理处提供一份更独立、更客观的国有企业价值报告，从而帮助皇冠企业管理处了解过去10年中这些企业的运营情况和盈利趋势。报告对计算经济利润所采用的方法、计算公式以及某些指标的估计值都做出了说明，并指出其评估值与国有企业自身公布的经济利润值存在差异的原因在于选取的指标不同，如企业采用的是5年期加权平均资本成本，而安永采用的是年度加权平均值。还有一些指标的估计值也不同，如资产的β值。

报告中提供的主要信息如下：

（1）经济利润表：两份19家企业10年的经济利润表，一份考虑了企业固定资产的重新估值，另一份则没有考虑。

（2）对比加权资本平均成本与投入资本的回报折线图。

（3）投入资本回报与国有企业加权平均基准回报值的对比折线图。

（4）每家企业经济利润估计值的细节，包括经济利润与资本回报的对比，计算经济利润时根据每家企业的特殊情况做出的微小调整以及资本回报与基准值的25%、50%、75%的对比折线图。

12.5.3 皇冠金融机构监控季报（Crown Financial Institutions Quarterly Monitoring Reports）

皇冠企业管理处定期公布皇冠金融机构经营表现的季度报告。这些金融机构包括新西兰养老基金、事故赔付公司、地震委员会、政府养老基金以及国家公积金。

以公布的截至2013年9月的季度报告为例，季度报告分别给出了皇冠金融机构总体以及各金融机构的经营业绩，每部分都给出了四类信息。

（1）回报率、风险衡量指标与皇冠所拥有的投资价值，每项指标都给出了当年度至今和过去5年两个值。

(2) 回报指数折线图。折线图由基金实际回报率、目标回报率、高风险基金回报率和低风险基金回报率四条折线构成。

(3) 过去5年基金实际回报率与基准值的比较。

(4) 过去5年来的资产分配趋势图,包括海外股票、海外债券、固定资产、新西兰股票、新西兰债券、现金等。

12.6 小结

从对新西兰政府企业的信息公开情况的描述中,我们可以得出以下结论:

(1) 新西兰政府企业的信息公开有明确的法律规定,即《1986年国有企业法》,《1993年公司法》和《官方信息公开法》。这些法律为新西兰政府企业的信息公开提供了有力的支持和保证。

(2) 新西兰各政府企业都将信息公开作为自身的义务,按照法律规定定期公开自己的财务及相关信息。无论是上市企业还是非上市企业,无论是商业性运作企业还是非商业性研究机构,无论是大企业还是小企业,都无一例外地按照统一的法律规定公开信息。

(3) 不仅各企业公开自己的信息,而且政府企业管理者——皇冠企业管理处也定期公开汇总的和分类的政府企业财务信息及相关信息。

(4) 所有政府企业,无论什么类型、什么性质、什么功能,一律由皇冠管理处统一管理,并负责其信息公开。

(5) 所有国有企业的信息都集中在财政部网站上统一公开。

(6) 国有企业实行分类管理,即分为商业性运作公司、金融机构、实体公司、研究机构。其中商业性运作公司又分为上市企业和非上市企业。

(7) 无论是单个政府企业还是汇总的政府企业,其信息公开都不仅公布了财务信息,而且公布了与财务信息有关的其他信息,如公司的治理机构及其变化信息,企业重大决策变化及其对企业经营绩效影响的信息,企业经营环境变化及其对企业经营绩效影响的分析等。不仅公布了报告年度的信息,而且公布了多年度信息,并在可以比较的地方进行比较,反映年度之间的差异并清楚详细地解释差异产生的原因。不仅公开报告年度年终时点信息(结果信息),而且报告年度中的动态信息(过程信息)。

(8) 除了公布集中反映政府企业财务状况的年报以外,还公布企业价值评估报告,10年国有企业经济利润分析报告等信息,使公众及其代表更深入地了解政府企业的运作情况。

与新西兰的政府企业信息公开情况相比,我国国有企业的信息公开还存在许多问题。

(1) 所有的国有企业并非集中在某一管理机构实行统一管理,而是由多机构分散管理。在我国,除了国资委外,对国有企业进行管理的部门还有财政部、交通部、中国人民银行、教育部、中国国际贸易促进委员会、农业部、文化部、国家广播电影电视总局、中国邮政集团公司、中国出版集团公司、中国对外文化集团公司等。而且,这些管理机构之间没有实质性的信息共享。每一个管理部门都"另立山头",垄断该领域国有企业的所有事务,从而出现国有企业治理上的"多龙治水"、分散割据的情况。这种分头管理的治理背景直接阻碍了国有企业信息的公开。国有企业信息公布的不完整、公布的信息零散等都与此治理结构密切有关。

(2) 在多头管理的国有企业中,只有国资委公开了部分管辖范围内企业的汇总信息,其他管理机构没有汇总信息公开。

(3) 国资委只公开了汇总的国有资本收益预算信息,没有公布汇总的国有企业其他信息,特别是没有公布汇总的国有企业年报信息,包括企业的资产负债信息、利润信息、现金流量信息以及所有者权益信息等。而企业经营环境的变化对企业经营业绩的影响、企业重大经营决策及其对经营业绩的影响等重要信息更是不见踪影。

(4) 所有国有企业中,只有上市公司按照国际惯例规范地公布了自己的信息,非上市公司的信息基本没有公开。

(5) 企业没有分类管理。我国有大量各种类型的国有企业,但目前并没有看到有关国有企业分类的完整、详细的信息公布。

世界银行对中国国有企业管理的一份报告①指出,国资委有必要制定国有企业分类以及管理各类企业的指南。可能的分类如下:有待近期进行所有制转型的中小型国有企业;需要进行运营重组和/或财务重组的国有大中型企业;其业务已经失去生命力,应被清算的国有大中型企业;适于正常公司治理的相对健康的大型国有企业。

国际经验也表明,国有资产管理较好的国家或地区,一般都对国有企业实施分类管理,以反映政府对不同类别国有企业的功能目标、国有股权比重、考核与薪酬管理等方面的不同要求。新西兰就是这方面的典范。

我国国有企业的分类方法有很多,按经营目标分类、按国有股比重分类、按企业规模大小分类、按是否上市分类、按经营业绩好坏分类、按隶属部门不同分类,等等。国资委应根据不同的需求进行不同的分类,并制定针对不同类型企业的管理指南。在此基础上,公开各类企业的信息以及国有企业的汇总信息,从而提高国有企业的透明度,改善经营管理。

① 高伟彦、张春霖:《借鉴国际经验管理中国的国有企业资产》,2003 年,报告全文可从世界银行驻中国代表处网站下载,网址:www. world bank. org. cn。

（6）中国非上市企业未使用标准的国际现代会计制度，即《企业制度会计》，而是仍然使用旧会计制度（准则），由此会导致国有资产收入、权益和资产高估而负债低估。世界银行报告（2003）认为，对关联国有企业，如在中国国有控股的企业集团中的许多公司，除了上市的国有企业外，似乎都没有适当地合并账目。在许多情况下，多重关联的国有企业的账目（包括交叉的关联销售效应）可能仅被相加，而不是合并计账以消除内部关联交易的效应。这会高估企业集团内的销售收入、收入和权益，也是中国国有企业没有真正汇总的企业财务信息的重要原因。

附表

附表 12-1 Companies and its Ministers

<table>
<tr><th></th><th>Name of Companies</th><th>Ministers</th></tr>
<tr><td rowspan="16">State-Owned Enterprises</td><td>Airways Corporation of New Zealand Ltd. (Airways)</td><td rowspan="14">Minister of Finance and Minister for State-Owned Enterprise</td></tr>
<tr><td>AsureQuality Ltd. (AsureQuality)</td></tr>
<tr><td>Electricity Corporation of New Zealand Ltd. (ECNZ)</td></tr>
<tr><td>Genesis Power Ltd. (Genesis)</td></tr>
<tr><td>Kordia Group Ltd. (Kordia)</td></tr>
<tr><td>Landcorp Farming Ltd. (Landcorp)</td></tr>
<tr><td>Meridian Energy Ltd. (Meridian)</td></tr>
<tr><td>Meteorological Service of New Zealand Ltd. (MetService)</td></tr>
<tr><td>Mighty River Power Ltd. (Mighty River Power)</td></tr>
<tr><td>New Zealand Post Group. (NZ Post)</td></tr>
<tr><td>New Zealand Railways Corporation. (KiwiRail)</td></tr>
<tr><td>Quotable Value Ltd. (Quotable Value)</td></tr>
<tr><td>Solid Energy New Zealand Ltd. (Solid Energy)</td></tr>
<tr><td>Transpower New Zealand Ltd. (Transpower)</td></tr>
<tr><td>Animal Control Products Ltd. (ACP)</td><td>Minister of Finance and Minister for Primary Industries</td></tr>
<tr><td>Learning Media Ltd. (LML)</td><td>Minister of Education</td></tr>
<tr><td rowspan="7">Crown Research Institutes</td><td>AgResearch Ltd. (AgResearch)</td><td rowspan="7">Minister of Finance and Minister of Science & Innovation</td></tr>
<tr><td>Institute of Environmental Science & Research Ltd. (ESR)</td></tr>
<tr><td>Institute of Geological & Nuclear Sciences Ltd. (GNS Science)</td></tr>
<tr><td>Landcare Research New Zealand Ltd. (Landcare Research)</td></tr>
<tr><td>National Institute of Water & Atmospheric Research Ltd. (NIWA)</td></tr>
<tr><td>New Zealand Forest Research Institute Ltd. (Scion)</td></tr>
<tr><td>The New Zealand Institute for Plant & Food Research Ltd. (Plant & Food Research)</td></tr>
</table>

（续表）

	Name of Companies	Ministers
Other Crown Companies	Crown entity companies	Minister of Finance
	New Zealand Venture Investment Fund Ltd. (NZVIF)	Minister for Economic Development
	Radio New Zealand Ltd. (RNZ)	Minister of Broadcasting
	Television New Zealand Ltd. (TVNZ)	Minister of Broadcasting
	Companies listed on Schedule 4A of the Public Finance Act 1989	Minister of Finance?
	Crown Fibre Holdings Ltd. (CFH)	Minister for State Owned Enterprises?
	Health Benefits Ltd. (HBL)	Minister of Health?
	Research and Education Advanced Network New Zealand Ltd. (REANNZ)	Minister of Science & Innovation
	Crown Asset Management Ltd. (CAML)	Minister of Education?
	Southern Response Earthquake Services Ltd.	
	Tamaki Redevelopment Company Ltd.	
	The Network for Learning. (N4L)	
Other Entities	**Statutory Crown Entities**	
	Earthquake Commission (EQC)	Minister of Finance?
	Government Superannuation Fund Authority (GSF)	Minister of Finance?
	New Zealand Lotteries Commission (Lotteries)	Minister of Internal Affairs?
	New Zealand Superannuation Fund (NZSF)	Minister of Finance
	Public Trust (Public Trust)	Minister of Justice?
	Housing New Zealand Corporation	Minister of Housing
	Other Statutory Boards	Minister of Finance?
	National Provident Fund (NPF)	
Other Companies in Which the Crown Holds Shares	Air New Zealand Ltd.	Minister of Finance?
	Christchurch International Airport Ltd. (CIAL)	Minister for State Owned Enterprises?
	Dunedin International Airport Ltd. (DIAL)	Minister for State Owned Enterprises?
	Hawke's Bay Airport Ltd. (HBAL)	Minister for State Owned Enterprises?

Notes: The entities are also known as the Crown Financial Institutions (CFIs). All these entities have specific responsibilities relating to the management and investment of significant Crown financial assets. As parts of the CFIs, COMU also monitors the investments of the Accident Compensation Corporation, for which the Department of Labour is the primary monitoring department.

附表 12-2 **Financial statements across ALL entities**

All figures in $m	Financial position				Financial performance			Cash flows			
	Total assets	Total liabilities	Interest bearing debt	Total equity	Total revenue	EBITDAF	NPAT	Net cash flows from operating activities	Purchase of fixed assets	Dividends paid	Net increase/decrease in cash
Listed entities											
Air NZ*	4 088.3	2 765.4	1 186.7	1 323.0	3 364.2	549.3	132.6	546.4	278.3	52.5	89.6
Meridian	7 737.4	3 049.4	1 186.9	4 688.0	2 711.2	584.8	295.1	416.7	250.6	99.8	168.3
Mighty River Power*	3 003.1	1 356.3	547.5	1 646.9	715.5	202.1	59.4	148.0	104.1	112.2	-14.6
	14 828.9	7 171.1	2 921.1	7 657.8	6 790.9	1 336.2	487.1	1 111.0	632.9	264.5	243.4
Commercial priority											
Airways	148.6	80.9	30.0	67.7	183.2	49.3	21.8	23.3	23.7	2.0	1.0
Animal Control Products	6.5	1.0	0.0	5.5	4.1	0.7	0.4	1.1	0.2	0.5	0.3
AsureQuality	75.0	37.7	11.7	37.3	160.0	19.4	10.1	14.6	3.5	7.4	0.2
FairWay Resolution	5.9	2.1	0.0	3.8	15.2	1.3	0.6	1.0	0.8	0.0	0.2
Genesis	3 751.2	1 801.5	1 024.9	1 949.7	2 070.2	336.4	104.5	227.1	161.9	57.0	-2.2
KiwiRail	1 009.6	422.1	212.8	587.5	726.8	105.5	-174.6	75.3	478.2	0.0	28.7
Kordia	215.1	121.7	56.9	93.4	309.0	50.0	3.7	1.1	23.1	2.0	-0.8
Landcorp	1 694.2	376.9	228.4	1 317.3	185.8	20.0	-18.0	13.4	45.2	20.0	-1.3
Learning Media	3.1	7.6	0.0	-4.5	19.1	-7.7	-9.1	-1.5	0.2	0.0	-2.4
MetService	39.8	22.9	15.0	16.9	42.3	10.5	2.7	7.9	3.8	0.5	1.7
NZ Post	16 139.6	15 050.5	13 095.5	1 089.1	1 687.8	190.7	121.0	340.2	18.2	13.8	142.8
Kiwibank	15 647.2	14 468.9	12 831.8	1 178.2	495.2	177.1	100.6	-506.3	3.5	8.8	104.5
Public Trust	637.3	599.7	577.7	37.6	58.4	-1.3	7.8	-3.7	2.7	0.0	17.4
Quotable Value	26.2	9.0	1.1	17.2	40.9	0.4	0.1	1.9	1.4	6.0	-3.6
Solid Energy	858.4	766.9	409.5	91.5	633.4	13.3	-355.4	-49.8	54.7	0.0	11.7
Transpower	5 443.3	4 033.1	2 845.5	1 410.2	912.1	616.8	236.7	353.4	722.0	362.7	-1.4
TVNZ	217.4	59.3	0.0	158.1	361.0	42.2	14.5	17.5	6.0	11.3	1.0

（续表）

All figures in $m	Financial position				Financial performance			Cash flows			
	Total assets	Total liabilities	Interest bearing debt	Total equity	Total revenue	EBITDAF	NPAT	Net cash flows from operating activities	Purchase of fixed assets	Dividends paid	Net increase/decrease in cash
Airports											
Christchurch Airport*	271.5	104.4	75.3	167.1	29.6	16.4	4.6	10.8	12.6	2.2	0.0
Dunedin Airport*	39.4	17.2	9.0	22.2	6.2	3.7	1.2	2.1	2.9	0.3	-0.9
Hawke's Bay Airport*	11.8	3.5	1.5	8.3	1.8	1.1	0.6	1.9	3.8	0.2	-0.5
	322.7	125.1	85.8	197.6	37.6	21.1	6.4	14.8	19.3	2.7	-1.3
	30 593.9	23 517.9	18 594.7	7 076.0	7 447.2	1 468.8	20.0	1 037.5	1 564.9	485.9	192.2
Multiple objective											
CRIs											
AgResearch	259.8	46.6	0.0	213.2	159.7	16.2	5.7	4.2	6.1	0.0	0.8
ESR	56.8	17.7	0.2	39.1	62.1	7.4	1.3	5.3	6.8	0.0	-5.1
GNS	49.7	22.0	0.0	27.7	72.0	6.4	1.1	5.9	5.9	0.6	-0.5
Landcare Research	45.4	17.6	2.0	27.8	54.8	4.8	0.6	2.6	5.4	0.0	-0.8
NIWA	135.7	35.2	0.0	100.4	120.6	14.7	4.6	20.2	11.0	0.0	1.5
Plant and Food Research	98.7	26.9	0.3	71.8	119.1	10.3	2.2	9.4	6.9	0.0	3.5
Scion	41.5	12.3	0.0	29.2	45.4	5.6	1.7	3.9	4.0	0.0	-0.3
	687.6	178.3	2.5	509.3	633.6	65.4	17.2	51.5	46.1	0.6	-1.0

（续表）

All figures in $m	Financial position				Financial performance			Cash flows			
	Total assets	Total liabilities	Interest bearing debt	Total equity	Total revenue	EBITDAF	NPAT	Net cash flows from operating activities	Purchase of fixed assets	Dividends paid	Net increase/decrease in cash
Other											
ACC	28 618.4	30 871.6	0.0	-2 253.2	6 745.5	4 980.7	4 929.2	2 618.8	3.2	0.0	165.9
HNZC	17 244.0	3 918.0	1 858.0	13 325.0	1 122.0	468.0	120.0	574.0	183.0	77.0	11.0
Crown Asset Management	120.7	4.0	0.0	115.8	42.7	31.8	76.6	10.0	0.2	0.0	7.0
CFH	154.2	0.7	0.0	153.5	0.0	-7.2	-119.7	-4.3	0.1	0.0	-14.8
HBL	582.3	544.1	522.1	33.2	9.7	-0.1	0.1	398.6	17.8	0.0	94.7
NZLGFA*	537.6	533.0	532.9	4.7	14.7	14.3	0.5	-335.1	0.0	0.0	4.7
Network for Learning	2.3	0.4	0.0	1.9	0.0	-3.7	-3.6	-3.2	0.3	0.0	2.0
NZ Lotteries	153.9	125.4	0.0	28.5	890.9	195.2	201.8	202.2	7.9	217.7	-8.0
NZRC	3 273.5	0.0	0.0	3273.5	0.0	0.0	-0.7	0.0	0.0	0.0	0.0
NZVIF	94.8	0.4	0.0	94.4	2.3	-2.1	-2.2	-1.8	0.1	0.0	-4.1
REANNZ	40.2	17.1	0.0	23.2	10.4	4.6	-0.7	2.2	0.6	0.0	13.1
Radio NZ	60.3	10.9	0.0	49.4	38.3	2.3	0.1	2.4	1.5	0.0	0.9
Southern Response	1 758.3	1 753.3	0.0	5.1	26.3	52.4	52.3	167.9	1.2	0.0	93.5
TRC*	3.6	0.5	0.0	3.0	0.1	-1.9	-2.0	-1.5	0.4	0.0	3.1
	53 331.8	37 957.7	2 915.5	15 374.1	9 536.4	5 799.8	5 268.8	3 681.7	262.2	295.3	368.1
All monitored entities (not CFIs)	**98 754.6**	**68 646.7**	**24 431.3**	**30 107.9**	**23 774.5**	**8 604.7**	**5 776.0**	**5 830.3**	**2 460.0**	**1 045.6**	**803.7**

* Based on Crown's ownership share.

附表 12-3 Shareholder return: Listed and commercial priority entities

All figures in $m	30 June 2013 Estimate of comm value	Financial year to 30 June 2013					30 June 2012 Estimate of comm value	Financial year to 30 June 2012				
		Net cash flows from operating activities	ROE	Dividend yield	TSR	Net gearing		Net cash flows from operating activities	ROE	Dividend yield	TSR*	Net gearing
Listed entities												
Air NZ	1 194.2	546.4	10.4%	5.6%	80.5%	13.9%	690.6	344.6	4.4%	3.9%	-20.2%	19.6%
Meridian	na	416.7	6.2%	1.5%	na	13.7%	6579.0	322.2	1.5%	2.2%	3.4%	24.5%
Mighty River Power	1 603.8	148.0	2.5%	3.2%	na	24.7%	3909.0	277	2.3%	3.2%	8.3%	27.2%
Total listed entities	na	1 111.0	5.8%	2.6%	na	16.0%	11178.6	943.8	2.2%	2.6%	3.1%	24.5%
Commercial priority												
Airways	134.8	23.3	38.0%	1.5%	6.4%	23.7%	128.6	23.9	20.4%	4.1%	13.6%	28.7%
Animal Control Products	4.0	1.1	7.1%	10.3%	-21.3%	0.0%	5.7	1	22.2%	23.6%	15.2%	0.0%
AsureQuality	116.3	14.6	28.1%	7.2%	38.5%	21.2%	89.3	9.8	21.2%	7.7%	1.7%	24.0%
FairWay Resolution	3.8	1.0	16.5%	0.0%	18.0%	0.0%	3.2	1.9	34.6%	24.7%	na	0.0%
Genesis	2050.0	227.1	5.6%	2.8%	2.8%	33.7%	2050.0	281	4.9%	0.0%	-3.3%	35.1%
KiwiRail	-574.0	75.3	-8.6%	0.0%	nm	18.5%	-715.0	41.5	-28.6%	0.0%	99.4%	12.6%
Kordia	132.2	1.1	4.0%	1.4%	-6.9%	35.1%	144.1	44	14.0%	0.8%	29.6%	40.5%
Landcorp	1 435.1	13.4	-1.4%	1.4%	0.4%	14.8%	1 450.0	51.1	-0.7%	1.9%	5.5%	11.4%
Learning Media	9.9	-1.5	nm	0.0%	-15.4%	0.0%	11.7	0.2	-16.3%	3.4%	-26.2%	0.0%
MetService	52.7	7.9	17.2%	1.0%	1.1%	41.9%	52.6	2	6.9%	1.2%	8.0%	53.7%
NZ Post	986.0	340.2	11.8%	1.4%	2.8%	88.0%	973.0	-144.9	19.4%	1.2%	-3.9%	84.5%

（续表）

All figures in $m	30 June 2013 Estimate of comm value	Financial year to 30 June 2013					30 June 2012 Estimate of comm value	Financial year to 30 June 2012				
		Net cash flows from operating activities	ROE	Dividend yield	TSR	Net gearing		Net cash flows from operating activities	ROE	Dividend yield	TSR*	Net gearing
Commercial priority												
Kiwibank	1 050.0	-506.3	10.5%	0.9%	20.6%	88.5%	878.0	-223.1	11.7%	1.0%	4.0%	87.3%
Public Trust	10.6	-3.7	23.4%	0.0%	-66.1%	82.1%	31.3	2.4	28.0%	0.0%	-13.1%	89.5%
Quotable Value	40.5	1.9	0.7%	15.1%	20.4%	0.0%	38.6	4.9	17.5%	0.0%	17.0%	0.0%
Solid Energy	91.5	-49.8	-130.3%	0.0%	-78.4%	78.9%	0.0	142.2	-8.5%	2.2%	-83.6%	41.7%
Transpower	1 700.0	353.4	18.1%	21.3%	21.3%	66.8%	1 700.0	328.6	5.6%	6.7%	13.1%	61.3%
TVNZ	370.0	17.5	9.3%	3.2%	15.9%	0.0%	329.0	35.8	9.2%	4.4%	11.9%	2.8%
Airports												
Christchurch Airport	227.0	10.8	2.9%	1.1%	20.0%	31.6%	191.0	11.5	3.2%	2.4%	12.2%	31.6%
Dunedin Airport	22.2	2.1	5.6%	1.5%	6.9%	27.0%	21.1	2.3	3.2%	1.1%	53.4%	27.0%
Hawke's Bay Airport	9.8	1.9	6.9%	1.8%	25.9%	0.0%	8.0	0.7	5.3%	0.0%	5.4%	0.0%
	259.0	14.8	3.3%	1.1%	19.0%	30.1%	220.0	14.4	3.3%	2.2%	14.9%	30.0%
Commercial priority	6 822.4	1 037.5	0.2%	6.5%*	3.0%*	69.3%	6 935.5	839.8	-13.4%	2.4%*	-20.4%**	55.0%

* Excludes KiwiRail

** TSR for 2013 Commercial Priority Portfolio (excluding KiwiRail). TSR for 2012 Commercial Priority Portfolio, excluding KiwiRail, was negative 8.2%.

附表 12-4 Key performance indicators: 2013 vs 2012

All figures in $m	2013	2012	2013	2012	2013	2012	2013	2012	2013	2012	2013	2012
	Total revenue	Total revenue	EBITDAF	EBITDAF	NPAT	NPAT	Adjusted ROE	Adjusted ROE	Dividend for the financial year (not cash flow)	Dividend for the financial year (not cash flow)	Total FTEs	Total FTEs
Listed entities												
Air New Zealand	3 364.2	3 272.6	549.3	419.0	132.6	51.8	10.7%	4.3%	64.8	43.8	10 336.0	10 453.0
Meridian	2 711.2	2 570.2	584.8	476.6	295.1	74.6	14.8%	2.6%	99.8	71.3	826.0	775.0
Mighty River Power	715.5	1 520.6	202.1	461.5	59.4	67.7	7.2%	15.4%	87.0	120.5	850.0	802.0
	6 790.9	7 363.4	1 336.2	1 357.1	487.1	194.2	11.8%	6.2%	251.6	235.6	12 012.0	12 030.0
Commercial priority												
Airways	183.2	164.2	49.3	29.9	21.8	9.3	37.1%	19.7%	0.0	5.0	755.0	730.0
Animal Control Products	4.1	6.3	0.7	1.9	0.4	1.3	10.0%	33.3%	0.5	1.4	13.0	12.0
AsureQuality	160.0	154.4	19.4	15.6	10.1	7.4	34.1%	27.5%	8.5	6.9	1 444.0	1 549.0
FairWay Resolution	15.2	15.2	1.3	1.2	0.6	0.6	16.5%	34.6%	0.0	0.0	79.0	87.0
Genesis	2 070.2	2 265.0	336.4	387.0	104.5	86.0	7.3%	9.2%	57.0	0.0	973.0	931.0
KiwiRail	726.8	388.1	105.5	249.9	-174.6	-2 305.1	-45.0%	-231.7%	0.0	0.0	3 980.0	4 175.0
Kordia	309.0	398.5	50.0	59.0	3.7	12.1	3.9%	12.6%	2.0	2.0	965.0	1 112.0
Landcorp	185.8	210.5	20.0	47.4	-18.0	-9.4	2.2%	9.6%	0.0	20.0	668.0	573.0
Learning Media	19.1	27.5	-7.7	-0.4	-9.1	-0.9	203.1%	-17.0%	0.0	0.5	120.0	133.0
MetService	42.3	42.2	10.5	7.8	2.7	1.0	17.2%	7.3%	0.0	0.6	240.0	253.0
NZ Post	1 687.8	1 309.4	190.7	207.7	121.0	169.7	12.4%	19.9%	13.8	12.7	8 543.0	8 326.0
Kiwibank	495.2	418.8	177.1	133.9	100.6	79.1	10.3%	10.8%	8.8	8.8	1 189.0	1 024.0
Public Trust	58.4	61.6	-1.3	-1.2	7.8	7.1	-10.4%	-10.6%	0.0	0.0	394.0	421.0
Quotable Value	40.9	46.0	0.4	3.7	0.1	3.6	0.7%	16.9%	6.0	3.0	312.0	312.0
Air New Zealand	3 364.2	3 272.6	549.3	419.0	132.6	51.8	10.7%	4.3%	64.8	43.8	10 336.0	10 453.0
Meridian	2 711.2	2 570.2	584.8	476.6	295.1	74.6	14.8%	2.6%	99.8	71.3	826.0	775.0
Mighty River Power	715.5	1 520.6	202.1	461.5	59.4	67.7	7.2%	15.4%	87.0	120.5	850.0	802.0
	6 790.9	7 363.4	1 336.2	1 357.1	487.1	194.2	11.8%	6.2%	251.6	235.6	12 012.0	12 030.0

（续表）

All figures in $m	2013	2012	2013	2012	2013	2012	2013	2012	2013	2012	2013	2012
	Total revenue	Total revenue	EBITDAF	EBITDAF	NPAT	NPAT	Adjusted ROE	Adjusted ROE	Dividend for the financial year(not cash flow)	Dividend for the financial year(not cash flow)	Total FTEs	Total FTEs
Commercial priority												
Solid Energy	633.4	980.7	13.3	192.2	-335.4	-40.2	-129.4%	-9.4%	0.0	0.0	1 022.0	1 656.0
Transpower	912.1	785.4	616.8	495.2	263.7	84.8	18.4%	11.3%	295.0	315.0	750.0	747.0
TVNZ	361.0	381.8	42.2	53.6	14.5	14.2	9.0%	8.8%	0.0	11.3	873.0	950.0
Airports												
Christchurch Airport	29.6	28.3	16.4	15.7	4.6	4.9	4.4%	5.2%	0.0	0.0	256.0	247.0
Dunedin Airport	6.2	5.2	3.7	3.2	1.2	0.6	10.8%	5.3%	0.3	0.2	23.0	23.0
Hawke's Bay Airport	1.8	1.5	1.1	0.8	0.6	0.4	6.9%	5.4%	0.0	0.0	2.0	2.0
	37.6	35.0	21.1	19.7	6.4	5.9	5.4%	5.1%	0.3	0.2	281.0	272.0
	7 447.2	7 771.8	1 468.8	1 770.3	20.0	-1 952.7	0.1%	-31.6%	383.1	378.5	21 412.0	22 239.0
Multiple objective												
CRIs												
AgResearch	159.7	157.2	16.2	19.1	5.7	4.2	5.8%	4.4%	0.0	0.0	787.0	762.0
ESR	62.1	58.6	7.4	7.6	1.3	2.4	3.3%	6.8%	0.0	0.0	390.0	370.0
GNS	72.0	73.7	6.4	9.0	1.1	4.0	4.1%	16.3%	0.3	0.6	366.0	364.0
Air New Zealand	3 364.2	3 272.6	549.3	419.0	132.6	51.8	10.7%	4.3%	64.8	43.8	10 336.0	10 453.0
Meridian	2 711.2	2 570.2	584.8	476.6	295.1	74.6	14.8%	2.6%	99.8	71.3	826.0	775.0
Mighty River Power	715.5	1 520.6	202.1	461.5	59.4	67.7	7.2%	15.4%	87.0	120.5	850.0	802.0
	6 790.9	7 363.4	1 336.2	1 357.1	487.1	194.2	11.8%	6.2%	251.6	235.6	12 012.0	12 030.0

（续表）

All figures in $m	2013 Total revenue	2012 Total revenue	2013 EBITDAF	2012 EBITDAF	2013 NPAT	2012 NPAT	2013 Adjusted ROE	2012 Adjusted ROE	2013 Dividend for the financial year(not cash flow)	2012 Dividend for the financial year(not cash flow)	2013 Total FTEs	2012 Total FTEs
Commercial priority												
Landcare Research	54.8	51.1	4.3	6.4	0.6	1.3	2.1%	5.0%	0.0	1.1	347.0	356.0
NIWA	120.6	121.3	14.7	19.2	4.6	5.5	4.7%	6.0%	0.0	0.0	572.0	591.0
Plant and Food Research	119.1	121.4	10.3	10.2	2.2	1.3	3.2%	1.9%	0.0	0.0	788.0	799.0
Scion	45.4	43.8	5.5	4.9	1.7	1.6	5.4%	6.9%	0.0	0.0	298.0	306.0
	633.6	636.9	65.4	76.4	17.2	20.4	4.4%	5.4%	0.3	1.6	3 548.0	3 548.0
Other												
ACC	6 745.5	6 524.9	4 980.7	-424.1	4 929.2	4 929.2	-184.4%	7.1%	0.0	0.0	2 864.0	2 669.0
HNZC	1 122.0	1 082.0	468.0	510.0	120.0	120.0	3.4%	4.9%	73.0	64.0	1 023.0	986.0
CAMLt	42.7	0.7	31.8	-0.1	76.6	76.6	42.9%	-0.4%	0.0	0.0	16.0	1.0
CFH	0.0	0.0	-7.2	-7.9	-119.7	-119.7	-92.6%	-49.1%	0.0	0.0	19.0	17.0
HBL	9.7	9.3	-0.1	1.5	0.1	0.1	0.4%	117.9%	0.0	0.0	23.0	23.0
NZLGFA	14.7	0.0	14.3	0.0	0.5	0.5	22.5%	na	0.0	0.0	4.0	0.0
Network for Learning	0.0	0.0	-3.7	0.0	-3.6	-3.6	-385.7%	na	0.0	0.0	18.0	0.0
NZ Lotteries	890.9	903.8	195.2	201.1	201.8	201.8	722.5%	611.3%	0.0	0.0	125.0	121.0
NZRC	0.0	0.0	0.0	0.0	-0.7	-0.7	-1.0%	na	0.0	0.0	0.0	0.0
NZVIF	2.3	2.5	-2.1	-2.4	-2.2	-2.2	-1.4%	-9.1%	0.0	0.0	7.0	7.0
REANNZ	10.4	8.2	4.6	3.0	-0.7	-0.7	-3.2%	-12.9%	0.0	0.0	14.0	13.0
Radio NZ	38.3	39.5	2.3	3.5	0.1	0.1	0.2%	0.5%	0.0	0.0	273.0	277.0
Southern Response	26.3	3.9	52.4	-239.8	52.3	52.3	-236.4%	691.9%	0.0	0.0	157.0	119.0
TRC	0.1	0.0	-1.9	0.0	-2.0	-2.0	-129.1%	na	0.0	0.0	20.0	0.0
Other subtotal	8 902.8	8 576.9	5 734.3	46.0	5 251.6	5 251.6	393.9%	25.4%	73.0	64.0	4 563.0	4 215.0
All companies(excl CFIs)*	23 774.5	24 349.0	8 604.7	3 249.8	5 776.0	5 776.0	55.7%	-22.7%	707.9	679.7	41 535.0	42 032.0

第13章 社会保险基金信息公开的国际经验

社会保险基金信息披露的目标是指从社保基金的属性本身出发，公开社会公众应当知晓的所有信息。本章主要介绍美国联邦社保基金在信息披露方面的有益经验。美国联邦社保基金的全称是老年、遗属和伤残信托保险基金（Old Age, Survivors, and Disability Insurance Trust Fund，以下简称"养老保险基金"），属于美国联邦投资基金的一种。该基金实施部分积累制。

总的来看，养老保险基金信息报告的框架由财务信息，参保人员信息，缴费、给付与投资管理的决策与管理信息，长期精算报告四部分组成。

在美国，公布养老保险基金信息的机构主要有两个：一是联邦社会保障署，在其官方网站上可以下载每年的社保基金报告（Annual Statistical Supplement to the Social Security Bulletin），有五六百页之多，非常详尽全面，包括财务信息、参保人员信息、各类决策与管理信息等；二是联邦养老基金信托委员会，每年也在网站上公布年度报告（Annual Report of The Board of Trustees of the Federal and Survivors Insurance and Federal Disability Insurance Trust Funds），这一报告侧重于对收支总量的平衡分析以及未来收支预测，也包括财务信息、各类决策与管理信息、社保基金长期收支精算报告。这两个机构各司其职，联邦社保署是管理部门，而基金信托委员会主要是决策部门，相对独立。

13.1 养老保险基金的财务信息

在美国"Social Security"仅指老年、遗属和伤残保险计划（即 Old Age, Survivors, and Disability Insurance，简称 OASDI）。[①] 该计划由美国总统罗斯福于1935年建立，全民参与，具有公共性和强制性，是一般意义上的"公共养老金"。该计划又分为"老年与遗属保险计划"（OASI）和"残障保险计划"（DI）两个基金分别运作，其中前者占据了约80%的份额。资金主要来源是雇主和雇员两方面交纳的社会保障工薪税（Payroll Tax），目前的税率为职工工资总额的12.4%，由雇主和雇员各

---

① 在美国，如果"Social Security"单词的首字母均大写，则特指联邦政府的老年人、遗属和残障保险计划，而如果单词首字母是小写的，则泛指社会保障、社会安全。

自交纳6.2%。

老年人、遗属和残障保险计划自建立之初就是全国统一性的制度,所以在人员流动、资料更新等方面不存在任何障碍,也有利于实行统一的制度调整和修改完善。该计划根据退休职工缴纳工薪税的记录和退休年龄,按月发放养老金。工薪税没有减免扣除规定,但有封顶线(超过封顶线以上的收入不缴纳工薪税)的规定。

13.1.1 收入、支出与积累额的信息

美国联邦政府养老基金的收支与积累额信息主要分为三张表(见表13-1、表13-2和表13-3),是全国总量数据。由于美国养老基金由联邦政府统收统支,与州政府没有关系,一般不需要列出各州的收支情况,实际上由于劳动力和退休人士频繁流动,各地的缴费与给付额也在不断变动。

下面三张表格的数据不是非常详细,主要原因是美国联邦养老基金信托委员会每年的报告披露重点是收支平衡及未来收支预测,有关财务数据的详细情况主要由美国社保署自行公布。

表13-1 美国联邦养老基金的收入表 单位:百万美元

项目	明细	金额	
净工薪税收入	工薪税收入	505 192	
	来自一般财政预算的工薪税退税收入	-1 299	
	净工薪税收入		503 893
来自一般财政预算的资金拨付	根据P.L. 111-312, P.L. 112-78, and P.L. 112-96等法令导致的工薪税收入减少	97 596	
	根据P.L. 111-147等法令导致的工薪税收入减少	133	
	根据P.L. 110-246等法令导致的工薪税收入减少	6	
	根据P.L. 98-21等法令导致的工薪税收入减少	(不到50万美金)	
	来自一般财政预算的拨付		97 735
对养老金收入课征个人所得税的收入	来自非居民纳税人的课税收入	169	
	来自居民纳税人的课税收入	26 506	
	课税总收入		26 675
投资收益	投资的利息所得	102 768	
	利息调整收入	5	
	投资收益总额		102 773
总收入			731 075

注:因各类法令导致工薪税减收,美国财政部需要从一般财政资金拨付相应资金,以弥补养老基金的减收。养老金收入超过一定水平,需要与其他收入合并缴纳个人所得税,这部分税收直接进入养老基金。

表13-2 联邦养老基金支出表 单位:百万美元

项目	明细	金额	
养老金给付	养老金给付、一次性丧葬津贴	637 948	
	未被领取的津贴	-55	
	为残疾人士提供职业康复服务的成本	1	
	净养老金给付		637 894
支付给退休铁道雇员的账户			4 139
管理费用	社会保障署的管理费用	2 896	
	财政部的管理费用	573	
	设备与材料的出售	-9	
	从一般预算资金拨付的杂费	-12	
	净管理费用		3 448
总支出			645 482

表13-3 联邦养老基金资产变动表 单位:百万美元

项目	金额
总资产(2011年12月31日)	2 524 075
资产储备净增加	85 593
总资产(2012年12月31日)	2 609 668

13.1.2 基金的投资信息

美国联邦养老基金的投资非常简单,只购买美国财政部向其定向发行的特别国债,表13-4中列出国债投资明细,做到了每一分钱的投资动向及其收益都非常清楚。特别国债可以非常方便地提前兑取,所以连备用现金都不需要了。有关投资国债的管理流程将在下节介绍。

13.1.3 社会保障基本词汇的名词解释

养老基金的报告是面向全体社会公众,而非专业人士。因此,基金的信息披露还应附有专业词汇的解释。美国联邦养老基金的报告后附有17页的名词解释,此外在其网站上也有面向社会公众的社会保障基础知识介绍,让社会公众了解社会保障的来龙去脉和历史沿革。

表 13-4 美国联邦养老基金的国债投资明细(2013 年 12 月 31 日) 单位:千美元

国债品种	国债利息	国债到期年份	总金额	OASI 基金投资国债的金额	DI 基金投资国债的金额
中长期国债	1.375	2015—2027	$253 556 638	$253 556 638	$ —
	1.750	2015—2028	241 954 998	241 954 998	—
	2.500	2015—2026	232 237 041	232 237 041	—
	2.875	2015—2025	233 219 914	233 219 914	—
	3.250	2015—2018	42 513 081	42 513 081	—
	3.250	2019—2020	23 011 660	21 256 540	1 755 120
	3.250	2021—2024	185 195 973	185 195 973	—
	3.500	2015—2017	28 541 255	28 541 255	—
	3.500	2018	94 923 076	86 900 994	8 022 082
	4.000	2015—2017	36 225 576	36 225 576	—
	4.000	2018—2023	220 847 265	203 058 853	17 788 412
	4.125	2014—2017	40 990 419	40 990 419	—
	4.125	2018—2020	141 885 647	127 619 592	14 266 055
	4.625	2014—2017	36 670 654	36 670 654	—
	4.625	2018—2019	118 325 698	105 236 320	13 089 378
	5.000	2014—2017	49 816 928	49 816 928	—
	5.000	2018—2022	196 383 951	180 424 629	15 959 322
	5.125	2014—2017	46 271 464	46 271 464	—
	5.125	2018—2021	168 428 743	152 856 970	15 571 773
	5.250	2014—2017	105 094 977	105 094 977	—
	5.625	2014—2016	87 394 205	87 394 205	—
	6.000	2014	49 952 497	49 952 497	—
	6.500	2014—2015	67 107 289	67 107 289	—
债务凭证	2.250	2014	64 663 622	60 392 770	4 270 852
国债投资总额			2 765 212 571	2 674 489 577	90 722 994
平均利率			3.626%	3.602%	4.338%

13.2 养老保险基金的参保人员信息

在美国联邦社会保障署的官方网站上可以下载每年的社保基金报告,2013 年的报告(Annual Statistical Supplement to the Social Security Bulletin, 2013)多达 546 页,资料翔实。报告分为四大部分:(1) 政策焦点;(2)社保项目介绍及立法历史沿革;(3) 社保数据(参保人员信息及财务数据);(4) 名称解释。在篇幅最大的(3)社保数据部分,又分为五个子部分:社保计划的相关规定与社保署的管理数据;社会保障与经济;老年、遗属和伤残保险(OASDI);补充收入保障计划(SSI);

医疗护理计划(Health Care Programs)、退伍军人津贴以及其他社会保障计划等。

由于该报告的表格数量多,无法展示。我们举个例子,在养老金津贴给付水平,涉及的表格就多达9个,有按养老金领取者的年龄分类、按性别分类、按退休类型分类(退休类型分为提前退休、正常退休和延迟退休)、按给付水平分类、按地区分类等,让社会公众一目了然。

从表13-5,表13-6中可以清楚地看到养老金给付水平的分布情况,以及各个年龄层的分布情况等。

表13-5 2012年养老金给付水平(按年龄分类)

每月养老金(美元)	总人数(千人)	62—64岁	65—69岁	70—74岁	75—79岁	80—84岁	85—89岁	90岁及以上
总人数(千人)	36 720	3 280	10 265	8 615	6 031	4 337	2 715	1 477
占比(%)	100.0	100.0	100.0	100.0	100.0	100.0	100.0	100.0
不足300.00	2.5	3.9	2.6	2.3	2.5	2.2	1.8	1.2
300.00—349.90	0.9	1.4	0.9	0.8	0.8	0.8	0.7	0.9
350.00—399.90	0.9	1.4	0.9	0.8	0.8	0.8	0.7	0.8
400.00—449.90	0.9	1.4	0.9	0.8	0.9	0.8	0.8	1.1
450.00—499.90	1.0	1.5	1.0	0.9	1.0	1.1	1.2	1.2
500.00—549.90	1.4	2.0	1.3	1.1	1.5	1.6	1.5	1.4
550.00—599.90	1.9	3.5	1.8	1.6	1.8	1.9	2.0	1.7
600.00—649.90	2.4	3.7	2.1	1.9	2.4	2.6	2.6	2.1
650.00—699.90	2.9	3.8	2.5	2.5	3.4	3.5	2.7	2.1
700.00—749.90	3.2	4.2	3.1	3.0	3.6	3.1	2.5	2.2
750.00—799.90	3.3	4.7	3.5	3.3	3.2	2.8	2.5	2.2
800.00—849.90	3.4	4.8	3.7	3.3	3.1	2.8	2.5	2.3
850.00—899.90	3.3	4.7	3.6	3.1	3.1	2.8	2.5	2.4
900.00—949.90	3.1	4.1	3.3	3.0	3.0	2.8	2.6	2.6
950.00—999.90	3.0	3.4	3.2	2.9	3.0	2.8	2.7	2.9
1 000.00—1 049.90	3.0	3.2	3.1	2.9	2.9	2.9	2.9	3.3
1 050.00—1 099.90	3.0	3.1	3.0	2.8	3.0	3.0	3.2	3.8
1 100.00—1 149.90	3.1	3.0	2.9	2.8	3.0	3.3	3.6	4.7
1 150.00—1 199.90	3.1	2.9	2.8	2.8	3.1	3.5	4.0	5.6
1 200.00—1 249.90	3.3	2.8	2.8	2.7	3.2	3.7	4.9	6.8
1 250.00—1 299.90	3.3	2.8	2.7	2.7	3.3	4.0	6.0	5.6
1 300.00—1 349.90	3.5	2.7	2.6	2.7	3.6	5.3	6.8	4.7

（续表）

每月养老金(美元)	总人数（千人）	62—64岁	65—69岁	70—74岁	75—79岁	80—84岁	85—89岁	90岁及以上
1 350.00—1 399.90	3.7	2.6	2.6	2.7	4.6	6.5	6.1	4.3
1 400.00—1 449.90	3.5	2.5	2.5	2.7	4.9	5.7	4.3	3.9
1 450.00—1 499.90	3.5	2.7	3.0	3.0	4.8	4.1	3.4	3.6
1 500.00—1 549.90	3.6	3.9	3.5	3.7	4.1	3.2	3.2	3.5
1 550.00—1 599.90	3.4	3.8	3.4	3.8	3.3	2.7	3.2	3.4
1 600.00—1 649.90	3.2	3.4	3.3	3.7	2.8	2.6	3.0	3.0
1 650.00—1 699.90	3.0	3.0	3.1	3.5	2.8	2.7	2.9	2.7
1 700.00—1 749.90	2.7	2.6	2.9	3.1	2.5	2.3	2.4	2.3
1 750.00—1 799.90	2.3	2.2	2.5	2.6	2.2	1.9	1.9	1.7
1 800.00—1 849.90	1.9	1.8	2.1	2.0	2.0	1.6	1.6	1.5
1 850.00—1 899.90	1.6	1.3	1.8	2.0	1.7	1.3	1.2	1.2
1 900.00—1 949.90	1.4	0.6	1.7	1.9	1.5	1.0	0.9	1.0
1 950.00—1 999.90	1.4	0.3	1.8	2.0	1.3	0.8	0.7	0.8
2 000.00—2 049.90	1.2	0.2	1.7	1.8	1.1	0.7	0.6	0.7
2 050.00—2 099.90	1.1	0.2	1.5	1.5	0.9	0.6	0.5	0.6
2 100.00—2 149.90	0.9	0.1	1.3	1.4	0.7	0.5	0.5	0.5
2 150.00—2 199.90	0.8	0.1	1.2	1.2	0.6	0.4	0.4	0.4
2 200.00 及以上	4.3	0.1	6.0	6.7	2.2	3.1	2.7	3.2
平均养老金(美元)	1 261.61	1 072.42	1 295.23	1 338.39	1 233.71	1 227.29	1 238.68	1 257.28

注:原表上还按男性和女性进一步分类,限于篇幅,此处仅显示所有人群的养老金分类。

表 13-6　每年养老金领取者的年龄分布情况

年份	人数（千人）	平均年龄	各年龄分布情况(%)						
			所有人口	62—64岁	65—69岁	70—74岁	75—79岁	80—84岁	85岁及以上
1940	99	68.8	100.0	…	74.4	17.4	6.4	1.6	0.2
1945	447	71.7	100.0	…	39.9	40.2	15.1	4.0	0.7
1950	1 469	72.2	100.0	…	39.1	33.7	20.2	5.9	1.2
1955	3 252	72.7	100.0	…	35.7	34.8	20.0	7.6	1.9
1960	5 217	73.2	100.0	…	33.8	33.1	21.1	9.0	3.1
1965	6 825	72.9	100.0	6.9	29.7	29.5	19.9	9.9	4.1
1970	7 688	72.6	100.0	7.5	30.1	26.9	19.6	10.6	5.3

（续表）

年份	人数（千人）	平均年龄	各年龄分布情况（%）						
			所有人口	62—64岁	65—69岁	70—74岁	75—79岁	80—84岁	85岁及以上
1975	9 163	72.3	100.0	9.3	32.2	25.6	17.1	10.1	5.7
1980	10 461	72.2	100.0	9.5	32.1	25.8	16.9	9.5	6.1
1985	11 817	72.3	100.0	10.9	30.2	25.9	17.3	9.6	6.1
1986	12 080	72.4	100.0	10.9	30.3	25.7	17.3	9.7	6.1
1987	12 295	72.4	100.0	10.9	30.2	25.5	17.4	9.9	6.1
1988	12 483	72.4	100.0	10.7	30.0	25.5	17.6	10.0	6.2
1989	12 718	72.5	100.0	10.5	30.1	25.2	17.8	10.1	6.3
1990	12 985	72.5	100.0	10.3	30.0	25.3	17.8	10.2	6.4
1991	13 227	72.6	100.0	10.2	29.5	25.7	17.9	10.3	6.4
1992	13 474	72.7	100.0	10.0	29.2	25.8	17.8	10.5	6.6
1993	13 649	72.8	100.0	9.9	28.9	25.9	17.9	10.7	6.8
1994	13 795	72.8	100.0	9.8	28.3	26.2	17.9	10.9	6.9
1995	13 915	72.9	100.0	9.5	28.0	26.1	18.3	11.1	7.0
1996	14 012	73.1	100.0	9.2	27.6	25.8	18.9	11.3	7.2
1997	14 126	73.2	100.0	9.0	27.2	25.8	19.2	11.4	7.4
1998	14 206	73.3	100.0	9.0	26.6	25.6	19.5	11.6	7.6
1999	14 329	73.3	100.0	9.1	26.4	25.2	19.8	11.7	7.8
2000	14 772	73.2	100.0	9.0	27.6	24.6	19.3	11.7	7.8
2001	14 930	73.3	100.0	8.9	27.6	24.3	19.1	12.1	7.9
2002	15 070	73.3	100.0	8.8	27.9	24.0	19.1	12.4	7.8
2003	15 254	73.3	100.0	8.7	27.9	23.5	19.0	12.6	8.2
2004	15 438	73.4	100.0	8.9	27.7	23.4	18.8	12.8	8.4
2005	15 654	73.4	100.0	9.1	27.4	23.2	18.7	12.8	8.7
2006	15 869	73.5	100.0	9.0	27.5	23.2	18.5	12.8	9.1
2007	16 112	73.5	100.0	8.5	27.8	23.3	18.3	12.8	9.3
2008	16 456	73.5	100.0	8.3	28.0	23.6	17.9	12.7	9.5
2009	17 067	73.4	100.0	9.1	28.2	23.3	17.5	12.4	9.6
2010	17 582	73.4	100.0	9.7	28.0	23.3	17.1	12.2	9.6
2011	18 043	73.4	100.0	9.4	28.3	23.6	17.0	12.0	9.7
2012	18 560	73.4	100.0	8.6	28.8	24.3	16.9	11.8	9.7

注：原表上还有按女性进行分类，限于篇幅，此处仅显示男性的养老金分类。

13.3 养老保险基金的缴费、给付与投资管理的决策与管理信息

养老保险基金的缴费、给付与投资的决策与管理环节的透明度也非常重要。财务信息仅仅是养老基金的运行结果,其背后所遵照的缴费、给付与投资等各项法规规定的透明化,有利于让社会公众知其然,也知其所以然,对社会保险的运行规律有初步了解,不会盲目猜测。美国联邦养老基金的决策机构与管理机构采取适当分离的方式,各司其职。

13.3.1 基金的决策机构

基金信托理事会是美国联邦养老基金的主要管理机构。理事会由六位成员组成,其中四位是由与社会保障事务相关的部委主管出任:财政部长(理事会主席)、劳工部长、卫生与公众服务部部长、社会保障署署长,另外两位是社会公众代表。社会保障署副署长担任理事会秘书长。理事会每年向国会提供报告,年报中主要就上年度的基金运作状况进行评估,并对近期和长期资金状况进行预测。

以往基金理事会的成员全部由政府官员出任,1983 年基金信托理事会增设了两名由总统提名,并经国会批准的公众代表,旨在提高和维持社保基金管理和投资决策的公众信任度。本届理事会中的两位社会公众代表均来自美国的社会智库,分别是胡佛研究所(Charles P. Blahous Ⅲ)和城市研究所(Robert D. Reischauer)。

13.3.2 基金的管理机构

社会保障署是美国联邦政府中的一个负责养老、遗属和残疾人福利的专门机构,其前身是社会保障委员会,诞生于 1935 年。根据 1994 年 8 月克林顿总统签署的法案,社会保障署成为直接隶属于联邦政府的独立机构。该署在全美设有 10 个区域办公室(分别是亚特兰大、波士顿、芝加哥、达拉斯、丹佛、堪萨斯、纽约、费城、旧金山和西雅图),每个区域办公室又在所辖区域按需要设立若干地区(District)办公室。如旧金山区域办公室分别在亚利桑那州、加利福尼亚州、内华达州和夏威夷州设立地区办公室。地区办公室再下设若干基层(Field)办公室,全国总计大约有 1 300 个基层办公室。此外还有 6 个程序运作中心、1 个数据处理中心、39 个电信服务中心和 136 个听证办公室。社保署实施人、财、物完全垂直管理,约有 62 000 名工作人员,全部为公务员。

社保署具体负责养老和遗属保险、伤残保险、补充保障收入三项保险金发放。[①] 据 2011 财年预测,向 4 400 万受益人支付大约 5 950 亿美元养老遗属保险金,向超过 1 000 万伤残工人和家庭成员支付 1 300 亿美元伤残保险金,向 800 万

① 医疗保险、医疗救助的具体业务由健康与人类服务部的医疗保险与医疗救助服务中心管理;失业保险、工伤保险(Workers Compensation)则由各个州政府的劳动部门管理。

低收入、生活困难老年人、盲人、残疾人支付超过570亿美元补充保障收入。此外,还负责办理社会保障卡,授予申请人社会保障号码,这是每个美国人都需要办理的,根据社保署2011财年预算报告,将受理约190万次社保卡新申请和更换工作。社会保障署还负责参保缴费雇员和雇主信息的保管和更新,2011年预计更换2.45亿条收入信息。社会保障署掌握如此众多的资源,使它与国土安全部、医疗照顾与医疗救助服务中心等要害部门长期保持合作关系。

13.3.3 基金的给付流程

养老基金的给付流程透明化是非常重要的。老年人每年能领取多少养老金?养老金的年增长幅度是多少?这些都需要以法律的形式予以明确并告知社会公众,让老年人"吃定心丸"。这里以养老金的年增长幅度规定为例,介绍其给付流程的透明化与公开化。

美国养老金的法定自动上调机制于1975年建立,与通货膨胀率挂钩(见表13-7)。1975—1982年,养老金于每年的6月上调(养老金领取者于当年7月收到),1982年以后,养老金于每年的12月上调(养老金领取者于次年1月收到)。美国联邦政府选取的通货膨胀指数为城市工薪阶层的CPI指数(Consumer Price Index for Urban Wage Earners and Clerical Workers,简称CPI-W)。CPI-W指数由美国联邦政府劳工统计局每月定期发布。

表13-7 美国联邦养老金的历史上调情况 单位:%

上调日期	升幅	上调日期	升幅	上调日期	升幅
1975年7月	8.0	1989年1月	4.0	2002年1月	2.6
1976年7月	6.4	1990年1月	4.7	2003年1月	1.4
1977年7月	5.9	1991年1月	5.4	2004年1月	2.1
1978年7月	6.5	1992年1月	3.7	2005年1月	2.7
1979年7月	9.9	1993年1月	3.0	2006年1月	4.1
1980年7月	14.3	1994年1月	2.6	2007年1月	3.3
1981年7月	11.2	1995年1月	2.8	2008年1月	2.3
1982年7月	7.4	1996年1月	2.6	2009年1月	5.8
1984年1月	3.5	1997年1月	2.9	2010年1月	0.0
1985年1月	3.5	1998年1月	2.1	2011年1月	0.0
1986年1月	3.1	1999年1月	1.3	2012年1月	3.6
1987年1月	1.3	2000年1月	2.5	2013年1月	1.7
1988年1月	4.2	2001年1月	3.5	2014年1月	1.5

在具体的计算方法上,我们举个例子(见表13-8)。2014年的养老金上调幅度为2013年第三季度CPI相对于上一年第三季度CPI的比值。如表13-8所示,2013年第三季度(7月、8月和9月)的CPI指数总和为690.980,2012年第三季度的CPI

指数总和为680.808,除以3后,得到2013年和2012年第三季度的平均指数分别是226.936、230.327,最后可以算出CPI涨幅为1.5%,即(30.327 - 226.936)/226.936 - 1 = 0.015。

表13-8 养老金涨幅的计算方法示例

指标	2012年	2013年
7月CPI-W指数	225.568	230.084
8月CPI-W指数	227.056	230.359
9月CPI-W指数	228.184	230.537
第三季度CPI-W指数之和	680.808	690.980
第三季度CPI-W指数平均值	226.936	230.327

13.3.4 养老基金投资管理的流程

在美国,联邦政府的所有投资基金结余都必须投资于联邦政府发行的债券或联邦政府担保的债券(州和地方政府发行的债券不在投资之列)。① 根据法规,联邦养老基金可直接购买新发行的国债,也可在二级市场以市价购买国债,但近年来,联邦养老基金的投资全是财政部向社保基金定向发行的特殊国债(称为Special Obligations)。由于联邦养老基金中的养老金覆盖96%的美国劳动力,一些联邦、州和地方政府雇员仍然没有加入联邦养老基金计划。② 因此,社保基金不属于"全民所有"的资金,与其他公共部门资金的性质有所不同,这就要求确保利率定价中性,实现国债发行中的公平交易。

(一)特殊国债的期限

根据期限不同,社保基金购买的特殊国债又分为债务凭证和中长期国债。

(1)债务凭证(Certificates of Indebtedness)。在任何一天,当联邦养老基金出现盈余资金时,立即将资金转换成短期国债,这些短期国债的到期日均为下一年的6月30日。

(2)中长期国债(Special Issue Notes or Bonds)。在每年的6月30日,所有的短期国债集中到期,部分以往发行的长期国债也刚好到期。联邦养老基金将这些到期国债兑取的现金,全部用于购买中长期国债,并使所持有的全部国债的剩余期限平均分布在1年至15年。

(二)特殊国债的利率

为了最大程度上保证特殊国债的利率与可流通国债的利率一致,联邦养老基

① 美国联邦投资基金(Investment Funds)属于预算外资金,是指经美国国会立法批准并在财政部开立资金账户以满足联邦政府特殊用途需要而建立的政府基金账户。

② Government Accountability Office(GAO), *Social Security Reform: Answers to Key Questions*, GAO-05-193SP. Washington, D.C.: May 2005, p.7.

金所持国债的利率是根据美国长期国债的平均收益率计算的。这一平均收益率是指可流通的剩余期限在四年期及以上的所有美国国债的加权平均收益率。该收益率根据每月最后一个国债交易日的国债交易价格重新计算,并作为下一个月新发行特殊国债的利率,历史利率水平如表13-9所示。国债的利率一旦确定,在该国债的流通过程中就不会再做调整。特殊国债每年派两次利息,时间分别为每年的6月30日和12月31日。

表13-9 历年美国特别国债的平均年利率和实际年利率 单位:%

年份	平均利率	实际利率	年份	平均利率	实际利率	年份	平均利率	实际利率
1940	2.5	2.4	1965	4.2	3.2	1990	8.6	9.3
1941	2.5	2.4	1966	4.9	3.5	1991	8.0	9.1
1942	2.2	2.3	1967	5.0	3.8	1992	7.1	8.7
1943	1.9	2.1	1968	5.5	4.0	1993	6.1	8.3
1944	1.9	2.0	1969	6.6	4.4	1994	7.1	8.0
1945	1.9	2.1	1970	7.3	5.1	1995	6.9	7.8
1946	1.9	2.0	1971	6.0	5.3	1996	6.6	7.6
1947	2.0	1.9	1972	5.9	5.4	1997	6.6	7.5
1948	2.1	2.8	1973	6.6	5.8	1998	5.6	7.2
1949	2.1	1.3	1974	7.5	6.2	1999	5.9	6.9
1950	2.1	2.0	1975	7.4	6.6	2000	6.2	6.9
1951	2.2	2.9	1976	7.1	6.7	2001	5.2	6.6
1952	2.3	2.2	1977	7.1	7.0	2002	4.9	6.4
1953	2.4	2.3	1978	8.2	7.2	2003	4.1	6.0
1954	2.3	2.3	1979	9.1	7.5	2004	4.3	5.7
1955	2.3	2.2	1980	11.0	8.6	2005	4.3	5.5
1956	2.5	2.4	1981	13.3	9.9	2006	4.8	5.3
1957	2.5	2.5	1982	12.8	11.2	2007	4.7	5.3
1958	2.6	2.5	1983	11.0	10.8	2008	3.6	5.1
1959	2.6	2.6	1984	12.4	11.6	2009	2.9	4.9
1960	2.9	2.6	1985	10.8	11.2	2010	2.8	4.6
1961	3.8	2.8	1986	8.0	11.1	2011	2.4	4.4
1962	3.9	2.8	1987	8.4	10.1	2012	1.5	4.1
1963	3.9	2.9	1988	8.8	9.8	2013	1.9	3.8
1964	4.1	3.1	1989	8.7	9.6			

(三)特殊国债提前兑取的政策

只要联邦养老基金有支出需求,社保署可以在任何时候提前兑取特殊国债。兑取的价格是国债本金与持有期应计利息之和。这一规定充分保证了联邦养老基金的资金流动性,同时确保联邦养老基金持有的国债免受债券市场波动的影响,也免受提前兑取的罚息。兑取的顺序是:剩余期限最短的国债先兑取;同剩余期限的国债,则低利率的国债先兑取;同剩余期限和利率的国债,则按先进先出法兑取。

联邦养老基金不投资美国股市,也不投资国债二级市场,只购买美国财政发行的特别国债,这一投资模式的主要优点有:

(1) 保证了联邦养老基金的支出需求。如前所述,当联邦养老基金有支出需求时,可向美国财政部提前兑取国债,并得到相应的利息。如果养老基金直接投资国债二级市场,则可能因国债市场波动而造成社保基金无法抛售国债,或以较低的价格抛售国债。

(2) 避免了对国债市场的直接干预。虽然联邦养老基金也可直接在国债二级市场购买国债,但是联邦养老基金的信托管理人是财政部,如果财政部既作为国债的发行人,又作为国债二级市场的投资者,则会存在利益冲突,也容易被视为利用内幕信息非法牟利,甚至还可能干扰美联储的货币政策。因此,联邦养老基金在20世纪80年代以后从未在国债二级市场上购买过国债。①

此外,也许有人会问,美国拥有世界上最大的股票市场,为什么美国联邦养老基金不投资股市呢?学术界一个广泛的解释是:如果允许联邦养老基金进入资本市场,那么养老基金的投资目标将可能异化为GDP最大化、税收最大化,并导致上市公司的国有化,影响上市公司的微观决策,沦为政客们控制股市的工具。②

13.4 养老保险基金的长期精算报告

本章反复强调的一个观念就是,养老基金不同于财政资金的一个重要特点是,前者是长期资金而后者是短期资金。这意味着一方面养老保险计划涉及社会公众的养老财务规划,不能朝令夕改,必须超前实施,让社会公众有时间来调整自己的退休规划;另一方面,养老金给付额巨大,一般要通过几十年的积累才能实现,如果政府不未雨绸缪、超前改革,到了老龄化高峰时将无力承担这一庞大的支付。从这个角度来讲,养老基金的精算报告是实施养老金改革的前提条件,只要准确预测了养老基金的未来收支形势,才能进行切实有效的改革。

美国联邦养老基金理事会每年在联邦养老基金年报中附有详细的长期精算报告。例如,2013年年报共有254页,有2/3的篇幅是在长期收支精算分析,主要

① Kunkel, J. L.,"Social Security Trust Fund Investment Policies and Practices", *Social Security Administration Actuarial Note*, No.142, 1999.

② 郑秉文:《DB型现收现付制社保基金的危机与投资理念》,《世界经济》,2003年第11期。

分为未来10年和未来75年收支精算分析,可见收支精算报告的重要性。

13.4.1 精算报告的时间视野

目前,美国联邦养老基金的精算报告主要有两个:一是未来10年的收支报告;二是未来75年的收支报告。后者在整个报告中篇幅较大,社会影响也较大,当然争议也较大。美国联邦养老基金的精算以75年为计算期限,按照既定的养老缴费和给付规定,结合生育率、预期寿命、通货膨胀率、工资增长率等的预测值,了解未来75年的养老基金收支平衡情况。养老基金的精算报告每年滚动向前重新计算。例如2000年的精算报告的计算期限为2001—2075年,而2001年的精算报告的计算期限则为2002—2076年。

为什么美国联邦养老基金只要求75年内保持收支平衡,而不是60年或80年呢?据说,测算初始时,75年刚好是一个美国人的预期寿命。75年的养老基金收支平衡预示着一代人从生到死,其缴费与给付在总体上是平衡的,不亏欠下一代人。不过这一理由受到了许多人的批评:第一:有的学者认为如果养老基金的收支处于稳定增长,则75年的精算平衡是合理的,但现在包括美国在内的所有国家,养老基金都处在不平衡之中,原因是老龄化和少子化都在加速,每一代人的养老缴费均低于其得到的养老金总额,代际并不平衡。第二,目前各国正处在老龄化初期,养老基金收大于支,大约10年之后,许多国家将出现养老基金收不抵支,20年之后,许多国家不但收不抵支,而且将把养老基金的所有积累全部耗费完毕。从这一角度来看,现在测算未来75年的收支平衡,是以目前养老基金的良好形势掩盖未来的不利形势,可能造成过于乐观的结论。[①]

虽然不少学者认为养老基金的收支平衡不应局限在75年,而要以更长的时间视野来考察。但是,在实践中,期限越长的精算报告,需要越高的预测技术。在一定程度上,期限越长的精算报告,预测的偏差也会越大。总体来看,75年的收支精算报告虽然不尽如人意,但也算是理想与现实的妥协结果。

13.4.2 精算报告的假设条件

精算报告的准确性在很大程度上依赖于假设条件的准确性,需要准确预测未来的生育率、预期寿命、通货膨胀率、工资增长率等。为了使预测可靠,精算报告提供了三种口径,分别是中等成本、低成本(偏乐观)、高成本(偏悲观)的测算结果,如表13-10所示。

---

① Gokhale, J., & Smetters, K. A. (2003). *Fiscal and generational imbalances: new budget measures for new budget priorities*. Washington, DC: AEI Press.

表 13-10 美国联邦养老基金的指标设计与假设

类别	具体指标	中等	低成本	高成本
人口指标	2037 以后的总生育率(每位女性的育儿数)	2.0	2.3	1.7
	2012—2087 年每年死亡率降低的比例(%)	0.80	0.42	1.21
	2013—2087 年每年移民的净移入数(千人)	1 095	1 400	800
经济指标	2024 年及以后每年劳动生产率的变化(%)	1.68	1.98	1.38
	2024 —2087 年就业人员的平均工资	3.93	3.52	4.32
	2019 年及以后的通货膨胀率(CPI-W)	2.80	1.80	3.80
	2025—2087 年平均每年实际工资差距变化(%)	1.13	1.72	0.52
	2022 年及以后的失业率(%)	5.5	4.5	6.5
	2023 年以后养老金年实际投资回报率	2.9	3.4	2.4
社保指标	2032 年伤残发生概率(每千人)	5.4	4.3	6.5
	2032 年伤残康复并停止领取津贴的概率(每千个待遇领取者)	10.4	12.5	8.3

13.5 小结

从性质上看,社会保险基金只是众多政府性基金的一支。但是,社会保险基金具有独特性:一是收支和资产存量都非常大,如果把社会保险缴费当作一个税种的话,则它是政府的最大税种,如果把社会保险基金支出当作一类财政支出的话,则它是政府的最大支出项目;社会保险基金的资产存量也非常惊人,在一些国家,社会保险基金的资产存量甚至超过一个国家一年的 GDP,面对如此之大的社会保险基金,透明度自然非常重要。二是社会保险基金与财政资金的不同之处在于,前者具有投资需求,而后者一般现收现付,无投资和保值增值的要求,因此,社会保险基金的投资情况透明度也非常重要。三是社会保险基金,特别是养老保险基金,需要长达几十年的积累,才能实现制度的转型,因此,社会保险基金的信息披露不仅影响当代人的利益,也会影响下代人的利益。四是社会保险基金与财政资金不同之处在于,社保基金大多数是授权性的法定支出,即一旦社保法律制定以后,每年的社会保险缴费与给付是自动进行的,不需要每年进行审议,社保的费率与给付标准一般也保持稳定,这就决定了社保基金的透明度不仅仅是财务资金的透明度,更重要的是决策机制的透明度。

由于社保基金具有上述独特的性质,其信息透明度的要求也较财政资金的透明度要求更高一些。总的来看,社会保险基金信息报告的框架应由四部分组成:

财务信息，参保人员信息，缴费、给付与投资管理的决策与管理信息，社会保险基金长期收支精算报告。在财务信息要求上与财政预算的透明度要求基本相同；在参保人员信息方面亟须完善，以便社会公众了解缴费负担（给付待遇）在不同地区、不同年龄、不同性别、不同收入群体之间的负担（受益）情况；缴费、给付与投资管理的决策与管理信息也非常重要，一般社会保险基金都是专款专用，基金相对独立，因此其决策与管理信息不同于财政预算的决策与管理信息，需要另行公布；社会保险基金的长期收支精算报告的披露有利于让社会公众安排好财务规划，树立对社会保险基金的信心，提高缴费的遵从度，有利于提前识别社会保险基金的风险，促进社保改革以适应未来经济发展和社会变化。

第四篇

政府财政信息公开的阶段性目标及实现路径

第 14 章　政府财政信息公开的目标及框架体系

14.1　公共预算信息公开的目标及框架体系

14.1.1　公共预算信息公开的目标

（一）保障公众预算参与权

预算信息公开是公共财政框架下保障公众预算参与权的一种内在要求。

公共财政主要从政府和市场关系的角度研究公共经济活动。在古典经济学有关资源最优配置的分析中，通常假定市场有着充分的竞争。但是，现实生活中有关市场竞争的假设往往是不被充分满足的，这时，市场不能对资源进行有效的配置。特别是经济发生较大波动时，市场更是无能为力。即使市场竞争的条件被满足，资源配置能够达到帕累托效率境界，竞争市场运行的结果也未必是最理想的。例如，当我们从公平角度来观察的时候，会发现市场竞争必然带来的一个副产品，就是贫富两极分化，由此，社会贫困问题就会产生。所以，在现实生活中，市场机制的运行可能存在着各种缺陷，市场缺陷为政府干预经济提供了经济学基础。于是，便有了市场经济条件下的公共财政。

在公共财政框架下用政府机制去弥补市场缺陷，实际上就是要求政府按照公众的委托做市场不能做或市场不愿做的事情，以便辅助市场正常运行。这包括在外部效益等情况下，政府通过公共提供直接为社会提供某些产品，如提供国防、路灯等；也包括在外部成本、经济波动等情况下，政府通过纠正市场缺陷间接为市场提供某些服务，如通过公共管制来减少污染，通过宏观调控来减少经济波动等。由于政府提供的这些产品和服务，包括为此所设置的机构、安排的制度、制定的政策等，在消费或运行过程中利益是广泛外溢的，或者说受益是完全外部化的，不具有竞争性和排他性，因而它使得大家有可能集体消费，共同受益、不受排斥。我们通常把这类产品和服务，包括相应的制度、秩序等统称为公共产品。

当政府提供公共产品，或者说履行财政职能时，就会发生相应的财政支出，进而就必须有相应的财政收入来保障。为此，政府需要定期编制预算。政府预算是政府根据未来某一特定时期的收支情况所做的安排，其目的是按照公共财政的要求，合理安排好每一个时期的财政收入和财政支出。在预算编制完成以后，还需要将其付诸实施，等等。于是，在公共财政框架之下便有了相应的预算安排，包括预算编制、审批、执行、决算等。所以，预算是公共财政框架中一个非常重要的组成部分，它是政府为了确保财政职能在给定的资源条件下能够得到切实履行所做的一种制度安排。

问题是，预算是不是真正反映了公众对公共产品的诉求？是不是真正符合公共财政的要求？

如前所述，市场缺陷为政府干预经济提供了经济学基础，但是，这仅仅是公共财政的一个逻辑起点。站在这样一个逻辑起点上，我们会发现，如何用政治程序取代市场机制、让公共预算体现公众意志，是公共财政建设中不可回避的一个问题。在一个民主的制度框架下，通过民主的方式能够产生一个代表公众利益的公众权力机构，通过该公众权力机构能够较好地了解并保障公众对公共产品的诉求。显然，在此过程中，制度越有民主基础，公众权力机构就越能代表公众利益，政府提供的公共产品就越能符合公众的意愿，进而公共产品的配置就越能接近帕累托效率要求。从这个意义上来说，民主制度在公共产品的供给与需求之间搭建了一座桥梁，解决了公共产品消费中由“搭便车”现象所带来的市场失灵问题。基于这样的逻辑，以公众及公众权力机构参与公共预算为形式的民主制度是公共财政的应有之义。

因而，《中华人民共和国宪法》第二条规定：“中华人民共和国的一切权力属于人民。……人民依照法律规定，通过各种途径和形式，管理国家事务，管理经济和文化事业，管理社会事务。”公共预算就是国家事务中极为重要的一个组成部分。

公众要充分行使预算参与权，首先必须具有预算知情权。预算知情权是指预算相关机构及单位在实施预算管理的过程中，除法律规定的情形外，公众有知晓和了解预算活动与结果及有关材料的权利。而预算知情权实现的必要条件之一就是预算信息的公开。因此，为了给公众参与公共预算提供保障，预算信息的公开是必然的。

预算信息公开是指预算的编制、审批、执行、决算及其依据等整个过程与内容都必须依法通过相应方式向社会公开。预算信息公开是政府信息公开的主要内容，也是财政部门政府信息公开的核心所在。除法律规定的保密情形外，预算信息公开的主体应包括所有掌握预算信息的各级政府及其所属职能部门、事业单位和国有企业等单位；预算信息公开的对象应涵盖包括公众权力机构在内的所有公民；预算信息公开的范围应包括预算管理体制、预算分配政策、预算编制程序等预算制度信息，以及在该制度框架下的预算收支安排、预算执行、预算调整和决算等预算管理信息。[①]

预算信息的公开有助于公众获得全面的政府财政信息,包括预算的编制情况及其依据、预算的执行情况及其执行结果偏离预期的原因、预算的预测及其以前年度的对照信息,还包括在预算文件或其背景资料中反映的财政政策目标、财政规则、主要财政风险、财政可持续性等。只有这样,公众才能及时、充分、准确地获得相关信息,并依据这些信息客观评判过往预算的问题与成效,进而更好地参与未来的公共预算,为提升预算的合理性、科学性出谋划策。因此,预算信息的公开能够更好地保障公众参与预算的权利。

现在,预算信息公开已经成为市场经济国家的通行做法,国际货币基金组织(IMF)衡量财政透明度的主要标准就是公众是否能够获得全面的政府财政信息。许多国家法律规定,政府必须满足公众对预算信息的要求,除非这些信息涉及法律规定的保密情形。

2008年,我国《政府信息公开条例》(以下简称《条例》)正式实施。《条例》明确规定:各级政府的预算和决算报告是需要主动公开的"重点政府信息",必须向公众开放并提供便利的查阅条件。随后,有关政府信息公开的法律法规、条例细则等制度建设得到了逐步推进。预算信息公开已经有了比较具体的法律法规依据。各级政府依据《条例》《预算法》和其他财政法律法规,以政府公开出版物、官方网站、媒体发布会、依申请回复等形式为载体,正在逐步扩大预算信息的公开范围。

(二)保障公众预算监督权

预算信息公开是委托代理关系下保障公众预算监督权的一种必然选择。

通常,要素之间存在着禀赋上的差异,为了优化资源配置,提高管理制度效率,需要在授权之下进行要素的结合,于是,在一个特定的经济体系或治理结构中便形成了委托代理关系。在委托代理关系中,代理人往往有着独立的、不同于委托人的目标函数,当两者的目标函数发生冲突时,代理人的行为可能会偏离甚至背离委托人的要求,由此会产生"逆向选择""道德风险"等委托代理问题,其根源在于信息不对称。一方面委托人要求代理人按照委托人的利益选择行动,但是,另一方面委托人却很难直接观测到代理人选择了什么行动,能观察到的只是不完全的信息和变量,即委托人拥有的有关代理人执行规定职责的信息是很不完全的。如何来解决这一问题?一种可能的基本方法是,通过降低信息成本来减轻信息不对称的程度,从而建立起一种有效的约束机制,使得代理人在机制约束下选择与委托人目标相一致的行动。

① 国际货币基金组织:《财政透明度手册》,人民出版社,2001年版。

在公共财政框架下，在公众（纳税人）与政府之间、财政部门与预算单位之间就存在着这种委托代理关系。由于信息不对称的天然存在，更由于信息不对称的程度因制度变更滞后于技术进步和市场演进等环境变化而加剧，在这些委托代理关系中普遍存在着委托代理问题。因此，需要进行相应的制度建设来解决或减少委托代理关系中的“逆向选择”和“道德风险”问题，预算信息公开便是众多制度建设中的重要一环。

1. 公众——政府委托代理关系中的预算监督与公开

如前所述，在市场经济条件下，政府必须在市场存在缺陷的领域中承担起市场不能胜任的任务，为此，政府需要通过征税等途径来筹集资金。由此，在公共财政框架下形成了一种最基本的委托代理关系——公众（纳税人）和政府的委托代理关系。一方面公众通过向政府缴纳税款来要求政府为其提供公共产品；另一方面政府通过向公众征税获得税款后必须履行其提供公共产品的职责。在这层委托代理关系中，税收资金是否能够真正被用来提供符合公众需要的公共产品呢？这在很大程度上取决于政府与公众的目标函数是否一致，以及各自在信息上占有多大的优势。通常，政府的目标函数除了要服从于公众的目标函数外，还会有不同于公众的目标函数。因为，政府是由众多“经济人”组成的，因而在公共利益的背后，往往还掺杂着“经济人”自身的利益。因此，在公共财政框架下，保障公众对公共预算的监督权极为重要。

但是，在传统的预算管理制度下，预算资金的分级收缴、分散支付，银行账户的多重设置，使得预算资金的运行缺乏透明度，这给公众通过一定的渠道和机制对公共预算进行监督带来了极大的困难。因此，在公众和政府的委托代理关系中，政府由于占有天然的信息优势。作为代理人的政府在利益驱使下可能会违背公众的委托意愿，从而产生“逆向选择”和“道德风险”问题。层出不穷的“形象工程”，屡禁不止的“楼堂馆所”、频遭曝光的“豆腐渣工程”等便是例证。

如何减轻公众和政府之间信息不对称的程度，保障公众预算监督权，进而强化对政府的约束机制，从而纠正政府的目标函数？显然，预算信息公开是众多解决措施中不可或缺的一环。预算信息公开可以打破政府部门信息垄断，增加预算资金运行的透明度，使公众及委托人能够及时、便利、充分地获得代理人的信息，降低公众获得有关预算资金运行信息的成本，最大限度地降低委托人和代理人之间的信息不对称程度，从而改善预算资金使用的监督环境，为保障公众行使预算监督权奠定基础。

2. 财政部门——预算单位委托代理中的预算监督与公开

财政部门要定期编制预算，然后按照预算支出的项目和进度将预算资金拨付到各预算单位，随着资金的拨付，财政职能也相应被分解到各预算单位，各预算单位必须按照预算规定,用这些资金来为社会提供相应的公共产品,因此,在最基本的公众与政府委托代理关系之上,又形成了一层委托代理关系——财政部门和预算单位之间的委托代理关系。在这层委托代理关系中,由于信息不对称问题的存在,各预算单位同样不会完全按照财政部门的要求行事。为此,对各预算单位的预算监督是必不可少的。这既包括财政部门对预算单位预算的监督,也包括公众对预算单位预算的监督。

但是,在传统的分级分散收支模式下,预算资金通过多级政府、多个部门先是层层上缴,然后再是层层下拨、"家家"分解。这增加了信息传递的中间环节,削弱了预算系统信息反馈的功能,提高了信息失真的可能性,增加了财政部门与公众获得相关信息的成本,加剧了财政部门与各预算单位、公众与各预算单位之间的信息不对称,从而为一些预算单位挪用财政资金等机会主义行为提供了便利。同时,在预算单位有着独立的、不同于财政部门的目标函数的条件下,信息不对称的加剧也使得公共资源有可能成为寻租的对象。因此,在财政部门和各预算单位的委托代理关系中,由于占有天然的信息优势,作为代理人的预算单位可能会出于"部门利益"甚至"个人利益"的考虑违背财政部门的委托意愿,从而产生委托代理问题。在这种情况下,预算信息的公开显得尤为重要。

预算信息公开将减少信息反馈环节,增强预算系统信息反馈的功能,降低信息失真的可能性,提高预算制度安排的透明度,减少信息垄断造成的信息不对称,从而有利于缩短财政部门、公众和预算资金运行信息源的距离,有利于财政部门和公众了解预算资金的走向,降低财政部门和公众获得有关预算资金流向信息的成本,进而为保障公众行使预算监督权创设一个良好的制度环境,增强对预算单位的机制约束,更好地约束预算单位按预算行事。

14.1.2 公共预算信息调查框架

"省级政府公共预算信息调查框架"由"政府总预算信息"和"政府分级预算信息"两部分组成(见图 14-1)。其中,"政府总预算信息"部分首先按照公共预算收支及属性进行横向分类,分为"省级政府公共预算收入信息""省级政府公共预算支出信息"两个部分;"省级政府公共预算支出信息"部分,又进一步分为"省级政府公共预算功能类支出信息"和"省级政府公共预算经济类支出信息"两部分。然后,在"省级政府公共预算收入信息""省级政府公共预算功能类支出信息""省级政府公共预算经济类支出信息"部分,按照公共预算收支分类科目进行纵向分类,分为"省级政府公共预算收支类级科目信息""省级政府公共预算收支款级科目信息""省级政府公共预算收支项级科目信息""省级政府公共预算收支目级科目信息"等几个层次。

"政府分级预算信息"部分,首先按地区分为"汇总的政府分级预算信息"和

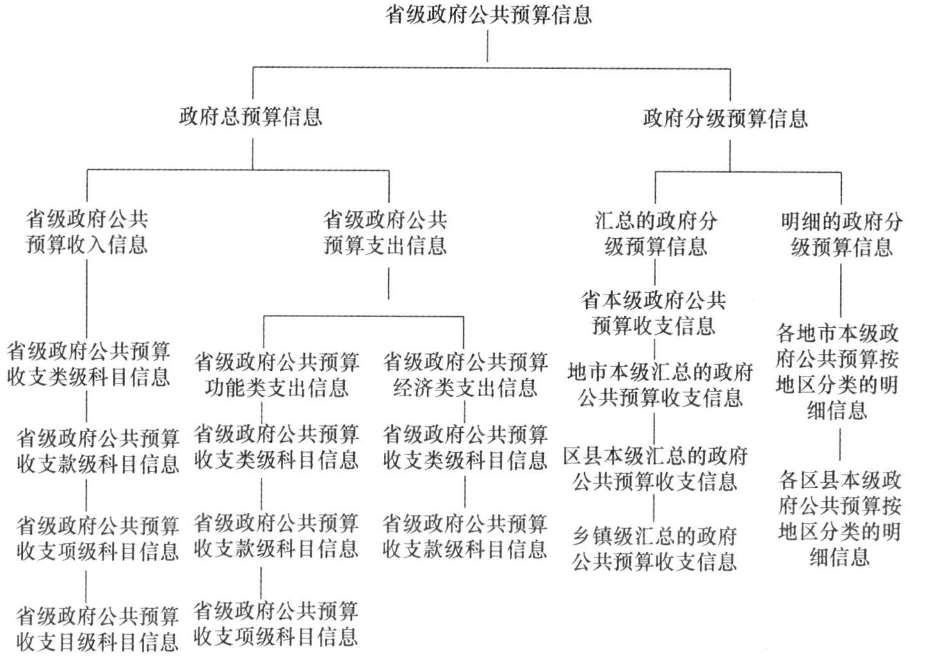

图 14-1 省级政府公共预算信息调查框架图

“明细的政府分级预算信息”两部分。然后，在“汇总的政府分级预算信息”部分，按照行政层级对政府公共预算信息进行纵向分类，分为“省本级政府公共预算收支信息”“地市本级汇总的政府公共预算收支信息”“区县本级汇总的政府公共预算收支信息”“乡镇级汇总的政府公共预算收支信息”等几个层次。在“明细的政府分级预算信息”部分，按照行政区域对政府公共预算信息进行纵向分类，分为“各地市本级政府公共预算按地区分类的明细信息”“各区县本级政府公共预算按地区分类的明细信息”。下文按照上述框架对新的省级政府公共预算透明度调查提纲作进一步的阐述。

（一）公共预算概要信息调查框架

本部分主要了解省级政府公共预算概要信息的公开状况，为此要求省级政府公开调查年份的“公共财政收支决算总表（决算 01 表）”的信息（见表 14-1）。

该部分的信息调查具体分为三个层面。第一层面，调查提纲要求在“公共财政收支决算总表（决算 01 表）”中公开调查年份省级政府的公共预算收支总额信息（见表 14-1）。

第二层面，调查提纲要求公开调查年份省级政府的公共预算收支总类层面的信息。该层面又分收入和支出两个部分。其中，从收入来看，我国政府公共预算收入分类科目目前由类、款、项、目四个层次组成，但在决算 01 表中，公共预算收入信息只反映到款级科目。为此,本调查提纲要求在"公共财政收支决算总表(决算01表)"中首先公开调查年份省级政府公共预算收入类级科目信息(见表14-1),如公共预算收入总额中的税收收入、非税收入等信息。其次公开调查年份省级政府公共预算收入款级科目的信息(见表14-1),如税收收入中的增值税、营业税、企业所得税等信息,非税收入中的专项收入、行政事业性收费收入、罚没收入等信息。由此可以了解省级政府公共预算收入总额下的类级科目的信息公开状况,以及公共预算收入类级科目下的款级科目的信息公开状况。

从支出来看,我国政府公共预算支出目前有功能和经济两大分类角度。其中,按功能分类的公共预算支出主要反映预算资金的使用方向,在我国目前预算科目设置上由类、款、项三个层次组成;按经济分类的公共预算支出主要反映预算资金的具体用途,在我国目前的预算科目设置上由类、款两个层次组成。但在决算01表中,只有按功能分类的公共预算支出,没有按经济分类的公共预算支出;并且,按功能分类的公共预算支出只反映到类级科目。为此,本调查提纲要求在"公共财政收支决算总表(决算01表)"中公开调查年份省级政府公共预算支出按功能分类的类级科目的信息(见表14-1),如公共预算支出总额中的一般公共服务、外交、国防、公共安全、教育、科学技术等信息。由此可以了解省级政府公共预算支出总额下按功能分类的类级科目的信息公开状况。

第三个层面,调查提纲要求公开调查年份省级政府的公共预算中转移性收支的信息。该层面也分收入和支出两个部分。其中收入部分,本调查提纲要求在"公共财政收支决算总表(决算01表)"中首先公开调查年份省级政府公共预算收入中转移性收入类级科目信息(见表14-2),如公共预算收入总额中的上级补助收入、接受其他地区援助收入、调入资金等信息。其次公开调查年份省级政府公共预算收入款级科目的信息(见表14-2),如上级补助收入中的返还性收入、一般性转移支付收入、专项转移支付收入,调入资金中的政府性基金调入、国有资本经营预算调入、财政专户管理资金调入等信息。以此了解省级政府公共预算收入总额下转移性收入中的类级科目的信息公开状况,及转移性收入类级科目下的款级科目的信息公开状况。

在转移性收支的支出部分,本调查提纲要求在"公共财政收支决算总表(决算01表)"中首先公开调查年份省级政府公共预算支出中转移性支出类级科目信息(见表14-2),如公共预算支出总额中的上解上级支出、援助其他地区支出、调出资金等信息。其次公开调查年份省级政府公共预算支出中转移性支出款级科目的信息(见表14-2),如上解上级支出中的一般性转移支付、专项转移支付等信息。由此可以了解省级政府公共预算支出总额下转移性支出中的类级科目的信息公开状况,以及转移性支出类级科目下的款级科目的信息公开状况。

表 14-1 公共财政收支决算总表

决算 01 表

单位:万元

预算科目	调整预算数	决算数	预算科目	调整预算数	决算数
一、税收收入			一、一般公共服务		
增值税			二、外交		
营业税			三、国防		
企业所得税			四、公共安全		
企业所得税退税			五、教育		
个人所得税			六、科学技术		
资源税			七、文化体育与传媒		
固定资产投资方向调节			八、社会保障和就业		
城市维护建设税			九、医疗卫生		
房产税			十、节能环保		
印花税			十一、城乡社区事务		
城镇土地使用税			十二、农林水事务		
土地增值税			十三、交通运输		
车船税			十四、资源勘探电力信息等事务		
耕地占用税			十五、商业服务业等事务		
契税			十六、金融监管等事务支出		
烟叶税			十七、地震灾后恢复重建支出		
其他税收收入			十八、国土资源气象等事务		
二、非税收入			十九、住房保障支出		
专项收入			二十、粮油物资管理事务		
行政事业性收费收入			二十一、储备事务支出		
罚没收入			二十二、预备费		
国有资本经营收入			二十三、国债还本付息支出		
国有资源(资产)有偿使用收入			二十四、其他支出		
其他收入					
本年收入合计			本年支出合计		

表 14-2 公共财政收支决算总表

决算 01 表

单位:万元

预算科目	决算数	预算科目	决算数
本年收入合计		本年支出合计	
上级补助收入		上解上级支出	
返还性收入		一般性转移支付	
增值税和消费税税收返还收入		体制上解支出	
所得税基数返还收入		出口退税专项上解支出	
成品油价格和税费改革税收返还收入		成品油价格和税费改革专项上解支出	
其他税收返还收入		专项转移支付	
一般性转移支付收入		专项上解支出	
体制补助收入		计划单列市上解省支出	
均衡性转移支付收入			
民族地区转移支付补助收入			
调整工资转移支付补助收入			
农村税费改革转移支付收入			
县级基本财力保障机制奖补资金收入			
结算补助收入			
化解债务补助收入			
资源枯竭型城市转移支付补助收入			
企业事业单位划转补助收入			
成品油价格和税费改革转移支付补助收入			
工商部门停征两费转移支付收入			
一般公共服务转移支付收入			
公共安全转移支付收入			
教育转移支付收入			
社会保障和就业转移支付收入			
医疗卫生转移支付收入			
农林水转移支付收入			
产粮(油)大县奖励资金收入			
重点生态功能区转移支付收入			
其他一般性转移支付收入			
专项转移支付收入			
地震灾后恢复重建补助收入			
省补助计划单列市收入			

（续表）

预算科目	决算数	预算科目	决算数
接受其他地区援助收入		援助其他地区支出	
债务收入		债券还本支出	
债券转贷收入		债券转贷支出	
		增设预算周转金	
国债转贷收入		拨付国债转贷资金数	
国债转贷资金上年结余		国债转贷资金结余	
国债转贷转补助			
上年结余			
调入预算稳定调节基金		安排预算稳定调节基金	
调入资金		调出资金	
政府性基金调入		年终结余	
国有资本经营预算调入		其中:本级	
财政专户管理资金调入		减:结转下年的支出	
其他调入		其中:本级	
地震灾后恢复重建调入资金		净结余	
预算稳定调节基金调入		其中:本级	
收入总计		支出总计	

（二）公共预算信息调查框架——基于政府总预算

本部分主要了解省级政府总预算部分的公共预算收支分类信息的公开状况，为此要求省级政府公开调查年份的“公共财政收入决算明细表（决算 04 表）”（见表 14-3）、“公共财政支出决算功能分类明细表（决算 05 表）”（见表 14-4）、“公共财政支出决算经济分类明细表（补充 01 表）”的信息（见表 14-5）。

该部分的调查提纲由省级政府公共预算收入分类明细信息、公共预算支出分类明细信息两部分组成。其中，在收入部分，在了解了省级政府公共预算收入概要信息公开状况基础上，需要进一步了解省级政府公共预算收入分类明细信息的公开状况。为此，调查提纲要求在“公共财政收入决算明细表（决算 04 表）”中进一步公开调查年份省级政府公共预算收入项级科目信息（见表 14-3），如增值税中的国内增值税、营业税中的金融保险业营业税（地方）、企业所得税中的国有银行所得税等信息。然后再公开调查年份省级政府公共预算收入目级科目的信息（见表 14-3），如国内增值税中的国有企业增值税、金融保险业营业税（地方）中的交强险营业税、国有银行所得税中的其他国有银行所得税等信息。由此可以了解省级政府公共预算收入款级科目下的项级科目以及项级科目下的目级科目的信息公开状况。

表 14-3　公共财政收入决算明细表

决算 04 表

单位:万元

预算科目	决算数	预算科目	决算数
税收收入			
增值税			
国内增值税			
国有企业增值税			
集体企业增值税			
股份制企业增值税			
……			
营业税			
……			
		……	
		非税收入	
		专项收入	
		排污费收入(项)	
		……	
		其他收入(款)	
		捐赠收入	
		国外捐赠收入	
		……	
		其他收入(项)	
		本年收入合计	

在支出部分,在了解了省级政府公共预算支出概要信息公开状况基础上,需要进一步了解省级政府公共预算支出分类明细信息的公开状况。与我国公共预算支出分为功能类支出和经济类支出相对应,该部分的调查提纲也分为功能类支出信息、经济类支出信息两部分。其中,功能类支出信息的调查提纲要求在“公共财政支出决算功能分类明细表(决算 05 表)”中进一步公开调查年份省级政府公共预算支出按功能分类的款级科目的信息(见表 14-4),如一般公共服务中的人大

事务、政协事务、政府办公厅(室)及相关机构事务等信息。然后再公开省级政府公共预算支出按功能分类的项级科目的信息(见表14-4),如人大事务中的行政运行、一般行政管理事务、机关服务等信息。由此可了解省级政府按功能分类的公共预算支出类级科目下的款级科目的信息公开状况以及款级科目下的项级科目的信息公开状况。

表14-4 公共财政支出决算功能分类明细表

决算05表

单位:万元

预算科目	决算数	预算科目	决算数
一般公共服务		……	
人大事务		援助其他地区支出	
行政运行		……	
一般行政管理事务		粮油物资储备事务	
机关服务		……	
……			
		……	
		其他支出(类)	
		汶川地震捐赠支出	
		地震灾后恢复重建捐赠支出	
		其他捐赠支出	
		其他支出(款)	
		其他支出(项)	
		本年支出合计	

经济类支出信息的调查提纲要求在"公共财政支出决算经济分类明细表(补充01表)"中首先公开省级政府公共预算支出按经济分类的类级科目的信息(见表14-5),如公共预算总额中的工资福利支出、商品和服务支出、对个人和家庭的补助等信息。其次公开省级政府公共预算支出按经济分类的款级科目的信息(见表14-5),如工资福利支出中的基本工资、津贴补贴、奖金等信息。由此可以了解省级政府公共预算支出总额下的按经济分类的类级科目的信息公开状况以及类级科目下的款级科目的信息公开状况。

表 14-5　公共财政支出决算经济分类明细表

决算补充表 01

单位：万元

预算科目	决算数	预算科目	决算数	预算科目	决算数
一、工资福利支出		三、对个人和家庭的补助		地上附着物和青苗补偿	
基本工资		离休费		拆迁补偿	
津贴补贴		退休费		公务用车购置	
奖金		退职（役）费		其他交通工具购置	
社会保障缴费		抚恤金		其他资本性支出	
伙食费		生活补助		小计	
伙食补助费		救济费		六、对企事业单位的补贴	
绩效工资		医疗费		企业政策性补贴	
其他工资福利支出		助学金		事业单位补贴	
小计		奖励金		财政贴息	
二、商品和服务支出		生产补贴		其他对企事业单位的补贴支出	
办公费		住房公积金		小计	
印刷费		提租补贴		七、债务利息支出	
咨询费		购房补贴		国内债务付息	
手续费		其他对个人和家庭的补助支出		向国家银行借款付息	
水费		小计		其他国内借款付息	
电费		四、基本建设支出		向国外政府借款付息	
邮电费		房屋建筑物购建		向国际组织借款付息	
取暖费		办公设备购置		其他国外借款付息	
物业管理费		专用设备购置		小计	
差旅费		基础设施建设		八、赠与	
因公出国（境）费用		大型修缮		对国内的赠与	
维修（护）费		信息网络购建		对国外的赠与	
租赁费		物资储备		小计	
会议费		公务用车购置		九、贷款转贷及产权参股	
培训费		其他交通工具购置		国内贷款	
公务接待费		其他基本建设支出		产权参股	
专用材料费		小计		其他贷款转贷及产权参股支出	
被装购置费		五、其他资本性支出		小计	
专用燃料费		房屋建筑物购建		十、其他支出	
劳务费		办公设备购置			
委托业务费		专用设备购置			
工会经费		基础设施建设			
福利费		大型修缮			
公务用车运行维护费		信息网络购建			
其他交通工具运行维护		物资储备			
其他商品和服务支出		土地补偿			
小计		安置补助		本年支出合计	

(三) 公共预算信息调查框架——基于政府分级预算

本部分主要了解政府分级预算部分的公共预算信息公开状况，为此要求省级政府公开调查年份的“公共财政收支决算分级表(决算06表)”(见表14-6)、“公共财政收支及平衡情况表(决算08表)”(见表14-7)的信息。

该部分的调查提纲由“公共预算分级汇总信息”“公共预算分级明细信息”两部分组成。由于政府是由多个层级构成的，就省级政府而言，其下辖的政府层级还包括地市级政府、区县级政府、乡镇级政府。因此，在省级政府总预算中，通常还包括其下辖的各个层级地方政府的本级预算。为此，在了解了省级政府总预算的信息公开状况基础上，需要进一步了解不同层级地方政府的公共预算信息公开状况，以便进一步了解省级政府总预算中下辖的各个层级地方政府公共预算的信息公开状况。不仅如此，由于预算的执行与预算的安排有时会有出入，预算的支出与预算的收入有时会有差异，预算的分摊与预算的受益有时会有不同，从省级政府到乡镇级政府，每个层级的政府都有相应的转移支付制度安排。为此，在了解了各级政府公共预算收支汇总信息公开状况基础上，需要进一步了解各个层级政府公共预算按地区分类的明细信息公开状况，以便进一步了解各个层级地方政府在资金调剂余缺方面的信息公开状况。

其中，在公共预算分级汇总信息部分，调查提纲要求省级政府在“公共财政收支决算分级表(决算05表)”(见表14-6)中公开调查年份其本级以及其下辖的三级地方政府公共预算汇总信息。具体包括省本级政府公共预算信息、地市本级政府公共预算汇总信息、区县本级政府公共预算汇总信息、乡镇级政府公共预算汇总信息。同时，在四个层级政府公共预算汇总信息中，调查提纲要求公开各个层级地方政府公共预算收入和支出两部分的信息。其中，收入部分要求公开各个层级地方政府公共预算收入中的类、款两级信息。支出部分要求公开各个层级地方政府公共预算按功能分类的支出类级信息。由此可以了解省级总预算中的各层级政府公共预算收入和支出信息的公开状况。

表 14-6　公共财政收支决算分级表

决算 06 表
单位：万元

预算科目	决算数合计	省级	地级	其中：地级直属乡镇	县级	乡镇级	预算科目	决算数合计	省级	地级	其中：地级直属乡镇	县级	乡镇级
一、税收收入							一、一般公共服务						
增值税							二、外交						
营业税							三、国防						
企业所得税							四、公共安全						
企业所得税退税							五、教育						
个人所得税							六、科学技术						
资源税							七、文化体育与传媒						
固定资产投资方向调节税							八、社会保障和就业						
城市维护建设税							九、医疗卫生						
房产税							十、节能环保						
印花税							十一、城乡社区事务						
城镇土地使用税							十二、农林水事务						
土地增值税							十三、交通运输						
车船税							十四、资源勘探电力信息等事务						
耕地占用税							十五、商业服务业等事务						
契税							十六、金融监管等事务支出						
烟叶税							十七、地震灾后恢复重建支出						
其他税收收入							十八、国土资源气象等事务						
二、非税收入							十九、住房保障支出						
专项收入							二十、粮油物资管理事务						
行政事业性收费收入							二十一、储备事务支出						
罚没收入							二十二、国债还本付息支出						
国有资本经营收入							二十三、其他支出						
国有资源（资产）有偿使用收入													
其他收入													
本年收入合计							本年支出合计						

表 14-7 公共财政收支及平衡情况表

决算 08 表
单位:万元

地区				** 省（区、市）	本级	地（市）合计	** 地（市、州）	本级	区县级合计	** 区	……	** 县	……	** 地（市、州）	……
收支部分	收入	收入合计													
		税收收入	小计												
			增值税												
			营业税												
			企业所得税												
			个人所得税												
			资源税												
			城市维护建设税												
			耕地占用税												
			契税												
			烟叶税												
			其他各项税收收入												
		非税收入	小计												
			专项收入												
			行政事业性收费收入												
			罚没收入												
			国有资本经营收入												
			国有资源（资产）有偿使用收入												
			其他收入												

（续表）

地区			**省（区、市）	本级	地（市）合计	**地（市、州）	本级	区县级合计	**区	……	**县	……	**地（市、州）	……
收支部分	支出	支出合计												
		一般公共服务												
		外交												
		国防												
		公共安全												
		教育												
		科学技术												
		文化体育与传媒												
		社会保障和就业												
		医疗卫生												
		节能环保												
		城乡社区事务												
		农林水事务												
		交通运输												
		资源勘探电力信息等事务												
		商业服务业等事务												
		金融监管等事务支出												
		地震灾后恢复重建支出												
		国土资源气象等事务												
		住房保障支出												
		粮油物资管理事务												
		储备事务支出												
		国债还本付息支出												
		其他支出												

（续表）

地区				**省（区、市）	本级	地（市）合计	**地（市、州）	本级	区县级合计	**区	……	**县	……	**地（市、州）	……
平衡部分	收入	收入总计 本年收入													
		返还性收入	小计												
			增值税和消费税税收返还												
			所得税基数返还												
			成品油价格和税费改革税收返还												
			其他税收返还												
		一般性转移支付收入	小计												
			体制补助												
			均衡性转移支付												
			民族地区转移支付补助												
			调整工资转移支付补助												
			农村税费改革转移支付												
			县级基本财力保障机制奖补资金												
			结算补助												
			化解债务补助												
			资源枯竭型城市转移支付补助												

（续表）

地区				** 省（区、市）	本级	地（市）合计	** 地（市、州）	本级	区县级合计	** 区	……	** 县	……	** 地（市、州）	……
平衡部分	收入	一般性转移支付收入	企业事业单位划转补助												
			成品油价格和税费改革转移支付补助												
			工商部门停征两费转移支付												
			一般公共服务转移支付												
			公共安全转移支付												
			教育转移支付												
			社会保障和就业转移支付												
			医疗卫生转移支付												
			农林水转移支付												
			产粮（油）大县奖励资金												
			其他一般性转移支付												

（续表）

地区			** 省（区、市）	本级	地（市）合计	** 地（市、州）	本级	区县级合计	** 区	……	** 县	……	** 地（市、州）	……
平衡部分	收入	专项转移支付												
		地震灾后恢复重建补助收入												
		省补助计划单列市收入												
		财政部代理发行地方政府债券收入												
		转贷财政部代理发行地方政府债券收入												
		上年结余												
		调入预算稳定调节基金												
		调入资金												
		地震灾后恢复重建调入资金												
		国债转贷收入、上年结余及转补助数												

（续表）

地区			** 省（区、市）	本级	地（市）合计	** 地（市、州）	本级	区县级合计	** 区	……	** 县	……	** 地（市、州）	……
平衡部分	支出	支出总计												
		本年支出												
		一般性转移支付：小计												
		一般性转移支付：体制上解												
		一般性转移支付：出口退税专项上解												
		一般性转移支付：成品油价格和税费改革专项上解												
		专项上解												
		计划单列市上解省												
		财政部代理发行地方政府债券还本												
		转贷财政部代理发行地方政府债券支出												
		增设预算周转金												
		安排预算稳定调节基金												
		调出资金												
		国债转贷拨付数及年终结余												
	年终结余													
	其中：净结余													

在公共预算分级明细信息部分，调查提纲要求省级政府在“公共财政收支及平衡情况表（决算08表）”（见表14-7）中公开调查年份其下辖的两级地方政府公共预算按地区分类的明细信息。具体包括地市本级政府公共预算按地区分类的明细信息、县本级政府公共预算按地区分类的明细信息。同时，在两个层级政府公共预算信息中，调查提纲要求公开各个层级、各个地方政府公共预算收入、公共预算支出、公共预算平衡三部分的信息。其中，收入部分要求公开两个层级政府分地区的公共预算中类、款两级科目的收入信息。支出部分要求公开两个层级政府分地区的公共预算按功能分类的类级科目支出信息。平衡部分首先要求公开两个层级地方政府分地区的转移性收入中返还性收入及其组成、一般性转移支付收入及其组成、其他各项转移性收入等几部分信息。其次要求公开两个层级地方政府分地区的转移性支出中一般性转移支付及其组成、其他各项转移性支付等几个部分的信息。由此可了解省级总预算中地市和区县两个层级地方政府在本级公共预算收支平衡方面按地区分类的明细信息公开状况。

14.2 政府性基金信息报告框架体系研究

政府性基金是指各级人民政府及其所属部门根据法律、行政法规和中共中央、国务院文件规定，为支持特定公共基础设施建设和公共事业发展，向公民、法人和其他组织无偿征收的具有专项用途的财政资金。作为我国财政收入的重要组成部分，近年来，各级政府不仅每年公布政府性基金项目目录，而且对政府性基金进行特别预算。然而，学术界对政府性基金的研究不多，总体而言，已有研究成果主要集中在加强政府性基金的管理方面。如贾康（2006）认为需要对包括政府性基金在内的非税收入进行正本清源、分流归位，即区别不同项目的性质，分别采取取消、改为税收、保留但加强规范管理等三种措施。朱柏铭（2012）则通过判断不同项目的性质，对2010年全国政府性基金具体项目的分类处理进行了分析。冯俏彬、郑朝阳（2013）指出财力部门化所致的部门利益以及相关监督不力、公开程度不够是我国政府性基金征收、管理始终存在问题的根本原因，在此基础上，他们就如何进一步规范我国政府性基金的管理提出了相关建议。应该说，以上研究成果为如何对政府性基金进行管理提供了一些思路，遗憾的是，他们都没有系统研究政府性基金的信息报告框架体系问题。我们认为，规范的政府性基金信息报告框架体系是对其进行有效监督和管理的重要前提条件，因此，很有必要对政府性基金的信息报告体系进行研究。

14.2.1 我国现有的政府性基金信息报告体系

我国现有的政府性基金信息报告体系包括了政府性基金总决算和政府性基金部门决算两大部分。其中,政府性基金总决算报告包括从决算09表至决算14表共6张表格的信息,政府性基金部门预算则包括了从财决09表至财决10-2表共4张信息表格。

(一)政府性基金总决算报告体系

政府性基金总决算的报告表格依次是政府性基金收支决算总表(决算09表)、政府性基金收入预算变动情况表(决算10表)、政府性基金支出预算变动情况表(决算11表)、政府性基金收支及结余情况表(决算12表)、政府性基金收支决算分级表(决算13表)、政府性基金收支及平衡情况表(决算14表)。[①]

政府性基金收支决算总表报告的是政府性基金收入和支出的总体信息,表中"行"所反映的是预算科目,"栏"所反映的是调整预算数和决算数。其中本年收入科目公开到"类"级,本年支出按功能分类也公开到"类"级。此外,表中还提供了转移性收入和支出的部分信息,其中转移性收入展示了"款"级和部分"项"级科目,转移性支出按功能分类展示到"款"级科目。

政府性基金收入预算变动情况表反映的是政府性基金收入在执行中的变动情况。表中"栏"所反映的是年初预算数、增加(减少)预算指标和调整预算数。"年初预算数"反映的是各级人代会通过的当年政府性基金收入预算数;"增加(减少)预算"指标反映预算年度执行中由于非正常因素导致的收入变动等因素而调整的预算指标;调整预算数等于年初预算数+增加(减少)预算指标。"行"反映的是政府性基金收入预算科目,展示到"目"级。

政府性基金支出预算变动情况表反映年初安排的政府性基金支出预算在执行中的变动情况。表中"栏"反映的是年初预算数、变动项目、调整预算数和决算数。"年初预算数"反映的是各级人代会通过的当年政府性基金支出预算数;"变动项目"包括专项补助、动用上年结余、本年超、短收安排、调入资金、补助下级专款以及增加(减少)预算指标等项目;调整预算数等于年初预算数+变动项目小计。"行"反映的是政府性基金支出预算科目,它按功能分类展示到"项"级。

政府性基金收支及结余情况表反映各项政府性基金的收入、支出及结余情况。该表"行"为预算科目,根据当年《政府收支分类科目》的政府性基金收支科目设置,收入科目列示至"目"级,支出科目按功能分类列示至"项"级。"栏"中"本年收入"按类、款、项、目填列决算数,"本年支出"按类、款、项填列决算数。各项政府性基金"年终结余"根据收入合计减去支出合计得到,年终结余不能为负数。

---

① 具体参见附表14-1至附表14-6。

政府性基金收支决算分级表反映的是省、地、县、乡级政府的政府性基金收入和政府性基金支出情况。表中“行”是各政府性基金收入和支出项目;“栏”则包括决算数合计、省级、地级、县级和乡镇级等。政府性基金收支及平衡情况表反映了县级以上(含县级)地方各级政府的政府性基金收入、支出及平衡情况。该表“行”按照行政区划填列,“栏”包括收支部分和平衡部分两大部分内容,在此基础上再报告进一步细化的内容,其中表中未列出的基金收支项目分别列入“其他各项政府性基金收入”和“其他各项政府性基金支出”。

(二) 政府性基金部门决算信息报告体系

政府性基金部门预算的信息由政府性基金预算财政拨款收入支出决算表(财决09表)、政府性基金预算财政拨款支出决算明细表(财决10表)、政府性基金预算财政拨款基本支出决算明细表(财决10-1表)与政府性基金预算财政拨款项目支出决算明细表(财决10-2表)4张表格来反映。[①]

政府性基金预算财政拨款收入支出决算表反映了单位本年度从本级财政部门取得纳入预算管理的政府性基金预算财政拨款的收入、支出、结转和结余等情况。表中各行根据单位行政事业账和基本建设账的发生数按支出功能分类科目分“类”“款”“项”填列。表中“栏”包括“上年结转和结余”“本年收入”“本年支出”和“年末结转和结余”;“上年结转和结余”填列单位上年度政府性基金预算财政拨款结余结转本年使用的情况,其中“基本支出结转和结余”“项目支出结转和结余”单独列示;“本年收入”反映单位本年度从本级财政部门取得的政府性基金预算财政拨款,其中“基本建设资金收入”填列执行《国有建设单位会计制度》的单位本年度基本建设账实际收到用于基本建设类项目的政府性基金预算财政拨款;“本年支出”填列单位本年度政府性基金预算财政拨款支出情况,“基本支出”填列单位为保障其机构正常运转、完成日常工作任务而发生的用政府性基金预算财政拨款安排的各项支出,其中,工资福利支出、商品和服务支出、对个人和家庭的补助支出按照支出经济性质分类科目规定的核算内容填列;“项目支出”填列单位为完成特定的工作任务或事业发展目标,在基本支出之外发生的用政府性基金预算财政拨款安排的各项支出,其中“基本建设资金支出”填列执行《国有建设单位会计制度》的单位基本建设类项目中使用政府性基金预算财政拨款的支出数,本栏仅反映基本建设账支出数;“年末结转和结余”填列单位年末结转下年使用的政府性基金预算财政拨款结转和结余数。

政府性基金预算财政拨款支出决算明细表报告的是单位从本级财政部门取得的政府性基金预算财政拨款本年度列支的基本支出和项目支出的明细情况。

① 具体参见附表14-7至附表14-10。

该表为自动生成表,各项数据从“政府性基金预算财政拨款基本支出决算明细表(财决 10-1 表)”和“政府性基金预算财政拨款项目支出决算明细表(财决 10-2 表)”自动提取。

政府性基金预算财政拨款基本支出决算明细表报告了单位从本级财政部门取得的政府性基金预算财政拨款本年度列支的基本支出明细情况。表中“行”根据单位行政事业账基本支出明细账中政府性基金预算财政拨款支出的发生数,按支出功能分类科目分“类”“款”“项”填列。“栏”分别列示了“工资福利支出”“商品和服务支出”“对个人和家庭的补助”“其他资本性支出”“对企事业单位的补贴”“债务利息支出和其他支出”等按照支出经济性质分类科目规定的核算内容。

政府性基金预算财政拨款项目支出决算明细表报告了单位从本级财政部门取得的政府性基金预算财政拨款本年度列支的项目支出明细情况。表中“行”根据单位行政事业账项目支出明细账和基本建设账中政府性基金预算财政拨款支出数,按支出功能分类科目分“类”“款”“项”填列。表中“栏”与政府性基金预算财政拨款基本支出决算明细表一样,也分别列示了“工资福利支出”“商品和服务支出”“对个人和家庭的补助”“其他资本性支出”“对企事业单位的补贴”“债务利息支出和其他支出”等按照支出经济性质分类科目规定的核算内容。

14.2.2 现有政府性基金信息报告体系存在的问题与不足

从 2011 年起,我国政府性基金预算被正式要求提交同级人民代表大会审批;2013 年,政府性基金首次出现在了部门预算公开的内容中。应该说,我国政府性基金信息公开在朝好的方面迈进,这在一定程度上为监督和管理政府性基金的使用提供了基础。但我们也发现,有关政府性基金信息公开的内容仍然比较粗略,其在财政信息的完全性和具体性等方面还存在着一些问题和不足。主要表现在:

第一,政府性基金总决算支出信息报告中缺少按部门分类和按经济性质分类的信息。完全性是公共预算编制的重要原则,也是财政透明的基本要求。财政信息的完全性原则要求支出信息的披露应按照部门、功能和经济性质对全部政府支出进行分类,三种分类方式缺一不可。其目的是使公众及其代表通过这三种分类方式了解政府在某个项目上花了多少钱,政府的每一部门花了多少钱,这些钱是如何被使用出去的。如前所述,我国现有的政府性基金总决算信息报告体系中只提供了支出按功能分类的信息,而没有提供按部门分类和按经济性质分类的信息,从而造成现有政府性基金总决算所报告的支出分类信息不完全。

第二,现有政府性基金部门决算中政府性基金预算财政拨款项目支出明细信息的展示不合理。财政透明的另一个非常重要的原则是财政信息公开的具体性,它要求政府披露的信息不能过于笼统,应该具体到每个项目的每项支出上,否则,立法部门和公众仍然不能获得公共资金使用的有效信息,也就无法判断和监督公共资金的使用是否有效率和效果。而根据前面的分析,我国现有政府性基金预算财政拨款项目支出决算明细表中的“行”是按支出功能分类科目填列的,“栏”是按支出经济性质分类填列的,从现有的这一信息展示中,我们仍然无法得知该部门本年度利用政府性基金预算财政拨款具体实施了哪些项目,各项目的支出情况如何,其资金使用是否合理。因此,现有政府性基金预算财政拨款项目支出决算明细表所展示的信息仍然不够具体,也不够合理。

第三,现有政府性基金信息报告体系中缺少每一项政府性基金信息的单独展示。根据《政府性基金管理暂行办法》的规定,我国政府性基金设立的目的概括来讲是支持特定公共基础设施建设和公共事业的发展,其资金使用具有专款专用的特点。尽管如此,每一项政府性基金的设立都有其特定目的,并且其具体征收内容,如缴费义务人、征收对象、征收比率、征收期限等及资金用途方面也各不相同。2012年,全国政府性基金项目仍然有30项,每项基金的征收依据和目的、征收期限及资金的使用和管理方式都不尽相同。因此,为了解每一项政府性基金的上述相关内容,我们有必要对每一项政府性基金进行单独预算,展示其具体信息。但遗憾的是,我国现有政府性基金信息报告体系中尚未提供这一信息。

14.2.3 完善我国政府性基金信息报告体系的建议

根据上述分析,我们认为,我国现有政府性基金信息报告体系所展示的信息还不够完全和具体,并且还缺少对每一项政府性基金信息的单独列示。为使政府性基金信息报告体系所公开的信息能够满足对其进行有效监督和管理的条件,我们提出以下建议:

第一,政府性基金总决算支出信息中增加按部门分类和按经济性质分类的信息。政府是由众多部门所组成的,支出总量如何分配给各个部门,反映了“谁”在使用纳税人的钱,具体为纳税人提供公共服务。公共资金和公共服务的最终责任者是各个政府部门。没有部门分类信息,公众及其代表就无法确定公共资金的具体使用者,更不能有效地行使监督资金的权利。因此,在政府性基金总决算支出信息中应增加按部门分类的信息。具体来讲,我们建议在政府性基金总决算中增加一张“政府性基金支出预算按部门列示的变动情况表”,表中“行”按照部门填列,“栏”的设置则与现有政府性基金支出预算变动情况表一样,通过增加这张表格,公众及其代表可以从中看出政府性基金支出在各部门的分配情况(见附表14-11)。

此外,尽管对公众及其代表了解和监督政府部门使用公共资金的活动而言,功能、部门及经济性质三种类信息都是重要的、不可或缺的,但比较来看,经济性质分类信息是最为重要的信息,因为它直接反映公共资金是如何使用的,是更为详细、具体的信息。支出的功能分类信息最终必须转换成经济分类信息才能使公众及其代表真正了解政府性基金预算。一个公共项目只有提供充分详细的经济分类信息,公众及其代表才能判断该项目资金的使用是否合理,因此,政府性基金总决算支出信息中应增加按经济性质分类的信息。为此,我们建议在政府性基金总决算中再增加一张“政府性基金支出预算按经济性质分类的变动情况表”,表中“行”分别按照“工资福利支出”“商品和服务支出”“对个人和家庭的补助”“其他资本性支出”“对企事业单位的补贴”“债务利息支出和其他支出”等支出经济性质分类科目填列至“款”级科目,而“栏”的设计则也与现有的政府性基金支出预算变动情况表一致(见附表14-12)。

第二,在现有政府性基金部门决算中增加一张按具体项目列示的政府性基金财政拨款项目支出明细表。如前所述,我国现有的政府性基金财政拨款项目支出明细表(财决10-2表)并没有真正展示每个项目支出的具体情况,其原因在于表中“行”是按功能分类预算科目展示的,而不是按每一个具体项目列示的。为使公众及其代表能够真正了解政府性基金预算财政拨款在每个项目上的具体支出情况,我们建议增加一张按具体项目列示的政府性基金财政拨款项目支出明细表,表中“行”按照每个具体项目列示,“栏”仍然按照“工资福利支出”“商品和服务支出”“对个人和家庭的补助”“其他资本性支出”“对企事业单位的补贴”“债务利息支出和其他支出”等支出经济性质分类科目的规定列示(见附表14-13)。

之所以不对原有表格进行修改,而是增加一张表格,主要的考虑是为了使现有信息报告体系的框架不发生太大的变动,由于现有政府性基金预算财政拨款支出决算明细表(财决10表)是根据“政府性基金预算财政拨款基本支出决算明细表(财决10-1表)”和“政府性基金预算财政拨款项目支出决算明细表(财决10-2表)”自动生成的,因此,若我们对现有政府性基金预算财政拨款项目支出决算明细表报告的内容进行修改,那么现有政府性基金预算财政拨款支出决算明细表也必然要随之改变,从而使现有政府性基金部门决算信息报告框架的变动过大。而增加一张按项目列示的项目支出明细表,一方面可以使公众及其代表了解每一项目支出的具体情况,另一方面也不至于使现有信息报告体系的变动过大。

第三,对每一项政府性基金进行单独预算,增加每一项政府性基金的信息展示。按照我们的设计,每一项政府性基金信息展示的形式和内容应统一规范,其内容应包括“概要”“资金来源和使用规定”及“收支余预算”三部分内容。“概要”部分主要介绍该项政府性基金设立的依据和目的;“资金来源和使用规定”部分确定该项政府性基金的资金来源途径,包括缴费义务人、征收对象、征收比率、征收期限等,并规定资金所能使用的具体方面;“收支余预算”部分则是对该项政府性基金的收入、支出及结余信息进行展示,具体可用“××政府性基金收支及结余情况表”“××政府性基金收入明细表”“××政府性基金基本支出明细表”及“××政府性基金基本项目支出明细表”来反映。其中,“××政府性基金收支及结余情况表”中的“行”按照各政府性基金项目填列,“栏”按照“上年结转和结余”“本年收入”“本年支出”和“年末结转和结余”填列(参见财决9表);“××政府性基金收入明细表”中的“行”按照各政府性基金收入科目分“款”“项”“目”填列,“栏”分为“合计”“上年结余”“本年收入”及“调入资金”填列;“××政府性基金基本支出明细表”中的“行”按照各政府性基金项目填列,“栏”按照“工资福利支出”“商品和服务支出”“对个人和家庭的补助”“其他资本性支出”“对企事业单位的补贴”“债务利息支出和其他支出”等支出经济性质分类科目的规定列示至款级科目;“××政府性基金基本项目支出明细表”中的“行”则按照各具体项目填列,“栏”的列示与“×政府性基金基本支出明细表”相同,仍然按照经济性质分类科目的规定列示。

需要说明的是,为规范政府性基金信息的公开,除了应增加上述内容外,我们认为,政府性基金信息报告体系中还应增加政府性基金预决算要点与预决算的多年度信息。预决算要点通常出现在各项预决算的开始位置,它是政府性基金预算年度的收支重点以及与前一年度相比的变化情况及其说明,提供这一信息有助于纳税人及其代表更好地了解政府性基金预决算。多年度预决算信息的重要性在于,所有预算收支的编制、审批和监督都是以其历史数据为依据的,缺少了以前年度的预决算信息,公众及其代表不能判断预决算的发展走势,更无法判断其年度合理性。因此,多年数据是预决算的重要组成部分,不可缺少。此外,我们还认为,政府预决算信息的公布应符合便利性原则,为此我们建议政府性基金信息应由财政部门统一公布在其网站上。

14.3 部门财政信息报告的框架体系

14.3.1 部门财政信息报告框架体系问题

透明财政是现代财政制度建设的重要内容,它对于国家治理能力的提升与治理的现代化建设具有重要的意义。党的十八届三中全会所通过的《中共中央关于全面深化改革若干重大问题的决定》将“实施全面规范、公开透明的预算制度”摆在了非常重要的位置。那么,我国未来的财政透明度究竟该如何建设?如何才能把财政信息公开工作落到实处?鉴于部门是政府职能的具体实施单元,而政府财政信息公开的意义恰在于向社会公众展示政府职能履行的情况,财政透明度的良性发展必须要以部门财政信息的有效公开为基础。

自2000年开始编制部门预算以来,我国部门预算信息的公开也在日益推进,并取得了显著进步。以我们就省级行政收支及相关信息的透明度所做评估为例,2010—2014年,部门预算信息的公开至少在以下几方面取得了明显的进步:一是公开部门预算信息的单位数日益增加。在所评估的341家省级单位中,2010年公开了其部门预算信息的有18家，到2014年，这数字增至177家，4年间增加了近10倍。二是信息公开水平的提升。在2010年，公开信息最多的单位（福建财政厅），其得分为61.4分，但到2014年，有18家单位的透明度得分为100分。三是信息公开的方式日益的规范。起初，相关单位在公开信息时，往往只是公开相关的预算表格。但最近，有部分单位已经开始公开预算表格以外的、对于预算信息公开起重要支撑作用的其他信息，比如单位的职能与人员等。比如广州，自其开始在全国率先公开部门预算以来，广州的部门预算公开已经形成了一些规范（见表14-8），此等规范对全国其他地区及各层次的政府部门的部门预算公开有参考意义。

表14-8　广州市2013年部门预算公开目录

部门预算公开内容	说明
第一部分　广州市××局（部门）概况	
一、部门主要职能	介绍部门的主要职责，如财政局从12个方面来介绍其职能，教育局从14个方面来介绍其职能
二、部门预算单位构成	介绍部门所属各单位的数目、各自的名称及其性质（行政单位、参公事业单位、财政核拨事业单位、财政核补事业单位、经费自筹事业单位等）
三、部门人员构成	部门的编制数、在职实有人数及其具体组成（行政编制、事业编制等）
第二部分　2013年部门预算安排情况说明	涉及部门预算收支总体情况、收入预算情况、支出预算情况（从支出预算总体情况、公共财政预算资金支出预算情况、部门预算"三公"经费情况、项目支出安排情况等四个方面来说明）
第三部分　2013年部门预算表	
一、收支预算总表（预算01表）	包括收入及其来源、支出及其项目（按功能分类）
二、收入预算总表（预算02表）	部门下属各单位的各类收入
三、支出预算总表（预算03表）	部门下属各单位的各类支出（同时按功能分类和按经济性质分类，其中按功能分类到项）
四、公共财政预算资金支出预算表（预算04表）	针对公共预算资金
五、财政拨款安排"三公"经费支出预算表（预算10表）	2011年决算与2013年预算
第四部分　2013年公共专项支出预算安排情况说明	对于公共专项支出的说明

我国政府目前在部门预算编制与公开上取得了初步成功，然而，在欣喜之余，我们应该看到更多可以改进的地方。实际上，每年的部门预算报告公开之后，很多人的反应都是"看不懂"。对于诸多的财政预决算报告，它们都无法清楚地回答

“政府用拿到的钱正在做什么?”“政府干预的最终目标是什么?”“政府实现了其最终目标了吗?”“政府花了多少钱? 所花的钱比达成其目标所需要的钱多吗? 政府的收入足以满足支出吗? 如果不是,为何?”“谁应对支出行为和成果负责?”因而,目前政府部门的预决算文件还不能很好地起到帮助群众监督政府履职情况的作用。

部门财政信息报告之所以存在“公众看不懂、专家道不清”的问题,这其中固然有方方面面的原因,但部门财政信息报告本身的规范性问题无疑是最为关键的。因为,从逻辑上来说,如果每一个部门都能够恰当地告诉部门收入的各项来源,并恰当地告诉各项支出的目的、依据和结果,让公众读懂预算其实并不难。鉴于此,本部分将就我国部门财政信息报告框架体系做出研究,以为部门预算信息的有效公开乃至整个的财政透明度建设提供制度保障和基础。

14.3.2 部门财政信息报告的基础说明

首先,就部门职责给出明确的说明。预算是政府职能履行在经济上的货币表现。财政收支安排是否恰当,这需要联系部门本身的职能来加以考虑。相应地,在就财政收支的规范性进行评价时,一个必不可少的要件就是部门本身的职能。因此,部门在编制预算时,必须考虑本部门的基本职能,以保证财政的收支是与本职能的履行密切相关的;而部门在报告预决算时,为了方便社会公众对于部门预算报告的理解和把握,首先需要将本部门的法定职责告知社会公众。

在部门财政信息开始公开之初,相关单位所公开的主要是预决算的相关表格,而对于部门职责,相关的信息往往鲜有体现。最近,随着部门预算信息公开水平及其规范化的不断推进,对于部门职责的介绍,已经开始体现在各单位所公开的财政报告当中。比如在广州,表14-8所给出的资料就表明,其部门预算报告的第一部分涉及对部门的职能所做的介绍。应该说,将部门的职能同时公开在部门财政报告中,这是部门预算规范化进步的具体体现。

但是,在肯定已有做法进步的同时,我们也发现,部门财政信息报告对部门职能所做的介绍,还有一些可以进一步改进的地方。一是部门职责权限的法律依据及其说明。在财政的具体安排上,收支的合理性与部门的职能有关,而部门职能的合法性则是以特定的法律规范为基础的。因此,要使报告有助于社会公众来理解和评价财政的信息,不仅需要告知部门的职能是什么,而且需要告知职能的法律依据何在。二是关于部门职能的表述方式。由于各部门涉及不同性质的单位,在就部门职能进行表述时,一种合理的做法是基于单位来表述职能,而不是基于部门整体来表述职能。因为既然部门下存在不同的单位,而各单位的预算又具有一定的独立性,那么各单位的职能是不一样的,为了便于理解各单位的职能及其预算安排,需要基于单位来介绍职能。但是,从目前的情况来看,对于那些就各部门职能做出的介绍,大都是整合性质的,因此,存在进一步调整的空间。

其次,部门的组织架构与人员问题。部门财政信息是由本部门来实施的,为了便于公众的理解,部门财政信息报告也有必要就部门基本情况做出简要的介绍。(1) 部门内部的职能分工问题。由于部分收入的取得是和部门内部的具体单位联系在一起的,而对于支出,往往也和具体的单位有关,对于部门内部的分工,应该做出大致的介绍,并给出部门内部的组织架构图。特别地,在我国,由于部门所属的单位可能很多,在性质上也往往有不同的种类,具体有行政单位、参公事业单位、财政核拨事业单位、财政核补事业单位、经费自筹事业单位等,不同单位的性质不一样,其履行的职能也有很大差异,有关单位的构成需要做一个完整的说明,否则公众无法理解部门预算的内容并进行相应的评价和解读。(2) 部门人员的规模及构成。关于部门人员的构成,这是部门人员支出的基础,为了便于对人员支出的评价,也需要有说明。

从目前的情况来看,对于那些能够就本身概况做出介绍的单位,对于本单位所涉及的下属单位情况,有的单位在公开部门预决算时,能够就其部门预算单位做出明确的介绍,并给出详细的名单。与此同时,对于部门的人员规模(包括编制数和实有人数),相关单位也能够对此做出说明。相关单位对于自身情况介绍所存在的问题是:财政报告往往缺乏对单位内部分工情况的介绍;有关人员的信息还比较笼统。这些都不利于社会公众对与此相关的财政信息做出判断。

最后,部门的年度工作重点及其目标。财政收支的合理性,在一般的层面,与部门的职能有关,而从具体年份的角度来看,则直接依赖于年度的工作目标及重点。其中,由于部门的工作只是政府工作的一部分,部门年度的工作目标和重点应该与政府的年度施政方案联系在一起。应该说,鉴于目标与任务本身的重要性,在就财政信息进行报告时,对部门年度的工作做出明确的说明是十分重要的。与此同时,为了对财政活动的合理性进行评价,在给出工作重点的同时,还需要给出活动所要达到的目标。因为,在预算进行审批时,特定的支出究竟多少合适,这是直接依赖于政策目标的。而在预算的执行阶段,其运作的效果究竟如何,也离不开预算开始前所设定的目标。因此,如果财政信息报告能够为预算审批与监督负责,则此方面的工作是不可或缺的。这一点对于项目支出尤为重要。从整体上来说,它涉及部门"要做什么事""什么单位来做事""什么(多少)人做事""如何做事"的问题,这是部门预算报告的前提和基础,在部门预算报告体系中需要充分展示。

对于部门年度工作重点与预算绩效的确定问题,目前,很多部门在公布预决算报告时都将这一部分内容省略了。有的部门虽然对此有所涉及,但在就预算安排进行介绍时,相关单位所侧重的是对资金安排的说明,包括各部分的比例及年度增长的情况。至于单位的年度工作重点是什么、如何把相关的支出与工作重点联系起来,相关的财政报告中还没有这方面的内容。与此同时,各项支出究竟应该达到一个怎样的效果,如果要体现本部门、本单位的职能,则这一效果也未能得到很好的展现,所以,也存在一定的改进空间。

至于具体如何操作,在这一方面,我国台湾地区的某些做法值得借鉴。根据相关资料,在公布财政信息之前,台湾地区的相关部门首先会基于该部门的"施政纲领"来公开本部门的年度工作施政目标与重点。然后,基于工作重点,来确定各项工作的目标及关键性的绩效指标。以台湾的教育部门为例。表 14-9 所给出的资料表明,在这一年度,教育部门关键性的目标主要有 9 项。基于这 9 个目标,教育部门就目标进行了进一步的分解,并确定了各子目标的具体绩效指标(包括指标的定性表述、评估体制、评估方式、衡量标准与年度目标值)。

表 14-9 台湾地区教育部门年度关键绩效指标一览表

关键策略目标	关键绩效指标				
	关键绩效指标	评估体制	评估方式	衡量标准	该年度目标值
一、深化人才培育,提升人力素质及竞争力	1. 学生出台进行交流、出席国际会议人数或参加国际竞赛获奖人数	1	统计数据	当年度学生出台进行交流、出席国际会议人数或参加国际竞赛获奖的人次	35 622 人次
	2. 在台留学或研习的境外学生人数	1	统计数据	当年度在台留学或研习的境外学生人数总和	95 000 人数
	3. 高中职及五专面试入学比例	1	统计数据	免试入学招生人数占核定总招生人数的比例	75%
	4. 大专院校选送学生出台短期研习人数	1	统计数据	当年度大专院校选送学生出台短期研习人数总和	10 500 人数
二、建构优质教育环境,提升学生学习品质	1. 全体满 5 足岁至入国民小学前幼儿入学率	1	统计数据	满 5 足岁幼儿之入园人数/全体满 5 足岁幼儿之人数 ×100%	95.1%
	2. 辅助下级政府聘用专任专职辅导人员	1	统计数据	每年辅助下级政府聘用专任专职辅导人员数	400 人数
	3. 全台中小学电脑教室电脑设备更新	1	进度控管	当年更新的电脑教室电脑设备数/全台中小学电脑教室电脑设备数 ×100%(每年更新 22%,5 年达到全部更新 100%)	50%
	4. 优质高中职比率	4	统计数据	最近 1 次学校平均成绩 80 分以上或相当于优等以上之校数/全台高中职总数 ×100%	80%
	5. 设置乐龄学习中心数	3	统计数据	当年度设置乐龄学习中心数	275 所

（续表）

关键策略目标	关键绩效指标				
	关键绩效指标	评估体制	评估方式	衡量标准	该年度目标值
三、统合资源建构支持系统，维护弱势学生受教权益	1. 中小学办理补救教学筛选比率	1	统计数据	小学及中学参与补救教学筛选校数/全台中小学校数×100%	100%
	2. 加强身心障碍教育行政支持的服务网络实施计划	1	统计数据	身心障碍教育行政支持的服务网络服务人次	31 000人次
四、培育青年全方位发展能力，形塑青年价值	1. 台湾青年参与志工服务人次	1	统计数据	台湾青年参与志工服务人次	240 000人次
五、完备优质运动环境，提升规律运动人口；强化运动竞技实力，提升国际竞赛成绩	1. 规律运动人口之年成长率	1	问卷调查	规律运动人口（系指每周至少运动3次、每次至少运动30分钟、且运动强度需达出汗或会喘），以前一年度完成调查数据为基础，逐年成长	0.8%
	2. 参加国际运动竞赛获得前3名总奖牌数	1	统计数据	本年度台湾地区（亚奥运项目）运动代表队参加国际性单项运动锦标赛夺得前3名的奖牌总数	510面
	3. 高级中等以下学校应届毕业生游泳检测合格率	1	统计数据	1. 合格率=应届毕业生通过检测学生数/应届毕业生总学生数 2. 游泳能力鉴定标准：小学毕业前能游15米，初中25米，高中50米，需会换气与水中自救知能（水母漂、仰漂等） 3. 以前一年度完成调查数据为基础，逐年每年成长3.25%	58.25%
六、行政作业e化提升效率	1. 行政作业e化提升行政效率	1	进度控管	（当年度各类表单线上申请数+公文线上签核数）/（各类表单申请数+纸本公文转线上签核数）×100%	60%
七、推广政府服务流程改造	1. 完成“法规”修正个数	1	统计数据	完成“法规”修正数	11个
	2. 达成免附户籍胜本的业务项目数	1	统计数据	完成免附户籍胜本的业务项目数	13项
八、活化运用资产空间及加强预算执行效能	1. 促进学产不动产活化及运用收益	1	统计数据	当年度本部学产土地租金总收入	7亿新台币
	2. 本部各主管司处年度预算保留数比率	1	统计数据	本部各主管司处年度预算保留数/本部各主管司处年度预算数×100%	2.4%

（续表）

关键策略目标	关键绩效指标				
	关键绩效指标	评估体制	评估方式	衡量标准	该年度目标值
九、强化同仁教育专业、人文艺术涵养及国际观	1. 参与演讲人次	1	统计数据	当年度规划办理与教育专业、人文艺术涵养及国际观相关议题的专题演讲，本部同仁实际参与专题演讲总人次	1 250人次

注：评估体制中的数字代号意义如下：1 指实际评估作业系运用既有的组织架构运行；2 指实际评估作业系由特定的任务编组进行；3 指实际评估作业系透过第三者方式（如由专家学者）进行；4 指实际评估作业系运用既有之组织架构并邀请第三者共同参与进行；5 其他。

14.3.3 部门财政信息报告的规范要求

首先，预算的全面性。财政收支信息的公开是部门财政报告的核心内容。在规范意义上，对于具体收支信息的公开，第一项要求必然是全面性，即报告所涉及的资金应该涵盖本部门所拥有的所有公共资金。原因很简单，如果资金只是其中的一部分，还有部分资金没有体现在财政的报告体系中，那么，社会公众就无从看出该部门资金的全貌，也就无法对其公开部分的合理与否做出恰当的评价。对于特定的项目，也许公开的支出并不多，单从这一方面看，支出也许是合理的。但是，受信息公开局限的影响，该项目也许还有其他额外的支出，并且支出的规模可能还很大，此时，基于所公开的支出信息来进行评价就有失偏颇。实际上，也正因为如此，党的十八届三中全会的政治报告在论及预算管理制度建设问题时，其目标是“实施全面规范、公开透明的预算管理制度”。在这一表述中，全面性是作为预算公开的前提而提出的。

对于财政信息的全面性诉求，应该说，其道理是显而易见的。而在我国目前的具体实践中，有些单位也确实是按照这一规范来进行操作的。但现在的问题是，在我国，财政资金包括公共预算基金资金、政府性基金资金和财政专户资金，有的部门在公开其部门预算时，只公开了公共预算基金资金，对于政府性基金和财政专户所涉及的资金则没有公开，同时也没有必要的说明。在此情况下，当社会公众就部门的财政报告进行评价时，就不清楚特定单位是没有政府性基金和财政专户，还是相关的信息没有向社会公开。因此，从规范的做法来说，对于特定的单位，不管它是否有政府性基金和财政专户，都应该公开这两张表格；如果没有，该表的各项收支信息均填零。

其次，关于部门收入的报告。部门的收入一般有多种类型，在进行报告时，除了收入总数外，相关收入都应该按来源进行列示。目前，从财政部国库司所给出的《2012 年部门决算报表编制手册》来看，在我国，部门预算的收入也是需要按类型来报告的。具体涉及财政拨款、上级补助收入、事业收入、经营收入、附属单位缴款与其他收入等。就此等报告方法而言,在大的方面,应该说没什么问题。但问题是各项收入的具体信息及其征收的依据信息没有公开。因为,对于部门来说,既然要报告收入,那就应该清楚地告知社会公众,相关的收入具体是以何种方式、从哪里取得的,否则,部门公开收入信息的意义就十分有限。至于收入的信息具体应该如何公开,有以下几方面的规范要求:

第一,收入来源的具体化和明晰化。为了保证信息公开的有效性,每一项信息都应该能够从报告体系中知晓收入的直接来源,即通过财政信息报告,社会公众就能直接知晓这笔收入来自哪里。比如教育部门的一些收费项目,从规范的角度看,就不能只是笼统地公开收费总额,而是应该明确到具体的项目,如考试报名费等。

第二,取得各项收入的法律依据与现实依据。其中,对于法律依据,它就是告知社会公众相关的收入是基于何种法律来取得的。因为,法律依据是部门取得相关收入的法律保障,是收入取得的合理性基础。对于现实依据,就是相关收入具体是基于何种现实依据获得的。比如报名费,就应说明有多少人报名、每人收费多少。而对于场地费,就应该说明,是什么样的场地、场地租用的次数如何。显然,如果部门能够就这两方面的依据给出明确的报告,那么社会公众就能理解收入的取得并有利于社会审查各项收入征收的合法性与可靠性。

第三,其他相关信息的报告。主要涉及两个方面:一方面是取得收入的具体的承办单位。对于特定的收入,是由部门的哪个单位去取得的,这也应该有一个说明。另一方面是已有年度的收入信息。比如,在对本年度的预算收入进行报告和公开时,应该能够同时公开上一年度的预算数以及前一年度的决算数,并就预算本身的变化做出分析和说明,这样能够极大地降低社会公众读懂预算的难度。

第四,关于部门支出的报告。由于部门职能的具体履行主要是通过支出来实现的,相比收入的报告和公开,有关支出信息的报告和公开更为重要。与此同时,由于支出所涉及的种类繁多,支出信息的报告和公开要比收入信息的报告和公开复杂得多。那么,部门在就其支出进行报告时,相关的支出信息究竟应该如何报告,才能清晰地反映部门职能履行的具体情况呢?关于这一问题,从财政部国库司《2012 年度部门决算报表编制手册》所给出的编制说明可以看出,与支出有关的表格共涉及收入支出决算总表(财决 01 表)等近 10 个表格。而在对外公开方面,不同单位存在很大的差异。相对而言,对于部门预算信息的公开,广州是走在全国前列的。在 2013 年的部门预算中,广州对于其支出的公开主要是基于支出预算总表来加以展示的。在具体的展示方面,正如表 14-10 所展示的,相关部门的报告信息同时做到了以下几点:其一,功能分类到项级科目。其二,在经济性质分类方面，各部门将支出分为基本支出和项目支出两大类，其中，基本支出分工资福利支出、商品和服务支出、对个人和家庭的补助支出。其三，对于上述分类，支出信息按单位列示，对于部门下属的各个单位，其预算都公开。另外，在支出预算的基础上，按同样的方式，就公共预算资金报告了相关的财务信息。应该说，通过分单位、分功能、分经济性质以及分预算资金来源就部门预算进行报告，其框架是完全可取的。

表 14-10 支出预算总表（样表）

部门名称：××局 单位：万元

科目编码			单位编码	单位名称（功能科目）	总计	基本支出				项目支出		
类	款	项				小计	工资福利支出	商品和服务支出	对个人和家庭的补助支出	小计	经常性专项	一次性专项
1	2	3	4	5	6	7	8	9	10	11	12	13
				合计								
				单位 1								
				行政运行								
				一般行政管理事务								
				……								
				单位 2								
				行政运行								
				一般行政管理事务								
				……								

但是，在肯定现有支出报告体系合理性的同时，我们发现，不管是部门财政信息的实际公开，还是国家现有的预算报告体系，其存在的问题也是显而易见的。还有诸多有待改进和提升的地方。至于财政支出具体如何公开，与收入一样，在公开本年度财政支出信息时，同时对前面年度的对应信息进行公开并就变化进行恰当的说明是十分必要的。对于支出的变化，社会公众可以基于其增加或减少来对其合理性进行评价。与此同时，在信息公开的具体性上，对于收入，其具体性应该以社会公众可以明确感受到的收入来源为止。而对于支出，其具体性则应该以社会公众可以明确感受到的支出具体对象为基本要求。至于具体如何公开，由于不同支出（一般行政支出、补助支出与项目支出）所要求指向的对象有一定差异，其信息公开的要求往往也不一样。我们下面就按照上述支出类型来就信息公开的规范做出分析。

第一,关于一般行政支出中人员支出的报告与公开。关于人员支出,在类型上它涉及工资、奖金、加班费和福利等。就此类支出而言,部门的支出其实是给政府相关工作人员的报酬。从预算评估与审查的角度来说,其核心在于支出标准的合理性。因此,在就支出信息进行公开时,除了公开支出的总数外,还应该公开各类型支出的详细信息及相关的基础性的说明。这有几方面的含义:(1) 工资、奖金、加班费和福利应该分别公开。在我国部门预决算报告中,对于工资福利支出,基本上也是按类型分开的,具体涉及基本工资、津贴补贴、奖金、社会保障缴费、伙食费、伙食补助费、绩效工资与其他工资福利支出等 10 项。从大体上来看,鉴于支出的分类还是比较细的,基于此等方式来公开人员支出的信息并没有什么大的问题。唯一有问题的是其他工资福利支出。因为,从制度上来说,一旦有"其他支出"这一项目,相关的部门就很有可能将一些不规范的支出都纳入这一科目之中,而使得社会公众无法对支出的合理性进行评价。鉴于此,对于这一支出,其公开的方式就应该加以特别注意。有两种可供选择的方式,一是保留这一科目,只是各部门在公开这一信息时,必须详尽而不能笼统;二是把这一科目完全取消,用其他用途明确的科目来加以替代。(2) 对于各项人员支出所涉及的各类型的人数,由于支出的合理性与人员数存在密切的关系,因此,在公开各类支出的信息时,应该公开本单位的人员数。与此同时,在人员组成上,在我国,部门的人员有行政人员、财政补助人员、经费自理人员以及离退休人员等。不同的支出项所适用的人群范围可能有差异。因此,人员信息的公开不是笼统的,而是应将不同的支出与其人群对应起来。

第二,关于一般行政支出中公用支出的报告与公开。关于公用支出,在现行的部门预算报告体系中,其具体的科目主要是通过"商品和服务支出"这一项目来体现的,具体包括办公费、印刷费、咨询费、手续费、水费、电费、邮电费、取暖费、物业管理费、差旅费、因公出国(境)费用、维修(护)费、租赁费、会议费、培训费、公务接待费、专用材料费、被装购置费、专用燃料费、劳务费、委托业务费、公会经费、福利费、公务用车运行维护费、其他交通费、其他商品和服务支出 27 项。对于此等报告体系,可以从几个方面来做出分析:(1) 科目设置的合理性。就这 27 个子科目而言,其合理性在整体上没有大的问题,相关的科目是部门购买相关商品和服务的公用支出:值得讨论的主要是福利费与其他商品和服务支出两个科目。因为这两个科目都存在是否需要设置的问题。其中,对于福利费,鉴于工资福利支出中已经包含了福利费,这里再增加一个科目并不恰当,容易把会计科目体系搞乱,且与"商品和服务支出"的内涵不一致。而对于其他商品和服务支出,其问题与其他工资福利支出的情况一样。另外,还有公务接待费这一项,其存在的合理性也存在一些问题。毕竟,各级政府的公用经费中都有差旅费这一项,其公务的开支都应该从这里出。当然,从短期来说,鉴于中国的国情,它有存在的必要性。但是,正如下面的分析所表明的,对于公务接待费信息的报告与公开应该具体详细,有一些规范要求。(2)各项信息具体的报告方式。这也是现行报告体系中所存在的最为重要的问题。从目前的情况来看,这一方面的普遍问题主要是信息公开的具体性不够。比如,对于办公费、印刷费与专用材料费,由于它们购买的是具体商品,在报告公开时,应该对商品具体的名称、数量与价格做出说明。而对于水费、电费,这与使用的楼房有关系,因此,信息的公开应该能够具体到所使用的大楼。至于公用支出中的“三公”经费,由于其规模往往比较大,同时,可能引起的问题也更多,因而其信息公开的具体性应该更有讲究。对于因公出国(境)费用,应该给出每次出国的事由、地点(前往哪个国家和地区)、考察机构、主要内容、考察行程(时间段及天数)、人数以及各项费用的开支情况(交通费、生活费与办公费等)。同时,为了做出评价,还需要就以往几年内是否去同一机构考察的情况(如果有,需要说明考察的内容)。对于公车,由于其使用和具体的车辆有关,其信息应该明确到每一辆车,包括车辆的类型(专用还是公务)、车辆的载客人数、车的性质(客车、货车还是特殊用途的车)、购置日期、排气量、油料费的计算(用油量、单价以及总金额)、养护费以及其他相关的说明(如有关使用油型的说明)。对于公务招待,由于事先无法明确确认,但需要根据前面几年的决算情况给出一个总数,具体的开支则通过决算的明细来体现。

第三,关于“基本建设支出”“其他资本性支出”以及其他项目支出的公开透明。从规范的角度来说,应该给出各项目建设的依据、目标(包括可量化的绩效)以及支出的测算依据。在广州的报告体系中,第四部分涉及的是公共专项支出预算的说明,但一般只介绍各项目的资金安排,未能明确项目的依据、目标以及具体的绩效。因此,也有提升的空间。

第四,关于“对个人和家庭的补助”以及“对企业事业单位的补贴”等补贴支出的报告和公开。由于此类支出有明确的受益主体,支出的公开应该落实到具体的单位和个人。比如教育部门对于高等院校的科研补贴,就应该落实到下属各学校上,并说明项目的目的、缘由以及支出测算的具体依据。相应地,在下属各个学校的预算中,有对应的一笔收入,这样就可以相互印证。

14.3.4 部门财政信息报告的其他方面

首先,部门财政信息报告的整体性问题。部门预算所针对的是单个部门,如财政局、教育局、公安局等。但是,作为政府机构的组成部分,各个部门组合起来又是一个有机的整体。为了从整体上反映政府的全貌,在就各个部门的预算进行报告和公开时,首先应该有一个部门来就所有部门的预算给出一个清单并就部门预算进行汇总(见表14-11)。特别地,在汇总预算时,汇总的报告必须给出此报告所涉及的部门的详细名单。与此同时,在部门预算与总预算的关系方面,在制度上需要保障各部门预算规模的加总恰好是总预算的规模,如果现实中未能保持两者的一致性,汇总的报告就必须给出对差异的合理而详细的说明。

表 14-11　各部门预(决)算汇总网址

部门编号	部门名称	预算公开网址	决算公开网址
1	××	××	××
2	××	××	××
…	××	××	××

但是,从我国目前的情况来看,由于在实践中坚持“谁制作谁公开”的原则,在很多时候,政府在公开部门预算时,往往缺乏一个整体的清单,相关部门在公开预算时,往往是单独的、孤立的。即使有文件将相关的报告放在一起,部门预算的汇总往往与总预算的数额不能相符,这不仅使得社会公众难以从整体上理解政府预算的具体情况,同时,公众也无法认清特定部门在政府总预算中的位置。因此,在部门财政信息的公开方面,为了确保信息公开的有效性,必须要对部门预算的整体情况做出系统而明确的说明。有两种方式可供选择:第一,由财政部门提供完整的清单,并提供与具体部门相连接的网址以及相应的汇总说明;第二,由专门的政府信息公开办公室来提供清单和网址并提供相应的汇总说明。

其次,作为部门预算基础的部门职能定位问题。从目前情况来看,我国部门预算报告的支出科目体系有进一步完善的必要。在对现有部门预算报告进行分析时我们发现,对于不同的部门,它们所涉及的支出的功能性科目有很多,比如广东财政厅,它所涉及的科目有一般公共服务、教育、科学技术、社会保障和就业、医疗卫生、节能环保、农林水事务、交通运输、资源勘探电力信息等事务支出、商业服务业等事务、金融监管等事务支出、国土资源气象等事务、住房保障支出、其他支出 14 大项。就相关的项目支出而言,可以发现,很多支出其实应该属于其他部门的,这也就说明,在我国部门预算方面,不同部门的职能存在交叉重叠。这影响了对于部门预算的编制以及对其结果的评价。因此,作为一项基础性工作,在未来部门预算编制及其报告中,一个前提性的工作是就各部门的职能进行明确的划分。教育局的工作应该侧重于教育方面的功能项目,而不应涉及环保和卫生方面;卫生局的工作应该放在卫生上,对于教育、社保等方面的支出及其支出责任则应该交给教育与社保部门。

14.3.5　部门财政信息报告框架体系总结

基于上面的分析,就部门预算的报告体系而言,我们的整体看法是:

第一，在公开部门预算之前，应该就部门的职能、部门的单位构成、部门成员的规模及组成、部门的工作重点及绩效、以前年度实施计划及实施情况做出说明（表14-12的第一部分）。

第二，对于部门的收支信息，在收入方面，需要给出收入的来源及其计算依据；在支出方面，在大的方面，应能同时按功能、按经济性质、按单位以及按资金性质来公开支出信息（表14-12的第二部分）。而在具体的信息方面，对于公务用车，其信息应该按每一辆车来报告；对于出国费用，应该按每一次出国的信息来报告；对于招待费，在决算时，应该报告每一次招待费的具体明细（表14-12的第三部分）。

第三，作为信息报告的基础，一方面，应该由财政或信息公开办公室就所有部门的部门预算给出一个详尽的清单并提供相应的网站链接。另一方面，需要就各部门的职责进行合理科学的划分，避免部门之间的职能交叉重叠。

表14-12 部门预算信息报告体系框架

内容	要求
第一部分 部门预算编制基础与说明	
一、部门主要职能	根据部门的单位数及各单位下属的具体科室来介绍部门的主要职责
二、部门预算单位构成	介绍部门所属各单位的数目、各自的名称及其性质（行政单位、参公事业单位、财政核拨事业单位、财政核补事业单位、经费自筹事业单位等）
三、部门人员构成	部门的编制数、在职实有人数及其具体组成（行政编制、事业编制等）
四、部门预算安排情况说明	介绍部门工作重点与绩效，并和以前年度的预决算数据进行比较
第二部分 部门预算主表	
一、收支预算总表	包括收入及其来源、支出及其项目
二、收入预算总表	部门下属各单位的各类收入（相应的收入应该给出其确定的法律与经济依据）
三、支出预算总表	部门下属各单位的各类支出（按功能分类，应该和工作重点联系起来）
第三部分 部门预算附表	
一、人员明细及其人员支出预算表	给出各类人员的数量、支出依据
二、专项支出预算安排情况说明	根据专项的目的来给出专项支出的确定依据及绩效

（续表）

内容	要求
三、公务用车明细表	每辆车的性能及其相关的开支(油费、保养等)
四、出国费用明细表	每一次出境、出国的事由、行程等
五、公务招待费	每一次招待的对象、事由等(由决算体现)
六、办公用房明细表	根据用途具体列示

14.4 国有企业基金信息公开目标及框架研究

为保证公共资金有效率和有效果地使用,公共资金根据其用途划分为三种基金形式:政府基金、信托基金(在我国大致相当于社会保障资金)和经营性基金(在我国是指国有企业基金)。国有企业基金是指为公众所有、由政府代为经营和管理的经营性公共资金。与前两种基金一样,由于资金的所有权归属公众,因而公众对其使用过程和使用结果具有知情权。与政府基金和社会保障基金相比,一般国家的经营性基金规模都很小,因为它们的国有企业很少。但在我国,国有企业一直是经济发展的支柱,是关系国计民生的公共经济组织。因而我国拥有规模庞大的国有企业基金。但与其规模不相称的是,直至目前,我国国有企业基金公开的信息仍然寥若晨星。[①] 这不仅妨碍了民众对国有企业基金运营状况的知情权,也弱化了社会对国有企业的监控力度,从而严重损害了国有企业基金运营的效率和公平。[②]

虽然国有企业基金信息公开不是包治国有企业现存问题的灵丹妙药,但却是解决国有企业现存问题的先决条件。只有信息公开,公众及其代表才能了解国有企业的经营状况,才能知道投入国有企业基金的公共资金运行是否如事先设想的那样有效率和有效果,才能知道存在什么问题,以及问题出在哪里,也才能对国有企业的发展做出明智的判断和决策。

本研究认为,我国国有企业基金当前至少应公开以下三方面的信息:国有企业基金的基本信息;国有企业基金的预算信息,包括收入信息和支出信息;国有企业基金的主要财务信息,包括资产负债信息、利润信息、所有者权益信息和现金流量信息(见图 14-2)。

14.4.1 国有企业基金信息公开的目标

国有企业因其自身的特殊性,其信息公开的目标与私人企业(上市公司)相比,既有相同之处,也有独特之处。其相同之处在于,所有企业信息披露的目的都

① 上海财经大学公共政策研究中心:《2009—2013 中国财政透明度报告》,上海财经大学出版社。

② 上海财经大学公共政策研究中心:《2012 中国财政发展报告》,北京大学出版社。

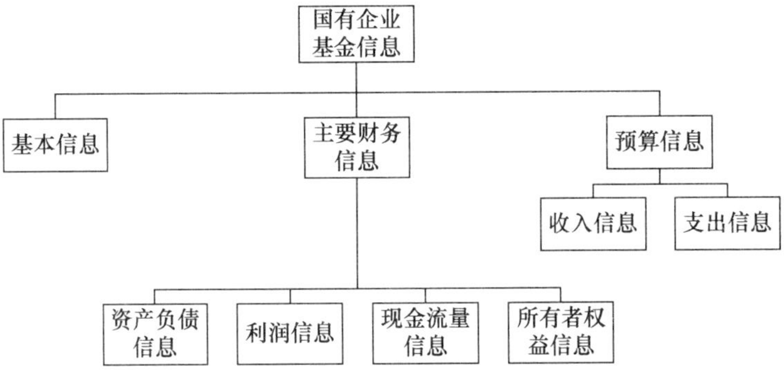

图14-2 国有企业基金信息框架

在于保护投资者的利益。不同之处在于,国有企业的信息披露还是加强国有企业监督、保护国有资产、促进国有资产保值增值的重要机制。从根本上说,信息披露的目的就是使国有企业经营透明化,避免由于信息不对称形成的“暗箱”为企业管理者侵蚀所有者利益创造机会。因此,国有企业信息披露的内容要充分反映国有企业的经营状况和成果,使作为所有者的社会公众、政府部门以及其他利益相关者能够通过所披露的内容对国有企业的经营状况做出判断,达到提升国有企业管理者违约成本、保护国有资产的目的。具体来说,国有企业信息公开应足以使公众及其代表了解国有企业的经营管理过程和经营绩效以及重大经营决策,监督国有企业经营者的行为,以达到如下目标:

(1)保证国有企业资金和财产的安全,防止偷窃、蚕食、挪用、贪污国有资产的机会主义行为的发生。

(2)促使国有企业管理者加强经营管理,提高企业效率,取得良好的经营业绩。

(3)防止国有企业重大投资决策失误。

(4)保证国有企业的利润分配有利于公共利益。

14.4.2 国有企业基金的基本信息

国有企业基金的基本信息是指了解和把握国有企业经营状况的基本信息,是国有企业基金预算信息和财务信息编制的依据。这些信息的公布有助于公众及其代表理解国有企业的预算信息和财务信息。这些基本信息包括以下几方面。

(一)国有企业的种类

我国国有企业规模庞大,种类繁多,既有上市公司,也有未上市公司;既有国资委管理的公司,也有国资委之外的部门管理的公司,如教育部、中国国际贸易促进委员会、农业部、文化部、中国邮政集团公司、中国出版集团公司、中国对外文化集团公司等;既有国家独资公司,也有国家参股和租赁管理的公司。根据国际经验,企业应该分类管理。以下是几种重要的分类方法。

1. 按企业经营目标分类

国有企业分为商业性运营公司和非商业性运营公司。这种分类对国有企业的管理而言至关重要。从国际经验看,对完全商业化、市场化或纯粹竞争性的国有企业,一般要求企业以财务回报为主要目标,要求企业市场化经营,追求利润,如新西兰政府一般要求竞争性企业自主参与国内外竞争,法国政府和瑞典政府要求竞争领域的市场化经营企业的主要目标是价值最大化。对于垄断性、承担特定任务或公共服务责任的国有企业,一般要求以社会、产业或文化目标为主,追求社会利益,如芬兰政府要求承担特定任务的国有企业以实现社会目标为主,同时要求企业在财务上能够独立。对于有战略意义的商业化企业或兼有商业化和特定目标的国有企业,政府一般要求其兼顾商业目标和特定社会目标,并按照商业化、市场化原则开展经营,如瑞典对于公益性的社会公共服务企业,赋予追求股权价值和社会利益的双重目标,挪威对于商业化目标且总部须在挪威以及兼有商业化和其他特定目标的企业,在商业化目标之外增加了总部和研发功能留在挪威、公共服务承诺等特定目标。

2. 按是否上市分类

上市公司一般是那些经营情况较好的商业性运作国有企业,而非上市的国有企业一般规模较小、经营较差。公布上市企业和非上市企业信息能够使公众及其代表了解国有企业的经营水平、筹资来源及筹资能力,把握国有企业的运作趋势,同时也有利于提高企业整体的管理水平。

3. 按国家持有的股权比例分类

我国众多的国有企业虽然都笼统地被称为国有企业,但国有股在企业总股份中的比重是不同的。有些是国有独资企业,有些是国有控股企业,有些是国有参股企业等。此种分类信息之所以重要,是国有股比重的大小直接关乎公众在该企业中利益的大小。此类信息的公开有助于公众对企业中公共利益的知情权。

4. 按规模大小分类

我国国有企业的规模差距很大,按规模大小分类不仅有助于公众及其代表更好地了解企业的经营状况,而且也是改善国有企业管理的不可或缺的方法。

5. 按所属部门分类

如前文所述,我国国有企业分属多个部门管理,由此造成国有企业信息公开的障碍。公开此类信息,一方面可以使公众及其代表了解国有企业当前的管理主管部门,另一方面也便于发现企业管理中存在的问题及责任归属,有利于改善企业管理。

6. 按业绩好坏分类

按这一分类可以将国有企业分为盈利的、亏损的和盈亏相抵的三类,从而使公众及其代表直接了解国有企业经营绩效的好坏。

（二）国有企业信息公开的范围

理论上,国有企业基金信息公开内容应该是所有国有企业的合并信息,而不论企业属于哪一类型。但现实中公布的国有企业基金信息并不完整,只是总体中的一部分。无论国有企业基金信息公布的是部分企业的合并信息,还是全部企业的合并信息,企业信息的公开范围必须清楚界定并明确公布,以利于公众及其代表了解国有企业基金的完整性。

（三）国有企业的运行目标信息

根据国有企业的性质确定不同种类的国有企业目标,如商业性运作公司的运作目标是财务回报率,非商业性运作企业的目标则包括某些社会责任。清晰地公布各种企业的运营目标,有利于公众及其代表对国有企业存在意义的了解,更有利于对国有企业经营活动的监督和管理。

（四）国有企业建立和运行的法律依据(制度)信息

任何经济组织或实体的建立和运作都必须依法进行,这是管理规范化和法治化的要求。国有企业管理部门应在公布的国有资本经营预算、国有企业年报等资料中说明我国国有企业建立和运作的法律依据,并对其中的例外做出说明。

（五）国有企业的治理结构和股权结构信息

国有企业的治理结构和股权结构信息是企业的重要基本信息,反映的是谁对国有企业的运作结果负责,并与问责机制相联系。国有企业的治理结构信息包括主管部门及其责任、监督机构及其责任、企业董事会成员构成及基本信息、企业的股权结构信息等。

（六）纳入国有企业基金的国有企业税后利润的收取比例分类信息

我国目前对不同种类的国有企业实行不同的利润收取比例。第一类为烟草、石油石化、电力、电信、煤炭等具有资源垄断型特征的行业企业,收取比例为15%;第二类为钢铁、运输、电子、贸易、施工等一般竞争性行业企业,收取比例为10%;第三类为军工企业、转制科研院所、中国邮政集团公司和2011年新纳入中央国有资本经营预算实施范围的企业,收取比例为5%;第四类为政策性公司,包括中国储备粮总公司、中国储备棉总公司,免交国有资本收益。这些不同的利润收取比例安排直接影响国有企业对财政的贡献,因此是应该向公众公布的信息。

（七）国有企业经营环境变化及其对企业经营业绩的影响分析

企业的经营状况与国际国内经营环境的变化有直接关系。公开这类信息有助于公众及其代表更好地了解国有企业经营业绩发生变化的原因。

(八)国有企业重大决策及其对企业经营业绩的影响

国有企业因其公共性,任何决策变化都关乎公共利益,尤其是重大决策对公共利益影响深远。因此,在企业预算和年报中公开国有企业重大决策及其对经营业绩或公共利益的影响,是公共利益的诉求。

14.4.3 国有企业基金的预算信息

目前,全国已有一些政府开始主动公布国有企业基金的预算信息,如中央政府、湖北省政府等。本文以中央政府公布的国有资本经营预算为例说明国有企业基金预算信息公布的内容(见表14-13)。

表14-13 中央政府国有资本预算信息公布情况

1. 国有资本预算的编报范围	包括国资委、教育部、中国国际贸易促进委员会、农业部、文化部、国家新闻出版广电总局、中国邮政集团公司、中国出版集团公司、中国对外文化集团公司等
2. 纳入国有资本经营预算实施范围的国有企业税后利润的收取比例分类	第一类为烟草、石油石化、电力、电信、煤炭等具有资源垄断型特征的行业企业,收取比例为15%;第二类为钢铁、运输、电子、贸易、施工等一般竞争性行业企业,收取比例为10%;第三类为军工企业、转制科研院所、中国邮政集团公司和2011年新纳入中央国有资本经营预算实施范围的企业,收取比例为5%;第四类为政策性公司,包括中国储备粮总公司、中国储备棉总公司,免交国有资本收益
3. 收入项目	包括利润收入、股利、股息收入、产权转让收入、清算收入、其他国有资本经营预算收入
4. 支出项目	包括教育、科学技术、文化体育与传媒、社会保障和就业、节能环保、采掘勘探电力信息等事务、商业服务业等事务、其他支出

从表14-13中可以看出,首先,我国国有资产经营预算虽然公布了收支的大类信息,但这些信息分类不合理,如支出信息,仍然沿用政府功能分类方法,即资金大致用到了什么地方,而对于如何使用这些资金的信息,如资本性支出、费用性支出等,则没有公布。其次,信息公布得太笼统。由于国有资本预算支出使用政府预算功能分类方法,公布的预算信息不仅不知所云,而且极不详细,如2013年国有资本预算支出中用于教育方面的支出为4亿元,其中用于产业升级与发展的支出为2亿元,用于境外投资及对外经济技术合作的支出为2亿元。这种信息非常笼统,产业升级和发展都包括哪些项目、这些项目是否必要、每个项目都花了多少钱、每个项目上的钱都是怎么花的,在预算中都没有任何说明。最后,预算中缺失了一些重要信息,如收入项目中债务收入、特许权收入、转移支付收入以及国有中小企业的管理费和租金收入等,支出项目中的资本性支出、费用性支出、亏损补贴等信息都未列入。

本文认为,从加强公众及其代表对国有企业基金的监管角度看,国有企业基

金应公开如下预算信息:

(一) 国有资本经营预算编制的依据

(1) 国有资本经营预算的编报范围。编报范围直接影响国有企业的收支情况,而且通过编报范围,管理者和监督者可以了解国有资本经营预算是否完整。编报范围信息分为两类。一类是以管理部门分类的国有资本经营预算的编制范围信息。包括国资委监管企业、教育部所属企业、中国国际贸易促进委员会、农业部直属企业、文化部直属企业、国家新闻出版广电总局直属企业、中国邮政集团公司、中国出版集团公司、中国对外文化集团公司等。另一类是以企业性质分类的国有资本经营预算的编制范围信息。包括国有独资、控股、参股、租赁管理等类型以及各类企业的数量。这两类信息都应该在国有资本经营预算中有所反映。

(2) 纳入国有资本经营预算实施范围的国有企业税后利润的收取比例分类。由于我国不同行业的国有企业上缴财政利润占其实现利润总额的比率不同,而这些不同的比率会直接影响国有企业对财政的贡献率,因而此类信息应该公布。

(二) 国有资本经营预算的收入信息

根据目前我国国有企业的收入来源,国有资本预算应公布以下收入信息:

(1) 经营性收入。包括上缴利润收入(国有独资)、股息和股利收入(国有股份制)、管理费与租金收入(国有小企业)、利息收入(政府性贷款)。

(2) 资产转让性收入。包括产权转让收入(国有企业出售或股权转让收入、资源性资产的转让或有价开发)、归还贷款收入。

(3) 信用性收入(债务收入)。信用性收入指债务收入。一般而言,经营中的债务不能视为收入,因为债务不仅需还本还要付息。但是,如果政府作为债务人,那么债务收入的确是一种收入,这似乎是世界惯例。债务之所以成为预算中的收入,原因有两点:一是政府意义上的收入泛指一切政府可以使用的资金流量,与之相对应的可能是经费性支出,也可能是投资性支出;二是与债务关联的资产的不确定性,由于政府发行债券并不提供资产负债表,因此债务在这里可以理解为是有代价的收入,从而区别于税收收入等。

国有资产经营预算收支表中的债务收入只能是以政府名义向国内外发行的专项国债,不能把国有企业作为独立法人自行借债的债务列入进来,即使是国有独资企业也不例外。此外,从“举债等于创造资产”的角度理解,如果用债务收入安排的支出是有收益的项目,并且收益大于或等于利息,那么举债投资对国家的资产净值就不会产生负影响。“举债等于创造资产”是资本预算成立的基本理论,也是我们将债务收入列收入项目的依据之一。

(4) 特许权收入。特许权收入意味着收入来源的控制性。前文所列的收入类别都具有互换性,政府取得这些收入不具有强制性,因此前三类收入具有互利性。然而,特许权收入的取得内含一定的强制性。例如能交基金收入,由于能源交通是基础设施,具有可经营性,而且能交基金是直接用于能源交通建设,因此,能交基金是国有资产经营预算的一项收入。又如专项基金收入,指一切用于经营性国有资产建设的各类基金收入。

(5) 转移性收入(上下级、同级之间的拨款,特指用于经营性国有资产建设)。

(6) 清算收入。

(7) 其他国有资本经营预算收入。

(三) 国有资本预算的支出信息

(1) 资本性支出。资本性支出是一种经济行为,是指为获得一定利润或其他方面的利益,如占有市场份额等而预先投放一定数量资金的行为。资本性支出实际上是一种投资,形式上分为金融投资和实物投资,主要包括股本支出、固定资产投资支出、流动资金支出、挖潜改造资金支出、债券投资支出。

(2) 费用性支出。费用性支出是消耗支出,不产生财富积累。对经营性国有资产而言,之所以发生费用性支出,是市场经营下资产运作存在代价,而且此种代价在某一特定时期内应该能得到补偿,从而区别于资本性支出。从某种意义上讲,经营性国有资产在运用中发生费用所涉及的领域极广,如人员工资、原材料费、管理费用等。但是,从国有资产经营预算看,费用却是有限定的,其理由主要是匹配问题。生产销售领域的费用确定以收入承认为前提,也就是说,如果取得的营业收入在某时期内予以承认,那么与之相联系的费用也必须在该时期内予以承认。然而,对国有资产经营预算中的费用支出不是指管理当局所发生的费用,而是指支出领域内的消耗性支出,是经营性国有资产运作过程本身所发生的费用,比如利息。利息在生产经营领域是与收入相匹配的费用,但此处我们将其视为经营性国有资产运作所发生的费用,并不需要严格界定其是否与收入相匹配。如果过分强调收入费用的匹配问题,那么国有资产经营预算收支表便成了财务的损益表。

(3) 债务利息支出。以政府名义或政府名义担保的债务,由此产生的利息也是此类债务利息。

(4) 亏损补贴支出。亏损补贴只能是政策性补贴。如果是经营性亏损,其“补贴”应通过资本性支出等方式解决。

(5) 贴息支出。当经营性国有资产的经营实体以债权人身份对外借债时,为了鼓励其发展,利息可能由政府或授权单位负担。一旦发生这种情况,利息支出便是以贴现形式出现,具有费用支出的特性。

(6) 转移性支出。将国有企业基金的预算信息公开内容列为表 14-14。

表 14-14 国有企业基金的预算信息公开内容

收入项目	一、经营性收入
	上缴利润收入(国有独资)
	股息和股利收入(国有股份制)
	管理费与租金收入(国有小企业)
	利息收入(政府性贷款)
	二、产权转让收入(资产转让收入):
	国有企业出售或股权转让收入
	资源性资产的转让或有价开发
	归还贷款收入
	三、信用性收入(债务收入)
	四、特许权收入
	五、转移性收入
	六、清算收入
	七、其他国有资本经营预算收入
支出项目	一、资本性支出
	股本支出
	固定资产投资支出
	流动资金支出
	挖潜改造资金支出
	债券投资支出
	二、费用性支出
	三、债务利息支出
	四、亏损补贴支出
	五、转移性支出

14.4.4 国有企业基金的资产负债信息

国有企业基金的资产负债信息是国有企业财务运营状况的重要信息。它表明的是企业资产、负债、所有者权益的实际状况,反映了企业经营活动的规模及发展潜力。通过资产负债信息,我们可以了解企业某一时期所拥有或控制的各种资源的构成及其分布情况,分析资源的配置是否节约、合理;了解某一时期企业的负债总额及其结构以及企业负担的长期债务和短期债务数额及偿还时间,并联系有关的资产项目进行对比分析,了解企业的偿债能力和支付能力。通过资产负债表还可以了解投资者在企业资产中所占的份额,了解所有者权益的构成情况,将所有者权益与负债进行对比,以分析企业财务结构的优劣和负债经营的合理程度,以及企业所面临的财务风险;通过对前后资产负债信息的对比分析,还可以了解企业资金结构的变化情况,预测企业未来的财务发展趋势。

目前,我国各级政府几乎都没有公布合并的国有企业资产负债信息。但编制这类信息并不困难,从我们调查的情况看,很多政府都拥有这类信息,有的政府甚至依我们的申请提供了完整的国有企业基金资产负债信息。根据我国现有可查的国有企业资产负债信息,本书认为,各级政府合并的国有企业资产负债信息应包括以下内容:流动资产和非流动资产、流动负债和非流动负债以及所有者权益。其中每一部分内容都应进一步细化(见表14-15)。

表14-15　国有企业基金的资产负债信息公开内容

流动资产:	流动负债:
货币资金	短期借款
△结算备付金	△向中央银行借款
△拆出资金	△吸收存款及同业存放
交易性金融资产	△拆入资金
应收票据	交易性金融负债
应收账款	应付票据
预付款项	应付账款
△应收保费	预收款项
△应收分保账款	△卖出回购金融资产款
△应收分保合同准备金	△应付手续费及佣金
应收利息	应付职工薪酬
其他应收款	其中:应付工资
△买入返售金融资产	应付福利费
存货	
其中:原材料	应交税费
库存商品(产成品)	其中:应交税金
一年内到期的非流动资产	应付利息
非流动资产:	其他应付款
△发放贷款及垫款	△应付分保账款
可供出售金融资产	△保险合同准备金
持有至到期投资	△代理买卖证券款
长期应收款	△代理承销证券款
长期股权投资	一年内到期的非流动负债
投资性房地产	非流动负债:
固定资产原价	长期借款
减:累计折旧	应付债券
固定资产净值	长期应付款
减:固定资产减值准备	专项应付款
固定资产净额	预计负债
在建工程	递延所得税负债

（续表）

工程物资	其他非流动负债
固定资产清理	其中：特准储备基金
生产性生物资产	所有者权益（或股东权益）：
油气资产	实收资本（股本）
无形资产	国家资本
开发支出	集体资本
商誉	法人资本
长期待摊费用	其中：国有法人资本
递延所得税资产	集体法人资本
其他非流动资产	个人资本
其中：特准储备物资	外商资本
	实收资本（或股本）净额
	资本公积
	减：库存股
	专项储备
	盈余公积
	其中：法定公积金
	任意公积金
	△一般风险准备
	未分配利润
	外币报表折算差额
	归属于母公司所有者权益合计
	少数股东权益

注：加△的项目为金融类企业专用。

14.4.5 国有企业基金的利润信息

利润信息提供的是企业在一定时期内的经营成果信息，反映了企业在一定会计期间的收入实现情况，包括主营业务收入、其他业务收入、投资收益、营业外收入等。同时反映企业实现收入所耗费的费用情况，包括主营业务成本、主营业务税金、营业费用、管理费用、财务费用和营业外支出等。通过利润信息的公布，公众及其代表可以判断国有资本的保值、增值情况。不仅如此，通过利润信息，公众及其代表还可以对企业财务进行分析，如将赊销收入净额与应收账款平均余额进行比较，计算出应收账款周转率；将销货成本与存货平均余额进行比较，计算出存货周转率；将净利润与资产总额进行比较，计算出资产收益率等，从而了解企业的资金周转情况以及企业的盈利能力和水平，对企业未来的发展趋势进行判断，由此可以更好地监督国有企业基金的运作，并有利于个人和组织做出各种经济决策。利润信息主要通过企业利润表来反映。

利润表分项列示了企业在一定会计期间内因销售商品、提供劳务、对外投资等所取得的各种收入以及与各种收入相对应的费用、损失，并将收入与费用、损失加以对比，得出当期的净利润。利润表将企业的收入与相关的费用、损失进行对比，得出净利润，其目的是衡量企业在特定时期或特定业务中所取得的成果，以及为取得这些成果所付出的代价，为考核经营效率和效果提供数据。

国有企业基金需要公开一级政府所有的单个国有企业和汇总国有企业利润表上的所有信息（见表 14-16）。

表 14-16　国有企业基金利润信息公开内容

一、营业总收入
其中：营业收入
其中：主营业务收入
其他业务收入
△利息收入
△已赚保费
△手续费及佣金收入
二、营业总成本
其中：营业成本
其中：主营业务成本
其他业务成本
△利息支出
△手续费及佣金支出
△退保金
△赔付支出净额
△提取保险合同准备金净额
△保单红利支出
△分保费用
营业税金及附加
销售费用
管理费用
其中：业务招待费
研究与开发费
财务费用
其中：利息支出
利息收入
汇兑净损失（净收益以"—"号填列）
资产减值损失
加：公允价值变动收益（损失以"—"号填列）
投资收益（损失以"—"号填列）

（续表）

其中:对联营企业和合营企业的投资收益
△汇兑收益(损失以"—"号填列)
三、营业利润
加:营业外收入
其中:非流动资产处置利得
非货币性资产交换利得
政府补助
债务重组利得
减:营业外支出
其中:非流动资产处置损失
非货币性资产交换损失
债务重组损失
四、利润总额
减:所得税费用
五、净利润
归属于母公司所有者的净利润
△少数股东损益
六、每股收益:
基本每股收益
稀释每股收益
七、其他综合收益
八、综合收益总额
归属于母公司所有者的综合收益总额
△归属于少数股东的综合收益总额

注:加△的项目为金融类企业专用。

14.4.6 国有企业基金的所有者权益信息

所有者权益是指企业资产扣除负债后由所有者享有的剩余价值,是企业在一定时期所拥有或可控制的具有未来经济利益资源的净额,也是反映企业经营绩效的主要指标,是企业财务报表的重要组成部分。国资委应公布单个国有企业和汇总国有企业的所有者权益信息,这些信息包括实收资本、资本公积和留存收益等,而且要分列归属母公司的所有者权益信息和少数股东权益信息。所有者权益信息具体内容如表14-17所示。

表14-17 所有者权益信息

一、上年年末余额
二、本年年初余额
三、本年增减变动金额
(一) 净利润

（续表）

（二）直接计入所有者权益的利得和损失
1. 可供出售金融资产公允价值变动净额
2. 权益法下被投资单位其他所有者权益变动的影响
3. 与计入所有者权益项目有关的所得税影响
（三）所有者投入和减少资本
1. 所有者投入资本
2. 股份支付计入所有者权益的金额
（四）专项储备提取和使用
1. 提取专项储备
2. 使用专项储备
（五）利润分配
1. 提取盈余公积
其中：法定公积金
任意公积金
2. 提取一般风险准备
3. 对所有者（或股东）的分配
（六）所有者权益内部结转
1. 资本公积转增资本（或股本）
2. 盈余公积转增资本（或股本）
3. 盈余公积弥补亏损
四、本年年末余额

14.4.7 国有企业基金的现金流量信息

现金流量信息是企业在一定时期内现金流入和流出动态状况的信息，反映了企业的经营活动、投资活动和筹资活动对现金流入流出的影响。通过企业的现金流量信息，公众可以分析和了解企业的短期生存能力，特别是缴付账单的能力，即短期内有没有足够的现金去应付开销，因而现金流量信息是判断企业经营是否健康的主要财务指标体系。如果一家企业的经营活动产生的现金流无法支付股利与保持股本的生产能力，而需要依靠借款满足这些需要，则可以判断这家企业从长期来看无法维持正常情况下的支出。现金流量信息通过现金流量表反映。现金流量表一般包括以下三部分内容：经营活动产生的现金流量信息、投资活动产生的现金活动信息以及筹资活动产生的现金流量信息。每一类信息又包括若干详细项目信息。所有这些信息，无论是指单个国有企业，还是指汇总的国有企业，都应该公开，具体公开内容如表 14-18 所示。

表14-18　国有企业基金现金流量信息公开内容

一、经营活动产生的现金流量
销售商品、提供劳务收到的现金
△客户存款和同业存放款项净增加额
△向中央银行借款净增加额
△向其他金融机构拆入资金净增加额
△收到原保险合同保费取得的现金
△收到再保险业务现金净额
△保户储金及投资款净增加额
△处置交易性金融资产净增加额
△收取利息、手续费及佣金的现金
△拆入资金净增加额
△回购业务资金净增加额
收到的税费返还
收到其他与经营活动有关的现金
购买商品、接收劳务支付的现金
△客户贷款及垫款净增加额
△存放中央银行和同业款项净增加额
△支付原保险合同赔付款项的现金
△支付利息、手续费及佣金的现金
△支付保单红利的现金
支付给职工以及为职工支付的现金
支付的各项税费
支付其他与经营活动有关的现金
二、投资活动产生的现金流量
收回投资收到的现金
取得投资收益收到的现金
处置固定资产、无形资产和其他长期资产所收回的现金净额
处置子公司及其他营业单位收回的现金净额
收到其他与投资活动有关的现金
购建固定资产、无形资产和其他长期资产所支付的现金
投资支付的现金
△质押贷款净增加额
取得子公司及其他营业单位支付的现金净额
支付其他与投资活动有关的现金
三、筹资活动产生的现金流量
吸收投资收到的现金

（续表）

取得借款收到的现金
△发行债券收到的现金
收到其他与筹资活动有关的现金
偿还债务支付的现金
分配股利、利润或偿付利息所支付的现金
支付其他与筹资活动有关的现金
四、汇率变动对现金及现金等价物的影响
五、现金及现金等价物净增加额
加:期初现金及现金等价物余额
六、期末现金及现金等价物余额

注:加△的项目为金融类企业专用。

14.5 社会保险基金信息报告的目标及框架体系

社保基金信息披露的目标是指从社保基金的属性本身出发,社会公众应当知晓的所有信息。目前,《政府信息公开条例》规定,如果该项信息不存在,那么政府相关部门可以不答复。这里就出现了一个大问题:有些信息涉及社会保险基金的重大事项,例如个人账户资金被挪用至统筹基金,到底被挪用了多少资金,还剩下多少资金,由于报表设计的缺陷,这些信息没有被正式制作和统计,社会公众就没有权利来要求公开。因此,建立健全的社会保险信息报告体系,是提高社会保险基金透明度的前提条件。

总的来看,社会保险基金信息报告的框架应由四部分组成:财务信息,参保人员信息,缴费、给付与投资管理的决策与管理信息,社会保险基金未来50年或70年收支精算报告。

14.5.1 社会保险基金的财务信息

(一)社保基金收入、支出和结余明细信息应进一步完善

众所周知,我国的养老保险和医疗保险基金均采取统筹账户与个人账户相结合的模式。根据现行制度模式,应公布养老保险个人账户缴费额、支出额和累计结余额;养老保险统筹账户缴费额、支出额和累计结余额;医疗保险个人账户缴费额、支出额和累计结余额;医疗保险统筹账户缴费额、支出额和累计结余额。

需要引起注意的是,我国养老保险基金在运行中,大量基金“被挪为他用”,偏离了制度设计的初衷。从图14-3中我们可以看出,我国养老保险的目标模式是“统账结合”:(由单位缴费形成的)基础养老金采取现收现付制,(由个人缴费形成的)个人账户养老金采取完全积累制。然而,我国的“中人”和“老人”在1997年

之前并没有建立养老保险个人账户，这就导致了我国养老保险基金出现了庞大的资金缺口需要弥补。显然，这样巨额的债务，是目前已很紧张的财政所无法负担的。在政府无力承担养老保险改革成本的情况下，只能通过“挪用”养老保险个人账户基金来解决。这就产生了新的问题：养老保险个人账户本应实行完全积累制，却在运行中差不多被掏空了，为解决这一新问题，各级政府将部分财政资金拨入养老保险个人账户，部分弥补了被掏空的养老保险个人账户。在这样的制度环境中，社会上容易出现“养老金被政府挪用”或“个人账户里面没有钱”之类的看法，造成企业和职工对缴费出现抵触心理，甚至造成社会恐慌。因此，我国的养老保险基金信息披露需要详细界定各类收支和财政补贴的口径，并明确资金的收支和积累额，避免社会出现恐慌情绪。

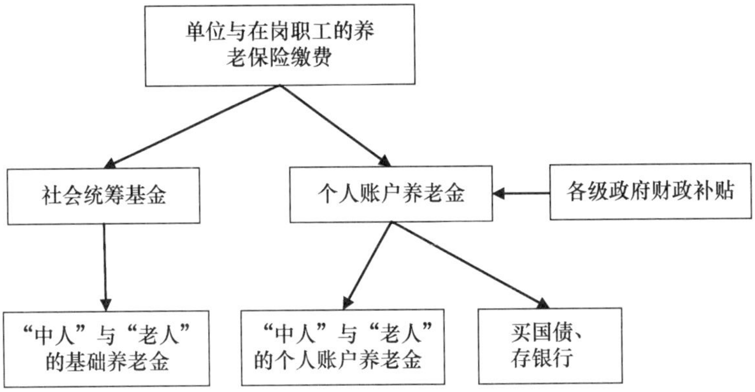

图 14-3 我国城镇职工基本养老保险基金的运行模式

（二）社保基金的资产负债明细信息应进一步完善

目前，财政和社保部门已经编制了“社会保险基金资产负债表”（社决 01 表），但这远远不够。社决 01 表的明细仅达到款级科目，例如在资产明细方面，仅列出现金、支出户存款、财政专户存款、暂付款、债券投资等，对存款的期限、利率、债券投资的品种等都没有交代。我们认为，社保基金应该标出每一笔资产的详细情况。如果是银行存款，应注明存款所在的商业银行、存款利率和期限；如果是债券投资，应标明每一只债券的购入价格、债券品种及票面利率。同样，在“社会保险基金资产负债表”（社决 01 表）的负债方，报表设计也十分粗糙，仅达到款级科目。

需要特别指出的是，参照国外社保基金的管理经验，社保基金在资本市场进行投资，要同时以历史成本计价法、市场现值计价法分别计算出社保基金的资产负债。一方面，以历史成本计价法，不考察其投资对象的市场价格波动是非常危险的。例如，2008 年全球金融危机导致许多国家的社保基金出现巨幅亏损，需要及时出台增收减支措施以渡过难关。另一方面,如果仅以市场现值计价法计算社保基金的资产负债,往往会因资本市场的短期波动而产生判断错觉。例如,美国一些州政府的社保基金长期以来采用市场现值计价法,在资本市场出现泡沫时,政府官员和社会公众却会认为社保基金盈利可观,从而提高给付额;当资本市场恢复常态以后,社保基金又出现了亏损,社保给付额却难以削减,非常被动。

(三) 社会保障基本词汇的名词解释

社会保障面向全体社会公众,而非专业人士。因此,社保基金的信息披露还应附有专业词汇的解释。

14.5.2 社会保险基金的参保人员信息

参保人员主要有两类:一是在职参保人员;二是已经退休但根据缴费记录具有养老金领取资格的人员。参保人员的信息是非常重要的,因为我们要判断缴费率是否适宜,养老金水平是否够用,养老基金是否具有可持续性等,都需要有参保人员的总体信息。目前,我国社会保险基金已设计了参保人员信息的统计表格,但统计表格设计粗糙,信息质量不高。

参保人员的信息主要包括:

(1) 在职人员的薪酬与年龄分布。在职人员的平均薪酬、薪酬中位数、各档薪酬的分布情况(例如社会平均工资的 50%—100%、100%—200%、200%—300%、300%以上的人群分布情况);在职人员的年龄及其所占比重等。

(2) 退休人员的平均养老金水平、年龄分布以及预期寿命。目前有些省份公布了平均养老金水平,但未公布最高的养老金水平和最低的养老金水平;退休人员的年龄分布以及预期寿命未见公布。

14.5.3 社会保险基金的缴费、给付与投资管理的决策与管理信息

社保基金的财务信息是透明度的基本要求,但如果仅仅要求财务信息透明度,社会公众往往会陷入"信息的汪洋大海",知其然而不知其所以然,因此,公布社会保险基金的缴费、付给与投资管理的决策与管理信息非常重要。

(一) 决策者与决策机构

以美国联邦政府社保基金为例,该社保基金每年的年报上签署了基金理事会6位理事的名字,表明这6位理事受托管理基金,其中有2名是来自胡佛研究所和城市研究所的专家,代表社会公众的利益。社会公众可以从这6位理事的背景、学历等来判断其是否具备管理社保基金的能力。

(二) 决策的依据

一般而言,社会保险基金的缴费率和给付水平都是由法律规定的,政府部门在操作时有法可依,社会公众也可以形成较为稳定的预期,企业也能够根据自己的盈利能力和社会保险缴费成本进行雇员和薪酬筹划。然而,我国目前社会保险

的缴费率和给付水平并没有在法律中体现,缴费率的调整、养老金待遇的提高以及失业金标准都是以一纸通知的方式下达,在调整时间、调整程序等方面都缺乏透明。社保基金的决策和管理机制不透明,社会公众不知道其中的规则,缺乏安全感。比如,每年政府提高养老金给付水平的决策机制不透明。每年年初,退休老人们都在翘首以待养老金的上调方案出台,增幅高了,觉得是应该的,增幅低了,怨声载道;一些地方调整机关事业养老金标准时,口口相传,连文件都不敢下发,如同秘密活动。

(三)管理的流程

管理的流程与社保基金的收益率是有紧密关系的。社保部门中由谁来管理社保基金?流程与标准是怎样的?

在我国,社保基金一般是大量存入商业银行,少量进行协议存款招标和债券投资。社保部门还应该公布由哪家银行来管理社保基金、是否有招投标程序、选择这些银行的依据是什么、对管理社保基金的银行有没有考核程序。

值得注意的是,目前我国地方政府大量向商业银行借款,在资金需求上有求于商业银行,地方政府会不会把社保基金存款作为回报,换取地方政府的贷款呢?只有明确管理的流程,才能让社会公众进行有效监督,避免灰色交易。

14.5.4 社会保险基金未来50年或70年收支精算报告

如前所述,社保基金是长期营运的资金,不同于一般的财政资金,需要着眼于长期的资金筹措与安排,否则将导致整个社会忽视社保基金的潜在危机,贻误改革时机。

首先,养老金、医疗保险待遇、失业金的给付等在一定程度上是政府应予以兑现的承诺。对于财政资金的透明度,也许公开花钱的细节即可;而对于社保基金的透明度,要求则远远不止于此。现收现付型社保基金的给付就像我们买房子支付按揭贷款,从表面上看,每个月向银行支付几千元贷款本息,并不是很重的负担,但贷款人一旦失业,几千元的还贷额度就成为极其沉重的负担。因此社保基金必须有一个长期性的精算报告,避免现收现付带来的支付风险。

其次,社会保险基金的长期精算报告通过展示较为清晰的未来场景(养老金的大致水平、基金的可持续能力等),让参保人员有信心去消费和合理安排晚年财务规划。

因此,社会保险基金的精算报告也是提高基金透明度的不可或缺的一部分。我们可以在网上下载一份美国联邦社保基金的年报,该年报用了几十页测算未来美国养老金的收支缺口及可能的改革方案。反观我国的社保基金报告,没有任何测算,就是一直强调"没有缺口",是当期没缺口还是长远没缺口?是没有显性缺口还是没有隐性缺口?是财政弥补以后无缺口,还是社保基金收支本身无缺口?含糊的报告将造成社会公众对社保改革的必要性缺乏认识,增大社保改革的阻力。

需要特别指出的是,社会保险基金的长期收支精算报告必须聘请具有社会公信力的权威机构进行测算,不能仅由社会保险管理部门自行测算,原因在于各国行政部门都倾向于把支出责任后移,得出较为乐观的精算报告,易导致改革良机被贻误。

附表

附表 14-1　政府性基金收支决算总表

决算 09 表
单位:万元

预算科目	调整预算数	决算数	预算科目	调整预算数	决算数
政府性基金收入			一般公共服务		
			教育		
			文化体育与传媒		
			社会保障和就业		
			城乡社区事务		
			农林水事务		
			交通运输		
			资源勘探电力信息等事务		
			商业服务业等事务		
			其他支出		
本年收入合计			本年支出合计		
上级补助收入			上解上级支出		
其中:地震灾后恢复重建补助收入					
省补助计划单列市收入			计划单列市上解省支出		
上年结余			调出资金		
调入资金			年终结余		
1. 一般预算调入			其中:本级		
2. 财政专户管理资金调入					
3. 其他调入					
收入总计			支出总计		

附表14-2　政府性基金收入预算变动情况

决算10表

单位：万元

预算科目	年初预算数	增加（减少）预算指标	调整预算数
农网还贷资金收入			
地方农网还贷资金收入			
山西省煤炭可持续发展基金收入			
山西省电源基地建设基金收入			
福建省铁路建设附加费收入			
海南省高等级公路车辆通行附加费收入			
转让政府还贷道路收费权收入			
转让政府还贷公路收费权收入			
转让政府还贷城市道路收费权收入			
港口建设费收入			
散装水泥专项资金收入			
新型墙体材料专项基金收入			
文化事业建设费收入			
地方文化事业建设费收入			
地方教育附加收入			
江苏省地方教育基金收入			
新菜地开发建设基金收入			
新增建设用地土地有偿使用费收入			
地方新增建设用地土地有偿使用费收入			
育林基金收入			
地方育林基金收入			
森林植被恢复费			
地方森林植被恢复费			
地方水利建设基金收入			
地方水利建设基金划转收入			
地方其他水利建设基金收入			
南水北调工程基金收入			
山西省水资源补偿费收入			
残疾人就业保障金收入			
政府住房基金收入			
上缴管理费用			

（续表）

预算科目	年初预算数	增加（减少）预算指标	调整预算数
计提廉租住房资金			
廉租住房租金收入			
公共租赁住房租金收入			
其他政府住房基金收入			
城市公用事业附加收入			
国有土地收益基金收入			
农业土地开发资金收入			
国有土地使用权出让收入			
土地出让价款收入			
补缴的土地价款			
划拨土地收入			
教育资金收入			
农田水利建设资金收入			
缴纳新增建设用地有偿使用费			
其他土地出让收入			
大中型水库库区基金收入			
地方大中型水库库区基金收入			
彩票公益金收入			
福利彩票公益金收入			
体育彩票公益金收入			
城市基础设施配套费收入			
小型水库移民扶助基金收入			
国家重大水利工程建设基金收入			
省级重大水利工程建设资金			
车辆通行费			
船舶港务费			
体育部门收费			
外国团体来华登山注册费			
贸促会收费			
证书工本费			
认证费			
涉外（台）经济贸易争议调解费			
无线电频率占用费			
其他政府性基金收入			
合　计			

附表 14-3 政府性基金支出预算变动情况

决算 11 表

单位:万元

预算科目	年初预算数	变动项目									调整预算数	决算数
		小计	专项补助	其中:地震灾后恢复重建补助	动用上年结余	本年超、短收安排	调入资金	补助下级专款	其中:地震灾后恢复重建补助下级	增加(减少)预算指标		
一般公共服务												
商贸事务												
贸促会收费安排的支出												
教育												
地方教育附加安排的支出												
农村中小学校舍建设												
农村中小学教学设施												
城市中小学校舍建设												
城市中小学教学设施												
中等职业学校教学设施												
其他地方教育附加安排的支出												
江苏省地方教育基金支出												
农村中小学校舍建设												

（续表）

预算科目	年初预算数	变动项目									调整预算数	决算数
		小计	专项补助	其中：地震灾后恢复重建补助	动用上年结余	本年超、短收安排	调入资金	补助下级专款	其中：地震灾后恢复重建补助下级	增加（减少）预算指标		
农村中小学教学设施												
城市中小学校舍建设												
城市中小学教学设施												
中等职业学校教学设施												
其他江苏省地方教育基金支出												
文化体育与传媒												
体育												
外国团体来华登山注册费安排的支出												
文化事业建设费安排的支出												
精神文明建设												
人才培训教学												
……												
合　计												

附表 14-4　政府性基金收支及结余情况

决算 12 表

单位：万元

预算科目	合计	上年结余	本年收入	上级补助收入	其中：地震灾后恢复重建补助	调入资金	预算科目	合计	本年支出	上解上级支出	调出资金	项目	年终结余
							一般公共服务						
							商贸事务						
贸促会收费							贸促会收费安排的支出					贸促会收费	
证书工本费													
认证费													
涉外（台）经济贸易争议调解费													
							教育						
地方教育附加收入							地方教育附加安排的支出					地方教育附加	
							农村中小学校舍建设						
							农村中小学教学设施						
							城市中小学校舍建设						
							城市中小学教学设施						
							中等职业学校教学设施						
							其他地方教育附加安排的支出						

（续表）

预算科目	合计	上年结余	本年收入	上级补助收入	其中：地震灾后恢复重建补助	调入资金	预算科目	合计	本年支出	上解上级支出	调出资金	项目	年终结余
江苏省地方教育基金收入							江苏省地方教育基金支出					江苏省地方教育基金	
							农村中小学校舍建设						
							农村中小学教学设施						
							城市中小学校舍建设						
							城市中小学教学设施						
							中等职业学校教学设施						
							其他江苏省地方教育基金支出						
							文化体育与传媒						
体育部门收费							体育					体育部门收费	
外国团体来华登山注册费							外国团体来华登山注册费安排的支出					外国团体来华登山注册费	
文化事业建设费收入							文化事业建设费安排的支出					文化事业建设费	
中央文化事业建设费收入							精神文明建设						
地方文化事业建设费收入							人才培训教学						
							文化创作						
							文化事业单位补助						
……							……					……	
收入合计							支出合计					结余合计	

附表14-5 政府性基金收支决算分级表

决算13表

单位：万元

项目	决算数合计	省级	地级	其中：地级直属乡镇	县级	乡镇级	项目	决算数合计	省级	地级	其中：地级直属乡镇	县级	乡镇级
地方教育附加收入							地方教育附加安排的支出						
新增建设用地土地有偿使用费收入							新增建设用地有偿使用费安排的支出						
地方水利建设基金收入							地方水利建设基金支出						
残疾人就业保障金收入							残疾人就业保障金支出						
政府住房基金收入							政府住房基金支出						
城市公用事业附加收入							城市公用事业附加安排的支出						
国有土地收益基金收入							国有土地收益基金支出						
农业土地开发资金收入							农业土地开发资金支出						
国有土地使用权出让收入							国有土地使用权出让收入安排的支出						
彩票公益金收入							彩票公益金安排的支出						
城市基础设施配套费收入							城市基础设施配套费安排的支出						
车辆通行费							车辆通行费安排的支出						
其他各项政府性基金收入							其他各项政府性基金支出						
本年收入合计							本年支出合计						

附表 14-6　政府性基金收支及平衡情况

决算 14 表

单位:万元

地区	收支部分																											
	收入														支出													
	收入合计	地方教育附加收入	新增建设用地土地有偿使用费收入	地方水利建设基金收入	残疾人就业保障金收入	政府住房基金收入	城市公用事业附加收入	国有土地收益基金收入	农业土地开发资金收入	国有土地使用权出让收入	彩票公益金收入	城市基础设施配套费收入	车辆通行费	其他各项政府性基金收入	支出合计	地方教育附加安排的支出	新增建设用地有偿使用费安排的支出	地方水利建设基金支出	残疾人就业保障金支出	政府住房基金支出	城市公用事业附加安排的支出	国有土地收益基金支出	农业土地开发资金支出	国有土地使用权出让收入安排的支出	彩票公益金安排的支出	城市基础设施配套费安排的支出	车辆通行费安排的支出	其他各项政府性基金支出

附表 14-6　政府性基金收支及平衡情况(续表)

决算 14 表

单位:万元

地区	平衡部分												
	收入							支出					年终结余
	收入总计	本年收入	上年结余	补助收入	其中:地震灾后恢复重建补助收入	省补助计划单列市收入	调入资金	支出总计	本年支出	上解支出	计划单列市上解省支出	调出资金	

附表 14-7　政府性基金预算财政拨款收入支出决算

财决 09 表

编制单位　　　　单位：元

项目		上年结转和结余				本年收入		本年支出							年末结转和结余			
支出功能分类科目编码	科目名称（项目）	合计	基本支出结转和结余	项目支出结转和结余		合计	其中：基本建设资金收入	合计	基本支出				项目支出		合计	基本支出结转和结余	项目支出结转和结余	
				小计	其中：基本建设资金结转和结余				小计	其中：			小计	其中：基本建设资金支出			小计	其中：基本建设资金结转和结余
										工资福利支出	商品和服务支出	对个人和家庭的补助						
	栏次	1	2	3	4	5	6	7	8	9	10	11	12	13	14	15	16	17
	合计																	

附表 14-8 政府性基金预算财政拨款支出决算明细表

财决 10 表

编制单位： 单位：元

项目		合计	工资福利支出									商品和服务支出																										
支出功能分类科目编码	科目名称		小计	基本工资	津贴补贴	奖金	社会保障缴费	伙食费	伙食补助费	绩效工资	其他工资福利支出	小计	办公费	印刷费	咨询费	手续费	水费	电费	邮电费	取暖费	物业管理费	差旅费	因公出国（境）费用	维修（护）费	租赁费	会议费	培训费	公务接待费	专用材料费	被装购置费	专用燃料费	劳务费	委托业务费	工会经费	福利费	公务用车运行维护费	其他交通工具运行维护	其他商品和服务支出
	栏次	1	2	3	4	5	6	7	8	9	10	11	12	13	14	15	16	17	18	19	20	21	22	23	24	25	26	27	28	29	30	31	32	33	34	35	36	37
	合计																																					

附表 14-8　政府性基金预算财政拨款支出决算明细表(续 1)

财决 10 表

编制单位:

单位:元

项目		对个人和家庭的补助															基本建设支出											其他资本性支出						
支出功能分类科目编码	科目名称	小计	离休费	退休费	退职(役)费	抚恤金	生活补助	救济费	医疗费	助学金	奖励金	生产补贴	住房公积金	提租补贴	购房补贴	其他对个人和家庭的补助支出	小计	房屋建筑物购建	办公设备购置	专用设备购置	基础设施建设	大型修缮	信息网络购建	物资储备	公务用车购置	其他交通工具购置	其他基本建设支出	小计	房屋建筑物购建	办公设备购置	专用设备购置	基础设施建设	大型修缮	信息网络购建
	栏次	38	39	40	41	42	43	44	45	46	47	48	49	50	51	52	53	54	55	56	57	58	59	60	61	62	63	64	65	66	67	68	69	70
	合计																																	

附表14-8 政府性基金预算财政拨款支出决算明细表(续2)

财决10表

编制单位: 单位:元

项目		其他资本性支出								对企事业单位的补贴					债务利息支出							赠与			贷款转贷及产权参股				其他支出
支出功能分类科目编码	科目名称	物资储备	土地补偿	安置补助	地上附着物和青苗补偿	拆迁补偿	公务用车购置	其他交通工具购置	其他资本性支出	小计	企业政策性补贴	事业单位补贴	财政贴息	其他对企事业单位的补贴支出	小计	国内债务付息	向国家银行借款付息	其他国内借款付息	向国外政府借款付息	向国际组织借款付息	其他国外借款付息	小计	对国内的赠与	对国外的赠与	小计	国内贷款	产权参股	其他贷款转贷及产权参股支出	
	栏次	71	72	73	74	75	76	77	78	79	80	81	82	83	84	85	86	87	88	89	90	91	92	93	94	95	96	97	98
	合计																												

附表 14-9　政府性基金预算财政拨款基本支出决算明细表

财决 10-1 表

编制单位：

单位：元

项目			工资福利支出									商品和服务支出																										
支出功能分类科目编码	科目名称	合计	小计	基本工资	津贴补贴	奖金	社会保障缴费	伙食费	伙食补助费	绩效工资	其他工资福利支出	小计	办公费	印刷费	咨询费	手续费	水费	电费	邮电费	取暖费	物业管理费	差旅费	因公出国（境）费用	维修（护）费	租赁费	会议费	培训费	公务接待费	专用材料费	被装购置费	专用燃料费	劳务费	委托业务费	工会经费	福利费	公务用车运行维护费	其他交通工具运行维护	其他商品和服务支出
	栏次	1	2	3	4	5	6	7	8	9	10	11	12	13	14	15	16	17	18	19	20	21	22	23	24	25	26	27	28	29	30	31	32	33	34	35	36	37
	合计																																					

附表 14-9　政府性基金预算财政拨款基本支出决算明细表(续1)

财决 10-1 表

编制单位：　　　　单位:元

项目		对个人和家庭的补助															基本建设支出											其他资本性支出						
支出功能分类科目编码	科目名称	小计	离休费	退休费	退职(役)费	抚恤金	生活补助	救济费	医疗费	助学金	奖励金	生产补贴	住房公积金	提租补贴	购房补贴	其他对个人和家庭的补助支出	小计	房屋建筑物购建	办公设备购置	专用设备购置	基础设施建设	大型修缮	信息网络购建	物资储备	公务用车购置	其他交通工具购置	其他基本建设支出	小计	房屋建筑物购建	办公设备购置	专用设备购置	基础设施建设	大型修缮	信息网络购建
	栏次	38	39	40	41	42	43	44	45	46	47	48	49	50	51	52	53	54	55	56	57	58	59	60	61	62	63	64	65	66	67	68	69	70
	合计																																	

附表 14-9 政府性基金预算财政拨款基本支出决算明细表(续 2)

财决 10-1 表

编制单位：

单位：元

项目		其他资本性支出								对企事业单位的补贴					债务利息支出							赠与			贷款转贷及产权参股				其他支出
支出功能分类科目编码	科目名称	物资储备	土地补偿	安置补助	地上附着物和青苗补偿	拆迁补偿	公务用车购置	其他交通工具购置	其他资本性支出	小计	企业政策性补贴	事业单位补贴	财政贴息	其他对企事业单位的补贴支出	小计	国内债务付息	向国家银行借款付息	其他国内借款付息	向国外政府借款付息	向国际组织借款付息	其他国外借款付息	小计	对国内的赠与	对国外的赠与	小计	国内贷款	产权参股	其他贷款转贷及产权参股支出	
	栏次	71	72	73	74	75	76	77	78	79	80	81	82	83	84	85	86	87	88	89	90	91	92	93	94	95	96	97	98
	合计																												

附表 14-10 政府性基金预算财政拨款项目支出决算明细表

财决 10-2 表

编制单位： 单位：元

项目		合计	工资福利支出									商品和服务支出																										
支出功能分类科目编码	科目名称		小计	基本工资	津贴补贴	奖金	社会保障缴费	伙食费	伙食补助费	绩效工资	其他工资福利支出	小计	办公费	印刷费	咨询费	手续费	水费	电费	邮电费	取暖费	物业管理费	差旅费	因公出国（境）费用	维修（护）费	租赁费	会议费	培训费	公务接待费	专用材料费	被装购置费	专用燃料费	劳务费	委托业务费	工会经费	福利费	公务用车运行维护费	其他交通工具运行维护	其他商品和服务支出
	栏次	1	2	3	4	5	6	7	8	9	10	11	12	13	14	15	16	17	18	19	20	21	22	23	24	25	26	27	28	29	30	31	32	33	34	35	36	37
	合计																																					

附表 14-10　政府性基金预算财政拨款项目支出决算明细表(续 1)

财决 10-2 表

编制单位:　　　　　　　　　　　　　　　　　　　　　　　　单位:元

项目		对个人和家庭的补助															基本建设支出												其他资本性支出					
支出功能分类科目编码	科目名称	小计	离休费	退休费	退职(役)费	抚恤金	生活补助	救济费	医疗费	助学金	奖励金	生产补贴	住房公积金	提租补贴	购房补贴	其他对个人和家庭的补助支出	小计	房屋建筑物购建	办公设备购置	专用设备购置	基础设施建设	大型修缮	信息网络购建	物资储备	公务用车购置	其他交通工具购置	其他基本建设支出	小计	房屋建筑物购建	办公设备购置	专用设备购置	基础设施建设	大型修缮	信息网络购建
	栏次	38	39	40	41	42	43	44	45	46	47	48	49	50	51	52	53	54	55	56	57	58	59	60	61	62	63	64	65	66	67	68	69	70
	合计																																	

附表 14-10　政府性基金预算财政拨款项目支出决算明细表（续 2）

财决 10-2 表

编制单位：　　　　　　　　　　　　单位：元

项目		其他资本性支出								对企事业单位的补贴					债务利息支出							赠与			贷款转贷及产权参股				其他支出
支出功能分类科目编码	科目名称	物资储备	土地补偿	安置补助	地上附着物和青苗补偿	拆迁补偿	公务用车购置	其他交通工具购置	其他资本性支出	小计	企业政策性补贴	事业单位补贴	财政贴息	其他对企事业单位的补贴支出	小计	国内债务付息	向国家银行借款付息	其他国内借款付息	向国外政府借款付息	向国际组织借款付息	其他国外借款付息	小计	对国内的赠与	对国外的赠与	小计	国内贷款	产权参股	其他贷款转贷及产权参股支出	
	栏次	71	72	73	74	75	76	77	78	79	80	81	82	83	84	85	86	87	88	89	90	91	92	93	94	95	96	97	98
	合计																												

附表 14-11 政府性基金支出预算按部门列示的变动情况

单位：万元

部门	年初预算数	变动项目									调整预算数	决算数
		小计	专项补助	其中：地震灾后恢复重建补助	动用上年结余	本年超、短收安排	调入资金	补助下级专款	其中：地震灾后恢复重建补助下级	增加（减少）预算指标		
××部门												
××部门												
××部门												
××部门……												
合计												

附表14-12 政府性基金支出预算按经济性质分类列示的变动情况

单位:万元

预算科目	年初预算数	变动项目									调整预算数
		小计	专项补助	其中:地震灾后恢复重建补助	动用上年结余	本年超、短收安排	调入资金	补助下级专款	其中:地震灾后恢复重建补助下级	增加(减少)预算指标	
工资福利支出											
基本工资											
津贴补贴											
……											
合计											

附表 14-13　政府性基金预算财政拨款项目支出决算明细表

编制单位：　　　　　　　　　　　　　　　　　　　　　　　　单位：元

项目		合计	工资福利支出									商品和服务支出																										
项目	科目名称		小计	基本工资	津贴补贴	奖金	社会保障缴费	伙食费	伙食补助费	绩效工资	其他工资福利支出	小计	办公费	印刷费	咨询费	手续费	水费	电费	邮电费	取暖费	物业管理费	差旅费	因公出国（境）费用	维修（护）费	租赁费	会议费	培训费	公务接待费	专用材料费	被装购置费	专用燃料费	劳务费	委托业务费	工会经费	福利费	公务用车运行维护费	其他交通工具运行维护	其他商品和服务支出
	栏次	1	2	3	4	5	6	7	8	9	10	11	12	13	14	15	16	17	18	19	20	21	22	23	24	25	26	27	28	29	30	31	32	33	34	35	36	37
	合计																																					
×项目																																						
×项目																																						

第15章　政府财政信息公开的阶段性目标

15.1　导言

由于涉及的是政府结构、财政收支、财政政策及其绩效等信息的"共同性"与"可理解性",财政信息公开对于公共治理水平的提升具有重要的意义。在与政府治理相对应的个体基本权利的维护层面,财政信息公开是个体权利的一部分,并成为其他权利的基础:一方面,财政信息公开有利于保障个体的知情权(赵倩,2009;胡锦光和张献勇,2011)。因为社会公众作为委托人(纳税人),是政府财政资源的提供者,有权了解和监督政府使用公共资源的情况,政府公开预算不是对民众的"恩赐",而是法定的义务(魏陆,2012)。Stewart(1984)认为,政府必须对其行为向议会或公众做出合理的解释说明,以证明其行为是负责任的。另一方面,财政信息公开为个体的参与权、表达权与监督权提供了基本的保障。在公众的各种权利中,知情权是其他一切权利的前提,在不知情的情况下,参与权、表达权和监督权将失去意义,正如一个失去感知能力的人不能行使任何权利一样(上海财经大学公共政策研究中心,2009)。也正因为如此,财政理论家,如尼琪(意大利)、诺马克(德国)与瓦格纳(德国)等都将公开原则作为财政的基本原则之一(胡锦光和张献勇,2011)。在基于委托代理的间接民主机制的运作层面,由于将财政的运作置于广泛的监督之下,推进财政透明度不仅可以强化政府的公共受托责任、减少腐败(Reinikka 和 Svensson,2002;刘笑霞和李建发,2008;卡恩,2008;赵倩,2009;郭剑鸣,2011;胡锦光与张献勇,2011)与控制伪造账目问题(Milesi-Ferretti,2004),还能抑制政府债务的积累(Alt 和 Lassen,2006)与直接或间接地提升政府经济管理的绩效水平(Alesina et al. ,1999)。在财政信息公开和责任政府建立的关系上,一个更强的表述是将财政透明视为民主政府和责任政府得以建立的必要条件。在这一方面,王绍光(2007)曾经指出:"如果政府收支没有一本账,如果政府收支不受监督,它就是一个看不见的政府。一个看不见的政府,不可能是一个负责的政府;一个不负责任的政府,不可能是一个民主的政府。要建立一个民主的政府,首先需要让它看得见;要让它看得见,它就得有一个统一的、受监督的预算。"研究表明,财政透明度可以增进人们对于市场的可信度,提升政府从国际资本市场进行融资的能力(Petrie,2003)。反之,透明度低的政府不利于吸引外资(Gelos 和 Wei,2002)。在透明度差的国家,国际投资者更愿意进行扰乱市场的"热钱"投机行为,而不是进行有利于该国经济发展的直接投资(Drabek 与 Payne,2001)。另外,政府信息公开增强了人们对于未来的可预见性,这有利于财政风险的管理和防范(Walker,2004),以及宏观经济稳定和高质量经济增长的维系。IMF 在其 2001 年发布的《财政透明度手册》中就开宗明义地指出:良好的治理对于实现宏观经济稳定和高质量增长至关紧要,而财政透明度是良好治理的关键性方面。另一方面,在社会公众直接参与公共选择的直接民主机制的运作方面,财政透明能方便社会公众参政议政,对财政政策的意图等做出评估(赵倩,2009),有利于增加社会公众与政府的信息互动、增加公众对于政府的信赖(鹤光太郎,2003),并增强政府的合法性(王满仓和赵守国,2005)。一般来说,财政透明度所强调的是财政信息向社会公众公开。但实际上,与信息公开本身的目的相对应,财政信息透明也可能有其他方面的含义。比如说,在国际合作日益紧密的时代,为了合作的顺利进行,国家与国家之间往往也会就对方的财政透明度提出要求。比如欧盟,由于担心成员国中一国财政政策不良对其他国家所带来的潜在的负面影响并考虑到各成员国为实现《马斯特里赫特条约》规定的财政目标而进行造假的可能性,欧盟就对财政透明度问题做出了讨论并就各成员国的财政透明度提出了要求。鉴于此,作为政府治理变革的核心,人们往往将财政透明视为现代政府变革——从无限的、人治的、集权的"管理型"政府向有限的、法治的、民主的"服务型"政府转变——的核心要件之一。在我国,党的十八届三中全会所通过的政治报告就将透明预算作为国家治理能力现代化的重要抓手之一:财政是国家治理的基础和重要支柱,国家治理体系的完善和治理能力的现代化需要建立现代财政制度,而财政预算透明则是现代财政制度建设的重要组成部分。

既然财政透明对于国家治理体系建设与治理能力现代化具有如此的价值和意义,那财政透明度建设又该如何来推动呢?在财政信息公开宏观战略的定位上,应该意识到,实现财政信息公开、打造阳光财政,这是世界性的潮流,是大势所趋,为财政信息保密而给出的诸多理由并不可靠。当然,信息公开本身不是目的,只是一种手段。因此,对于某些信息,如果公开后会危害国家的安全、侵犯其他个体的合法权益、对社会造成不良的影响,即影响到社会管理目标的实现,那么,相关的信息就应该保密而不应该公开。在此方面,美国 1974 年《国会预算和扣留控制法》在第 203 条"公众获取预算数据"部分中指出:"公众复制预算数据信息不适合以下信息、数据、估计和统计资料:(1) 法律特别规定不予公开;(2) 由于国防需要原因需要保密的事项,或美国外交中的秘密行为;(3) 与某个特定的人相关的交易秘密信息和特殊财务或商业信息,且这类信息是政府以秘密方式获取的,而非该人为获得某项财政或其他津贴而申报的，为防止对该人的竞争地位造成不恰当的伤害，应予以保密；(4) 一经公开就会构成对人身隐私权明显侵害的人事、医疗数据及类似数据，除非包含以上事项、信息或数据的部分已经被删除。”在英国，其 1998 年的《财政稳定守则》也将涉及国家安全的财政信息、个人隐私信息、损害政府决策完整性和政策建议程序的信息等排除在信息公开范围之外。而在法国，其《预算组织法》第 56 条则将“涉及国防、国家内部和外部安全或外交机密”等方面的信息排除在需要刊登在公报上的信息范围之外（赵倩，2009）。然而，尽管保密是必要的，但需要保密的财政信息范围是极其有限的：财政信息公开是原则，不公开是例外。

但在具体的操作策略上，我们也应该理性地看到，受历史与现实的多重约束，财政信息的公开不可能一蹴而就（白景明，2010；李燕，2010，2011；肖鹏和李燕，2012）。毕竟，提高财政透明度绝不是一个资金管理问题，而且是一个触及行政管理模式变革和国家权力实现方式转变的大问题（白景明，2010）：财政透明度建设是整个社会转型发展的一部分。在此情况下，财政透明度的建设就需要考虑信息公开制度与现有政治经济框架、意识观念以及其他支持系统的有机兼容，需要考虑影响和制约财政信息公开的相关社会条件。在这一方面，在经济体制的变革上，华盛顿共识或新自由主义发展模型试图在短时间内完成私有化、市场化和自由化，这在实践上遇到问题（最典型的是 1990 年苏联的“雷日科夫计划”和“沙塔林计划”）。与此同时，在作为基础前提的技术层面，财政信息公开牵涉到政府财务、会计、审计与统计等方方面面的基础性工作，相关的基础性条件不可能在短时间内完成。实际上，也正是受到制度与技术等方方面面因素的限制，即便是发达国家，其财政透明度的建设也都是一个渐进的历史过程。比如新西兰，其财政信息公开体系获得了国际社会的高度评价，并对其他国家产生了较大的影响，但其财政信息公开规则体系的形成也历时近十年，并且仍在进一步的规范和完善当中。而在美国，从 1946 年的《联邦行政程序法》到 1996 年的《电子信息自由法》，信息公开法律框架的建立也经历了一个漫长而不断完善的过程。

鉴于财政透明度建设的历史性、自然性及其所引致的改革进程的渐进性，本章将研究财政透明度建设的阶段性实施方案：从稳妥合理的角度来看，我国的财政透明度建设究竟要分几步走？每一阶段的主要任务及其基本特征究竟是什么？本研究有两方面的意义：一方面，在财政透明度本身建设的“事业”方面，受实现透明度建设一般规律以及我国现实困境的限制，若能将财政透明的终极目标分为一个个可操作的阶段性目标，这在一定程度上能够减少透明化实施的难度，为实现财政透明指出一条可行的路径。在这一方面，我国从计划经济向市场经济的转型提供了很好的例子。改革开放以来，我国之所以能够成功地闯出一条走向市场经济的道路,与阶段性改革的策略——从20世纪80年代初的"计划经济为主,市场调节为辅"到十二届三中全会(1984年10月)的"有计划的商品经济",再到十三大(1987年)的"计划与市场内在统一的体制"直至十四大所确定的"建立社会主义市场经济体制"是分不开的。另一方面,从推进财政信息公开"主体"的角度来看,社会公众有关财政信息公开的需求在短期内不能得到充分满足的情况下,明确提出透明度建设的阶段性目标,这在一定程度上能减少前进方向的不确定性而增加社会对于财政透明的预期,进一步增加社会对于财政信息公开政策的认可度。

本章接下来的内容安排如下:导论后的第二节对已有相关研究财政透明度建设的文献做出了述评;第三节则讨论了阶段性目标得以确定的两个基本前提,即透明度的规范体系(长远目标)与我国财政信息公开的现实实践(现实起点);第四节讨论了确定财政透明度建设阶段性目标的基本思路与方法;第五节基于理论方法就阶段性目标做出了具体界定,包括阶段性目标的个数及各阶段性目标的具体诉求;第六节是有关阶段性目标得以实现的说明。

15.2 财政透明度建设研究述评

鉴于财政透明度对于公共治理体系建设所具有的意义,受西方新公共管理运动思潮等因素的推动和影响,自21世纪初开始,就有许多的研究探讨了我国财政透明度的建设问题。按照问题解决的思路来划分,相关的研究概括起来主要有两种类型。

15.2.1 直接以透明度良好做法为导向的研究

随着全球经济的发展,尤其是新公共管理运动的兴起,财政透明度得到了国际货币基金组织(IMF)与经合组织(OECD)等国际组织的高度重视。IMF一直致力于在全球范围内改善各国的财政治理,而提高财政透明度又是改善财政管理的关键因素。鉴于此,IMF理事会先后通过了《财政透明度良好做法守则——原则宣言》和《财政透明度手册》,为各国财政信息公开给出了操作性的制度规范。至于OECD,其工作核心就是要求财政过程透明(Matheson,2002)。为了实现这一目标,OECD(2001)制定了《预算透明度最佳行为准则》,此准则对政府预算报告的内容、报告的频率以及相关的控制和审计机制做出了具体规定。就IMF和OECD所制定的手册和准则而言,由于它们的权威性和影响力,国内有诸多的研究对相关的制度标准以及与标准相一致的相关国家的具体做法进行了介绍。在这一方面,财政部财政科学研究所专门组织翻译了IMF的《财政透明度》,正式将此规范标准引进;而傅光明(2005)则从公开的内容、公开的形式与技术保证等方面,就国外财政公开的具体做法做了介绍。另一方面,也是尤为普遍的一方面,有诸多的研究都以相关的规范及其所确定的财政透明度的良好做法为导向，来考虑我国的财政透明度建设。至于研究的具体内容，按照理论探索视角的差异来划分，相关研究概括起来有公共财政视角的财政透明度建设研究和公共选择视角的财政透明度建设研究这两种不同的类型。

(一) 公共财政视角的财政透明度建设研究

公共财政视角的财政透明度建设研究与公共财政理论中的“仁慈政府”假设(马斯格雷夫,2000)相一致，此等理论研究主要是将规范做法告知公共决策者。就财政透明度问题来说，就是告知决策者财政预算信息该如何公开。具体涉及两方面的内容。

1. 有关财政信息公开具体做法的研究

(1) 由于意识到预算透明是民主理财与管理监督的基本前提，李燕(2007)基于民主监督的视角探讨了我国财政透明度的建设思路。在她看来，国际标准与经验是预算透明的借鉴依据，进而相关的制度框架大体上也是遵循 IMF 的标准来架构的，包括政府作用和责任的厘清，公众获得信息的方便性，预算编制、执行和报告的公开以及对信息真实性的保证这四个方面。

(2) 基于我国财政信息公开的问题，刘笑霞和李建发(2008)强调从公众对信息的需求出发来提供信息。他们主张加强政府信息(尤其是发展规划等政府事务方面的信息、财务方面的信息、政府部门机构设置的信息、机构职能情况的信息以及宏观经济分析与预测方面的信息)的公开，并要求提高信息公开的充分性和易得性。

(3) 基于我国财政实践与 IMF 的标准及美国、澳大利亚等国做法的差距，赵倩(2009)主张从财政信息公开内容及其形式(及时性、公众的可获得性)等方面来提升我国的财政透明度。

(4) 在借鉴域外预算公开经验的基础上，胡锦光与张献勇(2011)从增强预算的完整性、具体性与易懂性、公开预算审议过程、改革预算公开方式(主动公开与依申请公开相结合)等方面就我国财政透明度建设提出了建议。

(5) 基于西方发达国家的良好做法，嵇明(2011)从公开内容与公开质量两个方面讨论了我国财政透明度的建设问题。

(6) 鉴于互联网在信息处理和传播上所具有的特点(包括开放性、共享性、交互性和动态性，信息数据传递快、覆盖面广、容量大、易于保存和复制，容易检索等)，魏陆(2012)从政府门户网站的视角，就中美预算信息的公开做出了比较和评价，就提高我国中央政府门户网站预算公开的信息质量问题提出了建议：建议加强政府门户网站预算专栏建设、提供用户友好型的预算信息。

(7) 鉴于“金砖国家”同属新兴经济体，面临着提升预算透明度等转轨时期的共性问题，马蔡琛和王亚欣(2012)就“金砖国家”预算报告的内容和时效性、审计结果公告的对象范围与落实情况等问题展开了比较研究,并依此就我国财政透明度建设提出了一些改进的意见。

2. 有关财政信息公开基础条件的研究

(1) 通过梳理并参照国际组织有关财政数据公开的基本标准,王光坤(2006)从政府会计制度改革、预算准备过程的加强、预算报告的改进、财政制度的创新以及内外监督的加强等方面分析了我国财政透明度建设的基础性条件。

(2) 在基础性条件方面,李燕(2007)认为,除了通过深化改革完善已有制度外,还要通过制度的建立和健全来为财政透明提供基础。一是要进一步深化预算制度改革,改进预算编制方法,完善国库集中收付、政府采购等制度,规范政府间的财政分配关系,完善中央和地方财力与事权相匹配的体制,加快形成统一、规范、透明的转移支付制度;二是要进行改革的创新与推进,比如建立财政风险的评估体系、中期预算的编制、预算测算方法的科学、政府预算会计的改革、政府财务报告的实施等;三是监督约束机制与绩效评价机制;四是完善政府管理信息系统,为预算管理的科学化、精细化提供坚实的技术平台。

(3) 刘笑霞和李建发(2008)强调了建立政府财务报告体系与加强政府审计对于财政透明度建设的意义。

(4) 贾康和常丽(2009)认为,财政透明度的提升除了需要制度因素的支持外,与政府会计和报告体系的技术支持也密不可分,进而他们探索了基于财政透明的政府财务报告目标体系的提升与重构问题。

(5) 基于我国财政透明度相比国际性规范所存在的偏差,张平(2010)就预算制度的健全(预算编制的时间、政府收支分类体系改革、政府会计和财务报告系统的完善以及政府财政信息管理系统的建立等)做出了研究。

(6) 肖鹏(2010)认为,在部门预算改革、国库集中收付制度、政府采购制度与政府收支分类改革等完成以后,下一步财政改革的重点将集中于政府财务核算体系。而在统计制度方面,此研究主张我国在统计分类、概念和定义、方法等方面应该进一步加强与国际标准相接轨。

(二) 公共选择视角的财政透明度建设研究

与公共财政视角的探索不同,由于公共选择理论将经济理论的"经济人"假设延伸至那些以投票人或国家代理人身份参与政治或公共选择的人们的行为上(Buchanan,1986),在探讨公共政策的相关问题时,公共选择论者所强调的往往是对公共决策者的约束和激励。公共选择视角的理论分析重点不是告诉决策者如何做,而是考虑如何才能使得决策者按照社会所需要的方式去决策和行动。在此思路下,公共选择视角的透明度分析所关注的不是财政信息该如何去公开,比如信息公开的内容与方式如何,它们所关注的焦点是相关的制度该如何设计才能促使决策者公开相关的信息。至于理论研究所涉及的制度规范的具体内容,鉴于影响财政透明度建设的制度主要与信息公开立法等有关的法律法规的制定和完善有关,相关的研究也就围绕着法律法规等激励制度的完善而加以展开。涉及以下方面的内容:

1. 法律法规的制定和完善

在这一方面,晏晨晖(2006)提出"建立法制化公共信息披露机制"。而赵倩(2009)则就财政信息公开法制化做出具体研究,提出应该将有关信息公开内容的法律条文加以细化。围绕《预算法》及其实施条例与《保密法》的修订与完善、出台《政府信息公开法》和《财政监督法》等制度规范,李燕(2010,2011)研究了促进财政预算信息公开的法律制度约束。针对政府官员"黑箱"操作的情况,张平(2010)认为《保密法》和《预算法》存在没有充分重视财政信息的公开等问题,要求必须加以修订,作为实现财政透明的保障机制。至于相关的法律制度具体应如何完善,理论上有两种具有代表性的思路:

(1) 财政信息公开法律级次的提升。由于《政府信息公开条例》法律层次较低,肖鹏(2010)、曾军平(2011)、肖鹏和李燕(2011)、嵇明(2011)、王洛忠和李帆(2013)主张提升《政府信息公开条例》的法律层次,将其上升为《政府预算信息公开法》,增强对于政府行为的约束力,增加政府公开财政信息的主动性。在这一方面,在就我国《政府信息公开制度》对财政透明度的影响及其机理做出分析之后,曾军平(2011)认为,要实现党的十八大所提出的"让权力在阳光下运行"的目标,关键是加强制度建设,需要就政府信息公开制度条文做出修正,但政府信息公开的法律调整不应该是简单地就目前实施的制度文件进行修改,而首先应该提升信息公开立法的层次,由全国人大来主导公共信息公开立法工作,否则,简单的修改并不会有什么建设性的意义。

(2) 预算法的修订。在这一方面,李燕(2007)认为,由于政府信息公开条例的法律层次不高,执行效力受到影响,建议对现行的《预算法》进行补充和修订,以保证政策的执行力。魏陆(2012)认为,在预算公开方面虽然有《政府信息公开条例》、财政部的指导意见等行政法规和部门规章,但总体上看,其立法层次不高,对于预算公开还缺少强有力的法律支撑,导致《保密法》中关于保密信息的相关规定成为一些政府部门拒绝预算信息公开的挡箭牌,他主张结合《预算法》的修订,进一步明确预算公开的范围、时间、主体等相关事项,为预算公开提供强有力的法律保障。而邓淑莲(2012)更是明确强调,在《政府信息公开条例》近期难以上升到法律、《保密法》近期不可能再次修订的情况下,建议通过《预算法》的修订来为财政透明提供法律保障。相似地,胡锦光和张献勇(2011)也提出了修订《预算法》的重要性,并且认为预算公开事项应当由修订后的《预算法》而不是《预算法实施条例》

加以规范。

2. 其他方面的激励性制度安排

在这一方面,上海财经大学公共政策研究中心(2009—2013)确定了以113个问题为指标的透明度评价体系,连续五年就我国省级财政信息公开状况进行了评估,基于评估所发现的问题,该中心从《保密法》修订等角度就我国财政信息公开提出了政策建议。另外,张平(2010)强调了“阳光”意识等观念因素对于财政的意义;曾军平(2011)强调了外围的财政决策民主化建设对于政府信息公开的意义;而李燕(2007)与邓淑莲(2012)则建议将财政信息公开纳入政府绩效考核内容当中。

应该说,完整的财政理论分析同时涉及公共财政与公共选择两个层面:全面的理论分析需要告知规范性的、财政透明度的良好做法,即政府该如何做;同时也要考虑为了保证相关的做法能够切实执行,应该如何设计相关的制度和规则。因此,从公共财政与公共选择两个视角来进行分析都是必要的,两者并不矛盾。实际上,在有些方面,两种理论视角所分析的内容可能还是重合的,比如,有关财政透明度做法的制度规定,可以是公共财政视角的良好做法,同时也是公共选择视角的制度性约束。从这个意义上讲,从两个理论视角出发所做的研究都是完全必要的。但现在的问题是,在研究财政透明度的建设方案时,已有的相关研究基本上都是直接以财政透明度的良好做法为导向的。在公共财政层面,财政透明度的具体做法需要满足良好做法相关的要求;而在公共选择层面,相关的制度安排需要保证良好做法的实现。至于我国财政信息改革所需要的阶段性目标,则在很大程度上被相关的研究忽视了。相关的研究只是考虑到财政透明度的良好做法是什么,而没有去考虑如何将目标进行阶段性的分解,以提高透明度建设方案的现实可行性。

15.2.2 有关阶段性推进财政透明度建设的思想

当然,指出已有的研究未能考虑我国财政信息公开阶段性目标的问题,这只是意味着相关的研究并没有给出阶段性目标的具体方案,而并不否定相关的研究包含有阶段性推进我国财政信息公开的思想。实际上,在就促进我国财政透明度建设的政府财务报告制度进行研究时,刘笑霞(2007)就指出,政府会计改革和政府财务报告制度的构建是一项综合性的改革工程,应当采用分阶段、逐步推进的方法来进行。在就我国省级财政透明度进行评估时,基于我国省级财政透明度水平较低的现实等方面的原因,上海财经大学公共政策研究中心(2009)意识到,我国财政信息公开还有很长一段路要走。在讨论我国财政信息公开法制建设时,李燕(2010)认为,财政信息公开机制的建设不可能一蹴而就。肖鹏(2010)、肖鹏和李燕(2011)则认为,结合中国历史、文化、现实经济与社会矛盾等因素,逐步提升政府的预算透明度,促进现代意义上的公共预算和民主财政的形成,倒是一条可行的社会成本较低的改良道路。另外,在对美国等国家的财政信息公开保障制度进行梳理时,李燕(2011)就发现,很多国家在政府信息公开方面都经历了一个逐渐完善的过程,即使对于拥有世界信息公开史上的里程碑之作《信息自由法》的美国,从1813年创办《国会辩论记录》到1946年《联邦行政程序法》的制定,再到1966年通过《信息自由法》,至1976年《阳光下的联邦政府法》,其财政信息公开共花费了160多年。胡锦光和张献勇(2011)、凌岚和张玲(2011)等研究也提出了循序渐进的观点或者类似的想法,提到制度改革和建设可采取分阶段的方法。肖鹏和阎川(2013)、王洛忠和李帆(2013)发现地方财政透明度与地区经济发展水平、地区居民受高等教育比例、地区FDI等指标存在高度正相关,他们认为可以考虑根据地区经济发展水平的差异而出台差异化的财政信息公开的指导性框架,主张鼓励东部地区先行先试,为其他地区树立标杆和样板,循序渐进地推进全国范围内的财政预算公开。但每一个地区都要制定预算公开的线路图和时间表,确保预算公开逐步深入和规范。也就是说,阶段性问题已经被相关的研究提到了,但问题是,相关的研究未能就阶段性方案的具体实施给出明确的方案,而只是笼统地提出"明确时间表,积极创造立法条件"。另外,葛永波和申亮(2009)曾从信息披露对象、范围、内容、具体程度与方式等方面给出了就透明度程度进行度量的分析框架,该框架对不同层次的透明度水平进行了区分,但研究者也只是希望能为财政透明度的改进提供某些有益的思路,而未能提出具体的实施方案。至于嵇明(2011),他的研究中不仅有阶段性目标的思想,同时也有具体的措施。在考虑我国财政透明度建设方案时,他指出,既要看到推进财政信息公开的重要性和必要性,也要结合客观实际有序推进。他认为,从步骤考虑看,与公众切身利益密切相关的优先公开(比如教育、医疗、卫生等民生支出的公开),条件成熟的优先公开。显然,这里的方案已经涉及推进的具体举措。但问题是,强调民生支出与"三公"经费的优先公开,那下一步以及再下一步公开的内容是什么呢?此项研究依旧未能对此给出一个明确的回答。

有意思的是,在实践层面,与整体改革的渐进思路相一致,自2008年5月1日正式颁布并开始施行《中华人民共和国政府信息公开条例》以来,我国财政信息公开基本上是按照渐进式改革的思路推进的。在这一方面,有诸多的文件都给出了逐渐推进财政透明度建设的表述。比如,2010年的人大预算执行报告就指出:"财政政务公开力度进一步加大,及时性和透明度逐步提高。"同时,国务院也曾有这样一个表态,在两到三年内把中央的部门预算向社会公开。而在地方层面,2009年11月5日,上海市财政局在其官方网站上公布了《推进市级预算信息公开的实施方案》,该方案中提到,将逐步扩大报送市人代会的部门预算范围,2010年扩大到100个部门,2011年实现市级部门预算全部报送(涉及国家安全的部门除外)。其实,与渐进式改革的思路相一致,在信息公开的具体结果方面,我国财政透明建设有逐渐提升的趋势。在这一方面,上海财经大学公共政策研究中心(2009—2013)就我国省级财政透明度所做的系列评估结果就表明,31个省份的透明度评分是逐年上升的。就上述思想而言,与理论研究上所存在的问题具有相似性,我们目前还是缺少一个思路明确的财政透明度提升方案。也正因为如此,本研究试图就我国财政透明度建设的阶段性方案做出探讨。

15.3 财政透明度的规范目标与现状

在直观意义上,财政透明度建设所涉及的是从现实起点到目标终点的运动。因此,要确定透明度建设的阶段性目标,作为分析的前提,我们首先应该确定财政透明度建设的规范目标,并就我国财政透明度进程所处的位置做出判断。

15.3.1 财政透明度的规范目标

应该指出的是,财政信息公开的阶段性目标所强调的是改革进程的阶段性,它并不否定以良好做法作为透明度的长远目标。特别地,鉴于财政透明其实是历史潮流,是一种不可抗拒的自然趋势,在终极意义上,各个国家都应该以财政透明的良好做法作为基本的目标取向。因此,关于作为目标导向的规范要求,正如Kopits和Craig(1998)有关财政透明度的经典定义所表明的,政府应该向公众最大限度地公开关于政府的结构和职能、财政政策的意向、公共部门账户和财政预测的信息,并从制度、会计、指标与预测的透明度等方面进行详尽阐释,且这些信息是可靠的、详细的、及时的、可理解的且可比较的。

至于财政透明规范体系的具体表述,在这一方面,IMF、OECD与IBP等组织均给出了它们的规范标准。在本研究中,我们采用的是IBP"预算公开调查"项目(The Open Budget Survey)所使用的透明度评价标准及其所对应的透明度的规范体系。之所以选择这一体系,有两方面的原因:一方面是该规范本身的权威性与合理性。IBP所给出的规范体系是一个得到全球公认的比较规范的评估体系,其所涉及的内容与IMF、OECD等组织所给出的规范体系相似。另一方面,也是尤为重要的一方面,是分析数据的可获得性。基于透明度的规范评估体系,从2006年伊始,IBP在世界范围内进行独立的、可比较的预算透明调查,每两年一次,至今共有四次,分别为2006年、2008年、2010年和2012年(见表15-1)。其公布的预算透明度调查结果均以数据的形式呈现(IBP将财政透明度评估的相关数据进行一系列量化处理,为每一个财政信息的披露程度进行赋值,把各项指标归纳为最容易实现、容易实现、不易实现、较难实现和不适用五个类别,分别用分数100、67、33、0、-1和字母a、b、c、d、e来表示),数据的提供为进一步的研究提供了可能。[①] 至于IMF和

① IBP透明度评估项目的相关资料都来自网站http://survey.internationalbudget.org。

OECD 的规范标准，目前还缺乏系统的以其作为判断标准的透明度评估以及相应的评估数据，如果使用此类规范进行研究，就会面临基础数据不足的问题。

表 15-1 IBP 预算公开调查项目概况

事项	2006 年	2008 年	2010 年	2012 年
国家数	59	85	94	100
中国是否被评估	否	是	是	是
调查所涉及的问题数	125	125	125	125
其中透明度评估所涉及的问题数	95	95	95	95

关于 IBP“预算公开调查”体系的具体情况，该评估体系共涉及 125 个问题。这 125 个问题主要包括“预算公开指数”（Open Budget Index）与“监管问题”（Oversight Question）两个维度的内容。前者是评估公众获得预算信息情况与预算公开相关的一系列指标，包括 95 个问题；后者则是与预算监管有关的指标，涉及的是公众参与预算机会和政府重点监督机构让执行者负担公信力的能力有关的话题，包括 27 个问题。[①] 在进行国际透明度评估排名时，由于单纯的预算监管并不属于财政透明的规范范围，IBP 最后所使用的指标是“预算公开指数”所包含的 95 个问题。与此相一致，在确定我国财政透明度的阶段性目标时，我国所选择的目标规范也以这 95 个问题所对应的透明度规范为基本界限（见附表 15-1）。

从这 95 个问题所涉及的评估体系来看，IBP 的透明度评估是一个针对从预算的编制审批到执行的，涉及整个预算过程的全方位评估。同时，评估不仅涉及行政部门的报告，同时也考察了审计报告：财政年度结束后及时公布由独立审计机关对政府预算执行过程的审计报告。这使得此项评估所涉及的预算文件包含了行政部门的预算案或其他预算辅助文件（Executive's Budget Proposal or any Supporting Budget Documentation）、预算前声明（Pre-Budget Statement）、年内报告（In-Year Reports）、年中预算回顾（Mid-Year Review of Budget）、年终预算报告（Year-End Report）、审计报告（Audit Reports）、法定预算（Enacted Budget）与公民预算（Citizens Budget）等与预算相关的诸多报告文本。各报告所涉及的问题个数及其具体的问题号依次分别为 58 个（Q1—Q58）、3 个（Q60—Q62）、8 个（Q63—Q64，Q66—Q71）、4 个（Q73—Q76）、10 个（Q77—Q86）、7 个（Q87—Q89、Q91、Q95、Q96、Q108）、1 个（Q101）和 4 个（Q109—Q112）。至于针对各报告文本进行评估时所涉及的财政信息的具体内容，主要包括三个方面（见表 15-2）。

① 另外三个问题（Q65、Q72 和 Q113），IBP 在性质上没有将它们进行归类，我们尚不清楚它们属于何种性质的问题。

表 15-2　IBP 透明度评估框架

透明度维度			概要	所涉的问题号
信息公开内容	财政收支信息	基本财政收支信息	预算年度内财政支出（按部门、按功能、按经济性质与项目分类）、收入（税收收入与非税收入）与债务（规模、结构与利息支付）的预算信息	Q1—Q4，Q7—Q8，Q11—Q13，Q70—Q71
		特殊财政收支信息	预算外资金，政府间转移支付，对公共机构的转移支付，准财政活动，持有的金融资产和非金融资产，逾期未了结的支出、或有债务、远期债务，捐赠，税式支出，基金收入	Q35—Q46，Q86
		年度扩展收支信息	多年期收支的估计（总量、明细及调整），以前年度基本财政收支的实际数据，对前预算年度收支的估计	Q5—Q6，Q9—Q10，Q18—Q21，Q23—Q24，Q27—Q28，Q30—Q31，Q33，Q74，Q76
	非财政收支信息	前提信息	宏观经济预测、宏观经济和财政框架及其变化，让贫困人口直接受益的政策、政府政策和优先事项，受益人数等非财务数据、公众优先性	Q14、Q61、Q73，Q55、Q62，Q50、Q111
		结果信息	支出绩效指标，对实际结果的审计数据	Q52，Q78，Q89，Q91
		关联信息	不同宏观经济假设与政策方案调整对预算收支的影响，预算与政策目标（本年度及多年期）的联系，绩效指标与绩效目标的联系	Q15—Q17，Q48—Q49，Q54
		偏差信息	法定收支、宏观经济预测、非财务数据、绩效指标以及旨在使最贫困人口直接受益的法定基金水平等数据与实际结果的偏差	Q79，Q81—Q85
信息公开形式	完整性		上一年预算年度估计所包含的实际收支数、机密事务支出所占比重、年内报告所涵盖的支出比重、审计报告所涵盖的支出比重	Q22，Q29，Q47，Q64，Q68，Q88
	一致性		预算收支与运行结果的一致性	Q25，Q32，Q34，Q66，Q69
	可比性		以前预算支出与本年度支出	Q26
	有效性		非财务数据对于支出评估是否有用，绩效指标对于评估是否有用	Q51，Q53
	及时性		预算案的公开，形成预算提案的时间表，按时编制和发布预算，预算前描述的公开，年内报告公开的频率，年终报告的公开，审计报告的公开	Q56—Q60，Q63，Q67，Q77，Q87
	详细性		支出的详细性，解释的详细性，公民预算	Q75，Q80，Q101，Q109
	可获得性		公众对于审计的意见与结果，立法机关对有关秘密项目审计报告的可获得性，追踪行动报告，公民预算	Q95，Q96，Q108，Q110，Q112

首先，是财政收支信息。作为一种收支体系，财政涉及收入和支出两个方面。因此，在最基本的意义上，财政信息公开是财政收支信息的公开。也正因为如此，IBP的透明度评估体系是以财政收支信息的公开作为基础的。具体涉及以下三大类信息：一是基本的财政收支信息。主要是预算年度内基本的财政支出信息（要求分别按部门、功能、经济性质与按项目进行分类）、预算年度内基本的财政收入信息（税收与非税收入按来源的信息）、债务信息（包括债务类型及其利息支付的信息）。二是特殊的财政收支信息，如政府间转移支付、对公共企业的转移支付、捐赠、预算外收支、专项基金、准财政活动、政府所持有的金融资产和非金融资产、待付款、或有负债与税式支出等方面的信息。三是基本财政收支信息的年度扩展信息。包括有关预算与执行情况的差别的信息以及其他预算年度的信息。其中其他预算年度的信息又包括以前预算年度的实际信息、估计信息与多年期的对未来年度财政收支的估计信息。对于以前年度的信息，之所以作为评估和考察的内容，一方面是因为预算本身是一个连续的过程，公开有必要；另一方面是因为同时公开以前年度的同类信息有利于社会公众对预算进行评估和监督。至于未来年度的信息，这是中长期预算的重要组成部分，预算信息的透明与公开不仅有利于就财政稳健性做出评估（从预算年度看），同时也有利于对财政操作的精确性与可靠性做出评判（从之后的预算年度看）。

其次，是非财政收支信息。IMF的透明度原则（主要是第三原则）不仅要求公开财政收支，而且还强调要公开预算得以编制的宏观经济假设等非财政收支的信息。具体包括四种类型：一是预算形成的条件信息，主要是作为预算规划基础的宏观经济预测信息以及政策目标等方面的信息；二是预算的结果方面的信息，主要是绩效指标方面的信息；三是各类型信息之间的关联信息，比如，收支与政策之间的关联；四是反映结果变化的偏差信息。对于这几类非财政信息，之所以需要公开，其原因在于：财政信息公开的目的不在于简单地将财政信息公之于众，而在于方便社会公众对预算过程中财政收支的合理性进行评估。而要做到这一点，上述基础信息的公开是不可或缺的。离开预算编制的相关前提基础及其执行结果，我们很难就政府收支本身的合理性做出评价。也正因为如此，除了告诉公众收支等信息之外，政府还应该告诉公共资金的来龙去脉，说清楚资金由谁使用，用在什么地方，使用的效果如何，以使公众由此判断政府的规模是否恰当、公共支出的结构是否合理（胡锦光和张献勇，2011）。当然，作为前提基础，除了宏观经济假设等信息之外，IMF的标准中还有其他方面的规范要求，比如向公众公开其结构和功能：IMF在《财政透明度手册（修订版）》中所提出的透明度的第一原则就是“对政府作用和责任的澄清”。该原则涉及确定政府的结构和功能、政府内部的责任以及政府与经济中其他部门的关系等方面的内容。但 IBP 的项目并未对此给予特别的考虑,IMF 所考虑的非财政信息主要是宏观经济假设、预算绩效指标及其结果。

最后,公开相关信息的形式要求。财政信息公开,实现预算透明,不仅需要公开与预算有关的信息,同时也涉及如何公开等方面的规范要求:Kulzick(2004)认为透明度应该包括准确性、一致性、恰当性、完整性、清晰性、及时性、便捷性和治理与执行;刘笑霞和李建发(2008)则区分了核心质量要求与非核心质量要求。其中,对于核心质量要求,就是财政透明度应该具有完整性、及时性与可靠性;而非核心质量要求包括可理解性、一贯性和可比性等。也正因为如此,在确定财政透明度的良好做法时,除了信息本身的要求之外,IMF 对财政信息公开的形式属性也提出了规范要求,包括信息公开的及时性①、频率、全面性、详细性与可获得性等方面。其中,财政数据公开的及时性关注的是数据的参考期结束到公布日期之间的时间间隔(在 IMF 的透明度规范中,第二原则是"公众获得信息的难易程度",强调在明确规定的时间内公布全面财政信息);而财政信息公开的频率指的是数据按月、季与年等进行编制的频率(赵倩,2009)。为了保证信息公开的及时性与频率,IMF 分别于 1996 年和 1997 年制定了数据公布特殊标准(Special Data Dissemination System, SDDS)和数据公布通用系统(General Data Dissemination System, GDDS)并向成员国提供,正如表 15-3 所表明的,该系统使各国在向公众提供全面、及时、准确、可靠和容易获得的数据方面有共同的依据(赵倩,2009)。另外,IMF 的第四原则是"对真实性的独立保证",此方面的要求涉及对财政信息进行独立检查的需要。与上述形式属性相一致,IBP 的评估标准也包括及时性、完整性与可获得性等方面的要求。

表 15-3 GDDS 和 SDDS 对财政数据公布的具体规定

	应公布的核心指标	鼓励公布指标	频率	及时性
GDDS	中央政府收入、支出、盈余(赤字)和融资、视具体情况细分(按债务持有人、币种与期限)	利息支付	季度	1 个季度
	中央政府内债和外债、视具体情况细分(按债务持有人、币种与期限)	政府担保债务	年度	1—2 个季度

① BCBS 在题为"增强银行透明度"的研究报告中也强调:单纯的披露未必会导致透明。为了达到透明,银行需要提供及时、准确、相关及充分数量和质量的信息,以便信息使用者恰当地评估机构的活动和风险分布(刘笑霞和李建发,2008)。

（续表）

	应公布的核心指标	鼓励公布指标	频率	及时性
SDDS	广义政府收入、支出、盈余（赤字）和融资、视具体情况细分（按债务持有人、币种与期限）	利息支付	年度	2 个季度
	中央政府收入、支出、盈余（赤字）和融资、视具体情况细分（按债务持有人、币种与期限）	利息支付	月度	1 个月
	中央政府内债和外债、视具体情况细分（按债务持有人、币种与期限）	债务还本付息预测	季度	1 个季度

资料来源：赵倩（2009）。

15.3.2 我国财政透明度的现状

自 2008 年国务院颁布并实施《政府信息公开条例》以来，我国在财政信息公开的法律法规的制定与政策实施上做了大量工作。

首先，是财政信息公开的制度建设。在《政府信息公开条例》公布之前，根据《经济工作中国家秘密及其密级具体范围的规定》（由原计委、财政部和国家保密局等部委于 1997 年联合制定）等文件的相关规定，全国财政收入、财政支出、国家年度预算草案、中央年度预算草案及其收支款项的年度执行情况、国家年度决算草案、中央年度决算草案和未公布的国家决算、中央决算收支款项等属于绝密的财政事项；而各省、自治区、直辖市及计划单列市和省会城市财政收入、财政支出等则列为机密事项。[①] 但是，与此等规定不同，《政府信息公开条例》第 10 条明确将财政预算、决算报告与行政事业性收费的项目、依据与标准作为政府信息重点公开的内容。以《政府信息公开条例》的颁布实施为契机并受其带动和影响，国家出台了一系列制度和规章，以保障财政信息公开工作的落实（见表 15-4）。具体涉及两方面的内容：（1）全国人大对于《预算法》的修订工作。自十一届人大于 2008 年组成以后，推进修订《预算法》及其实施条例已成为人大立法的重要内容，《预算法》二审、三审稿都将财政透明作为预算管理的基本原则之一。（2）中共中央办公厅、国务院办公厅以及以财政部为代表的由部门发布的有关财政信息公开的意见和办法。相关制度文件明确了信息公开的主体：各级政府财政部门负责本级财政信息特别是政府总预算、决算的公开；各部门负责本部门财政信息特别是预算、决算的公开；对财政信息公开的具体时间和频率也做了规定（嵇明，2011）。

其次，是财政信息公开的政策制定。自《政府信息公开条例》颁布实施以来，党和政府都大力推进我国的财政信息公开，诸多的重要报告、文件及会议都将预

---

① 参见李燕（2011）。

算透明作为施政的重要目标(见表15-4)。在《政府信息公开条例》颁布实施之前,2006年8月通过的《中华人民共和国监督法》对此有一定的修改。《监督法》规定,权力机关听取的预算执行情况的报告及审议意见应当向本级人民代表大会通报并向社会公布。而党的十七大报告(2007年)则提出“让权力在阳光下运行”的目标。在谈到发展社会主义民主政治时,十七大报告还指出:“要保障人民的知情权、参与权、表达权和监督权,……要增强决策的透明度和参与度。”但从整体上来说,财政信息公开还是受到了诸多的限制。

表15-4 2008年以来我国财政透明度的制度建设与政策制定概览

内容	制度、会议和(或)文件	时间	内容概要
制度建设	《关于进一步推进财政预算信息公开的指导意见》(财政部:财预〔2008〕390号)	2008年9月	将政府预算、部门预算、预算执行以及财政转移支付等内容作为重点公开内容
	《国务院国资委国有资产监督管理信息公开实施办法》(国务院国有资产监督管理委员会负责)	2009年2月	规定国资委主要职责、内设机构、办事程序;国资委所出资企业生产经营总体情况;所出资企业国有资产有关统计信息;所出资企业国有资产保值增值、经营业绩考核总体情况等十五大类信息都应公开;此外,还对国资委所应公开的方式和程序等做了规定
	《关于进一步推进区县预算信息公开的指导意见》(上海市财政局:沪财预〔2009〕106号)	2009年10月	要求下属区县公开政府预算、部门预算与政府采购等六项财政收支信息
	《关于进一步推进市级预算信息公开的实施方案》(上海市财政局:沪财预〔2009〕111号)	2009年11月	从政府预算、部门预算与政府采购等五个方面就信息公开的范围做出界定
	《社会保险法草案》(全国人大常委会第三次审议)	2009年12月	规定全国社会保障基金应当定期向社会公布收支、管理和投资运营的情况
	《国务院办公厅关于做好政府信息依申请公开工作的意见》(国务院办公厅:2010年国办发〔5〕号)	2010年1月	对于“一事一申请”以及研究课题类申请等公开问题做出了专门的制度规定

（续表）

内容	制度、会议和（或）文件	时间	内容概要
制度建设	《关于进一步做好预算信息公开工作的指导意见》（财政部：2010财预〔31〕号）	2010年3月	就“积极做好预算信息主动公开工作”“认真做好预算信息依申请公开工作”与“切实做好预算信息公开相关基础工作”做了明确的规定
	《关于深化政务公开加强政务服务的意见》（中共中央办公厅、国务院办公厅）	2011年6月	各级行政机关要严格执行政府信息公开条例，主动、及时、准确公开财政预算决算、重大建设项目批准和实施、社会公益事业建设等领域的政府信息。各级政府财政总预算和总决算，部门预算和决算，以及政府性基金、国有资本经营等方面的预算和决算，都要向社会公开。公开的内容要详细全面，逐步细化到“项”级科目。各部门要逐步公开出国出境、出差、公务接待、公务用车、会议等经费支出
	《预算法》修订案二审稿（全国人大）	2012年6月	将财政透明度列为预算管理的基本原则之一
	《机关事务管理条例》（国务院第621号令）	2012年10月	第7条规定：“各级人民政府应当依照国家有关政府信息公开的规定建立健全机关运行费公开制度，定期公布公务接待费、公务用车购置和运行费、因公出国（境）费等机关运行经费的预算和决算情况。”
	《预算法》修订案三审稿（全国人大）	2014年4月	将财政透明度列为预算管理的基本原则之一
政策制定	十一届全国人大三次会议《政府工作报告》	2010年3月	根据代表委员们的建议，国务院增加了关于“增加财政预算的透明度”的表述，将其作为政府工作的重要任务
	国务院第三次廉政工作会议（温家宝主持）	2010年3月	将“完善财政预算制度，推进预算公开透明”作为当年反腐的七大重点工作之一。在讲话中，温家宝总理指出：“要把政府所有收支全部纳入预算管理，建立健全政府公共预算、政府性基金预算、国有资本经营预算和社会保险预算制度，形成覆盖政府所有收支的预算体系。推进财政预算公开，政府公共支出、基本建设支出、行政经费支出预算和执行情况等都要公开，让老百姓清清楚楚地知道政府花了多少钱、办了什么事，能够有效监督政府。继续开展‘小金库’治理工作。”

（续表）

内容	制度、会议和（或）文件	时间	内容概要
政策制定	国务院常务会议（温家宝主持）	2011年3月	决定在当年6月向全国人大常委会报告中央财政决算时，将中央本级“三公”经费支出情况纳入报告内容，并向社会公开，接受社会监督
	《中华人民共和国国民经济和社会发展第十二个五年规划纲要》	2011年3月	国家“十二五”规划明确将“健全预算公开机制，增强财政透明度”作为未来“完善预算管理制度”的重要内容
	国务院常务会议（温家宝主持）	2011年5月	会议强调，要进一步细化公开中央财政总预算和总决算；要继续推进中央部门预算和决算公开；要公开出国（境）费、车辆购置及运行费、公务接待费即“三公”经费和行政经费支出情况；要公开中央对地方转移支付资金管理办法；要大力推进地方财政预算、决算公开。会议要求，对公开的财政预决算要作出通俗易懂的说明，并与预决算同时公开
	《2012年政府信息公开重点工作安排》	2012年5月	就财政预算和决算信息的公开、“三公”经费和行政经费的公开以及其他方面的信息公开工作做出了部署。其中，在“三公”经费的公开方面，要求中央部门必须公开车辆购置数量及保有量、因公出国（境）团组数量及人数、公务接待有关情况；省级政府的“三公”公开也将在两年内实现
	国务院第一次廉政工作会议（李克强主持）	2013年3月	李克强总理指出，要管好钱财，需要改革预算，建立公开、透明、规范、完整的预算制度。至于如何公开，李克强认为：“基本要求是以公开为原则，不公开为例外。除国家秘密、商业秘密和个人隐私外，所有政府信息都要公开，不宜公开，或暂时不宜公开的，要有一套细的政策和管理办法。”而对于已经公开的内容，比如“三公”经费的问题，“公开的形式要通俗，要让老百姓看得懂，知道政府的钱是怎么花的、花了多少钱、办了什么事。”
	《中共中央关于全面深化改革若干重大问题的决定》	2013年11月	将“透明预算”作为现代财政制度建设的重要组成部分

受相关法律、法规与政策的影响，自2008年以来，各级政府都加强了财政信

息的公开工作。①

1. 中央层面

(1) 2009 年全国“两会”后,财政部第一时间在其官方网站上正式公开了由全国人民代表大会批准的预算的“四张表”:2009 年中央财政收入预算表、2009 年中央财政支出预算表、2009 年中央本级支出预算表以及 2009 年中央对地方税收返还和转移支付预算表。

(2) 2010 年 3 月 25 日,除了 2009 年公开的四张表外,财政部还及时将经全国人大审议通过的其他“八张表”——中央财政国债余额表、中央政府性基金收入预算表、中央政府性基金支出预算表、中央本级政府性基金支出预算表、中央对地方政府性基金转移支付预算表、中央国有资本经营预算收入表、中央国有资本经营预算支出表、中央财政地震灾后恢复重建基金收支表——向社会公开,共公开了 12 张表。

(3) 2010 年 3 月 30 日,国土资源部率先在其官网上发布了 2010 年部门预算。之后,财政部、住房和城乡建设部、科技部等也于 2010 年 4 月公开了其部门预算。在 2010 年报送全国人大审议预算的 98 个中央部门中,有 75 个中央部门向社会公开了部门预算中的收支预算总表和财政拨款预算表,有的部委还附列了数据说明(嵇明,2011)。

(4) 2011 年,公开部门预算的中央部门数量增加到 92 个,并有 90 个中央部门公开了部门决算(王洛忠、李帆,2013)。并且,我国在社会关注度非常高的“三公”经费的公开上终于迈出了重要的一步。

(5) 2012 年,部委公开的部门预算内容更加细化,而且基本统一了格式,公开的内容有部门主要职责和预算单位构成、部门预算表、部门预算安排情况说明等。同时,进一步拓宽了信息公开的渠道(如加强政府的门户网站的建设)并努力通过通俗语言乃至图表等易于理解的方式来增加财政信息的可读性与可理解性。

2. 地方层面

受中央示范的带动和影响,地方政府预算公开的力度也在不断地加大。2009 年 10 月 22 日,广州市财政局网站公开了 2009 年广州市本级部门预算,涉及 114 个部门,产生了很大的社会反响。而在四川省巴中市白庙乡则于 2010 年 3 月公示开支明细。通过乡政府网站和公示栏等载体公布了《白庙乡 2010 年财政收入项目表》《白庙乡 2010 年财政预算支出项目表》《巴中市巴州区白庙乡单位在职人员

① 尽管《政府信息公开条例》是 2008 年开始颁布并实施的,但财政信息公开工作在此之前就已经开展。1999 年 6 月,国家审计署代表国务院在第九届全国人大常委会第十次会议上做了《关于 1998 年中央预算执行情况和其他财政收支的审计工作报告》。之后,全国人大常委会要求从 2000 年开始,中央政府各部委应在政府整体预算之外单独向其报告本部门的预算。

工资表》以及该乡政府机关2010年1月和2月的公务开支明细表等内容。

然而,在充分认识我国财政信息公开历史进展的同时,我们也意识到,从整体上看,我国财政信息的公开还是很有限的,目前尚处于初级阶段。主要体现在以下两个方面:

首先,是与《政府信息公开条例》等有关的制度规范问题。2008年开始实施的《中华人民共和国政府信息公开条例》是由国务院制定的行政法规,它在位阶上要低于《保密法》。在此情况下,当社会公众向政府提出信息公开的要求时,相关的单位往往就会以《保密法》作为保密的"盾牌"。撇开这一问题不谈,《政府信息公开条例》本身的制度条文也存在诸多的不足:第一,在主体规定上,《政府信息公开条例》只是将行政机关作为信息公开的主体,而未能将人大与政协等单位纳入在公开的范围之内。《政府信息公开条例》第二条规定:"本条例所称政府信息,是指行政机关在履行职责过程当中制作或者获取的、以一定形式记录、保存的信息。"由于没有明确人大和政协的信息公开主体地位,相关单位就可以"理所当然"地认为自己不属于政府信息公开的主体范畴而对信息公开申请不予理会。其实,在本课题组人员参与的一次信息公开申请调查中,有一个省的人大就曾明确表示:自己不属于政府信息公开的主体,不能接受信息公开申请。同时,多部门同时制作信息时信息公开的权力和责任如何划分,《政府信息公开条例》对此没有给予明确的规定,这使得责任主体可能借未获得共同责任单位同意之名而推卸责任。在上海财经大学公共政策研究中心所开展的省级行政收支及相关信息的透明度调查中,针对课题组的信息公开申请,有部分单位就基于共同责任理由而拒绝公开信息。它们在答复中指出,所申请公开的信息涉及我厅本级的部门决算数,由于部门决算具体由我厅负责编制并报财政厅同意,未经财政厅同意,我厅不能予以公开。第二,在客体的规定上,《政府信息公开条例》对公开的内容缺乏明确且详细的规定,并受到《保密法》的牵制。在国外,对于不予以公开的保密信息,它们经常是通过列举的方式来加以展示的,没有列举的信息都属于应该公开的范畴。但在我国,对于保密的范围缺乏明确的界定,相关单位可能借保密之名而不予以公开信息。在上海财经大学公共政策研究中心所组织的透明度调查中,针对课题组的信息公开申请,有部分单位就基于保密的理由而对信息公开申请给予拒绝,认为"机构、人员编制与工资情况等信息,属于国家《保密法》保密范围,属于非公开政府信息,暂不予公开"(曾军平,2011)。鉴于《保密法》对于政府信息公开所形成的制约,大家都期待能够对其进行修正。2009年4月1日,国务院常务会议讨论并原则通过《保密法(修订草案)》,2010年4月29日,第十一届全国人大常委会第十四次会议通过了新修订的《保密法》,但新修订的《保密法》其实是强化了保密的概念。《保密法》中关于保密信息的相关规定依旧会成为一些部门拒绝预算信息公开的挡箭牌(魏陆,2012)。第三,在保障机制上,已有的财政信息公开制度还缺乏真正行之有效的惩戒措施和权利救济规则。其中,在惩戒机制的安排上,虽然《政府信息公开条例》在制度上就信息公开主体的责任做出了规定,但仍缺乏具有可操作性和法律强制力的惩戒措施来保障责任条款的实施。对于责任主体违反条例规定的行为,制度所给出的惩戒条款是:“由监察机关、上一级行政机关责令改正;情节严重的,对行政机关直接负责的主管人员和其他直接责任人员依法给予处分;构成犯罪的,依法追究刑事责任。”条款并不具有现实的可惩戒性(曾军平,2011)。与此同时,在权利救济规则的安排上,在国外,当公民申请预算公开而被拒绝时,可以通过司法救济来维护自己的权利。比如瑞典,早在1776年,其宪法就明确规定:公众有权向专门负责收集意见的部门就政府扣留信息的决定提出上诉。而美国的《情报自由法》则更是规定,当行政机关拒绝公开时,当事人有权向机关首长提出申诉,如果首长部分或全部维持拒绝提供记录的决定,机关必须通知申诉人该决定可以申请司法审查(胡锦光和张献勇,2011)。但是,在我国,《政府信息公开条例》对个体救济权利的保护还很有限。

其次,是预算信息公开的局限性。受制度缺陷等多方面因素的制约,我国财政信息公开的力度整体来说是有限的。由于缺乏有力的惩戒制度等方面的原因,《政府信息公开条例》等制度的出台只是强化了责任主体履行义务的道德责任感而不是法律的义务感。而就道德的力量而言,由于其本身的特点,它对财政透明度的提升有影响,但影响的力度比较有限,这就使得政府信息公开制度对财政透明度有明显的推动作用,但作用力度有限(曾军平,2011)。上海财经大学公共政策中心自2009年以来就省级财政透明度所做的评估结果表明:自2009年至2013年,我国省级财政透明度得分的平均数分别只有21.71分、21.87分、23.14分、25.33分和31.40分。即使考虑各年的最高分,我国省级透明度得分的水平也是有限的。2009—2013年期间,各年的最高分分别为68.00分(福建)、50.41分(福建)、43.65分(新疆)、45.20分(湖北)与77.70分(海南)。另外,自2010年开始,上海财经大学公共政策研究中心还对省级行政收支及相关信息的透明度做出了评估,该项调查的结果表明:不管是在态度与责任心的提升方面,还是在实质信息的公开方面,受《政府信息公开条例》等制度的推动和影响,我国财政信息公开取得了具有统计显著性的进步,但是,其影响的力度还很有限(曾军平,2011):各年的百分制得分分别为3.21分、3.03分、4.77分和10.82分(上海财经大学公共政策研究中心,2009—2013)。特别的,上海财经大学透明度调查所采用的评估标准是很低的,调查只要考虑公众需要了解的一些基本财政信息是否能够获得,该评估标准暂且不考察信息的及时性、规范性和真实性,对于信息的具体性也只做了粗浅的调查(上海财经大学公共政策研究中心,2009)。也正因为如此,在IBP

的评估体系下(IBP 的评估体系所设定的标准比上海财经大学公共政策研究中心的透明度评估标准要高很多),我国财政信息公开的透明度水平是很低的:一方面,在相对排名方面,表 15-5 所给出的数据表明,在 2008 年、2010 年和 2012 年这三年的评估中,中国的排名分别为第 63 位、第 79 位和第 86 位,排在中国之后的国家比例分别仅为 25.9%、16.0% 和 14.0%,我国的排名是比较靠后的。另一方面,在得分的绝对水平上,IBP 根据得分高低将相关国家分为提供广泛信息的国家(80—100 分)、提供大量信息的国家(61—80 分)、提供部分信息的国家(41—60 分)、提供少量信息的国家(21—40 分)和提供极少量信息或根本不提供信息的国家(0—20 分)五种类型。在三年的评估中,我国分别与阿富汗等 25 个国家、尼日利亚等 22 个国家以及津巴布韦等 26 个国家同属于提供极少了信息或根本不提供信息的国家(第五类),三次评估的百分制得分分别仅为 14 分、13 分和 11 分。中国远低于发达国家,甚至低于印度、印度尼西亚和赞比亚等发展中国家。在此情况下,尽管对于 IBP 评估框架中的透明度问题,我国已经实现或基本接近规范水平,但本研究依旧将 IBP 的透明度评估框架视为我国财政透明度建设所要追求的目标。特别的,考虑到透明度框架是一个整体,我们也并没有将已经实现或接近透明的问题剔除,已实现透明的相关问题只是在下面的具体分析时才具体涉及。

表 15-5　IBP 评估项目中的中国财政透明度状况

年份	被评估国家数	中国得分			中国排名	
		总分	得满分的问题数	得 67 分的问题数	中国排名	得分低于中国的国家
2008	85	14	5	7	63	斐济等 22 个国家
2010	94	13	7	5	79	洪都拉斯等 15 个国家
2012	100	11	4	8	86	也门等 14 个国家

资料来源:IBP 2008 年、2010 年与 2012 年的透明度评估报告。

15.4　确定阶段性目标的思路与方法

对于给定的财政透明度的规范体系,所谓确定财政透明度的阶段性目标,其实就是就多维透明度规范体系所涉及的指标进行排序:哪些方面的透明度先达到规范的要求?哪些可以稍微滞后一点?既然如此,对于这里所讨论的 IBP 的透明度框架,我们又如何就它所囊括的透明度要求来做理论上的排序呢?

15.4.1　确定阶段性目标的"排序"思路

IBP"预算公开指数"所涉及的 95 小类问题对应着财政信息公开 95 方面的规范性诉求。对于财政透明度良好做法所涉及的方方面面的规范诉求,显然,由于它们所提出的要求存在差异,它们得以实现的难易程度是有差异的。至于哪些诉求和目标比较容易实现,哪些相对比较难,一般地,正如一份试卷中各题的难易可以用考试之后各题的得分情况来做出近似的评估和度量(整体得分高的题相对容易,而得分较低的题相对较难)那样,财政透明度各规范维度得以实现的难易程度可以用各维度的得分情况来加以度量:整体得分较高的规范诉求,其得以实现和做到的难度相对较小,可以作为相对靠前的发展目标;反之,整体得分较低的透明度方面,其得以实现的难度相对较大,可以作为相对靠后的目标。进而,在研究思路上,财政信息公开阶段性目标的确立可以基于“预算公开指数”所涉及的95个问题的得分情况来进行。也就是说,由于我们侧重的是各指标而不是各个国家的得分情况,与IBP的“预算公开调查”项目将重点放在各国家财政透明度水平的差异上不同,本研究所关注的是评估维度之间的差异:作为一个国际性的评估项目,IBP的重点是对各国的透明度水平进行评估并排名,而本研究主要考虑的是透明度各维度得以实现的难度,而国别和(或)地区之间的透明度差异并不是我们所重点关注的内容。

15.4.2 确定阶段性目标的“聚类”方法

在思路上,既然财政透明度的阶段性目标是基于各问题的得分而加以确定的,这似乎意味着,只要我们计算出各问题的平均得分,就可以直接就阶段性目标做出确定。但实际上,问题并非如此简单。一方面,由于透明度问题较多,而各问题的得分往往不同,95方面的诉求可能就是95个阶段性的目标,这会导致阶段性目标过多的问题。另一方面,在目标确定的具体方法方面,由于得分只是财政实现透明度难易的一个非精确度量,以得分的高低来就透明度指标做出“精确”排序往往会存在问题。比如,对于两方面的问题,它们的得分可能会存在相对的差异,但二者得以实现的难易程度也许没有本质的差异,是可以同时实现的。也正因为如此,为了确定财政信息公开的阶段性目标,我们首先采用多元统计分析中的聚类分析方法(又称为“群分析”)来就各指标进行聚类分析。因为,作为一种用数学方法来对样品或指标进行分类的方法,在讨论大量的样品和指标问题时,它要求合理地按各自的特性进行分类。就此处的问题来说,如果能够将透明度所涉及的各维度进行聚类,那么,我们不仅可以将阶段性目标的总的个数控制在一个合理的范围之内,同时,对于属于同一类的透明度问题,在聚类分析中,既然它们同属于一个阶段性目标,这在很大程度上能够克服由于度量的非精确性等问题带来的目标分段时所存在的随机性问题。

至于聚类分析具体如何操作,在技术层面,这有两方面的问题要处理:第一,是聚类方法的选择。聚类分析有系统聚类与K均值聚类两种基本方法。K均值聚类方法要求我们事先能确定聚类的类数,而在本研究中,我们无法事先就合理的类数(即财政透明度阶段性目标的个数)做出事先的判断,因此K均值聚类方法不具有可操作性,我们舍弃此方法而使用系统聚类法。第二,距离的定义。距离的定义涉及两方面的问题:一是样品和(或)指标之间的距离定义,是欧式(Euclidean)距离、明氏(Minkowski)距离、切比雪夫(Chebychev)距离还是马氏(Mahalanobi)距离?此处我们选择欧式距离。因为该距离的定义与我们习惯用的距离定义很一致,使用最多,效果也较好(方开泰和潘恩沛,1982),基本能体现算法的性能并与后面所使用的 Ward 方法相适应。① 二是类与类之间的距离,或者更准确地说是各类代表点(同时也是类距离的"端点")的选择:如果一类样品和指标是多元的,究竟以什么样的点(中点、重心、最近点还是最远点)定义该类?② 对此,与不同的处理方式相对应,理论上有最短距离法、最远距离法、中间距离法、重心距离法与 Ward 法等多种不同的方法。对于最短距离法与最远距离法,它们以单个的点来定义类,是有局限的;而中间距离法和重心法,它们考虑到类中点的"综合"信息,但依旧存在一定的问题。比如重心法,尽管用重心代表一个物体有其合理性,但重心法并不代表类的一切特征(方开泰和潘恩沛,1982)。鉴于此,本研究采用 Ward 的离差平方和方法来定义类与类之间的距离。

15.5 财政透明建设的阶段性目标

基于聚类分析的 Ward 方法,利用 IBP 所得到的 5 组评估数据(2006 年、2008 年、2010 年、2012 年以及这 4 年的综合数据),我们就 IBP 的透明度体系所涉透明度各指标进行聚类分析。当然,对于给定的两个透明度指标,如果两个国家(令其为 A 和 B)的得分情况分别为 A(100,0)和 B(0,100),按照一般的聚类分析方法,这两个指标之间的距离会很大。但实际上,从我们这里所分析的问题来看,其实 A 和 B 完全是重合的,即如果得分的分布是相同的,聚类的结果应该与哪个国家得分无关。鉴于此,在进行聚类分析之前,与一般的聚类分析不同,我们对透明度各维度的得分数据都按从小到大的方式进行排序,以避免得分随机因素对于距离度量的影响。考虑到中国的财政透明度建设同样是世界透明度进程的一部分,在聚类分析中,我们并没有将中国的相关数据剔除掉,而是与其他国家的数据混合在一起。至于聚类的具体情况,由于聚类分析依次涉及分类组数的确定以及给定组数下各组所涉及的样品和(或)指标的性质这两方面的问题,结果的报告也就从相对应的两个方面来进行。

15.5.1 阶段性目标的阶段数

对于分类组数的确定,基于 SPSS 所给出的聚类谱系图可以看出,各组数据都适合分二类、三类和四类(当然,它们也适合分为一类,但由于此种分类情况与确

① 因为 Ward 的离差平方和方法要求使用欧式距离。

② 如果类中的样品和(或)指标只有一个,则该类所对应的"端点"就是该样品和指标。

定阶段性目标的思路以及聚类分析本身的目的不一致,我们将此情形排除在分类的类型之外)。至于其他更进一步的分类数,对于2006年、2008年和2010年的数据,直观上它们也都适合分为5类,但2012年的数据与四年的综合数据都不支持五分类法,它们所支持的更进一步的分类数分别为七类和六类。考虑到不同的数据组在分类数的确定上存在一定的差异,而组数分得太多也没有必要,为可靠起见,本研究只关注各组数据都支持的分类数,即只考虑四类、三类和二类这三种分类情况。

基于三种可能的分组类型,我们首先在分四类的假设前提下就IBP的95个透明指标进行聚类分析。表15-6给出了五组数据分别分四类所得到的聚类结果以及最后通过求众数而得到的最终的分类结果。至于分三类与分两类所得到的分类情况,基于聚类的结果(求众数后的最终结果而不是每组数据所得到的结果)可以看出:其一,如果分三类,其结果与分四类的结果没有根本的差异,唯一的不同就在于此时会将四分类法中的第一类和第二类合并成一类(即三分类法中的第一类),相应地,四分类法中的第三类和第四类则成为第二类和第三类;其二,如果分两类,其最后的结果则是进一步将三分类法中的第二类和第三类合并成一类,而三分类法中的第一类则保持不变。① 鉴于此,为节省篇幅,我们这里没有将三分类与两分类的结果展示出来。同时,我们将阶段性目标的个数(分类的类数)定为四个。当然,这样来处理并不意味着两阶段目标与三阶段性目标不合理。实际上,由于分类结果之间的关系,一旦我们就其中的阶段性目标进行综合,就可以缩小阶段性目标的大类数(各大类中其实包含着小的阶段性目标)。将阶段性目标定为四个,无非是有利于阶段性目标的更具体的表述。

表15-6 透明度各维度的聚类情况表:四分类结果

指标(问题)		2006	2008	2010	2012	四年综合	求众数	平均得分
第一组	Q1	1	1	1	1	1	1	74.6
	Q2	2	1	1	1	1	1	61.0
	Q3	1	1	1	1	1	1	65.1
	Q4	2	1	1	1	1	1	62.0
	Q7	1	1	1	1	1	1	74.3
	Q8	1	1	1	1	1	1	72.2
	Q12	1	1	1	1	1	1	74.5
	Q27	1	1	1	1	1	1	66.5

① 唯一的例外是Q88。在四分类法与三分类法中,它分别属于第三组和第二组,从整体来看,在两分类法中,它应该属于第二组,但实际上此时它归属于第一组。

（续表）

指标(问题)		2006	2008	2010	2012	四年综合	求众数	平均得分
第一组	Q56	1	1	1	1	1	1	72.3
	Q63	1	1	1	1	1	1	62.6
	Q64	1	1	1	1	1	1	63.9
	Q67	1	1	1	1	1	1	64.2
	Q68	1	1	1	1	1	1	68.6
	Q70	2	2	1	1	1	1	57.4
	Q77	1	1	1	1	1	1	66.7
	Q101	1	1	1	1	1	1	73.3
第二组	Q5	2	2	2	2	2	2	49.8
	Q9	2	2	2	2	2	2	47.2
	Q11	2	2	2	2	2	2	53.5
	Q14	3	2	2	2	2	2	55.4
	Q18	2	2	1	1	2	2	61.5
	Q19	2	2	2	2	2	2	49.9
	Q20	2	2	2	1	2	2	58.0
	Q22	2	2	2	2	2	2	53.0
	Q23	2	2	2	1	2	2	59.3
	Q25	2	2	2	2	2	2	56.5
	Q26	2	2	2	1	2	2	56.5
	Q28	2	2	1	1	2	2	62.1
	Q29	2	2	2	1	2	2	58.5
	Q30	2	2	2	1	2	2	59.6
	Q31	2	2	2	2	2	2	50.2
	Q32	2	2	2	1	2	2	57.8
	Q34	2	2	2	2	2	2	55.1
	Q36	3	2	2	2	2	2	51.9
	Q57	2	2	2	2	2	2	54.5
	Q58	3	2	2	2	2	2	49.4
	Q66	2	2	2	2	2	2	54.1
	Q69	2	2	1	1	2	2	60.6
	Q89	2	2	2	2	2	2	49.4

（续表）

指标（问题）		2006	2008	2010	2012	四年综合	求众数	平均得分
第三组	Q6	3	3	3	3	3	3	34.2
	Q10	3	3	3	3	3	3	35.4
	Q13	3	3	3	3	3	3	38.8
	Q16	3	3	3	3	3	3	36.3
	Q17	3	3	3	3	3	3	36.9
	Q21	3	3	3	3	3	3	43.2
	Q24	3	3	3	3	3	3	38.1
	Q33	3	3	3	3	3	3	45.4
	Q35	3	3	3	3	3	3	35.9
	Q37	3	3	3	3	3	3	41.1
	Q44	3	3	3	3	3	3	34.4
	Q46	3	3	3	3	3	3	40.3
	Q48	3	3	3	3	3	3	45.5
	Q55	3	3	3	3	3	3	40.6
	Q60	3	3	3	3	3	3	36.3
	Q61	4	3	3	3	3	3	31.0
	Q62	4	3	3	3	3	3	29.3
	Q71	3	3	3	3	3	3	41.3
	Q78	4	3	3	3	3	3	32.1
	Q79	3	3	3	3	3	3	43.5
	Q80	3	3	3	3	3	3	41.6
	Q81	3	3	3	3	3	3	45.7
	Q87	3	3	3	3	3	3	44.1
	Q88	3	2	3	3	2	3	49.4
	Q91	4	3	3	3	3	3	32.6
	Q96	3	3	3	3	3	3	32.8

（续表）

指标(问题)		2006	2008	2010	2012	四年综合	求众数	平均得分
第四组	Q15	4	4	4	4	4	4	17.5
	Q38	4	4	4	4	4	4	12.6
	Q39	4	4	4	4	4	4	17.6
	Q40	4	4	4	4	4	4	10.6
	Q41	4	4	4	4	4	4	10.0
	Q42	4	4	4	4	4	4	24.6
	Q43	4	4	4	4	4	4	20.2
	Q45	4	4	4	4	4	4	22.2
	Q47	4	4	4	3	3	4	26.6
	Q49	4	3	4	4	4	4	29.5
	Q50	4	3	4	4	4	4	32.7
	Q51	4	4	4	4	4	4	24.2
	Q52	4	4	4	4	4	4	27.4
	Q53	4	4	4	4	4	4	21.6
	Q54	4	4	4	4	4	4	24.4
	Q73	4	4	4	4	4	4	22.3
	Q74	4	4	4	4	4	4	18.6
	Q75	4	4	4	4	4	4	15.3
	Q76	4	4	4	4	4	4	19.0
	Q82	4	4	4	4	4	4	25.0
	Q83	4	4	4	4	4	4	18.7
	Q84	4	4	4	4	4	4	13.8
	Q85	4	4	4	4	4	4	18.6
	Q86	4	4	4	4	4	4	24.4
	Q95	4	4	4	4	4	4	13.5
	Q108	4	4	4	4	4	4	22.2
	Q109	4	4	4	4	4	4	15.8
	Q110	4	4	4	4	4	4	4.4
	Q111	4	4	4	4	4	4	1.5
	Q112	4	4	4	4	4	4	2.3

从表 15-6 所给出的分类结果可以看出，整体上看，95 个透明度指标的分类与

各指标的平均得分水平存在密切的关联：平均得分高的指标与平均得分高的指标聚集在一起，平均得分低的指标则与得分低的指标聚集在一起。其中，对于第一类指标（共16个），它们四年的平均得分在57.4分到74.6分之间，其得分是相对较高的；而第二类、第三类与第四类所涉及的相关指标（其个数分别为23个、26个和30个）的得分区间则分别处在49.4分到62.1分、29.3分到49.4分以及1.5分到32.7分之间。四类指标的得分区间尽管有一点重合，但整体上是按分数的高低来排序的。这说明，类与类的差异，其实反映了相关透明度指标的实现难度的差异。与此同时，对于各类的透明度问题（不管是四分类、三分类还是二分类），我国目前的财政透明度水平离规范要求都有一定的距离（尽管在个别问题上已经符合财政透明的规范要求）。表15-7所给出的统计结果表明，在2008年、2010年和2012年的评估中，我国各个层次的阶段性目标分数都比较低。其中，对于第一类的透明度要求，在2008年、2010年与2012年的评估中，其得分为100分与67分的问题数都是8个，得分的频次都是16.7%。也就是说，即便是对于第一组所涉及的透明度维度，我国目前的透明度也是不够的。因此，对于各类规范，我们都可以将其视为我国财政信息公开所要实现的阶段性目标。至于各阶段性目标所包含的具体内容，我们可以基于各类指标所涉及的问题来做出确定。

表15-7 我国财政透明度的分类得分情况

组别	年份	各得分项次				
		100	67	33	0	-1
第一组	2008	1	3	0	12	0
	2010	4	2	0	10	0
	2012	3	3	0	10	0
	小计	8	8	0	32	0
	频次	16.7	16.7	0.0	66.7	0.0
第二组	2008	3	0	0	20	0
	2010	0	1	1	21	0
	2012	0	1	1	21	0
	小计	3	2	2	62	0
	频次	4.3	2.9	2.9	89.9	0.0
第三组	2008	1	1	5	19	0
	2010	2	2	3	19	0
	2012	1	3	2	20	0
	小计	4	6	10	58	0
	频次	5.1	7.7	12.8	74.4	0.0

（续表）

组别	年份	各得分项次				
		100	67	33	0	-1
第四组	2008	1	3	1	22	3
	2010	1	0	1	25	3
	2012	0	1	0	29	0
	小计	2	4	2	76	6
	频次	2.2	4.4	2.2	84.4	6.7

15.5.2 各阶段性目标的具体表述

首先，关于财政信息公开的第一个阶段性目标，综合表 15-2 所给出的透明度评估体系（见附表 15-1）以及表 15-6 中第一类指标所涉及的 16 个透明度问题可以看出，此阶段性目标主要是满足最基本的财政透明度要求。从信息公开的内容来看，该阶段所要公开的是最基本的财政信息。包括预算年度内支出按行政单位、功能与经济性质分类的信息（Q1—Q3）、按单个项目列示的支出信息（Q4）、预算年度内政府债务的利息支出信息（Q12），以及收入方面的信息和税收与非税收入分别按来源列示的信息（Q7—Q8）。在第一组中，尽管涉及公开以前预算年度相关财政信息的问题（如 Q27 所涉及的“前一预算年度税收收入按来源”的信息），但这并不是重点，因为以前预算年度财政信息的公开问题主要集中在第二组和第三组中，是第二个阶段性目标和第三个阶段性目标重点要完成的任务。从信息公开的形式来看，第一组所涉及的问题主要有三方面的内容：(1) 保证财政信息公开的及时性。在预算编制时，提前及时告知社会公众预算被公开的时间（Q56）；在预算执行过程中，年内报告及时就预算年度内的实际支出（支出按行政单位、功能与经济信息分类）、实际收入（税收收入与非税收入分别按来源分类的信息）和实际借款等方面的运作情况向社会公众公开（Q63、Q64、Q67）；在预算年度结束后，及时向社会公众报告其年终报告（Q77）。(2) 保证基本财政信息公开的全面性。保证年内报告所公开的财政收支占预算收支的比重（Q64）。(3) 保证信息公开的详细性，如经过立法机关批准的预算拨款（支出预算）的详细性程度（Q101）。

当然，对于上述内容与形式方面的规范性要求，从表 15-7 所给出的统计数据来看，在 IBP 的三次评估中，有一部分的要求我国其实已经达到或基本达到。至于达到规范要求的透明度的具体方面，从透明度各问题的得分情况来看，这主要是预算公开及时性与全面性等形式方面的诉求。特别的，在第一组的 16 个问题中，关于财政信息公开内容和公开形式的问题各为 8 个问题中，其中关于公开形式要求所涉及的 8 个问题中，与信息公开及时性和全面性有关的问题占到 7 个。

而在 IBP 这三年的评估中，在这 7 个问题上，我国得分为 100 分和 67 分的次数均为 8 次，共计 16 次（全部为 21 次），平均得分为 63.6 分，已基本达到透明度的规范要求。之所以如此，这在很大程度上与我国于 2002 年加入了 IMF 的 GDDS 有关（赵倩，2009）。GDDS 的加入使得我国财政数据在公开的及时性与频率方面有明显的进展。[①] 因此，从我国目前的实际情况以及第一组所涉及的问题的整体情况来看，我国财政透明度建设的第一个阶段性目标主要是保证财政基本信息（支出按部门、功能、经济性质与项目分类；税收与非税收入分别按来源分类以及实际借款等信息）的公开，并考虑信息公开内容的详细程度。

其次，关于我国财政信息公开的第二个阶段性目标，基于表 15-6 中第二组的 23 个问题来看，此阶段性目标的核心任务是从纵向角度就第一个阶段性目标所涉及的财政基本信息做年度上的扩展。

其一，在信息公开的内容方面，透明度建设不仅需要公开本预算年度的财政信息，同时还要相应地公开以往财政年度的信息、未来的多年期财政信息以及对以往财政年度收支数据所进行的估计信息等多方面的信息内容。IMF（2001）的透明度规范就强调，应该提供与年度预算信息可比的前两个财政年度的预算执行结果以及对后两年主要预算总量的预测。这使得人们可以对近来的业绩与预算进行评估与比较，从而引起人们对重大预测、政策或宏观经济风险以及预算现实性的注意。而就这里的聚类结果来看，第二组问题所涉及的内容具体如下：公开对多年期财政总支出水平和总收入水平进行估计的信息（Q5、Q9）；公开上一预算年度的财政基本信息，包括支出按行政单位、功能与经济分类的信息（Q18—Q20）以及税收与非税收入分别按来源分类的信息（Q27、Q28）[②]；公开对以前预算年度支出总水平、收入总水平与收入详细情况进行估计的信息（Q23、Q30、Q31）；年内报告就实际收支同期初对收支的估计或以往同期水平的比较信息（Q66、Q69）。

其二，受信息公开范围纵向拓展的影响，信息公开的形式也需要相应地拓展。具体包括：信息的全面性，如前一预算年度就本年度实际收支进行估测所涉及的月份数（Q22）；信息的可比性。保证对以前预算年度总支出的预测与本年度支出的可比性（Q26）；信息的可靠性，对于总支出、总收入与债务的预算数字，哪一年更

---

① 虽然满足了 GDDS 的标准，但赵倩（2009）认为，我们距离 IMF 的 SDDS 的要求还有一段距离，财政信息的公布还没有制定日程表，难以对政府部门及时公布财政信息形成约束。

② 在表 15-6 中，前一年度税收收入按来源的信息（Q27）其实属于第一组。但是，考虑到第一组中有关以前年度的财政信息就只有这一方面的内容，而税收按来源的信息与非税收入按来源的信息在性质上又是非常地接近，我们做了细微的调整，认为公开前一年度税收收入按来源的信息同样属于第二阶段所需要实现的目标。

能反映实际(Q25、Q29、Q32、Q34)。

当然,不管是财政信息公开的内容还是公开的形式,除了纵向的年度扩展之外,表15 6中第二组所涉及的透明度维度还包括横向的范围上的拓展。其中,在信息公开的内容上,第二组的23个指标还包括预算年度内未偿还的债务信息的公开(Q11)、政府间转移支信息的公开(Q36)、年终审计报告中行政总结信息的公开(Q89)以及作为预算规划基础的宏观经济预测信息的公开(Q14)等方面的透明度诉求。而在信息公开的形式方面,该组所包含的问题还包括与非纵向扩展信息有关的形式要求,比如及时向公众公开预算提案形成的时间表并按照时间表来准备和公开预算(Q57、Q58)。但是,将第二个阶段性目标界定为纵向的年度扩展并没有什么问题,这有两方面的原因:一方面,对于横向扩展方面的问题,从IBP评估的结果来看,在2012年,在其中的某些方面(主要是Q57、Q58),我国其实已经满足了IBP所设定的透明度的规范要求:由于加入了IMF的GDDS,我国财政信息公开的及时性已经有了很大的提高。另一方面,是横向扩展问题数量的有限性。排除已经基本满足要求的Q57和Q58,在剩下的21个问题中,与年度纵向扩展有关的指标高达18个,占比为85.7%。当然,对于年度纵向扩展所涉及的指标,据IBP的评估,Q69也已经达到规范的要求。严格来说,此问题应该排除在这里的分析之外。但是即便如此,年度纵向扩展指标的占比依旧高达85%。因此,将财政信息公开的第二个阶段性目标定位在纵向拓展基本财政信息的公开内容是有其依据的。

再次,关于财政信息公开的第三个阶段性目标,从表15-6中第三组标准所包含的26个问题来看,在此阶段,财政透明度建设无疑涉及对第二阶段重点建设目标的扩展和深化:公开前一年度各项目支出的信息(Q21)、公开前一预算年度政府债务的信息(Q33)、公开对多年期预算收支水平进行估计的详细信息(Q6、Q10)以及公开对以前年度总支出水平进行估计的详细信息(Q24)等。但从整体上看,此阶段财政透明度建设的核心任务和目标应该是横向扩展财政信息公开的范围。具体涉及三方面的内容。一是从基本财政信息公开向特定财政收支信息公开的拓展。具体来看,所要拓展的特定财政信息类型主要有预算年度内政府债务的组成及年内实际借款组成的信息(Q13、Q71,其中在IBP的评估中,Q71标准已经得到满足)、预算外资金的信息(Q35)、对公共企业的资金转移(Q37)、捐赠(实物的和现金的)按来源的信息(Q44)与基金收入信息(Q46)等。二是政策与宏观经济框架等非财务信息及其与财政收支之间的"关联"信息的公开。IMF(2001)强调指出,应该在年度报告中指出政府年度预算如何与政府关于自身或公共部门财政的更广泛的目标相联系;应该在全面、一致和量化的宏观经济框架内编制和表达年度预算,并应提供预算和主要假设。从这里的聚类结果来看,相关的信息主要有:预算前报告对于政府政策与优先事项的描述(Q62)、让全国最贫困人口直接受益的政策(提案与已有承诺,Q55)、预算前报告对政府宏观经济与财政框架的描述(Q61)、预算与政府所宣称的政策目标之间的关联性(Q48)、政策方案调整对于预算(收入和支出)的影响信息(Q16、Q17)。三是对最后结果与预算发生的偏差进行解释以及有关结果的审计信息。包括年终报告对收支事先预计规模和实际规模差异的解释(包括解释的详细程度,Q79—Q81)、对实际结果进行审计的信息(Q78)、对预算外资金的审计结果(Q91)以及有关安全部门和其他秘密项目的年度审计报告(向立法机构披露,Q96)。

当然,除了强调信息公开内容的问题之外,第三组也涉及信息公开方式方面的问题。至于指标的性质,基于其内容可以看出,除了"向公众及时发布预算前报告"这一问题(Q60)之外,其他的问题都与审计有关。包括被审计的国家部门的支出及其结果向公众公开的及时性(Q87)以及两年以后审计报告所包含的支出的百分比(Q88)。考虑到向审计信息进行扩展是第三阶段信息公开内容扩展的重要组成部分,我们也可以将此方面的指标与前面的相关指标综合起来。当然,对于预算运行结果与期初预算发生偏差所进行的解释以及有关审计结果的信息公开,自 1999 年伊始的审计风暴以来,我国已经取得了一些进展,表 15-6 所涉及的几个得分项目绝大部分都与此有关,比如 Q78—Q81、Q87、Q88、Q91 和 Q96。但相关问题的得分都还比较低,大都为 33 分。此方面的透明度建设还有进一步提升的空间。进而,可以认为,财政透明度建设的第三个阶段性目标是:在对第二阶段目标进行扩展和深化的基础上,着重从财政信息公开范围、政策等非财务信息及其与预算收支关系、对结果偏差进行解释的信息以及公开审计结果(包括其及时性和全面性)等方面来横向拓展信息公开的范围。

最后,关于财政信息公开的第四个阶段性目标,基于表 15-6 中第四组标准所包含的 30 个问题来看,此阶段财政透明度建设的目标主要是对第三个阶段性目标进行全面的深化和提升。

第一,进一步横向拓展财政信息公开的范围,从显性收支的公开扩展到隐性收支的公开,从流量信息公开扩展至存量信息的公开。在前面的三个阶段,不管是基本的财政信息还是特殊的财政信息,基本上都是显性的流量信息。相应地,此前所涉及的财政信息公开主要是显性的流量信息的公开。与此不同,在第四阶段,在显性收支信息得以公开的基础上,作为透明度建设的进一步的发展,隐性收支等信息的公开将步入议程。相关的财政信息主要有准财政活动信息(Q38)、逾期未了结的支出信息(Q41)、与政府贷款担保等相关的或有负债信息(Q42)、政府远期债务信息(Q43)、税式支出信息(Q45)与预算外资金的实际水平信息(Q86)。当然,由于预算外收支全部纳入预算内,这一问题我国已经在制度上得到了解决

(在 IBP 的评估中,我国在此方面的评估得分为 67 分)。在公开流量信息的同时,也要公开政府所持有的资产信息,包括金融资产和非金融资产(Q39、Q40),即从流量信息扩展到存量信息的公开。公开有关预算调整的信息,具体有中期预算报告对预算年度内收支调整估计的说明(Q74)与预算年度内收入调整的估计(Q76)等方面的内容。

第二,进一步拓展非财务信息及其与预算的“关联”信息的公开。透明度建设的内容具体如下:(1) 在作为预算前提条件的条件信息及其与预算的“关联”信息的公开方面,第四阶段首先需要对第三阶段的信息进行深化,不仅要考虑预算与本年度政府政策目标之间的关联,而且要公开预算与政府所宣称的多年期政策目标的关联信息(Q49)。同时,更需要对所公开的信息范围做进一步的拓展,将政策方面的信息拓展到更具有基础性的宏观经济框架等信息方面。比如,年中报告对宏观经济前景变化的讨论(Q73)、年终报告有关年初宏观经济预测与实际结果差距的解释(Q82)与不同宏观假设对于预算(支出、收入和债务)的影响(Q15)。(2) 作为条件因素的非财务数据方面的信息,包括支出项目的受益人数等非财务数据(Q50)、对初始预测的非财务数据与实际结果差异的解释(Q83)以及对旨在使最贫困人口直接受益的支出的法定水平与实际结果差异的解释(Q85)、其他信息的有用性(如公开的非财务数据对于评估特定的支出项目是否有用,Q51)。(3) 从对政策、宏观经济预设与非财务数据等条件性信息的公开拓展到绩效信息等事后信息及其与预算的“关联”信息的公开。传统财政管理强调财政的合规性,即其收支是否合规;对绩效信息的关注则反映了公众对项目的有效性评价(Wholey 和 Newcomer,1989),绩效信息的公开对于全面评价预算安排具有重要的意义。而就这里所讨论的议题而言,此方面的信息主要包括支出项目的绩效指标(Q52)、绩效指标与绩效目标的关联信息(Q54)、对初始的绩效指标差异与实际结果差异进行解释的信息(Q84)以及指标的恰当性(如绩效指标设计是否恰当,Q53)。

第三,在信息公开的形式方面,以公民预算为重点,增强公众对于预算的可理解性。美国国会召开面向公众开放的预算听证会,会上各部门、公众、学区、商业利益群体等可以充分发表意见,通过此方式,预算编制过程广泛吸收各利益相关方的参与。在我国,部分地方也有公民参与预算的实践,如 2005 年发端于浙江温岭的预算恳谈。基于地方人大在预算过程中的核心作用,温岭的预算恳谈制度以政府预算民主为载体,逐步建立起党委、政府、公众依法有序参与民主决策、商议公共事务的新机制,扩大了普通民众的参与,并在民众需求和政府决策之间架起了一座沟通的桥梁。但此类实践整体上还很有局限。伴随预算制度的完善与公民参与程度的提升,财政信息公开需要增加公众对于预算的可理解性。预算公开需要考虑公民预算信息的详细程度(Q109)、预算传递给公众的方式(Q110)、对公众预算优先权的考虑(Q111)以及公民预算的影响力(Q112)等。其中,在类型上,预算公开的渠道主要涉及出版物(如政府或财政统计年鉴)、新闻媒介(新闻发布稿、记者招待会、新闻专稿、系列报道与记者专访)、政府网络、图书馆、问询服务。社会公众通过电子邮件或者信函等形式向政府部门问询(赵倩,2009)。显然,不同的渠道与传播路径,财政信息的公开程度是不同的。当然,除了公民预算所包含的可理解性要求外,信息公开的形式还涉及其他方面的要求,具体包括:(1) 信息公开内容的全面性,如用于机密事务(国家安全与军事情报)的支出占预算年度内支出的百分比(Q47)。(2) 详细程度,如中期预算报告所提供的支出信息的详细程度(Q75)。(3) 对审计意见或调查结果(它们告知了政府需要采取的矫正措施)的可获得性(Q95)。对审计意见采取追踪行动的报告向社会公众的公开(Q108),我国在此方面已经达到透明度的要求。但性质上,由于涉及的是财政收支信息,此类问题可以与前面的有关公开内容的问题综合起来而非单独加以考虑。

15.6 有关财政阶段性目标的应用说明

财政透明度阶段性目标的确定,这在理论上就我国财政透明度建设的任务进行了阶段性分解。当然,为了保证理论上所确定的目标能够在实践中发挥其应有的指导作用并避免可能存在的问题,有几点值得强调和说明。

一是财政信息公开的预算规范基础。从财政透明度目标的整体结构来看,财政信息公开的阶段性目标问题,表面上看是财政信息公开问题,本质则是财政预算本身的规范化建设问题。开始是财政基本信息的公开,接下来是前后年度信息的公开,再到后来是政策、宏观经济框架与运行绩效信息的公开,透明度阶段性目标变化所反映的其实是财政预算制度本身的规范化。因此,按照阶段性目标来推进我国的财政透明度建设,前提是我国财政预算本身的制度规范。因而,财政透明度的建设需要以预算的规范化为基础和前提。实际上,自2008年以来,我国财政透明度建设之所以取得了一些进展,是与21世纪初以来诸多的财政制度建设,如收支分类改革与部门预算改革等分不开的;而目前我国财政透明度建设之所以还存在诸多的问题,也与预算本身所存在的非规范性有关,有的信息之所以不透明,其实是政府部门本身没有这方面的数据。至于预算规范化所涉及的建设内容,至少包括:(1) 会计制度改革,建立全面、统一的会计制度;(2) 统计规范;(3) 财务制度建设;(4) 审计制度建设;(5) 财税制度的规范化、法制化。如税收的征管,税务当局应该得到法律的保护,以免受行政力量的随意干预。税收的征管应该是并且被视为公正、无偏的方式,是不受政治干预进行的(IMF,2001)。

二是各阶段性目标的实现次序问题。在本章中,研究人员基于财政信息公开的历史经验而将我国财政透明度建设的任务为四个阶段性目标。既然是阶段性目标,无疑有先后次序之分。但是,值得强调的是:(1)目标的排序并不等于各阶段性目标是严格的“循序渐进”(Sequencing)的。毕竟,阶段性目标的确定本身并不是严格意义上的,而各国在实践上也往往有其特殊性。进而,我国的透明度进程可能会有某种特殊性。实际上,从现实的角度看,在我国,正如表15-6的统计资料所表明的,个别排在后面组别的透明度规范其实已经“提前”得以实现。因此,从这个意义上来说,就我国透明度阶段性目标做出确定,其意义更多的在于提供一个大致的指南,而不是绝对的先后标准。(2)即便各目标在某些方面存在一定的先后次序,阶段性目标的确定也并不等于只有等前一个目标实现后才能去考虑下一个目标。实际上,由于财政预算制度建设本身需要一段时间,在考虑前一阶段目标时,往往就同时需要为后面的阶段性目标的实现提供一定的制度保证。从这个意义上来说,从工作的准备情况来看,阶段性目标的具体实现其实带有一定的“平行推动”(Parallel Partial Progression)的含义:尽管B目标要在A目标之后实现,但有关B目标得以实现的前期工作却早就开始准备。比如,就第二阶段的年度扩展问题,我们发现,十八届三中全会的政治报告提出了中长期预算的概念,可以认为,此项改革将为多年期财政信息的公开提供保障和基础。

第三,是阶段性目标的实现进程问题。本研究的主要目的是确定阶段性目标,即对透明度的规范维度进行排序。那么,实现各阶段性目标的时间进度该如何安排呢?各个目标得以实现的先后间隔应该如何?在具体操作中,财政透明度建设的制度改革不仅受到现实条件的约束,同时也受到历史传统乃至文化惯性的影响。特别地,由于财政透明度建设不仅属于经济改革,同时也是政治变革的一部分,根据系统论的观点,财政透明度建设的进程就依赖于政治经济变革的其他制度安排以及改革者对于改革进程中的风险判断。在此情况下,进程的具体时间安排就需要决策层根据我国政治经济变革的实际情况来加以统筹考虑。这里所做的工作主要是为透明度建设,即财政信息的具体公开及相关保障机制的建设提供一种操作性的思路。应该说,尽管它只是一种大致的框架,但对于决策者安排改革的进程是有其特定意义的。我们可以根据各问题得以解决的难易程度为财政信息公开提供一种有逻辑次序的进展方案。

附表

附表 15-1 IBP“预算公开指数”编制所涉及的 95 个问题

序号	问题号	问题
1	Q1	行政部门的预算提案或者任何支持预算的文件是否展示了预算年度内按行政单位分类(即按部、局或机构)的支出信息?
2	Q2	行政部门的预算提案或者任何支持预算的文件是否展示了预算年度内按功能分类的信息?
3	Q3	行政部门的预算提案或者任何支持预算的文件是否展示了预算年度内支出按经济分类的信息?
4	Q4	行政部门的预算提案或者任何支持预算的文件是否展示了预算年度内按项目列示的支出信息?
5	Q5	行政部门的预算提案或者任何支持预算的文件是否提供了对多年期(超出预算年度至少两年)总支出水平进行估计的信息?
6	Q6	行政部门的预算提案或者任何支持预算的文件是否展示了多年期(超出预算年度至少两年)总支出水平进行估计的更详细的信息?
7	Q7	行政部门的预算提案或者任何支持预算的文件是否明确了预算年度内税收收入的不同来源(比如收入税或增值税)?
8	Q8	行政部门的预算提案或者任何支持预算的文件是否明确预算年度内非税收收入的不同来源(比如拨款、财产收入、政府所生产产品和服务的营业收入)?
9	Q9	行政部门的预算提案或者任何支持预算的文件是否提供了对多年期(超出预算年度至少两年)总收入水平进行估计的信息?
10	Q10	行政部门的预算提案或者任何支持预算的文件中是否提供了对多年期(超出预算年度至少两年)总收入水平进行估计的更加详细的信息?
11	Q11	行政部门的预算提案或任何支持预算的文件是否展示出预算年度内政府未偿还负债的数据?
12	Q12	行政部门的预算提案或任何支持预算的文件是否展示出预算年度内政府负债的利息支出?
13	Q13	行政部门的预算提案或任何支持预算的文件是否展示了预算年度内政府债务组成的信息(包括债务的利率、债务的到期状况、债务的面值、国内债务还是国外债务)?
14	Q14	行政部门的预算提案或任何支持预算的文件是否展示出作为预算规划基础的宏观经济预测信息?
15	Q15	行政部门的预算提案或任何支持预算的文件是否展示出不同的宏观经济假设对预算(包括支出、负债和收入)的影响(即敏感性分析)?
16	Q16	行政部门的预算提案或任何支持预算的文件是否提供了政策方案调整(相比现行政策)对支出所产生的影响信息(至少针对预算年度一年)?
17	Q17	行政部门的预算提案或任何支持预算的文件是否提供了政策方案调整(相比现行政策)对收入所产生的影响信息(至少针对预算年度一年)?
18	Q18	行政部门的预算提案或任何支持预算的文件是否展示了上一预算年度按行政单位分类(即按部、局或机构)的支出信息?

（续表）

序号	问题号	问题
19	Q19	行政部门的预算提案或任何支持预算的文件是否展示了上一预算年度按照功能分类的支出信息？
20	Q20	行政部门的预算提案或者任何支持预算的文件是否展示了上一预算年度按经济分类的支出信息？
21	Q21	行政部门的预算提案或者任何支持预算的文件是否展示了上一预算年度的按项目列示的支出信息？
22	Q22	在行政部门的预算提案或者任何支持预算文件中，有多少个月的实际支出数据反映在预算年度上一年的支出估计中？
23	Q23	行政部门的预算提案或者任何支持预算的文件是否展示了预算年度前一年与前两年的有关总支出水平的估计信息？
24	Q24	行政部门的预算提案或者任何支持预算文件是否展示了预算年度前一年与前两年的有关总支出水平估计的更详细的信息？
25	Q25	在行政部门的预算提案或者任何支持预算文件中，最近几年中的哪一年支出最符合实际结果？
26	Q26	预算年度前一年的支出估计是否根据类型和呈现方式进行了必要的调整，以便与预算年度的支出估计具有可比性？
27	Q27	行政部门的预算提案或者任何支持预算文件是否明确了预算年度前一年税收收入的不同来源（例如所得税或增值税）？
28	Q28	行政部门的预算提案或者任何支持预算的文件是否明确了预算年度前一年非税收入的不同来源（例如基金、财产收入与商品和服务的销售收入）？
29	Q29	在行政部门的预算提案或者任何支持预算的文件中，有多少个月的实际收入数据在预算年前一年的收入估计中反映出来？
30	Q30	行政部门的预算提案或者任何支持预算文件是否展示了预算年度前一年以上（即前两年及前一年）的收入总水平的估计信息？
31	Q31	行政部门的预算提案或任何支持预算的文件是否展示了预算年度前一年以上的对收入进行估计的详细信息？
32	Q32	在行政部门的预算提案或任何支持预算的文件中，总收入反映实际结果最近年份是哪一年？
33	Q33	行政部门的预算提案或任何支持预算的文件是否展示了预算年度前一年的政府负债信息？
34	Q34	在行政部门的预算提案或任何支持预算的文件中，债务数字反映实际结果的最近年份是哪一年？
35	Q35	行政部门的预算提案或任何支持预算的文件是否展示了预算外资金的信息（至少针对预算年度）？
36	Q36	行政部门的预算提案或任何支持预算的文件是否展示了政府间转移支付的信息（至少针对预算年度）？

（续表）

序号	问题号	问题
37	Q37	行政部门的预算提案或任何支持预算的文件是否展示了对公共机构的资金转移支付的信息（至少针对预算年度）？
38	Q38	行政部门的预算提案或任何支持预算的文件是否展示了准财政活动的信息（至少针对预算年度）？
39	Q39	行政部门的预算提案或任何支持预算的文件是否披露了政府所持有的金融资产的信息？
40	Q40	行政部门的预算提案或任何支持预算的文件是否披露了政府所持有的非金融资产的信息？
41	Q41	行政部门的预算提案或者任何支持预算的文件是否披露了政府逾期未了结的支出信息（至少针对预算年度）？
42	Q42	行政部门的预算提案或者任何支持预算的文件是否披露了或有债务的信息（比如政府的贷款担保）？
43	Q43	行政部门的预算提案或者任何支持预算的文件是否披露了政府远期债务（比如养老金）的信息？
44	Q44	行政部门的预算提案或者任何支持预算的文件是否披露了捐赠按来源列示的信息（包括现金捐款和实物捐赠）？
45	Q45	行政部门的预算提案或者任何支持预算的文件是否披露了税式支出的信息（至少针对预算年度）？
46	Q46	行政部门的预算提案或者任何支持预算的文件是否披露了所有基金收入信息？
47	Q47	用于机密事务（比如国家安全和军事情报）的支出占预算年度内支出的百分比是多少？
48	Q48	行政部门的预算提案或者任何支持预算的文件是否解释了预算年度内所提出的预算是如何与政府所宣称的政策目标相联系的（按行政单位或按功能类型）？
49	Q49	行政部门的预算提案或者任何支持预算的文件是否解释了预算年度内所提出的预算是如何与政府所宣称的多年期（至少超出预算年度两年）政策目标相联系的？
50	Q50	行政部门的预算提案或者任何支持预算的文件是否披露了非财务数据（比如开支计划的受益人数）？
51	Q51	所披露的非财务数据对于评估特定支出项目的运作好坏是否有用？
52	Q52	行政部门的预算提案或者任何支持预算文件是否包含了支出项目的绩效指标？
53	Q53	绩效指标的设计是否恰当，以便人们可以评价相关举措向政策目标所取得的进展？
54	Q54	在行政部门的预算提案或者任何支持预算文件中，绩效指标在使用上是否与所披露的绩效目标相关联？
55	Q55	行政部门的预算提案或者任何支持预算文件是否披露了旨在让全国最贫困人群（至少针对预算年度）直接受益的政策（提案与已有承诺）的信息？

（续表）

序号	问题号	问题
56	Q56	提前多少天可以知晓预算案将被公开？
57	Q57	行政部门是否向公众公开了它形成行政预算提案的时间表（一份有关其他政府实体，比如各部委，向财政部或任何负责协调预算中央政府机构提交预算截止日期的文件）？
58	Q58	行政部门是否坚持按照时间表来编制和发布预算？
59	Q60	行政部门什么时候向公众发布预算前报告？
60	Q61	预算前报告是否描述了政府的宏观经济与财政框架？
61	Q62	预算前报告是否描述了政府的政策和优先事项（对即将形成的预算所进行的详尽估计将以此为依据）？
62	Q63	行政部门每隔多久向公众披露有关实际支出的年内报告（支出按照行政单位、经济性质或者按功能来分类）？
63	Q64	年内报告所涵盖的实际支出（支出按照行政单位、经济性质或者按功能来分类）占预算支出的份额有多大？
64	Q66	年内报告是否披露了年初迄今的实际支出与对该阶段的原始预计（基于法定的预算）或是往年同期水平进行比较的信息？
65	Q67	年内报告每隔多久向公众披露当年实际收入按来源展示的信息？
66	Q68	年内报告所涉及的收入占实际收入的份额有多大？
67	Q69	向公众公开的年内报告是否就年初迄今的实际收入与对该阶段的原始预计（基于制定的预算）或是往年同期水平进行比较？
68	Q70	行政部门是否在年内报告中向公众所披露了实际借款的信息？
69	Q71	向公众公开的年内报告是否就预算年度内政府债务的组成信息（比如债务利率、债务到期日与债务面值等）进行了披露？
70	Q73	行政部门向公众公开的中期预算报告是否就预算制定以来经济前景变化进行了讨论？
71	Q74	行政部门向公众公开的中期预算报告是否包括了该预算年度内的预算支出调整估计？
72	Q75	中期预算报告中所提供的最详细的支出信息是什么？
73	Q76	行政部门向公众公开的中期预算报告是否包括了该预算年度内的预算收入调整估计？
74	Q77	在预算年度结束后多久行政部门才就本年度讨论预算实际结果的年终报告向公众公开？
75	Q78	年终报告中是否有对实际结果进行审计的数据？
76	Q79	年终报告是否就法定水平（包括立法机关所批准的年度变化）与实际支出结果的差异进行了解释？
77	Q80	年终报告就法定水平和实际支出结果的差距进行解释的详细程度如何？

（续表）

序号	问题号	问题
78	Q81	年终报告是否就法定收入水平（包括立法机关所批准的年度变化）和实际结果的差别进行了解释？
79	Q82	年终报告是否就本财年初始的宏观经济预测与实际结果的差距进行了解释？
80	Q83	年终报告是否就初始预测的非财务数据和实际结果的差距进行了解释？
81	Q84	年终报告是否就初始绩效指标和实际结果的差距进行了解释？
82	Q85	年终报告是否就旨在使全国最贫困人口直接受益的基金的法定水平与实际结果的差距进行了解释？
83	Q86	年终报告是否披露了预算外基金的实际情况？
84	Q87	财年结束多久以后才向公众披露被审计的国家各部门的支出及审计的结果（机密项目除外）？
85	Q88	财年结束两年之后，向公众披露的已被审计并包含在审计报告中的年度支出（机密项目除外）的百分比是多少？
86	Q89	向公众公开的年度审计报告是否包含行政总结？
87	Q91	最高审计机构是否向公众公开了对预算外资金的审计结果？
88	Q95	针对有关审计意见或调查结果（它们告知了所需要采取的补救措施）的报告，行政部门是否保证了公众获得此报告的可能性？
89	Q96	有关安全部门（军队、警察与情报部门）与其他秘密项目的年度审计报告是否提供给了立法机关（或相关的组织）？
90	Q101	在立法机关所批准的预算中，有关拨款（支出预算）的最高级别的细节是什么？
91	Q108	最高审计机构或立法机构是否向公众公开了行政机构就审计意见所采取的追踪行动的报告？
92	Q109	公民预算中所提供的最详细的信息是什么？
93	Q110	公民预算是通过何种途径传播给公众的？
94	Q111	行政部门在起草公民预算时是否要将公众在预算信息中的优先权考虑进去？
95	Q112	公民预算是否贯穿预算全过程？

第16章　政府财政信息公开的制度保障之一[①]

——政府收支分类改革

政府收支分类是财政预算管理的重要基础性工作。科学合理的政府收支分类体系，能够全面、准确、清晰地反映政府收支活动，反映政府的真实意图和目的，为财政决策提供分类的、有层次的、系统的经济信息。我国目前的政府收支分类体系还存在一些缺陷，对其进行深入的改革和完善，不仅能够更详尽地反映政府财政信息，加强立法机关、管理机构和社会公众对政府预算的有效监督，增强财政透明度，也可以进一步和国际规范接轨，为今后预算管理、政府统计体系及税收和财政支出的深化改革奠定基础。

16.1　政府收支分类体系的一般设计原则

政府收支分类，是指在政府预算管理中，按照一定标准，对政府收入和支出项目进行类别和层次的划分，将其进行科学、系统的归并和排列，以充分反映政府的经济活动。作为分类的载体，政府收支科目既是编制政府预决算、组织预算执行以及政府预算单位进行会计明细核算的主要依据，也是进行政府收支分析和做出正确预算决策的重要工具。

1. 全面完整

全面完整，就是要全面体现政府经济活动的范围和方向，完整地反映以政府为主体的全部收支活动。政府的收支，应包括所有的收支，即只要是属于政府的各种收入，都应列入政府收入分类；只要是政府的支出，都应列入政府支出分类。任何在收支分类外的资金收支活动，都属违规行为。只有坚持这个原则，才能将政府收支全部列入预算，使财政收支信息真正实现公开透明。

2. 科学规范

科学规范，即政府收支分类体系设置科学合理，按照国际通行做法和标准进行收支归类。收支分类的设置要细致，要能清晰地反映政府收入的来源渠道，及

---

① 本章由广东外语外贸大学教师付芳博士完成。

政府做了哪些事情、政府的钱通过什么具体用途花出去的。各收支项目应集中体现,不能分散在多个类别中,影响对数据统计的分析。

3. 公开透明

公开透明,就是政府收支信息能被公众以尽可能简便的方法获得,能清楚地反映政府的具体收支活动。政府收支信息的公开要尽量地细化,既做到编制者自己能说得清楚,又要使信息使用者能看得懂,没有科目混乱难懂的情况。政府信息的公开要有多种渠道,方便各界的监督。

16.2 政府收支分类体系的国际规范

一个科学的政府收支分类体系,既可以帮助政府制定决策,又可为政府受托责任提供良好的框架。能够作为国际标准,为各国收支分类体系提供参考的规范性文件,有联合国的政府职能分类,以及国际货币基金组织建立的政府财政统计体系。

16.2.1 联合国政府职能分类

联合国的政府职能分类(Classification of the Functions of Government, COFOG),是由经济合作与发展组织(OECD)编制,联合国统计署(UNSD)发布的,主要用于一国政府收支统计、按政府活动目的划分的支出分类标准,于 1980 年设计完成,1999 年进行了修订。

COFOG 的层次非常分明,共设三个层次的类目,一级类目为"部门"(Divisions),共有 10 个,如一般公共服务、国防、经济事务、环境保护、医疗保健事务、教育、社会保障等,都是最关乎国计民生的,也是最为基础的政府职能。COFOG 的 10 个一级类目之间比较容易区分,类目设置集中,相同的服务功能主题均集中于一个类目下,充分体现了其按服务功能分类的主旨。二级类目为"组"(Groups),有 69 个;三级类目为"级"(Classes),有 109 个。"部门"可以视为政府的广泛目标,"组"和"级"则细化了实现这些广泛目标的手段。COFOG 对二、三级类目的每个分类都进行了详尽的说明和注释,某类下包含哪些主题、不包含哪些主题也都具体地进行了说明。

COFOG 分类具有明显的优点:一是囊括了一个政府的所有服务,按照政府的职能分工,将政府的公共服务分为政治类、经济类和社会类三部分,直观地体现了政府面向公共服务的导向性;二是具有相当的稳定性和可扩展性,按职能分类能够避免单一政府的机构变革问题,不会由于机构重组或组织的差异发生混乱,保证了各国政府以此建立的分类系统的稳定性和实用性;三是类目注释比较完善,COFOG 的每一级类目都有明确的说明和注释,严格规范了类目的定义、内容范围以及类目之间的关系,为分类体系的建立质量和使用效果提供了保障。

COFOG 发布后,受到了广泛的欢迎和认可,许多国家均以此为标准进行国民经济统计核算。联合国统计署在建立这套标准时,充分考虑到了不同国家组织差异问题及与其他国际标准的兼容性,使其具有普遍的适应性。但是由于 COFOG

只是根据政府基本职能对政府支出进行分类，并没有对政府具体细微、复杂多样的收支活动进行更多层次的划分，因此仅仅是提供了支出分类体系大框架的指导性文件，在制定政府收支分类体系时，还要结合其他分类标准更细致完整的规范。

16.2.2 政府财政统计体系

为了科学地反映政府财政收支运行状况，国际货币基金组织（IMF）在1986年推出了《政府财政统计手册》（A System of Government Finance Statistics，GFS），在政府界定、账户设计、交易分类以及项目设置上，都做出了详细规定。1986年版GFS出台后，成为最具权威性的政府财政统计国际公认规范。

随着国民经济核算体系（SNA）1993年修订版的出台，1986年版的GFS越来越暴露出其局限性以及与世界经济发展的差距。在1994年和1998年经历了墨西哥金融危机和亚洲金融危机后，IMF认识到1986年版GFS具有重大缺陷，导致其不能及时发现危机的苗头。为了"尽早发现脆弱性的根源"，在1993年版SNA和COFOG的基础上，经过新一轮的修改，IMF在2001年出版了新的GFS。

2001年版GFS相对于1986年版GFS，是一次革命性的重大变革，在财政统计的核心领域——核算范围、会计准则、财政收支定义和核心指标体系等方面，都做出了根本性的改变。

第一，2001年版GFS将核算范围界定为广义政府。具体涵盖三部分实体：执行政府财政职能的政府机构；受政府控制、所需经费全部或主要来自政府的非营利机构；公共公司。核算范围的扩大，一方面有利于政府部门对公共公司的控制和监督，降低政府财政风险，更好地执行财政政策；另一方面也使财政收支的数据更为全面。

第二，引入权责发生制的会计准则来替代收付实现制。现金收付制是服务于现金管理的核算工具，权责发生制则服务于资源管理。权责发生制能对政府活动做出更及时、全面、准确的描述和反映，因为政府掌握和控制的资源是其进行经济活动的根本基础。

第三，重新定义了政府收入和支出。准确的定义是对政府收入和支出进行科学分类的前提条件。之前的收支是从会计意义上进行定义，即政府收支是泛指流入政府或流出政府的资金流量，反映政府的资金来源和资金运用，并不反映政府净值的变化。2001年版GFS从财政的意义上对政府收支进行了全新的定义，即政府收支为增加或减少广义政府净值的交易，这个定义能够更好地识别政府财政运行的脆弱性，防止未来的财政风险。

第四，增加和完善了财政分析指标。2001年版GFS引入了更多具有分析意义的财政指标，主要有净运行余额、总运行余额、净贷款/借款等，这组指标取代了财政赤字这个传统财政分析的核心指标，从只分析政府的财政流动性转为分析政府财政的持续性和透明度，更有利于及时发现拖欠、净值减少、负债增加等反映财政运行脆弱性的苗头。

2001 年版 GFS 改革和完善了宏观核算体系，是对 1986 年版 GFS 的较大改进，以尽早发现政府财政运行脆弱性的根源为核心，建立了政府财政统计体系的统一分析框架，不仅有利于防范政府财政危机、防止进一步诱发金融危机乃至经济危机，为制定政府宏观调控对策提供了依据，也使各国财政数据有高度的可比性，有利于财政分析的国际比较，为各国完善本国政府财政统计体系、及时总结经验教训、制定正确的方针政策，提供了非常有价值的借鉴。但是也要清楚地认识到，任何经济性的准则，都具有时效性和局限性，2001 年版 GFS 也不例外。由于 SNA 是一个综合性的核算体系，核算范围覆盖整个经济活动，与其相比，GFS 只是专门性的分析框架，主要核算政府活动，所以 GFS 的每次修订，都要以最新版本 SNA 的基本原则、基本框架为基础，与之协调一致。之所以要修订 1986 年版 GFS，是因为 1993 年重新修订了 SNA，为了与之相协调，2001 年版 GFS 对政府活动领域进行了拓展和细化核算。也就是说，2001 年版 GFS 是和 1993 年版 SNA 相配套的。但是，1993 年版 SNA 已经使用了 20 多年，由于国际经济环境、方法研究以及用户的需求等发生了不小的变化，2008 年对 SNA 又进行了新的修订，其中也包括了对一般政府与公共部门核算的相关事项的进一步澄清和规定，2001 年版 GFS 也必定会在合适的时间，根据国际经济形势发展的需要继续进行修订。

16.3 政府收入分类

政府收入分类，是从不同的角度，采用一定的标尺，对政府收入进行科学系统的结构和层次划分。好的收入分类应具备以下几个要点：第一，按照税收特征或法律基础分类；第二，反映各项收入来源的重要性；第三，按课税基础（例如所得、财产）而不是负责征收的行政机构。①

16.3.1 GFS 的收入分类

2001 年版 GFS 将政府收入定义为“由交易造成的净值增加”。这个定义说明，一项财政活动是否形成收入，必须同时具备两个条件：一是这个活动必须是交易活动，二是交易活动的结果必须使广义政府的净值增加。原因在于，政府履行提供公共产品和进行收入再分配等基本职能的基础，是必须拥有一定的财富——净值。政府净值越大，就意味着财富越多，越能提供公众所需要的公共产品，越能公平有效地进行再分配，并实施相关财政政策。

在此定义的基础上，GFS 将政府收入按经济性质分为四大类：税收收入、社会缴款、赠与收入、其他收入。其中，社会缴款收入是指为了获得享受社会福利的权利，由雇主代替雇员或自营职业者自己缴纳的政府收入，如养老保险和医疗保险

① A. 普雷姆詹德：《预算经济学》，中国财政经济出版社，1989 年版，第 274 页。

缴费等。赠与收入是指政府从国内外企业、单位或国际组织得到的捐赠等非强制性转移收入。其他收入包括政府的财产性收入、利息、出售商品和服务收入、罚金、罚款和罚没收入等。具体收入分类情况如表 16-1 所示。

表 16-1　GFS 收入分类明细

代码	收入类别	代码	收入类别
11	税收收入	**12**	社会缴款(政府财政统计)
111	对所得、利润和资本收益征收的税收	**121**	社会保障缴款
1111	由个人缴纳	1211	雇员缴款
1112	由公司和其他企业缴纳	1212	雇主缴款
1113	其他不可分配的税收	1213	自营职业者或无业者缴款
112	对工资和劳动力征收的税收	1214	不可分配的缴款
113	对财产征收的税收	**122**	其他社会缴款
1131	对不动产征收的经常性税收	1221	雇员缴款
1132	对净财富征收的经常性税收	1222	雇主缴款
1133	遗产、继承和赠与税	1223	估算缴款
1134	对金融和资本交易征收的税收	**13**	赠与收入
1135	对财产征收的其他非经常性税收	**131**	来自外国政府
1136	对财产征收的其他经常性税收	1311	经常性
114	一般商品和服务税	1312	资本性
1141	对商品和服务征收的普通税收	**132**	来自国际组织
11411	增值税	1321	经常性
11412	销售税	1322	资本性
11413	流转税及其他一般商品和服务税	**14**	其他收入
1142	特种消费税	**141**	财产收入(政府财政统计)
1143	财政专营利润	1411	利息(政府财政统计)
1144	特种服务税	1412	股息
1145	对使用商品和获得使用商品或从事活动许可征收的税收	1413	准公司收入提取
11451	机动车税	1414	属于保单持有者的财产收入
11452	其他	1415	租金
1146	其他商品和服务税	**142**	出售商品和服务
115	对国际贸易和交易征收的税收	1421	市场基层单位的出售
1151	关税和其他进口税	1422	管理费
1151	对出口征收的税收	1423	非市场基层单位的偶然出售
1153	出口或进口垄断利润	1424	估算的商品和服务的出售
1154	汇兑利润	**143**	罚金、罚款和罚没收入
1155	汇兑税	**144**	除赠与外的自愿转移
1156	其他	1441	经常性
116	其他税收	1442	资本性
1161	仅由企业缴纳	**145**	杂项和未列明的收入
1162	由非企业缴纳或不可识别		

资料来源:国际货币基金组织:《2001 年政府财政统计手册》。

(一)税收收入

税收是政府部门得到的强制性转移,包括那些与政府提供服务成本完全没有对应关系的各种收费。GFS 根据不同收入类别的不同特点对各个成分进行分类。对于税收来说,分类主要由税基决定,可分为六大类:

(1)对所得、利润和资本收益征收的税收,包括由个人缴纳、由公司和其他企业缴纳、其他不可分配的税收。

(2)对工资和劳动力征收的税收,包括向雇主或自营职业者征收的税收,他们要么按工资规模的一定比例征收,要么按每人固定数额征收。

(3)对财产征收的税收,包括对不动产征收的经常性税收,对净财富征收的经常性税收,遗产、继承和赠与税,对金融和资本交易征收的税收,对财产征收的其他非经常性税收,对财产征收的其他经常性税收。

(4)对商品和服务征收的税收,包括对商品和服务征收的普通税收,即增值税、销售税、流转税及对商品和服务征收的其他普通税收,特种消费税,财政专营利润,对特定服务征收的税收,对使用商品和允许使用或从事活动征收的税收(如机动车税及其他),对商品和服务征收的其他税收。

(5)对国际贸易和交易征收的税收,包括关税和其他进口税,对出口征收的税收,出口或进口专营利润,汇兑利润,汇兑税,对国际贸易和交易征收的其他税收。

(6)其他税收,包括由企业缴纳、由非企业缴纳或其他不可识别的税收项目。

(二)社会缴款

社会缴款是为了使缴款人、受其赡养者或遗属有权获得某些社会福利,而由雇主代表雇员缴款或雇员、自营职业者或无业人员自己缴款而形成的实际收入或估算收入。这些缴款可以是强制性的,也可以是自愿的。根据接受缴款的计划的类别,缴款可以划分为社会保障缴款和其他社会缴款。

(1)社会保障缴款,包括雇员缴款、雇主缴款、自营职业者或无业人员缴款、不可分配的缴款。

(2)其他社会缴款,包括雇员缴款、雇主缴款、估算缴款。

(三)赠与收入

赠与收入是一个政府单位从另一个政府单位或国际组织那里得到的非强制性经常性转移收入或资本性转移收入。赠与收入首先按提供赠与的单位的类别划分,然后按赠与是经常性赠与还是资本性赠与划分。

(1)来自国外政府,包括经常性收入和资本性收入。

(2)来自国际组织,包括经常性收入和资本性收入。

(3)来自其他广义政府单位,包括经常性收入和资本性收入。只有在编制广义政府部门分部门的统计数据时,才要求编制这类赠与收入,否则这些交易在合并中对消。

(四) 其他收入

其他收入是指税收、社会缴款和赠与以外的所有收入,主要包括出售商品和服务的收入、财产收入和其他杂项收入等。

(1) 财产收入,包括广义政府单位在向其他单位提供它所拥有的金融和/或非生产资产时赚取的各种形式的收入,如利息、股息、准公司收入提取、归保单持有者的财产收入或租金。

(2) 出售商品和服务,包括市场基层单位的出售、管理费、非市场基层单位的偶然出售、估算的商品和服务的出售。

(3) 罚金、罚款和罚没收入,罚金和罚款是法庭或准司法机构对违反法律或行政管理规定的单位征收的强制性经常转移,罚没是存放在广义政府单位等待法律或行政管理程序裁决的数额和作为该程序解决的一部分转给广义政府单位的数额。

(4) 除赠与外的其他自愿转移,包括经常性和资本性收入,这一类别包括来自个人、私人非营利机构、非政府基金、公司和除政府及国际组织以外的任何其他来源的赠品和自愿捐赠。

(5) 杂项和未列明的收入,包括不适合其他任何类别的所有收入。

16.3.2 发达国家及经济体政府收入分类情况

(一) 美国

美国政府收入包括政府获得的所有收入、收益和转移收入等,采用权责发生制记账原则统计政府收支。美国联邦政府收入包括个人所得税、公司所得税、社会保险收入、消费税及其他收入;州和地方政府收入大致可分为本级一般收入、政府间转移收入、公共事业收入、专营收入和社会保险信托收入。其中,一般收入包括税收收入,高等教育、医疗、高速公路等收费收入,利息,出售财产和捐赠等收入;公共事业收入主要包括失业赔偿金、退休金、劳工赔偿金和其他保险信托收入。

(二) 欧盟

欧盟成员国执行欧洲国民经济账户体系(这里指 ESA95,ESA2010 于 2014 年 9 月正式启用),政府收入主要包括税收收入、社会缴款收入、出售商品和服务以及资本收益等,采用权责发生制记账原则。从主要国别看,德国政府收入由税收收入、其他经常性收入和资本项目收入组成。其中,其他经常性收入包括联邦银行的利润、其他公有财产出租、经营收入、利息收入,从公共部门得到的拨款和补助,行政收费和其他收入。资本项目收入包括政府出售财产的收入、出售参股企业股票的收入、向公共部门借贷的收入等。

法国政府收入包括税收收入和非税收入。非税收入包括国有企业经营收入、贷款利息收入和国家财产性收入等。其中,国家财产性收入是政府从国有土地、森林、公园等不动产和国家持有的债券、股票、基金等动产取得的收入。

(三)日本

日本的政府预算分为一般账户、特别账户和政府附属机构三部分。一般账户收入包括税收、烟草、盐、酒等财政专营利润,政府印刷局收益和医院收益,政府资产清算收益,公债和其他收益等。特别账户收入与我国政府性基金相似,包括劳动保险、年金、社会保险、食品管理收入、地震再保险、产业投资收益、石油能源供给、贸易再保险、道路、港口治理基金和国债整理基金等收入。政府附属机构收入是依据法律设立并由政府出资的机构取得的收入,包括日本政策金融公司、日本国际合作组织等机构收入。

16.3.3 发达国家及经济体政府收入分类体系的特征

发达国家及经济体的财政统计管理水平较高,普遍建立了相对完善的财政报告制度,对政府收入数据开发利用程度也较高,虽然政府收入统计涵盖范围和具体收入分类不完全相同,但是也具备了可供我国参考的共性。

第一,政府财政收支统计制度比较健全。发达国家及经济体通常都发布专门的政府财政统计手册或规章制度,如欧盟有《政府财政统计指南》,澳大利亚有《澳大利亚 GFS 核算体系手册——概念、来源和方法》。美国虽然没有专门的财政统计核算规范,但是也有相关财政统计和数据管理的法律依据,只是分散于其他法律法规之中。

第二,政府财政收入涵盖范围较广。一般来说,政府所有公共资源都纳入了统计范围。政府收入分类将所有政府收入都按经济性质进行划分,层次分明,概念清晰,标准统一,既便于征收管理,也便于集中收付的国库制度运作、统计分析和国际比较。

第三,政府收入数据信息充分,透明度高。发达国家及经济体的财政信息比较充分透明,官方网站会定期公布政府财政收入数据,基本上是全口径财政收入,与提供给 IMF 的转换后的政府财政收入数据大体一致。财政信息透明有利于社会各界对政府经济活动的有效监督,并且据此科学评价政府运营状况,做出准确预测。

第四,普遍实行权责发生制核算方法。大多数发达国家及经济体的政府财政统计以全面的权责发生制作为核算基础。一些国家的实践表明,权责发生制的引入对支持绩效导向的政府预算改革、鉴别与控制财政风险以及改进政府对长期资产管理等有重要作用。

16.4 政府支出分类

政府支出分类,即从不同角度对政府支出项目进行科学的划分和归类。政府收支分类的核心是支出分类,它对制定政策和在各部门之间分配资金至关重要。支出主要按其不同用途进行分类,例如,编制符合用户(决策者、公众、预算管理者)要求的报告,预算的行政职责和预算会计,向立法机构提交预算等。在实践中,最主要的政府支出分类是按功能分类和按经济性质分类,这两个支出分类体系分别从不同侧面、用不同的方式反映了政府支出活动,彼此补充、相互联系,二者结合使用,可以使政府支出活动更加清晰透明。

16.4.1 政府支出功能分类

支出功能分类,是对政府通过各种开支实现不同的职能或社会经济目的的详细分类。在这种分类下,政府部门的某一特定职能的所有开支都归入一个类别中,而不管这些开支是如何执行的。国际社会和许多国家为了改善政府支出分类做出了长期不懈努力,最广泛使用的支出功能分类,是联合国政府职能分类(COFOG)和GFS的支出功能分类。

(一) 联合国的支出功能分类

COFOG是为了和1993年版SNA相适应而设计的,主要用于国民收支统计的按照政府活动目的进行的政府支出分类。在分析政府各部门的资源配置时,职能分类是很重要的。"职能"分类按活动用途(教育、社会保障、住房、环境保护等)组织政府活动,独立于政府组织机构。COFOG体系分为三个层次:部门、组、级。部门为一级类目,代表10个不同的政府职能(见表16-2)。

表16-2 COFOG一级类目

代码	类目
General Public Services	一般公共服务
Defence	国防
Public Order and Safety	公共秩序与安全
Economic Affairs	经济事务
Environmental Protection	环境保护
Housing and Community Amenities	住房和社区设施
Health	医疗保健事务
Recreation, Culture and Religion	娱乐、文化与宗教
Education	教育
Social Protection	社会保障

资料来源:*Government at a Glance* 2011, OECD Publishing。

这10个部门是COFOG所推荐的体现主要政府职能的支出一级类目,对二级和三级类目,COFOG也有详细说明。如二级类目“组”就是与政府决策关系非常重要的比“部门”更详细的支出分类(见表16-3),以一般公共服务、经济事务和教育为例。

表16-3 COFOG二级类目(部分)

01	一般公共服务
01.1	行政和立法机关、金融财政事务、对外事务
01.2	国外经济援助
01.3	普通服务
01.4	基础研究
01.5	普通公共服务研发项目
01.6	其他
01.7	公共债务交易
01.8	政府不同级别间一般性转移支付
04	经济事务
04.1	一般经济、商业和劳工事务
04.2	农业、林业、渔业和牧业
04.3	燃料和能源
04.4	采矿业、制造业和建筑业
04.5	运输业
04.6	通信业
04.7	其他工业
04.8	经济事务研发
04.9	其他
09	教育
09.1	学前教育和初等教育
09.2	中级教育
09.3	中级以上非高等教育
09.4	高等教育
09.5	无法划分层次的教育
09.6	教育的辅助服务
09.7	教育研发
09.8	其他

资料来源:*Government at a Glance* 2011,OECD Publishing。

政府职能分类体系在1999年进行修订时,将环境会计、1993年版SNA、1995年版ESA(欧洲国民经济账户体系)等都考虑在内,旨在建立可用于国际比较的标准分类体系。目前,OECD 的 34 个成员国中的 31 个国家(除了智利、墨西哥和土耳其)都有 COFOG 的一级类目数据,只有 21 个 OECD 欧洲成员国公开了二级类目数据。二级类目数据不能进行国家间比较的原因,是 SNA 和 IMF 的 GFS 并没有提供太多应用 COFOG 概念的相关信息。[①] 国际组织正在积极采取措施,督促更多的国家向其提交 COFOG 的详细数据。

(二) GFS 的支出功能分类

2001 年版 GFS 定义政府支出时,和定义政府收入一样,也推翻了之前所有财政核算中关于支出的概念,将其定义为"减少广义政府净值的交易划为开支"。用财政开支"Expense"取代了一直以来所说的财政支出"Expenditure"。也就是说,减少广义政府财富的交易才是财政意义上的开支,如购买小汽车等非金融资产,就不算政府开支,它只是从一种资产转换成了另一种资产,并没有减少政府净值。

在这个定义的基础上,GFS 将支出按功能分为十大类,与 COFOG 大致相同,具体分类如下:

(1) 一般公共服务。包括行政和立法机构、金融和财政事务、对外事务、对外经济援助、一般服务、基础研究、一般公共服务研发、未另分类的一般公共服务、公共债务操作、各级政府间的一般公共服务。

(2) 国防。包括军事防御、民防、对外军事援助、国防研发、未另分类的国防。

(3) 公共秩序和安全。包括警察服务、消防服务、法庭、监狱、公共秩序和发展研发、未另分类的公共秩序和安全。

(4) 经济事务。包括一般经济、商业和劳工事务,农业、林业、渔业和牧业,燃料和能源,采矿业、制造业和建筑业,运输,通信,其他行业,经济事务研发,未另分类的经济事务。

(5) 环境保护。包括废物管理、废水管理、减轻污染、保护生物多样性和自然景观、环境保护研发、未另分类的环境保护。

(6) 住房和社会福利设施。包括住房开发、社区发展、供水、街道照明、住房和社会福利设施研发、未另分类的住房和社会福利设施。

(7) 医疗保健。包括医疗产品、器械和设备,门诊服务,医院服务,公共医疗保健服务,医疗保健研发,未另分类的医疗保健。

(8) 娱乐、文化和宗教。包括娱乐和体育服务,文化服务,广播和出版服务,宗教和其他社区服务,娱乐、文化和宗教研发,未另分类的娱乐、文化和宗教。

(9) 教育。包括学前和初等教育、中等教育、中级以上非高等教育、高等教育、无法划分层次的教育、教育的辅助服务、教育研发、未另分类的教育。

---

① *Government at a Glance* 2011, OECD Publishing.

（10）社会保护。包括疾病和残疾、老龄、遗属、家庭和儿童、失业、住房、未另分类的社会保护。

16.4.2 政府支出经济分类

在向社会提供非市场商品和服务时，政府单位可能自己生产商品和服务并予以分配，从第三方购买商品和服务并予以分配，或将资金转移给居民以便他们直接购买商品和服务。经济分类对这些活动产生的开支类型进行识别。也就是说，在支出功能分类明确反映政府职能活动的基础上，支出经济分类明细反映政府的钱究竟是怎么花出去的，是自己组织生产并分配的，还是在市场上购买了商品和劳务，还是以补贴、社会福利等方式转移给了私人部门。

GFS 将政府支出按经济性质划分为以下八大类：

（1）雇员补偿，是作为对政府雇员在会计期间所做工作的回报，而向其支付的现金或实物形式的总报酬，但与其自有账户资本形成有关的工作除外。包括工资和薪金（具体又分现金或实物形式的工资和薪金）、社会缴款（具体包括实际的社会缴款、估算的社会缴款）。

（2）商品和服务的使用，包括为生产市场和非市场性商品和服务使用的商品和服务（用于自有账户资本形成的除外），加上为再销售而购买的商品，减去在制品、制成品和为再销售而持有的商品的库存的变化。

（3）固定资本消耗，是指在会计期间内，由于物理损耗、正常淘汰或正常意外损坏，广义政府单位拥有或使用的固定资产价值的减少。这是一个前瞻性的指标，因为其价值是基于未来的事件，而不是过去的事件。

（4）利息，是由产生某种负债（即存款、非股票证券、贷款或应付账款）的单位支付的。这些负债是当广义政府单位从另一个单位借款时产生的。具体包括向非居民支付的、向除广义政府外的居民支付的、向其他广义政府单位支付的。

（5）补贴，是政府以企业的生产活动水平或其生产、销售、出口或进口的商品和服务的数量或价值为基础，向企业进行的经常性无偿支付。具体包括向公共公司提供的（包括向非金融公共公司提供的和向金融公共公司提供的）、向私人企业提供的（包括向非金融私人企业提供的和向金融私人企业提供的）。另外，GFS 的补贴只向生产者支付，不支付给最终消费者；只是经常性转移，不是资本性转移。

（6）赠与，是一个政府单位向另一个政府单位或国际组织进行的非强制性的经常性或资本性转移。赠与按两方面内容进行分类，首先按接收赠与单位的类型划分，然后按赠与是经常性还是资本性进行划分。具体分为向外国政府提供的，向国际组织提供的，向其他广义政府单位提供的经常性赠与和资本性赠与。

（7）社会福利，是现金或实物形式的转移，以保护整个或特定部分人口，防止其遭受某些社会风险。按支付计划的类型划分为社会保障计划、社会救济计划和雇主社会保险计划,这些计划都包括现金形式和实物形式。

(8) 其他开支,包括除利息外的财产开支和其他杂项开支。GFS 的财产开支指广义政府单位在使用金融资产或有形非生产资产时,向这些资产的所有者支付的开支。除利息外的财产开支包括股息(仅包括公共公司)、准公司收入提取(仅包括公共公司)、归保单持有者的财产开支、租金。

GFS 的支出经济分类对每级类目都进行了详细说明,清晰地表明了各项支出按照经济性质的归属。在进行政府收支分析时,根据职能和经济特性划分的交叉分类表是很有用的,从这种交叉分类中得到的数据可以显示政府行使职能的途径(见表 16-4)。

表 16-4 GFS 政府支出的职能分类和经济分类的交叉分类

支出经济分类 / 支出功能分类	雇员补偿	商品和服务的使用	固定成本消耗	利息	补贴	赠与	社会福利	其他开支
一般公共服务								
国防								
公共秩序和安全								
经济事务								
环境保护								
住房和社会福利设施								
医疗保健								
娱乐、文化和宗教								
教育								
社会保护								

16.4.3 发达国家及经济体政府支出分类情况

(一) 美国

美国联邦政府支出的分类和国际惯例一致,按功能划分和按政府组织机构划分,政府组织机构按经济分类列示支出责任、编制部门预算。功能分类是总统预算和国会预算编制程序中的重要组成部分,列示预算授权、支出以及其他各项预算数据。美国联邦政府支出共有 20 项功能分类,大多数功能分类下设有子功能,具体功能包括:国防,国际事务,基础科学、宇航、技术,能源,自然资源与环境,农业,商业与住房贷款,交通,社会与区域发展,教育、培训、就业与服务,卫生,医疗保障,收入安全保障,社会保障,退伍军人补助和服务,司法管理,行政支出,净利息,津贴,未分配抵偿性收入。美国联邦政府支出部门分类,包括 28 个部门和一个“其他独立机构”。各部门统一按以下经济分类列示支出责任:个人劳务和津贴,合同劳务和供给,资产购置,补助和固定收费,其他,直接支出责任小计,总支出责任合计。

(二) 欧盟

欧盟正式出版了新的欧洲国民经济账户体系(ESA2010),标志着欧盟将采用新的国民经济统计标准。ESA2010 清晰地显示了政府支出是如何具体分类的,政府支出由经常性支出和资本性支出构成,按经济性质分为中间消耗、雇员补偿、利息、社会福利、社会转移性支出、补贴、其他经常性支出等。资本性支出包括投资支出、资本性转移支出等。支出的职能分类完全参照 COFOG 的分类方法,即按一般公共服务、国防、公共秩序和安全、经济事务、环境保护、住房和社会福利设施、医疗保健、娱乐文化和宗教、教育、社会保护 10 个政府职能进行分类。ESA 认为,在支出职能分类的基础上,和经济分类进行交叉分类是很有必要的。

(三) 日本

按照日本政府支出分类法,政府支出主要划分为政府机关费用、国防费、国土保全及开发费、产业经济费、教育费、社会保障费、恩给费、公债费及其他费用九大项。日本政府非常重视的公共投资支出,主要集中在农业、水土保持和农村环境,道路、机场、港口,医疗卫生设施,住房和生活条件与环境这四个方面。日本中央财政支出主要有社会保障与福利、国债利息支出、公共投资、国防、科学文化教育等。地方财政支出主要集中于维护社会秩序与司法管理、基础设施、教育和社会文化事业、医疗卫生和社会福利、环境保护等。两级财政支出中,土木费(公共投资建设)和教育费都占相当大的比重。

16.4.4 发达国家及经济体政府支出分类体系的特征

政府支出分类改革一直都是发达国家及经济体政府关注的重点问题,从传统支出分类方法“分项列举法”,到按功能和规划分类,再到现在的系统分类,都体现了西方政府积极探索更优的政府支出分类方法,以使支出分类能够更科学地反映支出的目的、财政负担的归宿以及政府支出的效益。在支出分类方面,西方国家也具有一些共性。

第一,以健全的法律体系来保证支出的效果及信息公开的程度。政府支出预算对政府活动具有约束和限制能力,预算一经批准就具有法律的权威性。政府的各项支出在预算中都有详细的计划,使用范围确定,不能挪作他用,政府的支出必须接受权力机关及社会各界的监督。例如,美国宪法对公款支出的公开做了非常明确的要求,《信息自由法案》更是明确了政府在向民众提供信息方面的义务及细节。这使政府能够更为有效、公开、清晰地实施财政预算管理。

第二,政府支出分类比较细致。在 GFS、SNA 和 COFOG 这些国际分类规范的指导下,发达国家大都建立起了适合自己国家的支出分类体系,由于有多年的按照先进方法编制政府收支预算的经验,分类体系比较健全,层次分明,不同级次的支出分类之间逻辑关系清楚,完整透明。和收入分类相比,支出分类更复杂些,技术要求也更高。发达国家的政府支出不管是按职能还是按经济性质分类,具体的各个分类项目含义都非常明确,避免了含糊混乱、无法归类的情况。

第三,支出的范围主要限定在"市场失灵"领域。发达国家都是资本主义市场经济体制下的政府和公共财政,基本上把政府的职能限定在国防、基础设施、社会福利、环境保护等方面。在支出分类体系中可以很清楚地看到,对社会福利、教育、医疗保健、社会保护等各个级别的支出项目考虑周到、设置全面,并且对这些项目进行了详尽的说明和解释。这样的支出分类不仅显示了服务型政府的社会职能,也促进了经济和社会的持续发展。

16.5 我国政府收支分类体系存在的问题和改进策略

自从建立社会主义市场经济体制以来,随着政府职能的转变,公共财政逐渐成为我国财政管理的主要模式。伴随着这一转型,我国在财政预算管理方面进行了一系列重大的改革,取得了显著成果。2007 年,我国对政府收支分类也进行了较大力度的改革,初步形成了符合国际通行做法又适合我国国情的政府收支分类体系,提高了预算透明度,强化了财政监督,缩短了与 GFS 收支分类体系的差距。但是,由于种种原因,这次改革并不彻底,现行的政府收支分类还存在一些缺陷。对我国政府收支分类体系进行进一步探讨研究,使其能够符合国际规范、立足长远改革目标,对我国财政管理理论和实务有着重要的意义。

16.5.1 我国传统政府收支分类的历史回顾

我国传统的政府收支分类体系是按照苏联的模式建立起来的,新中国成立以来,为了与当时的预算管理体制改革以及国家重大经济政策调整相适应,我国的预算收支分类在不同时期也做了变化和调整。

(一) 改革开放前(1951—1977 年)

新中国成立初期,我国参照苏联财政管理模式,建立了适合当时财政经济形势和管理需要的收支分类体系。具体分为岁入科目和岁出科目,都分为款、项、目三级。岁入科目的款级科目有 13 个,反映收入的主要来源,如"农业税收入""各种税收收入""国营企业利润收入""公债收入""货币发行收入"等;项级科目有 33 个,反映收入的性质,如"各种税收收入"下的"工商业税""货物税"等;目级科目 71 个,反映收入的具体种类,如"货物税"下的"烟酒类"等。岁出科目的款级科目 31 个,反映支出的职能活动,如"国防支出""重工业支出""农业支出""教育事业支出""卫生事业支出"等;项级科目 185 个,反映具体的支出方向,如"重工业支出"下的"钢铁工业""机械工业"等;目级科目 16 个,如"工资""公杂费""旅差费”等,目级科目类似于现在的支出经济分类科目,并不是项级科目的下属科目,而是独立于款、项级科目的另外一套体系。

1956年,收支分类增加了大的“类”级科目,收入分类由三级扩展到类、款、项、目四级,支出由三级扩展到类、款、项、目、节五级。收入分类的类级科目5个,款级科目48个,项级142个,目级3个。支出新增了“经济建设”“社会文教费”“国防费”等9个类级科目,款级科目52个,项级科目227个,目级19个,节级科目17个。“文化大革命”开始后,1966—1970年收支分类科目没有变化。20世纪70年代是收支科目大简化的时期,1971年收入类科目减少为“企业收入”“各项税收”“其他收入”“调拨收入”4个类级科目,支出类级科目减少为19个,款级科目大幅减少,收支科目减少到合计220多个。

(二)改革开放恢复期(1978—1993年)

1978年后,我国进入改革开放的新时代,实行了农村以家庭联产承包责任制为中心、城市以国有企业改革为中心、建设有计划的商品经济等一系列重大的经济体制改革,财税体制改革措施主要包括财政包干体制、国有企业利改税、复式预算、恢复发行国债等。这段时期,政府收支分类有较大的变动和调整,因为改革的措施而较频繁地取消、增设了许多科目。如1984年增设“国营企业所得税类”;1985年把原“基本建设拨款类”改称为“基本建设支出类”,把原“国防战备费类”改称为“国防支出类”;1986年将“企业收入类”分为“国营企业调节税类”“价格补贴支出类”“国营企业计划亏损补贴类”“国营企业上缴利润类”“其他收入类”五类,将“各项税收类”分为“工商税收类”“关税类”“农牧业税类”(含契税)三类;1988年设立“公检法支出类”和“支援不发达地区支出类”;1989年增设“预算调节基金收入类”。

以1993年的收支科目为例,收入科目有“工商税收类”“关税类”“国营企业所得税类”“债务收入类”“社会保险基金收入类”等17个类级科目,256个款级科目,162个项级科目;支出科目分为类、款、项、目四级,其中类级科目包括“基本建设支出类”“企业挖潜改造资金类”“国防支出类”“行政管理费类”“城市维护费类”“文教卫生事业费类”等29个,款级科目294个,项级科目469个、目级科目12个。

(三)计划经济向市场经济过渡时期(1994—2006年)

1992年党的十四大确定了我国经济体制改革的目标是建立社会主义市场经济体制,从1994年开始,我国财政管理制度建设进入了一个新的历史时期,按照社会主义市场经济发展的要求,开始构建具有公共财政特征的财政运行模式。1994年的分税制改革是对原有税制的结构性的全面改革,政府收支科目也随之进行了较大调整。

1994 年收入科目有 17 个类级科目,235 个款级科目,162 个项级科目;支出科目有 28 个类级科目,290 个款级科目,493 个项级科目,目级科目 12 个。其中,类级科目变化不大,如支出科目取消了“城镇青年就业经费类”1 个类级科目并将其移入“其他支出类”,收入科目取消了“国营企业调节税类”和“股份制企业所得税类”2 个类级科目,将原来的“国营企业所得税类”改称为“企业所得税类”。款级科目较之前有了较大变化,如 1994 年政府收入科目在“工商税收类”科目中,针对新开征的税种增设了“消费税”“证券交易税”“遗产税”“土地增值税”等款级科目,取消了“产品税”“工商统一税”“特别消费税”“中央资源税”等款级科目。1994 年政府支出科目“预算调拨支出类”中增设了“税收返还支出”“专项拨款补助支出”“专项结算支出”等款级科目。在其他收支类级科目中,也取消或增设了一些款级科目。

分税制改革后,随着国有企业利润分配制度改革、税制改革、支出改革、部门预算改革等各项改革措施不断推进,政府收支科目也更加完善。2006 年收入科目中,类级科目 42 个,款级科目 336 个,项级科目 232 个,其中“增值税”“消费税”“营业税”等按 34 个税种划分为类级科目,还有“国有资产经营收益”“行政性收费收入”“罚没收入”“专项收入”“一般预算调节收入”等其他类级科目。支出科目中,类级科目有“基本建设支出”“行政管理费”“教育支出”“医疗卫生支出”“行政事业离退休支出”等 35 个,款级科目 441 个,项级科目 472 个,目级科目即支出的经济分类也由之前的 12 个增加为 35 个。与 1994 年科目相比,2006 年的政府收支科目更加细化,类、款、项、目级科目都有所增加。

(四)我国传统政府收支分类存在的问题

新中国成立后,我国长期实行计划经济体制,传统的政府收支分类虽然由简到繁、不断地修改完善,但总体框架基本没变,到了 21 世纪初期,仍然停留在计划经济体制下的建设型财政管理体制的基础上,大大落后于经济体制改革的步伐,也严重阻碍了公共财政的改革进程。我国传统政府收支分类存在的问题主要体现在以下几个方面:

第一,不适应建立社会主义市场经济体制的要求。市场经济要求政府转换职能,把公共支出放在首位,满足社会公共需要,收支分类体系能够准确反映政府收支活动全貌,财政应退出经营性、竞争性投资领域,加强对基础设施、基础产业的投资等。这些内容,在传统政府收支科目中没有得到充分体现,如只反映预算内收支,没有纳入所有的政府收支项目。传统收支科目在设计上还存在“重公有、轻私有,重中央、轻地方”的现象,即对国有经济和属于中央的税收收入按所有制进行了细化,而对私有经济和属于地方税收收入的相关科目设置较粗糙。

第二,分类体系混乱,口径复杂而不够规范和统一。我国传统政府收支科目经历了不同历史时期、不同经济体制的发展过程，由于滞后于同期其他改革措施，分类体系并不规范合理。类、款、项科目有的按部门分类，有的按功能分类，有的按经济分类，内容存在交叉重复。财政部门内部各职能机构也是既有按资金性质设置的，也有按照部门设置的，造成预算多头管理。对于编制预算的部门和单位来说，需要熟悉财政部门的多个职能机构，同时还要编制几个预算，增加了工作量，也加大了财政管理的难度。这个问题造成的后果是，同期财政政策的效果究竟怎样，无法确切得知，给有效实施财政政策、发挥财政宏观调控功能增加了难度。

第三，支出分类不透明，没有发挥应有的作用。政府收支分类体系中，支出分类是重点，反映了政府是怎样把取之于民的财政资金花出去的，是否进行了有效的、符合民意的支出。我国传统的政府支出科目是按经费性质进行分类的，不能集中清晰地反映政府的各项职能活动。例如，各项支出划分为行政费、事业费、基建支出等，政府许多重要的支出如农业、教育、医疗卫生等都分散在这些按经费性质划分的科目中，同一职能的支出多处反映，既不利于了解政府支出活动，也不利于依法实施财政预算监督。除了职能分类外，支出的经济分类也不能满足需要。新中国成立后我国政府支出的目级科目其实就相当于国外的经济分类，但是涵盖范围很窄，只能较明细地反映行政事业经费中的人员支出和公用支出。另外，很多需要细化到目级的支出，由于目级科目被经济分类占用而无法细化，只能在项级科目中粗略地反映，影响了政府支出分类的透明和清晰。

第四，和国际通行分类方法不相适应，难以保证数据的准确性和可比性。我国的国民经济核算体系和金融统计指标体系均按国际通行标准进行了调整，与之有密切关系的政府收支分类体系却迟迟未做相应改革，财政部门和统计部门每年都要做大量的口径调整和数据转换工作，但还是不能保证数据的完全对应，也不利于进行国际交流和比较。我国传统政府收支分类体系在收支涵盖范围和分类标准等方面和国外通行做法有较大区别，国内外财政统计口径不衔接、不可比的问题一直无法得到妥善解决。

16.5.2 我国现行政府收支分类体系

针对传统政府收支分类出现的问题，我国于2007年全面实施了政府收支分类改革，按照市场经济体制和公共财政的要求，对政府收支科目进行了类别和层次的重新划分。收支分类改革的目标是“体系完善、反映全面、分类明细、口径可比、便于操作”，改革的基本原则是“公开透明、符合国情、便于操作”。这次政府收支分类改革是新中国成立以来财政分类统计体系最为重大的一次调整，直接关系到政府预算的公开透明与政府职能的合理转换，对我国的财政预算制度产生了重要影响。

（一）2007 年政府收支分类改革

改革的主要内容是将政府收入和支出按国际通行做法进行分类。在收入方面,除按国际标准划分收入分类外,还将预算外收入和社会保险基金收入纳入了范畴,扩大了收入范围;在支出方面,建立了新的政府支出功能分类和经济分类体系,对原有科目进行了完善和扩充;另外还建立了新的科目编码体系,类级科目编码长度为 3 位,其他级次都为 2 位。改革后,收入按经济性质分为类、款、项、目四级,其中类级科目 6 个,款级科目 49 个,项级科目 354 个,目级科目 750 个。支出功能分类分为类、款、项三级,其中类级科目 17 个,款级科目 172 个,项级科目 1130 个。支出经济分类设置类、款两级,其中类级科目 12 个,款级科目 96 个。2007 年政府收支分类的类级科目如表 16-5 所示。

表 16-5　2007 年政府收支类级科目列表

收入类级科目		支出功能分类类级科目		支出经济分类类级科目	
编码	名称	编码	名称	编码	名称
101	税收收入	201	一般公共服务	301	工资福利支出
102	社会保险基金收入	202	外交	302	商品和服务支出
103	非税收入	203	国防	303	对个人和家庭的补助
104	贷款转贷回收本金收入	204	公共安全	304	对企事业单位的补贴
105	债务收入	205	教育	305	转移性支出
110	转移性收入	206	科学技术	306	赠与
		207	文化体育与传媒	307	债务利息支出
		208	社会保障和就业	308	债务还本支出
		209	社会保险基金支出	309	基本建设支出
		210	医疗卫生	310	其他资本性支出
		211	环境保护	311	贷款转贷及产权参股
		212	城乡社区事务	399	其他支出
		213	农林水事务		
		214	交通运输		
		215	工业商业金融等事务		
		216	其他支出		
		217	转移性支出		

资料来源:《2007 年政府收支分类科目》,中国财政经济出版社。

新的政府收支分类体系由“收入分类”“支出功能分类”“支出经济分类”三部分构成。

1. 收入分类

收入分类主要反映政府收入的来源和性质。根据我国政府收入构成情况,结合国际通行的分类方法,将政府收入分为类、款、项、目四级。其中,类、款两级科目设置情况如下：

（1）税收收入。分设21个款级科目：增值税、消费税、营业税、企业所得税、企业所得税退税、个人所得税、资源税、固定资产投资方向调节税、城市维护建设税、房产税、印花税、城镇土地使用税、土地增值税、车船使用和牌照税、船舶吨税、车辆购置税、关税、耕地占用税、契税、烟叶税、其他税收收入。

（2）社会保险基金收入。分设6个款级科目：基本养老保险基金收入、失业保险基金收入、基本医疗保险基金收入、工伤保险基金收入、生育保险基金收入、其他社会保险基金收入。

（3）非税收入。分设8个款级科目：政府性基金收入、专项收入、彩票资金收入、行政事业性收费收入、罚没收入、国有资本经营收入、国有资源（资产）有偿使用收入、其他收入。

（4）贷款转贷回收本金收入。分设4个款级科目：国内贷款回收本金收入、国外贷款回收本金收入、国内转贷回收本金收入、国外转贷回收本金收入。

（5）债务收入。分设2个款级科目：国内债务收入、国外债务收入。

（6）转移性收入。分设8个款级科目：返还性收入、财力性转移支付收入、专项转移支付收入、政府性基金转移收入、彩票公益金转移收入、预算外转移收入、上年结余收入、调入资金。

2. 支出功能分类

支出功能分类主要反映政府活动的不同功能和政策目标。支出功能分类根据单位的不同特点，结合管理的不同需要，设置类、款、项三级科目，主要根据政府职能，按由大到小、由粗到细分层次设置。其中，类级科目反映政府的主要职能，如一般公共服务、国防、教育等；款级科目反映政府履行某项职能所从事的主要活动，如"教育"类下的"普通教育""特殊教育"等；项级科目主要反映这些活动下的具体事项，如"普通教育"款下的"小学教育""高等教育"等。

其中，类、款两级科目设置情况如下：

（1）一般公共服务。分设32个款级科目：人大事务、政协事务、政府办公厅（室）及相关机构事务、发展与改革事务、统计信息事务、行政事务、税收事务、审计事务、海关事务、人事事务、纪检监察事务、人口与计划生育事务、商贸事务、知识产权事务、工商行政管理事务、食品和药品监督管理事务、质量技术监督与检验检疫事务、国土资源事务、海洋管理事务、测绘事务、地震事务、气象事务、民族事务、宗教事务、港澳台侨事务、档案事务、共产党事务、民主党派及工商联事务、群众团体事务、彩票事务、国债事务、其他一般公共服务支出。

（2）外交。分设8个款级科目：外交管理事务、驻外机构、对外援助、国际组织、对外合作与交流、对外宣传、边界勘界联检、其他外交支出。

（3）国防。分设3个款级科目:现役部队及国防后备力量、国防动员、其他国防支出。

（4）公共安全。分设10个款级科目:武装警察、公安、国家安全、检察、法院、司法、监狱、劳教、国家保密、其他公共安全支出。

（5）教育。分设10个款级科目:教育管理事务、普通教育、职业教育、成人教育、广播电视教育、留学教育、特殊教育、教师进修及干部继续教育、教育附加及基金支出、其他教育支出。

（6）科学技术。分设9个款级科目:科学技术管理事务、基础研究、应用研究、技术研究与开发、科技条件与服务、社会科学、科学技术普及、科技交流与合科、其他科学技术支出。

（7）文化体育与传媒。分设6个款级科目:文化、文物、体育、广播影视、新闻出版、其他文化体育与传媒支出。

（8）社会保障和就业。分设17个款级科目:社会保障和就业管理事务、民政管理事务、财政对社会保险基金的补助、补充全国社会保障基金、行政事业单位离退休、企业关闭破产补助、就业补助、抚恤、退役安置、社会福利、残疾人事业、城市居民最低生活保障、其他城镇社会救济、农村社会救济、自然灾害生活救助、红十字事业、其他社会保障和就业支出。

（9）社会保险基金支出。分设6个款级科目:基本养老保险基金支出、失业保险基金支出、基本医疗保险基金支出、工伤保险基金支出、生育保险基金支出、其他社会保险基金支出。

（10）医疗卫生。分设10个款级科目:医疗卫生管理事务、医疗服务、社区卫生服务、医疗保障、疾病预防控制、卫生监督、妇幼保健、农村卫生、中医药、其他医疗卫生支出。

（11）环境保护。分设10个款级科目:环境保护管理事务、环境监测与监察、污染防治、自然生态保护、天然林保护、退耕还林、风沙荒漠治理、退牧还草、已垦草原退耕还草、其他环境保护支出。

（12）城乡社区事务。分设10个款级科目:城乡社区管理事务、城乡社区规划与管理、城乡社区公共设施、城乡社区住宅、城乡社区环境卫生、建设市场管理与监督、政府住房基金支出、国有土地使用权出让金支出、城镇公用事业附加支出、其他城乡社区事务支出。

（13）农林水事务。分设7个款级科目:农业、林业、水利、南水北调、扶贫、农业综合开发、其他农林水事务支出。

（14）交通运输。分设4个款级科目:公路水路运输、铁路运输、民用航空运输、其他交通运输支出。

(15) 工业商业金融等事务。分设18个款级科目:采掘业、制造业、建筑业、电力、信息产业、旅游业、涉外发展、粮油事务、商业流通事务、物资储备、金融业、烟草事务、安全生产、国有资产监管、小企业事务、可再生能源、能源节约利用、其他工业商业金融等事务支出。

(16) 其他支出。分设4个款级科目:预备费、年初预留、住房改革支出、其他支出。

(17) 转移性支出。分设8个款级科目:返还性支出、财力性转移支付、专项转移支付、政府性基金转移支付、彩票公益金转移支付、预算外转移支出、调出资金、年终结余。

3. 支出经济分类

支出经济分类主要反映政府支出的经济性质和具体用途。在支出功能分类明确反映政府职能活动的基础上,支出经济分类明细反映政府的钱到底是怎么花出去的。支出经济分类设类、款两级,科目设置情况如下:

(1) 工资福利支出。分设7个款级科目:基本工资、津贴补贴、奖金、社会保障缴费、伙食费、伙食补助费、其他工资福利支出。

(2) 商品和服务支出。分设30个款级科目:办公费、印刷费、咨询费、手续费、水费、电费、邮电费、取暖费、物业管理费、交通费、差旅费、出国费、维修(护)费、租赁费、会议费、培训费、招待费、专用材料费、装备购置费、工程建设费、作战费、军用油料费、军队其他运行维护费、被装购置费、专用燃料费、劳务费、委托业务费、工会经费、福利费、其他商品和服务支出。

(3) 对个人和家庭的补助。分设14个款级科目:离休费、退休费、退职(役)费、抚恤金、生活补助、救济费、医疗费、助学金、奖励金、生产补贴、住房公积金、提租补贴、购房补贴、其他对个人和家庭的补助支出。

(4) 对企事业中位的补贴。分设4个款级科目:企业政策性补贴、事业单位补贴、财政贴息、其他对企事业单位的补贴支出。

(5) 转移性支出。分设2个款级科目:不同级政府间转移性支出、同级政府间转移性支出。

(6) 赠与。分设2个款级科目:对国内的赠与、对国外的赠与。

(7) 债务利息支出。分设6个款级科目:国库券付息、向国家银行借款付息、其他国内借款付息、向国外政府借款付息、向国际组织借款付息、其他国外借款付息。

(8) 债务还本支出。分设2个款级科目:国内债务还本、国外债务还本。

(9) 基本建设支出。分设9个款级科目:房屋建筑物购建、办公设备购置、专用设备购置、交通工具购置、基础设施建设、大型修缮、信息网络购建、物资储备、其他基本建设支出。

（10）其他资本性支出。分设9个款级科目：房屋建筑物购建、办公设备购置、专有设备购置、交通工具购置、基础设施建设、大型修缮、信息网络购建、物资储备、其他资本性支出。

（11）贷款转贷及产权参股。分设6个款级科目：国内贷款、国外贷款、国内转贷、国外转贷、产权参股、其他贷款转贷及产权参股支出。

（12）其他支出。分设5个款级科目：预备费、预留、补充社会保障基金、未划分的项目支出、其他支出。

（二）2007年政府收支分类体系的进步

这次意义重大的改革建立了较为规范的政府收支分类体系，完善了财政信息系统，新的科目体系与部门分类编码和基本支出预算、项目支出预算相配合，对政府各项收支进行多种属性定位，能够说明政府资金的来源、功能去向与经济去向，为预算管理、统计分析、宏观决策和财政监督等提供了更为全面的政府收支信息。

1. 收入分类方面

第一，扩展了政府收入涵盖范围。政府收入即政府部门管理的收入，既包括征收的税收，也包括上缴财政的各种收费。传统的政府收入分类是以预算内收入为主，新分类体系在原有一般预算收入、基金预算收入和债务预算收入外，又增加了财政预算外收入和社会保险基金收入等本就属于政府收入范畴的收入，从而使政府收入分类更加完整和统一。

第二，整合了科目结构。传统的政府收入分类基本上是将各种收入简单罗列，没有进行系统划分。如2006年收入分类类级科目42个，增值税等各项税收就占了34个，与行政性收费收入、罚没收入等同为类级科目。新收入分类根据国际货币基金组织的收入分类方法，即将收入分为税收、社会缴款、赠与和其他收入四个大类，结合了我国实际情况，按照收入形式将其划分为税收收入、社会保险基金收入、非税收入、贷款转贷回收本金收入、债务收入和转移性收入六大类，大大减少了传统收入分类的类级科目数量，使收入的归类更加合理。

第三，收入体系的设置较为细致。传统收入分类科目分为类、款、项三个层次，新收入分类设置了类、款、项、目四级科目，层次更加清晰，科目设置更加明细。在具体设置中，原收入分类的“类”变成了“款”，“款”变成了“项”，“项”变成了“目”，细化到“目”级科目，能够较清晰地反映政府各项收入的具体来源。有利于增强财政收支的透明度，有利于预算管理的分析比较。

2. 支出功能分类方面

第一，分类更加规范和完整。传统支出分类主要是按经费性质设置的，如“基本建设支出”“行政管理费”“科技三项费用”等。新的政府支出功能分类参考联合国政府职能分类,根据我国政府管理和部门预算的要求,统一按支出功能设置类、款、项三级科目,确保集中、直观反映政府职能活动。原来分散在好几类科目中的支出,基本也能在一类科目中得到反映。原支出分类主要反映预算内支出,新分类涵盖财政预算内、预算外和社会保险基金在内的政府支出,从而改善了财政预算外资金长期游离于政府收支分类体系之外的状况。

第二,科目设置更加细致。功能科目按照支出体现的政府职能进行了归集,而不再按支出主体的主管部门设置。类和款级科目根据单位的职能来确定,项级科目由原来的472个增加到1 130个,是根据单位性质和经费性质来确定的。根据预算细化和财政支出统计分析的需要,项级科目采用了按职能、活动、行业和资金用途等4种不同的办法来充分体现预算细化、透明的要求。比如"教育"类级科目下的"普通教育"款级科目,其中一个项级科目是"小学教育",原来用于小学教育的"基本建设支出""教育事业费"等都要归集在"小学教育"项级科目下,这样能完整反映某个小学的支出,便于自上而下进行统计。

第三,便于国际间的比较交流。新的支出功能分类与国际标准的功能分类总体框架和分类原则基本一致,这就为同口径下的国际比较分析创造了有利条件。改革后我国类级科目是17个,比GFS的10类还多,主要是单设了"外交"和"科学技术",增设了"转移性支出"和"其他支出",将GFS的"经济事务"分解成了"农林水事务""交通运输"和"工业商业金融事务"。有些国家的支出功能分类设置简单,如意大利只有9类,有些国家设得更细,如西班牙有30类。不论如何,只要分类方法大致相同,口径就会有可比性,对我国这样财政预算体制不是很完善的发展中国家来说,通过财政收支信息的国际比较和分析,可以更好地借鉴发达国家的财政管理经验。

3. 支出经济分类方面

第一,形成了完整的经济分类体系。传统的支出目级科目虽然相当于经济分类,但并不是系统的、真正意义上的支出经济分类,只是在一般预算支出、政府性基金支出下分设的科目,是粗略反映政府部分支出性质的附属科目表。新的政府收支分类设置了统一完整的支出经济分类,不仅对原人员支出和公用支出两部分进行了补充,细分为"工资福利支出""商品和服务支出""对个人和家庭的补助"三个大类,还补充了资本性支出、债务支出等内容,使任何一项功能支出都可以在经济分类中得到细化,能够独立反映政府全部支出活动的科学分类体系。

第二,科目得到细化。除了类级科目的范围扩大外,新的支出经济分类还细化了传统经济分类的下设科目。按照预算管理的要求,新的支出经济分类设置了96个款级科目,比原来增加了60多个。如原"人员支出"对应新科目的"工资福利支出",新增了"伙食费"和"伙食补助费"两款;原"公用支出"对应新科目的"商品和服务支出”,新增“出国费”“装备购置费”“咨询费”“手续费”等12款,原有的“水电费”拆分为“水费”和“电费”。将支出经济分类进行细化,符合细化预算编制、加强预算单位财务会计核算和经济分析的要求。

第三,科目设置有较大调整。在科目设置方面,对部分归类进行了调整。如将原“基本建设支出”对应到“其他资本性支出”,设置了“房屋建筑物购建”“办公设备购置”“交通工具购置”等款级科目;新“基本建设支出”的款级科目和“其他资本支出”的款级科目完全相同,区别在于前者反映国家发改委集中安排的基建支出,后者反映其他部门安排的资本性支出。还设置了“债务还本支出”和“债务利息支出”类级科目来反映债务支出情况。虽然支出经济分类反映政府的交易,资本性支出本身并不属于政府交易的分类,但是考虑到管理的需要,将其归入支出经济分类进行单独反映,有利于财政支出的统计分析。

(三) 2014年政府收支分类体系

2007年政府收支分类改革以后,随着经济改革的深入,完善预算体制、试行社会保险基金预算、实施国有资本经营预算、完善财政信息建设、推进预算公开等政策措施陆续开展,为了统计“三农”“民生”“三公”等经费的需要,政府收支科目越来越复杂和细致。目前中央财政已经初步建立由公共预算、政府性基金预算、国有资本经营预算、社会保险基金预算等四类预算组成的全口径政府预算体系。

2014年政府收支分类体系仍然分为收入分类、支出功能分类和支出经济分类。收入分类科目分为类、款、项、目四级,类级科目6个,款级科目51个,项级科目394个,目级科目685个。支出功能分类科目分为类、款、项三级,其中类级科目25个,款级科目267个,项级科目1 530个。支出经济分类科目分为类、款两级,类级科目12个,款级科目108个。

1. 2014年政府收支分类体系和2007年的比较

和2007年相比,2014年的收支科目变化还是不小的,设置更加细致,由于每年都根据政策的变化增加或删除了一些科目,几年来,收支分类各个层次的科目都有所调整,总的来说,款、项、目级科目数量有所增加,内容更加详细。

(1) 收入分类科目方面。2014年的政府收入分类科目仍然是6大类,款级比2007年增加2个,项级增加40个,目级减少65个。下面将说明款级科目较大的调整:

“税收收入”类级科目,取消了“固定资产投资方向调节税”,将原“车船使用和牌照税”改为“车船税”。

“社会保险基金收入”类级科目,增加了“新型农村合作医疗基金收入”“城镇居民基本医疗保险基金收入”“新型农村社会养老保险基金收入”“城镇居民养老保险基金收入”等4款科目,同时在“社会保险基金支出”类级科目也增加了4款相应支出科目。

“非税收入”类级科目，将彩票资金纳入财政专户后，原“彩票资金收入”款级科目转到“政府性基金收入”款级科目下，变为项级科目。

“转移性收入”类级科目，将原“财力性转移支付收入”款级科目改为“一般性转移支付收入”，增加款级科目“债券转贷收入”。

（2）支出功能分类科目。2014年的政府支出功能分类科目，类级科目比2007年增加8个，款级增加95个，项级增加400个。主要的款级科目调整如下：

“一般公共服务”类级科目，增加了“组织事务”“宣传事务”“统战事务”“对外联络事务”等款级科目，将原“食品和药品监督管理事务”款级科目转到“医疗卫生支出”类级科目下。

“国防”类级科目，增加“国防科研事业”和“专项工程”2项款级科目。

“公共安全支出”类级科目，增加“缉私警察”款级科目。

“科学技术支出”类级科目，增加“科技重大专项”款级科目。

“社会保障和就业支出”类级科目，将原“农村社会救济”款级科目改为“农村最低生活保障”和“其他农村生活救助”2款，增加“补充道路交通事故社会救助基金”款级科目。

“医疗卫生”类级科目，将原“医疗服务”款级改为“公立医院”款级，原“社区卫生服务”款级改为“基层医疗卫生机构”款级，原款级“疾病预防控制”“卫生监督”“妇幼保健”“农村卫生”合并为“公共卫生”款级科目，转入“食品和药品监督管理事务”。

原“环境保护”类级科目改为“节能环保支出”类级科目，从原“工业商业金融事务”类级科目转入“能源节约利用”和“可再生能源”2款，增加“能源管理事务”款级科目。

原“农林水事务”类级科目改为“农林水支出”，增加“农村综合改革”和“促进金融支农支出”2款。

“交通运输支出”类级科目，增加“石油价格改革对交通运输的补贴”“邮政业支出”“车辆购置税支出”3款。

原“工业商业金融等事务”类级科目，改为“资源勘探电力信息等支出”“商业服务业等支出”“金融支出”类级科目，原款级科目除分出来的以外，大多数在“资源勘探电力信息等支出”类级下。

“商业服务业等支出”类级科目，下设“商业流通事务”“旅游业管理与服务”“涉外发展服务支出”“其他商业服务业等支出”4款。

“金融支出”类级科目，下设“金融部门行政支出”“金融部门监管支出”“金融发展支出”“金融调控支出”“其他金融支出”5款。

增加“援助其他地区支出”类级科目，下设“一般公共服务”“教育”“文化体育与传媒”“医疗卫生”“节能环保”“农业”“交通运输”“住房保障”“其他支出”9款。

增加“住房保障支出”类级科目，下设“保障性安居工程支出”“住房改革支出”“城乡社区住宅”3款。

(3) 支出经济分类科目。和2007年相比，2014年的政府支出经济分类科目的类级科目还是12个，款级增加12个。款级科目有较明显的调整，具体如下：

“工资福利支出”类级科目，增加“绩效工资”款级科目。

“商品和服务支出”类级科目，原“出国费”改为“因公出国(境)费用”，原“招待费”改为“公务招待费”，增加“公务用车运行维护费”“其他交通费用”“税金及附加费用”3款。

“对企事业单位的补贴”类级科目，增加“国有资本经营预算费用性支出”款级科目。

“基本建设支出”类级科目，原“信息网络购建”改为“信息网络及软件购置更新”，原“交通工具购置”分为“公务用车购置”和“其他交通工具购置”2款。

“其他资本性支出”类级科目，增加“土地补偿”“安置补助”“地上附着物和青苗补偿”“拆迁补偿”等4款，原“交通工具购置”分为“公务用车购置”和“其他交通工具购置”2款。

“贷款转贷及产权参股”类级科目，增加“国有资本经营预算资本性支出”款级科目。

“其他支出”类级科目，增加“国有资本经营预算其他支出”。

2. 与2013年相比2014年收支科目调整的内容

2014年政府收支分类科目的调整内容如下：

(1) 将培训支出在“教育”类单设科目统一反映。从2014年起将各部门安排的培训支出，集中在“教育”类级科目下新增“培训支出”科目反映，将原“教育进修及干部继续教育”款级科目改为“进修及培训”，同时对其他含有“培训”内容的科目作相应调整。

(2) 理顺地震事务有关科目。为清晰反映地震部门的各项职能活动，充分体现防震减灾事业的重点工作和目标任务，对“地震事务”所属的有关“项”级科目进行调整。

(3) 删除部分收支科目。为了使政府收支分类科目更有针对性和使用起来更加简明清晰，拟删除有关政策已经到期和阶段性工作已经完成的科目，主要包括删除“地震灾后恢复重建支出”“固定资产投资方向调节税”“特定区域进口自用物质退增值税”“乡镇自筹和统筹收入”“成品油价格和税费改革清退补缴收入”“海关监管手续费”“实施减轻农业用水负担综合改革补助”“向国家银行借款收入”等科目及三峡建设管理实务、退耕还林粮食折现挂账贴息、京津风沙源禁牧舍饲粮食折现补助等科目。上述科目删除后，除灾后恢复重建支出外，如有个别收支事项发生（如清理收入尾欠等），可通过“其他收入”或“其他支出”科目反映。

（4）新增部分收支科目。为了配合新出台的财政政策、加强预算管理，增加部分支出科目，主要是：

在“废弃电器电子产品处理基金支出”款级科目下新增“回收处理费用补贴”“信息系统建设”“基金征管经费”“其他支出”4 个支出项级科目，反映废弃电器电子产品处理基金的具体支出方向。

在“人力资源事务”款级下增设“公务员综合管理”项级科目，反映国家公务员局的公务员综合管理支出。

在“医疗保障”款级下增设“疾病应急救助”项级科目，反映财政对疾病应急救助基金的补助情况。

在“商业流通事务”款级下增设“民贸民品贷款贴息”项级科目，反映对民族商品定点生产企业优惠贷款贴息支出。

增设“文化产业发展专项支出”项级科目，反映对文化产业发展的专项支出。

在“普通教育”款级下“化解农村义务教育债务支出”项级科目后增设“化解普通高中债务支出”项级科目，反映目前正在试点的化解公办普通高中债务支出。

新增“彩票兑奖周转金”“彩票发行销售风险基金”“彩票市场调控资金收入”3 个目级科目，及“彩票兑奖周转金支出”“彩票发行销售风险基金支出”“彩票市场调控资金支出”3 个项级科目，反映从彩票机构业务费中计提的彩票兑奖周转金、彩票发行销售风险基金和彩票市场调控资金收支。

增设“求职补贴”项级科目，反映财政对符合条件的高校毕业生求职给予的补贴支出。

（5）调整和整合部分科目。主要是：

将“预备役部队”款级和“民兵”款级科目删除，改为“国防动员”款级下的 2 个项级科目。

将“森林防火”“林业有害生物防治”“林业救灾”3 个项级科目合并为一个科目“林业防灾减灾”，反映为预防和扑救、救治森林火灾、林业有害生物灾害、自然水旱灾害等发生的支出。

将“财政对新型农村社会养老保险的补助”和“财政对城镇居民社会养老保险的补助”合并成一个科目“财政对城乡居民社会养老保险的补助”；将“城市医疗救助”和“农村医疗救助”科目合并为一个科目“城乡医疗救助”。

将“国土资源气象等事务”类级科目改为“国土资源气象等支出”；将“引导金

融机构支农补助"改为"促进金融支农支出"等。

16.5.3 我国现行政府收支分类体系存在的问题

几十年以来,我国政府收支分类体系随着经济形势和财政预算管理的需要不断地调整,特别是2007年进行的政府收支分类改革,是最重要、意义最深远的一次调整。但是我们也要清楚地认识到,现行的政府收支分类体系并不完美,由于历史和现实的种种原因,还存在诸多问题,尤其在总体框架设置和推进政府财政信息公开方面,需要突破瓶颈,进行更深入更彻底的改革。

(一)全口径预算管理尚未真正实现

全口径预算管理,即将政府的所有收入和支出都纳入预决算管理。"全口径"也就是"全面完整",是政府收支分类体系的设计原则之一。实行全口径预算管理是建立公开、透明、规范、完整的预算体制的基本前提和工作重点。2012年11月,党的十八大会议提出了"加强对政府全口径预算决算的审查和监督",可见这一目标的重要性。但是从目前的政府收支分类体系的实际情况来看,虽然我国已按全口径预算管理要求建立了公共预算、政府性基金预算、国有资本经营预算、社会保险基金预算四类预算,但是并非真正的"全口径"管理。具体体现在两个方面:一是现有政府收支并没有全部纳入政府预算,二是并非所有已经纳入预算的政府收支都受到了同样严格的预算管理与控制。

上述四类预算中,相对成熟的是公共预算,其他三类预算都没有完整地反映相关政府收支活动。如政府性基金预算,在现行政府收支分类中是类级科目"非税收入"下的款级科目,但是全国有近500项政府性基金,却只有40多个项级科目,还管理混乱、口径不一。[①] 又如国有资本经营预算,只有"非税收入"下"国有资本经营收入"一个收入款级科目,并且只包括国资委管理的国有企业,仅仅是企业上缴的利润而不是企业的全部收入。社会保险基金预算也和发达国家的社会保障预算有较大差距,范围仅限于"保险基金",范围偏窄。不能实现"全口径"预算管理,也就意味着政府收支分类体系并不完整和全面。

(二)没有切实推动政府财政信息公开

现行的政府收支分类体系和传统政府收支分类体系相比,更加规范细致,从技术上说无疑是有了巨大进步,但从效果上来看,并没有实现当初改革所期望的能较好地促进财政信息的提供和公开、增强财政收支信息的透明度的目的,体现在以下几方面:一是财政收支信息披露不足,到目前为止,各级政府的预算收支信息依旧没有完整地对人大代表和公众公开,预算报告仍然过于简单,缺少准确简洁的对财政收支的分析,预算报告中披露的收支指标数据也不完全;二是财政收

① 韩启:《4万亿政府性基金预算模糊,被指公布混乱口径不一》,《新金融观察报》,2012年5月6日。

支信息的生产不足，只编制当年预算收支，没有建立中长期滚动预算机制，不能提供对未来预算收支变动的预测信息，并且还没有政府层面的合并资产负债表，不能提供未来财政负担和风险的信息，缺少对政府活动成本的核算；三是政府收支的外部审计监督力度不足，审计信息披露欠缺，不利于保证政府财政信息的真实性，我国审计部门并非严格意义上的外部审计，难免受到行政干预，同时财务审计结果大部分是不公开的，也使审计的监督作用大大减弱。

目前按照功能分类反映的部门预算支出的公开情况虽然不断加大，但只公开到类和款级科目，还未到全部公开到项级科目，真正受到社会关注的政府支出经济分类的公开情况仍然不足。上海财经大学公共政策研究中心发布的《2013 中国财政透明度报告》显示，我国省级财政透明度状况仍然不高，只公开了全部调查信息中不到 1/3 的信息，在一般预算基金、政府性基金、社会保险基金、国有企业基金 4 个大项中，社会保险基金的透明度相对最好，其次是政府性基金，再次是一般预算基金，国有企业基金最差。①

（三）科目设置相比国际规范还有较大差距

我国 2007 年的政府收支分类改革主要参考了 IMF1986 年版的政府统计手册（GFS）和联合国的《政府职能分类》（COFOG），可以说大体实现了与国际政府收支分类标准的对接和整合。然而 IMF 在 2001 年出台了新版 GFS，以防范政府风险为核心，对 1986 年版 GFS 做出了根本性的改变，主要内容为将政府收支核算范围扩大到公共企业、重新定义政府收支、彻底实行权责发生制、完善政府收支指标等，以我国的现实国情，在短期内还无法向国际政府财政统计的最新口径靠拢。在政府收支分类科目的总体规划和设置方面，还有较大的改进空间，也可以说还有长远的改革目标要实现。

即使以 1986 年版 GFS 为标准，我国现行支付收支分类体系也是有差距的。一是形式相似、实质欠缺，收支分类改革只改变了资金的反映渠道和统计口径，并不涉及利益格局的调整，没有触及原来的资金分配格局、管理权限及实务流程，也可以说谨慎有余、步伐不足，对政府向服务型政府转型及预算管理方式的改进效果不是非常明显。二是科目设置还需要进一步细化，如收入分类虽然设计到了目级，但是还有为数不少的政府收入没有纳入收入科目，支出功能分类的一些科目设置还混乱不清，技术上还可以细化到目级，受到各界关注的支出经济分类在实务编制中还不规范，尚有细化到项级科目的实际需要。

（四）收付实现制阻碍了政府收支信息的准确提供

我国现行政府财政统计一直以收付实现制作为核算基础，在目前国际国内经

① 上海财经大学公共政策研究中心：《2013 中国财政透明度报告》，上海财经大学出版社，2013 年版。

济形势下,收付实现制已经无法适应外部环境和内部发展的需要,它在记录、反映政府活动真实绩效方面遇到了难以解决的困难。收付实现制的最大问题是当期政府权力责任不匹配,不能全面准确提供政府的资产负债信息和成本信息,隐藏了财政风险,容易做出错误的财政决策。例如,政府的某项政策实施后,也许没有影响到当期的政府财政收支,但是它可能对中长期政府收支和绩效产生影响,这时用权责发生制能很好地配比各期的成本效益,而现金收付制却可能扭曲这种情况,将政策产生的成本完全计入当期财政支出。

政府财政统计核算体系的国际规范大都以权责发生制作为核算基础,权责发生制的引入对政府绩效预算管理的改革、鉴别与控制财政风险、改进政府对长期资产管理、提供准确完备的政府信息等有重要作用,目前发达国家基本上都采用了权责发生制作为政府财政统计的核算基础。我国如果继续实行收付实现制,不仅不利于政府收支分类体系的建设,也会影响到预算会计制度、政府财务报告、政府统计体系的深入改革。

(五)信息技术有待加强

现代信息技术的广泛应用使管理进入了新的模式。一方面,所发生业务的各种原始信息被统一存放,保证数据的一致性和共享性;另一方面,通过信息系统的使用,在逻辑上可以将不同离散的信息集成一体,提高反应速度,缩短决策时间,准确及时地得到所需要的数据,大大改善管理效率。信息技术不仅应用于微观管理,在宏观管理中也起着越来越重要的作用。如在编制政府预算时,一般编制周期较长,编好后改动也较困难,一旦外界环境出现了较大变化,预算将与实际情况存在较大差异。信息系统可以自动地生成预算,只要给出目标,设定好预算模型,就能迅速得到结果,在编制滚动预算时尤其实用。

我国政府财政统计信息技术的应用还处于初级阶段,财政管理层次和水平越高,对信息的要求就越高。一个好的信息系统必须和其他信息系统进行有机的、密切的结合,在拥有统一规范的数据接口标准的基础上,各系统之间的数据充分共享和互换。在实务中,政府收支分类体系的科目电子化、科目转换自动化、民生支出、"三农""三公"等备受公众关注的热点口径统计的自动化等,都需要加强信息技术,以促进政府收支分类体系的发展。

16.5.4 我国政府收支分类体系的改进策略

我国政府收支分类体系经过多年的发展,在参考国际规范的基础上,已经初步建立起了适合我国财政管理需要的基本框架,向在市场经济条件下转变政府职能、建立公共财政的目标迈进了坚实的一步。由于有些方面还不完善,对我国财政收支分类体系进行深入系统的研究,提出符合国际规范、立足长远改革目标的财政收支分类体系的改进策略,对真正发挥政府收支分类体系的财政监督效应、推进政府财政信息公开、加强财政监督等有着重要的意义。

(一)以《预算法》修订为契机,建立健全相关法律体系

健全的法律体系能够为财政预算管理和政府财政信息公开提供坚实的法理基础。在转变政府职能、规范政府行为的过程中,通过建立健全政治体制和法律体系,使政府行为规范有序,有效地行使经济职能,及时准确地提供财政信息,增强财政透明度。法律体系应由一系列相关法律法规组成,如美国就有《宪法》《塔夫脱宣言》《预算和会计法》《信息自由法案》《联邦咨询委员会法》和《政府阳光法案》《电子信息自由法修正案》等法律法规来保障预算的实行和公开。我国应以《预算法》为中心,建立健全完善预算管理的法律依据。《预算法》修订了10年,其四审稿于2014年8月提交全国人大常委会讨论,主要内容是把政府全口径预算向公众公开以法律形式规定下来。《预算法修正案》的出台将是支撑财政预算制度深化改革的一项重大举措,在明确规定各行为主体权利义务、财政预算信息范围、信息的具体化程度方面将会为今后政府收支分类实务工作指明方向。除了《预算法》外,还有《保密法》《政府信息公开条例》《政府性基金法》《社会保险法》《企业国有资产法》等相关法律法规需要建立健全,共同保障我国财政预算的法制化建设。

(二)提高政府收支分类体系的完整性

按照建立完整政府预算体系的要求,政府收支分类科目应建立完整预算框架,涵盖所有预算种类,完整反映政府所有的收入和全部支出。在目前的四类预算中,公共预算、政府性基金预算、国有资本经营预算、社会保障基金预算的收支科目是相互交叉的,并不能一目了然地反映几大预算板块的收入支出数额,尤其是后三大板块的收入筹集情况,如"非税收入"类级科目下设"政府性基金收入"和"国有资本经营收入"款级科目。今后可以将政府收入的类级科目划分为8个,分别是"公共预算收入""政府性基金收入""国有资本经营收入""社会保险基金收入""贷款转贷回收本金收入""债务收入""转移性收入""其他收入",其中"公共预算收入"类级科目下设"税收收入"和"非税收入"2个款级科目。这样从类级科目的层次上,就可以看出四大预算板块当年收入筹集情况,类级以下可以根据需要继续设置款级、项级收入科目。目前税(非税)式支出还没有列入收支科目,可以单独增加这个科目,以反映各地因为税费减免等方式而减少的财政收入。提供收支分类体系的完整性还表现为科目设置必须细化,收入科目可以最低到节级、支出职能分类科目到目级、支出经济分类科目到项级。从长远的角度看,国有企业的收支活动应逐渐在我国政府收支分类体系中得到反映。

(三)积极推动政府财政信息公开

政府作为受托人有义务向公众公布财政资金的筹集和使用情况。依据IMF

等国际组织的要求，应加强政府信息公开，使公众及时、准确地获取政府相关信息。除了加快政府信息公开的法制化，还要在不损害国家公共利益的基础上，尽可能详尽地向公众公开有关信息。对于政府收支分类科目来说，收入科目应公开到目级，支出功能分类科目应公开到项级，支出功能分类科目应公开到款级。国务院办公厅印发《2014 年政府信息公开工作要点》要求“全部公开到支出功能分类的项级科目”，比以往表述的“一般项目公开到款级科目、重点项目公开到项级科目”有一定进步。中央部门预算下一步逐步要将部门预决算公开到基本支出和项目支出，积极研究将部门决算按经济分类公开，除涉密内容外，所有财政拨款安排的“三公”经费都要公开。在 2013 年公开“公务用车购置及运行费”的基础上，2014 年进一步细化公开了“公务用车购置费”和“公务用车运行费”。[①] 为了保证政府信息公开的质量，还应加强政府审计，并建立信息公开的责任追究机制，对于故意隐瞒信息、公开虚假信息、阻碍公众正当获取所需信息的部门和人员，应予以处罚并追究法律责任。

（四）以权责发生制为核算基础

以权责发生制为核算基础，即以权利和义务的发生作为确认收入、费用以及资产、负债的标准。权责发生制和收付实现制的区别在于，前者能够强化政府受托责任、增加财政透明度、提高管理效率、防范财政风险。权责发生制对政府最主要的影响是，能更好地衡量政府当前的财务状况，能提高政府的管理效率，能更好地预测未来的长期可持续性。如英国财政部每年发布长期财政预测，澳大利亚政府每 5 年发布一次《代际报告》，都是以权责发生制会计信息为基点，进行长期可持续性分析。权责发生制由于受到会计确认、计量等标准的制约，在实行中会有很多困难，但权责发生制的理念是非常重要的，也就是要以权利和义务为出发点，分析未来一定期限内政府的资源流入和流出，并对政府财务状况、财务形势和财政风险进行评估，提出相应的政策应对。只有以权责发生制为核算基础，今后才能更好地结合 GFS 体系进行深入改革。但是我国在短期内实现全面权责发生制还存在困难，可以先由收付实现制过渡到修正的权责发生制，再过渡到全面的权责发生制。

（五）提高信息化程度

以科学规范的模式建设信息化政府是未来的发展趋势，其目的是建立一个更高效、更透明、行政成本更低的政府。政府信息化包括政府信息网络基础设施、基础数据库、电子政务、公共领域信息化等内容。从横向上看，政府信息化是以税务、工商等为主体的信息化；从纵向上看是中央和各级地方政府的信息化。政府

---

① 夏祖军：《中央本级支出预算公开到项级科目》，《中国财经报》，2014 年 4 月 24 日。

收支分类体系是政府财政统计系统下的一个小分支,我国统计信息化发展非常迅速,也为更好地开展财政统计工作创造了便利条件。和政府收支分类体系密切相关的信息系统包括国民经济核算体系(SNA)、政府财政统计系统、政府电子政务系统、预算会计核算系统、税收系统、国库系统等。这些系统的信息化程度怎样,决定了政府信息的共享和互换是否成为可能。政府收支分类体系的信息化建设具体包括开发专门的政府收支分类信息系统,实现政府收支信息编发、口径转换等的自动化操作。还可以通过信息化手段,实现政府性基金收支、社保基金收支、国有资本经营预算收支及其他热点口径的计算机自动识别工作,更加便捷地进行数据统计。

(六) 配合其他经济改革措施

政府收支分类体系改革只是财政预算改革中的一个措施,建设公共财政体制还需要推进一系列的改革措施,它们相互影响和促进,共同对建立社会主义市场经济体制、建立现代财政制度、促进经济社会和民主的发展、维护社会和谐稳定发挥重要作用。一是继续深化预算管理制度改革,提供真实、完整的信息,降低信息成本,提升制度效率,并试编三年或者五年期的滚动预算,实现逐年滚动,提高财政预算的稳定性、准确性、有效性和可持续性,保障财政政策的连续性和稳定性;二是建立政府间事权和支出责任相适应的制度,理顺中央和地方的收入划分,处理好中央和地方的关系;三是推动税制改革,如全面推进增值税改革、加快房产税改革、推进资源税和环境税费改革等;四是推动政府财政统计体系、政府预算会计、政府财务报告等的改革,全面披露政府的财务信息和绩效信息;五是强化对财政预算的有效监督,除了完善人大对财政预算的监督制度外,还要为公众参与财政预算监督创造条件,以预算民主的建设来推动政府职能的转型。

第17章　政府财政信息公开的制度保障之二
——地方财政年鉴的规范模式

推行政府财政信息公开是保障社会公众知情权、发展社会主义民主政治的必然要求，也是强化对财政资金的制约和监督、从源头上预防和治理腐败的重要举措。在建立健全财政预算信息披露制度过程中，信息公开载体建设是提升财政透明度的基础性环节，选择哪种载体来公布财政信息很大程度上影响着信息传播的范围和被利用程度，因此可以说没有信息公开载体的建设就没有“阳光财政”的建设。从我国目前情况来看，财政部门门户网站建设、报纸电视广播等新闻媒体是财政新闻、政策法规、财政数据、政策解读、通知公告、人事管理、政府采购、预算报告等财政信息公开的主要载体，而本级财政部门相关处室的工作动态、下辖地方政府财政工作概况和预决算收支信息（预算报告和决算报告除外）的公开则更大程度上依赖于财政年鉴的编制与出版。在所有种类的财政信息中，政府预算、决算收支情况是最为核心关键的信息，因此在某种程度上而言，地方财政年鉴的编制与出版情况决定了该地区政府部门财政信息主动公开的情况。

17.1　地方财政年鉴的基本情况

17.1.1　地方财政年鉴出版发行的总体情况

在2008—2012年，各省份财政年鉴的出版发行情况可分为以下四种：

（1）天津、河北、山西、内蒙古、浙江、安徽、福建、山东、湖南、广东、广西、甘肃、宁夏和新疆14个省份的财政年鉴连续公开出版发行。

（2）吉林、上海、江苏、重庆、云南5个省份公开出版发行过财政年鉴，但最近两三年的出版发行情况不详，按照惯例可以认为这些省份在继续公开出版财政年鉴。

（3）北京、黑龙江和湖北3个省份在2008—2012年都有连续出版的财政年鉴，但只是作为内部交流资料而不公开发行，且印刷量较小，如《黑龙江省财政统计资料（2008）》在2010年5月只印刷了1000册。不过，仍有少数内部交流的财政年鉴以较高价格在市场上流通。

(4) 无论是公开出版发行,还是作为内部交流信息的资料,根据既有信息我们都无法确认辽宁、江西、河南、海南、四川、贵州、西藏、陕西、青海9个省份是否出版过财政年鉴。

从出版发行财政年鉴的22个省份来看,纸质版财政年鉴是信息公布的主要方式,个别省份在出版纸质版财政年鉴的同时还附带了光盘版财政年鉴,具体情况如表17-1所示。

表17-1 各省份财政年鉴出版总体情况

省份	创刊号	2008—2012年出版及公开发行情况
北京	1993	连续出版但不公开发行,无书刊号
天津		连续出版且公开发行
河北		连续出版且公开发行
山西		连续出版且公开发行
内蒙古	2002	连续出版且公开发行
辽宁		无公开出版发行信息
吉林	2002	2011年前公开出版发行,2012年后不能确认是否已经出版发行
黑龙江	1986	连续出版但不公开发行,无书刊号
上海		2009年前公开出版发行,2010年后不能确认是否已经出版发行
江苏	1997	2010年前公开出版发行,2011年后不能确认是否已经出版发行
浙江	2001	连续出版且公开发行(附带光盘)
安徽		连续出版且公开发行
福建		连续出版且公开发行
江西		无公开出版发行信息
山东		连续出版且公开发行
河南		无公开出版发行信息
湖北	1986	连续出版但不公开发行,无书刊号
湖南	2005	连续出版且公开发行
广东		连续出版且公开发行(附带光盘)
广西	1985	连续出版且公开发行
海南		无公开出版发行信息
重庆		2011年前公开出版发行,2012年后不能确认是否已经出版发行
四川		无公开出版发行信息(出版过《四川省地方税收统计年鉴》)
贵州		无公开出版发行信息
云南	2007	2009年前公开出版发行,2010年后不能确认是否已经出版发行
西藏		无公开出版发行信息

（续表）

省份	创刊号	2008—2012年出版及公开发行情况
陕西		无公开出版发行信息（出版过《陕西地税年鉴》）
甘肃		连续出版且公开发行（附带光盘）
青海		无公开出版发行信息
宁夏		连续出版且公开发行
新疆	1986*	连续出版且公开发行

注：带＊表示能检索到最早出版发行的财政年鉴，并不一定是创刊号。

根据孔夫子旧书网等网络检索，我们发现一些地级市政府也有出版财政年鉴的情况，但大部分只是内部交流资料而不对外公开出版发行，如山西省晋城市有2012年和2013年的《晋城财政年鉴》（由中国财政经济出版社公开出版发行）；辽宁省丹东市1996年的《丹东财政年鉴》；黑龙江省齐齐哈尔市有1997—2012年的《齐齐哈尔财政年鉴》；山东省淄博市有1999—2012年的《淄博财政年鉴》（由中国财政经济出版社公开出版发行）；陕西省西安市有1992—2009年的《西安财政年鉴》；河南省安阳市有2001年、2003年、2004年的《安阳财政年鉴》；湖北省十堰市有1996年、2009年的《十堰财政年鉴》。

17.1.2 省级地方财政年鉴的主要构成内容

根据公开出版发行或能够获取的内部交流版地方财政年鉴，我们发现省级财政年鉴一般由以下几部分内容构成：

第一部分“重要财经文献”，一般包括上一年度通过的政府工作报告、国民经济和社会发展情况报告、财政预算决算报告，以及省级主要领导干部（省委书记、省长和分管财政工作的常务副省长）和财政部门负责人有关财税方面的重要讲话、全省经济工作会议主要精神、全省财政地税工作会议文件精神等。

第二部分“重要财税法规制度文件”，汇集省级政府上一年度出台的有关财税方面的重要规章制度文件，一般由省人大及其常务委员会通过的财经法规、省政府发布或批准发布的财经规章、省委办公厅和省政府办公厅转发的有关财政工作的重要文件、省财政厅以及省级有关部门制定发布的有关财经制度构成。

第三部分“财税工作概况”，报告省财政厅、国税局和地税局工作的总体情况，财政厅下属各个处室（如预算处、国库处、科教文处等）各项财税工作的开展情况，财政票据管理中心、财政研究室、财政干部教育中心等直属单位工作概况，省以下地方财政部门（地市级财政和县级财政部门）的财税工作概况。财税工作概况一般会重点介绍富有创新性、具有史料价值和可供其他单位借鉴的工作开展情况。

第四部分“财经统计资料”，汇集了全省财政收支统计资料、综合经济指标和全国各省、自治区、直辖市的相关经济指标。各省公开的财政信息可参见表17-2，可以发现各省公开内容的广度和详细程度都存在一定差异。一般来说，每个省份都会公布公共财政收支决算总表、政府性基金收支决算总表、财政专户管理资金收支决算总表的相关信息，而公布公共财政收入决算明细表、公共财政支出决算功能分类明细表信息、财政专户资金收支决算明细的省份较少；地方财政年鉴公布全省公共财政收支信息的省份较多，而公布下辖地级市和县级财政收支信息的省份较少；公布财政收支信息的省份较多，公布国有资本经营预算或国有企业运营状况信息的省份较少。

第五部分"工作经验介绍"或地方"财政研究"。"工作经验介绍"一般会选择介绍省、市、县（市、区）财政部门在全国或全省有一定影响、处于领先水平的财政工作做法和经验；"财政研究"则以调研报告或课题报告的形式出现，一般会选编全省财政系统获国家级、省级及厅级"优秀论文"或财政部门立项的重点课题结项报告。

第六部分"财税机构人员"，主要介绍(1) 省级财政部门机构设置情况、财政厅(局)领导名单、财政厅相关处室和直属事业单位等中层领导干部名单、全省各市县(市、区)财政局领导名单；(2) 全省财政系统职工情况统计表；(3) 全省财政部门优秀党员、党务工作者名单和财税系统先进集体、先进工作者名单。

第七部分"财税大事记"，记述省内财政税务方面的重要会议、重大活动、重大决策和举措。

值得一提的是，山东省财政厅在出版《山东财政年鉴》的同时还出版了《山东财政统计》，用于反映山东省财政发展状况。1998 年山东省财政厅分上、中、下三册出版了第一卷《山东财政统计 1979—1997》(由山东友谊出版社出版)，之后每年都由中国财政经济出版社连续出版。根据我们的检索，最新出版的是 2008 年发行的《山东财政统计 2006》，而不能确定是否出版了 2007 年收支分类科目改革后的《山东财政统计》。《山东财政统计》收录了山东省国民经济主要指标、财政收支主要指标、预算执行报表、政府采购执行情况和重要财政报告，全书内容包括六部分：特载部分、山东省国民经济资料部分、山东省财政收支资料部分、山东省地方财政预算执行资料部分、政府采购信息统计部分和全国财政经济资料部分，其中全省财政收支数字按当年全省相关决算填列，各市、县(市、区)财政收支数字按各级当年财政决算填列，预算执行资料按全省各月财政收支月报填列。《山东财政统计》的构成内容及详细程度与 2007 年前的《地方财政统计资料》类似，基本可以反映地方财政运行情况的全貌。不过，《山东财政统计》也明确指出"本书属内部资料；仅供财税系统和有关部门研究参考，请注意保存，勿对外引用"。

表 17-2　地方财政年鉴公开的财政资金信息

财政资金信息	北京	天津	河北	山西	内蒙古	吉林	黑龙江	上海	江苏	浙江	安徽	福建	山东	湖北	湖南	广东	广西	重庆	云南	甘肃	宁夏	新疆
公共财政收支决算总表	○	√	√	√	○	√	○		○	○	○	√	√	○	○	○	○	√	√	√	√	√
公共财政收入决算明细表	√												√				√		√	√		√
公共财政支出决算功能分类明细表	√								○	○		○	√				√		?	√		√
公共财政收支决算分级表	√	○	○		√	√	○		○	√	√	√	√	○		√	√	√	√	√	√	√
公共财政收支及平衡情况表				○		√				○	√	○				○	√	√		√		
政府性基金收支决算总表	√				√		√		√	√		√	√	√	√	○	√	√	√	√	√	√
政府性基金收支及结余情况表	√								○			√			○		√	√	√	√		
政府性基金收支决算分级表	√				√				○	√		√	√				√	√		√		√
政府性基金收支及平衡情况表																		√		√		
国有资本经营收支决算总表	√				√		√			√			√				√	√		√	√	
国有资本经营收支决算明细表					√								√							√		
国有资本经营收支决算分级表													○					√		√		
国有资本经营收支及平衡情况表													○							√		
财政专户管理资金收支总表	√		√		√		√		√	√		√	√	√		○	√	√	○	√	√	√
财政专户管理资金收入明细表													√							√		√
财政专户资金支出功能分类明细表													√							√		√
财政专户管理资金收支分级表					√				○				√					√		√		√
财政专户管理资金收支及平衡情况													○					√		√		
社会保险基金收支决算表									√	○									√	√		
预算资金年终资产负债表																				√		√
财政专户管理资金年终资产负债表																				√		√
基本数字表	√	√			√							○		○						√		
公共财政支出决算经济分类明细表																						
公共财政支出决算部门分类明细表																						
国有企业资产负债表	○				○									√							○	
国有企业利润表	○				○									√							○	
国有企业现金流量表	○				○									√							○	
国有企业所有者权益变动表														√							○	

（续表）

财政资金信息	北京	天津	河北	山西	内蒙古	吉林	黑龙江	上海	江苏	浙江	安徽	福建	山东	湖北	湖南	广东	广西	重庆	云南	甘肃	宁夏	新疆
本级政府直属企业主要指标表					○		√											○			√	
社会保险基金资产负债表							√							○								
企业职工基本养老保险基金收支表			√		√		√		√			○		√				√	?			
失业保险基金收支表			√		√		√		√			○		√				√	?			
城镇职工基本医疗保险基金收支表			√		√		√					○		√				√	?			
工伤保险基金收支表			√		√		○					○		√				√	?			
生育保险基金收支表			√		√		○					○		√				√	?			
居民社会养老保险基金收支表																						
城乡居民基本医疗保险基金收支表																						
新型农村合作医疗基金收支表														√								
城镇居民基本医疗保险基金收支表																						
社会保障基金财政专户资产负债表																						
社会保障基金财政专户收支表							√							√								
财政对社会保险基金补助资金情况														√								
企业职工基本养老保险补充资料表			√				√	○						√								
失业保险补充资料表							√	○						√								
医疗、工伤、生育保险补充资料							√							√								
居民社会养老保险补充资料表																						
居民基本医疗保险补充资料表														√								
其他养老保险情况表														√								
其他医疗保障情况表														√								

注：① 除黑龙江、上海、云南根据2009年财政年鉴，吉林、江苏根据2010年财政年鉴，重庆根据2011年财政年鉴统计外，其他省份根据2012年的财政年鉴统计。

② “√”表示该省财政年鉴提供该项内容的全部信息；“○”表示只提供了部分信息，如北京、内蒙古、浙江、安徽、湖北、湖南、广东、广西公共财政收支总表缺乏转移性收入和转移性支出数据，天津、河北等省份的公共财政收支决算分级表缺乏乡镇一级信息；“?”表示只是在以往年份的财政年鉴中出现过而在最近一期的财政年鉴未公布该类信息，如云南2009年财政年鉴未公布财政支出决算的明细表，只是在2008年财政年鉴中公布了明细表和养老、生育、工伤等保险基金信息。

③《上海财政税务年鉴2009》基本没有提供财政决算相关表格的信息。

17.2 地方财政年鉴编制出版取得的成效与存在的问题

17.2.1 地方财政年鉴编制出版目的

《2009 天津财政年鉴》明确指出其出版发行的目的是“本年鉴为进一步推进财税工作提供信息并积累史料，供有关领导、综合部门、经济单位、教学与研究等部门查考务用”；《云南财政年鉴 2009》指出“（本年鉴）是一部主要面向省内各级党政领导、财政部门干部职工和有关专家学者的专业年鉴，力求做到‘专业性、资料性、可读性、实用性、收藏性’的统一，充分发挥《云南财政年鉴》资料性工具书的作用”；甘肃财政年鉴编辑委员在介绍《甘肃财政年鉴 2012》时指出年鉴的出版“对沟通情况、交流经验、探讨理论、科学决策、健全法制、提高财政管理水平、推动财政事业的改革与发展；对向省内外、国内外介绍甘肃财政情况，扩大对外开放和影响，对进一步认识甘肃、了解甘肃财政将起到重要作用；还为各级党委、政府、人大、政协、财政经济部门、财经院校和研究部门提供了较为翔实、准确系统的财经信息资料，有利于理论研究、财经决策、业务改进和院校教学参考”。

通过上述三个明确提及出版目的的地方财政年鉴可以看出，我国当前地方财政年鉴出版的目的仍定位在为省级领导干部和相关政府职能部门决策服务、为下辖市县财政部门开展工作交流服务、为财政教学科研服务，而很少提及财政年鉴的出版是为推进财政信息公开、保障社会公众对财政信息的知情权和监督权。

17.2.2 地方财政年鉴编制出版取得的成效

地方财政年鉴出版发行取得的成效主要体现在以下两个方面：

第一，地方财政年鉴的出版发行在某种程度上推动了财政信息公开程度的提高。从各个省份财政年鉴的出版目的来看，虽然没有省份明确提出出版发行的目的是让社会公众了解财政信息，但客观上还是促进了财政透明度的提高。图 17-1 比较了 2009—2013 年出版财政年鉴的省份与不公开出版发行财政年鉴的省份财政透明度平均得分的差异，可以发现在 2012 年前不公开出版发行财政年鉴的省份的平均财政透明度基本没有发生变化，而出版财政年鉴的省份的透明度呈现上升趋势且高于不出版财政年鉴的省份；2013 年两类地区差距的缩小是因为海南省财政厅（未公开出版财政年鉴）根据课题组申请主动提供了大量财政信息，导致未公开出版财政年鉴的省份的平均得分有大幅度上升，剔除海南省的其他 8 个未公开出版财政年鉴的省份的平均得分为 26.76 分，仍低于出版财政年鉴的省份的透明度。

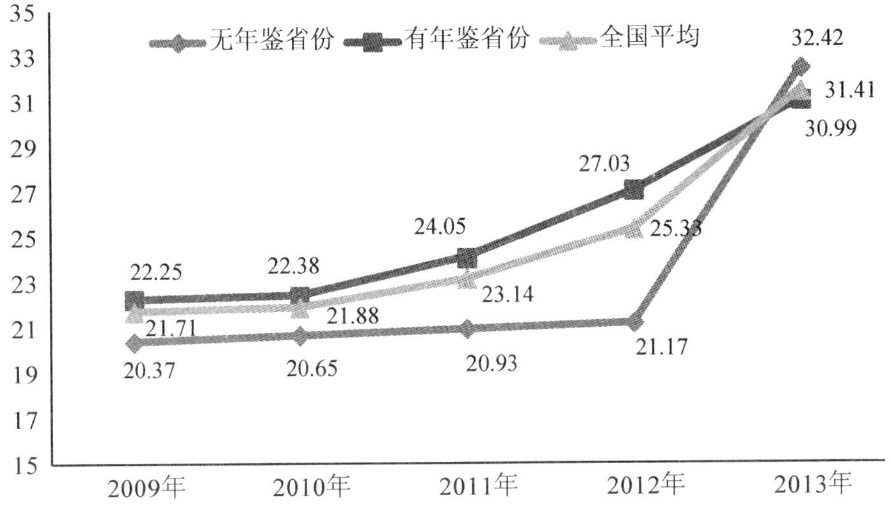

图 17-1 2009—2013 年有无财政年鉴出版发行省份的财政透明度比较

上海财经大学公共政策研究中心自 2009 年起连续 5 年出版的《中国财政透明度报告》显示,2009 年透明度前三名为福建、内蒙古、安徽,2010 年透明度前三名为福建、山东、广东,2011 年透明度前三名为新疆、河北、内蒙古,2012 年透明度前三名为湖北、黑龙江、内蒙古,2013 年透明度前三名为海南、福建、新疆。可以发现除 2013 年的海南省外,每年透明度前面三名的省份都出版发行了财政年鉴,虽然个别省份只是以内部资料形式出版。

第二,地方财政年鉴出版发行为政府部门、高等院校和研究机构开展财政理论研究、解决现实财政问题提供了数据支持。根据中国知网的不完全检索,由地方财政年鉴数据支撑的财政学相关研究在逐年增加。其中,由公开出版发行的财政年鉴所支撑的相关研究成果较多,如《河北财政年鉴》和《广西财政年鉴》。表 17-3 列示了由各省份财政年鉴支撑的代表性研究成果,其中有发表在《财政研究》《统计研究》等权威期刊上的文章,也有发表在《地方财政研究》、《经济研究参考》等财政学专业期刊上的文章。

表 17-3 由地方财政年鉴数据支撑的代表性研究成果

省份	代表性研究成果
北京	栗玉香(2006)对北京教育支出结构的研究;昌忠泽(2012)对北京市农村卫生支出绩效的研究
河北	河北省委党校课题组(2006)和孟翠莲和胡德仁(2010)研究了转移支付的财政均等化效果;冯雪(2013)对公务员工资收入的影响因素分析;李杰刚(2013)对公共卫生均等化的分析
内蒙古	内蒙古财政厅、科技厅课题组(2007)对科技投入的分析
浙江	崔凤军(2012)对县域经济发展的分析;沈玉平等(2014)对财政与经济发展关系的探讨
湖北	王德祥和李建军(2008)对地方公共品提供的分析;李建军和谢欣(2011)对财政分权与财政健康关系的探讨
湖南	唐建华(2009)和湖南省财政科学研究所课题组(2013)对宏观税负与财政增收的研究
广东	郑方辉等(2011)对政府绩效的分析;涂斌和王宋涛(2012)对文化支出效率的分析
广西	广西财政厅办公室课题组(2008)对地方财政收入质量的分析;雷振扬等(2008)对转移支付均等化效果的分析;刘家凯等(2009)对基础设施财政政策的研究;古炳玮(2010)对财政可持续性的研究;张新文和李文军(2011)对财政支出结构的分析;张俊军(2012)对医疗卫生基本公共服务的研究;李萍(2014)对农业财政政策的研究
甘肃	梁红梅、王辉(2007)对甘肃农村基础设施供给的财政保障机制研究;李堋等(2011)对教育经费保障机制的研究
新疆	赵国春(2011)对地方财政分配关系与社会经济发展关系的研究;张超(2012)对转移支付与地方财政努力关系的研究

注:相关资料根据中国知网检索得到。

17.2.3 地方财政年鉴编制与出版及信息公开中存在的问题

根据对各省份历年财政年鉴的整理分析,我们发现地方财政年鉴出版发行及信息公开存在以下几方面的问题:

第一,一些省份未及时公开出版发行财政年鉴,社会公众获取相关资料的难度大、成本高。由于2008年连续公开出版发行财政年鉴的省份不到一半,要及时获取地方财政信息对一般社会公众来说异常困难。一些在市场上流通的内部交流版财政年鉴的价格高达500元左右,至少是公开发行的财政年鉴的两倍。

第二,重要财经文献的系统性不强,不利于社会公众的监督。从公开出版财政年鉴的省份来看,在“重要财经文献”部分几乎每个省份都有“上年预算执行情况和当年预算(草案)报告”和“上年决算(草案)报告”,但很少有省份会公布人大的预算/决算审查报告和审计部门对预算执行情况的审计报告,即使有个别省份

(如安徽省)在财政年鉴中公布了审计报告,但公布的也只是审计报告摘要而非全文。另外,在地方财政预决算的偏差率居高不下的情况下,预算调整非常频繁,但很少有省份在财政年鉴中公布"预算调整方案报告"和"人大对预算调整方案的审查报告"。

第三,地方财政年鉴预算信息公开程度总体水平较低。图17-1显示的省级财政透明度全国平均得分虽在逐年上升,但上升幅度很小,总体上还处于财政不透明状态。如果剔除各地政府根据课题组申请而提供的信息,各省主动公开财政信息的透明度更低。一些省份虽然公开出版了财政年鉴,但公布的财政预算、决算收支信息非常有限。根据上海财经大学财政透明度课题组的调查,吉林省公开出版了2010年前的财政年鉴,但透明度一直很低,2009—2013年该省的透明度得分分别为14.79分、15.48分、17.77分、19.10分和14.00分,在31个省份排名中分别排在第30位、第30位、第28位、第25位和第31位。

第四,地方财政年鉴用较大篇幅介绍了财税部门开展工作的总体情况,而对预算收支等核心财政信息的公开程度不够。从表17-2可以看出,财政收支内容越细化的信息越不公开,在出版财政年鉴的22个省份中只有4个省份在年鉴中公布了"公共财政收入决算明细表"相关内容,而且没有任何一个省份公布"公共财政支出决算经济分类明细表"和"公共财政支出决算部门分类明细表"的内容;在22个省份中公布国有企业资金信息的省份只有5个,其中北京、黑龙江、湖北三省的财政年鉴未公开出版发行;公布社会保障基金相关信息的省份也只有8个,而且大部分省份只是公布了企业职工基本养老、失业、镇职工基本医疗、工伤、生育保险基金收支的总体情况,而未公布相关补充资料。

第五,地方财政年鉴的编撰随意性较大,省际差异很大,缺乏统一的规范模式。比较分析课题组收集到的各省财政年鉴可发现,从纵向来看,每个地方出版的财政年鉴多少都存在年鉴内容选择上的随意性、编写模式上的不规范性、年份间缺乏连续性等问题;从横向来看,不同省份的年鉴在编写模式上差异较大,缺乏统一的编写模式。由此导致年鉴编撰出版的意义和功效被大打折扣,既做不到专业性、资料性、可读性、实用性、收藏性的预期目的,更起不到财政信息公开的效用。

17.3 地方财政资料编制与出版的国际经验:以北美为例

美国各级政府向议会提交审议的预算草案以及最终批复的预算法律文本都要向公众公布。美国联邦政府和州政府预算公开的内容主要包括三个部分:一是预算的总体概述、主要的经济政策、财政财务政策;二是按功能(Functions)、部门(Agencies)、项目(Programs)三个类别分别列示的预算数据(含纵向历史比较数据)；三是预算编制所依据的收入、支出法律。从公开的形式看，美国州政府财政资料的公开有两种方式：一是提交议会审议的印刷文本，公民和社会组织可以从地方图书馆查阅或购买；二是政府官方网站，美国各州政府预算收支信息均可从同级预算管理办公室官方网站查阅，并提供 PDF 或 EXCLE 格式的预算文件供公民和学者下载分析。[①] 以亚利桑那州为例，州政府公开的 2014 年度与 2015 年度预算报告包括四部分内容：

（1）预算摘要（Budget Summary），由预算咨文、预算摘要和其他三部分内容构成。

（2）部门预算（State Agency Budget），各个部门预算的详细内容。部门分类下按项目分类与经济分类，没有联邦政府的 OFFICE 分类。

（3）预算资金来源与使用者（Sources and Uses of State Funds），收入信息完全展现，不仅对州政府，每个部门、每个基金的收支状况都详细展示。透过亚利桑那州教育局的部门预算，可知美国地方政府部门预算公开的内容。

（4）附录（Appendix），由一般基金资产负债表、一般基金收入表（州政府税收、部分收费收入）、其他专项基金收入表、2012 财年各部门按性质分的预算支出表、2013 财年各部门按性质分的预算授权拨款数表、2014 财年各部门按性质分的预算请求表、2014 财年各部门按性质分的预算建议数表、2015 财年各部门按性质分的预算请求表、2015 财年各部门按性质分的预算建议数表、各部门行政成本表等多张表格构成。

专栏：亚利桑那州教育局 2014 年度的部门预算内容

（1）教育局的职能简介。

（2）部门预算摘要。按预算资金来源性质（一般基金、专用基金和非专用基金）列示 2012 年的实际预算支出数、2013 年立法机关批准的预算数、2014 年与 2013 年预算的变化数和 2014 年的预算支出建议数。

	2012 年实际	2013 年批准的	2014 年净变化	2014 年建议数
一般基金				
专用基金				
非专用基金				

（3）预算要点。预算要点列示 2014 年教育局重点项目的预算拨款建议数。

① 财政部国际司：《美国政府预算管理情况介绍》，财政部网站。

	2014 年度
执行州共同核心课程标准	
……	
校园安全	
小计	

（4）主要执行计划与拨款建议。分 9 个项目介绍为什么要执行该计划、计划的内容和需要配套的预算。

（5）预算基线建议。说明预算基线调整的原因及变化大小等情况。

（6）绩效目标。说明以前年份的绩效值和预算年度的绩效目标。

（7）预算表格。包括预算拨款建议、专用基金拨款和非专用基金等预算表格，其中预算拨款建议是一张关键预算表格，列示了按项目、按支出目标、按资金来源分类的预算数。

预算拨款建议

	2012 年支出	2013 年拨款	2014 年变化	2014 年建议
按功能分；				
行政管理				
……				
学生成绩标准				
总计				
按支出性质分：				
个人服务				
……				
设备				
总计				
按资金来源分：				
一般基金				
……				
教师资格认准基金				
总计				

加拿大省级政府财政资料公开与美国州政府财政公开的内容和方式基本类似，唯一的区别可能就是美国州政府的预算文件只是存放在图书馆供社会公众查阅或购买，而加拿大省政府的预算以书籍方式公开出版发行，如安大略省的 2013 年印刷版预算文件的书刊号为 ISBN 978-1-4606-1854-7(Print)、网页版的书刊号

为 ISBN 978-1-4606-1855-4(HTML)、PDF 电子文档版的书刊号为 ISBN 978-1-4606-1856-1 (PDF)。

17.4 完善地方财政年鉴编制与出版模式的政策建议

为进一步提高地方财政年鉴的权威性、史料性和实用性,使政府财政信息公开得到制度保障,我们对地方财政年鉴的编制与出版方式和年鉴内容提出以下几点政策建议:

第一,所有省级地方财政年鉴必须及时以公开发行的方式出版,年鉴的出版发行可以采用纸质版、光盘版或网上电子文档(PDF 文件)等多种形式。从目前情况来看,仍有 1/3 左右的省份没有公开出版发行财政年鉴或只是以内部交流资料的形式出版,这不仅阻碍了各个省份间财政工作的交流,也阻碍了财政透明度的提高。从财政年鉴的发布方式来看,只有广东、甘肃、浙江等少数几个省份在纸质版年鉴中附带了光盘,而没有任何一个省份采用网上电子文档的发布。从节约资源和降低发行成本的角度考虑,我们建议借鉴美国州政府、加拿大省政府和中国台湾地区财政统计资料的发行方式,所有预决算信息都以 PDF 或 EXCLE 表格方式在财政部门官方网站上发布。

第二,将"上年预算执行情况和当年预算(草案)报告""人大对上年预算执行情况和当年预算草案的审查结果报告""上年决算(草案)报告""人大对上年决算审查结果的报告""年度预算调整方案报告""人大对年度预算调整方案的审查报告"共同作为财经文献的必要组成部分,甚至可以借鉴安徽省的做法,考虑在地方财政年鉴中公布"预算执行审计报告和其他财政收支的审计工作报告",用于表明地方政府能否解除自己的公共受托经济责任。我国目前政府预算普遍存在"外行看不懂、内行看不清"的问题,将人大审查报告和审计报告连同政府预决算报告一起公布将有助于社会公众更好地了解地方财政资金的使用情况。

第三,按照预算完整性原则在地方财政年鉴中增加财政收支资金信息的公开内容,以更加全面地反映地方财政状况。在地方财政统计资料公开方面,公共财政收支决算、政府性基金收支决算、国有资本经营预算收支决算、财政专户管理资金收支决算等财政资金信息的公开内容,其格式可以参考《甘肃财政年鉴》的做法;国有企业资产负债、利润、现金流量和所有者权益等国有企业资金信息的公开内容,其格式可以借鉴《湖北财政年鉴》的做法;养老、医疗、工伤、生育保险等社会保障基金收支信息和社会保障基金财政专户收支信息的公开内容,其格式同样可以借鉴《湖北财政年鉴》的做法。为便于社会公众对预算收支的对比、分析和理解,各项预算数据还应列明历史年度(一般为前两年)预算或决算数据。

第四,目前地方财政年鉴侧重于介绍地方财政工作情况,而对财政统计资料公布的关注度不够,因此需要借鉴山东省出版《山东财政统计》的经验适时考虑出版《××省财政统计年鉴》。财政统计年鉴的内容可以借鉴美国州政府和加拿大省政府预算文件的公开内容,在公布政府预决算信息的同时也要公布各个职能部门的部门预决算。《财政部关于深入推进地方预决算公开工作的通知》(财预〔2014〕36号)指出"要在同级政府或财政部门门户网站上设立预决算公开专栏,汇总集中公开政府预决算、部门预决算及'三公'经费预决算等内容,方便查询监督",因此出版电子版的《财政统计年鉴》也应成为按照深化财税体制改革、推动地方实施公开透明的预算制度的总体部署行动的一部分。

第18章 未来的展望

18.1 把权力关进制度的笼子里

习近平总书记指出:"要加强对权力运行的制约和监督,把权力关进制度的笼子里,形成不敢腐的惩戒机制、不能腐的防范机制、不易腐的保障机制。"这番讲话点中了我国当前改革的关键。如何才能将权力关进制度的笼子里?怎样的笼子才能将权力关进去?这个笼子由谁来打造?

政府信息公开正是这个笼子的必要组成部分,而财政信息公开又是这个组成部分中的关键部件。如果广大社会公众无法知晓政府在做什么、政府如何从公众口袋里拿钱、用到什么地方去了、用得怎么样就谈不上对权力的制约。胡锦涛同志在十七大的报告中提出,要保障公民的知情权、表达权、参与权、监督权等基本权利,将知情权放在第一位,就充分表明它是基本中的基本。

有的笼子不容易逃脱,有的很容易逃脱。笼子是用什么材料做的,设计是否合理,建造是否坚固自然很重要,但并不是最重要的。有的笼子看上去很牢固,但是关不住人。就好像魔术师的笼子,关进去的人绑了又绑,笼子加了一道道的锁,再用链条缠绕,用棍棒尖刀从各个方向插入,再浸没在水里,最后结果则是关在里面的人脱身了,并以成功者的姿态出现在大家面前。这样的笼子有两个特点:第一,就是一定要用什么东西把笼子遮盖起来,让人们看不到关在里面的人,至少在最关键的时刻;第二,这个笼子一定是被关的人自己设计、自己制造的。

这一点对于关权力的"笼子"应该有所启发。要把权力关住必须让关在里面的人置于众目睽睽之下,不是在无关紧要的时候让你看,给你一种无法逃脱的印象,而是在关键的时候要让大家看。有理由相信,在观众的瞩目之下,关在里面的人不太容易逃脱,即使想逃,大家也会及时发现,知道逃脱的"奥妙"所在。政府信息公开,财政透明的意义也就在于此。

要使权力受到制约,笼子不能单由掌握权力的人自己去打造,必须要由社会公众共同来打造。目前社会中存在的腐败问题有一个产生和发展的过程,在这个过程中,有关方面曾多次采取措施,为此制定和下发的文件已经难以数计,建立的专门机构不断增加,因贪腐而判处的死刑时有所闻,打击力度不可谓不大。但腐败没有得到根治，反而越演越烈，其原因就在于制约权力的力量本身就来自权力，自己管自己是管不好的，自己关自己是关不住的。也许可以治标，但肯定不能治本，也许能管一时，但往往一阵风之后又恢复了原样。这一点可为我国六十多年的经验所证明。这个结论不仅仅源于这六十多年，也不仅仅源于我们的特殊国情。实际上，古今中外的历史都证明了这一点，而且早已被人们所认识到。

早在20世纪40年代，著名学者黄炎培与毛泽东谈论如何才能跳出国家兴衰的"周期律"时，毛泽东说："我们已经找到新路，我们能跳出这周期率。这条新路，就是民主。只有让人民来监督政府，政府才不敢松懈。只有人人起来负责，才不会人亡政息。"

放眼古今中外，能真正有效制约权力，将权力关进笼子里的制度只有一个，这就是民主。除此之外，没有任何能够关住权力的笼子。中国革命的目的就是让人民当家做主，我国的宪法规定一切权利属于人民，人民享有各项基本权利，并通过人民代表大会对国家事务进行管理，"一府两院"都要向人民代表大会负责，最终向人民负责。宪法已经构筑了笼子的大框架，将其落在实处是实现"中国梦"的根本保证。

18.2 财政信息公开该有个五年计划

五年前《政府信息公开条例》颁布并正式实施，五年后的今天，阳光财政、预算公开已成为举世关注的话题。五年前，中国共产党第十七次全国代表大会召开了，五年后的今天，中国共产党第十八次全国代表大会已经胜利闭幕。五年常被看成是一个重要的时间段，新中国成立以来我们已经完成了很多个五年计划，每个五年计划都包含众多重大项目，实现了一系列之前无法企及的目标。相比之下，财政透明度的五年进程却并不能让人们感到骄傲。五年过去了，我国的财政透明度仍处在一个不及格的水平上，不能不让人感到困惑。未来五年会如何？能否有一个财政透明度的五年计划，让人们在五年中为之而努力，五年后为之振奋和骄傲？

未来将怎样？财政信息公开会如何发展？预算透明度将达到怎样的水平？一切都将取决于行动。必须加强法规制度建设，重新修订《保密法》，使得"国家秘密"在法律上有严格的界定，"保密"真正成为"例外"；修订《预算法》的有关条款，明确预算公开的法律界限，使之具有权威性、可操作性。为了"让权力在阳光下运行"，未来的五年内财政信息的公开应达到这样的目标：

(1) 在完整性上，财政信息公开应覆盖社会公众委托政府管理的所有基金，包括一般政府基金、政府性基金、社会保障基金以及经营性国有资本基金。

(2) 在公开的信息类别上应包含收支预算信息、资产负债财务信息以及与之相关的基本统计数字信息,并以规范的方式向社会公众公开。

(3) 在具体性上,收入信息应公开到目,支出的功能分类信息公开到项,支出的经济分类信息公开到款。财务报告应能反映资产和负债的具体信息。

(4) 各个基金的预算和财务报告都应细化。一般政府预算中项目支出按项分列,并编制项目预算。各种基金——包括政府性基金所涵盖的各项基金,社会保险基金所涵盖的各个基金以及国有资本经营基金都应编制独立的基金预算和财务报告。

(5) 提高财政信息公开的及时性,在预算和决算审批通过之后的一个月内,由各级政府财政部门负责通过包括互联网在内的各种方式集中向社会公众公开。

这些目标是否能实现,取决于政府的决心,同时也取决于社会公众的努力。只有当越来越多的人意识到政府信息公开是人民当家做主的必备条件,是“将权力关进制度的笼子里”的基本要求,并且愿意为之付出努力的时候,阳光财政才会真正从理想成为现实。

参考文献

[1] Alesina A. ,1999,"Budget Deficits and Budget Institutions",in" Fiscal Institutions and Fiscal Performance",ed. by James M. Poterba and Jurgen von Hagen,*National Bureau of Economic Research Conference Report*,Chicago:University of Chicago Press.

[2] Alt J. E. ,Lassen D. D. ,2006,"Fiscal Transparency,Political Parties,and Debt in OECD Countries",*European Economic Review*,Vol. 50. No. 6.

[3] Alt J. E. ,Lassen D. D. ,Rose S. ,2006,"The Causes of Fiscal Transparency: Evidence from the U. S. States",*IMF Staff Papers*,Vol. 53.

[4] Alt J. E. ,Lowry R. C. ,2010,"Transparency and Accountability:Empirical Results for US States", *Journal of Theoretical Politics*,Vol. 22, No. 4.

[5] Bakar N. B. A. ,Saleh Z,Mohamad M. H. S. ,2011,"Enhancing Malaysian Public Sector Transparency and Accountability:Lessons and Issues",*European Journal of Economics,Finance and Administrative Sciences*, Vol. 31,No. 1.

[6] Besley T. ,2005,*Principled Agents? The Political Economy of Good Government*,Oxford:Oxford University Press.

[7] Besley T. ,Michael S. ,2003,"*Fiscal Restraints and Voter Welfare*",Manuscript,LSE,October.

[8] Budget and Committee of Los Angeles,2014,"Special Funds Report",Available via the Internet: www. controller. lacity. org/index. htm.

[9] Bushman R. ,Piotroski J. ,Smith A J. ,2004,"What Determines Corporate Transparency?", *Journal of Accounting Research*,Vol. 42,No. 2.

[10] Carlos Noronha,Si Tou,M. I. Cynthia,Jenny J. Guan,2013,"Corporate Social Responsibility Reporting in China: An Overview and Comparison with Major Trends",Corporate Social Responsibility and Environmental Management Corp. Soc. Responsib. Environ. Mgmt.

[11] Commonwealth of Virginia,2013,"General Fund Preliminary Annual Report",Available via the Internet: www. doa. virginia. gov/Financial_Reporting/Preliminary_Reports/2013_Preliminary_Report. pdf.

[12] Craig R. , Diga J. ,1998,"Corporate Accounting Disclosure in ASEAN",*Journal of International Financial Management and Accounting*,Vol. 9,No. 3.

[13] Drabek Z. ,Warren P. ,2002,"The Impact of Transparency on Foreign Direct Investment", *Journal of Economic Integration*,Vol. 17,No. 4.

[14] Ferejohn,1999,"Accountability and Authority:Towards a Model of Political Accountability" in "Democracy,Accountability,and Representation" ed. by Przeworski A.,Manin B. and Stokes S. C.,New York:Cambridge University Press.

[15] Ferguson M. J.,Lam K. C. K., Lee G M,2002,"Voluntary Disclosure by State-owned Enterprises Listed on the Stock Exchange of Hong Kong",*Journal of International Financial Management & Accounting*,Vol. 13,No. 2.

[16] Florini A. M.,2002,"Increasing Transparency in Government",*International Journal on World Peace*, Vol. 19,No. 3.

[17] Gaston G.,Wei S. J.,2005,"Transparency and International Portfolio Holdings",*Journal of Finance*,Vol. 60,No. 6.

[18] Gelos R. G.,Wei S. J.,2002,"Transparency and International Investor Behavior", IMF Working Paper,No. 174.

[19] Glennerster R., Yongseok S.,2005, "Do Sovereign Bond Markets Reward Transparency?",SSRN Working Paper,http://papers. ssrn. com/sol3/papers. cfm? abstract_id = 668202

[20] Gomez P.,Friedman J.,Shapiro I.,2005,"Opening Budgets to Public Understanding and Debate: Results from 36 Countries",OECD Journal on Budgeting,Vol. 5. No. 1.

[21] Governmental Accounting Standards Board,2009,"Fund Balance Reporting and Governmental Fund Type Definitions",GASB Statement 54.

[22] Hameed F.,2005,"Fiscal Transparency and Economic Outcomes",IMF Working Paper, No. 225.

[23] Heald D.,2003,"Fiscal Transparency:Concepts,Measurement and UK Practice",*Public Administration*,Vol. 81,No. 4.

[24] Hood C.,2001,"Transparency", in "Encyclopaedia of Democratic Thought", ed. by Clarke P. B and Foweraker J.,London:Routledge.

[25] International Monetary Fund,2007,"Manual on Fiscal Transparency", Available via the Internet:http:// www. imf. org/ external/np/fad/trans/manual/index. htm.

[26] Jere R. Francis, Shawn Huang, Inder K. Khurana, Raynolde Pereira, 2009,"Does Corporate Transparency Contribute to Efficient Resource Allocation?",*Journal of Accounting Research*, Vol. 47,No. 4.

[27] Kopits G.,Craig J.,1998,"Transparency in Government Operations", IMF Occasional Paper,No. 158.

[28] Kulzick R. S.,2004,"Sarbanes-Oxley:Effects on Financial Transparency", *S. A. M. Advanced Management Journal*,Vol. 69,No. 1.

[29] Mckinlay P,1998,"State-owned Enterprises and Crown Companies in New Zealand",*Public Administration And Development*,Vol. 18.

[30] Musalem A. R., Palacios R. J.,2004,"Public Pension Fund Management:Governance, Accountability, and Investment Policies",World Bank Working Paper.

[31] OECD,2011,"Government at a Glance 2011",www. oecd-ilibrary. org/

[32] Office of Management and Budget,2013,"Section 20",OMB Circular No. A-11.

[33] Pamela G. ,Joel F. ,Isaac S. ,2005,"Opening Budgets to Public Understanding and Debate:Results from 36 Countries",OECD Journal on Budgeting,Vol. 5,No. 1.

[34] Petrie M. ,2003,"Promoting Fiscal Transparency:The Complementary Roles of the IMF, Financial Markets,and Civil Society",IMF Working Paper,No. 03/199.

[35] Posen A. S. ,2002,"Six Practical Views of Central Bank Transparency",IIE Working Paper,http://www. iie. com/publications/papers/posen0502. pdf

[36] Prat A. ,2005,"The Wrong Kind of Transparency",*American Economic Review*,Vol. 95, No. 3.

[37] Reinikka R. ,Sveneeon J. ,2002,"The Power of Information:Evidence from a Newspaper Campaign to Reduce Capture",The World Bank Policy Research Working Paper,No. 323.

[38] Shah A. ,Schacter M. ,2004,"Combating Corruption:Look Before You Leap",*Finance and Development*,Vol. 41,No. 4.

[39] Walker D. M. ,2004,"Addressing Fiscal Risks:A Case for Greater Truth and Transparency in Government Financial Reporting",*International Journal of Government Auditing*,Vol. 31,No. 1.

[40] A. 普雷姆詹德:《预算经济学》,中国财政经济出版社,1989 年版。

[41] Matheson A. :《良好的公共部门治理:西方国家预算及会计改革的基本理论》,载陈小悦、陈立齐主编《政府预算与会计改革》,中信出版社,2002 年版。

[42] Richard A. ,Daniel T. :《公共开支管理——供转型经济国家参考的资料》,中国财政经济出版社,2009 年版。

[43] 白景明:《提高财政透明度应循序渐进》,《人民论坛》,2010 年第 2 期。

[44] 布坎南、马斯格雷夫:《公共财政与公共选择——两种截然不同的国家观》,中国财政经济出版社,2000 年版。

[45] 财政部:《2011 年全国政府性基金项目目录》(财综[2012]27 号)。

[46] 财政部:《2014 年政府收支分类科目》,中国财政经济出版社,2013 年版。

[47] 财政部网站(http://www. mof. gov. cn)。

[48] 昌忠泽:《北京市农村公共卫生绩效评价——基于北京市各区县截面数据的分析》,《经济与管理研究》,2012 年第 4 期。

[49] 常丽:《政府财务报告主体的重整——基于财政透明度的视角》,《财经问题研究》,2008 年第 6 期。

[50] 陈穗红:《我国财政信息透明度的改善途径探析》,《中国行政管理》,2008 年第 9 期。

[51] 程瑶:《OECD 国家加强预算透明度的经验》,《天津商学院学报》,2006 年第 2 期。

[52] 程瑜:《我国财政透明度制度构建研究》,《当代财经》,2009 年第 8 期。

[53] 崔凤军、陈晓:《"省管县"体制对不同等级行政区域经济发展的影响研究——以浙江省为例》,《经济地理》,2012 年第 9 期。

[54] 邓淑莲:《中国省级政府财政信息公开的评估与分析》,《政治学研究》,2012 年第

5 期。

[55] 邓淑莲、史欣禾:《预算改革始于公共资金的合理分类》,《财政监督》,2013 年第 14 期。

[56] 杜玉川、余慧玲:《对政府性基金管理问题的调查与思考》,《西部金融》,2008 年第 11 期。

[57] 樊纲、胡永泰:《"循序渐进"还是"平行推进"?——论体制转轨最优路径的理论与政策》,《经济研究》,2005 年第 1 期。

[58] 范立夫、杨仲山、刘昊:《政府财政统计体系(GFS)的比较分析》,《财政研究》,2010 年第 7 期。

[59] 方开泰、潘恩沛:《聚类分析》,地质出版社,1982 年版。

[60] 冯鸿光:《国有企业信息公开立法初探》,《中山大学学报论丛》,2006 年第 4 期。

[61] 冯雪:《地区间公职人员工资性收入差距的度量及影响因素——以河北省为例》,《财政研究》,2013 年第 11 期。

[62] 傅光明:《论国外的财政公开制度》,《财政研究》,2005 年第 1 期。

[63] 高宏贵、魏璐:《论财政预算公开原则——以政府治道变革为视角》,《江海学刊》,2010 年第 2 期。

[64] 高倚云、蒋平:《我国财政透明度的度量及改进策略》,《中央财经大学学报》,2007 年第 2 期。

[65] 葛守中:《国际货币基金组织 2001 版政府财政统计体系再研究》,《统计研究》,2011 年第 4 期。

[66] 葛永波、申亮:《财政透明度衡量问题研究——一个分析框架》,《财政研究》,2009 年第 12 期。

[67] 古炳玮:《区域经济视角下的广西财政可持续发展研究》,《经济研究参考》,2010 年第 41 期。

[68] 广西财政厅办公室课题组:《提高地方财政收入增长质量问题研究》,《经济研究参考》,2008 年第 35 期。

[69] 广西壮族自治区人大财经委、广西壮族自治区财政厅联合调研组:《广西非税收入管理情况调研报告》,《经济研究参考》,2010 年第 47 期。

[70] 郭剑鸣:《从预算公开走向政府清廉:反腐败制度建设的国际视野与启示》,《政治学研究》,2011 年第 2 期。

[71] 郭媛媛:《公开与透明:国有大企业信息披露制度研究》,经济管理出版社,2012 年版。

[72] 郭媛媛、周伟贤:《国有企业信息披露制度的国际比较和启示》,《未来与发展》,2010 年第 4 期。

[73] 国际货币基金组织:《2001 年政府财政统计手册》(http://www.imf.org/)。

[74] 国际货币基金组织:《财政透明度手册》,人民出版社,2001 年版。

[75] 何顺文、李元莎:《国有企业深层改革应重视信息披露提升》,《财政监督》,2006 年第 4 期。

[76] 鹤光太郎:《政府的透明度(第一部分)——改变国家"形态"的突破口》,《日本经济评论》,2003 年第 7 期。

[77] 鹤光太郎:《政府的透明度——财政和金融政策的透明度》,《日本经济评论》(http://www.rieti.go.jp/users/tsuru-kotaro/index_cn.html)。

[78] 胡锦光、张献勇:《预算公开的价值与进路》,《南开学报(哲学社会科学版)》,2011 年第 2 期。

[79] 湖南省财政科学研究所课题组:《湖南财政增收促进经济增长的机制与效应研究》,《经济研究参考》,2013 年第 23 期。

[80] 嵇明:《推进财政信息公开的研究思考》,《财政研究》,2011 年第 5 期。

[81] 季萍:《我国国有企业信息披露法律制度分析与完善》,《法制与社会》,2013 年第 8 期。

[82] 贾康、常丽:《政府财务报告目标:提升与重构——基于财政透明度原则的解析和开拓创新》,《财政监督》,2009 年第 7 期。

[83] 蒋洪:《公开透明是预算法制化管理的基础》,《上海财经大学学报》,2008 年第 6 期。

[84] 经济合作与发展组织:《OECD 国有企业公司治理指引》,中国财政经济出版社,2005 年版。

[85] 经济合作与发展组织:《国有企业公司治理:对 OECD 成员国的调查》,中国财政经济出版社,2008 年版。

[86] 卡恩:《预算民主——美国的国家建设和公民权》,格致出版社,2008 年版。

[87] 科尔奈:《后社会主义转轨的思索》,人民出版社,2003 年版。

[88] 孔玉生、苗晴、宋文阁:《试论国有企业财务信息公开披露管理》,《"建设服务型政府的理论与实践"研讨会暨中国行政管理学会 2008 年年会论文集》。

[89] 李建军、谢欣:《地方财政健康与财政分权——基于湖北省县级数据的实证研究》,《当代财经》,2011 年第 7 期。

[90] 李杰刚、李志勇、朱云飞、赵志伟:《县域间基本公共卫生服务均等化:制约因素及公共政策——基于河北省的实证分析》,《财政研究》,2013 年第 11 期。

[91] 李利军、李艳丽:《国有企业信息公开制度刍论》,《资本市场评论》,2001 年第 11 期。

[92] 李堋、谢德、路晓峰、王生国:《完善政府投入为主的教育经费保障机制研究——基于甘肃省教育经费保障的实证分析》,《经济研究参考》,2011 年第 72 期。

[93] 李萍:《支持广西北部湾经济区生物农业发展的财税政策思考》,《经济研究参考》,2014 年第 5 期。

[94] 李燕:《基于民主监督视角的预算透明度问题探析》,《中央财经大学学报》,2007 年第 12 期。

[95] 李燕:《财政信息公开透明是预算监督管理的基础》,《财政研究》,2010 年第 6 期。

[96] 李燕:《财政信息公开亟待法制保障与约束》,《财政研究》,2011 年第 9 期。

[97] 李支友:《新政府收支分类应用指南》,湖南人民出版社,2006 年版。

[98] 栗玉香:《北京公共教育支出结构与调整策略分析》,《北京社会科学》,2006 年第

2 期。

[99] 梁红梅、王辉:《甘肃农村基础设施供给中的财政保障机制探析》,《地方财政研究》,2007 年第 12 期。

[100] 凌岚、张玲:《财政透明度的限度与效率:对一个分析框架的诠释》,《当代财经》,2011 年第 6 期。

[101] 刘飞宇:《多维视角下的行政信息公开研究》,中国人民大学出版,2006 年版。

[102] 刘恒等:《政府信息公开制度》,中国社会科学出版社,2004 年版。

[103] 刘惠敏:《联合国 COFOG 对我国〈政务信息资源分类〉的启示》,《情报杂志》,2013 年第 2 期。

[104] 刘家凯、农敏福、裴希明等:《完善边境地区基础设施建设的财政政策研究》,《经济研究参考》,2009 年第 11 期。

[105] 刘俊成:《中国国有企业信息披露法律制度研究》,中国政法大学硕士学位论文(2010)。

[106] 刘小兵:《政府收支分类改革的财政监督效应分析》,《财政监督》,2013 年第 5 期。

[107] 刘笑霞、李建发:《中国财政透明度问题研究》,《厦门大学学报(哲学社会科学版)》,2008 年第 6 期。

[108] 罗新宇:《国资委账本公开的意义》,《上海国资》,2006 年第 9 期。

[109] 马蔡琛:《深化政府预算收支分类改革的辨正思考》,《财会通讯》,2007 年第 10 期。

[110] 马蔡琛:《政府预算》,东北财经大学出版社,2007 年版。

[111] 马蔡琛、王亚欣:《预算公开:"金砖国家"预算报告和审计结果之比较》,《河北学刊》,2012 年第 6 期。

[112] 马超:《国有企业信息披露与舞弊治理》,暨南大学硕士学位论文(2013)。

[113] 孟翠莲、胡德仁:《地区间财政能力差异及财政转移支付政策的目标定位——基于地区间公共支出成本差异的视角》,《经济研究参考》,2010 年第 31 期。

[114] 内蒙古自治区财政厅、科技厅联合课题组:《内蒙古自治区财政科技投入的现状、问题及科技强区的政策建议》,《经济研究参考》,2007 年第 28 期。

[115] 綦好东:《国有企业信息披露与监管制度研究:一个研究述评》,《山东财政学院学报》,2012 年 3 月第 2 期。

[116] 綦好东、黄跃群:《我国非上市国有企业信息公开披露:现状分析与制度设计》,《管理世界》,2009 年第 2 期。

[117] 綦好东、王斌、王金磊:《非上市国有企业信息公开披露:逻辑与事实》,《会计研究》,2013 年第 7 期。

[118] 綦好东、王伟红:《非上市国有企业信息披露与监管制度:现状检视与再设计》,《山东社会科学》,2013 年第 12 期。

[119] 上海财经大学公共政策研究中心:《2009 中国财政透明度报告》,上海财经大学出版社,2009 年版。

[120] 上海财经大学公共政策研究中心:《2010 中国财政透明度报告》,上海财经大学出版

社,2010 年版。

[121] 上海财经大学公共政策研究中心:《2011 中国财政透明度报告》,上海财经大学出版社,2011 年版。

[122] 上海财经大学公共政策研究中心:《2012 中国财政透明度报告》,上海财经大学出版社,2012 年版。

[123] 上海财经大学公共政策研究中心:《2013 中国财政透明度报告》,上海财经大学出版社,2013 年版。

[124] 申亮:《财政透明度研究述评》,《经济学动态》,2005 年第 12 期。

[125] 沈玉平、王攀学、丁洁:《促进经济发展方式转变的财税政策研究——基于浙江县域经济视角》,《财经论丛》,2014 年第 2 期。

[126] 斯蒂格利茨:《自由、知情权和公共话语——透明化在公共生活中的作用》,《环球法律评论》,2002 年秋季号。

[127] 宋文阁:《国家出资企业财务信息公开披露管理研究》,《会计之友》,2009 年第 2 期。

[128] 孙代尧:《从渐进改革到协调改革——一种制度演进视角的分析》,《辽宁大学学报(哲学社会科学版)》,2007 年第 1 期。

[129] 覃士娟:《国资委首度大范围披露央企关键财务数据》,《中国会计报》,2009 年 11 月 6 日。

[130] 谭郁森:《中国政府性基金的公平研究》,上海财经大学博士论文(2013)。

[131] 唐建华:《湖南省宏观税负现状分析及对策研究》,《经济研究参考》,2009 年第 44 期。

[132] 田必耀:《中国预算公开线路图》,《人大研究》,2010 年第 7 期。

[133] 透明中国网(http://www.ogichina.org/)。

[134] 涂斌、王宋涛:《地方政府公共文化支出效率及影响因素——基于广东 21 个地级市的实证分析》,《经济问题》,2012 年第 3 期。

[135] 王德祥、李建军:《人口规模、"省直管县"对地方公共品供给的影响——来自湖北省市、县两级数据的经验证据》,《统计研究》,2008 年第 12 期。

[136] 王光辉:《我国信息公开的现状、问题与对策》,《中州学刊》,2005 年第 11 期。

[137] 王光坤:《国际通行财政透明度做法对我国财政改革的启示》,《财政研究》,2006 年第 4 期。

[138] 王立志:《瑞典国有企业信息披露的经验及启示》,《企业管理》,2012 年第 7 期。

[139] 王洛忠、李帆:《我国政府预算公开的实践进展、现实差距和提升路径》,《中国行政管理》,2013 年第 10 期。

[140] 王满仓、刘辉:《关于提高我国财政透明度的探讨》,《社会科学辑刊》,2005 年第 1 期。

[141] 王绍光:《美国进步时代的启示》,中国财政经济出版社,2003 年版。

[142] 王绍光:《从税收国家到预算国家》,马骏等主编:《国家治理与公共预算》,中国财政经济出版社,2007 年版。

[143] 王晟:《我国财政信息公开制度构建研究》,《政治学研究》,2011 年第 1 期。

[144] 王献锋:《建立信息披露制度完善国企监督机制》,《中国审计》,2005 年第 22 期。

[145] 王雍君:《全球视野中的中国财政透明度:中国的差距与努力方向(上)》,《国际经济评论》,2003 年第 7 期。

[146] 王雍君:《全球视野中的中国财政透明度:中国的差距与努力方向(下)》,《国际经济评论》,2003 年第 8 期。

[147] 王雍君:《公共预算管理(第二版)》,经济科学出版社,2010 年版。

[148] 魏陆:《基于政府门户网站视角的中美预算公开信息比较与评价》,《当代财经》,2012 年第 1 期。

[149] 邬娟:《欧美国家企业社会责任信息披露分析对中国的经验借鉴》,《经济体制改革》,2012 年第 4 期。

[150] 肖鹏:《预算透明:机制与提升路径》,《财政研究》,2010 年第 12 期。

[151] 肖鹏、李燕:《预算透明:环境基础、动力机制与提升路径》,《财贸经济》,2012 年第 1 期。

[152] 肖鹏、阎川:《中国财政透明度提升的驱动因素与路径选择研究——基于 28 个省份面板数据的实证分析》,《经济社会体制比较》,2013 年第 4 期。

[153] 辛红:《非上市国企经营状况不透明》,《法制日报》,2011 年 6 月 21 日。

[154] 徐利:《中国财政热点问题研究》,中国财政经济出版社,2012 年版。

[155] 徐湘林:《寻求渐进政治改革的理性——理论、路径与政策过程》,中国物资出版社,2009 年版。

[156] 徐旭红:《国企应提高透明度和强化信息披露》,《中国企业报》,2009 年 5 月 22 日。

[157] 晏晨晖:《论财政透明度、良好公共治理与构建民主财政》,《当代财经》,2006 年第 6 期。

[158] 杨丹芳:《深度解读 2010 年中国“省级财政透明度”》,《清风》,2010 年第 8 期。

[159] 余应敏、王曼虹:《基于财政透明度视角的政府财务报告初探》,《中央财经大学学报》,2010 年第 1 期。

[160] 袁星侯:《中西政府预算比较研究》,厦门大学博士学位论文(2002)。

[161] 曾军平:《政府信息公开制度对财政透明度的影响及原因》,《财贸经济》,2011 年第 3 期。

[162] 曾祥飞:《我国现行财务报告模式局限性分析》,《合作经济与科技》,2009 年第 4 期。

[163] 翟姗:《我国非上市国有企业信息披露制度研究——基于公司治理视角》,山东财经大学硕士学位论文(2012)。

[164] 张超:《中央转移支付对民族省区地方财政努力的激励效果研究——以新疆维吾尔自治区为例》,《税收经济研究》,2012 年第 1 期。

[165] 张晶:《被忽视的信托:美国联邦信托基金研究对我国的启示》,《中国地质大学学报(社会科学版)》,2014 年第 1 期。

[166] 张俊军:《广西医疗卫生基本公共服务领域市场与政府调控双失灵的财政投入选

择》,《经济研究参考》,2012 年第 35 期。

[167] 张俊伟:《我国财政透明度现状与完善对策》,《中国经济时报》,2004 年 11 月 8 日。

[168] 张平:《我国财政透明度之现状、差距及其改进》,《经济与管理研究》,2010 年第 9 期。

[169] 张新文、李文军:《地方财政支出结构的演进及其优化展望——以广西为例》,《地方财政研究》,2011 年第 4 期。

[170] 张艳:《论如何完善国有资本运营会计信息披露制度—基于财务报告体系的思考》,《财务管理》,2009 年第 7 期。

[171] 张瑶瑶:《国企将推进财务预算等重大信息公开》,《中国会计报》,2014 年 1 月 10 日。

[172] 赵国春:《提高地方财政分配能力、促进社会经济发展——以新疆为例》,《中央财经大学学报》,2011 年第 4 期。

[173] 赵倩:《财政信息公开与财政透明度:理念、规则与国际经验》,《财贸经济》,2009 年第 11 期。

[174] 郑春荣:《三十一个省级人大推进财政信息公开调查报告》,《决策与信息》,2011 年第 9 期。

[175] 郑春荣:《社保基金信息的透明公开是必由之路》,《第一财经日报》,2013 年 9 月 10 日。

[176] 郑方辉、喻锋、覃事灿:《政府整体绩效评价:理论假说及其实证检验——以 2008 年度广东省为例》,《公共管理学报》,2011 年第 3 期。

[177] 中共河北省委党校课题组:《河北省财政转移支付均等化效应的实证分析》,《经济研究参考》,2006 年第 90 期。

[178]《2013 中国法治蓝皮书》,中国检察出版社,2014 年版。

[179] 中国市级政府财政透明度研究课题组:《中国市级政府财政透明度研究报告》(2012)(www. sppm. tstinghua. edu. cn)。

[180] 中国市级政府财政透明度研究课题组:《2013 年中国市级政府财政透明度研究报告》(www. sppm. tstinghua. edu. cn)。

[181] 钟雪斐:《国有企业信息披露法律制度研究》,中国政法大学硕士学位论文(2011)。

[182] 周汉华:《我们为什么需要政府信息公开制度》,《南方周末》,2002 年 11 月 21 日。

[183] 周汉华:《外国政府信息公开制度比较》,中国法制出版社,2003 年版。

[184] 周汉华:《我国政务公开的实践与探索》,中国法制出版社,2003 年版。

[185] 周兰:《基于信息披露视角的企业社会责任评价体系设计》,《北京工商大学学报》,2012 年第 3 期。